Schriften zur Kultursoziologie
Band 5

SCHRIFTEN ZUR KULTURSOZIOLOGIE

Herausgegeben von

JUSTIN STAGL

in Zusammenarbeit mit
Karl Acham, Alois Hahn, Wolfgang Lipp,
Franz Steinbacher, Hans Peter Thurn

Band 5

DIETRICH REIMER VERLAG BERLIN

OBJEKTIVATIONEN DES GEISTIGEN
Beiträge zur Kulturphilosophie in Gedenken an Walther Schmied-Kowarzik (1885–1958)

Herausgegeben von

Wolfdietrich Schmied-Kowarzik

1985

DIETRICH REIMER VERLAG BERLIN

CIP-Kurztitelaufnahme der Deutschen Bibliothek

Objektivationen des Geistigen: Beitr. zur Kulturphilosophie; in Gedenken an Walther Schmied-Kowarzik. (1885–1958) / hrsg. von Wolfdietrich Schmied-Kowarzik. – Berlin: Reimer, 1985.
(Schriften zur Kultursoziologie; Bd. 5)
ISBN 3-496-00824-5

NE: Schmied-Kowarzik, Wolfdietrich [Hrsg.]; GT

Gedruckt mit Unterstützung
des Bundesministeriums für Wissenschaft und Forschung, Wien
und der Kulturabteilung des Amtes der Niederösterreichischen Landesregierung, Wien

Dr. Friedrich Kaufmann
Unter den Eichen 57
1000 Berlin 45

Printed in Austria
ISBN 3 496 00824 5

Walther Schmied-Kowarzik (1935)

* 22. Mai 1885 in Mödling
† 24. Juli 1958 in Mödling

Inhalt

Erinnerungen und Würdigungen

Vorwort

Am 22. Mai 1985 jährte sich zum 100.mal der Geburtstag des österreichischen Philosophen *Walther Schmied-Kowarzik.* Aus diesem Anlaß fand am 23. und 24. Mai in der Universität Wien und im Museum für Völkerkunde ein zweitägiges Symposion mit 14 Referaten sowie ein festlicher Empfang im Rathaus der Stadtgemeinde Mödling, der Geburtsstadt Schmied-Kowarziks, statt.

Obwohl die Referate des Symposions und einige der erinnernden Würdigungen in den vorliegenden Band »Objektivationen des Geistigen« eingehen – so allem vorangestellt das von Ministerialrat Dr. *Otto Drischel* überbrachte Grußwort vom Bundesminister für Wissenschaft und Forschung – stellt dieser Band mit seinen 30 Abhandlungen doch keinen Tagungsbericht dar, vielmehr überwiegt das inhaltlich-systematische Anliegen, »Beiträge zur Kulturphilosophie«, korrespondierend zwar zu Schaffensschwerpunkten von Walther Schmied-Kowarzik, aber von den Autoren aus dem gegenwärtigen Problemhorizont diskutiert, vorzulegen.

Die menschliche Kultur von den »Objektivationen des Geistigen« her aufzuhellen, ist das verbindende Leitthema der vorliegenden »Beiträge zur Kulturphilosophie«. Wie dieses Anliegen mit der patenstehenden kulturphilosophischen Studie »Die Objektivation des Geistigen« (1927) von Walther Schmied-Kowarzik verschränkt ist, versucht die einführende Interpretation von *Wolfdietrich Schmied-Kowarzik* herauszuarbeiten, um dadurch zugleich die systematischen Bezüge zu den nachfolgenden Gliederungspunkten sichtbar zu machen. Ergänzt wird diese thematische Einleitung durch den auszugsweisen Wiederabdruck einer Auseinandersetzung von *Walther Schmied-Kowarzik* mit Wilhelm Wundts Völkerpsychologie aus dem Jahre 1924. Aus Raumgründen mußte auf die Erstveröffentlichung einer bisher nicht publizierten Selbstdarstellung seiner Philosophie von 1952 verzichtet werden, und auch die oben genannte Abhandlung konnte nur stark gekürzt aufgenommen werden, wobei es darauf ankam, die Grundlinien der auch für die heutige Diskussion noch anregenden Gedankenführung sichtbar werden zu lassen; Bezüge hierauf finden sich in den Beiträgen von Ludwig Nagl und Jürgen Kreft im zweiten Themenfeld. Inhaltlich-systematisch gehört zu der einführenden Interpretation auch die Arbeit von *Gottfried Hausmann* »Objektivationen im Bildungsprozeß« hinzu, die aufgrund der Unmittelbarkeit des biographischen Bezuges zu Walther Schmied-Kowarzik an spätere Stelle gereiht wurde. Aber es sei schon hier darauf hingewiesen, daß zwischen dem Beitrag von Gottfried Hausmann und der einführenden Interpretation in der Frage, ob »Bildung« eine Objektivation des Geistigen sei, ein fruchtbares

Spannungsverhältnis besteht, durch das die bleibende Aktualität der seinerzeit aufgebrochenen Fragen sichtbar wird.
Die systematischen Gliederungspunkte »Erkenntnis und Bewußtsein«, »Kultur und Geschichte«, »Sittlichkeit und Humanität« und »Mythos und Kunst« führen in ganz unterschiedlicher Weise an das Problemfeld der Kultur als Objektivation des Geistigen heran. So geht es im ersten Themenkomplex »Erkenntnis und Bewußtsein« um den die Objektivationen hervorbringenden »subjektiven Geist«, um das menschliche Bewußtsein als erkennendes und sich entscheidendes Subjekt in seinem Selbst- und Weltbezug. Im zweiten Themenfeld »Kultur und Geschichte« stehen sodann zentrale kulturphilosophische Grundprobleme zur Debatte: ist die Kultur überhaupt eine Objektivation des Geistigen? Inwieweit vermögen wir unsere eigene Kultur gegenüber fremder zu relativieren? Durch welche geschichtlichen Prozesse wird Kultur tradiert und erneuert? Hierüber hinausgehend tritt im dritten Themenfeld »Sittlichkeit und Humanität« der Anspruch des »ideellen Geistes« zur mitmenschlichen Verwirklichung von Mitmenschlichkeit in den Horizont des Fragens, und es wendet sich dadurch die Analyse der Geschichtlichkeit des Kulturprozesses in eine sittlich-praktische Perspektive hinüber. Schließlich werden an »Mythos und Kunst« Bereiche thematisiert, in denen »Objektivationen des ideellen Geistes«, d. h. Sinndeutungen des Menschseins in der Welt, in besonderer Weise zum Ausdruck kommen.
Bei der Zuordnung der Beiträge sowie ihrer Reihung wurde versucht, durch unmittelbare Verknüpfung korrespondierender Ansätze sowohl Verwandtes als auch Kontroverses deutlicher hervortreten zu lassen und insgesamt durch die Vielfalt sich verästelnder Problembezüge einen roten Faden zu führen. Dies kann niemals total gelingen, ja es macht sogar den Reiz des Bandes aus, daß sich mannigfaltige Spannungsbögen über die Gliederungspunkte hinweg ergeben, daß Beiträge vorgreifend auf Späteres vorausweisen oder Rückbezüge erkennen lassen; so wird auch in diesem Band etwas von der geistigen Lebendigkeit der Diskussion deutlich, die bereits für das Symposion »Objektivationen des Geistigen« kennzeichnend war. Es steht natürlich jedem Leser frei, im Verfolg seiner Interessen sich eigene Wege durch die Mannigfaltigkeit der hier vorgestellten kulturphilosophischen Fragestellungen zu bahnen; lediglich zur Vororientierung sei im folgenden die vorliegende Reihung der Beiträge in Stichworten skizziert.
Am Anfang des Themenkreises »Erkenntnis und Bewußtsein« steht die Untersuchung von *Kurt Rudolf Fischer* zur Philosophie in Wien um die Jahrhundertwende und ihre bedeutsame Wirkung auf die Entstehung der Analytischen Philosophie im angloamerikanischen Raum. Dahinein stellt *Richard Heinrich,* bezugnehmend auf die Dissertation »Zeit und Raum« (1908) von Walther Schmied-Kowarzik, seine Analyse des Umbruchs, der sich seit Beginn des 20. Jhs in den philosophischen Raumtheorien vollzieht.

Die nächsten beiden Referate gehören in ihrem Anknüpfen an Forschungen der Gehirnphysiologie dicht zusammen, gehen dann aber in ihren Blickrichtungen auseinander: *Erhard Oeser* geht zur erkenntnistheoretischen Fundierung gegenwärtiger Ansätze der Neuroepistemologie auf Kant zurück, und *Walter Pöldinger* fragt als Psychiater und Psychotherapeut nach der Relevanz der neueren gehirnphysiologischen Schlafforschung für die Traumdeutung und weist damit auf den Themenkreis »Mythos und Kunst« voraus. Durch die beiden folgenden Beiträge werden wir zu fundamentalphilosophischen Grundsatzerörterungen geführt, wobei beide durch ihre explizite und implizite Anknüpfung an Leibniz und Hegel in ihren philosophischen Positionen sehr nahe stehen, sich aber in unterschiedlicher Akzentuierung an gänzlich anderen Bezugsbildern orientieren: während *Joachim Christian Horn* am Unendlichkeitssymbol die Dynamik des Bewußtseins darzulegen versucht, verdichtet *Erich Heintel* das Problem der sich selbst wissenden Vernunft in der raumzeitlichen Dimensionslosigkeit des Punktes.
Der Beitrag von *Paul Feyerabend* führt uns in eine völlig andere, selbst kulturtheoretisch distanzierte Sichtweise der Philosophie, und er eröffnet damit den neuen Themenkreis »Kultur und Geschichte«. Dem darin implizierten Kulturrelativismus stellt *Justin Stagl* in seinen nicht minder provokativen Gegenthesen ein Bekenntnis zur eigenen europäischen Kulturtradition entgegen. Die kontroverse Spannung zwischen diesen beiden Abhandlungen weist indirekt auch schon auf die beiden nächsten Themenfelder voraus. Die Beiträge von *Ludwig Nagl* und *Jürgen Kreft* untersuchen und diskutieren ganz aktuelle Theorieansätze, in denen sich aber uralte kulturanthropologische Grundsatzpolemiken bzw. Grundmotive im neuen Gewande verbergen, was die Autoren zu philosophisch grundsätzlichen Reflexionen herausfordert. *Herta Nagl-Docekal* befragt anschließend jüngste Annäherungen der Analytischen Philosophie und des Strukturalismus, im Versuch, Geschichtsphilosophie methodologisch neu zu begründen, wobei deutlich wird, daß beiden Richtungen die Geschichte selbst nicht so recht in den Blick kommen will. Dies liegt auch daran, daß man Geschichte nicht nur als vergangene begreifen kann, und so drängt die Problemstellung selbst zum nächsten Themenkreis hinüber.
Die Beiträge zum Problemfeld »Sittlichkeit und Humanität« sind wohl am dichtesten miteinander verwoben, darin liegt eine besonders fruchtbare Herausforderung an die Praxis-Vergessenheit unserer verwissenschaftlichten Kultur. *Dietrich Benner* eröffnet diesen Themenkreis, in dem er in kritischer Analyse der »Ethik« (1932) von Walther Schmied-Kowarzik nach den ethischen Voraussetzungen der Pädagogik und den pädagogischen Voraussetzungen der Ethik fragt. Geradezu anknüpfend daran entwirf *Josef Derbolav* die systematischen Konturen einer Pädagogischen Ethik aus dem Kontext seiner Praxeologie. Um die Begrenztheit der Fragestellung der materialen Wert-

ethik im 20. Jh. zu demonstrieren, holt *Michael Benedikt* historisch weit aus und skizziert im Abriß die Grundmotive praktischer Philosophie der letzten dreihundert Jahre. Sein abschließender Hinweis auf die »Ethik« Walther Schmied-Kowarziks wird durch *Helmut Fleischer* gleichsam erneut wieder aufgenommen und mit anderer Akzentsetzung weitergeführt, wobei insbesondere auf den zuwenig bedachten Geschichtshorizont verwiesen wird. Gerade diese Perspektive wird im Beitrag von *Peter Heintel* zum Wertewandel in der Gesellschaft an ganz aktuellen ethischen Grundsatzfragen ins Zentrum eines kritisch-praktischen Bedenkens unseres kulturellen Lebens gerückt.

Im Themenfeld »Mythos und Kunst« werden Objektivationen menschlicher Sinndeutungen unseres Seins in der Welt dargelegt und bedacht. *Herbert Melichar* befragt die urgeschichtlichen Zeugnisse, inwiefern wir und wie bestimmt wir aus Bestattungsfunden sowie aus Symbolen und Idol-Figuren auf religiöse Vorstellungen der Frühzeit der Menschheit zurückschließen können. Korrespondierend dazu zeigt *Walter Hirschberg,* wie auch in rezenten Stammeskulturen selbst Werkzeuge und Waffen nicht nur zweckerfüllende Geräte der Sachkultur, sondern auch Träger symbolischer Gehalte sein können. Noch ausdrücklicher wird dies im Beitrag von *Hans Manndorff* an der symbolischen Korrespondenz zwischen Weltbild und Bauform, Götterberg und Tempeltum in der frühen Khmer-Kultur herausgearbeitet, wodurch die letzte Arbeit von Walther Schmied-Kowarzik »Frühe Sinnbilder des Kosmos« eine eindrucksvolle Bestätigung erfährt. In der darauf folgenden Analyse der vierten Ekloge Vergils zeigt *Gernot Sack,* wie alte mythische Bilder in Dichtungen eingebaut wurden und selbst wieder zum Mythos werden konnten. Schließlich bezieht sich der Beitrag von *Wieland Schmied* wieder auf das Wien um die Jahrhundertwende zurück, diesmal aber, um die blinde Kunstkritik der damaligen Philosophen, insbesondere gegenüber Gustav Klimts Fakultätsbild »Die Philosophie«, zu demonstrieren. In einem Anhang hierzu kommt die völlig andere Haltung Schmied-Kowarziks zur modernen Kunst als Objektivation des Geistigen zum Ausdruck.

Da das Gewicht dieses Bandes in den inhaltlichen Diskussionen liegt, wurden die unmittelbar auf Walther Schmied-Kowarzik bezugnehmenden »Erinnerungen und Würdigungen« nachgereiht und so auch dichter an den biographischen »Versuch, einen Lebensweg zu vergegenwärtigen«, herangebracht. Aber diese Trennlinie kann gar nicht ganz scharf gezogen werden, wie das einerseits am inhaltlichen Beitrag von Gottfried Hausmann »Objektivationen im Bildungsprozeß« und andererseits an den erinnernden Bezugnahmen in den Beiträgen von Paul Feyerabend, Hans Manndorf, Herbert Melichar, Walter Pöldinger, Gernot Sack und der Söhne von Walther Schmied-Kowarzik zum Ausdruck kommt. So durchwirkt diesen Band insgesamt ein Geflecht sehr persönlicher Beziehungen zu einem Denker, der, durch die politischen

Zeitumstände bedingt, als Universitätslehrer sehr früh ins Abseits gedrängt worden ist, aber als Lehrer und Kollege durch seine menschliche und begeisternde Art nachhaltig gewirkt hat und so im Gedächtnis vieler seiner Schüler und Freunde fortlebt.

Eröffnet werden die »Erinnerungen und Würdigungen« mit einem Beitrag von *Herbert Cysarz,* der kurz nach Einsendung seines Manuskripts am 1. 1. 1985 im Alter von fast 89 Jahren in München verstarb. Herbert Cysarz war als ganz junger Offizier der österreichisch-ungarischen Armee im Ersten Weltkrieg zum Schwerstinvaliden geworden, unter anderem hatte er beide Hände verloren. In seiner Suche nach einer neuen Lebensperspektive wandte er sich 1917 auch an den jungen Privatdozenten Walther Schmied-Kowarzik. Aus der da erfahrenen Aufmunterung und Lebensberatung, die sich in einem philosophisch und kulturgeschichtlich orientierten Germanistikstudium niederschlug und zu einem eindrucksvollen Lebenswerk ausgestaltete, erwuchs eine lebenslange innere Verbundenheit und Freundschaft, von der auch die gedenkenden Worte über den Tod hinaus zeugen.

An die Jahre (1921-27), in denen Walther Schmied-Kowarzik an der Universität Dorpat (= Tartu/Estland) lehrte, erinnert der Historiker *Georg von Rauch,* und es wird dabei eine mehrfach vergessene und verlorene Welt sichtbar: da wird ein junger österreichischer Philosoph an die Landesuniversität der eben erst gegründeten Republik Estland berufen, lehrt in deutscher Sprache und wirkt mit seiner vor allem an Leibniz, Fichte und Dilthey orientierten Philosophie schulebildend auf eine Generation junger Esten und einiger Deutschbalten, doch diese Tradition findet mit der Eingliederung Estlands in die Sowjetunion im Gefolge des Hitler-Stalin-Paktes 1939 ein jähes Ende. Nur noch das Erinnern an die persönliche Begegnung und die erfahrenen Anregungen zeugt, über kulturelle Grenzen und politische Umbrüche hinweg, von dieser Vergangenheit, wie im Grußwort von *Valmar Adams* deutlich wird.

In seiner autobiographisch eingefärbten Darstellung einer lebenslang fortwirkenden Problementdeckung knüpft *Gottfried Hausmann* an die ersten Jahre der Pädagogischen Akademie in Frankfurt am Main an, an der Walther Schmied-Kowarzik von 1927 bis 1933 lehrte. Inhaltlich greift dieser Beitrag zentral in die Diskussion der vorausgehenden Themenkreise ein, aber durch seine lebensgeschichtlichen Bezüge, die noch über das Jahr 1933 hinausweisen, überbrückt diese Darstellung auch jene Jahre, die zu den schwersten und folgenschwersten im Leben von Walther Schmied-Kowarzik gehören, worauf im biographischen Versuch am Schluß des Bandes noch näher eingegangen wird. Die nicht zu leugnenden Verstrickungen Schmied-Kowarziks in den Nationalsozialismus sind wohl nur aus den seit 1933 erfahrenden Zurücksetzungen und Demütigungen, den Entlassungen und den verzweifelten Versuchen eines Neuanfangs zu verstehen.

Die nächsten beiden Referate von *Herbert König* und von *Peter Weiser* erinnern an den Kollegen und Lehrer Schmied-Kowarzik am Mödlinger Gymnasium (1939-45), wobei gerade in diesen Vergegenwärtigungen der unglaubliche Widerspruch von schuldhafter Blindheit und gewinnender Menschlichkeit besonders zum Ausdruck kommt. Die impulsgebende Wirkung und menschliche Ausstrahlungskraft Schmied-Kowarziks wird wohl dadurch besonders unterstrichen, daß allein sechs Schüler aus jener Zeit an diesem Band mitwirken. Neben seiner Tätigkeit am Gymnasium lehrte Schmied-Kowarzik auch noch als Dozent und apl. Prof. Philosophie an der Wiener Universität; von seinen damaligen jüngeren Kollegen sind in diesem Gedenkband die beiden heutigen Emeriti Erich Heintel und Walter Hirschberg mit Beiträgen vertreten.
Nach 1945 erfuhr Schmied-Kowarzik zunächst in Bayern, da er sich nicht als Verfolgter stilisierte, sondern sich für seine Verstrickungen in den Nationalsozialismus mitschuldig bekannte, das endgültige Aus seines Wirkens als Lehrer und Hochschullehrer, aber obwohl all seiner Manuskripte und seiner Bibliothek beraubt, arbeitete er unermüdlich an seinen religionsphilosophischen Studien weiter und wirkte im buchstäblichen Sinne als »freier« Lehrer, wie der Beitrag des Malers *Oskar Koller* sichtbar macht, der als nachträglichen Dank eine Farbreproduktion seines großen Altarbildes in der St. Martins Kirche in Nürnberg für diesen Gedenkband zur Verfügung stellte.

Als Herausgeber des Bandes möchte ich abschließend allen Dank sagen, die durch ihre selbstlose Mitwirkung das Gelingen von Symposion und Gedenkband ermöglichten, durch die Werk und Wirken eines – durch die Lebensumstände bedingt – zu Unrecht fast völlig vergessenen Denkers und Lehrers nochmals ins Gedächtnis gerufen werden. Danken möchte ich auch dem Bundesministerium für Wissenschaft und Forschung sowie dem Amt der Niederösterreichischen Landesregierung für die gewährte Druckkostenunterstützung und schließlich den Herausgebern der Reihe »Schriften zur Kultursoziologie« sowie dem Verleger Dr. Friedrich Kaufmann für die Aufnahme dieses Bandes in den Dietrich Reimer Verlag. Zum Schluß möchte ich aber ganz besonders dankbar meines ältesten Bruders Volker Schmied-Kowarzik gedenken, der das Projekt von Anbeginn an unterstützend förderte, aber bereits von schwerer Krankheit gezeichnet, seinen geplanten Gedenkbeitrag beim Empfang im Mödlinger Rathaus nicht mehr vorzutragen vermochte. Er starb kurz vor Vollendung seines 68. Lebensjahres am 29. Juli 1985.

Mödling, im August 1985 *Wolfdietrich Schmied-Kowarzik*

Grußwort zum Symposion »Objektivationen des Geistigen«

von Ministerialrat Dr. *Otto Drischel*

Meine sehr verehrten Damen und Herren,
hohe Festversammlung!

Ich habe den Auftrag, Ihnen die Grüße des Herrn Bundesministers Dr. Fischer zu überbringen. Er hat mich beauftragt, heute bei diesem Empfang, der festlich nachgeholten Eröffnung, in seinem Namen teilzunehmen. Es ist erfreulich, daß durch das von der Universität Wien und dem Museum für Völkerkunde veranstaltete Symposion »Objektivationen des Geistigen« ein österreichischer Gelehrter geehrt wird, der durch sein jahrzehntelanges Wirken im Ausland in seiner Heimat nicht so bekannt geworden ist, wie er es von seinem wissenschaftlichen Werk her verdient hätte, der aber in seinem Wirken im Ausland ein, wie es Professor Herbert Cysarz schrieb, philosophisches Denken österreichischer Prägung verkörpert und repräsentiert hat. Universitätsprofessor Dr. Walther Schmied-Kowarzik kann in vieler Hinsicht als ein Repräsentant österreichischen Gelehrtentums in der Zeitspanne vom Untergang der österreichisch-ungarischen Monarchie über beide Weltkriege bis zum Jahrzehnt nach dem Zweiten Weltkrieg und der Zweiten Republik gelten. Bei den vielen Stationen seines Lebensweges kann es doch kaum ein Zufall sein, daß wir heute hier in Mödling, seinem Geburts- und Sterbeort, seiner gedenken. Diese Stadt in ihrer ganzen Eigenart und Besonderheit im südlichen Wienerwald, in der Nähe Wiens, muß als seine eigentliche Heimat bezeichnet werden. Walther Schmied-Kowarzik wurde vor genau 100 Jahren, am 22. Mai 1885, in Mödling geboren, wo er 1904 maturierte. Er hat noch in der alten Monarchie dissertiert und sich 1913 habilitiert. Als Privatdozent war er an der Universität Wien während der Zeit des Ersten Weltkriegs bis 1920 tätig. Es ist nicht meine Aufgabe, den bedeutenden Philosophen zu würdigen, doch ist es auch für einen Laien bei Betrachtung der umfangreichen Liste seiner Veröffentlichungen festzustellen, daß ihn die in seiner Habilitationsschrift begründete geisteswissenschaftliche Psychologie befähigte, auf ihren Grundlagen eine universelle Kulturphilosophie zu entwickeln, die viele Disziplinen des systematischen Denkens umfaßte. Sein besonderes Interesse galt der Ästhetik, der Ethik und der Pädagogik und in späteren Jahren besonders der Religionsphilosophie einschließlich des Bedenkens des Mythos. Dabei kann man Schmied-Kowarzik nicht eigentlich einer der zeitgenössischen Schulen zuordnen. Zu vielfältig waren die Einflüsse seiner Studienzeit in Wien, Berlin und Jena. Die von ihm ausgebildete Philosophie muß daher als eine durchaus eigenständige Synthese betrachtet werden. Es läßt sich hier bemerken, daß die österreichische und speziell auch die Wiener Philosophie in den späten Jahren der Monarchie und in der Zeit nach dem Ersten Weltkrieg eine Reihe von solchen selbständigen Denkern aufzuweisen hat, von denen ich nur den ebenfalls im Ausland – in Breslau – wirkenden Philosophen Richard Hönigswald erwähnen möchte, da Schmied-Kowarzik 1930 zu dessen Nachfolge primo loco vorgeschlagen war, jedoch um diese Zeit nicht mehr vom preußischen Ministerium akzeptiert wurde. Zwischen seinem Wirken an der Universität Wien und dem ebengenannten Jahr war Schmied-Kowarzik in Dorpat, wo er von 1921 bis 1927 Ordinarius für Philosophie war, und von 1927 bis 1933 an der Pädagogischen Akademie in Frankfurt am Main tätig. Der Wechsel der Orte seiner Lehrtätigkeit bzw. deren jeweilige Beendigung war immer mit der Entwicklung politischer Verhältnisse in diesen unruhigen Jahren verbunden. Diese Situation bestand für ihn auch bei der Rückkehr mit seiner Familie nach Österreich 1939, wo er zum einen als Studienrat am Mödlinger Gymnasium tätig war. Trotz seiner, in seinem Werk immer wieder zum Ausdruck kommenden Bindung an den deutschen Kulturraum fand er nicht die uneingeschränkte Billigung des auch in Österreich und an der Wiener Universität zur Macht gelangten Nationalsozialismus. Er hatte an der Wiener Universität 1939 bis 1945 zunächst neuerlich als Privatdozent mit mannigfaltigen Schwierigkeiten zu kämpfen. Schmied-Kowarzik repräsentiert so in besonderer Weise das Schicksal eines aus dem Auslande in bewegter Zeit in die Heimat zurückgekehrten Österreichers. Trotz des Verlustes aller seiner Manuskripte und seiner wissenschaftlichen Bibliothek 1945 gelang es ihm in den fünfziger Jahren, abwechselnd in Regensburg und in Mödling lebend, den ersten Teil seiner religionsphilosophischen Arbeit »Frühe Sinnbilder des Kosmos. Gotteserlebnis und Welterkenntnis in der Mythologie« fertigzustellen, die allerdings erst 1974 posthum erschienen ist.

1958 ehrte ihn die Philosophische Fakultät der Wiener Universität durch die Erneuerung des Doktordiploms zum 50jährigen Doktorjubiläum, allerdings erreichte ihn diese Ehrung nicht mehr rechtzeitig. Professor Dr. Walther Schmied-Kowarzik starb, mitten aus der wissenschaftlichen Arbeit gerissen, am 24. Juli 1958 in Mödling. Bezeichnend ist für ihn, daß seine Arbeitskraft in all diesen Wechselfällen seines Daseins niemals erlahmte und ihm bis zu seinem Tode treu geblieben ist. So gedenken wir an seinen 100. Geburtstag durch dieses Symposion eines Mannes, der unbeirrbar den Auftrag seines der Philosophie gewidmeten Lebens erfüllt hat.

Wolfdietrich Schmied-Kowarzik

Objektivationen des Geistigen

Eine einführende Interpretation

I

Das Rahmenthema dieses Bandes »Objektivationen des Geistigen« soll natürlich an das Büchlein von Walther Schmied-Kowarzik »Die Objektivation des Geistigen. Der objektive Geist und seine Formen« (1927) erinnern. Diese »Vorstudie zur Kulturphilosophie« bildet zusammen mit einigen weiteren Abhandlungen zu diesem Themenkreis im Schaffen Schmied-Kowarziks gleichsam das vermittelnde Bindeglied zwischen seinen beiden frühen erkenntnistheoretisch-phänomenologischen Grundlegungen »Zeit und Raum« (1908) und »Umriß einer analytischen Psychologie« (1912) und den beiden späteren Werken »Ethik. Mit Berücksichtigung pädagogischer Probleme« (1932) und der religionsphilosophischen Arbeit »Frühe Sinnbilder des Kosmos« (1958).

Obwohl nur ein schmales Bändchen, hat »Die Objektivation des Geistigen« doch in die damalige kulturphilosophische Diskussion differenzierend eingegriffen, und von den vielen verstreut erschienenen Abhandlungen war sie – neben den ästhetischen Studien – die Arbeit, mit der der im Ausland lehrende Schmied-Kowarzik auf die österreichische Philosophie, von der er einst ausgegangen war, am stärksten zurückwirkte.

Walther Schmied-Kowarzik knüpft dabei an Hans Freyers »Theorie des objektiven Geistes« (1923) an, in der Anregungen aus Wilhelm Diltheys Grundlegung der Geisteswissenschaften und aus Edmund Husslers Phänomenologie zu einer Einleitung zur Kulturphilosophie fortgeführt werden. Schmied-Kowarziks Studie »Die Objektivation des Geistigen« greift die Grundgedanken von Freyer auf, versucht jedoch, die Systematik der Formen des objektiven Geistes neu und grundlegender zu bestimmen. Diese modifizierte Systematisierung übernimmt seinerseits Richard Meister und entwickelt sie in einer Reihe von Studien zur Kulturphilosophie und zur kulturphilosophischen Pädagogik weiter – so beispielsweise in »Seinsformen der Kultur« (1943) und »Geistige Objektivierung und Resubjektivierung: Kultur und Erziehung« 1943). Friedrich Kainz hat dann in seinem letzten großen Buch »Hauptprobleme der Kulturphilosophie« (1977) die verstreuten Darlegungen von Richard Meister aufgenommen und im systematischen Zusammnhang zu Ende geführt – und er verweist auch auf die innere Entwicklungslinie von Wilhelm Dilthey, über Hans Freyer und Walther Schmied-Kowarzik zu Richard Meister.

Für mich selber hat die Titelgebung dieses Bandes und meines Beitrags noch eine besondere Bedeutung, die ich hier einflechten möchte: Es war kurz vor meinem Promotionsrigorosum bei Prof. Heintel und Prof. Kainz in Wien Ende 1963. In dieser Zeit zwischen Studium und Abschluß hatte ich aus den nachgelassenen Manuskripten meines fünf Jahre vorher verstorbenen Vaters die ausformulierten Kapitel des Buches »Frühe Sinnbilder des Kosmos« zusammengestellt und aus der Handschrift übertragen. Einer Notiz meines Vaters folgend, schickte ich das Manuskript an den Präsidenten der Österreichischen Akademie der Wissenschaften Hofrat Univ.-Prof. Dr. Richard Meister mit der Bitte, meine Bemühungen um die Drucklegung dieser Arbeit zu unterstützen. Im Begleitschreiben stellte ich mich als Doktorand der Philosophie und Ethnologie mit besonderem Interesse für kulturphilosophische Fragen vor, wie sie ja gerade auch meinen Vater in seiner Studie »Die Objektivation des Geistigen« beschäftigt hatten. Richard Meister war damals bereits – ein Jahr vor seinem Tod – sehr krank, und daher übergab er das Manuskript und meinen Brief, mit der Bitte um weitere Bearbeitung, Friedrich Kainz – wovon ich nicht wußte.
Als ich nun zu einem unerwartet vorgezogenen Rigorosumstermin zu Prof. Kainz kam – als Themen waren bestimmte Kapitel der Philosophiegeschichte und seine Sprachphilosophie vereinbart – stellte mir Prof. Kainz als erstes die Frage »Was ist Kultur?«. – Ich war völlig verdattert und versuchte von meinen Ethnologie-Studien her einige Umfangs- und Inhaltsbestimmungen von Kultur zu geben, die aber Prof. Kainz nicht hören wollte. Lange würgte sich mein Antwortgestammel auf die bohrenden Fragen dahin. Es war ganz offensichtlich, daß Prof. Kainz einen bestimmten Begriff von mir hören wollte. Nach weiteren grauenhaften Minuten wurde es Prof. Kainz schließlich zu bunt und mit hochrotem Kopf – entrüstet und enttäuscht – schleuderte er mir die Antwort entgegen: »Wissen Sie denn nicht, daß Ihr Vater von der ›Objektivation des Geistigen‹ gesprochen hat?« Daraus erwuchs für mich jedoch nicht die Befreiung aus der verfahrenen Prüfungssituation, sondern vielmehr eine totale Blockade, denn es war mir einfach nicht möglich, in der akademisch erforderlichen distanzierten Form über Gedanken meines Vaters zu sprechen. Dabei hatte mir Prof. Kainz – wohl aus Freundschaft zu meinem Vater, seinem ehemaligen Lehrer – sicherlich entgegenkommen wollen, zumal er aus meinem Brief wußte, daß ich mich mit den kulturphilosophischen Arbeiten meines Vaters beschäftigt hatte. Erst als das Prüfungsgespräch zu den vereinbarten Themen fortschritt, entkrampfte sich die Atmosphäre etwas; aber die Enttäuschung von Friedrich Kainz muß maßlos gewesen sein.
An diese beklemmende Situation mußte ich denken, als Freunde vor zwei Jahren ein Symposion in Wien und diesen Gedenkband zum 100. Gebnurtstag von Walther Schmied-Kowarzik anregten. Zunächst schreckte ich vor dieser Idee zurück, und es dauerte eine Weile, bis ich die Herausforderung annahm, sowohl Symposion und Gedenkband unter dem Thema »Objektivationen des Geistigen« zu planen als auch selber über einige kulturphilosophische Grundgedanken meines Vaters im Kontext seines Philosophierens zu schreiben.

II

Ausgangspunkt des Philosophierens von Walther Schmied-Kowarzik ist die transzendentalphilosophische Rückwendung des denkenden Subjekts auf die Formen seines Bewußtseins. In der Selbstgewißheit unseres Bewußtseins gründet nicht nur all unser Erkennen, Fühlen und Streben, sondern sie ist auch Bedingung der Möglichkeit dafür, daß wir uns der Formen unseres

Bewußtseins analytisch, d. h. in denkendem Selbstbezug, innewerden können. Dieser Aufgabe einer transzendentalphilosophischen Bewußtseinsanalyse stellt sich Walther Schmied-Kowarzik – anknüpfend an die österreichische phänomenologische Schule Franz Brentanos und die geisteswissenschaftliche Philosophie Wilhelm Diltheys – in seinem erkenntnistheoretischen Hauptwerk »Umriß einer neuen analytischen Psychologie« (1912). Die selbstreflexive Bewußtseinsanalyse wird darin ganz entschieden abgegrenzt von allen Formen und Methoden empirischer Psychologie, also auch von jeglicher Psychologie der inneren Selbstbeobachtung und Selbsterfahrung, vielmehr versucht sie streng philosophisch – und das meint eben *»analytisch«* – vorzugehen. Die Parallelen zu Edmund Husserls fast gleichzeitig erschienenen »Ideen zu einer reinen Phänomenologie und phänomenologischen Philosophie« (1913) sind unverkennbar. Walther Schmied-Kowarzik hat dies auch in der zweiten Auflage seines »Umrisses einer analytischen Psychologie« (1928) ausdrücklich thematisiert, gleichwohl hält er weiterhin – auch mit Berufung auf seine unmittelbaren Lehrer Friedrich Jodl in Wien und Wilhelm Dilthey in Berlin – an der Bezeichnung »analytische Psychologie« fest, da es ihm ja um eine Analyse der Psyche, der Formen des Bewußtseins, geht, die allerdings, bezogen auf die Erkenntnis der Phänomene, gegenstandskonstituierend sind. So unübersehbar die Verwandtschaft zu Edmund Husserls Phänomenologie – aber auch zu Alexius Meinongs »Gegenstandstheorie« – ist, sowohl terminologisch als auch methodologisch geht Walther Schmied-Kowarzik mit seiner »Analytischen Psychologie« eigene Wege.

Das Programm der analytischen Psychologie ist eine streng philosophische Analyse der Bewußtseinsformen oder der Formen des *subjektiven Geistes,* wobei es nicht nur um die Formen des Erkennens geht. Die Analyse setzt tiefer an: ausgehend von der Selbstgewißheit der Einheit des Bewußtseins im Ich und Jetzt, differenziert Schmied-Kowarzik die »Dreiheit der Wirklichkeitserlebnisse: Empfindung, Gefühl und Strebung«, schreitet von da erst zu dem allen Wahrnehmen, Vorstellen und Erkennen zugrundeliegenden »Gegensatz von Subjekt und Objekt« fort, um schließlich den Unterschied von *Denken* in zergliedernden *Urteilen* und *Intuition* als ganzheitlicher *Gestalterfassung* insbesondere im Hinblick auf das ästhetische Erleben herauszuarbeiten. Eine zentrale Rolle spielt auch die Analyse der »Raum- und Zeitanschauung«, die Walther Schmied-Kowarzik bereits in seiner umfangreichen Dissertation »Zeit und Raum. Eine psychologische und transzendentalphilosophische Untersuchung« (1908) eingehend analysiert hatte.

Ich kann hier nicht näher auf die Detailanalysen der »Analytischen Psychologie« und von »Zeit und Raum« eingehen. Für unseren Zusammenhang reicht es aus, nur darauf hinzuweisen, daß der Ausgangspunkt des Philosophierens von Walther Schmied-Kowarzik in der transzendentalphilosophischen Analyse des subjektiven Geistes und seiner Formen liegt.

Für alle so ansetzenden transzendental-phänomenologischen Positionen – ich gebrauche diese Bezeichnung in der heute üblichen weiten Fassung – stellt sich – da sie ja bei der Selbstgewißheit des Bewußtseins, des Subjekts beginnen – das grundlegende Problem von Erkennen und Verstehen des Anderen. Mit Erkennen und Verstehen ist hier noch nicht die Unterscheidung wissenschaftlicher Vergegenständlichungsmethoden gemeint, sondern die diesen vorausliegende Ermöglichung der Anerkenntnis des Anderen als eines außer der Selbstgewißheit des je eigenen Bewußtseins existierenden eigenständigen anderen Bewußtseins und Subjekts und der Verständigung mit ihm. Bereits Wilhelm Diltheys späte Arbeiten kreisen um dieses Problem des Verstehens von Fremdpsychischem als Grundlage aller Geisteswissenschaften (Der Aufbau der geschichtlichen Welt in den Geisteswissenschaften, 1910), und ebenso ringt Edmund Husserl in seinen späteren Entwürfen zur Phänomenologie um das Problem der Intersubjektivität (Cartesianische Meditationen, 1929) und hat so Anregungen zu einer phänomenologischen Soziologie gegeben (vgl. Alfred Schütz, Der sinnhafte Aufbau der sozialen Welt, 1932).

Hans Freyer hat nun mit seiner »Theorie des objektiven Geistes« – heute leider weitgehend vergessen – bereits 1923 den Versuch unternommen, die geisteswissenschaftliche Verstehenstheorie von Dilthey und den phänomenologischen Ansatz von Husserl zu einer alle Geschichts- und Sozialwissenschaften fundierenden Kulturphilosophie auszubauen. Wobei er über eine Differenzierung der Formen des objektiven bzw. objektivierten Geistes zu einem wissenschaftlichen Verstehen und phänomenologischen Beschreiben geschichtlich vergangener und gegenwärtiger Kultursysteme zu kommen versucht. Walther Schmied-Kowarzik greift in seiner Studie »Die Objektivation des Geistigen« lediglich das Kernstück der Untersuchungen von Freyer auf, nämlich den »objektiven Geist und seine Formen«, da hier bereits – wie er meint – grundlegende analytische Präzisierungen und Abgrenzungen nötig sind, die zu einer wesentlich modifizierten und erweiterten Systematik einer umfassenden Kulturphilosophie führen. Die Hauptlinien dieser Differenzierungen möchte ich im folgenden unter Einbeziehung der anderen kulturphilosophischen Abhandlungen Schmied-Kowarziks, so beispielsweise »Stellung und Aufgabe von Wundts Völkerpsychologie« (1924) und »Großstadt und Weltanschauung« (1930), knapp umreißen.

Vorweg sei noch darauf hingewiesen, daß sich das Problem des Erkennens und Verstehens des Anderen für Walther Schmied-Kowarzik nicht erst mit der Anerkenntnis und der Verständigung mit dem anderen Subjekt stellt, sondern bereits gegenüber dem Sein alles Seienden auftritt, wie er dies bereits im letzten »metaphysischen« Teil seiner Dissertation »Zeit und Raum« (1908) dargelegt und in einer späten Auseinandersetzung mit Martin

Heidegger »Das unendliche Sein und das endliche Seiende« (1951) nochmals erneut diskutiert hat. Mit Rückgriff auf Kants Kritiken und die Monadologie von Leibniz macht Schmied-Kowarzik deutlich, daß das naturwissenschaftliche Erklären immer nur die endlich Seienden in ihren kausalen Beziehungen in Raum und Zeit zu bestimmen vermag, nicht aber das ihnen je zugrundeliegende Wirklichsein. Allein über unser eigenes monadisches Wirklichsein haben wir einen zeit- und raumlosen unmittelbaren Bezug zum unendlichen Sein der »Urmonade«; anderes Wirklichsein wird uns dagegen nicht unmittelbar, sondern nur hierüber als Objektivation des Seins erfahrbar. Hierauf ist bei Behandlung des Gottesproblems nochmals zurückzukommen.
Deutlicher wird die Problemstellung in bezug auf das Lebendige. Wir erfassen anderes Leben nicht erst – oder gerade nicht – aus seiner wissenschaftlichen Vergegenständlichung, sondern dieser liegt vielmehr unser ursprüngliches Erfassen von Lebendigem aus der Selbstgewißheit eigenen Lebendigseins und ein Verstehen der Lebensäußerungen anderer, d. h. der Objektivation des Lebens, zugrunde. Schmied-Kowarzik deutet dieses Problem nur in einigen Hinweisen und mit einer Tabelle der »Formen der Objektivation des Lebens« (S. 17) an, ein Themenfeld, das dann erst Helmuth Plessner in seinem wichtigen Buch »Die Stufen des Organischen und der Mensch« (1928) streng methodisch als phänomenologische Hermeneutik des Lebens umfassend erschlossen hat.
Aus diesem Bereich der Objektivation des Lebendigen ist sodann die »Objektivation des Seelischen« herauszuheben, d. h. das Erfassen des anderen Subjekts aus seinen psychischen Äußerungen – z. B. »Weinen, Wimmern, Lachen, Jauchzen« (Die Objektivation des Geistigen, S. 8). Das Fundament zu einer Theorie des Verstehens von Fremdseelischem hat insbesondere Wilhelm Dilthey mit seiner Triade: Erlebnis – Ausdruck – Verstehen gelegt (»Der Aufbau der geschichtlichen Welt in den Geisteswissenschaften«, 1910) und Eduard Spranger hat sie in seiner Abhandlung »Zur Theorie des Verstehens und der geisteswissenschaftlichen Psychologie« (1918) grundlegend weiterentwickelt (vgl. W. Schmied-Kowarzik, Diltheys und Sprangers verstehende Psychologie, 1927).
Nun erst sind wir soweit, die »Objektivation des Geistigen« richtig ins Auge fassen zu können, wobei es ein Mißverständnis wäre, die vorausgehenden Differenzierungen als Stufen oder Seinsschichten im Sinne vom Max Scheler oder Nicolai Hartmann zu verstehen, vielmehr handelt es sich um analytische Scheidungen von Problemebenen. Von einer Objektivation des Geistigen kann überhaupt nur dort gesprochen werden, wo Manifestationen eines *Sinngehaltes* vorliegen, und das bedeutet, daß ihnen immer – selbst wenn es sich um individuelle Sinnäußerungen einzelner Subjekte handelt – mitmenschliche Bezüge im kulturellen Kontext zugrundeliegen. In der Objektivation des Geistigen wird kulturelles Menschsein allererst faßbar; und die

Frage nach den Formen des objektiven Geistes ist im letzten die Frage nach den Grundformen, in denen sich unser kulturelles Leben zu äußern vermag.

III

Hans Freyer nun benennt im zentralen Teil seines Buches fünf Formen des objektiven Geistes, bzw. objektivierten Geistes, in denen sich alles kulturelle Leben vergegenständlicht; er nennt sie: Gerät, Gebilde, Zeichen, Sozialform und Bildung. Walther Schmied-Kowarzik zeigt nun auf, daß diese fünf Formen nicht nur – wie bereits Jonas Cohn sagte (zit. bei Schmied-Kowarzik, S. 3) – »rhapsodisch« aufgegriffen sind, sondern daß in ihnen auch völlig Heterogenes aus verschiedenen Problemebenen nebeneinander gereiht wird. So müssen insbesondere die beiden letztgenannten: »Sozialform« und »Bildung« aus der Analyse der Formen des objektiven Geistes ausgeschieden werden, um sie dann an anderer Stelle in ihrem besonderen Formcharakter in die Grundlegung einer Kulturphilosophie einbeziehen zu können.

Klären wir zunächst die erstgenannten Formen des objektiven Geistes: Gerät, Gebilde, Zeichen, die Schmied-Kowarzik mit einigen Modifikationen und Ergänzungen im wesentlichen von Freyer übernimmt. Es handelt sich bei diesen Formunterscheidungen um das materialiter in oder an Gegenständlichem Objektivierte, an dem Geistiges materiell veräußert sichtbar wird.

Unter *»Gerät«* sind nicht nur Gebrauchsgegenstände wie Krug und Korb, Werkzeug und Waffe zu verstehen, sondern auch alle anderen einen Zweck erfüllende Vergegenständlichungen, wie beispielsweise Kleidungsstücke, Häuser, schutzbietende Wälle oder Verkehrsmittel wie Wagen und Schiffe. Etwas in uns sträubt sich jedoch, arbeitsverrichtende Haustiere oder gar Sklaven als Gerät zu bezeichnen, aber die Logik der Sache würde es gebieten, sie unter die gleiche Kategorie zu subsumieren, da sie von Menschen in einem bestimmten Kullturzusammenhang zu einer bestimmten Zweckerfüllung vergegenständlicht in den Dienst genommen werden. Aber noch eine andere Gegenstandsgruppe treibt – so führt Schmied-Kowarzik aus – über die zu eng gefaßte Bezeichnung Gerät hinaus: die Verbrauchsgüter aller Art. Beispielsweise hat sich in den Lebensmitteln, wie insbesondere in der zubereiteten Nahrung, ohne Zweifel Geistiges objektiviert: Kenntnisse über bekömmliche Substanzen sowie ihre schmackhafte Zubereitung. Trotzdem wäre es nicht sinnvoll, all dies – wie auch alle anderen Verbrauchsgüter, etwa Schmierstoffe für den reibungslosen Gebrauch von Maschinen – Gerät zu nennen. Schmied-Kowarzik schlägt daher vor, statt von Geräten von zweckerfüllenden Mitteln zu sprechen.

Die zweite Form des objektiven Geistes ist das *Gebilde*; darunter versteht Freyer das völlig zweckfreie, auf nichts außer sich verweisende, nur in sich selbst ruhende Kunstprodukt und Kunstwerk. Abgesehen davon, daß die Bezeichnung Gebilde, die eigentlich auf alles Objektivierte zutrifft, recht unglücklich gewählt ist, lassen sich nicht alle Kunstprodukte und Kunstwerke als völlig in sich ruhend, auf nichts außer sich verweisend begreifen. Im Rückgriff auf seine vorausgehenden Abhandlungen zur Ästhetik – vor allem die Arbeit »Die Kunstform in den tektonischen Künsten« (1924) – betont Schmied-Kowarzik, daß man hier noch die Form des *»Abbilds«* hinzufügen müsse. Zwar gibt es sicherlich völlig in sich ruhende Kunstgebilde: den Reif, die Kette, das Ornament, die Gliederung der Fassade eines Hauses sowie überhaupt die Musik. Was aber ist mit der Mammutzeichnung an der Höhlenwand oder dem Portrait oder mit figürlichen Plastiken? Sie ruhen zwar als Kunstwerke ebenfalls in sich, verweisen aber zugleich über sich hinaus auf anderes, und zwar in einer abbildenden Weise – dies unterscheidet sie von der nächsten Kategorie.

Die dritte Form des objektiven Geistes ist bei Freyer das *Zeichen,* und hier gibt es für Schmied-Kowarzik die größte Übereinstimmung in Kennzeichnung des Inhalts und Umfangs dieser Kategorie: »Das Zeichen« – so zitiert er Freyer – »hat seinen unmittelbaren Bedeutungsgehalt, aber über ihn hinaus, vielmehr durch ihn hindurch weist das Zeichen auf einen Gegenstand hin« (Freyer S. 52; zit. S. 13). Unter das Zeichen als Form objektivierten Geistes fällt in erster Linie die Sprache, die Schrift, die Zahl und die Formel, aber auch das Signal und das Symbol gehören hierzu; also alles, was als Sinnverweis für anderes steht, wird dieser Kategorie zugerechnet. Wie sehr unser gesamtes kulturelles Leben hiervon durchdrungen ist und getragen wird, hat gerade in jenen 20er Jahren Ernst Cassirer in seinem großen Werk »Philosophie der symbolischen Formen« (3 Bde., 1923-29) herausgearbeitet.

Nun zielen Freyers Formunterscheidungen – wie bereits gesagt – allein auf das Objektivierte, das materiell Vergegenständlichte des Geistigen. Diese Begrenzung der Analyse erweitert Schmied-Kowarzik grundlegend auf die *Objektivation des Geistigen,* d. h. die *objektivierende* Äußerung selbst, so daß sowohl die herstellende Tätigkeit als auch der Gebrauch in die Formanalyse mit einbezogen werden. So geht es gar nicht nur um die Geräte, die zweckerfüllenden Mittel, sondern ebenso um den Gerätegebrauch, bzw. noch allgemeiner gesagt um die sich äußernde »Zwecktätigkeit« in all ihren Formen. Solche Zwecktätigkeiten können ganz ohne materiale Vergegenständlichung erfolgen, wie das Schöpfen von Wasser mit der hohlen Hand, das Dreschen von Korn mit den bloßen Füßen usf., trotzdem stellen sie eine zwecktätige Objektivation des Geistigen dar. Gleiches gilt auch für die Symbolisierung und die Kunsttätigkeit, denn warum sollte das geschriebene Wort eine Form des objektiven Geistes sein, nicht aber das gesprochene Wort, das sich ja auch objektiviert, wenn auch nur in der flüchtigen Form des Schalls. Als Formen flüchtiger Kunsttätigkeit, die gleichwohl Objektivatio-

nen des Geistigen sind, verweist Schmied-Kowarzik unter anderen auf den Tanz oder den nachbildenden Laut.
Haben wir einmal die Analyse in dieser Weise auf die Objektivation des Geistigen, d. h. auf die objektivierenden Äußerungsformen erweitert, so müssen wir noch etwas Weiteres in den Blick nehmen. Alle diese kulturellen Äußerungen tragen nämlich entweder ausschließlich oder auswechselbar eine Individual- oder eine Sozialform an sich: ein Hammer kann von einem einzelnen gehandhabt werden, eine Treibjagd vermag dagegen nur von mehreren Zusammenwirkenden durchgeführt werden, ein Kanu vermag auch von einem einzelnen gerudert zu werden, eine Galere nur von vielen. Aber auch sonst schlagen sich soziale Differenzierungen in den Objektivierungen nieder, so wird Soziales sichtbar an Palast und Hütte oder an Grußformen gegenüber Höhergestellten bzw. Untergebenen – aber das soziale Leben geht in diesen Objektivierungen nicht auf, wie noch zu zeigen sein wird.

IV

Von entscheidender Bedeutung ist nun Schmied-Kowarziks Abgrenzung von Freyers Kategorien der »Bildung« und der »Sozialform«. Freyer zählt die *Bildung* zu den Formen objektivierten Geistes, da an Denken und Handeln des gebildeten Individuums eine »formgewordene Regelhaftigkeit« sichtbar wird, die nicht nur flüchtig und oberflächlich ist, sondern den Persönlichkeitskern gestaltet. Hans Freyer schreibt: »Was nun in der Bildung geformt wird, das sind nicht Akte, nicht Aktreihen, nicht Vermögen zu Akten, sondern das ist die *Person,* die vor und unter allen aktuellen Leben liegt; darin eben gründet die Möglichkeit einer aus der Aktualität losgelösten Formwerdung« (Freyer S. 57). Darauf antwortet nun Walther Schmied-Kowarzik sehr entschieden: »Das ist eine schöne, wertvolle Schilderung der Bildung, besser gesagt, der vollkommenen Bildung oder der Persönlichkeit, aber es macht zugleich klar und offensichtlich, daß diese ›Bildung‹ nicht zum objektiven Geist gehört. Sie ist keine Objektivationsform des Geistigen . . . Bildung gehört . . . (vielmehr) zum beharrenden (d. h. hier geformten) subjektiven Geist und ist so das Gegenteil des objektiven Geistes« (Die Objektivation des Geistigen, S. 32).
Es ist klar, um was es Schmied-Kowarzik in diesem Streit geht. Bildung ist gerade nicht etwas Vergegenständlichtes und auch nicht bloß Objektivation, also Äußerungsform, sondern sie ist lebendiges Formwerden und Formsein des subjektiven Geistes. Überhaupt ist der subjektive Geist das eigentliche produktive Zentrum aller kulturellen Objektivationen.
Allerdings kann der Prozeß der Formung des subjektiven Geistes nur über die Aneignung des objektiven Geistes, d. h. nur vermittels der symbolisierenden, gestaltenden und zweckbezogenen Formen des objektiven Geistes

erfolgen. Bildung »ist Übertragung geistiger Werte von einem Menschen zum anderen, ist Erweckung geistigen Lebens im anderen mit Hilfe des objektiven Geistes«. (S. 34) Natürlich vermag sich die so gebildete Persönlichkeit differenzierter und bestimmter in ihren Handlungen und Hervorbringungen zu äußern, aber sie selbst wird dabei nicht zu etwas Objektiviertem, sondern sie ist geformter, beharrender, subjektiver Geist. Bildung ist also keine Form des objektiven Geistes, sondern die Formung des subjektiven Geistes durch eine pädagogisch vermittelte Verlebendigung des objektivierten Geistes, und sie verlangt daher nach einer eigenständigen kulturpädagogischen Formanalyse.

Diese Anregung hat Richard Meister aufgegriffen und in seinen grundlegenden Arbeiten zur kulturphilosophischen Pädagogik wesentlich weiter ausgebaut. Ich erinnere hier nur an seine Abhandlung »Geistige Objektivierung und Resubjektivierung: Kultur und Erziehung« (1943), in der Meister ausführt: »Schaffen und Wiederverlebendigen stellen demnach zwei korrespondierende Prozesse dar, die gegenüber der unmittelbar erlebten seelischen Wirklichkeit gleichsam in einem Verhältnis der Spiegelung zueinander stehen: als der Weg der Gestaltung von Seelischem zu Körperlichem und der Weg der Wiederverlebendigung von solchem Körperlichen zum Seelischen: als Objektivierung und Resubjektivierung« (Meister 1943b, S. 56f).

Dies gilt nicht nur für den Bildungsprozeß der einzelnen Individuen, sondern ebenso für den kulturellen Erneuerungsprozeß eines Volkes: die objektivierten Kulturschöpfungen müssen von der nachwachsenden Generation lebendig angeeignet, erneuert und fortgeführt werden, denn der objektivierte Geist für sich wird – ohne die produktiven und ihn erneuerenden Subjekte – zum Kulturdenkmal vergangener Geistigkeit. (Vgl. hierzu W. Schmied-Kowarzik: Hochschule, Wissenschaft und Bildung, 1929).

Für das Gesamtkonzept in einer Kulturphilosophie, wie sie Schmied-Kowarzik – und auch Meister – vorschwebt, ist es also von entscheidender Wichtigkeit, daß Bildung nicht als objektivierte Form verstanden wird, sondern als Formwerden und Formsein des subjektiven Geistes, vermittelt über den objektiven Geist, dessen produktives Zentrum jedoch immer der subjektive Geist bleibt. Die Objektivation des Geistigen ist die notwendige Äußerungsform über die allein Subjekte sich verständigen können, aber sie ist nichts für sich, sondern lebt nur aus den Subjekten, die sich in diesen Formen äußern und das Geäußerte wieder aneignen. Von daher besteht Schmied-Kowarzik auch darauf, daß insbesonders der pädagogische Bildungsprozeß nicht als ein bloßer Prägungsprozeß durch Objektiviertes gesehen werden kann, da es gerade hier bei der Formwerdung des subjektiven Geistes auf eine möglichst dichte Begegnung der Subjekte über die unmittelbare Objektivation ankommt. Da »wir den Sinngehalt nicht in einer bloß theoretischen Haltung äußerlich aufnehmen, sondern in eigener fühlend-wollender Stellungnahme uns innerlich aneignen, . . . ebendarum kann der Lehrer, der Erzieher niemals ersetzt werden durch bloßes Bücherstudium, denn gerade (die) fließende Objektivationsform des Geistigen bietet die vollkommenste Möglichkeit der Übertragung nicht nur des Wissens . . ., sondern auch der lebendigen Wertung und Gesinnung selbst« (Die Objektivation des Geistigen, S. 34).

V

Auch mit der Kategorie der *»Sozialform«* verläßt Freyer die Analyseebene der Formen des objektiven Geistes, bzw. verfestigt Wirkzusammenhänge des sozialen Lebens zu Formen objektiviertes Geistes. Zur Sozialform zählt Freyer neben »der Sitte . . . noch die Familie, das Geschlecht, die Dorfgemeinschaft, das Volk, den Staat, den Verein«. »Auch hier« – so sagt Schmied-Kowarzik – »ist er von seiner Aufgabe der Beschreibung der Objektivationsformen in die Aufgabe der Charakteristik der Kultursysteme, der Sinngehalte hinübergeglitten« (Die Objektivation des Geistigen, S. 28). Denn ganz offensichtlich handelt es sich hier nicht um Objektivationsformen, sondern um Vergesellschaftungsformen oder Organisationsformen in Gemeinschaft handelnder Subjekte. Natürlich kommen diese Vergesellschaftsformen nicht ohne symbolisierende, gestaltende und zweckbezogene Objektivationen aus, und von außen betrachtet, verschmilzt beides ineinander, und dies ist es auch, was uns als äußerer Eindruck einer fremden Kultur entgegentritt, trotzdem müssen wir hier darauf achten, daß wir das sich organisierende gemeinsame Handeln von Menschen in einer bestimmten Kultur nicht zu einer Form objektivierten Geistes soziologisierend vergegenständlichen. Bereits in einer vorausgehenden Auseinandersetzung mit Wilhelm Wundts »Völkerpsychologie« (10 Bde., 1900-1920) hat Walther Schmied-Kowarzik (»Stellung und Aufgabe von Wundts Völkerpsychologie und der Begriff des Volkes«, 1924) sich mit den besonderen Aufgaben der Erforschung des Gemeinschaftslebens als einer lebendigen Wechselwirkung der vergesellschafteten Subjekte befaßt und dabei ausdrücklich herausgearbeitet, daß man das Gemeinschaftsleben nicht als Kollektivobjekt als für sich abgeschlossene Vergegenständlichung behandeln darf: »Nicht die einzelnen Kulturprodukte stehen untereinander in kausalgesetzlichem Zusammenhang . . . Nicht das materielle Produkt, nicht die äußere Einrichtung und Organisation, sondern der lebendige Mensch und seine Funktion ist der Quellgrund aller Produkte des objektiven Geistes, und darum muß jede soziologische Untersuchung, wenn sie ernstlich in die Tiefe gehen will, zur sozialpsychologischen Forschung werden, einer Sozialpsychologie freilich, die sämtliche Kulturfunktionen des menschlichen Geistes einschließlich der Kulturprodukte, die deren Gegenstand bildet, vollinhaltlich behandelt; denn die seelischen Tatsachen des Gemeinschaftslebens können ohne die objektiven Geisteserzeugnisse nicht verstanden werden« (S. 73).

In Übereinstimmung mit Wilhelm Wundt lehnt Schmied-Kowarzik sowohl die Hypostasierung sozialer Gruppen zu selbständigen »metaphysischen Wesen« wie »einem Gemeinschaftsgeist« oder »einer Volksseele« ab, wehrt sich aber ebenso dagegen, das Gemeinschaftsleben zum bloßen Aggregat aus allein für sich bestehenden Individuen zu atomisieren: »Insbesondere die Völkerpsychologie hat sich dessen bewußt zu bleiben, daß die Erzeugnisse, deren Träger die Gemeinschaft ist, in den Individuen, aus denen sich diese zusammensetzt, ihre letzte Quelle haben muß . . . Aber innerhalb der individuellen Bewußtseinseinheiten entstehen durch die Wechselbeziehung der Gemeinschaft aufgrund einer schöpferischen Synthese ›Neubildungen‹, die sich aus Bestandteilen *eines* Bewußtseins niemals erklären lassen, sondern auf einer geistigen Wechselwirkung vieler beruhen« (Stellung und Aufgabe von Wundts Völkerpsychologie, S. 70).

In dieser Wechselwirkung der Mitglieder einer »Volksgemeinschaft« bzw. der »Wechselwirkung zwischen dem Einzelnen und der Gemeinschaft« steckt eine eigentümliche »teleologische«, auf das gemeinsame Zusammenleben bezogene Struktur, die nicht nur in unterschiedlicher Weise die Gemeinschaft in der Familie, dem Dorf, dem Volk etc. prägt, sondern auch die gesamte kulturelle Menschheitsgeschichte zielbestimmt; ihrer Aufhellung dient die kulturphilosophische Völkerpsychologie oder – wie Schmied-Kowarzik sagt – die »Sozialpsychologie«, deren letzter Problemhorizont die »Geschichtsphilosophie« ist.

Also auch die »Sozialform«, von der Hans Freyer spricht, ist keine Form des objektiven Geistes, sondern wie die Bildung ein Zusammenwirken, in das natürlich die Objektivierungen konstitutiv mit eingehen, denn ohne die symbolischen, gestaltenden und zweckbezogenen Objektivationsformen ist nicht nur kein kulturelles, sondern überhaupt kein Gemeinschaftsleben denkbar; aber so sehr die kulturellen Objektivierungen prägend und strukturierend in das Gemeinschaftsleben eingehen, so kann dieses doch nicht als objektiver Geist angesprochen werden, sondern lebt aus den geschichtlich zielbezogenen Wechselwirkungen der Mitglieder der Gemeinschaft. Um diese »teleologische« Struktur des gesellschaftlichen Lebens näher zu bestimmen, bedarf es der Erschließung einer weiteren Problemebene neben dem subjektiven und objektiven Geist.

VI

Um die dritte und eigentlich zentrale Ebene der Kulturphilosophie, die Analyse der Kultursysteme, noch deutlicher hervorzuheben, muß auf eine

weitere Abgrenzung eingegangen werden. Richard Meister, der in vielen Punkten Schmied-Kowarzik folgt, hat zu den besprochenen Formen der Objektivation des Geistigen noch als weitere (vierte) Kategorie die *»Norm«* hinzugefügt, und Friedrich Kainz übernimmt diese Ergänzung. Nun hat jedoch Walther Schmied-Kowarzik in seiner Arbeit »Die Objektivation des Geistigen« bereits vorweg begründet, warum für ihn die Norm keine Form des objektiven Geistes sein kann: »Das geistige Leben als solches ist Erlebnis, Akt, fließendes Seelenleben, und es ist gerichtet auf einen Sinngehalt. Dieser Sinngehalt (Sachverhalt, Tatbestand, Wahrheit, Schönheit, Sittengesetz, Norm) ist selbst nicht eine seelische Wirklichkeit, ein Akt des Erlebens, ist (aber) auch keine körperliche Wirklichkeit, überhaupt keine Wirklichkeit, sondern gehört einer idealen Sphäre, dem sogenannten dritten Reich an, dem Gültigkeit, aber nicht Dasein, Existenz . . . zugeschrieben werden muß. Das geistige Leben schafft dann in der physischen Welt Gebilde als Träger und Mittler ›gegenständlichen‹ Sinngehalts (symbolische Handlungen, Kunstwerke, Geräte usf.)« (Die Objektivation des Geistigen, S. 3f). Walther Schmied-Kowarzik geht also von einer Dreigliedrigkeit von subjektivem, objektivem und ideellem Geist aus, wobei er selber ausdrücklich auf die Differenzen zur Dreigliederung bei Hegel hinweist. Während Hegel zwischen »Recht«, »Moralität« und »Sittlichkeit«, die er dem »objektiven Geist« zuordnet, und »Kunst«, »Religion« und »Philosophie« als Gestalten des »absoluten Geistes« trennt, kommt es Schmied-Kowarzik darauf an, alles aus diesen Bereichen sinnlich-materiell Erfahrbare dem objektiven Geist, die Sinngehalte selbst aber dem ideellen Geist zuzurechnen. Der ideelle Geist – und dazu gehören genauso die Normen des Rechts und der Sittlichkeit wie der Wahrheit und Schönheit – wird als solcher nicht objektiv, weder im Psychischen noch im Physischen. Wohl können sich menschliche Handlungen an ihnen als »regulativen Ideen« (Kant) orientieren, und so kommt auch etwas von ihnen nicht nur im Handeln der Menschen zum Vorschein, sondern die ganzen Kulturgeschichte läßt sich am Grad ihrer differenzierteren Verwirklichung bemessen, trotzdem geht das Ideelle – beispielsweise das Sittengesetz – wie immer es im Laufe der Geschichte ausformuliert werden mag, niemals in dem auf, was von ihm im sittlichen Handeln der Menschen einer Kultur manifest wird, sondern – wie schon Platon von der Idee sagte – gibt es hier immer nur eine »Teilhabe« des Handelns am ideellen Geist, der durch alle kulturellen Objektivationen hindurch immer nur indirekt zum Vorschein kommt.
So sehr die Sinngehalte selbst weder Erzeugnisse des subjektiven Geistes sind, noch im objektiven Geist aufgehen, sondern eine eigenständige Sphäre bilden, so sehr sind sie doch auch keine »neben und über den Individuen vorhandenen . . . Substanzen« – wie wir vorher bereits im Rückgriff auf Schmied-Kowarziks Abhandlung »Stellung und Aufgabe von Wundts Völkerpsychologie« (S. 69) andeuteten –, sondern sie sind ›teleologische‹ Zielorientie-

rung menschlichen Denkens und Handelns, die aber nur im wechselseitigen gesellschaftlichen Zusammenwirken, aber über dieses hinausweisend, zum Tragen kommen. Alle je besonderen Ausprägungen des Rechts, der Sittlichkeit, der Wissenschaften, der Kunst, der Religion sind natürlich kulturgeschichtlich bestimmte »Objektivationen des Ideellen«, ohne doch darin je das Ideelle erschöpfen zu können, das in ihren Sinngehalten regulativ aufgegebenes Ziel bleibt.

Aus all diesen Differenzierungen wird klar, daß für Walther Schmied-Kowarzik die Analyse der Objektivationsformen, die ja der eigentliche Gegenstand der hier diskutierten Arbeit ist, nur – neben dem subjektiven und ideellen Geist – eine Teil-Vorstudie zu einer umfassenden Kulturphilosophie darstellt; so schreibt er selber: »Die Einteilung der Formen des objektiven Geistes kann niemals die gleiche Wichtigkeit beanspruchen, wie die Einteilung der Sinngehalte des ideellen Geistes, die Ordnung der Kultursysteme (Religion, Kunst, Wissenschaft usf.), welche Systematik die *Hauptaufgabe* einer *Kulturphilosophie* ist. Gleichwohl ist die Frage nach den Objektivationsformen des Geistigen eine bedeutsame Vorfrage der Kulturphilosophie. Denn der ideelle Geist muß sich irgendwie in der physischen Welt (durch den menschlichen Leib oder mittelbar in der außermenschlichen Natur) manifestieren, um menschlich wahrnehmbar zu werden. *Der Logos muß Wort, muß Fleisch werden, um unter uns zu wirken und zu wohnen«* (Die Objektivation des Geistigen, S. 33).

VII

Jetzt erst sind wir an den Punkt gelangt, in einem noch weiteren Sinn von den »Objektivationen des Geistigen« zu sprechen. Wie eine solche erweiterte Bestimmung der »Objektivationen des Geistigen«, bzw. der »Objektivationen des Ideellen« möglich ist, soll im folgenden nochmals umrissen werden. Zunächst ging es Walther Schmied-Kowarzik darum, die *Formen* zu ermitteln, in denen sich Geistiges materiell manifestieren kann, diese waren das Symbol, das Gerät, das künstlerische Gebilde und Abbild. Damit waren aber eigentlich nur die materiellen Träger benannt, während die Objektivation des Geistigen vielmehr bereits in der selbst sinnlich hervortretenden Äußerungsform des vergegenständlichenden Hervorbringens und des Gebrauchs von Vergegenständlichungen liegt, also in der Symbolisierung, der Zwecktätigkeit, der künstlerischen Produktion. Von hierher ging es Schmied-Kowarzik sodann darum, den »soziologisierenden« Gedanken Freyers abzuwehren, daß die Prozesse der »Bildung« der Individuen und der »Sozialform« gesell-

schaftlichen Zusammenlebens ebenfalls als Formen des objektiven Geistes auszusehen seien.
Wohl geht die Objektivation des Geistigen vermittelnd in den Bildungsprozeß und das gesellschaftliche Zusammenwirken mit ein. So ist beispielsweise die sprachliche Objektivation des Geistigen eines Individuums in einer bestimmten Kultur sicherlich das Ergebnis vieler vorausgehender Objektivierungen sowie ihrer individuellen Aneignung und von gesellschaftlichen Verständigungsprozessen, aber deshalb sind weder diese Prozesse noch ihre Resultate Formen des objektiven Geistes, vielmehr handelt es sich bei der Bildung um eine pädagogische Formung und individuelle Formwerdung des subjektiven Geistes, der trotz aller Vermittlung über die bereits objektivierten Symbolisierungen doch immer subjektives und produktives Zentrum des lebendigen Aneignungsprozesses des Symbolisierten sowie seiner eigenen Symbolisierungen bleibt. Ebenso darf das lebendige Zusammenwirken in einer Gemeinschaft nicht zu einer objektiven Gestalt verdinglicht werden; wohl sind die Objektivationsformen des Geistigen ohne Zweifel die Medien, ohne die ein gesellschaftliches Zusammenwirken überhaupt nicht möglich wäre, trotzdem bleibt das – selbstverständlich kulturell geprägte – lebendige Zusammenwirken der Individuen in einer Gemeinschaft aktives Zentrum des kulturellen Lebens, das selbst immer auf die gemeinsame Verwirklichung ideeller Sinngehalte ausgerichtet ist. Nur durch diese doppelte Begrenzung des objektiven Geistes gegenüber den in Gemeinschaft handelnden Subjekten einerseits und den zur gemeinsamen Verwirklichung aufgegebenen ideellen Sinngehalten andererseits ist überhaupt das kulturelle Menschsein im umfassenden Horizont einer »Geschichtsphilosophie« bestimmbar (Stellung und Aufgabe von Wundts Völkerpsychologie, S. 74).
Wenn wir nun all diese Eingrenzungen mitdenken, dann können wir im Sinne des obigen Zitats in umfassender Weise alle kulturellen Lebensäußerungen der Menschheitsgeschichte als wort- und fleischgewordene »Objektivationen des Geistigen« bezeichnen, ohne dabei in den Fehler ihrer Verdinglichung zu verfallen. Hierbei geht es dann nicht mehr nur um die *Formen* des objektiven Geistes, also die Formen des Objektivierten und der Objektivationen als Äußerungsformen, sondern hier sind nun auch die sich darin äußernden *Inhalte* des ideellen Geistes mit einbezogen. In diesem Sinne spricht Walther Schmied-Kowarzik von den »Objektivationen des Ideellen« oder den »Objektivierungen des ideellen Geistes«, wobei allerdings daran festzuhalten bleibt, daß sich das Ideelle selbst niemals und nirgends als solches objektiviert, weder als Sittengesetz noch als Wahrheit oder Schönheit; und doch muß es sehr wohl im Sprechen und Denken der Subjekte zum Ausdruck kommen, »muß Wort, muß Fleisch werden, um unter uns zu wirken und zu wohnen«, sonst könnte es nicht einmal intendiert werden und es gäbe keine zielgerichtete Verständigung auf es hin. In diesem auch die inhaltliche Seite

des ideellen Geistes mit umfassendem Sinn dient uns der Begriff der »Objektivationen des Geistigen« auch als Titel und Motto für Symposion und Gedenkband.

Von hier her ist es dann durchaus legitim – wie Walther Schmied-Kowarzik ausdrücklich herausstellt – Bereiche »einzelner Geisteserzeugnisse (Sprache, Mythos, Kunst, Sitte, Recht, Staat, Wirtschaft)« als besondere Felder von Objektivationen des Geistigen zu thematisieren. Allerdings muß man sich dabei bewußt halten, daß sie Objektivationen eines lebendigen »Gemeinschaftslebens, aus dem jene geistigen Gebilde hervorgehen«, darstellen und keine selbständigen Entitäten sind. »Der objektive Geist kann in jedem seiner eben aufgezählten Teilinhalte abgesondert untersucht werden: Sprachwissenschaft, Mythologie, Kunstwissenschaft, Rechtswissenschaft, Staatslehre, Wirtschaftslehre«, aber es handelt sich dabei um »künstlich isolierte und damit abstrakte Teile . . ., denn es gibt keine bloß wirtschaftlich oder künstlerisch tätige Gemeinschaft, vielmehr wirken die einzelnen Kulturfunktionen aufeinander ein, hemmen und fördern einander und beeinflussen sich gegenseitig in ihren Richtungen« (Stellung und Aufgabe von Wundts Völkerpsychologie, S. 73).

Aber nicht nur im Hinblick auf die systematisch gesonderten Geisteswissenschaften haben die vorausgehenden kulturphilosophischen Vorstudien grundlegend klärende und begrenzende Bedeutung, sondern von noch entscheidenderer Wichtigkeit sind sie für die umfassende Thematisierung unseres kulturellen Menschseins, das es in drei Problemebenen zu bedenken gilt:

1. die Geschichtswissenschaft, beginnend mit der Urgeschichte – für die sich Schmied-Kowarzik immer besonders interessierte – bis hin zur Gegenwartsgeschichte; sie muß in besonderem Maße auf das Objektivierte zurückgreifen, um aus diesen Zeugnissen, von den in Stein geritzten Symbolen bis hin zu Schriftstücken, auf den kulturellen Lebenszusammenhang rückschließen zu können;

2. die Völkerkunde (Ethnologie), die Schmied-Kowarzik nicht nur auf die schriftlosen Völker eingegrenzt wissen will, sondern auch auf die »geschichtlichen Kulturvölker« bezieht (Stellung und Aufgabe von Wundts Völkerpsychologie, S. 81); in ihr können in teilnehmender Beobachtung auch die »fließenden« Objektivationen, wie beispielsweise die Arbeitsprozesse, die Gesprächsformen, der kultische Tanz mit in die Analyse fremder Kulturen, bzw. unbekannter Bereiche der eigenen Kultur einbezogen werden;

3. die Selbstanalyse der eigenen Kultur; dort wo das eigene kulturelle Leben thematisiert wird, sind wir nicht mehr in der distanzierten Rolle des Beobachters, sondern sind als Selbstbetroffene in die Kulturanalyse mit

einbezogen. Dies hat Walther Schmied-Kowarzik besonders klar in einem Vortrag »Großstadt und Weltanschauung« dargelegt, dessen Thematik hier nur in Stichworten angedeutet werden soll.

VIII

Während die Arbeitsweise und die soziale Lebensform auf dem Lande von den Rhythmen der Jahreszeiten und durch die ständige Beobachtung der Naturprozesse geprägt wird, sind die Tätigkeiten in der Großstadt – vom Arbeiter bis zum Beamten – ausschließlich gesellschaftlich bestimmt, ihr Gelingen hängt allein vom Menschen ab, ihre Organisation wird als reines Menschenwerk erfahren. Aber obwohl das bäuerliche Leben von der Natur abhängig ist, überblickt der einzelne doch den gesamten Produktionszusammenhang und plant die von ihm und den Seinen zu erbringenden Arbeiten und Vorsorgemaßnahmen; demgegenüber vermag der Großstädter den komplexen gesellschaftlichen Produktionszusammenhang nicht zu überblicken, sondern kennt immer nur den kleinen Horizont seiner Teilarbeit. Dies führt zu einer ›Entfremdung‹ seines Lebenszusammenhangs, den Walter Schmied-Kowarzik wie folgt umschreibt – ohne dabei die Verwandtschaft zum Anliegen von Karl Marx zu ahnen, da er, wie damals vorherrschend üblich, das kritische Anliegen von Marx grundlegend als Affirmation einer Ökonomisierung mißversteht –:
»In der Großstadt sind Technik und Ökonomie (Kapitalismus) zu einer den Menschen beherrschenden, dämonischen Macht angewachsen. Wie eine Besessenheit ist die Sucht über die Menschen gekommen, die technische Rekordleistung weit über alle vernünftigen Wünsche hinaus zu steigern. Nicht der Mensch, sondern der Rekord ist das Maß der Maschine. Und die Ökonomie, der objektive Geist der vom Menschen geschaffenen wirtschaftlichen Einrichtung ist eine Gewalt, die über die Kraft des Menschen hinausgewachsen, den einstigen Herrn zum Sklaven erniedrigt hat« (Großstadt und Weltanschauung, S. 124).
Diese Analyse erfolgt nun nicht aus der neutralen Distanziertheit des fremden Betrachters, sondern von der eigenen Betroffenheit und vom sittlich-praktischen Anliegen her, durch Bewußtmachung die Gegenkräften gegen diese entfremdende Entwicklung zu bestärken. Dabei geht es nicht um »den Ruf Rousseaus ›Zurück zur Natur! . . .‹ oder (darum) mit Tolstoi die gesamte europäische Zivilisation, Kunst und Wissenschaft abzulehnen und die urchristliche Religiosität und Sittlichkeit einfachen Bauerntums zu erstreben . . ., (sondern) unsere Aufgabe ist es . . ., die *Großstadt zu bejahen* und sie und ihren Geist so umzubilden, daß ein neuer Lebensstil idealer Kultur aus ihr spricht«. (Großstadt und Weltanschauung, S. 125). Ansätze zu einer

solchen Umbildung sieht Walther Schmied-Kowarzik 1930 in der jüngsten Entwicklung der Städteplanung hin zur »Großstadt mit Gartensiedlung«, dem Ausbau »bürgerlicher und proletarischer Bildungsvereine« und schließlich im »Entstehen eines religiösen Sozialismus« (Paul Tillich, Eduard Heimann u. a.). »Wir Heutigen aber« – so schließt der Vortrag – »stehen mitten zwischen dem Gestern und Heute, mitten drin im Kampf des Alten und des Neuen, und uns obliegt die Pflicht, an dieser großen Aufgabe mitzuarbeiten, an der Schaffung dieser neuen Kultur in uns und an ihrer erzieherischen Vermittlung an alle« (Großstadt und Weltanschauung, S. 126).
Damit verweist die Kulturphilosophie – wie ja schon an den Überlegungen zum pädagogischen Prozeß der Bildung und Personwerdung sowie zum geschichtlichen Werden der eigenen Kulturgemeinschaft sichtbar wurde – hinüber auf die sittlich-praktischen, pädagogischen und politischen Aufgaben unseres Menschseins, wie sie Walther Schmied-Kowarzik einige Jahre später in seiner »Ethik. Mit Berücksichtigung pädagogischer Probleme« (1932) niedergelegt hat. Und es wird hierdurch deutlich, wie »Die Objektivation des Geistigen« zusammen mit den weiteren Abhandlungen aus diesem Umfeld im Denken von Walther Schmied-Kowarzik ein Mittelstück und Bindeglied darstellt zwischen der erkenntnistheoretischen Grundlegung »Umriß einer analytischen Psychologie«, als Theorie des subjektiven Geistes, und der »Ethik«, die die Sphäre des ideellen Geistes nicht mehr nur analytisch differenziert, sondern uns als eine von uns zu erbringende sittliche Aufgabe kulturellen Menschseins und Menschwerdens praxisphilosophisch erschließt.

IX

Abschließend sei nochmals die Frage aufgenommen, was denn die Sphäre des ideellen Geistes sei, die – wie Schmied-Kowarzik betont – keine bloße Gegebenheit des subjektiven Geistes ist und deren »Objektivierungen . . . nicht an außerleibliche Produkte gebunden zu sein« brauchen (Die Objektivation des Geistigen, S. 12). Mit jenen ideellen Sinngehalten des Rechts, der Sittlichkeit, aber auch der Wahrheit, der Schönheit und des Religiösen gehen teleologische, richtungsweisende Momente in all unser mitmenschliches Handeln ein – wie Schmied-Kowarzik insbesondere in seiner »Ethik« näher ausführt –; aber was sind diese »regulativen Ideen«, da sie doch keinesfalls als »metaphysische Wesen« oder »selbständige Substanzen« begriffen werden können?
Es sei dieses Problem nur noch beispielhaft an dem Fundamentalproblem des Religiösen angedeutet, das wie ein roter Faden das gesamte Philosophieren Walther Schmied-Kowarziks von den Schlußkapiteln seiner Dissertation »Zeit und Raum« (1908) an bis zur Abhandlung »Das unendliche Sein und

das endliche Seiende« (1951), sowie von der religionsphilosophischen Grundlegung »Gotteserlebnis und Welterkenntis« (1918) bis zum letzten Buch »Frühe Sinnbilder des Kosmos« (1958) durchzieht.
Sicherlich sind unsere religiösen Vorstellungen in all ihrem bildlichen und gedanklichen Bestimmungen Objektivationen unseres Geistes, dies ist nicht erst eine Entdeckung Ludwig Feuerbachs, sondern gut zweieinhalb Jahrtausende vorher hat diese Einsicht bereits Xenophanes ausgesprochen. Aber dies ist nur die halbe Wahrheit – wie Schmied-Kowarzik in »Gotteserlebnis und Weltkenntnis« in betontem Anschluß an F. D. E. Schleiermacher und F. W .J. Schelling ausführt –, denn in der existentiellen Einsicht unserer Endlichkeit tritt zugleich das »Gefühl schlechthinniger Abhängigkeit« vom Universum auf (Schleiermacher); wir sind also »notwendig gottsetzendes Bewußtsein« (Schelling), da sich der menschliche Geist nicht aus sich selbst heraus zu konstituieren vermag.
Nun haben jedoch einige diese Verankerung der Glaubensgewißheit im Gefühl lediglich als ein »metaphysisches Bedürfnis« in uns (A. Schopenhauer) gefaßt, nicht aber als einen wirklichen Bezug zum Sein oder Gott verstanden. Dieses Gefühl allein festgehalten und der wissenschaftlichen Erkenntnis von der Welt ohne Gott gegenübergestellt, führt zum radikalen Als-ob-Standpunkt Hans Vaihingers. »Die Philosophie des Als-ob verneint den Wahrheitsgehalt der Glaubensvorstellungen und das Dasein des Göttlichen« (Gotteserlebnis und Welterkenntnis, S. 139). Sie macht die Gottesvorstellung zu einem »Scheingebilde«, ohne die wir zwar nicht auskommen, die aber doch keine »Daseinsbedeutung« und keinen »Wahrheitsgehalt« für uns hat und somit letztlich zu einer Bedeutungslosigkeit des Religiösen führt.
Diesem radikalen Als-ob-Standpunkt setzt nun Walther Schmied-Kowarzik einen – wie er sagt – »eingeschränkten Als-ob-Standpunkt«, aus kritischer Metaphysik begründet, entgegen, indem er zunächst in negativer Erkenntniskritik die Unbegründbarkeit der wissenschaftlichen Erkenntnisweise in ihrem Absolutheitsanspruch dartut. Niemals vermag die wissenschaftliche Erkenntnis das unendliche, ewige, absolute Sein zu erreichen, das doch gleichwohl allem endlich Seienden zugrundeliegen muß. Gerade an unserer Raum- und noch entschiedener an unserer Zeiterfahrung hat Schmied-Kowarzik seit seiner Dissertation deutlich zu machen versucht, daß wir hier in eine für das wissenschaftliche Erkennen unlösbare Aporie getrieben werden, denn dieses kann nur Endliches in Zeit und Raum bestimmen, bedarf aber gleichwohl zur Bestimmung von Endlichem der absoluten Gegenposition, die sich ihrem Zugriff aber prinzipiell entzieht.
Ganz anders aber steht es mit dem »Gefühl« unseres existentiellen Daseins im »Universum« (Schleiermacher). »Zur Anerkenntnis des Seiens eines Absoluten, Unendlichen gelangen wir durch Vertiefung in den Gedanken des Endlichen« (Gotteserlebnis und Welterkenntnis, S. 142), wobei dieses gera-

de nicht rational zergliedernd geschieden wird, sondern als ein Einbezogensein im Ganzen erlebt wird, wie dies Schleiermacher dargelegt hat: »Alles Einzelne nicht für sich, sondern als einen Teil des Ganzen, alles Beschränkte nicht in seinem Gegensatz gegen anderes, sondern als eine Darstellung des Unendlichen in unser Leben aufnehmen und uns davon bewegen lassen, das ist Religion« (Schleiermacher, Über die Religion, S. 54). Und Schmied-Kowarzik fügt erläuternd hinzu: »Die Art der religiösen Gottesvorstellung ist also immer subjektiv, nicht ein Ebenbild der Gottheit wiedergebend, sondern ein Bild des besonderen Menschen und der ihm eigentümlichen Stellung im Ganzen des Weltalls« (Gotteserlebnis und Welterkenntnis, S. 147). »Subjektiv« meint aber hier nicht etwas Abwertendes, denn nur dem absolutgesetzten wissenschaftlichen Erkennen erscheint es so, für das religiöse Bewußtsein dagegen ist es der unmittelbare Bezug unseres existentiellen Daseins zum Sein, in dem wir Gott zu erhoffen vermögen.

Damit ist keine »doppelte Wahrheit postuliert, sondern einzig die *eine* Wahrheit, die durch Erkennen und Fühlen in doppelter Weise gewährleistet ist« (Gotteserlebnis und Welterkenntnis, S. 148). Das wissenschaftliche Erkennen wird immer weiterfahren, uns das endlich Seiende zu differenzieren, aber es wird dabei niemals dem Sein begegnen, das es doch voraussetzen muß; wissenschaftlich läßt sich daher nie das Dasein Gottes beweisen oder ableugnen. Das existentielle Gefühl unseres Endlichseins dagegen erlebt sich unmittelbar aus dem unendlichen Sein und vermag alles Seiende als Objektivationen des Seins zu erfahren. Nur der Sinnbezug ist unmittelbar, seine Erfahrung als göttlicher Sinnzusammenhang und Sinnanspruch erfordert die Bildung religiöser Medidation.

Von hier her bekommen die religiösen Glaubensvorstellungen durch die Jahrhunderttausende der Menschheitsgeschichte ihren tieferen Sinn als »Objektivierungen des ideellen Geistes«. Von der Außenperspektive des theoretischen Erkennens erscheinen sie allesamt als unbegründete und vergängliche Schöpfungen und Projektionen des menschlichen Geistes, aber für das religiöse Bewußtsein, das selbst im existentiellen Innewerden unseres endlichen Daseins im unendlichen Sinn wurzelt, ist ihr Sinngehalt eine wirkliche, geschichtliche sich läuternde Offenbarwerdung gestifteter und zugleich uns aufgegebener Sinnerfüllung (vgl. Schelling: Philosophie der Mythologie und Offenbarung).

In seiner letzten religionsphilosophischen Arbeit »Frühe Sinnbilder des Kosmos« (1958) versucht Walther Schmied-Kowarzik, von solcher Innenperspektive her den ideellen Sinngehalt des Mythos als ein Erlebnismoment unserer eigenen religiösen Läuterung zu erschließen, er führt damit weiter, was er vierzig Jahre vorher in den Schlußsätzen von »Gotteserlebnis und Welterkenntnis« (1918) aussprach:

»Die religiösen Vorstellungen sind aus dem Gesichtspunkt des (eingeschränkten) Als-ob zu begreifen, aber nicht als *Trugbilder,* sondern als *Sinnbilder.* Sie sind nicht wesenlose Fiktionen, nützliche Täuschungen, sondern symbolische Wahrheiten . . . So wird der Glaube vom Wissen nicht aufgehoben, sondern in seinem Grundgehalt bestätigt, in seinen mannigfachen und wandelbaren Formen geläutert. Die Mystiker aller Bekenntnisse, die heiligstes Fühlen mit tiefsinnigen philosophischen Einsichten verbanden, sind ein lebendiges Zeugnis für diese reifste Vervollkommnung und Vergeistigung der religiösen Sinnbilder« (S. 152f).

Literaturhinweise

Ernst Cassirer: Philosophie der symbolischen Formen, 3 Bde. (1923-29), Darmstadt 1953

Wilhelm Dilthey: Der Aufbau der geschichtlichen Welt in den Geisteswissenschaften (1910), (Gesammelte Schriften Bd. VII), Leipzig 1927

–: Ideen zu einer beschreibenden und zergliedernden Psychologie (1894), (Gesammelte Schriften Bd. V. Die geistige Welt), Leipzig 1923

–: Psychologie (1894), (Gesammelte Schriften Bd. V. Die geistige Welt), Leipzig 1923

Hans Freyer: Theorie des objektiven Geistes. Eine Einleitung in die Kulturphilosophie, Leipzig/Berlin 1923

Nicolai Hartmann: Das Problem des geistigen Seins. Untersuchungen zur Grundlegung der Geschichtsphilosophie und der Geisteswissenschaften (1933), Berlin 1949

Georg Wilhelm Friedrich Hegel: Enzyklopädie der philosophischen Wissenschaften (1827), Werke Bd. 8–10, Frankfurt 1970

Alois Höfler: Psychologie, Wien/Prag 1897

Richard Hönigswald: Die Grundlagen der Denkpsychologie. Studien und Analysen, Leipzig 1920

Edmund Husserl: Philosophie als strenge Wissenschaft (1910/11), Frankfurt 1965

–: Ideen zu einer reinen Phänomenologie und phänomenologischen Philosophie (1913), Tübingen 1980

–: Cartesianische Meditationen. Eine Einleitung in die Phänomenologie (1929), Hamburg 1977

Friedrich Jodl: Lehrbuch der Psychologie (1896), neu herausgegeben und bearbeitet von C. Siegel und W. Schmied-Kowarzik, Leipzig 1924

Friedrich Kainz: Hauptprobleme der Kulturphilosophie. Im Anschluß an die kulturphilosophischen Schriften Richard Meisters, Wien 1977

Alexius Meinong: Untersuchungen zur Gegenstandstheorie und Psychologie (1904)

Richard Meister: Die Bedeutung der Kulturphilosophie für den Begriff der Erziehungswirklichkeit und der Erziehungswissenschaft, in: Pädagog. Jahrbuch 50 (1932)

–: Seinsformen der Kultur, in: Blätter für Deutsche Philosophie 17 (1943)

–: Geistige Objektivierung und Resubjektivierung: Kultur und Erziehung, in: Wiener Zeitschr. f. Philos., Psychol., Päd. 1 (1947)

–: Allgemeine Kulturwissenschaft und systematische Ethnologie, in: Anzeiger d. österr. Akademie d. Wiss., Philos.-histor. Kl. 95 (1958)

Helmuth Plessner: Die Stufen des Organischen und der Mensch, Einleitung in die philosophische Anthropologie (1928), Berlin 1975

Max Scheler: Die Stellung des Menschen im Kosmos (1928), Bern 1966
Friedrich Wilhelm Joseph Schelling: Philosophie der Mythologie und Offenbarung, Sämtl. Werke Bd. XII-XIV, Stuttgart 1856ff.
Friedrich Daniel Ernst Schleiermacher: Über die Religion. Reden an die Gebildeten unter ihren Verächtern (1799), Hamburg 1958
Walther Schmied-Kowarzik: Zeit und Raum. Eine psychologische und transzendentalphilosophische Untersuchung, Wiener Diss. 1908
–: Umriß einer neuen analytischen Psychologie, Leipzig 1912, 2. A. 1928
–: Gotteserlebnis und Welterkenntnis, in: FS für Johannes Volkelt zum 70. Geb., München 1918
–: Die Kunstform in den tektonischen Künsten, in: Zeitschr. f. Ästhetik u. Allgem. Kunstwiss. XVIII, 1 (1924)
–: Stellung und Aufgabe von Wundts Völkerpsychologie und der Begriff des Volkes, in: Wilhelm Wundt - Eine Würdigung, 2. Teil, Erfurt 1924
–: Die Objektivationen des Geistigen. Der objektive Geist und seine Formen, Leipzig 1927
–: Diltheys und Sprangers verstehende Psychologie in ihrem Verhältnis zur erklärenden (naturwissenschaftlichen) Psychologie, in: Archiv f. d. ges. Psychologie LVIII, 3/4 (1927)
–: Hochschule, Wissenschaft und Bildung, in: Erziehung und Bildung. Wiss. Beilage d. Preuß. Lehrerzeitung, 10,7 (1929)
–: Großstadt und Weltanschauung, in: Philosophie und Leben 6,5 (1930)
–: Ehtik. Mit Berücksichtigung pädag. Probleme, Osterwieck 1932
–: Das unendliche Sein und das endlich Seiende, in: Wiener Zeitschr. f. Philos., Psychol., Päd. III, 4 (1951)
–: Frühe Sinnbilder des Kosmos. Gotterserlebnis und Welterkenntnis in der Mythologie (1958), Ratingen/Kastellaun 1974
Alfred Schütz: Der sinnhafte Aufbau der sozialen Welt. Eine Einleitung in die verstehende Soziologie (1932), Frankfurt 1974
Eduard Spranger: Zur Theorie des Verstehens und der geisteswissenschaftlichen Psychologie, in: FS für Johannes Volkelt zum 70. Geb., München 1918
Wilhelm Wundt: Probleme der Völkerpsychologie, Stuttgart 1921

Walther Schmied-Kowarzik

Stellung und Aufgabe von Wundts Völkerpsychologie und der Begriff des Volkes

(Ein Auszug 1924)[1]

Kurz vor seinem Tode (1920) hat der 88jährige Philosoph seine 10bändige »Völkerpsychologie«[2] beendet, deren erster Band 1900 erschienen war. Es ist staunens- und bewundernswert, wie dieser unermüdliche Forscher, der 1857 als Dozent der Physiologie in Heidelberg seine akademische Tätigkeit begonnen, sich sämtliche Teilgebiete der Psychologie und Philosophie unterworfen und sie in seinen umfassenden Werken bereichert hat . . .

Vielleicht ist es aber am höchsten einzuschätzen, daß der Schöpfer der experimentellen Methode in der Individualpsychologie, der 1879 in Leipzig das erste psychologische Laboratorium der Welt eingerichtet, zugleich auch Begründer der mit kulturpsychologischer Methode arbeitenden Sozialpsychologie geworden ist.

Das Problem der Gemeinschaft, der sozialen Gruppe ist eng mit der Gesamtauffassung der Welt verbunden und wird darum so häufig von vornherein mit metaphysischen Annahmen belastet. Hierher gehört vor allem die Hypothese der realen Existenz eines Gemeinschaftsgeistes, einer Volksseele als eines metaphysischen Wesens, einer neben und über den Individuen vorhandenen psychischen Substanz. Andererseits sind Gegner dieser metaphysischen Anschauung so weit gegangen, nicht nur die Existenz einer besonderen sozialen Psyche als Substanz, sondern auch die Existenz eigenartiger sozialpsychischer Erlebnisse überhaupt zu leugnen. Wundt hat beide Extreme vermieden und in geradezu klassischer Form die Eigentümlichkeit sozialpsychischer Strukturen anerkannt, ohne das Sozialpsychische als selbständiges Wesen zu hypostasieren.

»Die geistigen Entwicklungen, die durch das Zusammenleben der Glieder einer Volksgemeinschaft entstehen, . . . sind allerdings nichts, was jemals außerhalb individueller Seelen vor sich gehen könnte« (I^3, 10). Gleichwohl ist das Individuum für sich genommen verschieden von dem Individuum in der Gemeinschaft, und diese selbst ist nicht als eine bloße Nebeneinanderstellung von einsamen Individuen zu begreifen. »Die Volksseele . . . besteht . . . nicht aus einer bloßen Summe individueller Bewußtseinseinheiten . . ., sondern auch bei ihr resultieren« (so wie beim Einzelbewußtsein aus den psychischen Elementen eigenartige Synthesen entstehen) »aus dieser Verbindung eigentümliche psychische und psychophysische Vorgänge, die in dem Einzelbewußtsein allein entweder gar nicht oder mindestens nicht in der Ausbildung entstehen könnten, in der sie sich infolge der Wechselwirkung der Einzelnen entwickeln. So ist die Volksseele ein Erzeugnis der Einzelseelen, aus denen sie besteht; aber diese sind nicht minder Erzeugnisse der Volksseele, an der sie teilnehmen« (I^3, 10) . . . Die Volksseele ist ebensowenig eine Substanz wie die Einzelseele, sondern besteht wie diese in den wirklichen geistigen Vorgängen, den aktuellen Erlebnissen selber. Nicht sowohl um verschiedene Gebiete, als vielmehr um verschiedene Seiten des geistigen Lebens handelt es sich also hier, die beide zusammen erst die Wirklichkeit des geistigen Lebens erschöpfen können, deshalb aber auch ein fortwährendes Eingreifen der hier und dort zu betrachtenden Vorgänge ineinander mit sich bringen. Insbesondere die Völkerpsychologie hat sich dessen bewußt zu bleiben, daß die Erzeugnisse, deren Träger die Gemeinschaft ist, in den Individuen, aus denen sich diese zusammensetzt, ihre letzten Quellen haben muß, da es ein geistiges Gesamtleben außerhalb der einzelnen ebensowenig gibt, wie einen psychischen Zusammenhang der Individuen irgendeines Stammes oder einer Volksgemeinschaft, der außerhalb der individuellen physischen Organismen existierte. Aber innerhalb der individuellen Bewußtseinseinheiten entstehen durch die Wechselbeziehung der Gemeinschaft auf Grund einer schöpferischen Synthese »Neubildungen«, die sich aus Bestandteilen eines Bewußseins niemals erklären lassen, sondern auf einer geistigen Wechselwirkung vieler beruhen. »Indem auf diese Weise die geistige Gemeinschaft Trägerin einer Fülle eigentümlicher, aber zugleich untereinander organisch verbundener Lebensvorgänge ist, kann sie mit demselben Recht wie das psychische Individuum ein geistiger Organismus genannt werden« (Logik III^3, 2).

Während die Individualpsychologie die psychischen Vorgänge im Individuum in seiner Vereinzelung, bzw. unter Abstraktion von der sozialen Umgebung beschreibt, ist es Aufgabe einer besonderen Wissenschaft, der Völkerpsychologie, diejenigen psychischen Vorgänge zu untersuchen, »die aus der geistigen Wechselwirkung einer Vielheit von Einzelnen entspringen«, Vorgänge, »die der allgemeinen Entwicklung menschlicher Gemeinschaften und der Entstehung gemeinsamer geistiger Erzeugnisse von allgemeingültigem Werte zugrunde liegen« (I^3, 1).

Die allgemeine Psychologie, die sich in Individualpsychologie und Völkerpsychologie (Sozialpsychologie) gliedert, enthält bei Wundt ununterschieden die psychologische Analyse (das, was ich im Anschluß an Dilthey als analytische Psychologie[3] bezeichnet habe und was der Husserlschen Phänomenologie entspricht), ferner die empirische Beschreibung der allgemeinen psychischen Vorgänge und endlich den Versuch ihrer kausalgesetzlichen Erklärung (empirisch-nomothetische, real-kausalgesetzlich erklärende Psychologie), indem Wundt die analytisch-apriorische und die empirische (beschreibende und erklärende) Aufgabe der Psychologie überhaupt nicht auseinandergehalten hat, obwohl sich beide verhalten wie die Aufgaben der Geometrie zu denen der Physik.

Wie man in der Individualpsychologie neben einer allgemeinen besondere Teilwissenschaften unterscheidet, die sich mit der Seele des Kindes, des Jugendlichen, des Geisteskranken, des Verbrechers, ferner mit der psychischen Struktur einzelner Menschentypen beschäftigt, so gibt es auch in der Völkerpsychologie (Sozialpsychologie) eine allgemeine und eine besondere Teilwissenschaft. Wundts Völkerpsychologie will ausschließlich den allgemeinen Teil der Wissenschaft bearbeiten, doch verneint er die Möglichkeit einer »speziellen Völkerpsychologie« keineswegs, vielmehr weist er diese »Charakteristik der geistigen Eigentümlichkeiten der einzelnen Völker« einer psychologischen Ethnologie zu (I^3, 2). . . .

Gegen Wundts Terminologie ist wiederholt eingewendet worden, daß eigentlich nur die »psychische Ethnologie« den Namen einer Völkerpsychologie verdiene und daß das, was von Wundt allgemeine Völkerpsychologie genannt und in seinem 10bändigen Werk dargestellt wird, richtiger »Sozialpsychologie« genannt würde.[4] . . .

Die Wahl des Namens »Völkerpsychologie« zeigt, welch überragende Bedeutung Wundt dem Begriff der Volksgemeinschaft zuerkennt. Wundt selbst schildert, wie wir im Nachfolgenden des Näheren hören werden, wie die Entwicklung der menschlichen Gesellschaft von der Horde über die Sippe und den Stamm zum Volk fortschreitet; die Volksgemeinschaft ist demnach nicht der Urzustand der menschlichen Gesellschaft und auch auf mittleren Entwicklungsstufen nicht vorhanden, aber die ganze Entwicklung strebt zu ihr und nach dem Ziel dieser teleologischen Entwicklung nennt Wundt die Psychologie der Gemeinschaft »Völkerpsychologie«.

Von der allgemeinen Individual- und Sozialpsychologie führt der Weg über die spezielle Individual- und Sozial-(Völker)psychologie zur *Geschichte,* die ihrerseits wieder individuelle Biographie oder allgemeine Geschichte ist. Die Geschichte hat es mit dem »Singulären«, die psychologischen Disziplinen mit dem »Allgemeingültigen, Typischen« zu tun . . . Zu den histrorischen Wissenschaften zählt neben der »eigentlichen Geschichte« auch die Vorgeschichte, die sich von dieser nur dadurch unterscheidet, daß eine absichtliche, über weitere Zeiträume sich erstreckende Überlieferung und ihre Bewahrung durch literarische und andere Denkmale fehlt. Da sie demnach als Teil der Gesamtgeschichte aufzufassen ist, wäre überall der von Wundt vielfach gebrauchte Ausdruck *»Urgeschichte«* vorzuziehen. »Die Urgeschichte hat ihren Blick der Geschichte zugewandt«, die sie »zu ergänzen« sucht; ihr »gehören unsere eigene Vergangenheit und die Gegenwart der sogenannten Naturvölker an« (I^3, 3,12).

So klar und einleuchtend diese Unterscheidung der allgemeinen Völker- oder Sozialpsychologie von der Individualpsychologie, der Ethnologie (oder speziellen Völkerpsychologie), der Geschichte und Urgeschichte ist, so wenig

kann die Trennung der allgemeinen Völkerpsychologie von der Soziologie, der Geschichtsphilosophie und der Anthropologie vollkommen befriedigen. Wundts Logik (III[3], 229) zufolge ist die *Anthropologie* »nach der Bedeutung, die sie in ihrer neueren Entwicklung gewonnen hat, lediglich der *allgemeine Teil der Ethnologie:* sie erstrebt eine Gesamtcharakteristik der psychischen Eigenschaften des Menschen in seinen innerhalb der Menschheit vertretenen Haupttypen und in seinen charakteristichen Unterschieden von den ihm nächstverwandten Tierformen«. Da aber der psychische Teil der Ethnologie als »spezielle Völkerpsychologie« der »allgemeinen Völkerpsychologie« gegenübergestellt worden ist, so sollte eigentlich Wundt diese allgemeine Völkerpsychologie mit dem psychischen Teil der allgemeinen Ethnologie, d. i. der Anthropologie zusammenfallen lassen. Der physische Teil der Anthropologie, die Somatologie, ist als Naturwissenschaft natürlich von der Psychologie unterschieden, und nur die Tatsache, daß unter Anthropologie in erster Linie diese naturwissenschaftliche Disziplin verstanden wird, die (von naturwissenschaftlich vorgebildeten Forschern bearbeitet) als selbständige Lehrkanzel eine besondere Stelle im Universitätsbetrieb hat, kann übersehen lassen, daß Psychologie und Somatologie zusammen die Wissenschaft vom Menschen oder die Anthropologie ausmachen.
Was die *Soziologie* anbelangt, so unterscheidet Wundt eine philosophische und eine empirische. »Die Philosophische Soziologie von Auguste Comte und Herbert Spencer an bis auf die neuesten ähnlichen Versuche . . . ist . . . durchaus nichts anderes als eine Geschichtsphilosophie unter neuem Namen.« Denn Geschichtsphilosophie ist »immer zugleich eine Philosophie der menschlichen Gesellschaft«. Wundt schließt sich hier den Gedanken Paul Barths an (»Die Philosophie der Geschichte als Soziologie«, 1. Aufl. 1897). »Ganz abseits von einer solchen philosophischen liegt jedoch die empirische Aufgabe, die gesellschaftlichen Erscheinungen in ihrem gesamten Zusammenhang und mit Rücksicht auf die Beziehungen, in denen sie zueinander stehen, zu beschreiben und auf ihre Bedingungen zurückzuführen. Die Soziologie in diesem Sinn ist eine *Zustandsschilderung der Gesellschaft* innerhalb bestimmter zeitlicher und räumlicher Grenzen« (I[3], 5) . . . Im Gegensatz zur Geschichte, welche »die ganze Aufeinanderfolge der Zustände« schildert, sucht die Soziologie »Querschnitte durch einzelne Stellen« der Abfolge zu legen. In seiner Logik zählt Wundt als Teilgebiete einer empirischen Soziologie im weiteren Sinne auf: die Ethnologie, die Demologie (oder Bevölkerungslehre, oft auch Statistik genannt) und die Staatswissenschaft mit ihren »Abzweigungen«, den »speziellen Gesellschaftswissenschaften«: Volkswirtschaftslehre und Rechtswissenschaft (Logik III[3], 482-84).
Es scheint mir, daß eine empirische Soziologie eine Gesetzeswissenschaft (nomothetische Wissenschaft) der menschlichen Gesellschaft ist, die betrachtet werden muß sowohl im Hinblick auf die einzelnen Geisteserzeugnisse

(Sprache, Mythos, Kunst, Sitte, Recht, Staat, Wirtschaft), als auch im Hinblick auf die seelischen Tatsachen des Gemeinschaftslebens, aus denen jene geistigen Gebilde hervorgehen. Die Soziologie muß sich ebensosehr mit dem subjektiven Geist, der Kulturfunktion, wie mit dem objektiven Geist, dem Kulturprodukt, beschäftigen. Der objektive Geist kann in jedem seiner eben aufgezählten Teilinhalte abgesondert untersucht werden: Sprachwissenschaft, Mythologie, Kunstwissenschaft, Rechtswissenschaft, Staatslehre, Wirtschaftslehre – alle diese Wissenschaften haben neben einem analytischen (apriorischen, idealgesetzlichen) und einem historischen (idiographischen) einen soziologischen (nomothetischen, realkausalgesetzlichen) Teil. Freilich ist eine Soziologie der Wirtschaft oder der Kunst ein künstlich isolierter und damit abstrakter Teil einer alles umfassenden Soziologie, denn es gibt keine bloß wirtschaftlich oder bloß künstlerisch tätige Gemeinschaft, vielmehr wirken die einzelnen Kulturfunktionen aufeinander ein, hemmen und fördern einander und beeinflussen sich gegenseitig in ihrer Richtung. Darum verspricht nur die kausalgesetzliche Betrachtung aller Funktionen der Menschen in der Gemeinschaft, d. i. eine umfassende Soziologie, eine Erklärung der Gesellschaftsformen und der Kulturgebilde zu bieten. Nicht die einzelnen Kulturprodukte stehen untereinander in kausalgesetzlichem Zusammenhang: der Barockbau ist nicht realiter ein Sprößling oder Ableger des Renaissancebaues, sondern der barockbauende Mensch erwuchs aus einer renaissancebauenden Gemeinschaft. Nicht das materielle Produkt, nicht die äußere Einrichtung und Organisation, sondern der lebendige Mensch und seine Funktion ist der Quellgrund aller Produkte des objektiven Geistes, und darum muß jede soziologische Untersuchung, wenn sie ernstlich in die Tiefe gehen will, zur sozialpsychologischen Forschung werden, einer Sozialpsychologie freilich, die sämtliche Kulturfunktionen des menschlichen Geistes, einschließlich der Kulturprodukte, die deren Gegenstand bilden, vollinhaltlich behandelt; denn die seelischen Tatsachen des Gemeinschaftslebens können ohne die objektiven Geisteserzeugnisse nicht verstanden werden. Im Sinne dieser engen Zusammengehörigkeit nennt Wundt »Völkerpsychologie und Psychologie der Kultur äquivalente Begriffe« (X, 57) und im Untertitel seines Werkes sind »Sprache, Mythus und Sitte« ausdrücklich vertreten, indem er in ihnen die »drei Hauptrichtungen« menschlicher Lebensäußerungen sieht, die »unter dem Gesamtnamen Kultur vereinigt werden« können. Wundt hat übrigens im I. u. II. Band die Sprache, im III. die Kunst, im IV. u. V. den Mythus, im VII. u. VIII. die Gesellschaft einschließlich des Staates, im IX. das Recht und im X. (Kultur und Geschichte) die einzelnen Gebiete der Kultur besprochen, als da sind: Bodenkultur, Domestikation der Haustiere, Technik, Wirtschaft, Staat, Kunst, Wissenschaft, Religion, so daß hier in der Tat das Ganze der menschlichen Gesellschaft zur Darstellung gelangt und man wohl behaupten darf, Wundts Völkerpsychologie sei die am meisten umfassende und psychologisch vertiefte Bearbeitung der empirischen Soziologie.

Die philosophische Soziologie oder Geschichtsphilosophie ist, wie mir scheint, der metaphysische Abschluß der empirischen Soziologie und steht als solche neben der Naturphilosophie und der metaphysischen Psychologie. Es ist eine treffende Bemerkung Wundts, daß die vorhandenen Soziologien ihrem Grundcharakter nach mehr philosophische Spekulationen als empirische Einzelwissenschaften sind.

Gegenstand der Völkerpsychologie ist die Gesetzmäßigkeit des menschlichen Gemeinschaftslebens in seiner gesamten Entwicklung vom primitiven Urzustand bis zur Gegenwart. Innerhalb dieses ganzen Ablaufs bleibt, wie Wundt ausführt, die »Wechselwirkung zwischen *dem Einzelnen und der Gemeinschaft* die gleiche«. Es ist nicht richtig, daß auf primitiven Kulturstufen nur die Masse und auf der höheren Kulturstufen das Wirken einzelner führender Individuen das wesentliche sei . . . Es gibt auch keinen qualitativen Unterschied zwischen dem geschichtlichen und dem vorgeschichtlichen Menschen. »Was . . . auf allen Stufen der Kultur gültig bleibt, ist das Prinzip, daß in der Entwicklung dieser Kultur nur das Bestand hat, was den in der Gesamtheit liegenden Anlagen entgegenkommt, und daß ebenso das Wirken des Einzelnen in diesen Anlagen vorgebildet sein muß, wenn es Einfluß gewinnen soll. Darum ruhen hier wie dort in der Gesamtheit die schaffenden Kräfte, aus denen das gemeinsame Leben und mit diesem das von ihm getragene Leben des Einzelnen hervorgeht« (I^3, 14/5) . . .

Ebensowenig wie die Wechselwirkung zwischen dem Einzelnen und der Gemeinschaft auf den verschiedenen Kulturstufen wesentlich verschieden ist, gibt es *»formale Unterschiede* des seelischen Lebens der Individuen«. Man kann nicht dem Primitiven ein ausschließlich triebhaft-instinktives Leben, dem Zivilisierten ein vorherrschend planmäßig-willkürliches Handeln zuordnen. Das Seelenleben beider Kulturstufen ist in den Grundformen gleichartig. »Gleichwohl ist es nicht minder unzulässig, aus dieser Gleichartigkeit der geistigen Anlagen auf eine wesentliche Übereinstimmung in der Geistesverfassung selbst zu schließen und demnach etwa die unheuren Unterschiede der Kulturstufen nur auf den Unterschied der äußeren Lebensbedingungen zurückführen zu wollen« . . . »Doch jene geistigen Unterschiede sind nicht sowohl formaler als *realer Art.* Sie beziehen sich nicht auf die Formen der Vorstellungen, Gefühle, Triebe und Willenshandlungen, sondern auf den Inhalt des geistigen Lebens« (I^3, 16–18) . . .

Sprache, Kunst, Mythus, Sitte sind schon seit Urzeit vorhanden, und im Kultischen finden sich primitive religiöse Elemente sowie Ansätze der künftig sich entwickelnden Rechtsordnung. Die Kultur ist ebenso wie der aufrechte Gang und das gesellige Zusammenleben vom Begriff der Menschen unabtrennbar.

Die Entwicklung geht in *Stufen* aufwärts. Der »primitiven Kultur« folgt die »Sippen- und Stammeskultur« und dann die »nationale Kultur« und deren Ausläufer die »internationale Kultur«. So lauten die Bezeichnungen in dem 1920 erschienenen X. Band der »Völkerpsychologie«; in den »Elementen der Völkerpsychologie« von 1912 werden vier Kulturstufen genannt: »Der primitive Mensch«, »Das totemistische Zeitalter«, »Das Zeitalter der Helden und Götter« und »Die Entwicklung zur Humanität«.

Die *primitive Kultur,* die Gesang und Tanz, Zauberbrauch und künstlerische Betätigung (geometrische Ornamente, seltener: Tierbilder), Werkzeuge und Waffen, vor allem Pfeil und Bogen, die Kenntnis der Feuerbereitung einschließt, ist soziologisch charakterisiert durch die relative Isolierung der Individuen und durch die primitiven Wohnstätten (Fels- und Erdhöhlen, Bäume, Windschirme). Nur unstete Horden sind die Zusammenrottungen der Männer und die monogamische Ehe, die der Mensch aus seiner tierischen Vorstufe mitgebracht hat, bedeutet nur eine ganz primitive Form der Familie. Eigentum gibt es noch nicht. Die primitiven Kulturen verschiedener Stämme sind untereinander sehr ähnlich; alle primitiven Stämme, die heute an entfernten Punkten der Erde wohnen, »treten uns in großer Übereinstimmung entgegen; darum wird aber auch die Divergenz der weiteren Entwicklung in ihrer Zunahme mit wachsender Kultur zu einem hervorragenden Merkmal der menschlichen Spezies« (X, 83) . . .

Die *»Sippen-* und *Stammeskultur«* einschließlich der ihr zuzurechnenden Anfangsstadien der Klankultur ist gekennzeichnet durch eine große Mannigfaltigkeit von Eheformen wie Mutterfolge (das Korrelat der Männergemeinschaften), z. T. auch Vaterfolge (aus der Einehe entwickelt), monogamische Einzelfamilie, patriarchalische Großfamilie, exogamische Ehe (aus der friedlichen Raubehe entstanden), zuweilen auch Vielmännerei und Vielweiberei. Es herrscht die Sitte der Blutrache und der Blutbrüderschaft, der Tätowierung und des Körperschmucks; Eigentum und Vertrag werden ausgebildet. Der Stamm wird in zwei, wohl auch in vier und acht Abteilungen gegliedert. Die mystischen Anschauungen sind weit durch die totemistische Tierverehrung bestimmt, wenn auch vielfach Stein- und Baummythen den Kult der lebendigen Naturwelt ergänzt und daneben Geister-, Helden- und Ahnenverehrungen als Kult der Seelen Verstorbener vorkommt . . . Während bei den westlichen (europäischen) Völkern die Verehrung der Naturgötter im Vordergrund steht, herrscht in Ostasien, z. T. auch in Amerika der Ahnenkult vor: »so haben sich zwei grundverschiedene Richtungen der geistigen Kultur in engem Zusammenhang mit der religiösen Entwicklung und durch diese mit der in Kunst und Philosophie zutage tretenden reicheren Phantasiebegabung bei den westlichen und der nüchternen, der überlieferten Sitte strenger ergebenen bei den östlichen Völkern entwickelt. Es sind Richtungen, die in ihrem Gegensatzes erst auf der Stufe der nationalen Kulturen hervortreten,

aber in ihren Anfängen sichtlich in das Zeitalter der Sippen und Geschlechterkultur zurückreichen« (X, 99).
Die dritte Kulturstufe kann ebensowohl als die der *nationalen Kultur* als auch die der politischen Gesellschaft oder die des Zeitalters der Helden und Götter charakterisiert werden. In der bisher durch Bande der Sitte zusammengehaltenen Gesellschaft bildet sich überall auf Grundlage der Stammesverfassung eine Staats- und Rechtsordnung und zugleich als »ein erhöhtes Ebenbild des menschlichen Staates« die Vorstellung einer einheitlichen Götterwelt. »Nicht die Staatsverfassung bestimmt die Kulturstufe, sondern die Kultur gewinnt . . . allmählich den entscheidenden Einfluß auf dasselbe. So ist es nicht der Staat, sondern die Nation, die sich innerhalb der politischen Ära zur Grundlage der Kultur entwickelt« (X, 53). Der dominierende Wert der nationalen Kultur für das Ganze der politischen Entwicklung kommt in zwei Erscheinungen zur Geltung. Erstens sind überall die Hauptbestandteile der Kultur an die Nation, nicht oder nur in sekundärer Weise an den Staat gebunden. Dann sind die Kriterien für die Unterschiede der Kultur überall zunächst in Sprache und Sitte, sodann eng mit der Sitte zusammenhängend, in den Richtungen der Kunst, des religiösen Kultus, endlich des Rechts ausgeprägt. Unter allen diesen Merkmalen ist die Sprache das allgemeinste, daher sie für sich allein schon über die Zugehörigkeit zu einer und derselben Nation entscheidet, indem sie nicht nur selbst einen wertvollen Kulturbesitz darstellt, sondern auch das hauptsächlichste Hilfsmittel ist, das den Mitgliedern der nationalen Gemeinschaft alle anderen Kulturwerte am unmittelbarsten relativ und unverfälscht durch die Einflüsse fremder Kultur zugänglich macht . . .
Diese zentrale Bedeutung der Nation wird in der vierten Stufe, die Wundt in seinen »Elementen der Völkerpsychologie« als *»Entwicklung zur Humanität«* bezeichnet, keineswegs aufgehoben. Auf dieser Stufe treten die geschichtlichen Kulturvölker aus ihrer anfänglichen größeren oder geringeren Abgeschlossenheit heraus und bilden eine Gemeinschaft zahlreicher Wechselwirkungen . . . »Der Gedanke der Kulturgemeinschaft der Völker . . . hat . . . das Bewußtsein des einzelnen Volkstums und die Bedeutung des einzelnen Staates nicht gemindert, sondern . . . gefestigt und bereichert und mit der Ausbreitung der Kulturgüter hat die nationale Differenzierung diese Güter und damit wieder den Wert der geistigen Eigenart des einzelnen Volkes wie der Einzelpersönlichkeit gesteigert« (Elemente, 468) . . .
Der Ausdruck »humane Kultur« kann nur Bedeutung haben, wenn er den Wert bezeichnet, den bestimmte nationale Kulturerzeugnisse für das Ganze der menschlichen Entwicklung besitzen . . . Eine wirkliche humane Kultur würde einen »Menschheitsstaat« voraussetzen, »eine gemeinsame Sprache, eine einheitliche Religion und schließlich eine Ausgleichung aller Unterschiede von Sitte und Recht . . ., mit anderen Worten eine Uniformität der

Kultur« (X, 56) . . . Es gibt aber keine übernationale Kultur. Wohl aber gibt es eine internationale Kultur, deren Wesen gerade darin besteht, daß sie an die Mannigfaltigkeit der einzelnen nationalen Kulturen und an die Wechselwirkungen, in die diese infolge ihrer einander ergänzenden Unterschiede treten können, gebunden ist. »Eben deshalb repräsentiert aber diese internationale Kultur keine besondere oder gar der nationalen übergeordnete Stufe, sondern in ihren die Kultur fördernden Einflüssen wie schließlich selbst in den Verirrungen, die sie hervorbringt, nur eine einzelne Seite der nationalen Kultur selbst« (X, 56).

Der nationale Charakter der *Kultur* wird besonders deutlich bei einem Vergleich mit der *Zivilisation*. Für den letztgenannten Begriff ist es vor allem bezeichnend, daß er von Anfang an auf dem Boden einer von religiösen Motiven losgelösten Betrachtung steht, bei der das bürgerliche Leben mit seinen Rechten und Pflichten das Maß für die Höhe der erreichten Kultur abgibt, worauf dann erst sekundär die sonstige, dabei aber vor allem die äußere Kultur mit in die Beurteilung eingeht . . . Die Kultur ist national. Sie ist auf die einzelne Volksgemeinschaft beschränkt, die in Sprache, Sitte und geistiger Bildung ein zusammengehöriges Ganzes ist . . .

»Wir . . . betrachten . . . einerseits die Kultur als den geistigen Inhalt der nationalen Eigenart und andererseits die Nation als den einheitlichen Träger der Kultur« (X, 23) . . . Je eigenartiger die Kultur einer Nation ist, um so mehr widerstrebt sie einer Beeinflussung durch andere Kulturen. Die Wahrung der Eigenart vornehmlich in Sprache und Sitte gilt uns daher ebenso als ein Maß für die Selbständigkeit einer Nation, wie wir die Höhe ihrer Kultur nach dem Wert ihrer Leistungen schätzen, und dieser Wert selbst ist wieder von der Eigenart dieser Leistungen, nicht umgekehrt von der Gleichartigkeit mit denjenigen anderer Völker abhängig, während die Kultur eines Volkes für die eines anderen durch die Ergänzung, die sie zu der eigenen bietet, im allgemeinen ihren Hauptwert gewinnt. Ganz entgegengesetzt verhält sich die Zivilisation. Diese strebt nach Verbreitung der eigenen Kulturgüter über andere Nationen. Sie tut es nur zu oft auch da, wo es zweifelhaft ist, ob diese Aufnahme fremder Kulturgüter für jene vorteilhaft oder überhaupt möglich ist . . .

Die Wichtigkeit des Begriffs *»Nation«* oder *»Volk«* erfordert es, aus den mannigfachen ineinanderfließenden Gebrauchsdeutungen die notwendigen Begriffsfassungen herauszuarbeiten. Das Wort »Nation«, das im Lateinischen zuerst jede Gattung organischer Wesen und erst später ausschließlich eine menschliche Abstammungsgemeinschaft bezeichnete, ist im 16. Jahrhundert ins Deutsche eingedrungen. Der Begriff hat im 18. Jahrhundert sein besonderes Gepräge dadurch empfangen, daß der Schwerpunkt seiner Bedeutung auf die auf gemeinsame Abstammung und politische Einheit gegründete Volksgemeinschaft gelegt und so von dem allgemeineren Begriff Volk geschieden wurde. In diesem Sinne sagte Lessing, die Deutschen seien noch keine Nation, und Kant bezeichnete die Nation als eine zu einem bürgerlichen Ganzen vereinigte Volksmenge. Fichte brachte dann die Begriffe Kultur und Nation in engste Verbindung.

Das Wort »Volk« hat folgende Bedeutungen: ursprünglich und auch jetzt noch heißt es eine »beliebige Zusammenrottung von Menschen«, ferner dient es »innerhalb der politischen Verfassung zur Bezeichnung der Masse der Staatsangehörigen gegenüber der Regierung« (VII, 72) und schließlich faßt es »einen in gewissen objektiven Merkmalen des physischen Habitus, der Sprache und Sitte übereinstimmenden Teil der Menschheit zusammen, für den man auf Grund dieser Übereinstimmung eine genealogische Verwandtschaft annimmt. Dabei bleibt ganz und gar dahingestellt, ob das Bewußtsein dieser Verwandtschaft im Leben des betreffenden Volkes selbst eine Rolle spielt« (VII, 71/2).

F. J. Neumann (Volk und Nation, 1888) und nach ihm F. Meinecke unterschieden *»Kulturnation«* und *»politische Nation«*. »Kulturnation« deutet nach Wundt auf »die durch Sprache, Sitte, Literatur usw. vermittelte nationale Einheit«, »politische Nation« auf »die durch politische Verfassung vermittelte nationale Einheit« (VII, 73) . . . Meinem Ermessen nach ist der Begriff »politische Nation« oder »Staatsnation« in diesem Sinne ein Mißgebilde, eine contradictio in adjecto, denn das Wort »Nation« stammt von »nasci« = »geboren werden« und kann daher nur auf eine Abstammungsgemeinschaft, eine biologisch-genealogische Einheit, niemals auf eine Mehrzahl zufällig in einem Staat vereinigter Völker angewandt werden. Zur Bezeichnung dieses Begriffs müssen vielmehr Bezeichnungen dienen wie »politische Gesellschaft«, »Staatsbevölkerung«, »Staatsgemeinschaft«, »Staatsbürgergemeinschaft«, »staatsgemeinschaftlich« usw.

Grundlegend für die völkerpsychologischen Begriffe »Volk« und »Nation« ist die dritte der obenaufgezählten Bedeutungen »Volk«, dessen Merkmale teils somatologische, teils kulturelle (Sprache, Sitte usw.) sind, auf Grund welcher Gemeinsamkeiten eine genealogische Verwandtschaft angenommen wird. Die Anwendung dieses somatologisch-ethnologischen Begriffs »Volk« auf eine Mannigfaltigkeit von Menschen setzt noch keineswegs voraus, daß für den gegebenen Zeitraum eine soziologische Einheit vorliegt. In diesem Sinne bezeichnet Howitt in seinem Werk über die südaustralischen Stämme größere Gruppen derselben, die sich durch Sprache und Sitte als verwandt zu erkennen geben, ohne aber selbst Teile einer sozialen Organisation zu bilden, bereits als Nationen (VII, 321, vgl. Howitt, Native Tribes of South-East-Australia, p. 44; dgl. auch Gillen, Northern Tribes of Central Australia, p. 75 und H. Spencer) . . .

Diese wirkliche Nation kann demnach, wie mir scheint, am besten als *soziologische Nation* (soziologisches Volk) bezeichnet werden. Hier kommt zu den somatologischen und ethnologischen Merkmalen die soziale Einheit hinzu. Das soziale Band wird auf dieser Stufe zumeist ein politisches sein. Es ist aber auch möglich, daß connubium und Kulturverkehr, z. B. Kultgemeinschaft das einzige soziale Band bilden. Was aber eine, wenn auch noch so kurz währende staatliche Einheit für die Entwicklung und Festigung des Nationalbewußtseins bedeutet, das lehrt ein Blick auf jede Seite der Geschichte. Volk und Nation in soziologischer Bedeutung stehen daher in engster Beziehung zum Staatsbegriff, aber Volk (Nation) und Staat werden sich in den seltensten Fällen völlig decken. Der Staatsumfang kann größer sein als der Umfang der Nation, oder auch umgekehrt oder beide kreuzen und schneiden sich so, daß einzelne Teile ein-, andere ausgeschlossen werden . . .

Neben diesen drei Begriffen von »Volk« und »Nation«, die sich meines Erachtens unterscheiden lassen und die auch der Wundtschen Darstellung, wenn auch nicht in dieser scharfen Herausarbeitung, zugrunde liegen, nämlich dem somatologisch-ethnologischen, dem soziologischen und dem politischen Begriff, ist noch der Begriff *»Rasse«* von Interesse, der nach Wundt ausschließlich die physischen Merkmale der Völker und Volksgruppen untersucht. »Das Wesentliche für den Begriff der Rasse gegenüber . . . den Begriffen von Volk und Nation . . . ist nämlich, daß er im Verhältnis zu ihnen ein *Naturbegriff* ist, der eine weitere Reduktion nicht zuläßt, während Volk und Nation nach den früher gegebenen Definitionen abgeleitete Kulturbegriffe sind, in die als letzter, nicht weiter abzuleitender Bestandteil der Begriff der Rasse als der ursprünglichen Naturanlage einer Gruppe von Völkern oder Nationen eingeht« (X, 371) . . .

So bleibt auch nach dieser Hinsicht der Nationalbegriff der vorwaltende in den Betrachtungen der Wundtschen Sozialpsychologie, die eben durch die durchgehende Betonung dieses Begriffs in Gegensatz zu den Anschauungen der herrschenden Soziologie tritt. »Die moderne Soziologie ist von Comte und Spencer an bis auf ihre neuesten Vertreter eine echt romantische Geistesschöpfung. Ihr Zukunftsideal ist eine internationale Kultur, in welcher die einzelnen Kulturen untergegangen sind, so daß selbst die nationalen Staaten gewissermaßen nur Bezirke bilden, die nach gleichen Grundsätzen geordnet sind. Die deutsche Philosophie betrachtet den nationalen Staat und die nationale Kultur als zusammengehörige Begriffe, deren Wert für die Kultur überhaupt aus der Eigenart der nationalen Anlagen hervorgeht« (X, 179).

Wundts allgemeine Sozial- oder Völkerpsychologie, die der hohen Bedeutung der Nation für das soziale Leben der Menschen volle Gerechtigkeit widerfahren läßt, enthält in zahlreichen Einzelausführungen tausendfältige Anregungen für eine spezielle Völkerpsychologie. Wundt verkennt die Schwierigkeiten dieser Wissenschaft keineswegs; er sieht in ihr eine vorwiegend beschreibende Wissenschaft, indem eine restlose Erklärung der Zusammenhänge gegenwärtig nicht möglich ist . . . Bezugnehmend auf die Mischungen der europäischen Völker sagt Wundt: »Der verwickelte Zusammenhang, in welchem die Teile (einer) nationalen Kultur miteinander stehen, verbietet es auch, diesen Charakter . . . durch allgemeine Begriffe zu definieren. Wir können wohl sagen, daß eine bestimmte einzelne Kulturerscheinung, wie z. B. die Reformation in der spezifisch lutherischen Form, oder sogar eine individuelle Schöpfung, wie der Goethsche Faust, nur auf deutschem Boden möglich waren; aber, um eine solche Behauptung zu erweisen, bleibt uns doch schließlich nichts übrig, als die gesamte Kultur der Zeit uns vor Augen zu führen, innerhalb deren diese Erscheinungen entstanden, und uns der Beziehungen bewußt zu werden, denen sie sich innerhalb der Entwicklung unserer nationalen Kultur überhaupt einordnen« (X, 23/4). Daher hat vor allem auch die *Geschichte,* die ja immer (auch in universal-, fach- und individualgeschichtlichen Darstellungen) wesentlich auf die Volksgemeinschaft bezogen ist, die Aufgabe einer Charakteristik der Völkerindividualitäten, bedarf aber hierin der Grundlegung und Ergänzung durch die spezielle Völkerpsychologie oder *Ethnologie,* welche die geistigen Charaktere der Völker in ihrer Bedingtheit durch die physischen Einflüsse der Organisation und des Wohngebietes und in ihrer Rückwirkung auf die sozialen und historischen Erscheinungen untersucht.

Wundt, der in seiner Schrift »Die Nationen und ihre Philosophie« (Leipzig, A. Kröner, 1915) selbst einen überaus wertvollen Beitrag zur speziellen Völkerpsychologie beigesteuert hat, hätte, wenn ihm noch wenige Jahre des Schaffens gegönnt gewesen wären, sicherlich die Probleme der speziellen Völkerpsychologie, insbesondere der Ethnologie der *geschichtlichen Kulturvölker,* durch seine feinsinnigen und tiefdringenden Untersuchungen noch weiter gefördert. Doch die Richtung ist gewiesen in der die junge Generation die Arbeiten der Soziologie, der Sozial- und Völkerpsychologie fortsetzen wird.

Anmerkungen

1 Der vorliegende Aufsatz ist im Herbst 1922 entstanden, konnte aber wegen seines Umfangs in die 1. Auflage der Wundt-Gedenkschrift nicht aufgenommen werden. Er erscheint hier stark gekürzt. (Der bereits in seiner veröffentlichten Fassung von 1924 stark gekürzte Beitrag, muß nun erneut auf knapp die Hälfte reduziert werden, um in diesen Band noch aufgenommen werden zu können. Anm. d. H.)

2 Leipzig, Alfred Kröner. Die nachfolgenden Zitate, die in römischen Ziffern die Bandnummer, daneben hochgestellt die Auflage, endlich die Seitennummer verzeichnen, beziehen sich auf dieses Werk.

3 Umriß einer neuen analytischen Psychologie und ihr Verhältnis zur empirischen Psychologie. Leipzig (J. U. Barth) 1912, S. 48, 62.

4 Vgl. u. a. meine Analytische Psychologie, S. 63, ferner Dr. Elias Hurwicz, »Die Seelen der Völker, ihre Eigenarten und Bedeutung im Völkerleben, Ideen zu einer Völkerpsychologie«. Gotha (F. A. Perthes) 1920, S. 5. Endlich Hans Volkelts Arbeit im Band: W. Wundt. Eine Würdigung, hrsg. v. A. Hoffmann, 2. Teil. Erfurt 1924.

I. Erkenntnis und Bewußtsein

Kurt Rudolf Fischer

Die Philosophie in Wien zu Beginn des 20. Jahrhunderts*

Als Zeitspanne die darzustellen ist, wurden etwa, aber nicht ganz willkürlich die Jahre zwischen 1895 und 1918 gewählt. Ihr philosophisches Leben in Wien, der Hauptstadt der Monarchie kann einerseits nicht auf diese Stadt, schon gar nicht auf ihre Universität allein eingeschränkt werden. Andererseits scheint eine Einengung der Thematik auf diejenigen Ergebnisse philosophischer Tätigkeit die weitgehend das 20. Jahrhundert bestimmt haben erforderlich. Wichtige Ereignisse stehen am Anfang und am Ende des philosophischen Lebens dieser Zeitspanne. Am Anfang steht Ernst Machs Berufung nach Wien, am Ende Ludwig Wittgensteins endgültige Niederschrift der *Logisch-philosophischen Abhandlung.* Wir haben es hier mit einem sehr öffentlichen, sehr akademischen und einem eher privaten, fast esoterischen Ereignis zu tun. Zwischen den beiden Extremen gibt es Stufen und Varianten von Privatem zu Akademischem, von Kaffeehausrunden und Universitätsseminaren. Eine Bestandsaufnahme des nachhaltig in die Gegenwart wirkenden Komplexes philosophischer Strömungen, die heute fachlich die internationale Szene beherrschen und miteinander und gegeneinander wirkten und wirken, soll in den folgenden Sparten versucht werden – und zwar unter den Titeln: Franz Brentano und die Folgen; Physik und Philosophie: Mach und der Positivismus und Boltzman und der Realismus und die evolutionäre Erkenntnistheorie; der Erste Wiener Kreis: Neurath, Philipp Frank und Hans Hahn; und der junge Wittgenstein.

Nach dem Zusammenbruch der Philosophie des Deutschen Idealismus gegen Ende des ersten Drittels des neunzehnten Jahrhunderts auf dem europäischen Kontinent – ein Zusammenbruch der sich vor allem auf die Vitalität dieser geistigen Bewegung bezieht, denn als Universitätsphilosophie existiert sie in Deutschland und in England weiter, ja erwirbt eine gewisse Machtstellung – kann von einer Bildung dreier Gruppen philosophischer Anschauungen gesprochen werden:

1. die schon erwähnte, vielfach von Kant und Hegel bestimmte Fach- und Professorenphilosophie; 2. einsame, damals noch nicht zur Geltung kommende Denker, die sich zur ersten in Opposition befinden – Schopenhauer, Kierkegaard und Nietzsche etwa, und jener Marx, der später erst philosophisch bedeutsam werden sollte, jedenfalls aber wie kein zweiter auch durch seine Schriften die Nachwelt politisch bestimmt hat[1]. 3. Die letzte Gruppe, sie

* Dieser Beitrag besteht aus einem wenig veränderten Originalmanuskript, das auf italienisch in dem Ausstellungskatalog der Biennale in Venedig 1984 veröffentlicht wurde: LE ARTI A VIENNA PALAZZO GRASSI 20 MAGGIO – 16 SETTEMBRE.

soll als Gruppe von in Anlehnung (Brentano) oder im Anschluß an die Naturwissenschaften (Mach und Boltzmann) Philosophierenden bezeichnet werden, ist Thema unserer Darstellung. Diese naturwissenschaftlich eingestellten Denker und Forscher befinden sich in Österreich – wie auch in Deutschland – zu der an den Universitätsinstituten gelehrten Philosophie im Gegensatz. Dabei ist jedoch festzuhalten, daß in Österreich – im Unterschied zu Deutschland – die Philosophie schon immer nur eine untergeordnete Rolle gespielt hat. Das zeigt sich auch u. a. daran, daß Kant und der Deutsche Idealismus – eine Philosophie, die sich die größte Vormachtstellung über Wissenschaft und Leben zusprach – in Österreich nie wirklich Fuß fassen konnte. Schon die mächtige Kirche hatte sich gegen Kants Lehren gestellt. Kant hätte die Wirklichkeit der von Gott erschaffenen Welt in Frage gestellt – denn wir nehmen doch nur Phänomene wahr, und keine Noumena –, und der Mensch hätte sich selbst zu bestimmen, sich seine eigenen Gesetze zu geben. Aber auch die Majestät war der Philosophie nicht zugetan, ja modernes Wissen wurde nicht sehr geschätzt. Kaiser Franz I. z. B. war für seinen Ausspruch berühmt – oder wenn man will – berüchtigt, daß er keine Verwendung für Gelehrte habe, sondern nur für gute Staatsbürger.[2]

Den historischen, politischen und gesellschaftlichen Hintergrund zur Blütezeit der Wiener Moderne bildet die kurze Herrschaft des Liberalismus in Österreich. Was die Philosophie anbelangt, so ist für sie schon das Jahr 1874 wichtig, in dem Karl Stremayr Franz Brentano zur Belebung des Faches Philosophie aus Würzburg an die Universität rief. Damit schuf der Minister eine wichtige Vorbedingung für die Entstehung einer wissenschaftlichen Philosophie in Österreich, vielleicht sogar einer wissenschaftlichen österreichischen Philosophie. Der Expriester und frühere Theologieprofessor Franz Brentano vereinte eine realistische, also eine anti-idealistische Position, die sich scharf gegen Kant und seine Nachfolger richtete, mit – und das war den Liberalen wichtig – Unabhängigkeitsansprüchen der Philosophie gegenüber der Theologie; gleichzeitig proklamierte er die Abhängigkeit der Philosophie von der Naturwissenschaft, zumindest von ihrer Methode. Die berühmte vierte These, die er in seinem Habilitationsvortrag verteidigt hatte, lautete: »Vera philosophia methodes nulla alia nisi scientiae naturalis est.« Brentano mußte sein Ordinariat aber bald aufgeben. Hier kann nur kurz vermerkt werden, daß er durch Intrigen dazu gezwungen wurde. Er lehrte dann als Dozent weiter – eine einzigartige Umkehrung einer akademischen Karriere – bis zum Tode seiner Frau und übersiedelte dann nach Florenz. Das war 1896, also am Anfang unserer Periode. Nichtsdestoweniger sollte Brentano einen enormen Einfluß auf die moderne Philosophie haben. Durch seinen ehemaligen Schüler Edmund Husserl und dessen Schüler Martin Heidegger wurde Brentano zum Stammvater der Phänomenologie. Heidegger hatte schon lange vor dem Kontakt mit Husserl durch eigene Lektüre der Schrift

Von der mannigfaltigen Bedeutung des Seienden nach Aristoteles (Freiburg im Breisgau 1862) Bekanntschaft mit Brentano gemacht und wurde durch sie, nach eigenem Zeugnis, zur Philosophie und zum Philosophieren angeregt. Zur österreichischen Richtung der Phänomenologie im Anschluß an Franz Brentano ist auch Walther Schmied-Kowarzik zu zählen, an den wir uns hier heute erinnern und den wir ehren. Seine geistige Entwicklung verlief parallel zu, jedoch unabhängig von der Husserlschen Phänomenologie. Er hat auf die österreichische Philosophie nur in seinen ersten Privatdozentenjahren (1913–20) gewirkt; da er ab 1920 im Ausland tätig und nach 1933 ins Abseits gedrängt worden war.[3]

Die Phänomenologie kann als eine Erweiterung von Brentanos »Deskriptiver Psychologie« angesehen werden. Sie ist eine der wichtigsten Gruppierungen in den Lagern der Gegenwartsphilosophie, an Bedeutung vielleicht nur noch von der Analytischen Philosophie übertroffen. Noch wichtiger jedenfalls direkter, ist Brentanos rein akademischer und hochschulpolitisch wirksamer Einfluß: seine Schüler und Enkelschüler besetzten die meisten philosophischen Lehrstühle der Habsburger Monarchie. Durch Vortrag und Schrift – viele seiner Schriften sind posthum veröffentlicht – und durch die eigene spätere Entwicklung gegen seinen früheren Ansatz, zum Reismus, der Lehre, daß nur »Dinge« existieren, hat er eine Grundlage für Verschmelzung, als auch für Auseinandersetzung mit Tendenzen der Analytischen Philosophie bereitgestellt.

Rudolf Haller hat den Begriff einer »österreichischen Philosophie« geprägt und verteidigt. Ihre Kennzeichen sind Sprachkritik, Wissenschaftlichkeit und Empirie (im Sinne von Erfahrung als Basis von Erkenntnis).[4] Alle drei dieser Merkmale finden sich bei Brentano, und sind anzutreffenden oder bestimmen die Arbeiten seiner engeren Schüler und Enkelschüler, auch übrigens noch den frühen Husserl. Zur Verteidigung der späteren Lehre, daß es nur Dinge gibt, hat Brentano Sprachkritik eingesetzt – oder man könnte auch umgekehrt formulieren: durch Einsatz der Sprachkritik werden alle Ausdrükke, die nicht echte Namen sind, etwa »Sein« oder »Nichtsein«, »Möglichkeit« oder »Unmöglichkeit«, also keine Dinge bezeichnen, als nicht existierend entlarvt. Der Empirismus stützt sich auf Brentanos *Psychologie vom Empirischen Standpunkt.* In ihr wird eine deskriptive Psychologie und deren Priorität begründet, gegenüber der kausal erklärenden Experimentalpsychologie (Wundt), deren Modell die Experimentalphysik gewesen war. In der Bestandsaufnahme des Bewußtseins, und seiner Unterschiede vom Physischen, wird die Intentionalität, das Auf-etwas-Gerichtet-sein, als grundlegende Tatsache herausgestellt. Später wird das Psychische von Brentanos Nachfolgern, auch besonders in der Phänomenologie, im Detail exploriert. Es sei auch noch angemerkt, daß der Begründer der Psychoanalyse, Sigmund Freud, vier Semester bei Brentano hörte. Vielleicht ist Freuds klinische Psychoanalyse historisch aus der »Deskriptiven Psychologie« hervorgegangen. Freud schreibt, sich von der Forderung, die Wissenschaft über klare und scharf definierte Grundbegriffe aufzubauen, absetzend, daß in der »Beschreibung von Erscheinungen . . . der richtige Anfang wissenschaftlicher Tätigkeit« bestünde. »Die Feststellung der gemeinsamen Eigentümlichkeiten aller psychischen Phänomene« – das ist auch nach Brentano eine Aufgabe der Psychologie. Auch in der Abgrenzung von der zeitgenössischen akademischen Psychologie erinnert Freud an Brentano: »Mit der Aufnahme dieser (zwei oder drei) psychischen Systeme hat sich die Psychoanalyse einen Schritt weiter von der deskriptiven Bewußtseinspsychologie entfernt . . .«[5] Die Psychoanalyse selber hat bedeutsame Aspekte, die sie zu einer »Philosophie« im weiteren Sinn des Ausdrucks macht.

Es ist eine Hauptthese des Realismus – jener Tendenz, die, als die »loyal opposition« der Grund- und Haupttendenz der abendländischen Philosophie, dieser immer und auch um die Jahrhundertwende wieder, besonders gegenübertritt –, daß unsere Vorstellungen und unser Glauben bzw. unsere Erkenntnis sich immer auf außerseelische, also »wirkliche« Gegenstände richtet, es sei denn, es handelt sich um rein psychische, z. B. um die in der Phantasietätigkeit angezielten Gegenstände. Auf diesem Realismus bauen die Schüler Brentanos, Meinong und Ehrenfels, ihre Gegenstandstheorie und ihre Werttheorie auf. Erstere entsteht aus einer in Brentano angelegten Schwierigkeit: wenn der Gegenstand unserer Vorstellung oder unseres Glaubens verworfen wird, wenn wir z. B. die Behauptung verwerfen, daß runde Quadrate existieren, dann – so sieht es nun aus – muß die Existenz dessen, was ich durch meine psychische Tätigkeit aberkennen will, auch anerkannt werden. Durch die Unterscheidung von Inhalt und Gegenstand (von einem anderen Brentano-Schüler, Twardowski, durchgeführt) wird die Schwierigkeit gelöst: die Gegenstandstheorie Meinongs kann sich dann mit allen Gegenständen, ob sie nun existieren oder nicht, befassen, ja sogar mit solchen Gegenständen, die unmöglich sind: denn das Sosein ist unabhängig vom Sein. Wie wichtig oder unwichtig diese Theorie auch sein mag, sie wurde zumindest höchst bedeutsam durch ihre Verwerfung durch Bertrand Russell. Dieser fand sich durch sie genötigt, seine berühmte »Theory of Descriptions« zu entwickeln. Nach ihr ist Meinongs Theorie zur Auflösung der Schwierigkeit Brentanos unnötig. Russells logisches Instrumentarium, nämlich die »Theory of Descriptions«, verhindert die Verbreitung und Vermehrung von Meinongschen Gegenstandsbereichen. Durch Meinongs »Krankheit«, so ist formuliert worden, wurden die (analytischen) Philosophen Brentano, Russell und Wittgenstein gegen diese geimpft (Ryle): zumindest muß Meinong daher eine »sekundäre Unsterblichkeit« – der Ausdruck wurde von Haller geprägt – zuerkannt werden.[6] Die Werttheorie, die auf Brentano zurückgeht – man spricht von einer »Austrian school of values«[7] – stammt aus der Debatte zwischen Meinong und Ehrenfels aus den letzten Jahren des vorigen und den ersten Jahrzehnten dieses Jahrhunderts. Sie hat u. a. die neue, in Amerika betriebene Disziplin einer »General Theory of Value« begründet.[8]

Es muß noch der für die weitere Entwicklung der Analytischen Philosophie besonders wichtigen Lemberg–Warschau-Schule der polnischen Logik Erwähnung getan werden. Ihr Gründer, Kasimir Twardowski, geboren in Wien, Brentano-Schüler – als Dozent las er auch in Wien –, nahm Brentanos Psychologie zum Ausgangspunkt seiner Untersuchungen und machte eine folgenreiche, bereits im Titel anklingende Unterscheidung in seiner Schrift »Zur Lehre vom Inhalt und Gegenstand der Vorstellungen« (1894). Er wurde 1895 Professor in Lemberg. Außer Kotarbinski, der für seine Version des Reismus als Pansomatismus – nur materielle Körper existieren – bekannt wurde, ist von dieser Schule noch besonders Alfred Tarski zu erwähnen. »Realistisch« motiviert – zumindest ursprünglich – wollte er seinen »semantischen Wahrheitsbegriff« formulieren, der dem Bedürfnis und der Ansicht des gewöhnlichen Mannes – und des Aristoteles – von der Wahrheit als der Übereinstimmung einer Behauptung mit einem Sachverhalt entsprach. »Der Wahrheitsbegriff in den formalisierten Sprachen« (1936) – seit 1933 in der polnischen Originalfassung, 1944 gibt es eine amerikanische Kurzfassung, »The Semantic Definition of Truth« – hat die Semantik in der engeren fachphilosophischen Bedeutung dieser Disziplin begründet. Sie wurde bedeutungsvoll für das Werk Rudolf Carnaps, mit dessen Leistung die Verbindung der Semantik mit der Analytischen Philosophie unauslöschlich verknüpft ist. Die Semantik enthob Carnap, sich unnatürlicher Übersetzungen zu bedienen, zu denen er durch seinen Entschluß, die Metaphysik zu eliminieren, gezwungen war. Er kam durch sie zu einer nichtmetaphysischen, natürlichen Ausdrucksweise. Aber diese Thematik ist sehr fachtechnisch, wie ja überhaupt die Philosophie durch die in diesem Beitrag besprochenen Philosophen zu einem äußerst technischen Fach wurde, wenn auch einem dem Alltag und der Wissenschaft, bzw. der Alltagssprache und der Sprache der Wissenschaft nahestehenden, jedenfalls ihnen nicht über- sondern eher unter- oder gleichgeordneten.[9]

Zur Zeit der Abreise Brentanos aus Wien nach Florenz berief das Unterrichtsministerium den liberalen Professor der Physik Ernst Mach. Nachdem der Physiker Professor Josef Stefan keinen die Existenz der Atome ablehnenden Wissenschaftler in seinem Institut haben wollte, wurde eine Lehrkanzel für »Geschichte und Theorie der induktiven Wissenschaften« eigens errichtet. Dieser wissenschaftstheoretische Konflikt innerhalb der Physik über die Existenz von Atomen, ein hochtheoretischer, ja philosophischer Konflikt sollte historisch, hochschulpolitisch wichtig werden, denn es ist diese Lehrkanzel, die sozusagen die Lehrkanzel des »Wiener Kreises« wurde. Von ihr hat später die neue Philosophie des »logischen Positivismus« ihren Ausgang genommen. Junge Ausländer sind zum Studium und Forschungsurlaub (z. B. Ayer und Quine) nach Wien gekommen.

Ernst Mach war sehr stark theoretisch eingestellt, er war sehr philosophisch. Im Vorwort der ersten Auflage seiner *Die Mechanik in ihrer Entwicklung* (1883) schreibt er, daß dieses Lehrbuch nicht »zur Einübung der Sätze der Mechanik« bestimmt sei, sondern daß es eine eher philosophische Aufgabe habe – es sollte »aufklärend« wirken; das Buch habe, »um es noch deutlicher zu sagen, eine antimetaphysische« Funktion. Der Antimetaphysiker und Positivist Ernst Mach stellt einen historisch bedeutsamen intellektuellen Hintergrund für den Wiener Kreis bereit.

Ludwig Boltzmann war Nachfolger Stefans auf dem Lehrstuhl für Physik geworden. Er verließ aber Wien, nachdem Mach Professor geworden war, und kehrte im Jahre 1902 – Mach war inzwischen aus Gesundheitsgründen in den Ruhestand getreten – wieder zurück. 1903 nahm Boltzmann zusätzlich die Naturphilosophie, deren Vortrag ja Machs Aufgabe gewesen war, in seinen Lehrbetrieb auf. Dadurch wurde Boltzmann Nachfolger Machs. Um aber seinen, von ihm verabscheuten Vorgänger bei der Antrittsrede nicht würdigen zu müssen, verlangte er die Umbenennung des naturphilosophischen Lehrstuhles auf Lehrkanzel »für Methode und allgemeine Theorie der Naturwissenschaften«. Der Realist Boltzmann war jedoch der herkömmlichen Philosophie gegenüber genauso abgeneigt, wie der Positivist Mach es gewesen war. In dem Antrittsvortrag zur Naturphilosophie aus dem Jahre 1903 berichtet Boltzmann, daß sich bei seinem Versuch, in die Philosophie einzudringen und sich über ihre »Grundlehren« zu informieren, in ihm ein »Widerwille, ja Haß gegen die Philosophie entwickelte«. Dieser »Widerwille gegen die Philosophie« – so fügt er hinzu – »wurde übrigens damals fast von allen Naturforschern geteilt«. Sowohl der Erste Wiener Kreis als auch Wittgenstein haben dann später ebenfalls gegen die philosophische Tradition reagiert, oder haben sie zumindest nicht beachtet, und schlossen sich an die Naturwissenschaften bzw. an die Mathematik an.

Aber bevor wir uns dem Wiener Kreis und Wittgenstein zuwenden, noch eine Bemerkung über eine andere philosophische, eng an die Wissenschaft (Biologie) gebundene Disziplin, die neuerdings viel Beachtung gefunden hat und deren historischer Ursprung auch bei Mach und Boltzmann gefunden werden kann: die evolutionäre Erkenntnistheorie. Die wichtigsten zeitgenössischen Arbeiten sind von Konrad Lorenz und Karl Popper verfaßt. An der Wiener Universität wird dieses Fach in Forschung und Lehre heute von Rupert Riedl (Biologie) und Erhard Oeser (Philosophie) vertreten. Mach und Boltzmann waren beide tief von Darwin beeindruckt. Sie waren nicht nur Physiker in einem engen fachlichen Sinn, wie schon hervorgehoben. So schreibt Mach von der Anpassung der Gedanken an die Tatsache und aneinander, um »Erkenntnis und Irrtum« zu erklären – sein Buch dieses Titels erscheint ab

1905 in mehreren Auflagen. Ähnlich erklärt Boltzmann die »Denkgesetze« als »im Sinne Darwins ererbte Denkgewohnheiten«. Die evolutionäre Erkenntnistheorie ist zwar empirisch und naturwissenschaftlich eingestellt, aber nicht sprachkritisch und entspricht daher in diesem Sinne nicht Hallers Kriterien für eine »österreichische Philosophie«. Doch finden wir zumindest Ansätze von Sprachkritik, sowohl bei Mach als auch bei Boltzmann. Machs Ansatz wurde dann später von Fritz Mauthner ausgearbeitet. Von Boltzmann bekommen wir ein Bild, wenn wir uns vergegenwärtigen, was er 1904 (in einem in St. Louis gehaltenen Kongreßvortrag) für die »Hauptaufgabe der Philosophie« hält: ». . . die Unzweckmäßigkeit dieses über das Ziel Hinausschießens unserer Denkgewohnheiten klar darzustellen und bei der Wahl und der Verbindung der Begriffe und Worte unabhängig von unseren ererbten Gewohnheiten einzig nur den zweckmäßigsten Ausdruck des Gegebenen anzustreben.«

Daß es schon seit etwa 1908 einen »Ersten Wiener Kreis« gab, den »wir Hans Hahn, Philipp Frank und Neurath danken«, darauf hat Rudolf Haller hingewiesen.[10] Frank berichtet von Treffen an Donnerstagabenden in einem Kaffeehaus. Das Bedürfnis, eine, die Unklarheit der herkömmlichen philosophischen Anschauungen vermeidende, wissenschaftliche Weltauffassung auszuarbeiten, stand im Vordergrund. Die intellektuelle Arbeit konzentrierte sich stark darauf, die Rolle der Logik und der Mathematik überhaupt in der Struktur der modernen Wissenschaft darzustellen. Die eigentliche »analytische«, sprachkritische Arbeit wurde erst später aufgenommen. Es ist auch der Initiative der Gruppe zu danken, daß der Physiker Moritz Schlick auf den früher von Mach und dann von Boltzmann eingenommenen Lehrstuhl berufen wurde. Schlick hatte – dies ist wiederum ein Beispiel für die Verbindung dieser Richtung mit der modernen Wissenschaft – als erster, schon 1915, »Die philosophische Bedeutung des Relativitätsprinzips« erkannt und unter diesem Titel publiziert. Um Schlick herum bildete sich dann der Wiener Kreis. Den Namen gab Paul Neurath. Er wollte mit ihm an den Wienerwald und an den Wiener Walzer erinnern, also angenehme Assoziationen hervorrufen. Als man einen Titel für ein Manifest suchte, das Schlick für sein Verbleiben an der Universität trotz eines Rufes in das Ausland, als Dank zugedacht war, wurde *Wissenschaftliche Weltauffassung: der Wiener Kreis* vorgeschlagen.

Paul Neurath, der Hauptautor dieses auch von Hahn und Carnap unterzeichneten Manifests, war eine der wichtigsten Gestalten – zusammen mit Wittgenstein und Carnap – der österreichischen Analytischen Philosophie und gewissermaßen der große Gegenspieler Schlicks, dem er nach Persönlichkeit und Weltanschauung diametral entgegengesetzt war. Ein robuster, lauter, politisch links ausgerichteter Kämpfer stand dem großbürgerlichen, vornehmen, liberalen, unpolitischen Gelehrten gegenüber. Neurath war Polyhistor, Wissenschaftler, Gründer eines Gesellschafts- und Wirtschaftsmuseums, Administrator, Herausgeber einer Enzyklopädie, Erfinder, Nationalökonom sowie Soziologe und Brücke zwischen wissenschaftlicher Weltauffassung und (Austro-)Marxismus. Diese gesellschaftsbezogene, politische Ausrichtung ist der Analytischen Philosophie in ihrer weiteren weltweiten Entwicklung verloren gegangen. Um so erstaunlicher ist es, daß der wichtigste Philosoph dieser Richtung in den letzten Jahrzehnten, der Amerikaner Willard Van Orman Quine, sich wiederholt auf Neurath beruft, ja er macht Neuraths Bild der menschlichen Situation vis-à-vis unserer Erkenntnis zum Motto seines Hauptwerkes *Word and Object:* »Wie Schiffer sind wir, die ihr Schiff auf offener See umbauen müssen, ohne es jemals in einem Dock zerlegen und aus besten Bestandteilen neu errichten zu können.[11] Die Vielfalt der Interessen und der Leistungen Neuraths schon vor 1981 – er lebte und arbeitete bis zum Ende des Zweiten Weltkrieges – mögen kurz angemerkt werden. 1906 promoviert er in Berlin auf dem Gebiet der Wissenschaftsgeschichte, zehn Jahre später habilitiert er sich in Heidelberg. Er begründet die »Kriegswirtschaftslehre«, eine Disziplin, in der er ab 1909 etwa fünfundvierzig Artikel verfaßt. In seiner philosophischen Arbeit beschäftigt er sich vor allem mit der (mathematischen) Logik und mit Sozialphilosophie. Er untersucht den Begriff des Lustmaximums, die Stellung des sittlichen Werturteils in der Nationalökonomie, und er beschäftigt sich mit Aspekten der Wissenschaftsgeschichte. Mit dieser Beschäftigung ist er wieder gewissermaßen seiner Zeit voraus. Die Analytische Wissenschaftstheorie sollte erst viel später die Wissenschaftsgeschichte der Wissenschaftslogik zum Verständnis der Wissenschaft vorziehen. Dies geschieht erst bei Karl Popper und in den Arbeiten Paul Feyerabends und Thomas Kuhns, dessen *The Structure of Scientific Revolutions* übrigen später als die zweite Nummer des zweiten Bandes der von Neurath herausgegebenen *International Encyclopedia of Unified Science* erschienen ist. Auch setzt sich Neurath kritisch mit Descartes' Methode der Wissens- und Gewißheitsgewinnung durch »Resignation auf dem Gebiet des praktischen Tuns« auseinander, auch hier wieder Vorläufer prädominanter naturalistischer Strömungen innerhalb der Gegenwartsphilosophie.

In unsere Periode fällt auch Ludwig Wittgenstein und die Fertigstellung seines frühen Hauptwerkes. Wittgensteins Leben und Denken sind mit so einem Nimbus umgeben, daß Berichte darüber fast schon zur Philosophie gehören, wie seine wenigen noch zu Lebzeiten, und die vielen posthum veröffentlichten Schriften. In seiner Lebenshaltung erinnert er an die Philosophen der Antike und an die leidenschaftlichen existentiellen Denker des neunzehnten Jahrhunderts viel mehr als an einen Fachphilosophen und Professor. Aus dem Großbürgertum, dem Magnatentum der Monarchie stammend – sein Vater hat auch, besonders interessant für uns, die jungen künstlerischen Avantgardisten unterstützt und einen großen Teil des Secessionsgebäudes finanziert –, ging Ludwig Wittgenstein erst mit vierzehn

Jahren zur Schule. Bis dahin wurde er privat erzogen. Als Kuriosum sei vermerkt, daß die k. k. Staatsoberrealschule in Linz, in die er eintrat, von dem gleichaltrigen Adolf Hitler – ebenso wie Wittgenstein ein schlechter Schüler – gerade eben erst verlassen worden war. Nach Studien an der Technischen Hochschule Berlin-Charlottenburg, Teilnahme an aeronautischen Experimenten in England und Fortsetzung seiner Studien an der Universität Manchester, ging er 1911 auf Empfehlung des deutschen Mathematikers und Begründers der modernen Logik, Gottlob Frege, zu Bertrand Russell nach Cambridge. Von der übermächtigen, so eigenartig charismatisch wirkenden Persönlichkeit Wittgensteins kann man sich eine Vorstellung machen, wenn man vernimmt, daß er, der siebzehn bzw. sechszehn Jahre jüngere Ausländer, Russell und Moore seine Gedanken in die Feder diktierte. Als Freiwilliger tritt Wittgenstein bei Kriegsausbruch 1914 in die österreichische Armee ein, dient zuerst an der Ostfront und später in Italien, wo er 1918 in Gefangenschaft gerät. Das Manuskript der *Logisch-Philosophischen Abhandlung* – Moore wird später den Namen *Tractatus Loqico-Philosophicus* vorschlagen und unter diesem wird sie berühmt – hat er im Tornister. Sie war 1916 während eines Heimaturlaubes abgeschlossen worden. Im Winter 1918/19 schickt er sie an Russell.

Zurecht ist die Bedeutung des Tractatus für das zwanzigste Jahrhundert mit der Bedeutung Descartes' für das siebzehnte Jahrhundert verglichen worden. Wie Descartes der mathematischen Physik, Kopernikus und Galilei gegenüberstand, so steht Wittgenstein der mathematischen Logik und Frege und Russell gegenüber. Verändert wird durch die neue Logik in diesem Jahrhundert nicht nur die Theorie, sondern auch die Technologie: es werden Computer und Automaten konstruiert. Die, im Vergleich zu früheren Hoffnungen, die auf sie für die Weiterentwicklung der Philosophie und Lösung oder Auflösung ihrer Probleme gesetzt wurden, relativ zu diesen Hoffnungen so bedeutungslose mathematische Logik spielt also doch noch eine sehr wichtige Rolle in der Veränderung der Welt dieses Jahrhunderts. Wittgenstein hat sich mit dieser Logik zumeist theoretisch auseinandergesetzt – sie hat ihm (philosophische) Probleme aufgegeben, die er glaubte lösen zu müssen und tatsächlich gelöst zu haben. Zu ihrer Entwicklung hat er wenig beigetragen, wenn man von seiner Erfindung der Wahrheitstafeln absieht. Gegenüber der ihm von der (mathematischen) Logik aufgegebenen Problematik stand aber eine andere, eine ethische, nach Janik und Toulmin. Diese Autoren behaupten in ihrem erst kürzlich übersetzten Buch *Wittgenstein's Vienna,* daß Wittgenstein philosophisch motiviert war, die logische Dimension klarzustellen um für die ethische Raum zu gewinnen.[12] Die Logik begründet sozusagen die Mystik, sie setzt dem aussagenden Diskurs Grenzen. Bei dieser gewagten Interpretation berufen sich die Interpreten auf den geistigen und kulturellen Hintergrund Wittgensteins vor dessen Bekanntschaft mit Russell und Frege und der neuen

(mathematischen) Logik. Für Wittgenstein hatten Schopenhauer und Kierkegaard und Tolstoi im Vordergrund gestanden. Deren Ethik sollte mit der Physik von Hertz (Bildbegriff) und von Boltzmann (Raum theoretischer Möglichkeiten) – bei dem Wittgenstein im Jahre des Selbstmordes Boltzmanns (1906) studieren wollte – zusammengebracht werden. Dies wollte Wittgenstein mittels Sprachkritik tun: »Alle Philosophie ist Sprachkritik.« Diese war ja schon in Wien gefordert worden, von Mauthner z. B., allerdings wie Wittgenstein im Tractatus 4.0031 fortfährt: »nicht im Sinne Mauthners, Russells Verdienst ist es gezeigt zu haben, daß die scheinbar logische Form des Satzes nicht die wirkliche sein muß.«
Als Beispiel für diese, für die Analytische Philosophie und ihre Entwicklung zentral bedeutsame, und auch für Wittgenstein wesentliche Unterscheidung Bertrand Russells – zumindest schließt er sich ihr an – sei auf ein Beispiel aus der »Theory of Descriptions« verwiesen.[13] Man erwäge den Satz »Der gegenwärtige König von Frankreich ist kahlköpfig«. Bei einer Beschreibung der Welt wird dieser Satz weder unter den wahren noch unter den falschen Behauptungen auftauchen. Russells Übersetzung, von einem »robusten Wirklichkeitssinn« motiviert und durch den Apparat der neuen Logik ermöglicht, die sich nicht an die von der Wortsprache und der traditionellen Logik vorgetäuschte Subjekt-Prädikat-Form hält, lautet: Es gibt zumindest ein Ding, das mit dem gegenwärtigen König von Frankreich identisch ist, und es gibt höchstens ein Ding, das mit dem gegenwärtigen König von Frankreich identisch ist, und dieses Ding ist kahlköpfig. Schon der erste Teilsatz der Übersetzung ist ein falscher Satz, daher ist auch die Summe der Teilsätze falsch. Das Problem ist gelöst und kein nicht-existierender Seinsbereich oder Nichtseinsbereich, von noch anderen Bereichen zu schweigen, braucht angenommen werden, wie es Meinong ja glaubte, tun zu müssen. Wittgenstein hat im *Tractatus* der Sprache als einzige sinnvolle Aufgabe eingeräumt, die Welt abzubilden, und die logische Analyse, die Sprachkritik, sollte ihm dazu verhelfen.
Damit soll diese Skizze der Wiener Philosophie 1895–1918 abgeschlossen sein. Vorgestellt wurden nur Philosophen, wie schon eingangs erwähnt, die fachphilosophisch für dieses Jahrhundert geschichtmächtig geworden sind und bis in unsere Zeit weitergewirkt haben.
Wie kam es zu dieser bedeutenden Leistung auf dem Gebiet der Philosophie, zu der kulturellen Blüte überhaupt, von der die Philosophie einen Aspekt darstellt? Zwei globale Hypothesen seien angeführt. Schorske hat das Ausbleiben der Möglichkeit der politischen Partizipation des österreichischen Bürgers – auch während der Herrschaft der Liberalen – dafür verantwortlich gemacht.[14] Die Kreativität des Bürgers sublimiere sich nach Schorske sozusagen in die Hochkultur. Diese These ist bestechend und läßt sich auf die vorgestellte Philosophie anwenden, besonders auf Wittgenstein. Johnstons

Erklärungsversuch und Beschreibung des geistigen und wissenschaftlichen Lebens Wiens, als durch den sogenannten »therapeutischen Nihilismus« (der Wiener Medizinischen Schule) gekennzeichnet, verschafft einen anderen lohnenden Einblick.[15] Er läßt sich auf die Philosophie anwenden, die sich nunmehr nicht in spekulative unbewiesene Behauptungen versteigt – wie etwa in der Medizin, in der Patienten Blutegeln angesetzt wurden, weil man an ihre Wirksamkeit glaubte –, sondern den Menschen im geistigen Alltag in Ruhe läßt und sich nur auf durch die Erfahrung erhärtetes Wissen, auf die Naturwissenschaft stützt. Der Lösung eines philosophischen Problems geht nunmehr, wie der Therapie einer Krankheit, die logische Diagnose voraus, in der sie sich *for better or for worse* zuweilen allerdings erschöpft. Aber sie richtet keinen neuen Schaden an, sie verschlechtert und tötet nicht, und schneidet nicht von Wissenschaft und Leben ab, wie das – zu diesem geschichtlichen Zeitpunkt, aus der Sicht der philosophischen Erneuerer – die alte, herkömmliche Philosophie getan hatte.

Anmerkungen

1 Für unseren Ort und Zeit, Wien um die Jahrhundertwende, ist die Auffassung Marxschen Gedankengutes von besonderem Interesse und von besonderer Wichtigkeit. Hier sei nur auf die folgende relevante Literatur verwiesen: Ernst Glaser, Im Umfeld des Austromarxismus (Wien 1981); Norbert Leser, Zwischen Reformismus und Bolschewismus. Der Austromarxismus als Theorie und Praxis (Wien 1968), 2. Auflage des zentralen Teiles, 1985; Gerald Mozetic (Hrsg.), Austro-Marxistische Positionen (Wien 1983). Für die weitere Nachwirkung des Austromarxismus des Wiener Fin de siècle siehe Detlev Albers, Josef Hindels, Lucio Lombardo Radice (Hrsg.), Otto Bauer und der dritte Weg. Die Wiederentdekkung des Austromarxismus durch Linkssozialisten und Eurokommunisten (Frankfurt 1979).

2 Siehe Henry Schnitzler, »Gay Vienna – Myth and Reality«, Journal of the History of Ideas, XV (1954), S. 105.

3 Siehe hierzu von Walther Schmied-Kowarzik, Zeit und Raum, Wiener Diss. 1908; Umriß einer analytischen Psychologie, Leipzig 1912, 2. Aufl. Leipzig 1928; Gestaltspsychologie und Ästhetik, in Atti del 5. Congresso internazionale di Filosofia 1924, Napoli 1925, S. 131-142; Phänomenologie und nicht-empirische Psychologie, in Einführung in die Psychologie E. Saupe (Hrsg.), Osterwieck [3]1931, S. 170-176.

4 Siehe seinen Essay »Österreichische Philosophie«, zuerst erschienen in Österreichische Philosophen und ihr Einfluß auf die analytische Philosophie der Gegenwart, J. C. Marek, J. Zelger, H. Ganthaler, R. Born (Hrsg.); wieder abgedruckt als erstes Kapital in Rudolf Haller, Studien zur Österreichischen Philosophie (Amsterdam 1979).

5 Die beiden Zitate sind aus Freuds »Triebe und Triebschicksale«, bzw. »Das Unbewußte« und auf den Seiten 210–232 und 264–303 des zehnten Bandes der Gesammelten Werke, (London 1946) zu finden.

6 Siehe Gilbert Ryle, »Intentionality – Theory and the Nature of Thinking«, in Jenseits von Sein und Nichtsein, Rudolf Haller, Hrsg. (Graz 1972), S. 7 und Rudolf Haller, »Über Meinong«, wieder abgedruckt als Kapitel III, in seinen Studien zur Österreichischen Philosophie, S. 37.

7 Siehe Howard O. Eaton, The Austrian Philosophy of Values, Norman, Oklahoma 1930, und Stephen C. Pepper, »A Brief History of General Theory of Value«, in A History of Philosophical Systems (New York 1950), S. 493–503.

8 Siehe R. B. Perry, General Theory of Value (New York 1926).

9 Die bisher hervorgehobenen Autoren und Themen sind etwas mehr detailliert in »Franz Brentano und die Folgen«, meinem Beitrag zu Wien 1870-1930 Traum und Wirklichkeit, Robert Waissenberger, Hrsg. (Salzburg 1984), S. 58-63, ausgeführt-

10 Siehe Rudolf Haller, »Das Neurath-Prinzip – Grundlagen und Folgerungen«, in Arbeiterbildung in der Zwischenkriegszeit: Otto Neurath – Gerd Arntz, Friedrich Stadler Hrsg. (Wien 1982) besonders S. 79, neuerdings auch besonders »Der Erste Wiener Kreis«, in Erkenntnis 22 (1985): Epistemology, Methodology, and Philosophy of Science, Essays in Honour of Carl G. Hempel on the Occasion of His 80th Birthday, January 8th 1985 (Dordrecht und Hamburg 1985) S. 341-358 und Philipp Frank, »Introduction: Historical Background«, in seinem Modern Science and Its Philosophy New York 1941) S. 13-68.

11 Siehe Wort und Gegenstand (Stuttgart 1980) S. 6.

12 Allan Janik und Stephen Toulmin, Wittgensteins Wien (München 1984). Siehe auch meinen Beitrag zur Überlieferung und Aufgabe. Festschrift für Erich Heintel zum 70. Geburtstag, Herta Nagl-Docekal, Hrsg. Erster Teilband (Wien 1982), betitelt »Zur Philosophie des Wiener Fin de Siècle«.

13 Russells sogenannte »Theorie der Beschreibungen« wurde zuerst in seinem 1905 in Mind veröffentlichten Aufsatz »On Denoting« entwickelt (als »Über das Kennzeichnen« übersetzt in: Bertrand Russell, Philosophische und politische Aufsätze, hrsg. v. Ulrich Steinvorth (Stuttgart 1971), 1910 in der Principia Mathematica präzisiert. Im selben Jahr, 1910, wird ihre erkenntnistheoretische Bedeutung in »Knowledge by Acquantance and Knowledge by Description«, ursprünglich in den Proceedings of the Aristotelean Society abgedruckt und in Mystik und Logik, Philosophische Essays von Bertrand Russell, H. Herring Hrsg., (Wien 1952) auf deutsch übersetzt, herausgearbeitet.

14 Carl E. Schorske, Wien. Geist und Gesellschaft im Fin de siècle, deutsch von Horst Günther (Frankfurt/M. 1982).

15 William M. Johnston, Österreichische Kultur- und Geistesgeschichte Gesellschaft und Ideen im Donauraum 1848 bis 1938 aus dem Amerikanischen übertragen von Otto Grohma (Wien 1974).

Richard Heinrich
Philosophische Raumtheorien im frühen 20. Jahrhundert

Ich möchte gleich zu Anfang sagen, daß das eigentliche Thema meiner Ausführungen viel enger ist als der Titel. Ich werde mich ausschließlich mit den »theoriestrategischen« Bedingungen befassen, die der Möglichkeit einer philosophischen Raumtheorie in jener Zeit zugrundeliegen. Ursprünglich dachte ich auch nicht, daß ich direkt zur Philosophie von Walther Schmied-Kowarzik sprechen würde; es war mir zwar schon lange klar, daß es einen Zusammenhang gibt zwischen dem Thema »Raum« und seiner Arbeit; vor Jahren habe ich seine Dissertation (den veröffentlichten Teil: »Raumanschauung und Zeitanschauung«. 1910) in der Literaturliste der Dissertation von Rudolf Carnap (»Der Raum. Ein Beitrag zur Wissenschaftslehre« 1922) gefunden. Aber erst als ich jetzt diesen Text las konnte ich erkennen, daß er in vieler Hinsicht typisch für den Geist jener Zeit ist, gerade in dem Bestreben, eine eigenwillige Position zu finden, und z. B. auch Anregungen Kants nur zu verwenden, um aktuell eine bestimmte eigene These zu formulieren.

Diese Eigenwilligkeit ist interessant, weil sie eine objektive Lage zu Beginn des Jahrhunderts widerspiegelt. Der Begriff des Raumes war, wenn ich das so einfach sagen darf, damals drauf und dran für die Philosophie verlorenzugehen. Das ist eine wichtige Sache, die ich ein bißchen erklären will. In der Aufklärung (Newton-Mythos) und bis weit ins 19. Jahrhundert war der Raum ein philosophisch sehr gut durchgearbeiteter Begriff; ich meine nicht, daß es darüber keine Auseinandersetzungen gegeben hätte; aber es war seit dem 18. Jahrhundert ziemlich klar, in welchen Alternativen man sich bewegen konnte, es gab keine grundsätzlichen Schwierigkeiten. In dieser Periode hatte der Raumbegriff eine immense Bedeutung für die Philosophie als Zugang zum Verständnis der Physik, der Naturwissenschaft. Neben Begriffen wie Kraft, Zeit, Bewegung war der Raum ein unersetzliches Mittel, um die Realität der fortschreitenden Wissenschaften deuten zu können, und auch um diese Realität in einem allgemeinen geistigen Horizont wieder interpretieren zu können. In der Mitte des 19., Jahrhunderts aber wurde auf verschiedenen Gebieten eine Entwicklung sichtbar, die diesen Zusammenhang zusehends unterminierte. In der Mathematik, der Physik waren auf einmal Einsichten da, die nicht mehr zusammenpaßten mit den Verstehensmöglichkeiten, die die Philosophie der ganzen Neuzeit in den Raumbegriff investiert hatte. Ich gebe dafür ein Beispiel, das sehr abgedroschen ist, die Entdeckung der nicht-euklidischen Geometrien. Das muß man ja schon in die 20er-Jahre datieren, aber zuerst sieht alles noch ganz harmlos aus, wenn man draufkommt, daß der Raum rein geometrisch auch eine andere Struktur haben könnte als immer angenommen. *Das* ließe sich ja nachlernen. Aber in der Entdeckung war mehr Sprengstoff verborgen, denn im Laufe des 19. Jahrhunderts wurde die Konsequenz unabweisbar, daß durch eine geometrische Struktur als solche überhaupt kein Raum festgelegt ist: dies ist vielmehr entweder eine empirische oder eine konventionelle Sache oder etwas zwischen diesen beiden gleich unerfreulichen Polen – unerfreulich für die Philosophie, weil für sie damit ein ganz bestimmter Erkenntnisweg eingebrochen ist, der von einem begrifflichen über ein geometrisches zu einem physikalischen Verständnis des Raumes geführt hatte. Wenn wir jetzt nämlich erst die empirischen Aussagen der Physiker abwarten müssen, was der Raum ist – dann können wir jedenfalls den Begriff des Raumes nicht mehr verwenden als Verständnisstütze für das, was die Physiker uns sagen werden. Drastische Ereignisse dieser Art haben eine Bedrohung gebildet für die Philosophie: daß man etwas, was man bisher verstanden hat, künftig vielleicht nicht mehr wird verstehen können – philosophisch verstehen. An so einem Punkt kann man etwas lernen über philosophische Verantwortung, in ihrem Unterschied auch zur Verantwortung des Forschers. Im Sinne einer Nebenbemerkung würde ich gerne sagen, daß philosophisches Verantwortungsbewußtsein etwas zu tun hat mit dem Willen, um gefährdete Verstehensmöglichkeiten sich zu bemühen (auf diese Art von Phänomen habe ich mich bezogen, als ich davon sprach, der Raumbegriff drohte verlorenzugehen für die Philosophie). – Welche Möglichkeiten bestehen aber real in einer solchen Situation? Ich glaube, ganz generell kann man zwei Imperative, zwei verpflichtende Maximen angeben. Zuerst die Bereitschaft, sich etwas neues einfallen zu lassen. In unserem Fall heißt das: Wenn die Gehalte, mit denen Philosophie den Raumbegriff ausgestattet oder durchdrungen hat, nicht mehr zum Begreifen der Wirklichkeit ausreichen, dann muß neu investiert werden in die philosophische Theoriebildung. Dafür gibt es verschiedene Strategien, auf die ich noch eingehen werde, aber eines sollte völlig klar sein: Es geht nicht, daß man einfach sagt, na ja dieses neue szientifische Zeug verstehen wir halt nicht mehr mit unserem philosophischen Raumbegriff; aber deswegen bleibt doch unser philosophischer Raumbegriff als solcher, was er eben ist, und für uns gibt es keinen Grund zur Aufregung; suum cuique. *Das* ist Verantwortungslosigkeit, auch wenn es mit dem Slogan auftritt: »Wir halten der Philosophie die Treue«. Denn in Wahrheit wird so ja bloß ein Stück Philosophie, ein philosophisches Verstehen, aufgegeben. Also es gibt viele verschiedene Reaktionen der Philosophie; aber *das* ist keine. Der zweite Imperativ ist noch konkreter, er besagt, daß man sich mit *der* Wirklichkeit, die einem davonzulaufen droht (in unserem Falle die Wissenschaft), in erhöhtem Grade einlassen muß. Wer nicht einmal beschreiben kann, was er verstehen will, der versteht es eben sicher nicht. Man darf diese Maxime freilich nicht falsch auffassen: Der faktische Zustand einer Wissen-

schaft zeigt nicht schon von selbst, in welchen Begriffen und Figuren er philosophisch gedeutet werden kann. –
Ich möchte jetzt aber gleich wieder zurückkommen auf die Frage, was grundsätzliche Strategien der philosophischen Theoriebildung in einer solchen Situation sind. Dazu mache ich eine grobe Dreiteilung: 1. Anstrengung der wissenschaftlichen und philosophischen Phantasie; 2. Historische Anregung: Man sucht in den tradierten Vorstellungen nach Denkmöglichkeiten, die bisher zu wenig ausgenützt oder gar übersehen wurden; 3. Rückgang auf gesicherte Fundamente und geordneter Neuaufbau. Natürlich schließen sich diese Wege nie gegenseitig aus, aber man kann ganz gut Beispiele geben für das Überwiegen einer dieser Einstellungen. Denken wir etwa bei der historischen Anregung an die Studien Hans Reichenbachs über Leibniz, Huyghens, Kant; oder bei dem Stichwort von »gesicherten Fundamenten« an den jungen Bertrand Russell. Diese beiden Strategien haben übrigens etwas gemeinsam gegenüber der ersten: beide versuchen, innerhalb schon gegebener Sprachen neue Denkmodelle zu finden, die einen in den geschichtlich gegebenen, die anderen in den formal definierten Sprachen. –
Und nun möchte ich vor allem noch etwas sagen zu dem besonderen Charakter solcher historischer Rückbezüge, besonders zu ihrer eigentümlichen Gewaltsamkeit. Ich glaube, diese Erscheinung sollte man nicht nur kritisieren von unserem heutigen Standpunkt, sondern es gilt an ihr auch etwas verständlich zu machen. – In der Dissertation von Walther Schmied-Kowarzik etwa gibt es eine wichtige Argumentationslinie über die Einzigkeit, Einheitlichkeit, Einmaligkeit des Raumes. Es geht ihm darum zu zeigen, daß »Raum« nicht etwas fallweise auftretendes ist, etwas, das sich mal so, mal anders zu erkennen gibt, sondern daß der Raum in seiner Ganzheit stets auf einmal und als immer derselbe gegeben ist. In diesem Bestreben eignet Schmied-Kowarzik sich einige wichtige Gedanken Kants an, über den Raum als reine Anschauung. Kant hat ja in der Tat zu beweisen versucht, daß der Raum eine solche individuelle Vorstellung sei, einzig und ursprünglich ganz: eine Intuition eben. Diese Überlegungen Kants sind nicht einfach, und es verdient festgestellt zu werden, daß Schmied-Kowarzik sie außerordentlich klar verstanden und wiedergegeben hat. Befremdlich ist für uns aber die Verwendung, die er davon macht. Z. B. sagt er dann, durch Kants Beweis sei offenbar geworden, daß der Raum ein reiner Inhalt sei. Aber *das* ist aus Kants Perspektive nicht einsichtig und vor allem völlig unmotiviert; und auch die weitere Anwendung dieses Gedankens auf Psychologisches ist gänzlich unkantisch. Gerade heute, wo in der Kantforschung sich ernstzunehmende, philologisch orientierte Entwicklungen abzeichnen, erscheint dies seltsam. Doch auf der anderen Seite dürfen wir eben die strategische Situation der Philosophie vor sieben Jahrzehnten nicht übersehen: Man konnte noch hoffen, eine Denkweise zu finden, die den Raum wieder philosophisch zu

deuten erlaubt – und insofern war Schmied-Kowarziks Wahl sehr überlegt (im Verlauf der neukantianischen Tradition war Kants Lehre vom Raum als Anschauung stets im Schatten gestanden). Und zugleich wußte man doch, daß der Traditionszusammenhang als solcher zumindest teilweise suspendiert werden mußte. Denn *er* hatte ja faktisch das Problem des Verstehensmangels heraufbeschworen. Also war damals geradezu eine Vorbedingung für die Nutzung eines theoretischen Elementes sein Herausbrechen aus den tradierten Ganzheiten. Ganz ähnlich z. B. die Haltung Walter Benjamins in der bekannten Jugendschrift »Über das Programm der kommenden Philosophie« (1918), wo er auch ganz unverblümt sagt, es sei Bedingung für das Weiterleben der Kantischen Lehre, daß wir Brauchbares und Unbrauchbares in ihr trennen: »Es ist von der höchsten Wichtigkeit für die kommende Philosophie zu erkennen und zu sondern welche Elemente des Kantischen Denkens aufgenommen und gepflegt welche umgebildet und verworfen werden müssen.« Und Benjamin macht klar, daß das nicht herabsetzend gemeint ist, ganz im Gegenteil: daß das eine Forderung des Kantischen Werkes ist, daß *es* verlangt von uns, daß wir uns zu einem Gebrauch entscheiden, den wir davon machen wollen. Wir sind, gewissermaßen, dem Werk diese Konkretheit unserer Entscheidung schuldig. – Nun, ich hoffe ich habe jetzt verständlich machen können, inwiefern ganz konkrete theoriegeschichtliche Konstellationen zu einer Relativierung führen können von solchen Maximen wie »Treue zum Werk« etc. Umso schärfer möchte ich aber betonen, daß ich nicht glaube, daß wir, heute, uns noch so verstehen könnten. Unsere heutige theoriegeschichtliche Situation, mit Bezug auf den Raum, ist grundlegend anders als die von 1910 oder die in den zwanziger Jahren. Der Unterschied läßt sich sehr einfach ausdrücken: Der Zug, dem man damals noch mit gewisser Hoffnung nachlaufen konnte, ist inzwischen endgültig abgefahren. Die Philosophie *hat* inzwischen den Raumbegriff verloren, und es wäre ganz verkehrt, sich darüber irgendwelche Illusionen zu machen. In gewissem Sinne ist es heute unmöglich, eine allgemeine philosophische Raumtheorie zu entwickeln: der Begriff »Raum« determiniert keine selbständige Theorieform mehr. Natürlich kann man noch immer tausenderlei – auch philosophische – Theorien über den Raum verfassen: anthropologische, mathematische, poetologische Raumtheorien. Aber was ich meine ist folgendes: in allen diesen Fällen ist es ein *anderer* Begriff, der die Theorie bestimmt, und der Raum ist nur ein Thema, das sich solchermaßen aufgreifen läßt. In diesem Sinn also bestimmt der Raum definitiv keine philosophische Theorie mehr – und sagen Sie nicht, *das* wäre doch immer schon so gewesen. Denn ganz offenkundig determiniert der Raum etwa bei Descartes eine Theorieform genau in diesem Sinn. – Das Phänomen nun, das ich eben beschrieben habe, könnte man auch einfach als »Zersplitterung« oder »Aufteilung: eines einheitlichen Begriffes bezeichnen. Und natürlich hat dieses Phänomen seine Wurzeln gerade in der

Situation im ersten Jahrhundertdrittel. In dem Augenblick, wo man als Philosoph merkt, daß der eigene umfassende Raumbegriff wackelt – da sieht man selbstverständlich mit besonderer Deutlichkeit, wie in einzelncn, abgegrenzten Bereichen, die keine Philosopheme anstreben, das Reden vom je eigenen Raum ganz klaglos funktioniert, ja geradezu aufblüht. Der Raum des Mythos, der Dichtung, der Raum des Films, der psychische Raum etc. Natürlich bezieht die Philosophie sich sofort auf diesen Umstand, aber es ist klar, daß sie sich damit nicht auf den Raum bezieht, sondern auf das Reden von ihm. Eine typische (im vorteilhaften Sinne) Arbeit etwa ist Cassirers Aufsatz von 1931: »Mythischer, ästhetischer und theoretischer Raum« (in der Zeitschrift für Ästhetik und allgemeine Kunstwissenschaft). Einige bedeutende Philosophen haben diese Lage theoretisch bedacht, Cassirer und Carnap etwa. Es kommt darauf an, die Struktur jener verschiedenen »Diskurse« über den Raum zu analysieren, nach einer Logik zu suchen, die ihnen gemeinsam ist oder sie verbindet, und dann die Chancen abzuschätzen für eine umfassende Begriffsbildung. An dieser Aufgabenstellung erkennen wir, was meines Erachtens die philosophischen Raumtheorien im ersten Jahrhundertdrittel am schärfsten charakterisiert: das Problem der *Einheit* des Raumes. Davon, von der Lösung dieser Frage der Einheit des Raumes, haben die scharfsichtigsten Denker jener Zeit sich die Möglichkeit erhofft, überhaupt nochmal zu einem philosophischen Begreifen des Raumes zu kommen. Freilich darf man nicht vergessen, daß hiemit die Philosophie anerkennt, daß ihr Bezug auf den Raum indirekt geworden ist: zwischen dem philosophischen Begreifen und dem Raum steht jetzt jene Mannigfaltigkeit von Redeweisen, und, vor allem, die Wissenschaft. Deshalb heißt Carnaps Dissertation auch: »Ein Beitrag zur Wissenschaftslehre«. Das ist nicht eine bloße Vorliebe Carnaps oder Propaganda für seine Weltsicht, sondern das ist zwingend so. Die Konsistenz der philosophischen Raumtheorie hängt ab von der Lösung eines Problems der Wissenschaftslogik.

Zuletzt möchte ich nun kurz noch etwas sagen über das Grundkonzept Carnaps in dieser Dissertation. Carnap hat relativ allgemein drei Bedeutungen des Raumes unterschieden: einen formalen Raum, einen Anschauungsraum und den physischen Raum. In seiner Auffassung des formalen Raumes hat er an die genialen frühen Schriften Russell's angeknüpft, und man kann vielleicht ganz grob sagen, daß es hier darum geht, eine eigene logische Darstellung für alles zu finden, was Raum heißen kann (ein Problem der Relationenlogik). D. h. hier sehen wir auch ein Beispiel für die Strategie, zurückzugehen auf ein intaktes Fundament. Aber mit so einer logischen Darstellung des Raumes hat man natürlich noch nicht erfaßt, was der Raum ist. Man hat nur eine Möglichkeit seiner Beschreibung gewonnen. Darum geht es Carnap, das möchte ich jetzt eigens betonen, nicht um einen reinen Logizismus, sondern um den Zusammenhang verschiedener, irreduzibler

Explikationsweisen des Raumes. Mit dem Wort »Anschauungsraum« bezeichnet er die Individualität, das »wesentlich individuelle« So-Sein des Raumes – für eine begrenzte Anschauung. Das ist das Problem hier: wie für eine begrenzte Anschauung Individuelles überhaupt als solches thematisch werden kann. Carnap versuchte, durch Grundsätze und Postulate eine solche Anschauung zu beschreiben, man kann schon an seiner Sprache in den entsprechenden Teilen merken, daß er sich sehr stark an Husserl orientiert hat. Der physische Raum wieder ist eigentlich nichts anderes als ein Erfahrungszusammenhang, dem die Ordnungs- und Wesensstrukturen des Raumes aufgeprägt sind. Auch hier schaut es aber nur auf den ersten Blick so aus, als wäre der physische Raum ein bloßer Anwendungsfall. Es läßt sich nämlich zeigen, daß dieser »Fall« der Erfahrung seinerseits, gleichsam rückwirkend, die Theorieform bestimmt: darin liegt ddie Irreduzibilität der dritten Raumbedeutung, in der Trennung von metrischen und topologischen Strukturen des Raumes. Diese Trennung wird erst durch die Erfahrung des Raumes real bedeutsam. – Nun, das sind diese drei Zugangsweisen Carnaps, und seine Frage richtet sich jetzt auf ihren teilweise recht komplizierten Zusammenhang. Das wollen wir jetzt nicht mehr weiter verfolgen. Vielmehr möchte ich darauf hinweisen, daß innerhalb dieses Konzepts sich eine Stelle angeben läßt für die Arbeit von Walther Schmied-Kowarzik. Sie ist nämlich wirklich schon wesentlich früher ein Versuch, gerade das Wesen des Anschauungsraumes klarer zu fassen, in einer Weise, die genau den nachherigen Anforderungen Carnaps entspricht: reines, wesenhaftes So-Sein essentiell zu fassen. Darüber bestimmt sich dann auch der Wert des Rückgriffes auf ein fast vergessenes Theoriestück Kants (in einer wirksamen Weise wurde es erst viel später von Heidegger wieder ins Zentrum gerückt). Die Differenz gegenüber Carnap liegt darin, daß Schmied-Kowarzik gemeint hat, es ließe sich das Problem der Einheit des Raumes innerhalb dieses abgegrenzten Bereiches der Anschauungsproblematik lösen – und daß er der formalen Konzeption, dem Raum als Ordnungsbegriff, gar kein Verständnis entgegenbringt. Aber das darf uns ja anderseits nicht wundern, denn diese Ideen Russell's sind in der Tat erst später effektiv rezipiert worden in der deutschsprachigen Philosophie. –

Ich schließe mit einer persönlichen Bemerkung: Ich glaube, daß heute eine erneute Auseinanderssetzung mit den Anregungen Russell's und Carnaps der einzige Weg ist, *das Problem* weiterzudenken: auch wenn es nicht mehr sinnvollerweise das »Raumproblem« genannt werden könnte. Aber Schmied-Kowarziks Erinnerung an Kant, seine Lehre von der reinen Anschauung des Raumes, bleibt auch aus der heutigen Sicht eine authentische Evokation dessen, was eine philosophische Raumtheorie sein müßte, die ihren Namen verdient. Diese Erinnerung macht die Auseinandersetzung mit seiner Arbeit wertvoll.

Erhard Oeser

Kants Philosophie des Gehirns

Ein Beitrag zur historischen Begründung der Neuroepistemologie

Vorbemerkung

In einem Symposion über »Objektivationen des Geistigen« scheint man mit einem Beitrag über die »Philosophie des Gehirns« das Generalthema gründlich verfehlt zu haben. Denn man erweckt damit unvermeidlich den fatalen Eindruck hinter den »Objektivationen« oder den Produkten des Geistigen ein materielles Korrelat für den Erzeuger und Träger dieser Objektivationen als Objektivierung des Geistes selbst zu suchen. Damit verletzt man aber das ungeschriebene Dogma von der totalen Trennung der naturwissenschaftlichen, biologisch-medizinischen Terminologie, die Gegenstände oder Zustände beschreibt, und der philosophischen Terminologie, die es mit Phänomenen wie Bewußtsein und Geist zu tun hat, die niemals selbst vergegenständlicht werden können.

Um aber nicht von vornherein als »reduktionistischer Naturalist« verkannt aus dem Rahmen dieses Symposions zu fallen, möchte ich ein Zitat von Walther Schmied-Kowarzik bringen, der das Thema meines Referates in einer Nebenbemerkung in seiner mit diesem Symposion fast gleichnamigen Arbeit aus dem Jahre 1927 gestreift hat:

»Nicht alles Physische, das mit dem Geistigen verbunden ist, ist als Physisches objektiv, d. h. wahrnehmbar. Die physiologischen Vorgänge, die sich in unserem Nervensystem als Gegenglied der geistigen Erlebnisakte abspielen, werden uns so wenig objektiv, daß sie uns völlig unbekannt sind. Und auch die Dispositionen zu den Akten des geistigen Lebens sind nicht bloß psychische Tatsachen im Unbewußten, sondern haben auch ein physisches Begleitstück im Gehirn, das aber uns nicht im Geringsten objektiv wird. Wir sind jedoch berechtigt, die Dispositionen zu den Erlebnissen als beharrenden subjektiven Geist zu bezeichnen, ebenso wie wir das aktuelle Erleben selbst den fließenden subjektiven Geist nennen können, gleichgültig ob wir das Nervensystem in seinen Funktionen im parallelistischen Sinne als andersseitiges Gegenbild oder im Sinne der Wechselwirkungslehre als eine mit der Psyche in engstem Kausalzusammenhang stehende Substanz ansehen.«[1]

Der Unterschied zur damaligen Situation besteht in zwei Punkten:

1. Nach einer rapiden Entwicklung der Hirnforschung in den letzten 50 Jahren sind uns die physiologischen Vorgänge im Nervensystem, die als Korrelate zu den psychischen Zuständen betrachtet werden können, nicht mehr völlig unbekannt. Einen Beleg dafür liefert die Existenz der gegenwärtigen Neuropsychologie.
2. Deshalb ist es auch möglich, das, was als »beharrender« subjektiver Geist und »fließender« Geist genannt worden ist, auf der funktionalen Ebene

als *»fluktuierende«* und als *»strukturelle:* Information mit neuralen Ereignissen und mikroanatomischen neuralen Strukturen in Zusammenhang zu bringen.

Es war das Schicksal philosophischer Bewußtseinstheorien, trotz und vielleicht sogar gerade auf Grund der Fortschritte der empirischen Wissenschaften eine eigene Darstellungsweise entwickeln zu müssen, mit der sie sich von den Ergebnissen der Biologie und Medizin und schließlich auch von der empirischen Psychologie unabhängig machen konnte. Diese Immunisierungsstrategie führte jedoch nicht nur in die Isolation, sondern auch zu unüberbrückbaren Gegensätzen. Davon wußte bereits Kant im Jahre 1796 ein Lied zu singen: »Wer es in dem gegenwärtigen Falle dem Mediziner als Physiologen zu Dank macht, der verdirbt es mit den Philosophen als Metaphysiker; und umgekehrt, wer es diesem recht macht, verstößt wider den Physiologen«.[2]

Die Konsequenz aus dieser Situation ist bekannt: Nach Kant wird von einigen Ausnahmen abgesehen jeder direkte Bezug der philosophischen Bewußtseinstheorie zur Biologie und medizinischen Hirnforschung vermieden.

Dies war umso leichter möglich, da sich in der Nachfolge Kants im Deutschen Idealismus der Schwerpunkt der Philosophie des Geistes immer mehr von einer erkenntnistheoretisch anthropologischen Fragestellung zu einer metaphysisch-theologischen verschoben hat – eine Entwicklung, die in Hegel ihren nicht mehr überbietbaren Höhepunkt und in der Spätphilosophie Schellings ihre naturalistische Gegenkritik erfahren hat.[3]

Der Prozeß der Auflösung des individuellen endlichen Subjekts in das absolute war jedoch nicht mehr aufzuhalten. Alle Versuche der phänomenologischen Anthropologie und Existenzphilosophie, das individuelle menschliche Bewußtsein zu retten, waren nur ein schwacher Niederschlag der klassischen philosophischen Bewußtseinstheorien von Aristoteles bis Kant.

Die mehr als zweitausendjährige heuristisch äußerst fruchtbare Verbindung von Hirnforschung und philosophischer Erkenntnislehre, die von Alkmaion von Kroton und Hippokrates bis über die aristotelisch-scholastische Ventrikellehre bis zu Kants Zeitgenossen, dem Hirnanatomen Samuel Theodor Soemmering reicht, war damit scheinbar für immer zerrissen. Ein Beleg für den auch in der Hirnforschung auftretenden Philosophenhaß, der charakteristisch für die Naturwissenschaft des 19. Jhs war, liefert der Leipziger Mediziner Karl Reclam, der in seinen »Grundzügen der Physiologie« in emotionsgeladener und aggressiver Form vor dem Mißbrauch der bereits damals einigermaßen bekannten mikroanatomischen Struktur der Nervenzellen und Nervenzellenfortsätze zu spekulativen Zwecken psychologisch-philosophischer Art warnte:

»Hier zeigt sich eben der Unterschied zwischen dem fachmäßig gebildeten ›Naturforscher‹ und zwischen dem in der Naturwissenschaft als Dilettanten

schmarotzenden ›Philosophen‹. Der *Naturkundige* spricht den Erfahrungssatz einer Thatsache aus, oder beleuchtet die Möglichkeit einer Hypothese; hierbei bleibt er aber stehen, und hütet sich im vorliegenden Falle sehr, das Fasergespinnst der Endreiser zu einem Hirngespinnst weiterer Vermuthungen zu verwenden. Der *Philosoph* hascht sich eine Thatsache oder eine Hypothese und erbaut aus ihnen das luftige Kartenhaus seiner ›Spekulation‹, welche dann von der nächsten Thatsache oder Hypothese, welche nicht zu den willkürlichen Annahmen paßt, wiederum zerstört und zusammengeworfen wird, ganz wie die wirklichen Kartenhäuser spielender Kinder.«[4]
Diese Situation hat sich heute vollständig verändert. Die moderne Hirnforschung, die sich als ein interdisziplinäres Unternehmen versteht,[5] hat nicht nur die klassischen Themen der traditionellen Philosophie, vom Leib-Seele Problem bis zu differenzierten erkenntnistheoretischen Fragen aufgegriffen, sondern hat auch in expliziter Weise ihre Sonderstellung zur Philosophie hervorgehoben. In einer pointierten Formulierung wurde diese Sonderstellung der Hirnforschung unlängst von dem Bonner Neurologen Detlef Linke mit folgenden Worten ausgedrückt: »Wir philosophieren nicht nur über das Gehirn, sondern es ist auch das Gehirn, welches philosophiert«.[6] Abgesehen von der hier auf Grund der Position eines psychocerebralen Parallelismus vorausgesetzten »Austauschbarkeit« der Begriffe Gehirn auf der einen Seite und Geist, Bewußtsein und Seele auf der anderen Seite, wird damit ein Anspruch erhoben, der die klassische Vorstellung der philosophischen Begründung auf den Kopf stellt. Nach einem geflügelten Wort in der Hirnforschung »The brain is more intelligent than the human being« ist es jetzt nicht mehr die Hirnforschung, welche die Philosophie um Rat fragt, sondern umgekehrt ist es die Hirnforschung, die sich anschickt, der Philosophie des Geistes und somit der klassischen Erkenntnistheorie eine Grundlage zu liefern. Dieser Anspruch ist jedoch auch für einen ausgekochten naturalistischen Philosophen, der notwendigerweise ein denaturalisierter Naturalist ist, ein zu großer Brocken, um ohne weiters geschluckt zu werden.
Beschränkt man sich auf die Akzeptierung einer schon wegen ihrer multidisziplinären Charakters sicher unbestreitbaren Sonderstellung der Hirnforschung, die zumindest eine Wechselwirkung von empirischer Erkenntnis über unser Gehirn und philosophischer Reflexion zuläßt, ohne in Prioritätsansprüche zu verfallen, dann sind drei Fragen zu beantworten

1. Wie läßt sich nach dem sog. linguistic turn der Philosophie, der nicht nur die analytische Philosophie, sondern auch die philosophische Hermeneutik umfaßt, überhaupt noch direkt über mentale Phänomene reden?
2. Wie ist die Verbindung von direktem Reden über Bewußtsein und Erkenntnis und empirischer Hirnforschung mit der traditionellen Philosophie, insbesondere mit Kants Transzendentalphilosophie vereinbar?
3. Welche positive heuristische Konsequenzen über die bloß negative Kritik

empirisch nicht mehr haltbarer philosophischer Positionen hinaus sind aus einer solchen Verbindung von Philosophie und Hirnforschung zu erwarten?

1.

Rückblickend kann man sagen, daß die linguistische Wende der Philosophie von der gleichen Argumentationsstruktur ausgeht wie der heutzutage von deren Anhängern so verpönte Naturalismus. Denn unabhängig von den heute existierenden Richtungen der Sprachphilosophie bestand der grundsätzliche Wandel im Verhältnis von Philosophie und Sprache wie er in unserem Jahrhundert aufgetreten ist darin, »daß die Sprache nicht mehr lediglich als ›Gegenstand‹ der Philosophie behandelt, sondern erstmals allen Ernstes als ›Bedingung‹ der Möglichkeit von Philosophie« angesehen wird.[7] Falls man aber nicht die Sprache zu einer metaphysischen Entität hypostasiert, was weder Kant noch der Deutsche Idealismus im Gegensatz zu dessen heutigen Epigonen[8] getan hat, enthält diese linguistische Argumentation keinen Deut mehr Überzeugungskraft als die naturalistische, die an die Stelle der Sprache das Gehirn setzt.

Während jedoch im Rahmen einer naturalistischen Position die Gefahr gering war, mentale Phänomene vollständig auf die materiellen Eigenschaften des Gehirns zu reduzieren, ist es ein besonderes Charakteristikum des linguistic turn in seiner radikalsten und saubersten Form des »logischen Behaviorismus« (Wittgenstein, Carnap) mentale Phänomene überhaupt zu eliminieren. Der logische Behaviorismus erweist sich somit als das philosophische Gegenstück zum psychologischen Behaviorismus und seiner bereits seit langem von der Hirnforschung widerlegten empty organism-theory. Weniger radikal ist der sprachanalytische Ansatz, der die Untersuchung mentaler Phänomene durch die semantische Analyse des mentalistischen Diskurses ersetzt. D. h., man tritt sozusagen einen Schritt zurück, indem man nicht mehr über die Phänomene selbst, sondern über die Art darüber zu sprechen redet. Darauf beruht ein Großteil der ärmlichen Resultate der sog. »analytischen Philosophie des Geistes« in der Gegenwart. Aber auch in diesem Bereich konnte die isolationistische Grundidee, mit der sich die sprachanalytische Richtung von den empirischen Wissenschaften unabhängig machen wollte, die Wittgenstein mit dem Schlagwort ausgedrückt hat: Welcher Art von Gegenstand etwas ist, sagt die Grammatik, nicht aufrecht erhalten werden, wie die verschiedenen Ansätze zu einer neuen Referenztheorie zeigen. In dem Augenblick, in dem man die bloß sprachimmanente Bedeutungsanalyse verläßt, für die der Begriff nur Prädikat möglicher Urteile ist und außerhalb des Kontextes der Satzstruktur keine Bedeutung hat, wird die klassische erkenntnistheoretische Frage nach dem Wesen des Begriffs aktuell, der sich somit als unverwüstliche mentalistische Konzeption erweist.

Die »linguistische Wende« der Philosophie versteht sich bis heute noch als Gegenposition zu einer »mentalistischen Philosophie«, die Begriffe mit Vorstellungen, also mit bestimmten psychischen Phänomenen identifiziert.[9] Nach dem »linguistic turn« versteht man unter Begriffen nichts anderes als »Bedeutungen von sprachlichen Ausdrücken«. Die Erkenntnistheorie wird damit von der Semantik geschluckt. Damit hat man sich das traditionelle Problem der Begriffsbildung vom Halse geschafft. Was übrig bleibt, ist das spezifisch wissenschaftslogische Problem der Begriffsexplikation, d. h. das Problem wie unpräzise sprachliche Ausdrücke durch präzise wissenschaftliche Termini ersetzt werden oder der Definitionslehre wie neue Begriffe auf Grund von bereits vorhandenen Begriffen eingeführt werden. Diese Auffassung funktioniert klaglos, solange man nicht innerhalb der empirischen Wissenschaften auf nichteliminierbare mentalistische Begriffe stößt. Nichteliminierbare mentalistische Begriffe gibt es heute im Gesamtbereich der sog. cognitive sciene, die sich aus Neurobiologie, Vergleichender Verhaltensforschung, kognitiver Psychologie und der Theorie der Artificial Intelligence zusammensetzt. Damit ist es auch in den sprachanalytischen philosophischen Richtungen klar geworden, daß man die Dinge auf den Kopf stellt, wenn man den mentalistischen Diskurs durch den semantischen zu erklären versucht.[10] Fundamentaler als der sprachliche Ausdruck ist daher die mentale Repräsentation, die in direkter Weise dem, was man nach alter erkenntnistheoretischer Tradition »Begriff« nennt, entspricht. Unter dem Ausdruck »mentale Repräsentation« ist daher im vorsprachlichen Bereich nichts anderes zu verstehen als die moderne Version des traditionellen Ausdrucks »Vorstellung« oder »Phantasma« in der aristotelischen Erkenntnistheorie. Im Zusammenhang damit steht die Wiedereinführung der »Intentionalität« – ein Begriff, der von der Scholastik bis Brentano die traditionelle Philosophie des Geistes bestimmt hat.

Für eine derartig massive Wiedereinführung mentalistischer Ausdrücke ist jedoch, wie bereits Daniel Dennet bemerkt hat, ein Preis zu bezahlen. Denn es geht in der erkenntnistheoretischen Grundlagenproblematik, die der semantischen Begriffsanalyse vorgeordnet ist, um den Wahrheitswert der mentalen Repräsentationen. Der Wahrheitswert mentaler Repräsentationen läßt sich jedoch, wie bereits die traditionelle Erkenntnistheorie wußte, nur dadurch begründen, daß man eine funktionale Erklärung ihres Zustandekommens liefert, die ohne eine empirische Grundlage nicht zu leisten ist. Der Preis, der für die Zurücknahme des linguistic turn bezahlt werden muß, ist daher die »Naturalisierung der Erkenntnistheorie«,[11] um einen Ausdruck von Quine zu verwenden, ohne allerdings dessen psychologischen Behaviorismus zu übernehmen.

2.

Die »Naturalisierung« philosophischer Aussagen über das menschliche Bewußtsein und über die menschliche Erkenntnis ist in der Geschichte der Philosophie keineswegs außergewöhnlich. Versteht man darunter lediglich die Konkretisierung abstrakter metaphysischer Aussagen über Geist, Seele und Bewußtsein durch ihren Rückbezug auf empirische Aussagen, dann hat diese Methode eine lange Tradition. Schon Plato hat in Übereinstimmung mit der hippokratischen Medizin das menschliche Gehirn als Sitz der Vernunft angesehen und eine lange Kette von Aristoteles-Kommentatoren hat von Avicenna bis in die Neuzeit die menschlichen Erkenntnisvermögen Phantasie, Verstand und Gedächtnis und den sensus communis in den Gehirnventrikeln lokalisiert. Aristoteles selbst, der zwar die Seele als Form oder Entelechie des Leibes betrachtete, sah in der anima rationalis eine Tätigkeit, die mit keiner körperlichen Tätigkeit Gemeinschaft hat. Deshalb war für ihn auch keineswegs das Gehirn der Ort der Tätigkeit der Vernunft, obwohl er wußte, daß der Mensch im Vergleich zur Körpergröße das größte Gehirn von allen Lebenwesen besitzt. Er sah vielmehr die Hirnwindungen nur als Kühlrippen an und machte sich überhaupt nur wenig Gedanken über den Sitz der Seele oder der Seelenteile. Trotzdem lieferte Aristoteles, wie kein geringerer als der Begründer der Synapsentheorie Charles Sherrington[12] betonte, mit seiner Beschreibung des Bewußtseins vielleicht den größten Beitrag zur Entwicklung der Hirnforschung von der Antike bis zur Neuzeit. Seine rein funktionale Darstellung des menschlichen Erkenntnisvermögens bestimmte bis zu Kants Zeiten die Vorstellungen der Hirnanatomen. So hatte auch der Hirnanatom Soemmering[13] ganz in der Terminologie der Aristotelischen Erkenntnistheorie und Physiologie und der mit ihr verkoppelten Lehre von der Funktion der Hirnventrikel seine Vorstellung über das Organ der Seele Kant zur Beurteilung vorgelegt. Im wesentlichen bestand Soemmerings hirnanatomische Hypothese darin, daß für ihn als materielles Organ für den aristotelisch-scholastischen Sensus communis einzig und allein das Wasser der Gehirnhöhlen (Liquor cerebrospinalis) in Frage kam. Zu seiner Zeit bedeutete diese Hypothese einen Rückfall. Denn seit Vesalius war es klar, daß sich die Flüssigkeit der Gehirnhöhlen von gewöhnlichem Wasser kaum unterscheidet.[14]

Die Antwort, die Kant ihm darauf gab stellt eine Meisterleistung auf dem schmalen Grat der Verständigung zwischen aprioristischer erkenntnistheoretischer Reflexion und naturwissenschaftlicher Theorienbildung dar. Kant akzeptiert nämlich die Hypothese Soemmerings, konstruiert sie aber in seiner erkenntnistheoretischen Begründung so um, daß daraus eine von der Frage nach dem materiellen Träger der Prozesse völlig abgelöste dynamische Theorie der Organisation entsteht. Denn er sieht gerade in der Tatsache, die schon Vesalius erkannte, daß die Flüssigkeit der Gehirnventrikel nicht viel mehr ist als »gemeines Wasser« und somit selbst eigentlich ohne Organisation, ohne »beharrliche Anordnung der Teile« ist, ein wesentliches Argument, von einer mechanischen zu einer dynamischen Betrachtungsweise überzugehen: »Wenn man nun als Hypothese annimmt: Daß dem Gemüt im empirischen Denken, d. i. im Auflösen und Zusammensetzen gegebener Sinnesvorstellungen, ein Vermögen der Nerven unterlegt sei, nach ihrer Verschiedenheit das Wasser der Gehirnhöhle in jene Urstoffe zu zersetzen, und so, durch Entbindung des einen oder des anderen derselben, verschiedene Empfindungen spielen zu lassen (z. B. die des Lichts vermittels des gereizten Sehnervs oder des Schalls durch den Hörnerv usw.), so doch, daß diese Stoffe, nach aufhörendem Reiz, sofort wiederum zusammenflössen: so könnte man sagen, dieses Wasser werde kontinuierlich organisiert, ohne doch jemals organisiert zu sein: wodurch dann doch eben dasselbe erreicht wird, was man mit der beharrlichen Organisation beabsichtigte, nämlich die kollektive Einheit aller Sinnesvorstellungen in einem gemeinsamen Organ (Sensorium commune), aber nur nach seiner chemischen Zergliederung begreiflich zu machen.«

Entscheidend ist jedoch – und darin besteht die Aktualität dieser Auffassung –, daß Kant in diesem Zusammenhang ausdrücklich jede Frage nach der räumlich-statischen Lokalisation der Seele als Konsequenz dieser dynamischen Betrachtungsweise ablehnt. Die funktionelle Realität oder, wie Kant selbst sagt, die »dynamische Gegenwart« der Seele bedarf keiner »lokalen Gegenwart« . . . Denn die Seele kann »sich selbst schlechterdings keinen Ort bestimmen, weil sie sich zu diesem Behuf zum Gegenstand ihrer eigenen äußeren Anschauung machen und sich außer sich selbst versetzen müßte, welches sich widerspricht«. Nach Kant führt die Lösung der Aufgabe, den »Sitz der Seele« im Gehirn zu bestimmen, was der Metaphysik zugemutet wird, auf eine »unmögliche Größe«, wie in der Mathematik die Quadratwurzel aus minus zwei ($\sqrt{-2}$).

Sherrington deutete entsprechend seiner neuen mikroanatomischen Kenntnisse von der Feinstruktur des Gehirns diese Formulierungen dahingehend um, daß er sagte, Kant vertrat die Ansicht, daß die Seele an einem Ort von einer Kleinheit wohne, die sich unmöglich beschreiben läßt.[15] Weder den Zeitgenossen Kants noch den Lokalisationstheoretikern des 19. und des beginnenden 20. Jhs, den »diagram makers« wie Henry Head verächtlich die Schüler Meynarts und Wernickes nannte, war jedoch klar oder überhaupt bekannt, daß damit von Kant den makroanatomischen Strukturen keine primäre Bedeutung mehr für die Frage der Lokalisation des Bewußtseins zugewiesen wurde. Das Gegenstück zu Kants philosophisch-erkenntnistheoretischer Aussage lieferte erst die moderne funktionale Neuroanatomie. Denn Kants These, daß die dynamische Gegenwart der Seele keiner »lokalen

Gegenwart« bedarf, korrespondiert mit der Feststellung der heutigen Neurologen, daß es weder einen neuroanatomischen Ort noch eigene neurophysiologische Substrate des Bewußtseins gibt,[16] ohne daß damit die Verbindung von Gehirn und Bewußtsein geleugnet werden muß, die als metamodale Funktion des gesamten Gehirns gedeutet wird.

Damit ist die Frage nach der Vereinbarkeit von traditioneller Erkenntnisphilosophie und Bewußtseinstheorie positiv beantwortet. Nicht nur hat die Aristotelische Terminologie mit ihrer systematischen Differenzierung des Bewußtseins über mehr als eineinhalb Jahrtausende die empirische Hirnforschung bestimmt, die in ihrer Suche nach der Struktur und Funktionsweise des Gehirns von den aristotelischen Grundbegriffen geleitet war, sondern auch dann als von den Hirnanatomen weder in den Hirnhöhlen noch in der Hirnmasse der geringste Hinweis auf eine wie immer geartete Seelensubstanz zu finden war, hatte der von Kant angetretene Gang vom Substanzbegriff zum Funktionsbegriff einen neuen Weg zur Überwindung einer statischen Lokalisationstheorie in der Hirnforschung gewiesen. Die Gespensteraustreibung, die Gilbert Ryle in seinem bekannten Pamphlet inszenierte, war daher ebenso unnötig wie sie sich auch letzten Endes als wirkungsslos erwiesen hat. Denn wer an das Gespenst in der Maschine glaubt, hatte sich schon damals von Ryles Aussagen nicht beeindrucken lassen, gleichgültig ob man Hirnphysiologie wie Eccles oder Philosoph und Wissenschaftstheoretiker wie Popper ist, die beide zusammen jene unheilvolle Verbindung von Hirnmythologie und Gespenstermetaphysik konstruierten.[16]

3.

Bleibt daher noch die letzte Frage, in welcher Weise auch die empirische Hirnforschung auf die Philosophie zurückwirken kann. Selbst gescheiterte Versuche einer solchen Verbindung, wie man zumindest die dualistische Konzeption, die Popper und Eccles vertreten, ansehen muß, zeigen die strenge Logik, die in dieser Verknüpfung dieser zwei verschiedenen Wissensgebiete und Argumentationsebenen liegt. Folgt man Kants Methode, die dieser nicht nur in seiner Antwort an Soemmering, sondern auch in jenen Passagen seines Jugendwerkes über die Allgemeine Naturgeschichte und Theorie des Himmels, über die Hirnentwicklung und in verschiedenen anderen Stellen angewendet hat, dann kann man diese Methode systematisch zu einer Disziplin ausbilden, die man in Anlehnung an Begriffsbildungen wie »Neuropsychologie«, »Neurolinguistik«, *»Neuroepistemologie«* nennen könnte um die systematische Verbindung von Hirnforschung und Erkenntnistheorie zu bezeichnen.

Ein solches Wissensgebiet, das inter- oder transdisziplinären Charakter hat, muß auch, damit es nicht zu unverbindlicher oder sogar irreführender Spekulation wird, folgende methodologische Bedingungen erfüllen:

1. Jede in diesem Rahmen getroffene erkenntnistheoretische Aussage muß eine neurobiologische Referenz besitzen, oder sie muß
2. zumindest so formuliert sein, daß es prinzipiell möglich ist, Beziehungen zu neurobiologischen Aussagen herzustellen.
3. Erkenntnistheoretische Aussagen, die auf diese Weise methodisch mit neurobiologischen Aussagen verknüpft sind, können nur miteinander akzeptiert und nur miteinander verworfen werden.

Alle diese drei wissenschaftstheoretischen Grundsätze treffen auf Kants Philosophie des Gehirns zu, die sich somit als ein wesentlich differenzierteres Alternativkonzept zur bloß reduktionistischen »Physiologie des Verstandes« erweist, die Kant bekanntlich nicht nur im Sinne des sensualistischen Empirismus von Locke, sondern auch im Sinne der Cartesianischen Gehirnmodelle abgelehnt hat, weil jeder, der über sein eigenes Gehirn spekuliert, zugeben muß, »daß er in diesem Spiel seiner Vorstellungen nur bloßer Zuschauer sei, und die Natur machen lassen muß, indem er die Gehirnnerven und Fasern nicht kennt, noch sich auf Handhabung derselben zu seiner Absicht versteht«.[18]

Der wesentliche Unterschied zu all diesen Versuchen einer bestimmten erkenntnistheoretischen Position, sei es Rationalismus oder sensualistischer Empirismus, eine gehirn- oder sinnesphysiologische Deutung und somit empirische Stützung zu geben, besteht darin, daß Kant seine Argumentation auf der rein funktionalen Ebene führt.[18] D. h., es werden weder geistige Bewußtseinsphänomene auf die materielle gegenständliche Ebene von Sinnesorganen und Nervensystem reduziert, noch im Sinne eines cartesianischen Dualismus beide Ebenen als getrennte Substanzen einander gegenübergestellt, sondern es werden auf derselben funktionalen Ebene zwei Systeme in eine Verbindung gebracht: *die Erkenntnisfunktion des Bewußtseins mit den Gehirnfunktionen* oder in heutiger Terminologie präziser ausgedrückt: die kognitiven Funktionen des mentalen Systems mit den Funktionen des neuralen Systems als Informationsverarbeitungssystem.

Wendet man die angegebenen drei methodologischen Grundsätze an, die zwar aus dieser Verbindung von Hirnforschung und Erkenntnistheorie ein äußerst mühseliges Geschäft macht, aber andererseits jene mit Recht kritisierte dilletantische Schmarotzerphilosophie verhindert, so lassen sich folgende positive Ergebnisse zumindest in grober Form andeuten:

1. Kants Grundkonzept von der ursprünglichen synthetischen Einheit der transzendentalen Apperzeption, welche die Realität des Bewußtseins allein nur im Funktionszusammenhang der Erkenntnis sieht, und von ihm selbst mit der Hirnforschung durch die These verbunden wurde, daß die

dynamische Gegenwart des Bewußtseins keiner lokalen Gegenwart bedarf, ist konform mit der dynamischen Theorie der Hirnfunktionen, die das Bewußtsein als metamodale Eigenschaft des gesamten Hirns betrachtet.

2. Auch die funktionale Anatomie des Bewußtseins, die Kant mit der Unterscheidung mehrerer Instanzen wie Sinnlichkeit, Verstand und Vernunft unterschieden hat, läßt sich in die Terminologie einer funktionalen Neuroanatomie übertragen, die zum Unterschied von einer statischen Lokalisationstheorie der Gehirnfunktionen nur modale Regionen unterscheidet, die die Art und Weise der Informationsverarbeitung betreffen in ihrer mikroanatomischen Struktur jedoch keine grundsätzlichen Unterschiede aufweisen.
   Entsprechend der Kantischen Vorstellung einer Hierarchie der Erkenntnisvermögen ergibt auch die funktionale Neuroanatomie eine Hierarchie von modalen, intermodalen und supramodalen Gehirnfunktionen.

3. Die von Kant so betonte Spontaneität des Verstandes wird durch die gehirnphysiologische Erkenntnis unterstützt, daß je mehr neuronale Abbildungsprozesse die Signale aus den Sinnesorganen im Gehirn durchlaufen haben, umso höher der Grad der Unabhängigkeit des neuronalen Erregungszustandes von Umweltreizen wird.

4. Freiheit ist daher nicht Akausalität, sondern vielmehr Ergebnis eines aktiven Informationsverarbeitungsprozesses auf höchster Stufe, weshalb auch Kant mit Recht vom »Vernunftursprung« der Freiheit sprechen kann.[19]

5. Im kognitiven Bereich bedeutet Freiheit die prinzipielle Möglichkeit Theorien als Modelle der Welt zu bilden, welche die unmittelbare Sinneserfahrung weit überschreiten.

6. Daraus resultiert jedoch eine wesentliche, in der Kantliteratur jedoch noch weitgehend umstrittene Einsicht, daß Kants Auffassung von den apriorischen Formen der Erfahrung keineswegs eine Garantie für die Wahrheit liefern, sondern lediglich die Struktur dessen, was wahr oder falsch sein kann.

7. Und schließlich läßt sich auch sagen, daß im Jahrhunderte alten Streit zwischen sensualistischen Empirismus und Rationalismus die erkenntnistheoretische Position Kants auf irreversible Weise durch die moderne Hirnforschung bestätigt worden ist. Denn das empirische Faktum der »Enzephalisation«, d. h. die Verlagerung des Schwergewichtes der Entwicklung von der Perfektionierung der Sinneskanäle auf die des inneren Verarbeitungssystems zeigt, daß die Entscheidung über wahr oder falsch nicht an der Peripherie, sondern im Zentrum erfolgt.

Anmerkungen

1 Walther Schmied-Kowarzik, Die Objektivation des Geistigen. Der objektive Geist und seine Formen. Dorpat/Leipzig 1927, S. 11.
2 Immanuel Kant, Werke. Hrsg. v. W. Weischedel, Bd. 6, S. 81.
3 Vgl. E. Oeser, Begriff und Systematik der Abstraktion. Wien–München 1969.
4 Karl Reclam, Grundzüge der Physiologie, in: Die gesammten Naturwissenschaften. Hrsg. v. H. Masius, Essen 1874, Bd. 3. S. 450.
5 F. Seitelberger, Gehirn und Umwelt, Österr. Ärzteztg. 30/19 (1975).
6 D. Linke, Philosophie des Gehirns, in: Phil. Nat. Bd. 19, 1982, S. 343.
7 K. O. Apel, Die Idee der Sprache in der Tradition des Humanismus von Dank bis Vico (Archiv f. Begriffsgeschichte VII), Bonn 1963, S. 22.
8 B. Liebrucks, Sprache und Bewußtsein I, Frankfurt a. M. 1964.
9 Vgl. den Artikel »Begriff« in J. Speck (Hrsg), Wissenschaftstheoretisches Lexikon Bd. 1.
10 P. Bieri (Hrsg), Analytische Philosophie des Geistes, Königstein 1981, S. 143.
11 W. v. O. Quine, Epistemology naturalized, in: Akten des Int. Phil. Kongresses, Wien, 1970.
12 Ch. Sherrington, Körper und Geist, Bremen 1964.
13 S. Th. Soemmering, Über das Organ der Seele. Königsberg 1796.
14 Vgl. E. Oeser, Gehirnmodelle der Erkenntnisfunktionen, in: H. Beran u. F. Pichler (Hrsg), Beiträge zur Systemforschung, Wien/New York 1985, S. 193ff.
15 Vgl. Sherrington, a.a.O. S. 344.
16 K. Popper, J. Eccles, Das Ich und sein Gehirn. München 1982.
17 I. Kant, Anthropologie in pragmatischer Hinsicht, Vorrede.
18 Vgl. E. Oeser, Kants Beitrag zur progressiven Begründung der komparativen Wissenschaftstheorie, in: Phil. Nat., Bd. 19, 1982, S. 201f.
19 Vgl. F. Seitelberger, Neurobiologische Grundlagen der menschlichen Freiheit, in: W. Böhme (Hrsg.), Mensch und Kosmos, Herrenalber Texte 33, Karlsruhe 1981, S. 1ff.

Walter Pöldinger

Mythologie, Traum und Tiefenpsychologie

Wenn wir uns nach den ersten Erklärungen des Traumes fragen, so stoßen wir in der griechischen Mythologie auf die Erklärung, daß der Schlaf (Hypnos) ein Bruder des Todes (Thanatus) und beide Söhne der Nacht (Gaio) seien. Der Traum (Morpheus) ist ein Sohn des Schlafes, so daß bereits die Griechen zwischen Schlaf und Traumschlaf unterschieden. Aber auch die Germanen sahen in Schlaf und Tod Geschwister, welch beide sie als »Sandmann« bezeichneten, was nach *Kuhlen* als Sendbote gedeutet werden kann. Der Sandmann spielt aber auch in der kindlichen Umschreibung des Müdigkeitsgefühls mit »ich habe ein Gefühl wie Sand in den Augen« eine Rolle.

Wenn wir uns aber nach der modernen neurophysiologischen Erklärung des Traumes fragen, so ist zunächst einmal darauf hinzuweisen, daß *Pieron* in seinem 1913 erschienenen Buch »Le problème physiologique du sommeil« noch mehr als 60 Theorien zitierte, welche im Verlauf des 19. Jahrhunderts das Phänomen des Schlafes und des Traumes zu erklären versuchten. In den meisten dieser Theorien wurde der Schlaf als passiver Vorgang, gewissermaßen als Korrelat zum aktiven Vorgang des Wachseins dargestellt.

Diese vorherrschende Auffassung wurde erstmals 1917 durch eine Entdekkung des Wiener Neurologen *Constantin von Economo* ernstlich in Frage gestellt. Dieser hatte an Patienten, welche an einer bestimmten Form der Gehirnentzündung (Encephalitis lethargica) litten, unterschiedliche lokalisierte Entzündungsherde im Hirnstamm gefunden, je nachdem ob sie nach einem längeren Somnolenzzustand im Koma oder aber nach einem terminalen Zustand langdauernder hartnäckiger Schlaflosigkeit verstorben waren. *Economo* folgerte später aus diesen Obduktionsbefunden, daß es im Hirnstamm ein weiter vorne gelegenes Schlafzentrum und ein weiter rückwärts gelegenes Wachzentrum geben müsse. Die hypothetische Annahme eines Schlafzentrums geht auf eine Überlegung von *L. Mauthner* zurück, welche im Protokoll der Sitzung der k. k. Gesellschaft der Ärzte in Wien vom 30. Mai 1890 publiziert wurde. Die erste experimentelle Bestätigung dieser Annahme erbrachte der Schweizer Physiologe und Nobelpreisträger W. R. *Hess* im Jahre 1931, als es ihm gelang, Katzen durch elektrische Stimulation mittels implantierter Elektroden – also durch einen aktiven Vorgang – in Schlaf zu versetzen. Da diese Schlafinduktion, wie weitere Untersuchungen zeigten, von verschiedenen Zonen des Hirnstammes aus auszulösen war, mußte die *Mauthnersche* Hypothese eines einzigen Schlafzentrums aufgegeben werden. Tatsächlich konnte durch neuropathologische Befunde am Menschen gezeigt werden, daß pathologische Schlafzustände von verschiedenen Regionen des Gehirnstamms aus verursacht werden können. *K. Akert* hat fünf derartige

Lokalisationen zusammengestellt, welche in Abbildung 1 schematisch dargestellt werden.

Für die Lokalisation eines Wachzentrums waren vor allem die elektrischen Reizversuche an Tieren, welche *Moruzzi* und *Magoun* 1949 veröffentlichten, maßgeblich. Während Schlaf von verschiedenen, nicht zusammenhängenden Strukturen des Hirnstammes ausgelöst werden kann, zeigten die Untersuchungen dieser beiden Autoren, daß es ein geschlossener Faserzug netzartiger Zellen des Hirnstammes ist, von welchen aus eine Weckreaktion möglich ist. Des netzartigen Aussehens des Zellsystems wegen wird diese Struktur

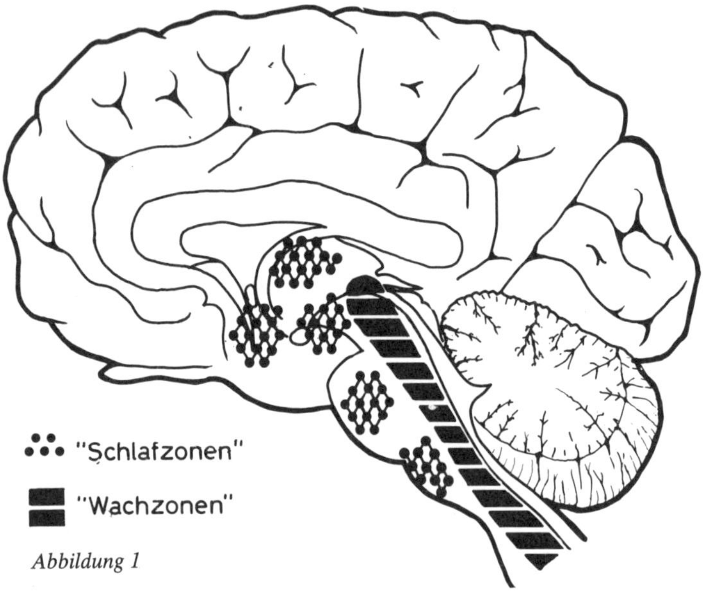

Abbildung 1

»Formatio reticularis« genannt. Diese Lokalisation wird ebenfalls in Abbildung 1 schematisch dargestellt.

Die Funktion der Formatio reticularis ist in dem Sinne zu verstehen, daß von den zentripetalen sensorische Bahnen, welche spezifische Sinnesreize über die Schaltstellen des Hirnstammes zum Großhirn bringen, kollateral zur Formatio reticularis abgehen, von welchen aus die Gehirnrinde auf unspezifische Weise gereizt wird, wodurch sie erst in den Funktionszustand versetzt wird, der es ihr ermöglicht, die spezifischen Sinnesimpulse zu verarbeiten. Diese Weckreaktion war notwendig, um es den Tieren in der freien Wildbahn zu ermöglichen zu überleben. Wenn sie ein Geräusch hörten, mußten sie ja bereits in der Lage sein, dieses darauf hin zu analysieren, ob es für sie Gefahr bedeutet oder nicht. Die Weckreaktion der Formatio reticularis wird durch schneller leitende Nervenfasern geleitet als die eigentlichen Sinnesreize, so daß die Weckreaktion des Großhirns erfolgt, bevor der eigentliche Sinnesreiz ankommt.

Im Elektroenzephalogramm (EEG) – dem Hirnstromwellenbild – zeigt sich die Wirkung der Formatio reticularis deutlich, wenn man eine wache Versuchsperson, welche die Augen geschlossen hält, plötzlich auffordert, diese zu öffnen. Während bei geschlossenen Augen langsamere Wellenformationen mit höherer Amplitude das Kurvenbild beherrschen, kommt es nach dem Öffnen der Augen zu einer zunehmenden Verflachung der Amplitude und zu einer Zunahme der Frequenz. Mit dem Öffnen der Augen werden nämlich von der Sehbahn Impulse zur Formatio reticularis abgegeben, welche dann zu der Stimulierung der Gehirnrinde führen, die sich in der Frequenzzunahme

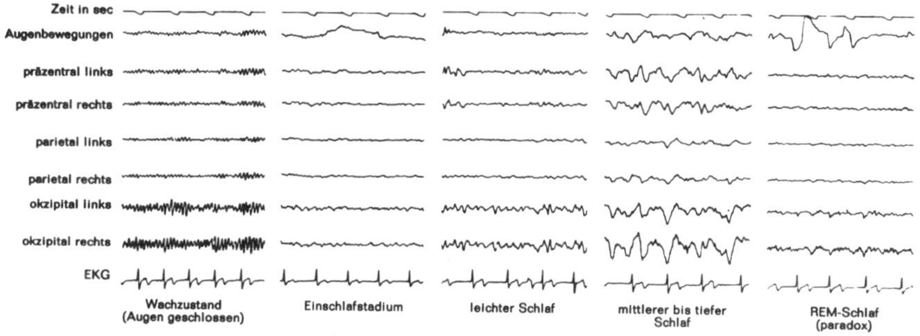

Abbildung 2

und Amplitudenerniederung äußert. Das Hirnstromwellenbild ist als Integral der Einzelentladungen der zahlreichen Ganglienzellen aufzufassen. Je gleichartiger der Rhythmus der einzelnen Zellen, desto langsamer die Frequenz und desto höher die Amplitude, und je ungleichartiger die Entladungsfolge der einzelnen Zellen, desto flacher die Amplitude und desto schneller die Frequenz. Je individueller und unterschiedlicher aber die Einzelentladungen sind, desto größer ist aber auch die Funktionsfähigkeit des Gehirns.

Deswegen kann man auch bei ganz grober Vereinfachung sagen, daß im Schlaf mit zunehmender Schlaftiefe die Amplitude zu und die Frequenz abnimmt (Abbildung 2). Im großen epileptischen Anfall schließlich, der mit Bewußtseinsverlust einhergeht, schlagen alle Ganglienzellen im gleichen Rhythmus.

In der Regel werden im Hirnstromwellenbild vier Schlafstadien unterteilt.

Neben enzepahlographischen Untersuchungen brachten Beobachtungen der Augenbewegungen im Schlaf entscheidende neue Erkenntnisse zutage. Im Jahr 1953 untersuchte in Chicago *Aserinsky,* Schüler des berühmten Schlafforschers *Kleitman,* den Schlafzyklus von Säuglingen und stellte dabei das Auftreten wiederholter kurzer Perioden schneller Augenbewegungen fest.

Untersuchungen an Erwachsenen brachten das gleiche Ergebnis. Diese periodisch wiederkehrenden Augenbewegungen von 5–20 Minuten Dauer treten in circa 60–90minütigen Intervallen, also circa 4–5mal pro Nacht auf. Diese Schlafabschnitte mit schnellen Augenbewegungen werden als REM-(*R*apid *E*ye *M*ovement)-Phasen bezeichnet.
Kleitman brachte das Phänomen der raschen Augenbewegungen mit dem Traumgeschehen in Zusammenhang, und Weckversuche im Anschluß an die Schlafperioden mit schnellen Augenbewegungen bestätigten auch, daß in circa 90% der Fälle unmittelbar nach dem Wecken Träume angegeben wurden, während die Versuchspersonen, wenn sie in Schlafphasen ohne schnelle Augenbewegungen geweckt werden, nur in circa 10% Träume angaben.
Abgesehen von dem Traumgeschehen zeigen aber die Schlafperioden mit schnellen Augenbewegungen auch noch weitere Besonderheiten, vor allem im Hirnstromwellenbild. Obwohl schlafende Personen in diesen Perioden besonders schwer weckbar sind, also besonders fest schlafen, zeigt das Hirnstromwellenbild ein Kurvenbild mit schnellen Frequenzen und niedriger Amplitude, so daß man diesem zufolge annehmen müßte, daß die Schlafenden sich nur in einem ganz oberflächlichen Schlafstadium befinden und leicht weckbar sein müßten. Dieser Paradoxie wegen, daß nämlich ein besonders tiefes Schlafstadium dann vorliegt, wenn dem Hirnstromwellenbild zufolge mit einer minimalen Schlaftiefe und baldigem Erwachen zu rechnen wäre, wurde die Schlafphase mit schnellen Augenbewegungen auch als paradoxer Schlaf bezeichnet und dem orthodoxen Schlaf gegenübergestellt.
Weitere typische Erscheinungsformen des paradoxen Schlafes sind: phasische Vorgänge im vegetativen Nervensystem, wie Anstieg von Puls, Atemfrequenz und Blutdruck, vermehrte Schweißabsonderung, Abnahme des Hautwiderstandes für elektrische Leitfähigkeit, Pupillenerweiterung, Peniserrektion usw. Während es außerhalb der paradoxen Schlafphasen häufig zu Muskelbewegungen kommt, treten solche während desselben kaum auf, wenn man von wahrscheinlich das Traumgeschehen begleitenden ruckartigen Bewegung der peripheren Extremitätenmuskulatur absieht.
Abbildung 3 zeigt, daß diese paradoxen Schlafphasen in periodischen Abständen auftreten und daß Tiefschlafphasen vorwiegend in der ersten Hälfte der Nacht auftreten. An dem alten Sprichwort, daß der Schlaf vor Mitternacht der beste sei, ist also insofern etwas dran, als in der ersten Hälfte des Schlafes die besonders erholsamen Tiefschlafphasen auftreten. Wenn wir die Dauer der REM-Schlafphasen während der Entwicklung des Menschen beobachten, so können wir, wie Abbildung 4 zeigt, feststellen, daß nicht nur die Gesamt-Schlafdauer im Laufe des Lebens abnimmt, sondern daß im besonderen die REM-Schlaf-Gesamtdauer in jüngeren Jahren sehr groß, mit zunehmendem Alter aber immer kleiner wird. Die besonders intensive REM-

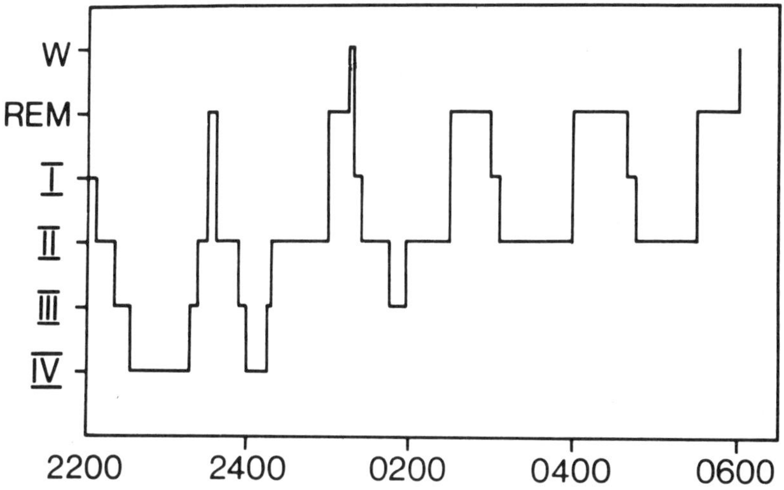

Schlafprofil einer jungen gesunden Versuchsperson. W = Wachsein; REM = REM-Schlaf I–IV: Stadien 1–4. Abszisse = Uhrzeit.

Abbildung 3

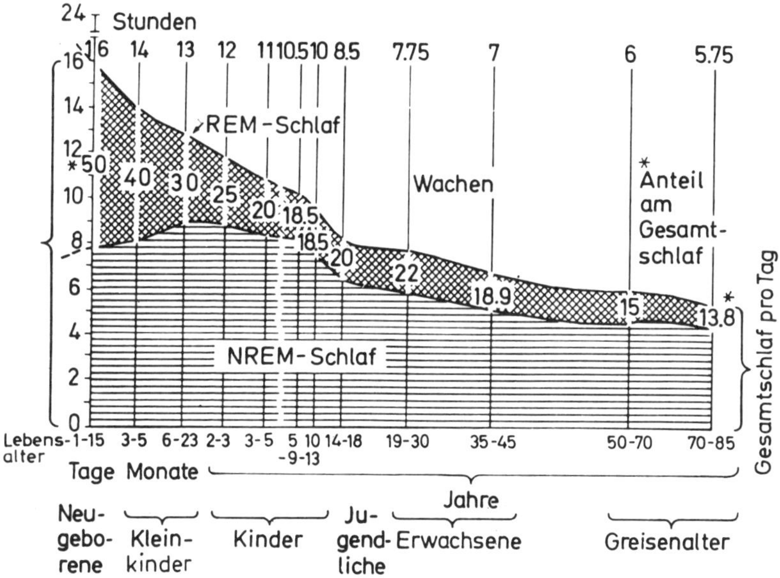

Abbildung 4

Aktivität beim Säugling und heranwachsenden Kinde hängt wohl mit der Entwicklung des Gehirns zusammen. Wenn wir nun annehmen, daß die Ontogenese eine verkürzte Form der Phylogenese darstellt, so erhebt sich natürlich die Frage, wie die Entwicklung des REM-Schlafes und des Nicht-REM-Schlafes im Laufe der Phylogenese ausgesehen hat. Wir sind selbstverständlich hier auf Analogien angewiesen und können nur Beobachtungen wiedergeben, welche zeigen, daß kleine Tiere, die im allgemeinen einen intensiven Stoffwechsel haben und die gewöhnlich auch nicht lange leben, länger schlafen als große Tiere mit niedrigem Stoffwechsel und langer Lebensdauer. Bezüglich der Länge der Schlafzyklen, worunter man die Dauer von je einem Abschnitt Non-REM- und REM-Schlaf versteht, zeigen kleine Tiere mit niedrigerem Gewicht und intensivem Stoffwechsel einen kürzeren Schlafzyklus als große Tiere. So zeigt der Non-REM/REM-Schlafzyklus bei der Ratte im Durchschnitt 10 Minuten, bei der Katze 28 Minuten, beim Menschen 90 Minuten und beim Elefanten 120 Minuten. Dabei ist zu bemerken, daß kürzere Schlafzyklen natürlich auch längeren REM-Schlaf bedeuten. Ganz vorsichtig formuliert, könnte man vielleicht die Vermutung aussprechen, daß der REM-Schlaf in phylogenetisch früheren Entwicklungsstufen eine größere Rolle spielte als in späteren.

Um diese Frage weiter zu verfolgen, müssen wir uns aber der modernen Gehirnforschung zuwenden.

Die moderne Gehirnforschung zeigt, daß die beiden Gehirnhälften, nämlich die rechte und die linke Hemisphäre, sehr unterschiedlich funktionieren. Die beiden Gehirnhälften unterscheiden sich dadurch, daß die linke Hemisphäre (die dominante Hemisphäre beim Rechtshänder) sich vor allem dadurch auszeichnet, daß die Informationen linear verarbeitet werden. Dagegen werden in der rechten, nicht dominanten Hemisphäre Informationen simultan verarbeitet. Anders ausgedrückt bedeutet es, daß die linke Hemisphäre eigentlich wie ein Computer arbeitet, während die rechte Hemisphäre mit dem Bildhaften in Zusammenhang gebracht werden kann. Die Arbeitsweise der linken bzw. dominanten Hemisphäre kann mit verbal, analytisch, reduktiv, in Teile zerlegend, segmentiell, rational, zeitorientiert und diskontinuierlich beschrieben werden. Die Arbeitsweise der rechten Hemisphäre oder der nicht dominanten Hemisphäre kann als nicht verbal, holistisch, synthetisch, räumlich-visuell, intuitiv, zeitunabhängig und diffus beschrieben werden. Das heißt also, daß besonders in der nicht dominanten rechten Hemisphäre synthetische, bildnerische Elemente am Werk sind, wie wir sie ja auch in den Träumen erleben (Abbildung 5).

Erste Untersuchungen mit einer sehr modernen Forschungsmethode, der sogenannten Positronen Emissions Tomographie (PET), bei der das Gehirn strahlentechnisch praktisch in dünne Scheiben geschnitten werden kann und bei der es auch möglich ist, Stoffwechselvorgänge zu untersuchen, weisen

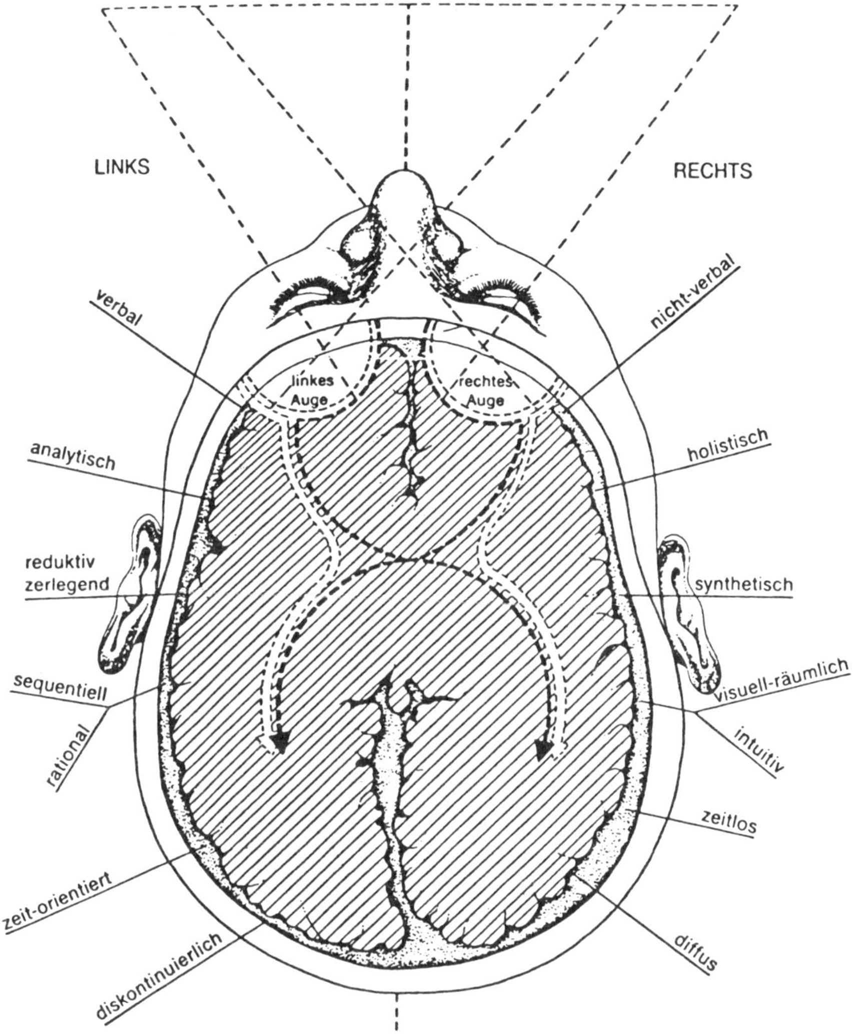

Abbildung 5

darauf hin, daß wahrscheinlich im REM-Schlaf die nicht dominante Hemisphäre die aktivere ist. Auch wissen wir aus Untersuchungen der Musikpsychc gie mittels der gleichen Methode, daß bei einem mehr logisch-analytiscl hören von Musik, bei welchem versucht wird, die Tonart und den

Takt festzustellen, die dominante Hemisphäre die aktivere ist, während bei einem emotionalen Zuhören, das heißt einem Sich-Hingeben der Musik die nicht dominante Hemisphäre die aktivere ist. Im Zusammenhang mit diesen modernen Ergebnissen der Gehirnforschung ist es auch interessant, darauf hinzuweisen, daß es in der Geschichte der Menschheit schon immer Versuche gegeben hat, die Welt dualistisch zu sehen und daß sich dieser Dualismus auch den beiden Gehirnhemisphären zuordnen läßt. In Tabelle I wurde ebenfalls in Anlehnung an *Hampden-Turner* eine derartige dichotome Tabelle zusammengestellt. Vergleiche hierzu auch die Ausführungen von Walther Schmied-Kowarzik zum Gegensatz von Urteil und Intuition in seinem Kongreßvortrag »Intuition als Kern des ästhetischen Erlebens« (1913).

Tabelle I

Zuordnung	Hemisphäre dominante (linke)	Hemisphäre nicht dominante (rechte)
I Ging	Yang	Yin
	Zeit	Raum
	Tag	Nacht
	Männlich	Weiblich
Nietzsche	Apollinisch	Dionysisch
Freud	Bewußtes Ich	Unbewußtes Es
Adler	Machtstreben	Gemeinschaftsgefühl
Jung	Denken	Fühlen
	Empfinden	Intuieren
	Persona	Schatten
Fromm	Haben	Sein
Camus	Einsamkeit	Gemeinschaft
Buber	Ich – Es	Ich – Du
Lévi-Strauss	Positivistisch	Mythisch

Wenn wir uns abschließend dem Vergleich der heute lebenden Völker zuwenden, so hat vor allem *J. Bogen* von der University of Southern California mittels verschiedener Testverfahren das Überwiegen der dominanten oder nicht dominanten Hemisphere bei verschiedenen Völkern untersucht. Teste für die Denkweise der dominanten Hemisphäre sind beispielsweise Fragen nach Gemeinsamkeiten. Wenn jemand auf die Frage, was ist das Gemeinsame von Banane und Organe antwortet, daß beide süß sind, so bekommt er einen Punkt. Wenn er aber antwortet, beide sind Früchte, dann bekommt er zwei Punkte, weil dies einer höheren Abstraktionsfähigkeit entspricht. Das Denken beziehungsweise die Arbeitsweise der nicht dominanten Hemisphäre wird dadurch geprüft, daß man in zunehmendem Maße immer weniger Bildteile jemandem vorlegt und prüft, ob er aus diesen Bildteilen die Gesamtgestalt erschließen kann. Mittels derartiger Tests ist es möglich, die Hemispherität verschiedener Menschen zu prüfen, das heißt herauszufinden, welche Denkweise, nämlich die abstrakte der dominanten Hemisphäre oder die bildhafte der nicht dominanten Hemisphäre, überwiegt. So haben beispielsweise Untersuchungen in Australien gezeigt, daß bei den Ureinwohnernd die bildhafte Denkungsweise stärker ausgeprägt ist, während bei den eingewanderten Neu-Australiern das abstrakte Denken der dominanten Hemisphäre überwiegt. Ähnliche Untersuchungen wurden auch für die weiße und schwarze Bevölkerung Amerikas gemacht, und es wurden auch Vergleiche angestellt, zwischen Menschen, welche seit Generationen am Lande leben und solchen, welche in der Stadt leben. Letztere Untersuchung brachte keine signifikanten Unterschiede. Deutlicher dagegen war der Unterschied zwischen Naturvölkern und Kulturvölkern, wie der Versuch in Australien zeigte.

Wenn wir diese Ergebnisse vorsichtig zusammenfassen, so könnte man, ausgehend vom *Haeckel*schen biogenetischen Grundgesetz, daß die Ontogenese eine verkürzte Phylogenese darstellt, eine Hypothese formulieren, daß die Funktionsweise des nicht dominanten Gehirns in ihrer Bildhaftigkeit vielleicht die ältere ist, während die eher rationale Funktionsweise der dominanten Hemisphäre mit der progressiven Cerebration im Zusammenhang stehen könnte.

Dem entspricht ja auch die Tatsache, daß die ältesten Zeugnisse menschlichen Gestaltens, wie beispielsweise eiszeitliche Höhlenmalereien oder frühe Weiblichkeitsidole wie die Venus von Willendorf, noch kaum eine Abstraktionsfähigkeit voraussetzen, welche wir eigentlich erst von dem Zeitpunkt annehmen können, als Bilder zu Bildzeichen und diese schließlich zu abstrakten Schriftzeichen wurden. In Parenthese sei hier nur vermerkt, daß damit natürlich auch Fragen der evolutionären Erkenntnistheorie angeschnitten werden.

Wenn wir uns weiter fragen, was die Inhalte frühester Überlieferungen sind, so muß auch darauf verwiesen werden, daß zu diesen beispielsweise berühmte Träume gehören wie der Traum Jakobs von der Himmelsleiter. Seit jeher galt ja der Traum als Tor zu einer anderen Welt. In *Homers* »Ilias« und »Odyssee« erscheinen im Traum Götter in Menschengestalt, um den Sterblichen einen Auftrag oder eine Warnung zukommen zu lassen. So zeigt sich beispielsweise die Göttin Athene der schlafenden Nausikaa in Gestalt ihrer besten Freundin, um sie aufzufordern, bei Tagesanbruch zum Waschen an den Strand zu fahren, um den schiffbrüchigen Odysseus aufzunehmen.

Träume waren aber auch für die damalige Heilkunst außerordentlich wichtig. *Sigmund Freud* beschreibt in seiner Traumdeutung einen derartigen Vorgang wie folgt:

»Bei den Griechen gab es Traumorakel, welche gewöhnlich genesungsuchende Kranke aufzusuchen pflegten. Der Kranke ging in den Tempel des Apollo oder des Aeskulap, dort wurde er verschiedenen Zeremonien unterworfen, gebadet, gerieben, geräuchert, und so in Exaltation versetzt, legte man ihn im Tempel auf das Fell eines geopferten Widders. Er schlief ein und träumte von Heilmitteln, die ihm in natürlicher Gestalt oder in Symbolen und Bildern gezeigt wurden, welche dann die Priester deuteten.«

Erwähnt werden muß aber auch, daß die Traumdeutung schon seit sehr frühen Jahren eine wichtige Gepflogenheit bei den verschiedenen Völkern war.

Einer der ersten, der die Traumdeutung wissenschaftlich zu begründen suchte, war *Sigmund Freud,* und es ist nicht uninteressant, daß er beispielsweise bei der Entdeckung der frühkindlichen Sexualität, als er sich auch daran erinnerte, daß er als Kind seine Mutter nackt gesehen habe, sich mythologischer Vergleiche bediente, wie beispielsweise in dem berühmt-berüchtigten Oedipuskomplex.

Es war dann schließlich C. G. *Jung,* der mit der Entwicklung der Methode der Amplifikation den Weg ausbaute, individuelle Träume durch den Vergleich mit Märchen und Mythen zu interpretieren.

Es ist interessant zu sehen, daß bei der Entwicklung der sogenannten Tiefenpsychologie eigentlich wieder Träume und Mythen am Anfang standen, was andererseits nicht wenig dazu beigetragen hat, daß die Tiefenpsychologie nur langsam und zögernd als Wissenschaft anerkannt wird.

Wenn wir uns mit den frühesten menschlichen Zeugnissen auseinandersetzen, in welchen versucht wird, die Welt, beziehungsweise den Kosmos zu erklären, so stoßen wir wieder auf die Bilderwelt der Mythologie.

In seinem Lebenswerk und speziell in seinem posthum erschienenen Werk »Frühe Sinnbilder des Kosmos. Gotteserlebnis und Welterkenntnis in der Mythologie« setzte sich Professor *Walther Schmied-Kowarzik,* dem wir heute anläßlich seines hundertsten Geburtstages gedenken, vor allem mit der Mythologie der nordischen Völker auseinander und hebt dabei das Sinnbild des Weltenbaumes besonders hervor:

»Das am häufigsten auftauchende Motiv in den Mythen nordischer Völker ist der Weltenbaum oder Weltenpfahl. Es wäre jedoch falsch, im Baum nur das Sinnbild des Lebens zu sehen . . . Der Weltenbaum oder Pfahl hat nur dann einen Sinn, wenn er vom Norden aus zum Polarstern reicht . . . Eliade kommt dem Gleichnis des Baumes oder Pfahles am nächsten, wenn er ihn die Achse der Welt, ›axis mundi‹, die Stütze des Himmelszeltes nennt: ›Niemals ist der Baum nur um seiner selbst willen angebetet worden, sondern immer um dessentwillen, was durch ihn hindurch sich offenbarte . . . Der Baum ist für den archaischen Menschen das Universum . . . Der Baum ist axis mundi, Zentrum des Weltalls; er verbindet Himmel, Erde und Unterwelt.‹ Und Grimm schreibt in der ›Deutschen Mythologie‹: ›Die altnordische Lehre nimmt einen Weltenbaum Yggdrasil an, der Himmel und Erde und Hölle verknüpft, der größte, heiligste aller Bäume. Es ist die Esche (asker), deren Äste durch die ganze Welt treiben und über den Himmel hinausreichen. Unter jeder Wurzel quillt ein wunderbarer Brunnen.‹ . . .

In der großen Verbreitung der Weltenbaummythen, der auf Stab und Säule gerichtete

Vorstellungen, haben wir einen Beweis, wie allgemein dieses einheitliche Weltbild bei den Nordvölkern war . . . Der gemeinsame Untergrund war das auf den kosmischen Norden ausgerichtete Weltbild und die Offenbarung göttlicher Macht in diesem alles beherrschende Zentrum.«

So wie *Sigmund Freud* die Mythologie des Oedipus in die Tiefenpsychologie aufgenommen hat, so hat *Jolande Jacobi* ebenfalls in einer posthum erschienenen Arbeit, anläßlich des hundertsten Geburtstages von C. G. *Jung,* über den Baum als Symbol in tiefenpsychologischer Sicht folgendes geschrieben:

»Es gibt unvergeßliche Begegnungen nicht nur mit Menschen, Gegenden und Kunstwerken, sondern auch mit Bäumen. Sie prägen sich in unserer Seele ein, tief und geheimnisvoll, denn sie sind im Grunde eine Begegnung mit uns selbst. Bäume werden geboren, sie leben und sie sterben wie wir auch. Schon am dritten Schöpfungstag ließ Gott den Baum entstehen. Seither ist er da, mitten in der Welt und überall um uns herum, ein Wunder der Natur und unser nie vergehender Begleiter.«

An einer anderen Stelle führt die Autorin folgendes aus:

»Lange bevor der erste Mensch geboren war, stand der Baum schon auf der Erde. Seine Krone wuchs der Sonne entgegen, seine Wurzeln senkten sich tief in den Boden. Aufrecht wie der Baum steht auch der Mensch, und er trägt sogar gleichnishaft in seinem Gehirn das Zeichen des »arbor vitae«, des Lebensbaumes. So im Kleinhirn; aber auch viele andere Weisen der Organstruktur des Menschen entsprechen dem Baume. Man sagt ja: Bronchialbaum, Arterienverzweigung, Nerven- oder Gefäßverästelung, baumartiges Muster unseres ganzen Nervensystems oder Verzweigung als Grundstruktur der Drüsengänge. So ist es kein Wunder, daß der Baum als Archetypus im Jungschen Sinne gilt. Unter Archetypus verstehen wir in die Seele eingezeichnete, vorerst unsichtbare und unbewußte Urmuster, die unter bestimmten Umständen ins Bewußtsein treten und so sichtbar und erkennbar werden. Je nach Individuum, Rasse, Region und Zeitgeist können sie die verschiedensten Formen annehmen, die verschiedensten Ideen darstellen. Dieses Archetypische wird auch beim Baume sichtbar. Er ist seit ewigen Zeiten in Symbolen und Gleichnissen eingefangen worden. Bäume sind auch insofern echte Symbole, als sie vieldeutig, ahnungsvoll und letztlich unausschöpfbar sind.
Bäume können aber auch Gefühle ausdrücken. Wie schön hat *Heinrich Heine* »die seelische Not des Baumes« besungen:

Ein Fichtenbaum steht einsam
im Norden auf kahler Höh'.
Ihn schläfert; mit weißer Decke
Umhüllen ihn Eis und Schnee.
Er träumt von einer Palme,
die, fern im Morgenland,
Einsam und schweigend trauert,
Auf brennender Felsenwand.

An vielen Orten hat man die Geburt eines Kindes, die Gründung einer Stadt oder eine andere wichtige Begebenheit mit dem Einpflanzen eines Baumes gefeiert. Dies in der Erwartung, daß das Schicksal beider sich mit den Gesetzen der Natur im Gleichschritt entfalten werde. Sogar zu Christus hat man eine tiefgründige Beziehung hergestellt: die Tradition nahm nämlich an, daß das Kreuz, an das Christus geschlagen wurde, aus dem Holze des Paradiesbaumes gezimmert worden sei.«

Abbildung 6

In der Abbildung 6 wird aus der Arbeit von Frau *Jacobi* das Beispiel eines »kosmischen« Baumes, der stark an mythische Visionen erinnert und in Abbildung 7 ein besonders interessanter Baum wiedergegeben, den Frau Jacobi wie folgt kommentiert:

»Im schärfsten Gegensatz von schwarz und weiß gehalten, stellt dieser Baum die Doppelnatur des Menschen dar, die Gegensatzproblematik, an der wir leiden. Der nach rechts, der bewußten Welt zugedrehte Teil ist tief schwarz und viel ausgebreiteter als der linke, weiße Teil, der vom Rand des Papiers abgeschnitten, gleichsam verhindert ist, in seinem ganzen Umfange realisiert zu werden. Der Baum steht links inmitten einer großen dunklen Landschaft, in der der grauschwarze Himmel mit der gleichgearteten Erde zusammenfließt. Auch das Wasser, das den rechten Vordergrund einnimmt, ist dunkelgrau. Das ganze Bild vermittelt den Eindruck einer schweren Depression, die nur vom weißen Teil des Baumes und rechts von einem weißen, vogelähnlichen Gebilde aufgehellt wird.« Der Baum wurde gezeichnet im ersten Jahr der Analyse und hat eine Originalgröße von 44 × 33 cm.

Abbildung 7

Wenn ich nun versuche, meine Assoziationen und Gedanken zusammenzufassen, so wollte ich versuchen aufzuzeigen, daß das mythologische Denken, welches mit Träumen viele Verwandtschaften hat, der bildhaften Funktionsweise unserer nicht dominanten Gehirnhemisphäre entspricht. Ich versuchte, Gründe darzulegen, welche zu der Hypothese führen, daß diese Funktionsweise etwas mit der Funktion unseres Gehirns während des sogenannten paradoxen Schlafes zu tun habe, in welchem wir tief schlafen, der Gehirnaktivität zufolge aber eigentlich fast wach sind und in welchen Schlafstadien etwa 90% unserer Träume ablaufen. Vielleicht ist es daher kein Zufall, daß einerseits die Deutung unserer Träume und andererseits deren Vergleich mit Märchen und Mythen zu den wichtigsten Methoden der sogenannten tiefenpsychologischen Behandlungsverfahren gehören. In solcher Weise werden dann frühe Sinnbilder, wie beispielsweise der germanische Lebensbaum, Sinnbilder, welche versuchen, die Brücke zwischen Mikrokosmos und Makrokosmos zu schlagen – Versuch also eines Brückenschlages, der die Menschheit begleitet, seit sie im Rahmen der Evolution begonnen hat, zunächst wahrscheinlich in Bildern zu denken. Professor *Walther Schmied-Kowarzik,* mein Lehrer am Mödlinger Realgymnasium, war einer von jenen, die an diesem Brückenschlag ein Denker-Leben lang mitgearbeitet haben.

Literatur

K. Akert: The Anatomical Substrat of Sleep. In: Sleep Mechanism. Ed. K. Akert, C. Bally, J. P. Schade, Progr. Brain. Res. 18: 9-19.- Elsevier, Amsterdam, London, New York 1965.

K. Akert, P. Hummel: Anatomie und Physiologie des limbischen Systems. F. Hoffmann-La Roche & Co. AG, Basel 1963.

E. Aserinsky, N. Kleitman: Regularly occuring periods of eye motility and concomitant phenomena during sleep. Science 118: 273-274 (1953).

W. Birkmayer, G. Pilleri: Die recticuläre Formation des Hirnstammes und ihre Bedeutung für das vegetativ-affektive Verhalten. F. Hoffmann-La Roche & Co. AG, Basel 1965.

Th. R. Blakeslee: Das rechte Gehirn. Das Unbewußte und seine schöpferischen Kräfte. Aurum Verlag, Freiburg i. Br. 1982.

A. A. Borbely: Das Geheimnis des Schlafs. Neue Wege und Erkenntnisse der Forschung. Deutsche Verlags-Anstalt, Stuttgart 1984.

A. A. Borbely, F. Baumann, D. Brandes, I. Strauch, D. Lehmann: Sleep Deprivation: Effect on Sleep Stages on Power in Man. Electroenecph. Clin. Neurophysiol. 51: 483-493 (1981).

F. Bremer: Cerveau isolé et physiologie du sommeil. C. R. Soc. Biol. 113: 1235-1241 (1935).

F. Bremer: Nouvelles recherches sur le méchanisme du sommeil. C. R. Soc. Biol. 122: 460-464 (1936).

J. C. Eccles: Wahrheit und Wirklichkeit. Editiones »Roche«, Basel, Springer-Verlag, Berlin, Heidelberg, New York 1975.

J. C. Eccles, K. R. Popper: Das Ich und das Gehirn. Piper München 1982.

J. C. Eccles, H. Zeier: Gehirn und Geist. Biologische Erkenntnisse über Vorgeschichte, Wesen und Zukunft des Menschen. Kindler Taschenbücher, München und Zürich 1980.

C. v. Economo: Die Encephalitis Lethargica. Deuticke, Wien 1918.

C. v. Economo: Schlaftheorie, Ergebn. Physiol. 28: 312-339 (1929).

G. Ehrenzweig: Ordnung im Chaos. Das Unbewußte in der Kunst. Kindler Verlag, München 1974.

W. Frese: Schlaf – das »Nachtprogramm« der inneren Uhr. Schweiz. Ärztezeit. 61: 2341 (1980).

S. Freud: Vorlesungen zur Einführung in die Psychoanalyse. In: Ges. W. Bd. XI, Imago London 1940 (1916/17).

J. Galeano Munoz, A. Levitas: Über den durch Placebo und Medikamente hervorgerufenen Schlaf. Arzneimittel-Forsch. 15: 1118-1125 (1965).

E. Haeckel: Die Welträtsel. Dreizehnte Auflage. Alfred Kröner Verlag, Leipzig, 1922.

Ch. Hampden-Turner: Modelle des Menschen. Ein Handbuch des menschlichen Bewußtsein. Beltz, Weinheim und Basel, 1983.

G. Harrer: Schlafstörungen bei Depressionen. In: Depressionsbehandlung in der ärztlichen Praxis. Intern. Komitee für Prophylaxe und Therapie der Depressionen, Bulletin Nr. 9 Ausgabe Schweiz 1980.
G. Harrer, W. Poeldinger: Musik und Psychiatrie. Ars Medici 69: 370-371 (1979).
H. Harrer, V. Leutner (Hrsg.): Schlaf und Pharmakon. F. K. Schattauer Verlag, Stuttgart, New York 1979.
P. Hauri: Was kann die Schlafforschung zum besseren Verständnis der Depression beitragen? In: Neue Perspektiven in der Depressionsforschung Hrsg.: H. Heimann, H. Giedke. Verlag Hans Huber, Bern, Stuttgart und Wien 1980.
H. Heimann, B. Pflug (Hrsg.): Rhythmusprobleme in der Psychiatrie. G. Fischer Verlag, Stuttgart, New York 1978.
R. Hernandes Peon: Die neuralen Grundlagen des Schlafes. Arzneimittelforschung. 15: 1099-1119 (1965).
W. R. Hess: Der Schlaf als Phänomen des integralen Organismus. Praxis 53: 1355-1357 (1964).
J. Jacobi: Der Baum als Symbol. In: Aspekte Analytische Psychologie. Zum 100. Geburtstag von C. G. Jung, 1875-1961. Hrsg. H. Dieckmann, C. A. Meier, H.-J. Wilke. S. Karger, Basel, München, Paris, London, New York, Sydney 1975.
J. Jacobi: Die Psychologie von C. G. Jung. Eine Einführung in das Gesamtwerk mit einem Geleitwort von C. G. Jung. Walter Verlag Olten 1971.
U. J. Jovanovic: Schlaf und Traum. Physiologische und psychologische Grundlagen, Störungen und ihre Behandlung. Wissenschaftlicher Dienst »Roche«. Gustav Fischer Verlag, Stuttgart 1974.
C. G. Jung: Symbole der Wandlung. Rascher Verlag Zürich 1952.
N. Kleitman: Sleep and Wakefulness. Univers. of Chicago Press. Chicago, London 1963.
W. Koella: Physiologie des Schlafes. Verlag W. Kohlhammer Stuttgart, Berlin, Köln, Mainz 1973.
A. A. Kornmüller, H. B. Lux, K. Winkel, M. Klee: Neurohumoral ausgelöste Schlafzustände an Tieren mit gekreuztem Kreislauf unter Kontrolle von EEG-Ableitungen. Naturwissenschaften 48: 503-505 (1961).
J. F. Kuhlen: In: Das Geheimnis des Schlafs. Neue Wege und Erkenntnisse in der Forschung. A. Borbely, Deutsche Verlags-Anstalt, Stuttgart 1984.
H. Legewie: Schlaf und Traum. Selecta 13: 2112-2122 (1966).
H. W. Magoun: The Waking Brain. Thomas, Springfield/III, 1963.
N. Matussek: Zur Biochemie des Schlafes. In: Schlafstörungen im Alter und ihre Behandlung. Ed. H. Kaiser. Thieme, Stuttgart 1966.
N. Matussek, U. Patschke: Beziehungen des Schlaf- und Wachrhythmus zum Noradrenalin- und Serotoningehalt im Zentralnervensystem von Hamstern. Med. Exp. (Basel) 11: 81-87 (1964).
P. Matussek: Kreativität als Chance. Piper München, Zürich 1974.
L. Mauthner: Über die Pathologie und Physiologie des Schlafes. Wien. Klin. Wsch. 3: 445-446 (1890).
M. Monnier: Die Regulierung der Wach-Schlafzustände als physiolog. Problem. Schweiz. med. Wschr. 90: 1406-1416 (1960).
M. Monnier, L. Hösli, P. Krupp: Moderating and activating system in medial thalamus and reticular formation. Electroenceph. clin. Neuroph. Suppl. 24: 97-112 (1963).
G. Moruzzi: Active processes in the stem during sleeping. The Harvey Lectures, Serie 58: 233-297. Acad. Press, New York, London 1963.
L. Navratil: Schizophrenie und Sprache – Schizophrenie und Kunst. Deutscher Taschenbuch Verlag, München 1976.

M. Papousek: Chronobiologische Aspekte des therap. Schlafentzuges bei endog. Depression. In: Rhythmusprobleme in der Psychiatrie. Hrsg. H. Heimann und B. Pflug. G. Fischer Verlag, Stuttgart, New York 1978.
H. Pieron: Le Problème physiologique du sommeil. Masson, Paris 1913.
W. Poeldinger: Physiologische, pathologische und pharmak. Aspekte des Schlafes. Schweiz. Apothekerzeitung 105: 581 (1967).
W. Poeldinger: Kompendium der Psychopharmakotherapie. F. Hoffmann La Roche & Co AG, Basel, 4. Aufl. 1982.
W. Poeldinger: Die Beziehungen zwischen Selbstmordhandlungen und ihrer Darstellung bei kreativ Tätigen. Musik + Medizin 24: 5-11 (1982).
W. Poeldinger: Der psychisch Kranke und die Kunst. Der praktische Arzt. Österr. Zeitschrift für Allgemeinmedizin. 39: 7-20 (1985).
W. Poeldinger: Depression und Kunst. Schweiz. Ärztezeitung 65: 2437-2445 (1984).
W. Poeldinger: Die Bedeutung der Kreativität für die Rehabilitation. Schweiz. Ärztezeitung 66: 409-412 (1985).
W. Poeldinger: Klinik der Schlafstörungen. Österr. Ärztezeitung 37/11: 743-747 (1982).
W. Poeldinger, G. M. Schmid: »Stimmungen«, Landschaftsbilder, Seelenbilder, Seelenlandschaften. Galerie Duphar, Hannover 1984.
C. Raehlmann, L. Witkoski: Über atypische Augenbewegungen. Arch. Physiol. 1: 454-471 (1877).
E. Ringel: Die Bedeutung der Stimme und Musik für unsere Welt. Bruckner Haus. Linzer Verlag, Linz 1984.
M. Rohracher: Die Arbeitsweise des Gehirns und die psychischen Vorgänge. 4. Aufl., Barth, München 1967.
B. Saletu: Psychopharmaka, Gehirntätigkeit und Schlaf. S. Karger Verlag, Basel 1976.
W. Schmied-Kowarzik: Frühe Sinnbilder des Kosmos. Gotterlebnis und Welterkenntnis in der Mythologie. A. Henn Verlag, Ratingen, Kastellaun, Düsseldorf 1974.
W. Schmied-Kowarzik: Intuition als Kern des ästhetischen Erlebens. Kongreß für Ästhetik und allgem. Kunstwissenschaft 1913, Berlin–Stuttgart 1914.
K. Schnelting (Hrsg.): Hilfe, ich träume! Botschaften aus dem Reich der Seele. Materialien zu ZDF-Fernsehprogrammen. ZDF, Mainz, und Goldmann Verlag, München 1984.
Th. Wagner-Simon, G. Benedetti (Hrsg.): Traum und Träumen. Traumanalysen in Wissenschaft, Religion und Kunst. Vandenhoeck & Ruprecht, Göttingen 1984.
O. G. Wittgenstein: Sagen, Hören, Sehen. 2 Bände. Bonz, Stuttgart 1978.

Joachim Christian Horn

Über ein einfaches Symbol zur Identität und Unterscheidung von Natur und Geist

Kürzlich wurde von seiten der Alten Geschichte die Vermutung geäußert, die Absetzung des Areopags durch Ephialtes aufgrund einfachen Antrags in der Volksversammlung Athens um 462, sei wenige Jahre später durch Aischylos mythologisch aufgearbeitet und sozusagen göttlich gerechtfertigt worden, eben durch Darstellung eines *Wandels* des Zeus selbst.[1] Ein zwar bekannter, in seinen Implikationen aber doch ungeheuerlicher Gedanke, der unserer Zeit sehr fern zu liegen scheint. Denn hier wird ja nicht nur allgemein die Entwicklung des Mythos durch einen Menschen behauptet, sondern der tatsächliche Zusammenhang von wirklicher – auch willkürlicher – Geschichte mit Mythos und Symbol deutlich; d. h. hier wird die Erfahrung der Geschichte absolut, nämlich als Streit und Weltgericht der Götter. Das Ewige und Göttliche unterliegt einem Wandel durch die Zeit und die Zeit wird geordnet durch das Ewige und Absolute. Eben dies aber trifft die Funktion des *Symbols*.

Wir lassen hier die Frage der Entstehung von Symbolen beiseite. Ein Symbol wirkt oder ›existiert‹ als »Durchdringung von Sinn und Bild«, von Begriff und Anschauung, – meint und ›ist‹ Zusammenballung vom Sinnlichen mit Übersinnlichen. Ein Symbol stellt die doppelte Verwandlung – der Erscheinung zur Idee und der Idee zur Erscheinung dar. Spätestens seit Lessing ist das Symbol des Ringes ein Symbol für das ›Ganze‹ einer Verbindung, wobei wir ausdrücklich anmerken: hierfür genügt bereits der *halbe* Ring. Es ist der abgerissene oder abstrakte *Teil,* der hier die ganze Beziehung repräsentiert, – wie der Neumond den ganzen Mond, und damit auch den Bezug zur Sonne repräsentiert. Das Symbol ›erkennt‹ den Teil als Ganzes. Dieses ›Erkenntnis‹ erfolgt aufgrund einmaliger Erfahrung, die nun als ›für immer‹ geltend erkannt wird; dies mit der Legitimation eines Gedankens, einer Theorie, eines Logos, ja sogar eines Wortes, – welches nun wiederum jene Erfahrung genau trifft. Wir kennen das alle aus der Welt der Kunst, insbesondere der südostasiatischen, wo ein Schilfblatt oder eine Blüte das Werden und Vergehen der Natur, die Spur von Schnee auf dem Berge und die Mondsichel darüber – ihr dauerndes Maß den winzig klein gehaltenen Menschen, mit einer Traglast oder beim Bechern – anzeigt. Etwas ähnliches finden wir in der europäischen Malerei bei Adam Elsheimer, wo die Natur als gewaltiger und schöner Kosmos gesehen wird – der Mensch aber – Ikarus oder Josef und Maria auf der Flucht zur Größe eines Hasens oder Insekts herabgestuft werden. Hier wird der Mensch nicht fragmentiert, er bleibt im Bezug zum bergenden Kosmos der paradigmatisch Einzelne.

In der abendländischen Theorie- und Bildungsgeschichte war es die kantische Erkenntnistheorie, die ihre Grenze ebenso wie ihre grenzüberschreitende Wirkung, bis weit in die Nachneuzeit hinein, dadurch ›für immer‹ bewies, daß sie die Vermittlung zwischen Bild und Gedanke, zwischen dem Endlichen und dem Unendlichen nicht allein den Leistungen des transzendentalen *Subjekts* zumutete, sondern ebenso jenem »sinnlichen Begriff« (!), jenem »Monogramm« der Einbildungskraft, die er *»Schema«* nannte, – worunter er eine unbewußte Prozeß- oder Handlungsanweisung verstand, welche eben in jenem archetypischen Schema angelegt sei. Hiernach fühlen wir uns ermutigt, der Öffentlichkeit ein altes Schema oder Symbol vorzuführen, welches geeignet ist, die Einheit, ja die Identität von Natur und Geist zu begreifen. Es handelt sich um das Symbol des Unendlichen, welches uns aus der Mathematik geläufig ist.

Figur 1

Aber getreu der Regelanweisung des Symbols, wonach weniger mehr ist, werden wir das Symbol verkürzen, damit es Offenheit repräsentiert. Also so:

Figur 2

Damit haben wir ein Symbol des Unendlichen, denn jede Kurve ist als dynamisch fließende zu verstehen. Nun aber nicht nur von links nach rechts, sondern ebenso umgekehrt. Wir deuten das durch Spitzen der Gegenrichtung an:

Figur 3

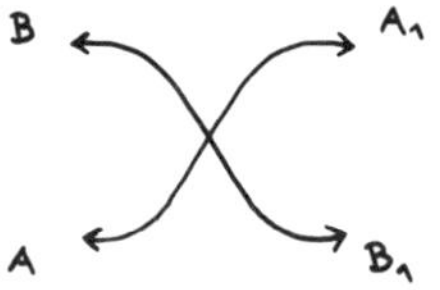

Hieraus soll ersichtlich werden, die Linie A verläuft nicht nur von A nach A_1 sondern *ebenso* oder zumindest *auch* von A_1 nach A; und die Linie B nach B_1 wie von B_1 nach B. Sie verläuft aber – wie das Bild zeigt – nicht nur von links nach rechts und von rechts nach links, sondern ebenso, bzw. auch von unten nach oben *wie* von oben nach unten. Damit ist ausgedrückt, was Fichte in seiner Wissenschaftslehre in den Satz faßte: »Eine Richtung ist überhaupt gar keine«.[2]

Jetzt beginnen wir noch einmal und zwar mit dem *halben* Symbol, es ist die Linie bzw. die S-förmige Sigmoidkurve A

Figur 4

Sie soll die Kurve natürlichen Wachstums darstellen, beispielsweise einer Population von Fruchtfliegen, von Mikroorganismen, Zellen oder Molekülen in entsprechendem Milieu.[3] Die Kurve veranschaulicht die Grenzen natürlichen Wachstums, d. h. nach einem starken Anstieg in der ersten Hälfte, pendelt sich die Zuwachsrate ein, ›die Bäume wachsen nicht in den Himmel‹, – es gibt im Bereich der organischen Natur immer Maß, Grenze und Struktur. Übertragen wir die Lebens- und Wachstumskurve auf den Bereich von *Bildung* und *Erkenntnis,* so treffen wir hier ähnliche Verhältnisse an. Zusammenfassend wollen wir dies halbe Symbol, die Kurve der *natürlichen Evolution* nennen. Damit kommen wir zur spiegelbildlichen Gegenkurve B. Wir nennen sie von daher die Kurve der *kulturellen Evolution.*

Figur 5

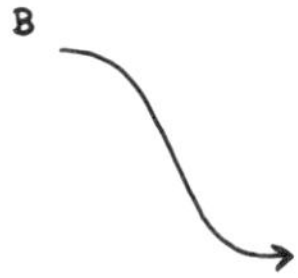

Während die Kurve A *vornehmlich* von unten nach oben verläuft, verläuft die Kurve B vornehmlich von oben nach unten. D. h. – übertragen auf den Bildungsprozeß: Die Kurve A repräsentiert mit dem Wachstum *auch* (!) die Entwicklung von *Erkenntnis, Bewußtwerden* und *Bildung* sowie die logische Induktion. Es versteht sich, daß sich diese Prozesse aus der ›Tiefe‹, aus dem ganzen Bathos der *Erfahrung* entwickeln. Die gegenläufige *speculative* Kurve der kulturellen Evolution (B) repräsentiert so gesehen die *Anwendung* von Erkenntnis und Bewußtsein, das *Wissen,* die logische Deduktion; welcher Prozesse ja stets noch von einem irgendwie gearteten Niveau, aus dem Standpunkt eines bestimmten Kategoriengefüges, Prinzips oder Paradigmas erfolgen. Aber vergessen wir nicht, *eine Richtung ist keine,* das eine repräsentiert ebenso das andere, denn es gibt kein Bewußtsein ohne Bewußtwerden, kein Wissen ohne Erkenntnis. Erkenntnis und Bewußtwerden hören *im Prinzip* nie auf. Dennoch gibt es einen ›Stand‹ von Wissen und Bewußtsein. Wir kommen hierzu auf das offene Unendlichkeitssymbol, das wir seiner Gegenläufigkeit wegen auch als *dialektisches* bezeichnen können (Figur 3), zurück, indem wir es jetzt mit einem durchlässigen (!) Kreis umgeben.

Figur 6

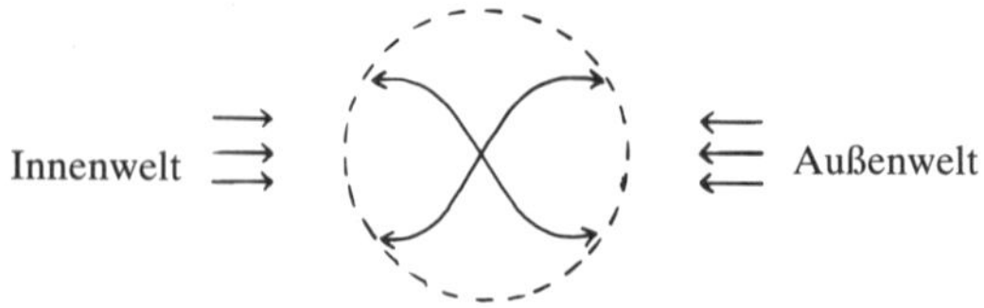

Figur 6 meint das Symbol des *wirklichen* Bewußtseins, d. h. des *Selbstbewußtseins.* Denn es ist klar: das wirklich tätige Bewußtsein ist auf Nachrichten und Informationen aus der *Innenwelt* ebenso angewiesen wie auf solche der *Außenwelt.* Nur die *Erfahrungen* aus *beiden* Richtungen bedingen den *Prozeß* des Bewußtwerdens. Und das sogenannte Bewußt-Sein meint lediglich den scheinbaren Stillstand *dieses* Prozesses, den wir *allgemein* oder *als solchen* einen gegenläufigen oder *dialektischen* nennen müssen.
Aus dem Sinnbild der Figur 6 ergibt sich nun aber im Hinblick auf die *prinzipielle* Unabschließbarkeit von Evolution, Erkenntnis, Theorie und Bewußtwerden auch noch der Hinweis auf den *unendlichen* Prozeß des Selbstbewußtseins, nämlich als *Erweiterung* von einer Bewußtseinsgestalt zur folgenden. Das zeigt Figur 7.

Figur 7

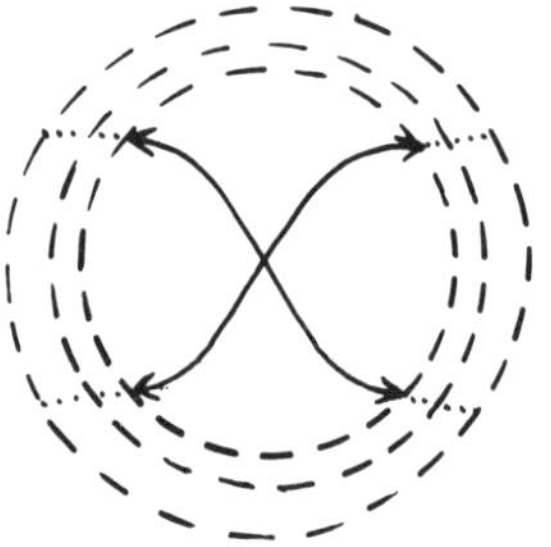

Bezeichnen wir *ein* Bewußtsein als *Kreis,* dann verdeutlicht das Bild, wie der Kreis aus sich heraus *kreist,* ähnlich so, wie Hegel es gesehen hat. Das müssen wir uns genauer ansehen. Hierfür nehmen wir eine andere Figur zu Hilfe. Es ist die Figur oder das Schema der *Spirale*

Figur 8

Diese Figur ist hilfreich, weil sie verdeutlicht, *wie* »eine Richtung . . . keine« (Fichte) ist: Sie zeigt nämlich, die Richtung von *links* nach *rechts* geht *automatisch* von *unten* nach *oben* und über bestimmte *Kreuzungspunkte* oder *Knoten ebenso* wieder von *rechts* nach *links,* wie von *oben* nach *unten.*

Fassen wir den Prozeß *beider* Evolutionslinien, der biologischen wie der specualtiv-kulturellen, allgemein und zusammen als wirklichen Bewußtwerdungsprozeß auf, dann sehen wir, wie in diesem Strukturprozeß (Figur 8) Rückschritte oder *Regressionen* von der Struktur selbst her vorgezeichnet sind. Das verdeutlichen wir uns am Tageslauf von Pflanzen, Tieren oder Menschen. Bleiben wir beim Menschen: der Mensch kann nicht immer bewußt oder wach sein, er muß sich regenerieren, wie es heißt, d. h. er muß schlafend sein Bewußtsein für bestimmte Phasen verabschieden. Damit aber hört, wie wir thematisch deutlicher seit Leibniz und Freud wissen, sein Perzeptionsprozeß nicht auf, er wird nur unbewußt; wobei das Unbewußte die Eigentümlichkeit besitzt, daß hier die Kategorien des Tages nur sehr partiell gelten, d. h. sie gelten und sie gelten zugleich auch wiederum nicht. Die Kausalität z. B. kann umgekehrt erfolgen, der Hase erschießt den Jäger, die Frau zeugt im Manne, der Mann gebiert aus einem Glied, z. B. aus dem Knie, wie überhaupt die Identität der Person nicht mehr durchgehend gewährleistet ist. Es sind die mehrdeutigen Traumbilder mit ihrer *Symbolfunktion,* die, wie Freud lehrt, den Schlaf schützen. Das ist für das Alltags- oder Normalbewußtsein einigermaßen verwirrend. Aber kehren wir zur Spiralfigur (Figur 8) zurück, so sieht man doch zweierlei: einmal, daß im Saldo eine Entwicklung vorherrschend ist und zum anderen, daß solche *Entwicklung,* solcher *Fortschritt* nur über von der Struktur her vorgegebene Regressionen erfolgt. Das mag uns über das Problem des widerständigen Fortschritts etwas nachdenklicher machen. Denn die Fortschritte im Bewußtsein sind an Widerstände und Ängste gebunden, die sich aus der Gegensatzstruktur des Bewußtseins selbst ergeben. Sie sind in der Figur 7 in der Spanne von einem Kreis zum anderen anzusetzen. Worauf es aber ankommt, ist die Struktur. Und sie zeigt uns über die Hinweise von Rückschritt und Regression hinaus auch noch die zwei Seiten der Reflektion selbst, nämlich die von *Reflektion* und *Proflektion,* die sich offenbar bedingen und widerständig zusammengehören.

Der dialektische Kern der Gegensätze und Widerstände aber wird durch den Kreuzungspunkt bezeichnet. Beim Bild der Spirale treten keine Kreuzungspunkte auf, sondern so etwas wie synaptische Näherungen, die sich nach Figur 8 freilich wie Überkreuzungen ausnehmen. Wir kommen darauf zurück. Zunächst greifen wir auf *Figur 3* zurück

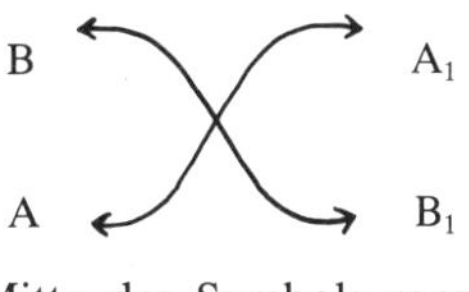

Der Kreuzpunkt in der Mitte des Symbols repräsentiert den ›*Motor*‹ des Bewußtseins. Hier werden die Informationen und Erfahrungen von Innen

und Außen umgeschlagen und – *anders* als zuvor – auf den Weg gebracht: Was unten war geht nach oben und was oben war geht nach unten. Die gegenläufigen Richtungspfeile deuten weiter an, je mehr eine Richtung, beispielsweise nach rechts und außen geht, in *demselben* Grade läuft sie auch oder ebenso nach links und innen. Jedenfalls dem *Prinzip* nach.
Hier müssen wir uns klar machen, daß das Prinzip durch ein symmetrisches Symbol dargestellt wird. Es handelt sich also um die Darstellung des Strukturbildes des Bewußt*seins,* welches es genau genommen nicht gibt und nicht geben kann, da es sich in Wirklichkeit immer um Bewußtwerdungsprozesse handelt. M. a. W. die Rede vom *Sein* des Bewußtseins ist *ideal* gemeint. Genauso stellt das Bild oder die Figur der Struktur des Bewußtseins in seiner Symmetrie ein *ideales* Schema dar; denn in Wirklichkeit finden immer Abweichungen oder »Brüche« zur Symmetrie (E. Jantsch) statt, weil ansonst die psychische Energetik zum Stillstand käme.
Abgesehen hiervon gibt es natürlich bestimmte Einstellungen des Bewußtseins, fixierte »Haltungen«, die gemäß tiefenpsychologischer Erfahrung und Theorie auf spezifische Antriebsgehemmtheiten (H. Schultz-Hencke) zurückgehen. C. G. Jung macht daher den Gegensatz von ›introvertiert‹ und ›extravertiert‹ zum Einteilungsgrund seiner Typenlehre. Das können wir jetzt leicht vernaschaulichen.

Figur 9

Natürlich bleibt die Struktur stets die gleiche und unzerstörbar, ob wir die Schere nach links oder nach rechts öffnen. Entscheidend ist die Haltung oder Fixierung auf *eine* Richtung, wodurch notwendig die *andere* Richtung unterbelichtet und abgewertet wird. Insofern kann man wie H. Marcuse und andere Marxisten davon sprechen, daß die Umwelt das Bewußtsein sogar in seiner Struktur verändere; – in Wahrheit ist aber nur die Einstellung des Bewußtseins zur Wirklichkeit geändert und vereinseitigt worden. Infolge solcher verfestigten und einseitigen Einstellungen werden die Informationen der *anderen* Seite zunehmend nicht mehr beachtet und fallen gelassen. Sie fallen aber nicht ins Leere, sondern ins Unbewußte, aus welchem sie in Gestalt von Träumen, Symptomen, Fehlhandlungen, Hemmungen und Leiden wieder auftauchen. Ein total extravertierter Manager bekommt über Hals-/Nacken- und Armmuskulatur einen Schreibkrampf in seiner rechten Hand, so daß er keine Unterschriften mehr leisten kann; eine reichlich ideologisierte junge Frau, wendet sich nach vielen Enttäuschungen von der Wirklichkeit ab, wobei sie ihre Innenwelt mit eindrucksvollen Stimmen bevölkert, mit denen sie nun ›telefoniert‹. Das ist bekannt. Solche Symptome oder Krankheiten, die auf extremen Einstellungen des Bewußtseins zur Gesamtwirklichkeit beruhen, haben natürlich ihren Sinn (Freud). Nur liegt er auf der *anderen* Seite des Bewußtseins, auf der Gegenseite sogar von dem, was das Symptom manifest anzeigt: jener Mann *soll* aufhören mit dem Rechenstift, mit den Verfügungen usw.; jene Frau *soll* aufhören, sich fernen Gesprächen zu widmen, soll sich der Umgebung und Wirklichkeit stellen . . ., – so etwa könnte man grob gesprochen sagen. Darum zeigt uns das Strukturbild des *wirklichen* Bewußtseins stets die ganze Struktur. Sie ist durch die *quantitative* Aufteilung der unterschiedlichen und gegensätzlichen Intentionsrichtungen *qualitativ* eben *nicht* aufhebbar. Denn die Anmutungen, Nachrichten und Informationen der *anderen* Seite sind da und gehen nicht verloren. Sie können nur deshalb in die falsche Richtung schießen, weil sie vom Bewußtsein nicht angenommen, vom Bewußtsein nicht verarbeitet worden sind.

Nach diesen Abweichungen wird es Zeit, daß wir uns dem wissenschaftlichen Bewußtsein zuwenden, denn es ist klar, daß dies formal weniger kurvenreich als gradlinig verläuft. Hierfür gehen wir von *Figur 6* aus, indem wir vom Kreuz der Mitte zwei Radien nach rechts ziehen. Auf diese Weise entsteht

Figur 10

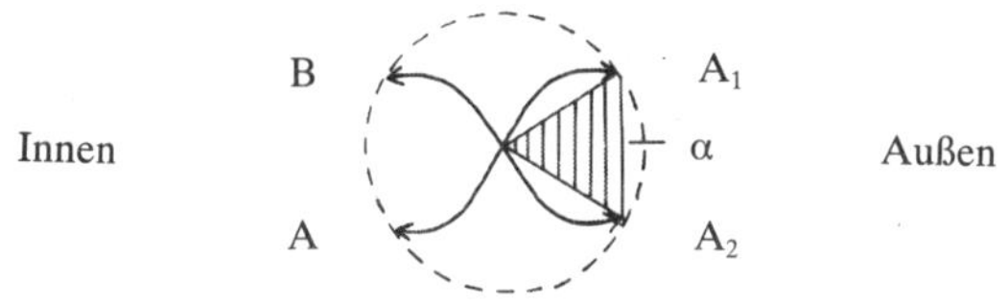

Das von Kant her bekannte Bewußtsein stellt jetzt den schraffierten Sektor α dar. Denn es ist als Synthesen, will heißen als Einheiten stiftendes lineares Verstandesbewußtsein erkannt und bekannt. Das bedeutet, die Synthesis der logisch *setzenden* Ichleistungen besitzt die Struktur eines Dreiecks, welches sich vom geometrischen Dreieck nur dadurch unterscheidet, daß die eine Seite abgerundet und – wie die gepunktete Kreislinie andeutet – auch als durchlässig bzw. als offen dargestellt wird. Das Dreieck jedenfalls ist prinzipiell mathematisierbar. Das stimmt mit den berühmten *Formen* der kantischen Anschauung gut zusammen. Denn ›Zeit‹ meint hier *lineares* Nacheinander und ›Raum‹ meint den euklidischen Raum, wofür das Dreieck beispielhaft herangezogen wird. Der schraffierte Sektor α nimmt sich also wie ein Scheinwerferkegel aus. Und wir können dementsprechend zu Recht sagen: das lineare und intentionale Verstandesbewußtsein liefert oder konstituiert ein synthetisches Etwas, welches quasi die Lichtfigur eines Dreiecks besitzt.

Damit wird der »technologische« Charakter (Liebrucks) der *reinen* Anschauungsformen ebenso wie der *reinen* Verstandesbegriffe, der Kategorien, zur Anwendung gebracht und veranschaulicht. Figur 10 verdeutlicht nun aber noch einiges mehr. Indem nämlich die beiden den Sektor α bezeichnenden Radien gerade sind, entsteht gegenüber den Linien A und B, d. h. zur Linie der biologischen *wie* zur Linie der spekulativ-kulturellen Evolution, jeweils eine deutliche *Differenz* in Gestalt eines Segments. Diese Differenz in Gestalt des ausgesparten Segments zeigt die Differenz zu dem vollen seelischen Potential von Leben und Erleben an, welche das analytisch vorgehende transzendentale Subjekt mit seinem technologischen Verstande riskiert und dinglich in Kauf nimmt. Kehren wir aber die Betrachtung des Scheinwerferkegels α um, so nimmt das Quasi-Dreieck die Form eines *Keils* an, deren Spitze ins Kreuz des wirklichen Bewußtseins reicht und dort diejenigen Transformationen bewirkt, welche wir dem vorsprachlichen wie dem sprachlich-ethischen *Nein* zuschreiben. Der Gegenstrom zum kantisch-synthetischen Bewußtsein wird somit durch das analytische *Nein* dargestellt.
Vergessen wir nicht, unser Schema meint in allen Figuren ein dynamisches Sinnbild oder Symbol. Dies bedenkend können wir nun sagen: die Kraft der Synthesis im kantischen Sinne beruht auf der projektiven und introjektiven Potenz des Kreuzes als dem ›Motor‹ des Bewußtseins. Das ist nicht nur bildliche Rede, denn das Kreuz steht ja für die *dialektische* Einheit des Gegensatzes und Widerspruchs der *beiden* Richtungen, auch derjenigen von Reflektion und Proflektion. Es schafft, produziert und konstituiert laufend Etwase. Damit wird der aus der Tiefenpsychologie bekannte Terminus der *Projektion* aus seiner dort vowiegend als nicht normal angesehenen Funktion in die partiellen Rechte einer unentbehrlichen Bewußtseinsfunktion, nämlich in die von Proflektion und introjektiver *Phantasie* eingesetzt. Da nun aber die Kategorien als *reine* Verstandesbegriffe nicht alles sind und sein können, was zum Aufbau, zur Erkenntnis und zur Theorie der Welt nötig ist, hierzu nach Kant vielmehr noch die transzendentalen *Vernunftbegriffe* von Welt, Seele, Freiheit und Absolutem als Regulative erforderlich sind, darum wird in unserer Figur 10 das Quasi-Dreieck durch eine gepunktete Kreislinie abgeschlossen. Das meint: der Abschluß, das Ende jener dinglichen Etwase ist nicht total, sondern offen und der *Regulation* bedürftig. Im Klartext: die kategorial ausgewiesenen, auch mathematisierbaren Etwase und *Dinge* des reinen Verstandesbewußtseins bedürfen der Ergänzung durch ganz andere und weiterführende *Kategorien der Vernunft.* Solche vom Endlichen zum Unendlichen *überleitende* Kategorien oder Rahmenbegriffe sind die vier reinen Vernunftbegriffe Kants. Sie *vermitteln* die Objekterkenntnis weiter, nämlich zum *Wissen;* zum Wissen des ontologischen Zusammenhangs zwischen den endlichen empirischen Objekten einerseits und jenen offenbar unendlichen Bereichen von *Welt, Seele, Freiheit* und *Absoluten.* Wir können

diese Vernunftbegriffe daher durchaus im Sinne Kants als *Welt- und Selbstgewinnungskategorien* bezeichnen. Hegel hat solche Rahmenbegriffe der Vernunft in seiner Phänomenologie des Geistes dann zu einer dialektischen Reihe von Bewußtseinsgestalten erweitert, welche dem »Weg der Seele« geschichtlich und systematisch »vorgesteckt« sind.[4] Dies gilt nicht nur für Hegels Zeit, sondern bis heute und ebenso für die Zukunft. Denn das öffentliche Bewußtsein ist noch weit entfernt, diesen notwendigen Weg des Bewußtseins zum Selbstbewußtsein erkannt, geschweige denn begriffen zu haben. Unsere ganze Darstellung dient nur diesem Ziel.
Damit kommen wir zu der heute zwischen Philosophen und Wissenschaftlern diskutierten Frage nach dem *Woher* der Kategorien. Die sich auf Kant berufenden Philosophen pochen auf eine letztlich unbegreifliche apriorische Herkunft der Kategorien, womit sie in eine theologisch nur unzureichend vermittelbare, tatsächlich aber postulierte *Unmittelbarkeit* zurückfallen. Die Wissenschaftler stellen auf die Evolution ab, womit sie dem Hochmut der Philosophen begreiflich zu nahe treten. Wir können den Streit auf sich beruhen lassen. Er erweist sich, wie oft in der Wissenschafts- und Theoriegeschichte, als Scheinproblem. Denn warum soll das, was zu einer *bestimmten Zeit* als vor aller Erfahrung gegeben und damit als apriorisch gilt, nicht *in einer anderen* längst vergangenen *Zeit* entstanden sein können? Greifen wir zu einem Beispiel aus der Neurosenlehre. Für einen Zwangskranken ist der *Zwang* zweifellos vorgegeben. Er wird als eherne Notwendigkeit erlebt, gegen welche das Bewußtsein nichts ausrichten kann. Der Zwang bestimmt apriorisch und *hinterrücks* alle seine Handlungen und Erfahrungen. Die tiefenpsychologische Erforschung der Vorgeschichte kann aber den Ort und die Zeitstelle erkennen, wo dieser peinliche Bruch in der Antriebsrichtung, eben dies so bestimmte Zwangsschema, diese Kategorie des Zwangs entstand, und wie und warum sie sich konstellierte. Wenn es gut geht, gelingt es dem Kranken auf dem Wege der nachholenden *Erfahrung* das Verkehrte solcher Welt- und selbstverneinenden Weichenstellung zu begreifen und den hemmenden Zwang nicht mehr nötig zu haben.
Eine größere Klarheit für die Frage nach dem Woher der Kategorien liefert Hegels Phänomenologie. Es gibt in diesem Werk zwei Angeln, um die sich »der Weg der Seele«, den wir als geschichtlich-systematischen Individuationsprozeß ansehen müssen, dreht. Hierbei handelt es sich einmal um den *Gegensatz* und die konkret mögliche Vermittlung von ›Lust und Notwendigkeit‹, und zum anderen um den *Gegensatz* und die Vermittlung von ›menschlichem und göttlichen Gesetz‹, welcher Gegensatz auf die metatheoretische Vermittlung des männlichen und weiblichen Prinzips, und damit auf die Vermittlung von *Verstand* und *Vernunft,* hinausläuft. Bleiben wir bei der ersten Angel: Wer nicht den Gegensatz und die Notwendigkeit von Erfahrung der Lust wie von der Erfahrung der Notwendigkeit selbst erlebt und

wirklich erfahren hat, der wird nie zur »Verwirklichung eines vernünftigen Selbstbewußtseins durch sich selbst« gelangen. Er wird entweder die Kategorie der Notwendigkeit als das Prinzip der Realität verabsolutieren und damit eine ebenso trübe wie fanatische Existenz führen. Oder er wird das Lustprinzip verabsolutieren und damit in seinen ebenso phantasmatischen Handlungen mit den unvermeidlich grauenhaften Folgen für sich und andere ertrinken. Dies nur als Beispiel dafür, daß unserem Denken und Handeln *allgemein* bestimmte Stufen und Kategorien *vorgegeben* sind, deren so oder so gelingende oder mißlingende antinomische Bewältigung darüber entscheidet, wer wir sind und was wir mit unserem Denken und Tun anrichten.
Hiernach wollen wir versuchen, die Entstehung von Kategorien allgemein aus unserem Symbolbild zu verdeutlichen. Wir gehen aus von der

Figur 6

Innenwelt
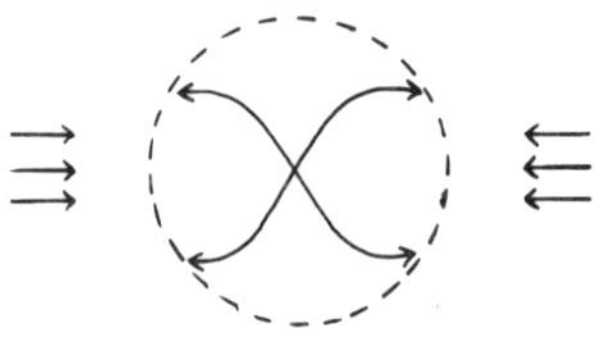
Außenwelt

Wir erinnern uns: auf den Kern des Bewußtseins wirken von *innen* wie von *außen* Daten, Empfindungen, Informationen und Wahrnehmungen ein. Damit sie aber zu *Erfahrungen* werden, dazu bedarf es ihrer ›Bearbeitung‹ durch die Kategorien. Für die Konstitution von Ding-Erfahrungen im kantischen Sinne hatten wir das schraffierte Quasi-Dreieck α auf *Figur* 10 angesetzt. Nun bleiben aber für vollinhaltliche Außenweltserfahrungen zunächst noch die beiden Sekanten β und γ nach Figur 11 übrig.

Figur 11

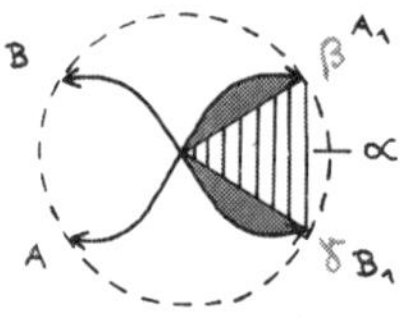

In den Sekanten β und γ könnten wir die vier regulativen Vernunftideen im Sinne Kants ansetzen, die wir Welt- und Selbstgewinnungskategorien nennen. Wir müssen hierbei nur bedenken: unser Sinnbild handelt von einem zugleich dynamischen wie dialektischen Schema. D. h. der Prozeß oder der Vollzug der einen Linie oder Richtung erfolgt immer zugleich auch in die *entgegengesetzte* Richtung. Das ist zwar nicht mehr vorstellbar, wohl aber phänomengerecht und denkbar. Weiter ist zu bedenken; – das Schema steht als dynamisch-dialektisches Sinnbild für *qualitative* Verhältnisse, aus denen quantitative Verhältnisse allererst entspringen. Dieser Hinweis ist für unsere ganze Darstellung zentral und wohl zu beachten. Es folgt hieraus nämlich: schon das Kreuz des Umschlags der Richtungen und Informationen, das dialektische ›Kreuz‹ im Zentrum des Schemas ›steht‹ als Kern des Bewußtseins selbst für die Potenz *beider* Richtungen. Es handelt sich also um die Monade, die noch als mathematischer Punkt zu bezeichnen, ganz unsinnig wäre, weil der mathematische Punkt keinerlei inhaltliche Fülle birgt. Und eben um solche *formierende* Fülle von Gedankenbestimmungen handelt es sich bei den Kategorien.

Wird das kantische Synthesen stiftende Verstandesbewußtsein nun *formal* genannt, so ist das freilich nicht ganz richtig, weil eine Kategorie, auch als ›reiner‹ Verstandesbegriff Gedankenbestimmung bleibt und deshalb nicht als inhaltsleer gedacht werden kann. Dennoch aber müssen wir das kantische Verstandesbewußtsein von dem wirklichen Selbstbewußtsein unterscheiden. Das ist nach *Figur 12* möglich:

Figur 12

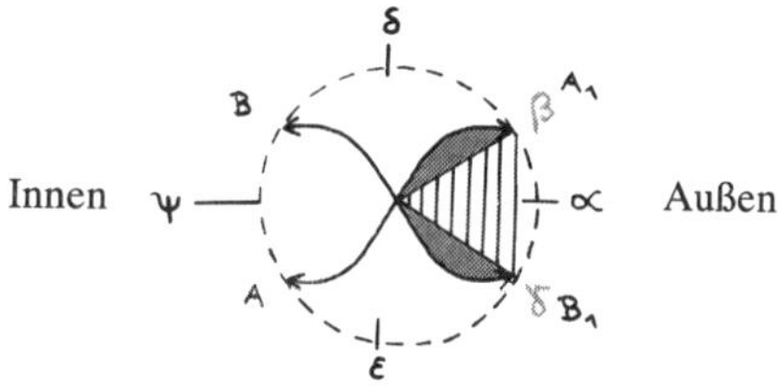

Das kantische Verstandesbewußtsein wird im wesentlichen durch das Dreiecksfeld α und dann durch die beiden Sekanten β und γ bezeichnet. Indem nun die reinen Anschauungsformen ebenso wie die reinen Verstandesbegriffe aus dem (transzendentalen) Subjekt selbst abgeleitet werden, können wir uns auch dies am Schema verdeutlichen. Die Kategorien werden aus der Kraft und Potenz des Kreuzes als dem Kern des Bewußtseins projiziert oder konstituiert. Und die reinen Vernunftbegriffe halten die also konstituierten ›Erfahrungen‹ offen für mehr und anderes als das, was im bloßen Verstande lag. Das Regulative wird auf unserem Bild durch die Sekanten β und γ bezeichnet. Der Bereich der Vernunftkategorien kann nun aber nach dem Vorgehen Hegels in der Phänomenologie sehr viel weiter differenziert werden. Für unsere Absichten genügt ein Blick auf *Figur 12.* Hier sei durch das Feld δ das *kollektive Bewußtsein* oder das ›Vorbewußte‹, – also das, was dem zeitgenössischen Bewußtsein überhaupt zugänglich ist, ohne daß der Einzelne dies stets verfügbar hätte, bezeichnet.

Das gegenüber- und darunterliegende Feld ε stellt dann den Bereich des *kollektiven Unbewußten* dar, in welchem die Bewußtseinsgestalten und Erfahrungen der Menschheitsgeschichte kategorial oder paradigmatisch aufbewahrt und enthalten sind und von daher – über den Sektor des individuell Unbewußten = ψ am Gelingen oder Mißlingen der Erfahrungen im Prinzip nicht weniger beteiligt sind wie die Formen und Kategorien des verständigen Tagesbewußtseins. Das Feld ψ meint also das individuell Unbewußte. Streng genommen, d. h. nach dem analytischen Verstande müssen aber alle Felder außer α, also β γ δ ε und ψ als nicht aktuell bewußt bezeichnet werden. Die Figur 12 stellt somit die Struktur des Selbstbewußtseins dar, wobei dies Selbstbewußtsein im Prinzip nach *Figur 7 und 8* ständiger Erweiterung fähig und bedürftig ist. *Figur 12* zeigt aber auch noch, wie das technologische Kategoriengefüge des Verstandesbewußtseins, repräsentiert im Quasi-Dreieck α, aus der Gesamtstruktur des Selbst entstanden oder genommen ist, – nämlich durch Verkürzung. Hegel sagt, die abstrakten Kategorien, die den sogenannten gesunden Menschenverstand ausmachen, verdankten sich einem »Raub« an der Natur des Selbst.[5] Das wird aber nicht nur durch die geraden Linien, welche den Sektor α freigeben deutlich, sondern mehr noch durch die Rück- und *Gegenläufigkeit* der beiden Evolutionslinien, von A_1 nach A und von B_1 nach B.

Die Rede von Gegenläufigkeit und Rückläufigkeit, die uns schon beim Bild der Spirale *(Figur 8)* beschäftigte, gibt uns nun eine Anweisung, wie die Frage nach der Genesis der Kategorien wenigstens im Prinzip zu beantworten und am Schema zu demonstrieren sei. Zunächst ist klar: Wenn ›eine Richtung . . . keine‹ ist, und wenn für die Struktur von Denken als Bewußtwerden, ja sogar für die Struktur des Lebens selbst, die Linien und Richtungen in sich gegenläufig (dialektisch) erfolgen, dann müssen auch die *Spuren* die Erlebnisse und Erfahrungen *beider* Richtungen, irgendwo bleiben, bzw. nachweisbar sein. Denn so etwas wie Qualität oder Logizität kann zwar vergessen oder nicht beachtet werden, es kann aber nicht vergehen, wenn und sofern es sich um nichts Quantitatives handelt. Darin haben die sich auf Kant berufenden Philosophen recht. Dennoch bleibt die Frage der Entstehung von Kategorien bestehen. Nicht alles was entsteht, vergeht. Das, was nicht vergeht, wird aufbewahrt. – Ohne in metaphysische Erörterungen einzutreten, kann doch soviel gesagt werden: in jedem Erlebnis, in jeder Erfahrung steckt ein Denken und ein Gedanke. Und das, was im Alter von Individuen und Generationen aufbewahrt wird, das sind generell ja nicht die Erlebnisse in ihrer konkreten Fülle, sondern ihre allgemeinen, gleichsam archetypischen Spuren und Schemate. *Solche qualitativen Spuren und Schemate machen die ins Leben selbst einlegierten Strukturen aus. Sie bedingen seinen geschichtlichen Verlauf, indem sie sich als bleibende bestätigen.* Wir nennen sie allgemeine *Kategorien.*

Verdeutlichen wir uns das Gesagte an zwei naturwissenschaftlichen Beispielen. Der Blutkreislauf verläuft nicht schlechthin kontinuierlich, sondern systolisch und diastolisch, d. h. allgemein formiert, in Etwas-Schüben, in Herz- oder Pulsschlägen, die sich im System der Venen und Arterien fortsetzen. Auch der mikrophysikalische Energietransport verläuft nicht schlechthin kontinuierlich, sondern in Wellenlinien und zugleich in Korpuskeln, d. h. in kleinen ›Paketen‹. Die Quanten und Päckchen materiellen Lebens und Erlebens mögen nun so groß oder klein sein, wie sie wollen, – sicher ist, daß sie nach dem Vergehen ihrer Phänomenalität *Wirkungen* hinterlassen, die nicht in jedem Falle den Kriterien sinnlicher Phänomenalität genügen. Natürlich steckt in diesem Sachverhalt das große Problem der wirklichen Zeit, um welches sich Philosophen, Physiker und Historiker in gleicher Weise bemühen.[6] Schließlich war es aber die Größe Kants, sein nur transzendental zu begreifendes Subjekt jenseits von vordergründigen Zeit- und Raumvorstellungen angesetzt zu haben. Das transzendentale Subjekt ›ist‹ sozusagen ›reine‹ Qualität. Schon Leibniz hatte solche nicht-quantitativen elementaren Miniqualitäten für jedes *wirklich* Seiende behauptet. Unsere Beispiele aus Physiologie und Physik wollen nun solche elementaren Strukturelemente wie Systole und Diastole, – solche elementaren Miniqualitäten, die als Welle und Korpuskel doch nur als derivative *Wirkungen* qualitativer ›Elemente‹ auftreten und die sich als solche in ihrem ›Selbst‹ jeder unmittelbaren Erscheinung entziehen, verdeutlichen. Ein weiteres in seiner banalen Anschaulichkeit den Sachverhalt eher verzerrendes Beispiel wären die aus der Halbleitertechnik bekannten Chips, die etwa auf einem Quadratzentimeter ca 1 000 Druckseiten speichern können. Das tertium comparationis stellt hier die schier unvorstellbare Schrumpfung und Verkleinerung quantitativer Mengen dar, welche – und das ist unsere Behauptung – bei der ›Entstehung‹ von Kategorien eben bis zu subatomaren Miniqualitäten geht. Dies jedenfalls ist das *Prinzip* der Kategorien, die eben darum, wegen ihrer bleibenden form-inhaltlichen Potenzen, auch wiederum zur Wirksamkeit berufen sind; und zwar so wie dies für die »individuellen Substanzen«, die Monaden, oder – im eingeschränkten Bereich – für das transzendentale Subjekt behauptet wird.

Wir wollen zum Abschluß versuchen, auch diese hochkomplizierten Verhältnisse mit unserem einfachen Symbol zu verdeutlichen. Hierzu knüpfen wir zunächst an das Bild der Spirale (Figur 8) an. Und wir bemerken ausdrücklich, daß schon die einfache Linie eine sehr grobe und abstrakte Verallgemeinerung der wirklichen Verhältnisse darstellt. In Wirklichkeit oder ontisch verläuft natürlich *jede* Linie gemäß der Struktur der Spiralbewegung. Wir gehen jetzt von *Figur 6* aus und erweitern das darin enthaltene Grundschema der *beiden* sich kreuzenden evolutionären Sigmoidkurven zu einer gleichsam auseinandergezogenen Spirallinie. So entsteht *Figur 13*.

Figur 13

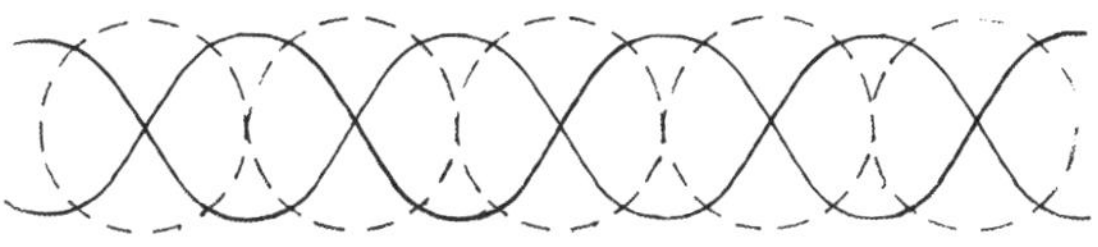

Die gepunkteten Kreislinien meinen jeweils *eine* Gestalt des Selbstbewußtseins; die innere elliptoide Spirallinie soll den dialektischen Verlauf des Bewußtwerdungsprozesses veranschaulichen. Sie erinnert an das Schema der peristaltischen Muskulatur, welche Analogie für die Genesis des Bewußtwerdens als Form der Assimilation durchaus ernst genommen werden kann. Jetzt tragen wir in die *Figur 13* die α-Felder des gewöhnlichen (kantischen) Verstandesbewußtseins ein und verbinden jeweils zwei *gegensätzliche* Kreisstücke durch einen neuen gepunkteten Kreis, indem wir den neuen Kreis durch die beiden Zentren von zwei einander ablösenden Selbstbewußtseinsgestalten ziehen. So erhalten wir

Figur 14

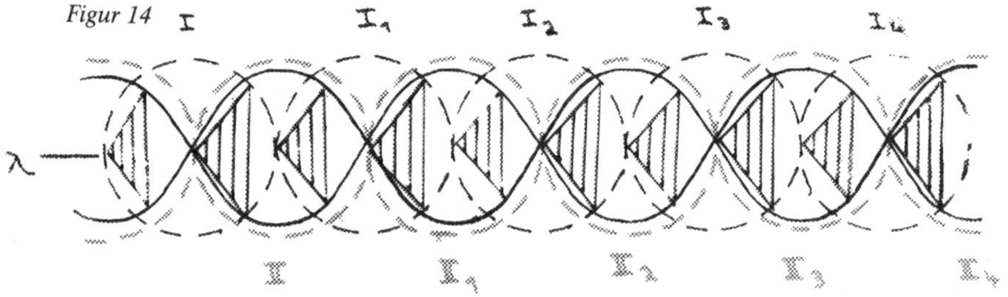

Die mit I bezeichneten Kreise geben jeweils die Gestalt eines Selbstbewußtseins wieder. Der gepunktete Kreis II hingegen verbindet jeweils die Außenweltseite von Kreis I, mit der folgenden aber entgegengesetzten Innenweltseite von Kreis I_1 u.s.w. Der Kreis II geht demnach jeweils durch die Kreuzungspunkte zweier einander ablösender Selbstbewußtseine, indem er die bewußte Seite der einen Kreisgestalt mit der unbewußten Seite der anderen Kreisgestalt *regulativ* oder *spekulativ* zusammengefügt. Wir haben also die Kreise des Selbstbewußtseins I und die Kreise ihrer regulativen Funktion II. Beide Kreise überlappen sich und stellen die *Dialektik* ein und derselben Bewußtseinsgestalt dar. Das bedarf in bezug auf die Frage der ›Entstehung‹ von Kategorien näherer Verdeutlichung.

Figur 14 zeigt, wie die Scheinwerferkegel α des eindimensionalen Verstandesbewußtseins an der eigenen Grenze und zugleich an der Grenze der neuen Bewußtseinsgestalt – *wie an einer Membran* – abbrechen. Sie gehen scheinbar ins Leere. Das Leere ist aber durch das Feld des individuell-Unbewußten ψ der *Figur 12* bezeichnet. Darum zeichnen wir in das Feld ψ die Umkehrung oder *Verkehrung* (= λ) des Kegels α ein, einfach deswegen, weil nach tiefenpsychologischer Erfahrung und Theorie das Unbewußte und noch nicht Bewußte im *Gegensatz* zum Bewußtsein steht. Der dem Sektor α *entgegengesetzte* unbewußte Quasi-Sektor λ meint also *einmal* die Ahnung und Intuition des Zukünftigen und *zugleich* und zum *anderen* das Vergehen und Nachlassen des eindimensionalen kantischen Verstandesbewußtseins und zwar in

Gestalt einer Verkürzung, Umkehr und *Verkehrung* des Kegels α im Felde ψ. Diese Verkehrung besitzt nach unserem Schema fast die Form eines *Rhombus.* Er wird nämlich durch die Sigmoidstücke A und B der *beiden* Evolutionslinien vom Zentrum her nach links partiell begrenzt. Der Quasi-Rhombus λ soll also innerhalb des Kreises II die *unbewußte* Intention nach rechts zur Welt anzeigen, – *andererseits* und gleichzeitig aber, innerhalb des Kreises I, die nachlassende und verblassende Intensität des Bewußtseinskegels α verdeutlichen. Der Quais-Rhombus λ im Felde ψ wird also begrenzt durch die beiden nach links aufeinanderzulaufenden Geraden zum Unbewußten hin und er wird weiter begrenzt durch die beiden Sigmoidstücke A und B in der linken Hälfte des Kreises I. Damit wird die prinzipielle *Ambivalenz* des menschlichen Unbewußten als das besondere Zusammen von Natur und Bewußtsein deutlich.
Denken wir uns nun durch die Kern- und Kreuzpunkte der Kreise eine gerade Linie, dann nimmt sich die Abfolge der Kegelstücke von λ nach α wie das »Ausblitzen« (Leibniz) des wirklichen Bewußtseins aus. Jeder Fortschritt im gewöhnlichen Bewußtsein *scheitert.* Er geht zurück in den *Grund* des Selbstbewußtseins. Seine Intention verblaßt, aber so, daß sie eine mehr und mehr vergehende *Spur* zurückläßt. Wir können mit Hegel auch sagen die Spur geht *zugrunde;* sie wird aber nicht anulliert. Denn sie *setzt* sich *ab* als archetypisches Element oder Schema im Kern des Selbst oder der Seele. *Und eben solche Absetzungen nennen wir Kategorien.*
Frei spekuliert ließe sich sagen: jede Entwicklung procediert in zwei Hauptrichtungen, einmal im Fortschritt zur Um-Welt und zugleich in Richtung auf das Selbst.[7] Beim Ausgreifen auf die Welt erfährt sie – mehr oder weniger vollendet – notwendig eine *Grenze.* Die Grenze oder *Membran* aber spiegelt den Impuls zurück, er geht in sich zurück bis zur Cäsur eines Knotens oder Kerns, aus welchem er archetypisch oder kategorial ›aufgeladen‹ seinen Gang erneut beginnen kann, niemals aber ohne den Rückweg auf die Vorgeschichte.
Die *allgemeine* Struktur aber bleibt *diese*, das missing-link:)(.

Anmerkungen

1 Christian Meier: Der Sturz des Areopags. Wie im klassischen Athen zum ersten Male eine Demokratie entstand. FAZ Nr. 16 vom 19. 1. 1985.
2 Fichte, WW (ed. Medicus) I, S. 466. Vergl. hierzu Verf. Monade und Begriff, 3. Aufl. Hamburg 1982, S. 108.
3 Hierzu: Jonas Salk: The Survival of the Wisest, N.Y. 1973, dtsch. Freiburg 1975.
4 Hegel, Ph. d. G., 5. Aufl. Leipzig 1949, S. 67.
5 Hegel, a.a.O., S. 102 (Abschnitt: Die Wahrnehmung).

6 Verwiesen sei hier auf die grundlegende Arbeit von Walther Schmied-Kowarzik »Zeit und Raum. Eine psychologische und transzendentalphilosophische Untersuchung«, Wiener Diss. 1908, in der bereits der Bezug zur Monade bei Leibniz herausgearbeitet ist; vgl. auch Walther Schmied-Kowarzik »Das unendliche Sein und das endliche Seiende«, in: Wiener Zeitschr. f. Philos., Psy. u. Päd. III (1951) 4.

7 Zur dynamischen Ontologie des Selbst siehe Verf. »Die Struktur des Grundes – Gesetz und Vermittlung des ontischen und logischen Selbst nach G. W. Leibniz«. 2. Aufl., Fr. Steiner Vlg., Wiesbaden 1983.

Erich Heintel

Der Punkt als fundamentalphilosophisches Problem

> »Der Philosoph Leibniz hat den kühnen Sprung getan zum endlichen Seienden an sich: vom kleinstkörperlichen Atom zur ausdehnungslosen Monade: sowohl zur niederen Monade, dem Kraftpunkt, als auch zur Pflanzen-, Tier- und Menschenseele (der mittleren und der höheren Monade).
> Der Leibnizsche Gedanke des ausdehnungslosen Kraftpunkts im leeren Raum ist zu ergänzen durch den ausdehnungslosen Geschehenspunkt in der leeren Zeit . . . Ich erinnere mich noch lebhaft meiner Bestürzung und Erschütterung, als ich, damals 21jährig, erkannte, daß die ›Ich‹-Jetztpunkte, aus denen die gesamte Welt besteht, sich im räumlichen und zeitlichen Nichts befinden, einzig zusammengehalten durch die schöpferische Ewigkeitstat des Göttlichen . . ., (so daß) alle ›Ich‹-Jetztpunkte gleichsam Blüten sind des einen umfassenden Baumes des unendlichen Seins.«
> *Walther Schmied-Kowarzik*, Das unendliche Sein und das endlich Seiende, in: Wiener Zeitschrift. f. Philos., Psychol., Pädagogik III, 4 (1951), S. 271f.

Wie der Titel besagt, soll in den folgenden Gedankengängen vom »Punkt« im Zusammenhang mit der Fundamentalphilosophie die Rede sein. Daher bleiben grammatikalische, aber auch mathematische Themen außer Ansatz, obwohl gerade in der Mathematik der Punkt auch Grundsatzfragen stellt (Infinitesimalrechnung, Mengenlehre). Auch die Problematik des Kontinuums und der mit ihm zusammenhängenden Fragen von Raum, Zeit und Bewegung kann nur so weit berücksichtigt werden, als sie für unsere Ausführungen bedeutsam ist. In diesem engeren Sinn betrachte ich die Sache im Zusammenhang mit den fundamentalphilosophischen Problemen der Tradition, d. h. des (ontologisch orientierten) Aristotelismus (I) und des (neuzeitlichen) Transzendentalismus (II). In meinen Büchern (»Die beiden Labyrinthe der Philosophie«, Bd. 1, 1968, §§ 1, 7, 10, 15 u. 33–35; »Grundriß der Dialektik«, 1984, I. Bd., 2. Teil u. II. Bd.) habe ich zu diesen Grundansätzen der Tradition Näheres ausgeführt.

In allen diesen Bezügen hat es der Punkt mit dem Transzendieren der sinnlichen Realität in Raum und Zeit zu tun, und zwar in der Weise eines grenzbegrifflichen Aniviseren der Transzendenz. Dabei kommt es niemals zu einem inhaltlich bestimmten Transzendieren, sodaß auch gesagt werden kann, daß sich mit dem Punkt gewissermaßen nur der »Ort« erreichen läßt, an dem dann die Thematik weitergeführt und konkretisiert werden kann. Die Situation erinnert an eine bekannte Äußerung des Archimedes, auf die sich Descartes nicht ohne Pathos bezieht, und zwar im Suchen nach einer unerschütterlichen Gewißheit für den Anfang des Philosophierens, die diesem ein über allen Zweifel erhabenes Fundament zu geben vermag. Descartes ruft aus: »Nichts als einen festen und unbeweglichen Punkt verlangte Archimedes, um die ganze Erde von ihrer Stelle zu bewegen, und so darf auch ich Großes hoffen, wenn ich auch nur das Geringste finde, das von unerschütterlicher Gewißheit ist.« (Med. II. 1.) Von Descartes her ist dieser Bezug auf Archimedes in der neuzeitlichen Philosophie immer wieder angesprochen worden. Wir müssen uns freilich darüber im klaren sein, daß es sich in ihm nur um eine gleichnishafte sprachliche Formulierung handeln kann, die man nicht wörtlich nehmen darf, so wenig wie z. B. auch das Bild von der »Kopernikanischen Wendung« der Philosophie in der Exposition seines Grundproblems (»Wie ist Erfahrung möglich?«) bei Kant.

In dieser allgemeinen Hinführung auf unser Thema kann noch gesagt werden, daß alles fundamentalphilosophisch notwendige Transzendieren der sinnlichen Realität sich sehr schön an Hegels Formulierung, daß es nämlich in der Philosophie um die »Erscheinung als Erscheinung« und nicht um die Erscheinung als sinnliche Realität geht, aufzeigen läßt. Schon im Wort »Erscheinung« ist ausgesprochen, daß sie mit sinnlicher Realität nicht gleichgesetzt werden kann, weil es dann gar nicht dieses besonderen Terminus' bedürfte. Erscheinung ist schon gedacht als Erscheinung von (etwas) für (jemanden). Erscheinung unterscheidet sich dadurch ebenso von bloß sinnlicher Realität wie von bloßem »Schein«. Erscheinung »von . . .« und Erscheinung »für . . .« verlangen schon von der Sprache her ein Transzendieren der bloßen Erscheinung in fundamentalphilosophischer Hinsicht. Es ist mit diesen Erörterungen freilich auch der Hinweis gegeben, daß alles fundamentalphilosophische Transzendieren ein »immanenzbezogenes Transzendieren« ist und bleiben muß. Der Punkt hat ja auch bei Archimedes die Funktion, von ihm her einen festen Stand für die Bewegung des Bereiches zu gewinnen, dem dieser Punkt gegenübergestellt ist. Diese bei Archimedes räumlich zu verstehende Metapher gewinnt ihre gleichnishafte Bedeutung durchaus auch in ihrer Übernahme durch die Fundamentalphilosophie. In dieser wird ja damit auf das uralte Problem verwiesen, das sich seit Parmenides der Tradition stellt. Und dabei geht es um gar nichts anderes als um das immanenzbezogene Transzendieren, das allein es gestattet, das in ihm angezielte »Prinzip« zur Erfassung der Erscheinungen von diesen nicht in einer Weise »abzutrennen«, die seine Funktion als Prinzip unmöglich macht. Das war nun freilich bei dem »Einen« des Parmenides der Fall, da er dieses Eine bekanntlich aus jedem Bezug zu der veränderlichen Erscheinungswelt herausgenommen hat. Hegel hat mit Recht in dieser Hinsicht immer wiederum das von ihm sogenannte »orientalische Absolute« kritisiert und distanziert. Obwohl dem Absoluten auch bei Hegel nicht die »Krätze der Beschränktheit« angetan werden darf, kann dieses doch in aller Fundamentalphilosophie nicht bezuglos von der Welt der Erscheinungen »abgetrennt« werden. Wir geraten sonst in die fundamentalphilosophisch unhaltbare »Gespenstermetaphysik«. Es ist freilich eine andere Frage, ob Hegel mit der von ihm entwickelten Dialektik nicht jene eigentliche Transzendenz verfehlt, um die es in der Theologie geht (E. Heintel, Grundriß der Dialektik, II. Band, Kap. XI. u. XIV., 1984; Gottes Transzendenz, in: Neue Zeitschrift für systematische Theologie und Religionsphilosophie, hrsg. v. C. H. Ratschow, 14. Bd., Heft 3, 1972). Diese Frage aber soll uns hier nicht beschäftigen, da in der Fundamentalphilosophie mit dem »Punkt« immer nur ein immanenzbezogenes Transzendieren geortet und eröffnet werden kann. Diese vorwegnehmende Behauptung soll nun an den erwähnten Traditionssträngen der europäischen Fundamentalphilosophie, d. h. an Ontologie (I) und neuzeitlicher Transzendentalphilosophie (II) belegt und ausgeführt werden.

I.

Bezüglich der ontologischen Tradition ist es für unsere Thematik am einfachsten, von Leibniz auszugehen. Bei seiner »Monade« geht es nämlich durchaus um eine Einheit der Erscheinung als Erscheinung (»phänomenon bene fundatum«) in der Richtung auf den Begriff des natürlichen Individuums in der Unterschiedlichkeit von nur perzipierender (naturischer) und auch apperzipierender (geistig-freiheitlicher) Monadizität. Als natürliches Individuum ist die Monade physische Einheit (ousia aistheté) im Sinne der »ersten Substanz« bei Aristoteles, dem für die ontologische Tradition in diesem Bereich allein eigentlich Seienden. Dabei geht es um eine ganz bestimmte Weise immanenzbezogenen Transzendierens in der Gefolgschaft der aristotelisch interpretierten »Idee« Platons als dem allgemeinen »Wesen« (Wesensbegriff) der erscheinenden Dinge. Verfehlt man diese rechte Art des Transzendierens, dann gerät man ausweglos in die beiden fundamentalphilosophischen Labyrinthe, von denen Leibniz mehrfach spricht: ». . . es gibt zwei Labyrinthe für den menschlichen Geist: das eine betrifft die Zusammensetzung des Kontinuums, das andere das Wesen der Freiheit. Das eine wie das andere aber entspringt aus derselben Quelle, nämlich aus dem Begriff des Unendlichen . . . [Denn] man muß vor allem wissen, daß alle Geschöpfe einen Stempel der göttlichen Unendlichkeit in sich tragen, und daß dies der Ursprung der vielen wundersamen Dinge ist, die den menschlichen Geist in Staunen setzen« (Über die Freiheit, Philos. Bibl. II., S. 499, und Theodizee, Vorrede, IV, S. 7).

Die theologische Rede vom »Stempel der göttlichen Unendlichkeit« besagt nun gar nichts anderes, als daß alle wohl fundierte substantielle Erscheinung in ihrer wahrhaften Einheit als sinnliche Realität (»Endlichkeit«) nicht zu fassen und nicht zu begreifen ist. Dabei folgt Leibniz bezüglich des ersten Labyrinths einem der Hauptmotive der traditionellen Ontologie (der aristotelischen »Form«metaphysik), d. h. der Einsicht, daß in der Frage nach der Möglichkeit der »Einheit« sich sofort die (eleatischen) Aporien der »Zusammensetzung des Kontinuums« ergeben, will man diese nämlich lediglich von der äußerlichen Einheit des räumlichen Diskretums (d. h. in ihrer Extensionalität ins Unendliche teilbaren Materie) her verstehen. Für Leibniz ergibt sich damit der radikalste Einwand gegen Descartes (und den Cartesianismus, einschließlich der in seinem Zeichen sich verstehenden neuzeitlichen Naturwissenschaft), der ja alles Seiende (vom »Ich« als der res cogitans abgesehen) der Tendenz nach auf bloß räumliche Ausgedehntheit (res extensa) reduzierte. Dabei aber denkt Leibniz bei seiner Monade nicht nur an die aristotelische ousia (die »substanziale Form«), sondern auch an das »Ich« der neuzeitlichen Transzendentalphilosophie. Schon mit diesen pauschalen Hinweisen ergibt sich ein Zusammenhang der beiden Labyrinthe, denn in beiden Hinsichten (bezüglich der ousia und bezüglich des Ich) ist die Monade »eigentliche« (»wahre« und »innerliche«) Einheit, in der ersten zum Unterschied vom materiellen Aggregat (dem bloß »erscheinenden und nur äußerlich« Zusammengesetzten), in der zweiten zum Unterschied von einer bloß aggregathaft verstandenen »Identität der Persönlichkeit« etwa im Sinne des späteren »Perzeptionsbündels« bei Hume. Daher bezeichnet Leibniz die Monade ebenso als »Entelechie« (vom Aristotelismus her) wie als »Ich« (von der neuzeitlichen Transzendentalphilosophie her). Als Entelechie »repräsentiert« sie jenes Allgemeine, das bei Platon und Aristoteles als »unteilbares« Eidos (atomon eidos) keineswegs nur logische, sondern auch ontologische Relevanz besitzt. In diesem Sinne spricht Leibniz von der Monade auch als dem »formalen Atom«. Diese Art des »Repräsentierens« ist nur »perzeptiv« zum Unterschied von der »apperzipierenden« Monade, die vom neuzeitlichen Ich her verstanden ist. Durch die Apperzeption ist die Monade Mensch als (sich) wissende Monade vor allen übrigen Monaden ausgezeichnet.

Wir kommen von hier auf die uns eigentlich beschäftigende Thematik, indem wir zwar weiterhin noch Leibniz folgen, zugleich aber seinen Monadenbegriff in bestimmter Richtung problematisieren. Wir haben gesehen: die Aporie des ersten Labyrinths (Zusammensetzung des Kontinuums) führt notwendig auf das »formale« (substanziale) Atom. Alle naturischen Monaden sind für Leibniz in diesem Sinne, d. h. von ihrer Substanz her, wesentlich bestimmte »formale Automaten«. Kann man nun analog zu ihnen die apperzipierende Monade, nämlich den Menschen als »geistigen Automaten« verstehen? Diese Frage soll uns zunächst nur gestatten, die in Leibnizens Fundamentalphilosophie deutlich hervortretende (ontologische) Akzentuierung zu erkennen. Im Sinne unserer Unterscheidung im Begriff der Erscheinung geht es Leibniz primär um »Erscheinung von . . .«, nicht um »Erscheinung für . . .«. Es handelt sich dabei – um es nochmals zu unterstreichen – tatsächlich nur um eine Akzentuierung, da eine Reihe von Gedankengängen bei Leibniz in die Richtung der neuzeitlichen Transzendentalphilosophie und auf Kant weisen. Dabei kann man nicht sagen, daß umgekehrt Kant für das Anliegen der ontologischen Tradition ein ähnliches Verständnis aufzubringen vermochte. Leibnizens Akzentuierung aber ermöglicht es ihm, in seinem »Neuen System der Natur« die Problematik des richtigen Transzendierens durch die Unterscheidung von drei Arten von Punkt durchzuführen. Er spricht vom mathematischen, physischen und metaphysischen Punkt (a.a.O. II. S. 259f. u. 265f.). Der metaphysische Punkt ist von Leibniz reserviert für die »wahrhafte« Einheit, die sich als eigentliche »Unendlichkeit« von der »schlechten« Unendlichkeit des als unendliche Ausdehnung gedachten Raumes und der von ihm her »formlos« (nur geometrisch) gefaßten Materie abgehoben ist. Sie ist als substanziale Einheit unterschieden von dem bloß geometrischen Punkt. Sie ist auf diese Weise von dem rein dimensional verstandenen unendlichen Großen bzw. unendlich Kleinen abgesetzt. Die durch den »Stempel Gottes« allem Seienden eingeprägte eigentliche Unendlichkeit ist also einerseits nulldimensionale Einheit wie der geometrische Punkt, andererseits aber als substanziale Einheit das Fundament der sonst in ihrer bloßen Ausdehnung – im Sinne des ersten Labyrinths – hinschwindenden Materie. Sie ist innere Einheit einer äußerlich erscheinenden Vielheit, die niemals aus geometrischen Punkten oder bloß materiell gedachten Pseudoeinheiten »zusammengesetz« werden kann. Gegen die Endlichkeit des bloß äußerlich erscheinenden Seienden und die von ihm her entwickelte »schlechte« Unendlichkeit ist also von Leibniz die eigentliche Unendlichkeit des Seienden in seiner wahrhaften und substanzialen Einheit herausgestellt. Schon bei ihm ist wie bei Hegel (Ausg. Glockner, Bd. IX, S. 46) »das wahrhaft Unendliche die Einheit seiner selbst und des Endlichen«. Da diese »Struktur« bei Hegel dem »Begriff« zukommt, kann dieser durchaus im Sinne unserer Thematik sagen: ». . . Was bei Zahlen und Linien ein vollkommener Widerspruch wäre, ist der Natur des Begriffs wesentlich« (ebd. Bd. V, S. 58).

Kehren wir zu unseren drei Arten von Punkt bei Leibniz zurück. Die mathematischen Punkte sind nur »Grenzen und Modifikationen des Ausgedehnten«, aus ihnen lassen sich niemals »reelle Einheiten« zusammensetzen, die physischen Punkte sind zwar real, geraten aber deshalb in das erste Labyrinth (sind nur »scheinbar unteilbar«, d. h. nicht wahrhafte Einheiten), nur »die metaphysischen und substantiellen Punkte – die durch die Formen oder Seelen gebildet werden – sind exakt und reell, und ohne sie würde es nichts Reelles geben, da ja ohne die wahren Einheiten keine Vielheit möglich wäre.« Der Schluß des Zitats erinnert nicht zufällig an den Anfang der »Monadologie«. Der Punkt nun, der als eigentlicher (mathematischer) Punkt nulldimensional und doch, wenn auch nur als Grenze und Modifikation des

Dimensionalen, gedacht werden kann, bietet sich gewissermaßen (z. B. wie bei Descartes) dazu an, zwischen res cogitans (als nicht ausgedehntem Denken) und res extensa (als ausgedehntem Körperlichen) die Verbindung herzustellen, wenn er nämlich als solcher Realität besäße; dann aber ist er schon ein physischer Punkt, selbst ausgedehnt körperlich, und damit für seine Vermittlungsaufgabe völlig ungeeignet. Leibnizens metaphysischer Punkt aber ist nulldimensional (Leibniz sagt »exakt«) wie der mathematische, zugleich aber real wie der physische Punkt, nicht aber in der Weise der eigentliche Einheit ausschließenden ausgedehnten Körperlichkeit in ihrer bloß sinnlichen Realität. Ein solcher Punkt bestimmt so grenzbegrifflich den möglichen »Ort« dessen, was Erscheinung als Erscheinung fundierend gedacht werden läßt und nur »eingeräumt« werden kann. Eigentliche Innerlichkeit ist also nur im Transzendieren der bloßen Erscheinung (der sinnlichen Realität) anzusprechen oder überhaupt nicht. Wenn auch im Gegensatz zum mathematischen Punkt und gemeinsam mit dem physischen Punkt dem metaphysischen Punkt Realität zukommt, so handelt es sich bei den beiden letzten doch nicht um gleichsinnige »Realität«, da ihre »Seinsweisen« in fundamentalphilosophischer Differenz unterschieden sind. Der kritische Punkt bei der ganzen Sache ist daher der, daß der metaphysische »Punkt« eigentlich ein Punkt gar nicht sein kann, so zwar, daß ein nomialistisches Allgemeines »realer Punkt« (im Unterschied zum mathematischen Punkt) gedacht werden könnte, unter das physischer und metaphysischer Punkt subsumiert werden könnten. Der metaphysische Punkt erweist sich damit als ein Erzeugnis grenzbegrifflicher Rede, der sein Punktsein aufgeben muß, soll das mit ihm Angesprochene und Geortete über die bloße Stellung eines Problems hinaus auch seine Auflösung ermöglichen. Selbstverständlich gibt es auch kein nominalistisches Allgemeines »nulldimensionaler (exakter) Punkt«, unter das der mathematische und der metaphysische Punkt (im Gegensatz zum physischen Punkt) subsumiert werden könnte, doch besteht zwischen ihnen nicht eine von der Frage nach wahrhafter Einheit betroffene fundamentalphilosophische Differenz, sondern diejenige von abstrakt und »wirklich«, die freilich genaugenommen nur den Unterschied von mathematischem und physischem Punkt (z. B. Treffpunkt) bestimmen kann.
Uns interessiert hier nur der Unterschied von physischen und metaphysischen Punkten, die jeweils über fundamentalphilosophische Differenzen vermittelt sein müssen, soll von Monaden im Sinne wahrhafter (innerlicher) Einheiten die Rede sein können und dürfen. Im übrigen bestimmt sich jedes im Transzendieren sinnlicher Realität grenzbegrifflich angesprochene »Jenseits« in der Negation dieser immer auch räumlich-körperlichen res extensa als »Punkt«, der freilich gewissermaßen nur als »Gespenster«punkt (als status nascendi aller Gespenstermetaphysik) Punkt bzw. das bleiben kann, von dem er als einem Immanenten abgehoben wurde. Die Wirklichkeit der »Monade«

als wahrhafter und innerlicher Einheit (als wohlfundierte Erscheinung) besteht jedenfalls (trotz der Ausgeliefertheit der bloßen Erscheinung an das erste Labyrinth) darin, daß sich das grenzbegrifflich als metaphysischer Punkt Angesprochene als dasjenige erweist, ohne das Erscheinung als Erscheinung gar nicht (seiend) gedacht werden könnte: nur das nulldimensionale (»einfache«) Moment an ihr läßt bloße Erscheinung vor dem ersten Labyrinth retten und über ihre »schlechte« Unendlichkeit hinaus als eigentliche »Unendlichkeit« (als »Stempel der göttlichen Unendlichkeit« bei Leibniz) und damit bestimmte Substanz (das Synolon der ousia aistheté bei Aristoteles) fassen, die daher übrigens in ihrer räumlichen (wie auch in ihrer zeitlichen) Ausdehnung niemals beliebig groß oder klein dimensioniert da sein kann.

Kleine Anmerkung zur Lehre von den Differenzen (Näheres in »Grundriß der Dialektik«, II. Band): Die Reflexion auf die verschiedenen »Punkte« bei Leibniz gestattet uns zum Abschluß dieser Gedanken noch eine kleine Anmerkung zur Fundamentalphilosophie unserer Tradition. Wenn wir zunächst an den Unterschied von physischem und metaphysischem Punkt anschließen, dann läßt sich sagen, daß sich von ihm her aller philosophischer Atomismus als zuletzt unhaltbar erweist. Das Atom kann immer nur als physischer Punkt verstanden werden, sodaß man mit ihm notwendig in alle fundamentalphilosophischen Aporien gerät, die wir bei Leibniz ausgeführt sahen. Die »Elementarkörperchen« der Physik haben mit dieser Sachlage unmittelbar nichts zu tun. Sie sind auf jeden Fall auch in ihrer mathematischen Bestimmtheit demselben Realitätsbereich (mikrophysikalisch) angehörig, der von ihnen her (physikalisch) erfaßt werden soll. Wir bewegen uns hier überhaupt nicht auf dem Boden der Philosophie, auch wenn manche Naturwissenschaftler meinen, daß sie über die ihnen vorliegende »Komplexität« des Gegebenen mit ihrer schichtenweisen Tieferlegung des Ansatzes der eigentlichen Realität näher kämen und damit die Aufgabe der traditionellen »Metaphysik« erfüllten. Diese könnte immer nur Gespenstermetaphysik sein. Auch Elementarkörperchen bleiben im Raum des sinnlich Realen und sind damit Diskreta der res extensa. An dieser Einsicht ändert auch die sogenannte »Unbestimmtheitsrelation« nichts, worauf hier nicht näher eingegangen werden kann. Im Rahmen der von ihr vertretenen »Komplementaritätslehre« kommt jedenfalls das »Ich« (»Subjekt«) der neueren Fundamentalphilosophie seit Descartes und Kant überhaupt nicht vor. Elementarkörperchen aber sind – wie alle physischen Punkte – in bloß »ontischer« Differenz voneinander unterschieden.
Der physische Punkt und der geometrische Punkt sind in bloß »abstrakter« Differenz von Realität und Mathematik einander gegenübergestellt. Auch das bloß nominalistisch verstandene Allgemeine aller Realwissenschaften gibt uns kein ontologisches Problem auf, da es nur eine besondere Art der »abstrakten« Differenz (ich spreche in diesem Falle von »wissenschaftstheoretischer« Differenz) darstellt.
Zur eigentlichen Philosophie kommen wir erst mit der Frage nach dem immanenzbezogenen Transzendieren, das wir bisher im Sinne des Aristotelismus und der traditionellen Ontologie näher kennengelernt haben. Ich spreche hier von »ontologischer« Differenz, in der sich für mich ein unabweisbares fundamentalphilosophisches Problem stellt. Bezüglich der neuzeitlichen Transzendentalphilosophie spreche ich zum Unterschied von der »ontologischen« Differenz von der »transzendentalen« Differenz. Auch sie läßt sich mit der Erörterung des »Punktes« im Sinne der hier behandelten Thematik dem Denken näher bringen, wie wir gleich noch (II) sehen werden. Schließlich spreche ich von »absoluter« Differenz, in der es um eigentliche Transzendenz, d. h. nicht um

ein immanenzbezogenes Transzendieren geht. In unserer Tradition steht in ihr das Gottesproblem, worauf in dieser Abhandlung nur andeutungsweise einzugehen war und weiterhin einzugehen ist.

II.

Der Punkt als die allgemeine Ortung des richtigen Transzendierens im Rahmen der ontologischen Tradition des Aristotelismus bei Leibniz ist unter anderem auch eine Antwort auf den Substanzdualismus vom res cogitans und res extensa bei Descartes. Das Seltsame an dieser geschichtlichen Situation besteht darin, daß im Ansatz des französischen Denkers einerseits fundamentalphilosophisch eine radikalere Fragestellung angelegt ist als in Leibnizens »Monadologie«, daß es aber andererseits durch ein Verfehlen des Sinnes seines Ansatzes durch Descartes noch langer Zeit bedurfte, bis seine Radikalität in ihrer eigentlichen Bedeutung zum Bewußtsein der Philosophierenden kam. Im Grunde geschah dies erst mit Kant und seiner Kritik an dem Seelenbegriff der Tradition in dem »Paralogismenkapitel« seiner »Kritik der reinen Vernunft«. Sehen wir uns diese Sache etwas näher an.
Am Beginn seiner zweiten Meditation stellt sich Descartes eine verhängnisvolle Frage: »Wer bin ich denn, der ich jetzt notwendig bin?« (Med. II. 4.) Denn in der Antwort auf diese Frage mußte Descartes, seinem radikalen Zweifel folgend, trotzdem dem Motiv einer gesicherten Fundierung des Denkens so zu genügen suchen, wie es in seinem Bild vom »Archimedischen Punkt« postuliert ist. Er spürt selber, daß er sich hier auf einen gefährlichen Boden begibt: »Ich muß mich hüten, daß ich nicht etwa unvorsichtigerweise etwas anderes für mich selbst ansehe und auf diese Weise sogar in der Erkenntnis abirre von der ich behaupte, sie sei die gewisseste und einleuchtendste von allen.« (Ebd.) Der »Archimedische Punkt« kann nun in Descartes' Ansatz immer nur in nicht näherer Bestimmtheit das fundamentalphilosophische Problem des (gesicherten) Anfangens des Philosophierens umschreiben. In dem Augenblick aber, in dem Descartes sein »Ich bin« als res cogitans im Unterschied von der res extensa bestimmt, hat er die fundamentalphilosophische Problematik aufgegeben und an eine gewissermaßen anthropologische Fragestellung nach dem Wesen des Menschen verloren. Er erkennt nicht jene Schwierigkeiten, die Kant durch seine Unterscheidung vom transzendentalen und empirischen Ich in seither verbindlicher Weise in Sicht gebracht hat. Ohne ein Eingehen auf die Einzelheiten des Argumentationsganges bei Descartes läßt sich nämlich kurz sagen, daß die im Unterschied zur res extensa fixierte res cogitans den Archimedischen Punkt in einer Weise besetzt, der dem radikalen Zweifel nicht standzuhalten vermag, und ihn in einer Weise bestimmt, die seine fundamentalphilosophische Bedeutung verfehlen mußte. Dabei verfehlte er aber in dem für ihn resultierenden

Substanzdualismus auch noch die Möglichkeit, in ihm von einem natürlichen »Individuum« im Sinne der »ersten Substanz« der Tradition zu sprechen und der Einheit des Menschen als natürlichem Individuum gerecht zu werden. Leibnizens Monadologie ist die Anwort auf diese Situation, in der über den Punkt die Notwendigkeit des richtigen Transzendierens in der Weise der Ontologie in Sicht gebracht wurde. Von hier aus aber konnte Leibniz andererseits nicht der im Ansatz des Descartes postulierten fundamentalphilosophischen Frage nach dem Anfang der Philosophie überhaupt entsprechen.

An Kant geschult haben Schelling und Hegel diese Situation klar durchschaut. Hegel zitiert zunächst zustimmend Descartes. »Daß ich urtheile, (sagt Cartesius) die Erde existire, daraus, daß ich sie berühre oder sehe, daraus muß ich ja noch viel mehr urtheilen, daß mein Denken (mens) existirt. Denn es kann vielleicht ebenso gut seyn, daß ich urtheile, die Erde existire, ob sie gleich nicht existirt: nicht aber, daß ich dieß urtheile, und mein Geist (mens), der dieß urtheilt, nicht sey.« Dann interpretiert er folgendermaßen: »Alles, das für mich ist, kann ich setzen als nichtseyend; indem ich mich als nichtseyend setze, setze ich selbst . . . Denn Ich ist eben die Gewißheit selbst, an allem Anderen ist sie Prädikat.« In dieser Gewißheit hat zwar »die Philosophie ihren eigentlichen Boden wiedergewonnen«, sie ist jedoch als solche noch keine Erkenntnis, »noch nicht die Wahrheit; – oder wenn wir jenes Seyn als Wahrheit nehmen, so ist dies ein leerer Inhalt, und um den Inhalt ist es zu thun.« (Werke Glockner, Bd. XIX, S. 343ff.) Die grundsätzliche Unbestimmtheit des Archimedischen Punktes formuliert eben in der Tat nur das Problem des notwendigen fundamentalphilosophischen Transzendierens des Denkens überhaupt und nähert sich in letzter Konsequenz damit der Abgetrenntheit des »Einen« von allem Erscheinenden in der Weise des Parmenides, wird aber sofort der in ihm formulierten Problematik untreu, wenn es, wie in unserem Falle, den Archimedischen Punkt in bestimmter Weise als res cogitans im Unterschied zu anderen Substanzen (Gott, res extensa) fixiert. Auch Schelling hat diese cartesianische Grundaporie erkannt, indem er folgendes ausführt: Von dem »beziehungslos Unmittelbaren«, auf das Descartes zielt, »kann ich nicht sagen, daß es ein Seyn hat und doch ist es nicht nichts, sondern allerdings auch Etwas, es ist eben das Seyn selbst, auto to on, ipsum ens . . . oder es ist der Punkt, wo Seyn und Denken eins ist.« (Werke, Schröter, Bd. V, S. 88) Wir sind damit im Grunde wiederum bei dem Archimedischen Punkt in deutlichem Zusammenhang mit der eleatischen Thematik angelangt.

Die Problematik des Archimedischen Punkts im Zusammenhang mit dem Anfangsproblem des Philosophierens behält auch nach Hegel ihre beunruhigende Ärgerlichkeit immer dann, wenn man sich nicht um Fundamentalphilosophie in irgendeiner Weise herumdrückt. Das geschieht freilich vielfach, und es ist nicht abzuleugnen, daß damit jene Verwahrlosung der Philosophie in der Richtung auf den Pluralismus von Ansätzen und Positionen zusammenhängt, die in der Gegenwart oft kaum mehr eine gemeinsame Sprache finden läßt, um sich zu verständigen.

Im Neukantianismus war die Thematik im Rückbezug auf Kant und Hegel durchaus in Sicht geblieben, wofür P. Natorps aus seinem Nachlaß herausgegebene »Philosophische Systematik« (1958) ein treffliches Zeugnis liefert, in dem im übrigen wiederum der Punkt zu fundamentalphilosophischen Ehren gelangt. Für Natorp ist über Kant hinaus und in der Anerkennung von Motiven Hegels jede Bestimmtheit (Kategorie) überhaupt transzendental zu deduzieren, wobei sich für ihn eine Anfangsproblematik der Philosophie ergibt, derzufolge »das System der Kategorien selbst kategorial zu begründen ist«. Es ist für ihn »ein Rest von Dogmatismus der philosophischen Systematik, wenn sie den Gehalt überhaupt irgend von außen her erwartet, statt ihn, auch schon in den obersten Gliederungen, sich selbst erst kategorial erzeugen zu lassen . . . Wir dürfen nicht zweifeln, daß auch der Gehalt, der ganze Gehalt, von den letzten Gliederungen bis in jede noch in festem logischem Zusammenhalt erkennbare auch feinste Verästelung hinein logisch, und das heißt kategorial, hervorgehen wird. Und wenn nach der ersten Verästelung hier die Frage ist, so darf schon diese nicht bloß vom Menschen aus und seiner verschiedenen Haltung zu seinem Objekt (wie etwa theoretischer, praktischer, ästhetischer, religiöser Haltung) erfolgen, denn wir haben auch noch gar nicht diesen sogenannten ›Menschen‹, sowenig wie diese gegeneinander abgegrenzten Objektwelten des Menschen, abgegrenzt, zumal eben nach seiner menschlichen Haltung zu diesen seinen Objekten. Alles dies greift vor, greift weit vor, und müßte doch erst abgeleitet sein, ehe etwas darauf gestützt werden dürfte« (S. 292).

Natorp möchte auf diese Weise »logisch und d. h. kategorial« Kants transzendentale Deduktion mit Hegels »Logik« vermitteln, womit sich für ihn die Frage Descartes' nach dem »Ich« erneuert. Von dem seither, insbesondere auch durch Hegel, vermittelten Einsichten, will Natorp jede voreilige Besetzung dieses Punktes und vor allem jede »anthropologische« Fixierung des transzendentalen Ich vermeiden. Bei aller Anerkennung der kritischen Ausführungen Hegels zu dieser Frage meint Natorp aber doch, einen »Archimedischen Punkt« des Denkens fixieren zu können, sodaß für ihn der Anfang der Philosophie »nicht das Anfangen, sondern der Punkt des Anfangens« (S. 61) ist. Wie aber soll man von hier aus weiterkommen, ohne doch – trotz aller Warntafeln – den bloß die Notwendigkeit des Transzendierens der sinnlichen Realität überhaupt formulierenden kritischen Punkt zu verfehlen, indem man ihn zugleich bestimmt und fundamentalphilosophisch verliert, wie es schon Descartes ergangen ist. Natorp gerät ins Pathos. Um die selbst gestellte Aufgabe »als ganze lösen zu wollen, hieße mit dem titanischen

Entwurf Hegels um den Siegespreis zu ringen. Sie ist ihrem ganzen Umfang nach sicher nicht lösbar« (S. 16).

Sie kann das freilich bei Natorp aus einem ganz bestimmten Grund nicht sein, und zwar wegen der bei ihm doch deutlich hervortretenden Fixierung eines in bestimmter Inhaltlichkeit und auch bei ihm zuletzt bloß anthropologisch verstandenen Archimedischen Punktes als Anfang der Philosophie. Es heißt bei Natorp folgendermaßen: »Gibt es nun für die Aufstellung und Anordnung der Grundkategorien selbst einen sicheren notwendigen Ansatzpunkt, einen schlechthin voraussetzungsfreien Anfang? Schon indem man so fragt (und man kann nicht umhin, so zu fragen), setzt man vieles voraus. Man setzt voraus den Sinn der Voraussetzung und Folgesetzung selbst, die Entwicklung der Folgen aus den Voraussetzungen, des logischen Vor und Nach, der Begrenzung solcher logischen Entwicklung zwischen einem Ersten und Letzten; einem Ersten, dem nichts mehr vorgeordnet, einem Letzten, dem nichts mehr nachgeordnet sei; man setzt voraus einen logischen Nullpunkt, ein Unendlich als Gegenpunkt, und dann eine Reihenordnung der kategorischen Setzungen, die es eben möglich macht, von einem logisch Ersten und Folgenden und so fort bis zum Letzten überhaupt mit bestimmten Sinn zu reden und es sich zur Aufgabe zu stellen« (S. 17).

Wie aber soll ein solcher logischer Nullpunkt wirklich den Aufgaben gerecht werden, die ihm von Natorp aufgebürdet werden? H.-G. Gadamer weist in diesem Zusammenhang mit Recht auf gewisse neuplatonische Tendenzen hin; müßte doch dieser Punkt tatsächlich als eine Art Emanationszentrum angesetzt werden dürfen. Das aber ist nach Kant und Hegel unmöglich. So kann sich für Natorp dem »reinen absoluten Nullpunkt« gegenüber nur die Notwendigkeit eines »zweiten Schrittes« als »Eintritt in die Schiedlichkeit« (S. 35) ergeben und mit diesem Schritt die Frage an Natorp: wozu überhaupt der Nullpunkt?

Von Hegel her stellt sich Natorps Reflektieren auf den Anfang als eine Vermischung von dialektischer Vermittlung und bloßem »Aufgreifen« dar. Daß es sich so verhält, zeigt sehr schön das folgende Zitat: »Der unumgängliche Ausgangspunkt des Philosophierens ist das Standnehmen in jenem Ursprung selbst, und damit Sichtfeststellen inmitten der seienden Totalität, der unzerstückten Ganzheit; vorerst nur als in jenem durchaus noch in sich ungeschiedenen, unschiedlichen Nullpunkt, in der reinen Unmittelbarkeit der Schau, in gänzlicher, nichts vorausnehmender Unbefangenheit der Hinnahme und damit reiner, restloser Hingegebenheit an das vorliegende Einzelne, für die ruhende Hinschau soweit einzig Vorhandene, das bloße schlichte ›Es ist‹. Darin mag zwar und muß wohl die ganze Unendlichkeit der von diesem Punkt aus möglichen Beziehungen und noch mehr als Unendlichkeit des Überbezüglichen verborgen liegen. Aber sie bleibt so lange verborgen, sie schlummert und will nicht vorzeitig geweckt sein. Dieser Ausgangspunkt

schließt noch aus alles Auseinandertreten in Es und Es oder Es und Ich. Von keiner solchen Spaltung, keinem Gegenüber darf insoweit die Rede sein, eben damit es reiner Ausgangspunkt sei, nichts als das. Es kann hier auch noch nichts von einem Schöpfungsbewußtsein vorhanden sein, weil keine Entgegensetzung eines Nicht, denn Schöpfung gibt es nur aus dem Nichtsein zum Sein, aus dem Nichts zum Etwas. Von einem Nichts oder Nicht ist aber in diesem Nullpunkt noch nichts bewußt; darum auch nichts von einem Etwas im Unterschied von Nichts, oder von einem Ja, dem ein Nein gegenüberstände. Daher auch noch von keinem Sich-bewußtsein, denn darin läge schon das Gegenüber dessen, was, und dessen, dem es bewußt ist. Solch ruhendes, selbst-unbewußtes, ausschließlich seines Inhalts bewußtes, reines Hinschauen ist dem neugeborenen Menschen eigen und ebenso ohne Zweifel dem Tier. Aber auch dem hochentwickelten Bewußtsein ist es durchaus nicht fremd, z. B. beim Erwachen aus tiefem Schlaf; da läßt sich wohl davon reden, daß etwas bewußt ist ohne jeden Gedanken an den, dem es bewußt ist (S. 34). Was soll ein mystisches »Inmitten der seienden Totalität«, was sollen der Säugling, das Tier und der Tiefschlaf zur Auflösung jenes Problems beitragen können, das wir mit Hilfe der Metaphorik des grenzbegrifflich verstandenen Archimedischen Punkts in gewisser Weise als die fundamentalphilosophische Grundaporie unserer Tradition seit Parmenides (wenigstens andeutungsweise) kennengelernt haben.
Die Problematik des Archimedischen Punkts zeigt sich bei Kant an dem »höchsten Punkt« (Kr. d. r. V. B, S. 134f.) seiner Transzendentalphilosophie, d. h. anläßlich der Erörterung der »ursprünglichen synthetischen Einheit der transzendentalen Aperzeption«. Sie ist »der höchste Punkt, an dem man allen Verstandesgebrauch, selbst die ganze Logik, und nach ihr, die Transzendental-Philosophie heften muß . . .«. Dieser Punkt bedeutet für ihn die Formulierung der fundamentalphilosophischen Voraussetzungsproblematik überhaupt, der Frage nach der »Möglichkeit der Erfahrung« im besonderen. An die Thematik knüpft sich seither in vielfältigen Stellungnahmen eine Diskussion, auf die hier nicht näher eingegangen werden soll. Anmerken möchte ich nur noch, daß Kants ursprüngliche »Synthesis« zuletzt gar nichts anderes ausspricht als die transzendentale Fassung der Problemstellung des Parmenides und insofern über die speziell aus der Entwicklung des neuzeitlichen Denkens kommende Frage nach dem Sinn von Erfahrung und ihrer Möglichkeit überschreitet. In dieser letzteren Hinsicht geht es bei Kant um die Konkretisierung der ursprünglichen Synthesis in der gegenseitigen Angewiesenheit von Anschauung und Verstand (Anschauungsformen und Verstandesformen) aufeinander, d. h. um die Herausstellung der apriorischen Voraussetzungen dessen, was Erfahrung als Synthesis immer schon über den empiristischen Ansatz hinaus ist und sein muß, damit wir uns auf sie beziehen können. Das alles hat Hegel berücksichtigt und ihn bei dem Ansatz seiner

»Logik« nicht unwesentlich mitbestimmt. Von der seitherigen Entwicklung der fundamentalphilosophischen Problematik her muß man freilich Hegels berechtigte Kritik an den Aporien Kants von ihrer Auflösung in der »absoluten Methode« seiner »Logik« unterscheiden und kritisch auseinanderhalten. (Näheres: Grundriß der Dialektik, I. Bd., 2. Teil, Kap. II, IV u. XVII; II. Bd., Kap. XI.)

Ich spreche bezüglich des Unterschiedes von dem die ursprüngliche Synthesis bei Kant fundierendem transzendentalen Ich und der in der Erfahrung gegebenen sinnlichen Realität von der fundamentalphilosophischen »transzendentalen« Differenz. Die in dieser Differenz unterschiedenen Instanzen können nun freilich nicht außer einander gedacht werden, weder in der Weise des Außereinander von Gegenständen in der Erfahrung noch in der Weise der unkritischen Rede von der Transzendenz in der schlechten »Metaphysik«, bzw. in dem Ansatz »jenseitiger Entitäten« des Positivismus und Neopositivismus.

Hegels Kritik an Kant aber bewegt sich zunächst in der Grundaporetik unseres Archimedischen Punktes. Er hat diese Kritik im Kampf gegen die von ihm sogenannte »Reflexionsphilosophie« Kants und Fichtes im Rahmen seines ersten öffentlichen Auftretens in Jena einsichtig zu machen versucht. Seine Stellungnahme läßt sich in grundsätzlicher Hinsicht auf eine verhältnismäßig einfache Formel bringen: er rühmt an beiden, daß sie das wahre Prinzip der Philosophie besessen, er tadelt an beiden, daß sie dieses Prinzip im System nicht konsequent zur Geltung gebracht hätten. Ist doch bekanntlich nach Hegel die in der ursprünglichen transzendentalen Synthesis fundierte Deduktion der Kategorien »echter Idealismus . . . Diese Theorie des Verstandes ist von der Vernunft über die Taufe gehalten worden« (Werke, Glockner, I, S. 33f.). Im ganzen aber erscheine in Kants System »die große Idee der Vernunft . . . wie eine ehrwürdige Ruine, in der sich der Verstand angesiedelt hat« (I, S. 272). Dieser Zustand erkläre sich dadurch, daß Kant die ursprüngliche Synthesis selber wieder zum Gegenstand des Verstandes gemacht habe, wodurch sie »bei sich selbst verschwindet«, und auch bei Fichte stehe das Prinzip in der »schiefen Stellung eines Entgegengesetzten gegen die aus ihm deduzierte Mannigfaltigkeit (I, S. 34f.). Nun kann aber die ursprüngliche »Einheit als solche oder unmittelbare . . . das Wahre« nicht sein (II, S. 23); vielmehr wird unter diesen Umständen, wie immer man sich stellen mag, die ursprüngliche Synthesis – die »Identität des Subjekts und Objekts« (I, S. 349 insofern, als sie das Subjekt ist, »welches . . . das Sein oder die Unmittelbarkeit [ist], welche nicht die Vermittlung außer ihr hat, sondern diese selbst ist« (II, S. 34), eben »weil das Vernünftige die Beziehung selbst ist« (I, S. 249) – notwendig zu einem dem Objekt »im« Bewußtsein entgegengesetzten »Subjekt«, das aber in dieser Gegenüberstellung selber nur ein (wie immer gedachtes) Objekt sein kann. Die Monade erhält Fenster und wird »affiziert«. Die so gedachte »Vernunft . . . wird, als diese Potenz nur in die Form der Unendlichkeit [als aktuale Vermittlung ist die Vernunft für Hegel insofern unendlich, als sie in transzendentaler Differenz zu allem »endlichen« Objekt steht, das die Vermittlung außer sich hat] erhoben, als Verstand fixiert; und diese bloß relative Identität dieses Verstandes und des Empirischen . . . kommt nicht zum Vorschein.« Dann bleibt »in der Ansehung der Empfindungen und ihrer empirischen Realität . . . nichts übrig als zu denken, daß die Empfindung von den Dingen-an-sich herkomme: denn von ihnen kommt überhaupt die unbegreifliche Bestimmtheit des empirischen Bewußtseins« (I, S. 302f.). Daher formuliert sich an dem Ding an sich in dieser Hinsicht gar nichts anderes als die Einsicht, daß die empirische Gegenüberstellung von Subjekt und Objekt in fundamentalphilosophischem Aspekt in die Sackgasse führt, zugleich aber der Versuch, die »leere Form der Entgegensetzung objektiv« aufrechtzuerhalten. »Wenn die absolute Synthesis, die insofern absolut ist, als sie nicht ein Aggregat von zusammengelesenen Mannigfaltigkeiten, und erst nach diesen, und zu ihnen hingetreten ist, getrennt und auf ihre Entgegengesetzten reflektieren wird: so ist das Eine derselben das leere Ich, der Begriff, – das Andere Mannigfaltigkeit, Leib, Materie oder wie man will. Kant sagt sehr gut . . .: ›Durch das leere Ich als einfache Vorstellung ist nichts Mannigfaltiges gegeben‹; (Die wahre synthetische Einheit oder vernünftige Identität ist nur diejenige, welche Beziehung ist des Mannigfaltigen auf die leere Identität, das Ich; aus welcher, als ursprünglicher Synthesis, das Ich, als denkendes Subjekt, und das Mannigfaltige, als Leib und Welt sich erst abscheiden); – wodurch also Kant selbst die Abstraktion des Ich, oder der verständigen Identität, selbst von dem wahren Ich, als absoluter, ursprünglich synthetischer Identität als dem Prinzip unterscheidet« (I, S. 299). Auch erkennt Kant nach Hegel »durchaus und allenthalben, daß die Vernunft, als die dimensionslose Tätigkeit, als der reine Begriff der Unendlichkeit in der Entgegensetzung gegen das Endliche festgehalten . . . leer in sich ist«, wobei aber »diese Unendlichkeit, die schlechthin bedingt ist durch die Abstraktion von einem Entgegengesetzten und schlechthin Nichts ist außer diesem Gegensatz, doch zugleich als die absolute Spontaneität . . . behauptet wird« (I, S. 311). »Es hilft nichts, daß Ich lauter Leben und Agilität, das Thun und Handeln selbst ist; . . . so wie es dem Objekt absolut entgegengesetzt wird, ist es . . . ein reines Produkt der Reflexion, die bloße Form des Erkennens. Und aus bloßen Reflexionsprodukten kann sich die Identität nicht als Totalität konstruieren . . . Vom Unendlichen gibt es keinen Übergang zum Endlichen, vom Unbestimmten keinen Übergang zum Bestimmten« (I, S. 126f.). Sobald man eben das »Vernünftige . . . in ein Endliches« verkehrt und ihm »die Krätze der Beschränktheit gibt, um es kratzen zu können« (I, S. 250), hat man es im Sinne der ursprünglichen synthetischen Identität immer schon verfehlt. Da-

mit aber ergibt sich dann sofort die Notwendigkeit, »den Usprung menschlicher Erkenntnisse der Dinge zu erklären«, und zwar im Sinne einer »schlechten« Metaphysik, »zu dem bedingt Existierenden das unbedingt Existierende auszuspionieren« (I, S. 256). Freilich ist es nicht möglich, »das Vernünftige und die Spekulation auf eine rohere Weise aufzufassen; die spekulative Philosophie wird beständig so vorgestellt, als ob vor ihr unüberwindlich die gemeine Erfahrung in der unverrückbaren Form ihrer gemeinen Wirklichkeit ausgebreitet als ihr eiserner Horizont vorliege, und sie hinter diesem die Dinge an sich ihres Horizonts, als Gebirge von einer ebenso gemeinen Wirklichkeit, die jene andere Wirklichkeit auf ihren Schultern trage, vermute und aufsuchen wolle; das Vernünftige [die »spekulative Identität« als] das Ansich kann sich [diese Auffassung] gar nichts anders vorstellen als wie einen Felsen unter Schnee . . .« (I, S. 221f.) bzw. »hinter der Erscheinung wie unbändige Thiere hinter dem Busch . . . liegen« (I, S. 272f.).
Hat man nun die aus dieser berechtigten Kritik Hegels gewonnene Einsicht angenommen, zugleich aber die bei Hegel aus dieser Kritik folgende »absolute Methode« seiner dialektischen Logik für nicht durchführbar erkannt, dann ergibt sich notwendig der Ruf »Zurück zu Kant«, dem besonders die neukantianischen Schulen gehuldigt haben. In ihnen wird nun, sehen wir von Versuchen wie bei Natorp ab, die ursprüngliche Synthesis in ihrer transzendentalen Konkretisierung zu einem Inbegriff von apriorischen »Geltungs«instanzen. In dieser Interpretation vermag man tatsächlich eine ganze Reihe von Aporien der Transzendentalphilosophie zu vermeiden, ohne sich Hegel auszuliefern. Das Ungenügen an dieser Form der Transzendentalphilosophie, das unter anderem auch bestimmte Motive auf dem Weg zur Existenzphilosophie geliefert hat, kommt freilich auch bei Kant selbst zum Ausdruck. Im § 25 der 2. Auflage der Kr. d. r. V. findet sich der in gewisser Weise erstaunliche Satz: »Dabei bin ich mir meiner selbst in der transzendentalen Synthesis des Manigfaltigen der Vorstellungen überhaupt, mithin in der synthetischen ursprünglichen Einheit der Apperzeption bewußt, nicht wie ich mir erscheine, noch wie ich an mir selbst bin, sondern nur daß ich bin.« Mit diesem »daß ich bin« verbindet sich für Kant mit seinem transzendentalen Ich eine Existenzfrage, in der der Versuch, die Transzendentalphilosophie an ihrem höchsten Punkt in der Weise eines transzendental-logischen Geltens zu interpretieren als nicht haltbar und das von der Sache her, wie immer auch das Denken Kants selbst hier unzulänglich geblieben ist. Denn »Ich« als »daseiende Transzendentalität« stellt ein unabweisbares Problem, gerade wenn man die transzendentale Differenz voll anerkennt und von ihr aus zu der Gegenüberstellung von »transzendentalem Idealismus« und »empirischem Realismus« bei Kant Stellung nimmt. Ich halte die sich von hier aus ergebende Aufgabe des Denkens für ein faszinierendes Problem in der Erörterung unserer fundamentalphilosophischen Betrachtung des »Punktes«,

in der im übrigen auch im Rahmen der neuzeitlichen Transzendentalphilosophie seine grenzbegriffliche Bedeutung im Sinne der ontologischen Tradition, wie wir sie bei Leibniz kennengelernt haben, zum Zuge kommen muß. Ich habe versucht, dieser Sache in meinem Buch über die beiden Labyrinthe der Philosophie und im »Grundriß der Dialektik« (besonders im letzten Kapitel des II. Bandes) näher zu kommen.

Dort habe ich mich auch mit der »absoluten« Differenz beschäftigt (I. Bd., 1. Teil, Kap. XXI; II. Bd., Kap. XIV). In ihr geht es – wie schon angedeutet wurde – um eigentliche Transzendenz. Sie beschäftigt auch Karl Barth in seiner Dogmatik, freilich weniger in bezug auf die Schwierigkeit theologischer Rede überhaupt als in der Richtung auf ihre Abgrenzung von aller Philosophie. Es geht ihm dabei um die »schlechterdings einfache Wirklichkeit« Gottes (Kirchliche Dogmatik I/2, 1960, S. 11ff.). Da aber zugegeben werden muß, »daß außer dem Namen Jesus ungefähr alles im Neuen Testament: Alles, was sich allenfalls zu einem Prinzip verarbeiten läßt, seine mehr oder weniger genauen außerbiblischen Parallelen hat und also gewiß nicht der Kern des Kernes sein kann«, so bleibt zuletzt für Karl Barth tatsächlich nur dieser Name überhaupt für die einfache Wirklichkeit Gottes übrig. Damit ist Jesus Christus »sozusagen der mathematische Punkt [der Archimedische Punkt der Theologie für Karl Barth], auf den die Linien, die sämtlichen Elemente des neutestamentlichen Zeugnisses bezogen sind, schließlich wirklich nur der Name Jesus Christus als solcher gerade in seiner ganzen scheinbaren Leerheit als bloßer Name . . . nur dieser immerhin aussprechbare, bekannte und bekannt zumachende Name als solcher vertritt innerhalb all jener Elemente des neutestamentlichen Zeugnisses den Gegenstand, den sie alle meinen, auf den sie alle hinweisen.« Ob freilich diese Lehre, die extremen theologischen Nominalismus mit dem ganzen Reichtum der Offenbarung in Schöpfung und Heilsgeschichte, in biblischem Text und Dogmatik, das um das Heil betende Individuum und die Gemeinde zu verbinden sucht, das mit der »absoluten« Differenz gegebene Problem auch nur im Rahmen des Ansatzes Karl Barths zu lösen vermag?

Ist es vielleicht nicht nur ein Zufall, daß unsere Ausführungen über den »Punkt« nicht mit einem Punkt, sondern mit zwei Fragezeichen enden?

II. Kultur und Geschichte

Paul Feyerabend

Autoritäre Konstruktionen oder demokratische Entschlüsse?

Bemerkungen zum Problem des kulturellen Pluralismus

Walther Schmied-Kowarzik war mein Lehrer an der Oberschule. Das waren die Kriegsjahre, und jüngere Lehrer wurden der Reihe nach an die Front abberufen. Dort blieben sie bis zum Ende des Krieges, oder sie kehrten als Verwundete zurück und übernahmen ihre alten Pflichten. Pensionisten und Hochschullehrer kamen an unsere Schule, um den Unterricht in Gang zu halten, darunter auch Walther Schmied-Kowarzik. Unsere Information über ihn bestand zur Gänze aus Gerüchten (das war nichts Neues; Gerüchte waren in der Regel unsere einzige Informationsquelle, und wenn es sie nicht gab, dann erfanden wir sie selber): er sei aus ›dem Reich‹ nach Wien gekommen; er sei ein Universitätsdozent (was manche von uns sehr beeindruckte, andere aber ganz kalt ließ); er habe sich freiwillig gemeldet, um sein geliebtes Fach nicht nur Universitätsstudenten, sondern auch geistig minder bemittelten Oberschülern näher zu bringen. Ich erinnere mich an die laute, klare Stimme, die blitzenden Brillengläser, den leicht spöttischen Blick dahinter und vor allem an die souveräne Weise, in der Walther Schmied-Kowarzik das Panorama der Weltpolitik vor uns aufrollte, zum Beispiel die Ereignisse der Britischen und der Französischen Kolonisation. Da wanderten wir vom Mittelmeer in die Dörfer Neu Englands, von Kriegsschauplätzen in parlamentarische Kammern, von primitiven Schiffen über frühe Eisenbahnen zum Automobil – eine faszinierende Szene, jedes Ereignis mit einem Datum genau fixiert und so zum Rest der Welt in Beziehung gesetzt. Mit meinem Hang zur Schauspielerei war ich schon immer imitativ veranlagt, und so imitierte ich diesen Vorlesungsstil zu Hause, den Ton der Stimme, die ausgreifenden Gesten und ganz besonders dieses beschwingte Umherwandern in Raum und Zeit. Pessimistisch schien der Vortragende nicht zu sein und die Vielfalt der Zielsetzungen, der Konflikt von Ideen und Intentionen, die er beschrieb, feuerte ihn an statt ihn zu deprimieren. Daran, an diesen *kulturellen Optimismus,* muß ich heute oft denken, wenn ich Abhandlungen lese über das ›Ende der Aufklärung‹ oder über die ›kulturelle Kakophonie‹ unserer Zeit, oder über den ›Zerfall einer einheitlichen Weltkultur‹. Gelegentlich werde ich gebeten, zu diesen angeblichen Phänomenen Stellung zu nehmen, und gelegentlich schreibe ich auch eine freche Antwort. Ich glaube nicht, daß Herr Schmied-Kowarzik meine Antworten akzeptiert hätte, denn dazu war er der Philosophie zu sehr verbunden; aber ganz mißfallen hätten sie ihm sicher nicht, denn wie er versuche ich nicht im rein Gedanklichen zu verbleiben, sondern dem Reichtum der geschichtlichen Wirklichkeit wenigstens da und dort gerecht zu werden. Erlauben Sie mir also, daß ich meine Einfälle zu diesem Problem der kulturellen Vielfalt kurz skizziere, einmal um mir selber über die Sache klarer zu werden und dann, um einen Lehrer zu ehren, dessen Energie und Optimismus mir auch heute noch sehr lebhaft gegenwärtig sind. Mein Thema ist der *Pluralismus von Kulturen, Religionen, Standpunkten* und die Klage vieler Intellektuellen, daß dieser Pluralismus ständig zunimmt, und das heißt für sie, daß die ›Weltkultur‹ in zunehmendem Maße zerfällt. Zwei Fragen: ist das wahr? und: wäre das ein Nachteil?

Ich glaube, die Antwort auf die erste Frage ist ein klares *Nein.* Eines der wichtigsten und deprimierendsten Phänomene unserer Zeit (und schon des 19. Jahrhunderts) ist die ständige Ausdehnung der westlichen technologisch/wissenschaftlichen Zivilisation, ihrer Denkweise, ihrer Fragestellungen und die mit dieser Ausbreitung verbundene Zerstörung von Kulturen. *Die Monotonie, nicht die Vielfalt nimmt zu* und das trotz des Umstandes, daß die theoretischen Wissenschaften viele verschiedene Standpunkte enthalten: nur wenige dieser Standpunkte werden institutionell wirksam, nur wenige betreten das *Business Wissenschaft,* in dessen Händen die Verbreitung der Westlichen Zivilisation liegt, und jene, die wirksam werden, sind gewöhnlich ziemlich primitiv. Zum Beispiel ist der Reduktionismus heute in vielen Wissenschaften populär, in der Chemie, in der Molekularbiologie, in der Elementarteilchenphysik, während Niels Bohrs subtile Ideen höchstens dazu dienen, dem Betrieb bei akademischen Festreden einen gewissen humanistischen Glanz zu verleihen. Es ist schon wahr, daß das Ausmaß der Blähungen der Intellektuellen in den letzten 30 Jahren beträchtlich zugenommen hat, vor allem in Frankreich und unter Marxisten und anderen Sozialwissenschaftlern streitet man sich mehr als je zuvor; aber es wäre sehr töricht, wollte man diese winzigen, wenn auch sehr lauten Froschmäusekriege mit der Entwicklung der ›Weltkultur‹ verwechseln. Also, die Antwort auf die erste Frage: nimmt die Vielfalt der Weltkultur zu? ist sicher – sie nimmt nicht zu, das grundlegende Phänomen ist eine zunehmende Monotonie unter dem Banner einer unheiligen Allianz von Business, Technologie und primitiver Bruchstücke der Wissenschaften.

Wäre aber eine pluralistische Weltkultur wirklich so schlimm? Das ist ein altes Problem, und es gibt verschiedene Antworten darauf.

Die erste Antwort ist ein *verstärkter Dogmatismus:* trifft eine Kultur, die sich dieser Antwort bedient, auf andere Kulturen, dann verstärken sie ihre Defensemechanismen. Gedanklich heißt das, daß die fremden Ideen als falsch, gottlos, unanständig angesehen werden, oder, im Falle von Religionen, die fremden Götter sind entweder böse Dämonen oder nichtexistent. Institutionell heißt es Indoktrination und Ausrottung (Mord) Andersdenkender. Ein Beispiel sind die absoluten Gesetze des Deuteronomion. Es ist merkwürdig zu sehen, wie viele unserer modernen und ›humanitären‹ Intellektuellen diese Xenophobie teilen – nur bringen sie niemanden mehr um, sie verweigern den Andersdenkenden einfach Finanzen oder Lehrstühle.

Die zweite Antwort auf eine kulturelle Vielfalt ist der *Opportunismus.* Man schaut sich die Kultur der Nachbarn an, man übernimmt, was man für gut hält, lehnt ab, was man nicht mag und verbessert, so die eigene Situation. Diese Reaktion ist vielleicht noch älter als die erste. Jäger und Sammler scheinen immer Opportunisten gewesen zu sein. Wenn man den Ergebnissen neuerer Forschung trauen darf, dann besaßen sie (und besitzen auch heute) elementare Kenntnisse des Ackerbaus, verwendeten diese Kenntnisse aber nicht, weil ihnen ihr eigenes Leben soviel besser gefiel. Der Übergang zu Ackerbau und Städtegründung scheint straffere soziale Origanisationen eingeführt zu haben und damit die Tendenz zum Dogmatismus. Früher lernte man von den Tieren – jetzt lernt man nicht einmal vom Mitmenschen. Und doch gibt es viel spätere Perioden opportunistischen Lebens. Ein Beispiel ist der ›Erste Internationalismus‹, wie der Ägyptologe Breasted die Periode der späten Bronzezeit (1600 bis 1200 B.C.) im nahen Osten genannt hat. Die Völker, Reiche, Stämme dieser Gegend lagen einander ständig in den Haaren, aber sie lernten voneinander, sie tauschten aus Mineralien, Technologien, Fachleute, Dichter, Kunstformen, Freudenmädchen, Götter, es gab eine internationale Sprache, das Akkadische (das die einheimischen Dialekte nicht ersetzte, sondern ergänzte), Dichtungen, ›wissenschaftliche‹ Ergebnisse wurden über diese Sprache von einem Lokalidiom ins andere übersetzt und befruchteten die einheimischen Kulturen. Kein ›einheitlicher Diskurs‹ brachte das Denken auf einen Nenner, aber lokale Probleme führten zu lokalen Lösungen und lokalen, *ad hoc* konstruierten Diskussionsbasen. Und nicht nur die Reiche des Nahen Ostens haben sich in dieser bestimmten historischen Periode so verhalten, selbst Dschingis Khan, der schreckliche, sah die Vorteile eines religiösen und kulturellen Opportunismus, und dasselbe gilt für die vielen Völker, die Marco Polo auf seinen Reisen traf. Neuerdings haben Wissenschaftler wie Boltzmann, Mach, Duhem, Bohr und vor allem Einstein betont, wie notwendig es ist, auch in den Wissenschaften opportunistisch zu denken (und Einstein hat ganz ausdrücklich das Wort ›Opportunismus‹ gebraucht). Der Opportunismus hat also eine gute Geschichte hinter sich. Er ist aber nicht die Philosophie der Intellektuellen. Warum nicht? Die Beantwortung dieser Frage führt mich zur Beschreibung der dritten Reaktion auf einen kulturellen Pluralismus, nämlich der *intellektuellen Synthese.*

Diese dritte Reaktion ist das Ergebnis eines Zusammenfließens verschiedener historischer Entwicklungen. Im Abendland spricht man dabei sehr oft vom ›Aufstieg des Rationalismus‹. Zwei verschiedene Ereignisreihen spielen bei diesem Aufstieg eine Rolle; die eine läuft von selber ab, ganz automatisch, ohne den bewußten Einfluß von Individuen oder Gruppen von Individuen. Ihr Ergebnis ist eine allmähliche Verarmung von Begriffen und Begriffsfamilien. Zum Beispiel waren Begriffe wie der Begriff des Sehens oder des Kennens oder des Lernens in den Homerischen Epen Relationsbegriffe, sie zogen die Art des Erkennens und die Situation in Betracht, in der Kenntnisse gewonnen wurde. Ganze Begriffsfamilien bauten sich um einen Zentralbegriff auf, und man lernte den Gebrauch der Elemente dieser Familien praktisch aufgrund von Hinweisen oder aufgrund von Geschichten, die die Anwendung illustrierten, ohne die Begriffe je zu definieren. Langsam verarmten die Begriffsfamilien, gelegentlich reduzierten sie sich auf einen einzigen Begriff, und auch dieser war nicht mehr auf Umstände bezogen, sondern ›abstrakt‹. Kurt von Fritz, Bruno Snell und andere haben die Entwicklung beschrieben und an Beispielen erörtert.

Eine neue Klasse von Menschen, man könnte sie die ersten ›Intellektuellen‹ nennen, entdeckte nun, daß es möglich war, mit den verarmten und ausgetrockneten Begriffen, die ihnen die Geschichte bescherte, neue Arten von Stories zu erzählen. Die alten Stories, die die Dichter erzählt hatten, vor allem Homer, ›der Lehrer aller Griechen‹, wie Xenophanes ihn nennt, beruhten auf einer Tradition. Sie wurden akzeptiert, weil das so üblich war – innerhalb der Griechischen Kultur. Barbaren hatten natürlich ihre eigenen Ideen, die man beiseiteschieben konnte (siehe die erste Antwort) – besseres konnte man gegen sie nicht tun. Die neuen Stories, bald ›Beweise‹ oder ›Argumente‹ genannt, hatten scheinbar eine andere und viel bessere Grundlage. Sie empfingen ihre Autorität nicht ›von außen‹, weil sie eben Teil einer Tradition waren, sie trugen die Autorität ›in sich selber‹: waren die Begriffe richtig gewählt, dann gingen die Stories von selber auf ihr unvermeidliches Ende zu oder, wie man es später nannte, ihre Autorität war nicht historisch, sondern ›objektiv‹. Ein Beispiel erläutert, was ich meine.

Betrachten wir den folgenden ›Beweis‹ der Einzigkeit Gottes (der sich in einer Abhandlung der Aristotelischen Schule findet, aber frühere Denkweisen wiedergibt):

> Gott ist entweder einer, oder er ist viele.
> Ist er viele, dann sind diese entweder gleich mächtig,
> oder nicht gleich mächtig.
> Sind sie gleich mächtig, dann sind sie wie die Bürger
> einer Demokratie, also sicher nicht Götter.
> Sind sie nicht gleich mächtig, dann ist einer
> stärker, aber dann sind die anderen nicht Götter.
> Also ist Gott einer.

Zwei Züge fallen an diesem ›Beweis‹ auf. Erstens, die *Form:* ›wenn, wenn, dann, aber, also . . .‹. Diese Form und ähnliche Formen sind sehr alt. Es gibt sie in den Gesetzen des Hammurapi, in den Fallgesetzen des Deuteronomion, sie wird in den frühen Griechischen Gesetzen (Gortyn, Drako) imitiert, sie liegt der Schürzung des dramatischen Knotens etwa der Oriestie zugrunde (in der Tat, eine gut konstruierte Tragödie führt mit genau derselben inneren Notwendigkeit zur Katastrophe wie ein ›Beweis‹ zu seinem Resultat), und wir kennen sie aus den Argumenten des Parmenides und vor allen von Zeno.

Der zweite Zug ist der *Inhalt:* Gott ist hier identisch mit Macht. Sind Götter komplexere Wesen, dann funktioniert der Beweis nicht mehr. Nur ein absolutes Machtmonstrum gestattet den Nachweis seiner Einzigkeit. (Es ist merkwürdig zu sehen, wie viele sensitive gelehrte Herren ein solches Monstrum als ›eine geläuterte Gottesauffassung‹ den mehr menschlichen Göttern Homers vorziehen!) Nun war die allgemeine Entwicklung der Begriffe zur Zeit der Erfindung solcher ›Beweise‹ in der Tat eine Entwicklung auf Leere hin, und die Macht der Götter trat mehr und mehr in den Vordergrund. Die ›Philosophen‹ – denn so nannten sich die neuen Intellektuellen – machten sich diese Entwicklung zunutze und beschleunigten sie durch die Annahme, daß *leere Begriffe zu strikten Beweisen führen* – je leerer, desto strikter. Und sie glaubten – und in der Tat glauben das auch viele moderne Intellektuelle – daß das Instrument des Beweises oder das etwas lässigere Instrument des Arguments die traditionelle Verteidigung wichtiger Ideen durch eine ›objektive‹, d. h. traditionsunabhängige Begründung ersetzt und damit das Problem der kulturellen Vielfalt löst. So entstand der ›Rationalismus‹, der Glaube nämlich, daß es Begriffe und Instrumente ihrer Handhabung gibt, deren Resultate nicht mehr der *Autorität* einer bestimmten Tradition oder der *Willkür* opportunistischer Entscheidungen unterliegen, sondern als *in sich selbst gültig* erwiesen werden können.

Der Glaube ist natürlich falsch. ›Beweise‹ oder ›Argumente‹ entstehen nur, wenn man passende, das heißt hinreichend ›abstrakte‹ Begriffe verwendet. Verwendet man mehr praktische Begriffe, dann muß man auf die älteren Formen der Instruktion oder des Überzeugens zurückgreifen, das heißt auf Geschichten, die den Begriff illustrieren, plausibel machen, ohne ihn je ganz zu klären. Der Rationalismus liebt Beweise (Argumente). *Das ist eine Tradition.* Viele Menschen denken in praktischen Begriffen – ihr Leben als Menschen ist ohne solche Begriffe unmöglich. *Das ist eine andere Tradition.* Wir stehen also wieder vor einer Entscheidung: reiches Leben ohne Beweise oder rationales Leben, dafür aber trocken. Und kein Beweis kann uns zeigen, daß das eine Leben, die eine Tradition besser ist als die andere. Der ›Rationalismus‹ ist somit nicht ein Maßstab von Traditionen, er ist selber eine Tradition, nur eben eine, die diesen Zug noch nicht durchschaut hat (das gilt für alle Formen des Rationalismus, auch für die öde neue Kirche des sogenannten ›kritischen‹ Rationalismus).

Die Zeitgenossen der Entstehung des Rationalismus haben diese Situation sehr deutlich gesehen, und sie haben sie auch kritisiert. Kritik kam aus der Medizin, der Geographie, der Geschichtsschreibung, der Politik, der Erziehungslehre, Schwierigkeiten erhoben sich selbst innerhalb des Schaustückes der neuen Tradition, nämlich der Mathematik. Platon gibt ein beredtes Zeugnis für den Konflikt zwischen einer mehr praktisch-traditionell-künstlerischen und einer mehr abstrakt-theoretischen Behandlung von Problemen und entscheidet sich am Ende zu einer sehr interessanten Kombination. Die Philosophie des Aristoteles aber ist ein Versuch, die neue theoretische Denkweise mit der Commonsensedenkweise in einem theoretischen Gebäude zu vereinen. Noch heute können wir von seiner Philosophie lernen. Aber auch Aristoteles geht einen theoretischen Weg, wo ein praktischer und demokratischer Weg möglich ist. Lassen Sie mich erklären, was ich meine.

Wie geht ein Intellektueller vor, der einem sozialen Problem gegenübersteht? Er sucht nach Methoden, Begriffen und Theorien. Hat er diese gefunden, dann versucht er andere von der Wichtigkeit seiner Theorie zu überzeugen, zum Beispiel, er versucht sie in den Schulen als Lehrstoff einzuführen, und er versucht soziale Probleme nach Übersetzung in sein Modell mit Hilfe des Modells zu lösen. Steht er einer Vielfalt von Ansichten gegenüber, dann sucht er eine *theoretische Lösung,* das heißt, er versucht zu zeigen, wie alle Ansichten aus einer Überansicht hervorgehen und dadurch ihren Sinn erhalten oder wie gewisse Ansichten als unbrauchbar zu verwerfen sind. ›Wir brauchen eine neue Theorie der Erkenntnis‹; ›wir brauchen eine neue Sozialphilosophie‹; ›wir brauchen eine neue Theorie des Menschen und seiner sozialen Gebundenheit› sind seine Schlagworte (und ihre – denn auch die Damen haben sich schon seit geraumer Zeit dieser Tradition angeschlossen).

Wie steht es bei diesem Unternehmen mit wirklichen, lebendigen Menschen? Wo kommen sie in der Theorie vor? Sie kommen vor in rein begrifflicher Form. Sie werden natürlich gelegentlich befragt, aber in einer Weise, die durch die begriffliche Form bereits festgelegt ist – in anderen Worten, sie haben nur sehr wenig zu sagen. Kommt ein Intellektueller an die Macht, dann geht er seiner Theorie gemäß vor, das heißt *autoritär.* Ist die Frage zum Beispiel die, wie er, der in einem reichen Lande wohnt und einen Einfluß hat auf die Politik dieses Landes, den Bürgern eines ärmeren Landes helfen kann, dann fragt er nicht diese Bürger, er kümmert sich nicht um ihre Kultur, ihre Ängste, ihre Wünsche, er bestimmt ihre Situation ›objektiv‹ aufgrund seines Lieblingsmodells und zwingt ihnen seine ›Hilfe‹ auf dem Umweg über gefügige Politiker einfach auf. Will er ein Verständnis mit anderen Kulturen herbeiführen, dann hört er nicht auf die Menschen in dieser anderen Kultur, er versucht nicht, sich ihre Weltansicht zu eigen zu machen und nun aus der seinen und der ihren mit ihnen zusammen eine gemeinsame Diskussionsbasis zu finden, er ›erzieht‹ die ›besseren‹ Menschen der fremden Kultur und redet mit ihnen erst, nachdem er sie gehörig verdorben hat. Erziehung, das heißt, Angleichung an die eigene theoretische Auffassung kommt zuerst, die Ver-

ständigung kommt nachher. Und dahinter steckt, wie bereits gesagt, die Idee, daß Konflikte theoretisch gelöst werden müssen, durch theoretische Synthesen, nicht aber durch praktische (opportunistische) Kompromisse.
Gerade solche Kompromisse sind aber die Grundlage eines *demokratischen Vorgehens*. In der athenischen Demokratie wurden allgemeine Probleme nicht von Theoretikern, sondern von allen gelöst, und das ist ganz buchstäblich zu verstehen: jeder freie Bürger hatte eine Stimme bei der Beurteilung öffentlicher Projekte wie eines Krieges, einer Expedition, der Hilfe an andere Staaten, einer Tragödie (erinnern wir uns daran, daß die großen Tragiker und Komödienschreiber wie Aischylos, Sophokles, Aristophanes ihre Stücke für das Volk von Athen schrieben und ihm zur Beurteilung vorlegten), sogenannte Erzieher konnten mit besonderen Projekten beauftragt oder verbannt werden – die Autorität lag beim Demos, nicht bei den Fachleuten (dasselbe Prinzip gibt es auch heute noch bei einer Gerichtsverhandlung vor Geschworenen). Haben die Bürger die für eine solche Beurteilung nötigen Kenntnisse? Gewisse Sophisten haben diese Frage bejaht und zwar mit dem Hinweis auf die Erziehung, die jeder Bürger durch sein Leben in einer Demokratie erhält: alle Ereignisse spielen sich vor allen ab. Jeder Bürger sieht und hört und denkt nach über die wichtigsten Ereignisse. Er wird aufgefordert, sie zu beurteilen, er lernt, daß man Fachleuten nicht trauen darf, er lernt Kunst von den größten Künstlern, die in seiner Mitte schaffen und ihn um sein Urteil bitten, er lernt die Bedürfnisse anderer Nationen von den Gesandten kennen, die ihre Geschichte vor allen Bürgern erzählen, und er lernt diese Nationen selbst auf Expeditionen kennen – er lernt vieles auf unstrukturierte Weise, er weiß auch, daß die Lösung schwieriger Probleme einer gewissen Vorbereitung bedarf und das Wissen, das er so anhäuft, sagen die Sophisten, genügt zur Beurteilung aller Ereignisse im Staat. Gibt es Meinungsverschiedenheiten, dann bittet er nicht einen Theoretiker um eine ›Synthese‹, nein, die Sache wird diskutiert und entschieden entweder durch Abstimmung oder noch besser, durch einen Konsensus (erinnern Sie sich, daß ein wichtiges Problem der *Eumeniden* – ist die Mutter bloß ein Brutofen oder trägt sie bei zur Substanz des Kindes – gelöst wird durch eine demokratische Abstimmung, die beide Parteien bewahrt, aber ihren Einfluß einschränkt).
Demokraten und Theoretiker befassen sich beide mit einem wichtigen Problem – *dem Problem der Ordnung in einer pluralistischen Welt*. Theoretiker suchen eine theoretische Lösung und nehmen an, daß sich nun jedermann entsprechend benehmen müsse – sie sind autoritär. Demokraten suchen nicht nach Theorien, sondern nach Institutionen, die es den verschiedenen Traditionen einer Gesellschaft oder eines Kontinents gestatten, Probleme durch Zusammenarbeit zu lösen. Die Zusammenarbeit bedarf gemeinsamer Begriffe, sagen die Theoretiker, und wir liefern sie. Die Zusammenarbeit bedarf

gemeinsamer Begriffe, geben die Demokraten zu, aber diese Begriffe sollen nicht ein für allemal festgelegt werden, noch sollen sie vom Leben der Menschen getrennt werden, um deren Probleme es geht, sie sollen hervorgehen aus dem vorübergehenden Kontakt dieser Menschen, das heißt, sie sollen ein Ergebnis einer bestimmten Lebensgeschichte sein und nicht abstrakter Überlegungen. Ohne einen begrifflichen Rahmen, der von Anfang an festgelegt ist, kein Verständnis – sagen die Theoretiker. Wer legt den Rahmen fest? Fragen die Demokraten – und nach welchen Kriterien? Und außerdem, so fügen sie hinzu, brauchen wir keinen universellen Rahmen, wir brauchen einen temporären Rahmen nur dort, wo Zusammenarbeit dringend nötig wird – sonst können wir die Bürger ihren idiosynkratischen Gedanken und Gebräuchen überlassen. Demokraten sind also Opportunisten, die sich bemüht haben, eine dem Opportunismus angemessene Institution zu finden. Sie respektieren die Menschen, so wie sie sind, sie lassen die Menschen selber reden und nicht ›den europäischen Menschen‹ oder den ›afrikanischen Menschen‹ oder ›den Arbeiter‹ und ähnliche Monstren, und sie nützen alle Talente der Menschen aus, nicht nur die Talente kleiner, aber lauter Gruppen. Theoretische Konstruktionen sind aber ihrer Ansicht nach mit großer Vorsicht zu behandeln und zu gebrauchen nur nach gründlicher opportunistischer Diskussion. Ihr Schlagwort: *Bürgerinitiativen statt Philosophie!*

Justin Stagl

Kulturanthropologie und Eurozentrismus

I.

Von den beiden häßlichen Fremdwörtern, die den Titel meines Beitrages bilden, möchte ich zuerst das zweite erläutern.

»Eurozentrismus« ist, obgleich gelegentlich in der wissenschaftlichen Literatur anzutreffen,[1] eigentlich eher ein Begriff der politischen Rhetorik. Ein Fachterminus hingegen ist *Ethnozentrismus,* von dem *Eurozentrismus* ganz offenkundig abgeleitet ist. In seinem klassisch gewordenen Buch *»Folkways. A Study of the Sociological Importance of Usages, Manners, Customs, Mores, and Morals«* (1906) analysierte der amerikanische Soziologe William Graham Sumner das mit jeder Gruppenbildung verbundene *Wir-Gefühl:* »Die Insider in einer Wir-Gruppe stehen in einer Beziehung von Frieden, Ordnung, Recht, Herrschaft und Arbeitseifer zueinander. Ihre Beziehungen zu allen Outsidern oder Anders-Gruppen ist eine des Krieges und der Plünderung, falls nicht Übereinkünfte dieselben modifiziert haben. (. . .) Die Beziehung von Kameradschaft und Frieden innerhalb der Wir-Gruppe und die von Feindseligkeit und Krieg gegenüber Anders-Gruppen entsprechen einander. (. . .) Loyalität zur Gruppe, Opferwilligkeit für sie, Haß und Verachtung für Outsider, Brüderlichkeit nach Innen, Kriegsbereitschaft nach außen, all das wächst miteinander, gemeinsame Produkte derselben Situation«.[2] Den mit dem Verhältnis von Wir- und Anders-Gruppen verbundenen Komplex von Handlungen, Gefühlen und Weltbildern nennt Sumner *Ethnozentrismus.* Er definiert ihn als »jene Weltanschauung *(view of things),* nach der die eigene Gruppe das Zentrum aller Dinge ist und alle anderen im Hinblick auf sie eingestuft und bewertet werden«.[3] Sumner war ein Sozialdarwinist; sein Bild von der menschlichen Natur war dementsprechend düster.[4] Das Verhältnis von Wir- und Anders-Gruppen, bei dem äußere Spannungen reziproke Solidaritäten im Inneren der Gruppe erzeugen, diente ihm zur Erklärung der Moral. Es wird also gewissermaßen der Egoismus vom Individuum auf die Gruppe übertragen; was dabei an Altruismus in der Gruppe gewonnen wird, wird durch die pauschale und ungeprüfte Abwertung aller Außenstehenden wieder in Egoismus zurückverwandelt; die Summe aller Egoismen bleibt also konstant. Unter »Gruppen« versteht Sumner hier vor allem die durch gemeinsame Sprache, Kultur und Religion gekennzeichneten Lokalgruppen primitiver Gesellschaften. Daher also auch der synonyme Gebrauch des Begriffes *ethnos.*

Das wäre also das eine Element des Begriffes. Das andere bezieht sich auf die Vorstellung von einem *Zentrum der Welt.* Niemand, kein Einzelner und keine Gruppe, erlebt die Welt völlig ungegliedert, als Chaos. Zur Orientierung und zum Handeln in der Welt ist die Vorstellung einer gegliederten Welt, eines Kosmos, erforderlich. Eine solche Vorstellung ist der individuellen und kollektiven Erfahrung vorgegeben, muß sich aber auch an ihr bewähren. Jede solche Vorstellung strukturiert die Welt also im Zusammenhang mit dem individuellen oder kollektiven Erfahrungs- und Handlungsbereich. Sie tut dies aber nicht nur *zweckhaft* – eben zur Ermöglichung von Erfahrung und Handeln – sondern auch *sinnhaft:* sie will das Wesen der Welt zum Ausdruck bringen. Sinngebung bedeutet Einordnung in einen Kosmos und damit letztlich in die Gesamtheit allen Seins.[5] Sinn wird also nicht erzeugt; er ist vorgegeben und er *manifestiert* sich. Dies geschieht vor allem in der Religion. Die Religion ist die letzte Instanz der Rechtfertigung der *Reziprozität der Perspektiven* (A. Schütz),[6] dank derer sich die vielen individuellen *egozentrischen* Weltvorstellungen, deren integrierendes Zentrum das Hier und Jetzt des jeweils handelnden und erlebenden Einzelnen ist, zu übergreifenden, relativ stabilen Weltbildern zusammenschließen, deren Träger nunmehr soziale Kollektive (Gruppen, Ethnien) sind. Die vergleichende Religionswissenschaft hat gezeigt, daß mit jeder derartigen Kosmosbildung eine *Rhythmisierung der Erfahrungswelt* von den zentralen Sinnvorstellungen aus verbunden ist. *Heilige Wesen* (Mächte oder Personen, die als Gründer und Garanten der bestehenden Ordnung gelten) manifestieren sich an *heiligen Stätten* (markanten Örtlichkeiten, Kultbauten) um die herum dann auch der profane Raum, und zu *heiligen Gelegenheiten* (Kulthandlungen, Festtage), um die herum dann auch die profane Zeit sich strukturiert.[7] Nun ist unvermeidlich, daß mit der Setzung derartiger *Zentren* stets auch *Peripherien* mitgesetzt werden. Peripherien sind ungenau bestimmte (oder nur im Falle von ganz anders gearteten, feindseligen Nachbarn genau bestimmte) Linien oder Zonen, die die Geltungsbereiche jeweils einer besonderen Ordnung der Dinge horizontartig umschließen. Die integrierende und strukturierende Kraft eines Zentrums strahlt über den mit ihm verbundenen Geltungsbereich bis zur Peripherie. Jenseits von ihr beginnt wieder das Chaos.

Ethnozentrismus in diesem Sinne ist eine Denk- und Lebensnotwendigkeit, genauso wie Egozentrismus. Die Menschen wollen an der Manifestation des Sinnes teilhaben, d. h. diese muß sich in ihrer Reichweite ereignen. Die Rhythmisierung der Erfahrungswelt in Heiliges und Profanes gewährleistet dies. Jede Gruppe organisiert sich also gewissermaßen um das Weltzentrum. Für Rom, später für das ganze römische Reich, lag der »Nabel der Welt« auf dem Forum Romanum. Vergleichbare Vorstellungen von einer »Weltachse«, einem »Weltenbaum«, einem »Weltenberg« etc. kennen die meisten Völker.[8] Daß es viele Gruppen und dementsprechend viele Weltzentren gibt, ist nur ein logischer, aber kein soziologischer Widerspruch. Auch Subgruppen, wie Stämme, Dörfer, Klane etc. haben ihre eigenen Weltzentren, bis herab zum einzelnen Haushalt, der sich um einen sakralen Mittelpfosten, ein heiliges Feuer, einen »Herrgottswinkel« etc. organisiert.[9] Die sakrale Rhythmisierung des Raumes setzt also verschiedene Raumpunkte miteinander gleich, d. h. sie strukturiert den Raum gerade dadurch, daß sie ihn aufhebt. Analog verfährt die sakrale Rhythmisierung der Zeit, die in Kult und Ritual die zentrale Sinngebung für die individuelle Lebensspanne, und innerhalb ihrer für besondere Gelegenheiten, verfügbar macht.[10] Dieses Hier und Jetzt der Manifestationen des Weltsinnes gibt der Menschengruppe, die daran teilhat, selbstverständlich eine *bevorzugte Stellung im Weltganzen.* »Jede Gruppe nährt ihren eigenen Stolz, ihre eigene Eitelkeit, rühmt sich selbst als überlegen, preist ihre eigenen Gottheiten und blickt mit Verachtung auf die Outsider herab. Jede Gruppe hält ihre eigenen Verhaltensregeln *(folkways)* für die einzig richtigen, und wenn sie die Beobachtung macht, daß andere Gruppen andere Verhaltensregeln haben, erwecken diese ihre Verachtung« (W. G. Sumner).[11] Ganz ähnlich drückt sich auch ein moderner Ethnologe aus: »Traditionelle Gesellschaften mit intakter Identität, naturvölkische ebenso wie ›hochkulturliche‹, pflegen sich selbst im *Zentrum der Welt* und *an der Spitze der Entwicklung* zu sehen. Der Kosmos wurde von *ihren* Göttern erschaffen; der erste Mensch war der Urahn des *eigenen* Volkes; man begreift sich als die eigentlichen, die *wahren* Repräsentanten der Menschheit und faßt die eigene, von den Vorfahren während der Urzeit und teils unter dem tätigen Beistand der Schöpfermächte entwickelte Kultur als die *bestmögliche,* ideale Verwirklichungsform der menschlichen Lebensführung auf. Die Eigenweltlichkeit stellt das *Höchstmaß an Normalität* dar«. (K. E. Müller).[12] Damit stimmt auch die bekannte Tatsache überein, daß die Selbstbezeichnung der meisten Naturvölker, von den Eskimo (Inuit) im Norden bis zu den Buschmännern *(San)* im Süden, schlicht und einfach »Menschen« bedeutet. Eine vergleichbare, wenn auch abgeschwächte Form des Menschentums kommt für dieselben allen jenen Nachbargruppen zu, die eine vergleichbare Lebensweise haben und mit denen man daher auch *rechtsgültige* (d. h. von vergleichbaren Sinnvorstellungen her zu rechtfertigende) *Übereinkünfte* schließen kann. »Jenseits des Bereiches dieser Stämme« – so die Kipsigi im Hochland von Kenya – »befindet sich soziales und politisches Niemandsland, dort wohnen die »hundeähnlichen Wesen«, deren Hütten man verbrennen, deren Frauen und Kinder man umbringen darf, ohne Strafe befürchten zu müssen«.[13] Ganz ähnlich, wenn auch in größeren Dimensionen, denken die Hochkulturen. Jede von ihnen, ob politisch geeint oder nicht, sieht sich selbst als ein »Reich der Mitte«, das von »Barbaren« umgeben ist.[14]

An dieser Stelle hat auch der Begriff Eurozentrismus seinen Ort. Er ist ein Ethnozentrismus höherer Ordnung, bezogen auf ein »System von Systemen«, nämlich auf die historisch gewachsene Interdependenz der europäischen Völker. »Europa«, das »Abendland«, die Nachfolgegestalt der einstigen

»Christenheit«, ist für die Europäer und alle, die dieselben zur »Bezugsgruppe« haben, die Ausprägungsstätte der maßgeblichen Kultur.
Doch es sträubt sich etwas in uns gegen Theorien wie die von Sumner, die es bei der Konstatierung von – insoferne einander prinzipiell gleichwertigen – Ethnozentrismen bewendet sein lassen. Der Grund für dieses Sträuben wurde schon angedeutet: wir suchen nach einer Sinngebung der Gesamtheit allen Seins, von der auch unsere gegenwärtige Lebensordnung, wie unvollkommen und beschränkt auch immer, ihre Rechtfertigung bezieht. Jeder Ethnozentrismus besagt ja nicht nur: das ist *unsere* Ordnung, sondern auch: das ist die *richtige Ordnung*. Ethnozentrismus als Gruppenegoismus ist eine Konsequenz menschlicher Unvollkommenheit und Schwäche, die einen Sinn des Weltganzen nicht bloß anerkennen, sondern auch in konkreten Manifestationen *erreichbar und verfügbar* haben, ja für sich selbst und seinesgleichen *monopolisieren* möchte. Dennoch steckt in jedem Ethnozentrismus angelegt, unter seiner besonderen Schale verborgen, die Möglichkeit einer Öffnung zur Gesamtheit alles Seins hin, die ich, mangels eines besseren Wortes, *Kosmozentrismus* nennen möchte. Man könnte, ein mittelalterliches Gleichnis aufgreifend, von dieser menschlichen Öffnung zur Gesamtheit alles Seins sagen, daß sie ihr Zentrum überall und ihre Peripherie nirgends hat und demgemäß kein für Sinnvorstellungen empfängliches Wesen prinzipiell ausschließt.
Man findet diesen Kosmozentrismus schon in den Primitivreligionen in Gestalt der sogenannten *Hochgötter*, die als Weltschöpfer, Welterhalter und Garanten der moralischen Ordnung neben und über dem sonstigen Pantheon stehen, oftmals in Verbindung mit oder symbolisiert durch die *Himmelskörper*, die für alle Völker die gleichen sind und sie insoferne *vereinen*, während die jeweils besonderen Ahnengeister und Lokalgötter sie voneinander *trennen*.[15] Er entfaltet sich dann in den Hoch- oder Universalreligionen, die im Gegensatz zu den Stammes- und Nationalreligionen (die sie jedoch eher überlagern als verdrängen) ausdrücklich an die gesamte Menschheit gerichtet sind.[16] Der hier angedeutete Gegensatz zwischen Ethno- und Kosmozentrismus ist derselbe, den Henri Bergson in seinem bekannten Werk *»Les deux sources de la morale et de la religion«* (1932) zwischen der »geschlossenen« und der »offenen« Moral bzw. Religion postuliert hat,[17] nur mit dem Unterschied, daß Bergson die »offenen« Formen als eine spätere und höhere Evolutionsstufe ansieht, die mit den Propheten und Mystikern der frühen Hochkulturen zum Vorschein kommt, während ich hier aufgrund religionsethnologischer Befunde die Ansicht vertrete, daß »geschlossene« und »offene« Formen von Anfang an nebeneinander gestanden haben. Jedenfalls aber knüpft die Idee der »Menschheit«, wie die der Universalität und Gleichförmigkeit von Raum und Zeit, an die über die Ethnozentrismen hinausweisenden Hochgottvorstellungen und Universalreligionen an.[18]
Alle erwähnten Zentrismen, Ego-, Ethno- und Kosmozentrismus, haben den

Nutzen, daß sie das menschliche Handeln und Erleben strukturieren und ihm damit Halt geben. Sie haben – jedenfalls die beiden ersten Formen – dafür den Nachteil, daß sie einen Teil der Wirklichkeit ausgrenzen und abwerten. Jede geistige und soziale Gestaltung verwirklicht sich ja innerhalb einer vordem »ungeordneten« Welt, und die elementarste Gliederung ihres Geltungsbereiches ist die nach Zentrum und Peripherie. Je mehr die vom Zentrum ausgehende Gestaltungskraft nachläßt, je näher die Peripherie rückt, desto bedrohlicher wird die ja stets nur ausgegrenzte, niemals aber endgültig aufgehobene »Unordnung«.[19] Das *Fremde* ist der Bote der »ungeordneten« Welt innerhalb des Geltungsbereiches einer bestimmten Ordnung. (Das Fremde ist dasselbe im sozialen Raum wie das *Neue* in der sozialen Zeit).[20] Alles, was seinen Ursprung von jenseits der Peripherie nicht verleugnen kann, das also die Peripherie gewissermaßen noch in sich trägt, ist das Fremde. Die Definitionsmacht darüber, was fremd ist, steht dem Zentrum zu. Sie ist nicht willkürlich, sie ist an die Prinzipien der geltenden Ordnung gebunden. Es besteht also in dieser Hinsicht eine *Wechselbeziehung von Fremdem und Eigenem.* Wie das Zentrum in Hinblick auf die Peripherie bestimmt wird und *vice versa*, so wird das Fremde im Hinblick auf das *Eigene* bestimmt und *vice versa.*

Fremde und Fremdes hat es von Anfang der Geschichte an gegeben. Stets bilden sie eine *Gefahr* und eine *Verlockung* zugleich. Sie sind ja das Außeralltägliche, Abenteuerliche, Ungewisse, Neue, das die Vertrautheit und Sicherheit, aber auch die Langeweile und die Last des gewohnheitsmäßig Geltenden infragestellt und in seiner Selbstverständlichkeit erschüttert, gegen das daher das Eigene auch immer wieder geltend gemacht werden muß. Wie aller vergleichbaren Gefährdungen hat man sich daher der Fremden durch *rituelle Vorschriften* zu erwehren gesucht. Sie wurden den Göttern *geopfert* – das war etwa das Priesteramt der Iphigenie auf Tauris – sie wurden in *Sperrbezirke* (Ghettos, Quarantänen, Asyle) verbannt oder sie wurden durch »Übergangsriten« (*rites de passage,* A. van Gennep) *nostrifiziert* (Adoption, Blutsbrüderschaft, Gastfreundschaft, Heirat etc.), d. h. also ihrer Faszination und Gefährlichkeit entkleidet. Die große Entdeckung Arnold van Genneps war, daß sich bei diesen weltweit in ähnlicher Gestalt zu beobachtenden Übergangsritualen zwischen die alte, aufgegebene, und die neue, angenommene soziale Identität ein *rituelles Niemandsland* einschiebt, ein sozialer und existentieller Sperrbezirk gewissermaßen, in dem alles möglich ist, auch die Umkehrung, Verhöhnung oder Annullierung der geltenden Ordnung, in dem also das ursprüngliche Chaos wiederkehrt. Dieses Niemandsland wird auch oft mit dem *Jenseits* vor der Geburt und nach dem Tode gleichgesetzt; der Übergang wird demgemäß symbolisch als ein Sterben und Wiedergeborenwerden ausgedrückt. Um sich das *Fremde anzueignen,* muß das *Eigene verfremdet* werden. Von diesem existentiellen Niemandsland aus, das in primitiven

Gesellschaften alle Menschen an gewissen Wendepunkten ihres Lebens durchlaufen müssen, während es in hochdifferenzierten Gesellschaften zu einem spezialisierten Teilbereich geworden ist (Pilger, *homines religiosi,* Intellektuelle), von der Peripherie also, gerät die geltende Ordnung *als Ganzes* ins Blickfeld. Aber das Eigene bestimmt und bestätigt sich immer wieder durch die *Opferung des Fremden.* Eine Unzahl von Möglichkeiten muß ja ausgeschaltet werden, damit eine von ihnen zur Wirklichkeit werde. Die *Kehrseite jeglicher Objektivation* ist die *Entfremdung.*[21]

Diese existentielle Erfahrung, die mit der Objektivationsfähigkeit und kulturschöpferischen Leistung des Menschen unweigerlich verbunden ist, wird durch ein mythologisch-philosophisches Motiv ausgedrückt, das ebenso weltweit verbreitet ist wie die Übergangsriten: die Vernichtung eines das urtümliche Chaos versinnbildlichenden Ungeheuers, die Entstehung der Kulturpflanzen aus den Gliedern einer zerstückelten Gottheit, die gesellschaftserlösende Opferung eines »Sündenbockes« und verwandte Mythologeme.[22] Kultisch kann dies im *Opfer* ausgedrückt werden. Ein gutes Beispiel ist das *Bauopfer.* Jeder Bau schafft ja einen Kosmos dort, wo ein Chaos war; er ist also in kleinem Maßstab eine Wiederholung der Kosmogonie und der Errichtung der geltenden Ordnung. Zugleich ist ein Bauwerk ein Zentrum im Raum zur Strukturierung sozialen Lebens, ein Abbild des Weltzentrums. In vielen Kulturen muß einem Bau daher (faktisch oder symbolisch) etwas Lebendes geopfert werden, das dieses neue Zentrum von nun an mit seiner Lebenskraft erfüllen soll (wie etwa beim Deichbau in Theodor Storms bekannter Novelle »Der Schimmelreiter«).[23] Verwandte Vorstellungen walten auch bei der Kopfjagd und beim Kannibalismus. Jede geltende Ordnung, im Großen wie im Kleinen, wird ja durch *außergewöhnliche Taten und Leiden* begründet; eben daraus leitet sie ihre Geltung und Verbindlichkeit ab.

Wenn ich vom Kosmozentrismus gesagt habe, daß es bei ihm im Gegensatz zum Ego- und zum Ethnozentrismus keine Peripherie gebe, dann habe ich dies nur theoretisch gemeint. Praktisch nämlich stößt der Kosmozentrismus *in den vielen Ethno- und Egozentrismen auf seine Peripherie.* Diese sind ja, wie gleichfalls erwähnt, eine Konsequenz menschlicher Schwäche und Unvollkommenheit, aus diesem Grunde aber naturgegeben, unaufhebbar. Stets wird der Kosmozentrismus in ihnen auf seine Grenzen treffen, er wird also immer nur eine Sache der *Ausnahmesituationen* und *Ausnahmemenschen* bleiben. Versuche, eine Kultur und Gesellschaftsordnung ausschließlich auf einer »offenen« Religion oder Moral aufzubauen, d. h. den »geschlossenen« Individual- und Gruppenegoismen ihr Recht zu nehmen, müssen daher notwendig zu einer *Verlängerung und Verallgemeinerung des Ausnahmezustandes durch die Ausnahmemenschen* zu Lasten aller anderen führen, d. h. zu Zwangsmaßnahmen und Terror, sei es in Gestalt der Theokratie, des Revolutionsregimes oder der Erziehungsdiktatur.

In gewisser Weise ist auch die weltweite Expansion Europas damit vergleichbar. Hier hat sich nämlich der natürliche Ethnozentrismus (»Eurozentrismus«) mit dem *Missionsgedanken* einer prophetischen Universalreligion verbunden. Ich glaube, daß man diese Ausbreitung Europas völlig mißversteht, wenn man in ihr bloß eine »prädatorische Expansion« zu Lasten schwächerer Nachbarn sieht, wie es sie auch schon unter naturvölkischen Verhältnissen gibt und immer gegeben hat.[24] Novalis hat uns daran erinnert (1799), daß »Die Christenheit oder Europa« einander gleichgesetzt zu werden pflegten.[25] Dieses Sendungsbewußtsein hat die europäische Expansion seit den Kreuzzügen vorangetrieben und begleitet, und es hat, als mit der Aufklärung die zivilisatorische Totalbeglückung der Menschheit durch Welthandel, Kolonialsystem und Weltrevolution an die Stelle des religiösen Missionsgedankens trat, nur noch an Schwung gewonnen. »Die anderen Weltteile warten auf Europas Versöhnung und Auferstehung, um sich anzuschließen und Mitbürger des Himmelreichs zu werden« – so formulierte es Novalis als rückwärts gewandter Utopist.[26] Andere predigten den gleichen Gedanken mit Hilfe des Fortschritts und des irdischen Paradieses. Die Pluralität der Ethnozentrismen sollte dadurch überwunden werden, daß man ihr das Entwicklungskonzept überstreifte und die gesamte Menschheit damit zu einer wohlgegliederten und dynamischen Formation anordnete, deren Marsch durch die Geschichte aus dem Reich der Notwendigkeit in das der Freiheit führen sollte – der Europäer natürlich immer voran, auf dem Rücken die »Bürde des weißen Mannes«.[27]

II.

Soviel vorläufig zum Eurozentrismus. Nun ein paar Worte zum zweiten Titelbegriff: »Kulturanthropologie«.

Die m. E. beste Definition dieser ebenso oft definierten wie schwer einzugrenzenden Disziplin stammt von Wilhelm E. Mühlmann, für den sie eine vom »empirischen Pluralismus der Kulturen« ausgehende Wissenschaft ist, die in denselben »typische Chancen menschenmöglichen Verhaltens« sieht; oder, noch kürzer zusammengefaßt: die »Wissenschaft vom Menschen als Kulturwesen«.[28] – Dahinter steht der uralte, nach dem Zeugnis von Platons Protagoras besonders von der Sophistik betonte Gedanke, daß der Mensch ein *Mängelwesen* ist, der Kultur *bedürftig,* aber auch zu ihr *fähig*. Man kann daher die menschliche Natur nicht abstrakt, als solche, sondern nur konkret, gebrochen durch das Prisma der menschlichen Kulturen, betrachten: *art is man's nature,* nach der treffenden Formulierung von Edmund Burke. Die Kulturanthropologie erforscht demnach *den durch seine Objektivationen vermittelten Menschen.*[29]

Der Begriff »Kulturanthropologie« geht auf Sir Edward Burnett Tylor zurück, der mit seinem Werk *»Primitive Culture«* (1871) dem *normativen* antik-christlich-abendländisch geprägten Kulturbegriff seiner Zeit einen *registrierenden,* polyzentrischen Kulturbegriff gegenüberstellte, nach dem auch die »Primitiven« vollständige, in sich geschlossene Kulturen haben.[30] Später wurde der Begriff Kulturanthropologie, besonders durch Franz Boas und seine Schule, aufs engste mit dem *Kulturrelativismus,* der Lehre von der prinzipiellen Gleichwertigkeit aller menschlichen Kulturen, verknüpft.[31] Im übrigen wird »Kulturanthropologie«, vor allem in Amerika und Westeuropa, sehr oft synonym mit »Ethnologie« gebraucht. Der dahinterstehende Gedanke ist der, daß sich bei den Naturvölkern bzw. Primitiven sehr viele und verschiedenartige kulturelle Objektivationen auf geringer Komplexitätsstufe vorfinden, gewissermaßen *kulturelle Minimaldefinitionen der Menschheit.*[32]
Die Ethnologie bzw. Kulturanthropologie ist die Wissenschaft *vom Fremden par excellence.* Ist sie doch eine Wissenschaft, die Kulturkontakte (Reisen, Handel, Mission, Kolonien) zur Voraussetzung hat, zugleich auch eine Wissenschaft, die sich auf die allerfremdesten, weil wissenschaftsfernsten Kulturen konzentriert. Ihr soziologischer Ort sind *die Ränder kultureller Geltungsbereiche.* Sie ist daher zugleich auch eine Wissenschaft *von Fremden.* Seit dem Kolonialgriechen Herodot, seit dem hellenisierten Syrer Poseidonios bis heute waren es immer wieder *marginale Menschen,* die mit Vorliebe in die Rolle des wissenschaftlichen Vermittlers und Dolmetschers zwischen den Kulturen schlüpften.[33]
Nun ist die *Relativität der kulturellen Objektivationen* die Urerfahrung aller jener, die an mehreren von diesen existentiellen Anteil haben, eben der marginalen Menschen. Die eingelebte Selbstverständlichkeit des Eigenen kann für den Marginalen nicht fraglos gelten: was ist denn schon für ihn das Eigene? Vom Anfang, d. h. von der Entstehung der europäischen Wissenschaft im Kolonialgriechentum an, waren ethnologisches Forschen und kulturrelativistisches Denken eng miteinander verbunden. Schon damals führte diese Verbindung zum *Wertrelativismus,* zur systematischen Infragestellung alles dessen, was in der eigenen Kultur Geltung hatte. Gerade den »wurzellosen« Sophisten wurde diese Entwertung und Zersetzung des Eigenen zum Vorwurf gemacht.
Die *äußeren Ränder* sozio-kultureller Geltungsbereiche haben manches gemeinsam mit deren *inneren Brüchen* (Wertkonflikten, sozialen Antagonismen, Krisen, Revolutionen). Auch hier kommt es je zu Marginalisierung und Relativierung des Geltenden. Es besteht daher ein innerer Zusammenhang zwischen Zivilisationskritik, utopischem Denken, Exotismus und kulturanthropologischer Forschung. Auch dieser Zusammenhang zeigte sich schon im Kolonialgriechentum.[34] Mit der Renaissance kommt er auch im Abendland wieder zum Vorschein. Der erwachende Subjektivismus, die Ausbildung des

Gefühls für historische und ethnische Individualitäten, das Zurücktreten des Absoluten gegenüber dem Relativen in dieser Epoche sind oft geschildert worden. Die Durchsetzung verschiedener Konfessionen und Nationen gegenüber der einen Christenheit verstärkte diese Entwicklung ebenso wie die Entdeckungen und die Fortschritte wissenschaftlichen Denkens. Die europäische Neuzeit ist die Zeit des expansiven, durch die Triumphe der europäischen Wissenschaft, Wirtschaft und Kriegsführung scheinbar glänzend gerechtfertigten Eurozentrismus. Doch zugleich dehnten auch die inneren Brüche sich aus. Der gleiche Forschergeist etwa, der in seiner Anwendung auf die Natur zum eurozentrischen Fortschrittsdenken führte, brachte in seiner Anwendung auf die Welt menschlicher Objektivationen die Kritik und Relativierung eben dieses Denkens hervor. Wieder verbanden sich, wie in der griechischen Antike, Exotismus, innere Unzufriedenheit und ethnologische Forschung. Diese Gegenströmung zur Aufklärung verdichtete sich vor allem in der von Hermann Nohl sogenannten »deutschen Bewegung«.[35] Die deutsche Philosophie, mit ihrer Betonung der wirklichkeitskonstituierenden Funktion des Subjekts und der Eigenwertigkeit aller menschlichen Hervorbringungen bereitete mit dem Historismus und der Romantik auch die wissenschaftliche Ethnologie vor. Ohne Weltmachtstellung und ohne Kolonien, aber in kultureller Hinsicht führend, konnten es die Deutschen sich leisten, die gesamte Menschheit in ihre Arme zu schließen. Ich übergehe hier Leibniz, Herder und Goethe und zitiere nur die schönen, wenn auch weniger bekannten Worte des jung verstorbenen Wilhelm Heinrich Wackenroder (geschrieben 1796): »Uns, Söhnen dieses Jahrhunderts, ist der Vorzug zuteil geworden, daß wir auf dem Gipfel eines hohen Berges stehen, und daß viele Länder und viele Zeiten unsern Augen offenbar, um uns herum und zu unseren Füßen ausgebreitet liegen. So lasset uns denn dieses Glück benutzen, und mit heitern Blicken über alle Zeiten und Völker umherschweifen, und uns bestreben, an allen ihren mannigfaltigen Empfindungen und Werken der Empfindung immer das *Menschliche* herauszufühlen.«[36]

III.

Nachdem ich die Begriffe »Eurozentrismus« und »Kulturanthropologie« ein wenig exponiert habe, möchte ich sie nunmehr zusammenführen.

Schon die Grundidee der Kulturanthropologie ergibt, konsequent fortgedacht, eine Kritik des Eurozentrismus. Hierzu noch einmal Wackenroder: »Blöden Menschen ist es nicht begreiflich, daß es auf unserer Erdkugel Antipoden gebe, und daß sie selber Antipoden sind. Sie denken sich den Ort, wo sie stehen, immer als den Schwerpunkt des Ganzen, – und ihrem Geiste mangeln die Schwingen, das ganze Erdenrund zu umfliegen, und das in sich selbst gegründete Ganze mit *einem* Blicke zu umspielen.«[37] Wunderbar sind hier die szientistische Denk- und die perspektivische Sichtweise mit einem freiheitlichen Pathos verbunden. Dieser Relativismus aus luftigen Höhen herab verstand sich ja als *emanzipatorisch.* Er machte sich – so bei Herder – zum Anwalt der kleineren Nationen und der »Naturvölker« gegenüber den großen Kulturstaaten Europas. Von hierher rührt das bis heute aufrecht erhaltene konventionsfeindliche, »linksliberale« Selbstverständnis der Kulturanthropologie. *Daß wir selber Antipoden sind,* ist die Botschaft, die sie, vom »edlen Skythen« Anacharsis[38] an über Gullivers Reisen und die Perserbriefe Montesquieus bis herauf zu Evans-Pritchard und Lévi-Strauss, nicht müde wird uns zu verkünden. Der Eurozentrismus ist die Sünde wider diesen ihren Geist, die sie nicht vergeben kann.

Der Vorwurf des Eurozentrismus ist daher der größte Schimpf, den man einem Ethnologen antun kann. Aus eben diesem Grunde ist er ein Vorwurf, den Ethnologen häufig gegeneinander erheben und mit dem außereuropäische Feinde der Ethnologie diese ins Abseits zu manövrieren versuchen. Um nur ja diesem Vorwurf zu entgehen, um nur ja ihr antikonventionelles Pathos bewahren zu können, liefern sich viele Ethnologen einem *radikalen Kulturrelativismus* aus, d. h. sie verzichten auf jeglichen *transkulturellen Bewertungsmaßstab* und behaupten die Gleichwertigkeit und Gleichrangigkeit *aller* Kulturen.

Diese Haltung erscheint mir, gelinde gesagt, unbedacht. Sie krankt an einem inneren Widerspruch. *Zu Hause* gibt sie sich *subversiv,* nach *außen* hin ist sie *konservativ.* Der radikale Kulturrelativist ist ja gezwungen, alles zu billigen, Menschenopfer, Kopfjagd, Sklaverei, Verstümmelungen, *wenn es nur authentisch ist.* Während er den eigenen Ethnozentrismus unter Hinweis auf die Antipoden lächerlich macht, schmeichelt er dem der Antipoden. Das nützt ihm überdies nichts, denn auch dort macht er sich keine Freunde. Heißt es doch inzwischen, die Ethnologie triebe einen Kult des Pittoresken, um die »Eingeborenen« vom Fortschritt auszuschließen und als eine Art menschlichen Zoo zu konservieren.[39]

Der radikale Kulturrelativismus wird meist nicht aus böser Absicht vertreten, sondern aus Denkfaulheit. In seinen Konsequenzen ist er aber keineswegs liebenswürdiger als der eurozentrische Fortschrittsglaube, mit dem man das Kolonialsystem ebenso gerechtfertigt hat wie den Export revolutionärer Ideologien oder lokale Zwangsbeglückungsanstalten. Es finden sich auch bald Interessierte, die nicht faul sind, seine Konsequenzen zu ziehen. Wer nämlich die *prinzipielle Inkommensurabilität* aller Kulturen behauptet und jeden Versuch der Verständigung zwischen ihnen automatisch verdächtigt, für den können Entscheidungen zwischen diesen *geschlossenen Sinnwelten,* die ja in der *äußeren Welt der Natur* miteinander koexistieren müssen, nur mehr durch *Kampf* und letzten Endes durch *Ausmerzung* fallen.

Wenn man von Fällen ausgeprägter Naivität absieht, dann meine ich, daß der Eurozentrismus-Vorwurf gegen die Ethnologie als solche üblicherweise *mala fide,* oder doch zumindest blauäugig, erhoben wird: nicht als wissenssoziologische Kritik, sondern als politische Denunziation. Man hört ihn sowohl als außerethnologische Zurechtweisung wie auch als innerethnologischen Selbstvorwurf. Und dabei hat man immer das Gefühl, als würde der Sack geschlagen, wo der Esel gemeint ist. Der Sack ist der Ethnologe, der freilich durch seinen Beruf in diese exponierte und unbequeme Lage geraten ist. Der Esel ist der *Weiße.*
Wenn Farbige gegen Weiße den Vorwurf des Eurozentrismus erheben, dann tun sie das in den allermeisten Fällen aus Ressentiment. Eigentlich wollen sie damit *ihren eigenen Ethnozentrismus* gegenüber dem europäischen zur Geltung bringen, das eigene Ethnos gegenüber der politischen, wirtschaftlichen, kulturellen Übermacht des Westens rechtfertigen. Das ist menschlich verständlich, aber gedanklich fehlerhaft. Es schließt nämlich die unausgesprochene und unbewiesene Behauptung ein, daß der europäische Ethnozentrismus etwas qualitativ anderes und schlechteres sei als der eigene.
Demutsgesten des derart in Verlegenheit gesetzten Weißen sind zwecklos: sie fordern nur zu weiteren Attacken auf. Was er auch sagt und tut ist falsch, eben weil er ein Weißer ist. Auch wenn er als Ethnologe auf die interkulturelle Verständigungsleistung seiner Disziplin, auf den von ihr angehäuften, für die ganze Menschheit verwertbaren Wissensschatz hinweist, wird er barsch abgefertigt: *verstehen* könne er fremde Kulturen, denen er selbst nicht angehöre, trotzdem nicht. Am besten also hält er den Mund. Das wird ihm von selbsternannten Sprechern der »Dritten Welt« auch dringend angeraten, so von dem aus Martinique gebürtigen und in Frankreich ausgebildeten Arzt Frantz Fanon, der in seinem zum Bestseller gewordenen Pamphlet »Die Verdammten dieser Erde: *(Les damnés de la terre,* 1961) vom »kolonialistischen« Europäer behauptet, er richte »sein Interesse auch auf die Vergangenheit des unterdrückten Volkes, um sie zu verzerren, zu entstellen und auszulöschen.« Es mag scheinen, als ob Fanon damit den Vorwurf einer auf Interessiertheit begründeten Unwahrhaftigkeit erhebt, zumal er wenig später von »kolonialistischen Lügen« spricht. Aber die Wahrhaftigkeit ist ihm ebenso irrelevant wie die Wahrheit selbst, weiß er doch, »daß man seine Nation nicht mit Hilfe der Kultur beweist, sondern nur im Kampf zum Leben bringt, den das Volk gegen die Besatzungskräfte führt.«[40] Der Kampf ist ja bekanntlich der Vater aller Dinge. Fanon geht es letzten Endes weniger um Wissenssoziologie als um Revolution und Ausmerzung.
Diesem *antikolonialen Revanchismus* wird von vielen sich als linksliberal verstehenden westlichen Intellektuellen applaudiert, die sich ansonsten über jede Form der Rachsucht erhaben dünken. Dazu hat sicher auch das »Vorwort« beigetragen, mit dem Jean-Paul Sartre das Buch Fanons lancieren half

und in dem der Philosoph die peinlichsten Verrenkungen vor dem Agitator aufführt, den er zum größten Revolutionstheoretiker seit Engels und Sorel hinaufstilisiert.[41] Gewiß, Sartre stemmt hier Papiergewichte, aber er tut es mit Schaum vor dem Munde. Da sagt er etwa: »einen Europäer erschlagen, heißt zwei Fliegen auf einmal treffen, nämlich gleichzeitig einen Unterdrükker und einen Unterdrückten aus der Welt schaffen. Was übrig bleibt, ist ein toter Mensch und ein freier Mensch«, oder, kürzer und wertfreier formuliert: »wir (sind) die Feinde der menschlichen Gattung«.[42] Dies geschrieben habend, wandte sich der Pariser Philosoph vermutlich wieder seinen Flaubert-Studien zu oder verfügte sich ins Café de Flore.

Man hat fast den Eindruck, es wäre Sartre recht gewesen, wenn aufgeklärte Menschenfreunde endlich einen Preis auf unsere Ausrottung gesetzt hätten. Auch Fanon hätte wohl nichts dagegen gehabt. Und wir, seine menschenfreundlichen Leser, erkennen wir, was hinter diesem Eurozentrismus-Vorwurf steckt? Wenn ja, warum spielen wir dieses Spiel noch immer mit? Selbsthaß? Masochismus? – Ich glaube, es ist zunächst einmal ein christliches Säkularisat, das uns als wohlfeiles *Selbstbestätigungsritual* dient. Wer sich selbst auf die Brust klopft und sich des Eurozentrismus bezichtigt, darf ebenso wie der, der ihm beipflichtend *»mea maxima culpa«* sagt, für sich und seinesgleichen die Genugtuung einer moralischen Überlegenheit in Anspruch nehmen, die überdies im Kleingeld der – durchaus eurozentrisch bleibenden – Alltagspraxis nicht eingelöst zu werden braucht. Das erinnert freilich verzweifelt an die Scheinheiligkeit früherer, frömmerer Zeiten. Im ehemaligen Kolonialland Frankreich, auch Fanons und Sartres Vaterland, gibt es für diese Koketterie mit dem eigenen Schuldgefühl auch schon einen Namen: *»tiers-mondisme«,* zu Deutsch etwa »Dritte-Welt-Kult« oder »Dritte-Welt-Tümelei«. Eine Kritik dieser Geisteshaltung bietet neuerdings das Buch *»Le sanglot de l'homme blanc«* (1983) von Pascal Bruckner.[43] Das »Schluchzen des weißen Mannes«, so Bruckner, idealisiert den Farbigen, um desto besser im eigenen Elend zu waten. Alle Übel der Dritten Welt führt es auf *historische* Umstände zurück, an denen die Europäer schuld sind, während alle Übel Europas aus unserer eigenen, verderbten *Natur* kommen. *Hier* Täter, *dort* Opfer; *hier* Erbsünde, *dort* Paradies. Sartre: »Unsere Opfer kennen uns durch ihre Wunden und ihre Ketten: das macht ihr Zeugnis unwiderlegbar.«[44] *Das,* wohlgemerkt, und nicht irgendein Vernunftargument. Der Eurozentrismus wird damit zum welthistorischen Verbrechen, ja, schlimmer noch, zur welthistorischen Dummheit stilisiert, denn, der an Hegel und Marx geschulte Philosoph weiß es genau, Europa ist ohnehin »im Eimer« *(foutue).*[45] Der Endkampf, der zwischen den Mächten des Lichtes und der Finsternis bevorsteht, ist ja von vornherein für letztere verloren. Da schwärmt der Philosoph von den »gewaltige(n) Muskeln«[46] eben jener farbigen Guerillakämpfer, die er zuvor, um unser Schuldgefühl weiter anzuheizen, als ausgemergelte Bettler hingestellt hat. Verlassen wir also wie Ratten das sinkende Schiff zugunsten des Lagerfeuers der Muskelmänner. Vielleicht bleibt uns dann die Austilgung durch dieselben erspart.[47] Das »Strip-tease unseres Humanismus«, das er anprangert,[48] führt uns Jean-Paul Sartre hier selber vor.

Der Dritte-Welt-Kult ist ganz offenkundig eine *politische Religion.* Freunde und Liebhaber einer permanenten Revolution, denen das Proletariat daheim und in Rußland schon zu saturiert und verspießert erscheint, um ihnen noch glaubhaft als revolutionäres Subjekt dienen zu können, richten ihre eschatologischen Hoffnungen nunmehr auf das »externe Proletariat«[49] der farbigen Völker. Mit seiner Verteufelung der Weißen und Heiligsprechung der Farbigen ist der *tiers-mondisme,* wie Bruckner sehr schön zeigt,[50] ein *umgekehrter, ein spiegelbildlicher Eurozentrismus.* Der *tiers-mondiste* schleppt weiterhin an der Bürde des weißen Mannes, er schluchzt dabei, aber er läßt sie nicht los. An den außereuropäischen Völkern selbst, an ihrer Lebenswirklichkeit, ist er desinteressiert;[51] wichtig ist ihm nur die Rolle des revolutionären Subjektes, die er ihnen in seiner Geschichtstheologie zuerkannt hat. Sie bleiben damit Geister aus der Flasche, Werkzeuge in seiner Hand. Immer noch sind sie *Objekte* und nicht *Subjekte* der Geschichte.

Der Europäer, der sich das Recht auf seinen eigenen Ethnozentrismus versagt, sei es mit moralischen, sei es mit wissenssoziologischen Argumenten, betreibt in Wirklichkeit einen *subtilen Ethnozentrismus höherer Art.* Jedes Völkchen darf, was ihn anlangt, seinen eigenen kleinen Ethnozentrismus behalten und damit spielen – das gehört ja zu deren sozialer Integration, das versteht er und billigt er durchaus –, nur er selbst, er, der an der Spitze der welthistorischen Entwicklung steht und die gesamte Menschheit überschaut, der also gewissermaßen *für die gesamte Weltordnung verantwortlich* ist, *er* darf sich diese sentimentale Schwäche nicht gestatten. Darin denkt er wie Dostojewskis Großinquisitor, der die Strafe für die Sünden der Menschheit auf sich nimmt, um über sie zu herrschen. »Denn nur wir, wir, die wir das Geheimnis hüten, nur wir werden unglücklich sein. Es wird tausende Millionen glücklicher Kinder geben und hunderttausend Dulder, die auf sich genommen haben den Fluch der Erkenntnis des Guten und Bösen«.[52]

Diesem heroischen Nihilismus gegenüber scheint mir ein *durch die universalistische Perspektive korrigierter Eurozentrismus* mit den Erkenntnissen der Kulturanthropologie weitaus besser übereinzustimmen. Vielleicht lassen sich Schuld und Unschuld gar nicht so klar auseinanderdividieren. Wenn jede Kultur, als eine Objektivation des Menschenmöglichen, zugleich in sich begrenzt und in sich wertvoll ist, *warum dann nicht auch die unsere?* Wenn es uns gegeben ist, die anderen Kulturen zu überschauen, zu verstehen und aus ihren eigenen Bedingungen heraus zu würdigen – und in der Tat hat bisher keine Kultur der Welt ein so universales Interesse für alle übrigen gezeigt wie die unsere – dann umso besser: das verleiht ihr zusätzlichen Wert. Im übrigen dürfen wir unserem kulturanthropologischen Wissen entnehmen, *daß wir ganz normale Menschen sind.* Könnten wir also nicht aufhören, uns als Übermenschen zu gebärden, die sich öffentlich des Untermenschentums bezichtigen? Ich persönlich habe jedenfalls keinen Bedarf für die Bürde des weißen Mannes und lege sie hiermit nieder.

Und die Verbrechen der Weißen? Der Kolonialismus? Der Imperialismus? Darauf möchte ich antworten, daß aus der Tatsache, daß die Weißen die besseren Waffen hatten, keineswegs mit zwingender Logik folgt, daß sie die schlechteren Menschen waren. Auch das lehrt uns die Kulturanthropologie, daß Völker mit besserer Bewaffnung und Organisation von dieser auch Gebrauch machen. Alles, was sie den Weißen vorwerfen, Völkermord, Unterwerfung, Ausbeutung, Sklaverei, alles das haben sich die farbigen Völker, seit wir die Geschichte kennen, auch untereinander immer wieder angetan, wenn auch notgedrungen meist in kleinerem Maßstab. Wenn dies alles aber *gerade* den Europäern vorgeworfen wird, *gerade* weil sie sich so zivilisiert, so christlich und so fortschrittlich dünken, dann schwingt hier ein *manichäisches Reinheitsbedürfnis* mit, das Gut und Böse klar auseinanderdividieren, das den Weißen *nur* in der Rolle des Engels oder des Teufels, stets aber in einer *welthistorischen Sonderrolle* sehen will. Doch hat sich ja bisher *jede* politisch-kulturelle Ordnung auf Kosten anderer, konkurrierender Interessen und Ordnungsvorstellungen durchgesetzt, *die ihrerseits genau dasselbe getan haben würden,* hätten sie nur Gelegenheit dazu bekommen. So bemerkt der Historiker Tacitus von einem antikolonialen Agitator, der im 1. Jh. n. Chr. im damaligen Frankreich gegen die Römerherrschaft auftrat, nur kühl, daß dieser »in einer gut vorbereiteten Rede . . . alles zusammentrug, was man gewöhnlich mächtigen Reichen vorwirft«. Wir können uns genau vorstellen, was diese Vorwürfe waren. Tacitus läßt den Vertreter des Imperium Romanum darauf antworten: »Im übrigen nehmen sie die »Freiheit« und ähnliche schön klingende Bezeichnungen zum Vorwand; und niemand hat jemals nach der Unterjochung anderer und nach der eigenen Gewaltherrschaft Gelüste gehabt, ohne sich gerade dieser Worte zu bedienen«.[53]

Der Kulturrelativismus will alle Objektivationen des Menschengeistes aus *ihren eigenen Bedingungen* heraus würdigen. Dies ist eine rezeptive, ästhetisierende Haltung, die sowohl von konkreten Lebensinteressen als auch vom mühsamen Versuch der Auffindung des allgemein Menschlichen zunächst einmal *absieht.* Es macht dabei keinen theoretischen, wohl aber einen praktischen Unterschied, ob die Objektivationen, die man dergestalt würdigt, *vergangen* oder noch *gegenwärtig* sind. Von Wackenroder bis zu Lévi-Strauss pflegte man vergangene Epochen und fremde Völker miteinander gleichzusetzen.[54] Man hat dabei den Umstand vernachlässigt, daß fremde Völker *antworten,* daß sie mit dem Forscher und seiner Kultur in Austausch, auch in Konkurrenz und Konflikt treten können. Das bedeutet einen wichtigen Unterschied zwischen der *historischen* und der *ethnologischen Hermeneutik.*[55] In einem Austausch zwischen Lebenden ist es ebenso ein Gebot der Höflichkeit und Objektivität, den *fremden Standpunkt anzuerkennen,* wie den *eigenen zu wahren,* denn sonst würde man ja dem Interaktionspartner bedeuten, daß man keinen eigenen habe, was eine Irreführung wäre. Die »Reziprozität der Perspektiven«,[56] die für eine sinnvolle Interaktion nötig ist, würde *gerade dadurch* nicht erreicht werden. Wenn viele Ethnologen geglaubt haben und z. T. noch glauben, fremde Kulturen *genauso unbefangen* würdigen zu können wie vergangene Epochen, dann war das eine Illusion, die sich *in einem stabilisierten Kolonialsystem* aus der Ferne und Machtlosigkeit dieser fremden Kulturen ergab, was den Ethnologen natürlich einen »vorurteilslosen« Überblick aus olympischen Höhen sehr erleichterte.[57] Unter dem »Frieden des weißen Mannes« konnte man zeitweilig seine Waffen und seinen Ethnozentrismus ablegen: die Eingeborenen würden ohnehin nicht wagen, das zu mißbrauchen. Aber letztlich ist es mit dem Ethnozentrismus wie mit den Waffen: es ist gefährlich, ihn einseitig aufzugeben.

Kann man ihn überhaupt aufgeben? Ich möchte hier noch einmal Bergsons Unterscheidung zwischen der »geschlossenen« und der »offenen« Moral aufgreifen. Ich habe sie insoferne ernst genommen, als ich *auch Europas* Anspruch auf eine geschlossene Moral verteidigt habe. Sie ist beschränkt, sie ist standortgebunden, schön und gut, aber immerhin ist sie eine Moral, die den natürlichen Egoismus überwunden und die Bildung einer Kultur ermöglicht hat. Die Selbstverpflichtung auf eine *ausschließlich* offene Moral kann, wie ich gezeigt zu haben hoffe, nur in einem moralischen Terrorismus enden. *Wir* haben *unsere* Moral, wie *andere* Völker und Kulturen die *ihre* haben. Das wird auch insoferne allgemein anerkannt, als man den, der für die eigene Sache einsteht, achtet und den Verräter an der eigenen Sache verachtet. Daraus ersieht man, daß es ein *allgemeines Schicklichkeitsgefühl* hinter den geschlossenen Moralen gibt, das über sie hinausverweist und das z. B. das Schließen von Übereinkünften über ihre Grenzen hinaus ermöglicht.

Das aber ist der archimedische Punkt jenseits des Ethnozentrismus. Von hier geht die »offene« Moral und Religion aus, und zwar soviel wir wissen, schon in den primitivsten Gesellschaften. Emile Durkheim hat gezeigt, daß die »Hochgötter« ein notwendiges Komplement der Stammesreligionen sind: sie sind nämlich *internationale* Götter, die z. B. die Einhaltung von Abkommen zwischen den Stämmen überwachen und die Beziehungen zwischen ihnen kontrollieren.[58] Von diesem *kosmischen Horizont* nehmen alle *Bewegungen* ihren Ausgang, die die Grenzen der Geltungsbereiche sozio-kultureller Ordnungen überschreiten, umschmelzen bzw. neue derartige Ordnungen stiften. Dazu gehören die Hochreligionen ebenso wie das Humanitätsideal oder die Wissenschaft. Ich betone aber nochmals, daß diese die Ethnozentrismen *übergreifen,* jedoch *nicht ersetzen,* wie ja auch in primitiven Gesellschaften den Hochgöttern die Stammesgottheiten und mythischen Wesen als Komplement gegenüberstehen.

Der Ethnozentrismus kann also nicht »überwunden« werden; man kann sich nur – als Ausnahme – durch kosmozentristische Orientierung über ihn »erheben«. Wie schon erwähnt, sind »offene« Formen der Religion und Moral für sich alleine zu *schwach,* um eine soziale Ordnung nicht nur zu *begründen,* sondern auch zu *erhalten.*[59] Das Schicksal universalistisch orientierter Bewegungen zeigt ja, daß sie, nach enthusiastischer Aufbruchstimmung, stets doch wieder in den Dienst partikularer Zwecke gestellt werden.[60] Wegen dieser ihrer inhärenten Schwäche sind »offene« Religionen und Moralen stets an »geschlossene« angebunden; die beiden Formen stehen zueinander in einem Verhältnis der *Subsidiarität.*[61] Gesichtspunkte der »Offenheit« gelten in besonderen *Situationen,* insbesondere der *Grenzüberschreitung* und der *Zuwendung zum Fremden,* in Momenten des Aufschwunges und der Begeisterung; sie gelten ferner für besondere *Personen,* inspirierte Einzelne oder Eliten.[62] Im übrigen sind wir alle zu neun Zehnteln oder mehr bloße Alltagsmenschen und bedürfen daher einer Alltagsmoral, mit deren Hilfe wir uns im Schoße unserer Gruppe gegenseitig kontrollieren und stimulieren. Wir bedürfen also des Ethnozentrismus.

Es scheint mir hier nötig, zu wiederholen, daß ich mit dieser Feststellung keineswegs so verstanden werden möchte, als ob ich die europäische Kultur und Gesellschaft *absolut* setzte oder den Machtkampf zwischen den sich selbst absolut setzenden Ethnozentrismen der Welt als der Weisheit letzten Schluß ausgäbe. Dies wäre ja, wie ich gezeigt zu haben hoffe, gerade die Konsequenz eines *radikalen Kulturrelativismus,* den ich ablehne. Ich plädiere demgegenüber für einen *gemäßigten Kulturrelativismus,* der in allen Völkern, Kulturen und Epochen *die menschliche Natur mitsieht,* deren Objektivationen sie sind, und der überdies den *Wirkungszusammenhang* dieser *äußeren Welt,* in die hinein sie objektiviert worden sind, als die *oberste Wirklichkeit*[63] ansieht. Ein solcher gemäßigter Kullturrelativismus hat zwar nicht die gedankliche Schlichtheit, der so viele »eindeutige« Standpunkte ihren Erfolg verdanken. Er gibt uns aber die Möglichkeit, die Objektivationen des Menschengeistes aus ihren eigenen Bedingungen heraus zu würdigen und *trotzdem* auf transkulturelle Bewertungsmaßstäbe und Rechtfertigungen für transkulturelles Handeln nicht verzichten zu müssen. Er sieht in den Völkern, Kulturen und Epochen eine *Familienähnlichkeit* (die Komplementaritäten, Feindschaften, Konkurrenz um knappe Ressourcen ebensowenig ausschließt wie in einer wirklichen Familie). Diese Familienähnlichkeit ermöglicht die gegenseitige Beeinflussung und den Austausch kultureller Objektivationen. Ein gemäßigter Kulturrelativismus ist demnach der beste Ausgangspunkt für das Studium von Entlehnungen, Diffusionen, kulturellen Mischungen und Synkretismen, Renaissancen, Repristinationen etc., aller jener *kulturellen Austauschphänomene* also, die der vom radikalen Kulturrelativismus unterstellten *Einzigartigkeit und Geschlossenheit der Kulturen widersprechen.* (Um sie nicht sehen zu müssen, um sie in die *ceteris-paribus*-Klausel verweisen zu können, nimmt der radikale Kulturrelativismus die *Froschperspektive* ein: er betrachtet Kulturen als Lokalgruppen.) Aber gerade die Kulturanthropologie selbst, innerhalb derer der radikale Kulturrelativismus seine buntesten Blüten getrieben hat, als die Wissenschaft *von* Fremden *vom* Fremden, ist zugleich selber ein *kulturelles Austauschphänomen:* sie treibt *interkulturelle Hermeneutik,*[64] indem sie kulturelle Objektivationen verschiedenster Provenienz in die Sprache der Wissenschaft »übersetzt« und miteinander vergleicht.

Nebenbei: diese »Übersetzung« in eine von den unmittelbaren Lebensinteressen abgehobene, dafür jedoch verallgemeinerbare *wissenschaftliche* Sprache hat etwas gemein mit dem Verhältnis von Waren und Geld. Wie das Geld entfaltet die Wissenschaft eine *Eigendynamik* gegenüber den sozialen Verhältnissen, aus denen sie hervorgegangen ist. Es ist daher ein Denkfehler, sie ausschließlich aus diesen erklären, d. h. auf dieselben reduzieren zu wollen. Ich will damit sagen, daß die Kulturanthropologie zwar eine in Europa entstandene und zunächst vorzugsweise von Europäern betriebene, aber deshalb trotzdem keine *europäische* Wissenschaft ist, wie viele ihrer Kritiker behaupten.[65] Wie die Wissenschaft überhaupt ist sie ein Phänomen und zugleich ein Medium *kulturellen Austausches.* Die Ablehnung der »europäischen Kulturanthropologie« ist kaum weniger unintelligent als die der »jüdischen Physik«. Diese Ablehnung geht von der Doktrin der Einzigartigkeit und Geschlossenheit der Kulturen aus, welche man demnach eben *in toto* verwerfen oder annehmen muß. Aber alle Welt verwendet heute das Alphabet und rechnet mit der Null, ohne damit notwendig den Prinzipien der orientalischen Sklavenhaltergesellschaft oder des indischen Kastensystems anzuhängen, denen diese Errungenschaften zu verdanken sind. Auch wer über die Europäer schimpft, will üblicherweise nicht von den Ergebnissen der europäischen Wissenschaft ausgeschlossen werden. Ja, gerade deshalb hört dieselbe auf, eine europäische zu sein; sie ist heute im Begriffe, zur *Wissenschaft der Menschheit* zu werden. Wer sich von ihr ausschließt – und es gibt solche Tendenzen – der beschränkt sich freiwillig, wie ehedem die Spartaner, auf ein international nicht konvertierbares Eisengeld. Er muß sich dann aber auch mit einer spartanischen Weltanschauung und Lebensweise abfinden – das alles ein Opfer an das Ideal der kulturellen Einzigartigkeit und Geschlossenheit.

Der radikale Kulturrelativismus vertritt ein kulturelles *Reinheitsideal,* das im

Grunde weniger ein wissenschaftliches als ein *ästhetisches* ist: in schöner Individualität sollen die Kulturen nebeneinanderbestehen, wie Gemälde in einer Galerie. Die Tendenz, klare Grenzen zwischen den Kulturen zu ziehen und ihre Geschlossenheit überzubetonen, hängt auch mit den *Gestaltungsprinzipien der ethnographischen Beschreibung* zusammen, die sich ja auf einen besonderen, *individualisierten Ausschnitt der Wirklichkeit* bezieht und dementsprechend immer auch einen *künstlerischen* Charakter trägt.[66] Wenn sich der Ethnograph dem *Genremaler* vergleichen läßt, dann der Historiker dem *Tragödiendichter:* hat er es doch mit interagierenden, miteinander konkurrierenden Interessen und Standpunkten zu tun, von denen er jedem, im Dienste der Objektivität der Beschreibung, sein »Recht« einräumen muß. (Genau das tut auch jener Ethnologe, der die lokale Froschperspektive aufgibt und sich »interethnischen Systemen«[67] zuwendet. Aber sehr oft ist die Ethnologie ja eine Flucht aus dem Tragischen ins Idyllische.) Die tragische Sichtweise hat viel mit dem gemäßigten Kulturrelativismus gemein: sie anerkennt die Berechtigung jedes individuellen Standpunktes, verschließt aber auch vor der Tatsache nicht die Augen, daß dieselben sich innerhalb dieser einen Welt *auseinandersetzen müssen.*

Eine Flucht vor den Spannungen des Tragischen ist auch der *Manichäismus,* der die Auseinandersetzung zwar anerkennt, ja wünscht, aber zugleich von vornherein entscheidet, indem er die Parteien säuberlich in Schwarz und Weiß, Schurken und Helden einteilt. Das manichäische Reinheitsbedürfnis ist ein vorwiegend *moralisches,* das sich freilich leicht mit dem vorwiegend *ästhetischen* Reinheitsbedürfnis eines radikalen Kulturrelativismus verbindet. Der radikale Kulturrelativismus ist eine *fausse idée claire.* Er vereinfacht die Wirklichkeit auf *unzulässige* Weise (unzulässig insoferne, als hier die Quantität der Vereinfachung in deren Qualität umschlägt). Was sich als Bewältigung der Wirklichkeit ausgibt, erweist sich als Flucht aus der Wirklichkeit. Die Wirklichkeit der Kulturen ist aber eine komplexe; die Grenzen zwischen ihnen sind horizontartig verwischt. Wer eine Kultur aus ihren eigenen Bedingungen heraus würdigen will, muß zunächst zeigen, was diese »eigenen Bedingungen« überhaupt sind. Ich habe zu beweisen versucht, daß »Eigenes« und »Fremdes« relationale Begriffe sind. Man muß also der Versuchung widerstehen, Kulturen als *total geschlossene Sinnwelten* zu konstruieren, auch wenn der einheimische Ethnozentrismus einer solchen Interpretation Vorschub leisten mag. Auch der einheimische Ethnozentrismus ist ja, wie der unsere, ein Produkt menschlicher Unvollkommenheit. Generosität ihm gegenüber mag ein Zeichen charakterlicher Liebenswürdigkeit sein, aber mit bloßer Liebenswürdigkeit kann man weder Wissenschaft treiben noch leben. Auch und gerade der kulturanthropologisch gebildete Mensch wird mit der Komplexität und den tragischen Konsequenzen des Verhältnisses von Eigenem und Fremdem leben müssen.

IV.

Abschließend möchte ich noch fragen, wie wohl die hier vorgetragenen Gedanken von Walther Schmied-Kowarzik, dessen Gedenken dieser Band gewidmet ist, aufgenommen worden wären.
Ein Berührungspunkt findet sich vor allem mit seinem Alterswerk »Frühe Sinnbilder des Kosmos«,[68] in dem ja die Kulturbedeutung des Kreisens der Gestirne um den Himmelspol als *übertribales* Sinnbild der kosmischen Ordnung für die Völker der nördlichen Hemisphäre herausgearbeitet wird. Im Anhang zu diesem Buche ist auch der Aufsatz »Das unendliche Sein und das endliche Seiende« abgedruckt,[69] in dem Schmied-Kowarzik das Problem des Absoluten und des Relativen behandelt. Hier findet sich, in die scheinbar abstrakte Diskussion eingelagert, unvermittelt ein bewegendes Stück philosophischer Autobiographie: »Ich erinnere mich noch lebhaft meiner Bestürzung und Erschütterung, als ich, damals 21jährig, erkannte, daß die »Ich«-Jetztpunkte, aus denen die gesamte Welt besteht, sich im räumlichen und zeitlichen Nichts befinden, einzig zusammengehalten durch die schöpferische Ewigkeitstat des Göttlichen«.[70] Das war zweifellos ein philosophisches Urerlebnis. Was aber besagt es? Es zeigt ein außerordentlich starkes Gefühl für die eigene Individualität und für Individuelles schlechthin, das ihn, den späteren Leibniz-Editor, sich die Welt nach dem Vorbild von Leibnizens Monadologie in individuelle, in sich werthafte Kraftzentren gegliedert denken ließ. Jedes derselben ist eine kleine Welt für sich und zugleich Abbild des Kosmos: »Jede endliche Substanz, jedes endliche An-sich-Seiende umfaßt sämtliche Jetztheiten vom Weltanfang bis zum Weltende«.[71] Alle sind sie »gleichsam Blüten des einen umfassenden Baumes des unendlichen Seins«.[72] Die Vollkommenheit und Selbstgenügsamkeit dieser individuell Seienden (ausgedrückt im Blütengleichnis) ist für Schmied-Kowarzik eine derartige, daß ihm die Vermittlung zwischen ihnen als *die* geheimnisvolle göttliche Schöpfungstat schlechthin erscheint. Die »endlichen Seienden« sind aus dem »unendlichen Sein« »nicht nach dem innerweltlichen Gesetz von Ursache und Wirkung« hervorgegangen, »sondern als schöpferische Freiheit«.[73] Der Wechselwirkungszusammenhang zwischen ihnen erscheint ihm daher letztlich rätselhaft, als »Telepathie«.[74] Wohl anerkennt er ein »Transsubjektives«,[75] anders wäre ja keine Sozial- oder Kulturphilosophie möglich. In seinem kulturphilosophischen Aufsatz »Die Objektivationen des Geistigen« werden jedoch die »Sozialformen« in strenger Analogie zu den »Individualformen« konstruiert.[76] Schmied-Kowarzik, als ein typischer Vertreter der »deutschen Bewegung«, war ein *Subjektivist.* Eine *objektivistische* Sozial- und Kulturphilosophie, die, wie bei Durkheim, das Soziale dem Individuellen vorordnet oder doch, wie bei Schütz, als »ausgezeichnete Wirklichkeit« aus der Reziprozität individueller Perspektiven hervorgehen läßt, war ihm we-

sensfremd. Ich finde nicht, daß er die Ähnlichkeiten und Verschiedenheiten zwischen Individuen und sozio-kulturellen Gebilden erörtert hätte, daß er den klaren Grenzen, die dem Individuum durch sein organisches Substrat vorgezeichnet werden, die horizontartigen, verrückbaren, vielgestaltig wandelbaren Grenzen solcher Gebilde gegenübergestellt hätte. Er hätte daher den hier vorgetragenen Gedanken vielleicht mit Sympathie, aber doch nicht ohne eine gewisse Reserve zugehört. Soziokulturelle Gebilde sind keine »Substanzen«, zumindest nicht in gleicher Weise wie Individuen. Sie sind daher auch nicht so *leicht zu denken.* Trotzdem sind sie wirklich. Gerade diese ihre proteische Natur trägt aber, so glaube ich, zur schöpferischen Freiheit der Kultur *und* des Individuums bei.

Anmerkungen

1 So sagt Wolfdietrich Schmied-Kowarzik über Herder: »Als Kritiker des eurozentristischen Fortschrittsglaubens . . . kann er uns auch hierin heute noch Anregungen zum Bedenken des praktischen Aufgabenhorizonts geben, vor dem alle wissenschaftliche Erforschung fremder Kulturen sich zu rechtfertigen hat« (Philosophische Überlegungen zum Verstehen fremder Kulturen und zu einer Theorie der menschlichen Kultur, in W. Schmied-Kowarzik und J. Stagl (Hrsg.): Grundfragen der Ethnologie. Beiträge zur gegenwärtigen Theorie-Diskussion. Berlin 1981, pp. 349-389, hier p. 350f. In den Standard-Lehr- und Wörterbüchern der Ethnologie und Soziologie fehlt der Begriff jedoch.

2 William Graham Sumner: Folkways. A Study of the Sociological Importance of Usages, Manners, Customs, Mores, an Morals. New York-Toronto 1940 (orig. 1906), p. 27 (meine Übersetzung).

3 op.cit., p. 27f.

4 Vgl. hiezu Werner Stark: The Social Bond. An Investigation into the Bases of Law-abidingness. Vol. III, Safeguards of the Social Bond: Custom and Law. New York 1980, pp. 22ff.; Vol. IV, Safeguards of the Social Bond: Ethos and Religion. New York 1983, p. 130f.

5 Dies habe ich näher ausgeführt in J. Stagl: Wie können kulturelle Inhalte auf die sozialen Strukturen einwirken? (Erscheint vermutlich in Zeitschrift für Soziologie 1986).

6 Alfred Schütz: Gesammelte Aufsätze. Bd. I, Das Problem der sozialen Wirklichkeit. Den Haag 1971, pp. 11ff. Vgl. auch Thomas Luckmann: Lebenswelt und Gesellschaft. Grundstrukturen und geschichtliche Wandlungen. Paderborn 1980.

7 Emile Durkheim: Les formes élémentaires de la vie religieuse. Le système totémique en Australie. Paris 1912, I, I; Mircea Eliade: Das Heilige und das Profane. Vom Wesen des Religiösen. Hamburg 1957; Gustav Mensching: Die Religion. Erscheinungsformen, Strukturtypen und Lebensgesetze. Stuttgart 1959, pp. 15ff.

8 Vgl. Eliade (wie Anm. 7), pp. 13ff.

9 op. cit., pp. 22ff.

10 op. cit., pp. 40ff.

11 Vgl. Sumner (wie Anm. 2), p. 28.

12 Klaus E. Müller: Die bessere und die schlechtere Hälfte. Ethnologie des Geschlechter-Konflikts. Frankfurt-New York 1984, p. 131.

13 J. G. Peristiany: Recht. In: Institutionen in primitiven Gesellschaften (edition suhrkamp). Frankfurt a. M. 1967, p. 57.

14 Beispiele in Sumner (wie Anm. 2), pp. 28ff.

15 Vgl. hiezu Andrew Lang: The Making of Religion. London 1898; P. Wilhelm Schmidt: Der Ursprung der Gottesidee. 12 Bde., Münster 1912–1955; Raffaele Pettazoni: Der Allwissende Gott. Zur Geschichte der Gottesidee. Frankfurt a. M. 1960 (ital. 1957). Zur sog. »Astralmythologie« die in der Religionsgeschichte eine große Rolle gespielt hat, sei an das bedeutende, aus dem Nachlasse von seinem Sohn Wolfdietrich Schmied-Kowarzik herausgegebene Werk von Walther Schmied-Kowarzik: Frühe Sinnbilder des Kosmos. Gotteserlebnis und Welterkenntnis in der Mythologie. Ratingen 1974, erinnert, der nicht die Himmelskörper selbst, sondern den Pol, von dem aus ihre Bewegungen meßbar sind, als Gottessymbol herausstellte: »Für die nordländischen Völker war der gesetzmäßige Kreislauf aller Gestirne um den Himmelspol, der selbst keinerlei kosmischem Gesetz unterworfen schien, ein Beweis für die heilige Macht einer allumfassenden Gottheit, von der alles irdische und so auch das menschliche Leben abhing« (p. 15).

16 Vgl. dazu Mensching: Die Religion (wie Anm. 7); Werner Stark: The Sociology of Religion. A Study of Christendom. 5 Bde., London 1966-72; Josef Franz Thiel: Religionsethnologie. Grundbegriffe der Religionen schriftloser Völker. Berlin 1984.

17 H. Bergson: Les deux sources de la morale et de la religion. Paris 1946[48] (orig. 1932). Bergson weist freilich nicht genügend darauf hin, daß seine Unterscheidung auf die zwischen *civitas terrena* und *civitas dei* bei Augustinus zurückgeht.

18 Bereits Andrew Lang brachte das Hochgottprinzip mit der Ratio, die »niederen« Stammesmythologien mit der Phantasie und dem Gefühl in Zusammenhang (Myth, Ritual, and Religion. London 1901). Von der Ratio haben die »abstrakten« Konzepte des Raumes, der Zeit, der Menschheit ihren Ausgang (vgl. Ernst Cassirer: An Essay on Man. New Haven-London 1944, Chr. IV, »The Human World of Space and Time). Bergson sagt übrigens, daß man zur Idee der Menschheit nicht einfach durch eine Erweiterung der Idee der Nation kommt. Man muß den Umweg über das Unendliche, den Gottesbegriff nehmen (op. cit., pp. 26ff.). Man kann daher auch den Egoismus nicht bekämpfen, indem man den Altruismus empfiehlt, sondern nur durch Vorbildwirkung (op. cit., p. 32). In der hier verwendeten Terminologie könnte man sagen, daß der *Theozentrismus* die Brücke vom *Ethnozentrismus* zum *Kosmozentrismus* darstellt.

19 Siehe hiezu die Arbeiten von Niklas Luhmann. Man vergleiche auch, was Bergson über die Unordnung sagt (L'Évolution Créatrice. Paris 1920[22], pp. 239).

20 Ich habe dazu Näheres gesagt in J. Stagl: Die Beschreibung des Fremden in der Wissenschaft. In: Hans Peter Duerr (Hrsg.): Der Wissenschaftler und das Irrationale. Bd. 1, Beiträge aus Ethnologie und Anthropologie. Frankfurt a. M. 1981, pp. 273–295 (dort auch weitere Literatur).

21 Ich habe dies näher ausgeführt in J. Stagl: Übergangsriten und Statuspassagen. Überlegungen zu Arnold van Genneps »Les Rites de Passage«, in: Karl Acham (Hrsg.): Gesellschaftliche Prozesse. Beiträge zur historischen Soziologie und Gesellschaftsanalyse. Graz 1983, pp. 83–96, sowie in J. Stagl: Wie können kulturelle Inhalte auf die sozialen Strukturen einwirken? (s. Anm. 5). Dort auch weitere Literaturhinweise.

22 Vgl. hiezu vor allem die Arbeiten von Ad. E. Jensen.

23 Zum Bauopfer vgl. Paul Sartori: Über das Bauopfer. Zeitschrift für Ethnologie 30, 1938, pp. 1-54; Eliade: Das Heilige und das Profane (wie Anm. 7), pp. 33ff.;

Giuseppe Cocchiara: Il paese di Cuccagna e altri studi di folklore. Turin 1956, pp. 84ff. Zum Opfer im allgemeinen René Girard: La Violence et le Sacré. Paris 1972, und Thiel: Religionsethnologie (wie Anm. 16), pp. 111ff.

24 Marshall D. Sahlins: The Segmentary Lineage. An Organization of Predatory Expansion. American Anthropologist 63, 1961, pp. 322-343.

25 In diesem genialen Aufsatz prägte Novalis übrigens den Begriff der permanenten Revolution (der »Revolutionsregierung permanent«, wie er sagt), und zwar anhand des Protestantismus als Modernisierungsträgers und Sprengers der mittelalterlichen Einheit des Christentums. Erst die Versöhnung des protestantischen und katholischen Prinzips auf höherer, wissenschaftlicher Ebene kann Europa die geistige Einheit und den Vorrang wiedergeben. Die Parallele zu den Geschichtsphilosophien Hegels und Comtes liegt auf der Hand.

26 Novalis: Die Christenheit oder Europa, in: Walther Rehm (Hrsg.): Novalis. Hamburg 1956, pp. 93-108, hier p. 107.

27 Siehe dazu Karl Löwith: Weltgeschichte und Heilsgeschehen. Die theologischen Voraussetzungen der Geschichtsphilosophie. Stuttgart 1953; Wilhelm E. Mühlmann: Chiliasmus und Nativismus. Studien zur Psychologie, Soziologie und historischen Kasuistik der Umsturzbewegungen. Berlin 1964[2]; Robert A. Nisbet: Social Change and History. Aspects of the Western Theory of Development. New York 1969; James H. Billington: Fire in the Minds of Men. Origins of the Revolutionary Faith. New York 1980; Friedrich H. Tenbruck: Die unbewältigten Sozialwissenschaften oder Die Abschaffung des Menschen. Graz 1984. Vgl. auch meine Arbeit: Abendländische Welt-Bilder. Erdteile und Menschenrassen auf zwei Titelkupfern des 17. und 18. Jahrhunderts, in: H. Braun und A. Hahn (Hrsg.): Kultur im Zeitalter der Sozialwissenschaften. Friedrich H. Tenbruck zum 65. Geburtstag. Berlin 1984, pp. 251–267, in der ich diesen ideengeschichtlichen Umschwung aufgrund ikonographischen Materials nachgezeichnet habe.

28 Wilhelm Emil Mühlmann: Der Mensch als Kulturwesen. Umrisse und Probleme einer Kulturanthropologie. In: Homo Creator. Abhandlungen zur Soziologie, Anthropologie und Ethnologie. Wiesbaden 1962, pp. 107–129, hier p. 108.

29 Platon, Protagoras 320c-322a. Zur sophistischen Kulturtheorie vgl. Mohammed Rassem: Das Gärtner-Gleichnis. Similitudo ab agricultura. In: Stiftung und Leistung. Essais zur Kultursoziologie. Mittenwald 1979, pp. 11-27. Zur Objektivation vgl. Hans Freyer: Theorie des objektiven Geistes. Leipzig 1923 und Walther Schmied-Kowarzik: Die Objektivation des Geistigen (Der objektive Geist und seine Formen). Acta et Commentationes Universitatis Tartuensis (Dorpatensis) B X, 4, Dorpat 1927.

30 E. B. Tylor: Primitive Culture: Researches into the Development of Mythology, Philosophy, Religion, Art, and Custom. 2 Bde., London 1871; ders.: Anthropology: An Introduction into the Study of Man and Civilisation. London 1881.

31 Vgl. dazu Robert H. Lowie: Reminiscences of Anthropological Currents in America Half a Century Ago. American Anthropologist 58, 1956, pp. 995-1015; George W. Stocking. Jr.: Race, Culture, and Evolution: Essays in the History of Anthropology. New York 1968. Für die Verbindung mit dem Kulturellen Relativismus sind noch immer die beiden Bücher von Wolfgang Rudolph grundlegend: Die amerikanische »Cultural Anthropology« und das Wertproblem. Berlin 1959, und: Der kulturelle Relativismus. Kritische Analyse einer Grundsatzfragen-Diskussion in der amerikanischen Ethnologie. Berlin 1968.

32 Vgl. dazu Justin Stagl: Kulturanthropologie und Gesellschaft. Eine wissenschaftssoziologische Darstellung der Kulturanthropologie und Ethnologie. Berlin 1981[2], pp. 37ff.

33 Dennison Nash: The Ethnologist as Stranger: An Essay in the Sociology of Knowledge. Southwestern Journal of Anthropology 19, 1963, pp. 149-167; J. Stagl: Kulturanthropologie und Gesellschaft (wie Anm. 32), pp. 84ff.; ders.: Feldforschung als Ideologie, in: Hans Fischer (Hrsg.): Feldforschungen (erscheint Berlin 1985).

34 Vgl. Arthur O. Lovejoy, George Boas et al.: Primitivism and Related Ideas in Antiquity. Baltimore 1935. – Die innere Verwandtschaft von griechischer Sophistik und europäischer Aufklärung ist vielen Ideenhistorikern aufgefallen, nicht zuletzt Hegel und Comte.

35 Hermann Nohl: Die deutsche Bewegung. Vorlesungen und Aufsätze zur Geistesgeschichte von 1770-1830. Göttingen 1970.

36 Einige Worte über Allgemeinheit, Toleranz und Menschenliebe in der Kunst, in: Wilhelm Heinrich Wackenroder und Ludwig Tieck. Herzensergießungen eines kunstliebenden Klosterbruders. Reclam-Ausgabe, Stuttgart 1961, p. 49.

37 op. cit., p. 47.

38 Anacharsis (ca. 600 v. Chr.), der von manchen zu den »sieben Weisen« Griechenlands gerechnet wurde und dessen zivilsationskritische Aperçus in aller Munde waren, war nach dem Bericht des Diogenes Laertius der Prototyp des Marginalen und eine tragische Gestalt. Sohn eines skythischen Vaters und einer griechischen Mutter, Verfasser von Ethnographien der Skythen *und* der Griechen, war er auch ein Kritiker beider Kulturen. Nach seiner Rückkehr versuchte er die skythischen Institutionen im griechischen Sinne zu reformieren und wurde deshalb von seinen Verwandten umgebracht (Diog. Laert. I, I, VIII). Wer erkennt hier nicht die modernen Parallelen?

39 Vgl. dazu u. a. Jacques Maquet: Objectivity in Anthropology. Current Anthropology 5/1, 1964, pp. 47-55; Munasu Duala M'bedy: Xenologie, die Wissenschaft vom Fremden und die Verdrängung der Humanität in der Anthropologie. Freiburg-München 1977.

40 Frantz Fanon: Die Verdammten dieser Erde. Deutsch von Traugott König. Frankfurt a. M. 1966. Die Zitate sind aus Kap. 4, Über die Nationale Kultur, pp. 161, 162, 170.

41 Jean-Paul Sartre: Vorwort, in: Fanon: Die Verdammten dieser Erde (wie Anm. 40), pp. 7-25. Der Fairness halber möchte ich betonen, daß mir dieses gefühlsgeschwängerte, übrigens glänzend geschriebene, Stück Prosa nicht auf der Höhe von Sartres gewohntem Reflexionsniveau zu stehen scheint. So übersieht er geflissentlich, daß hinter seinem Versuch, Fanon unter die großen Theoretiker einzuschmuggeln (wobei freilich Sorels »faschistisches Geschwätz« (p. 12) einen Fußtritt en passant abbekommt), ein von seiner apokalyptischen Jovialität nur mühsam kaschierter eurozentristischer Hochmut sich zeigt: müssen wir da nicht denken: »Der Sorel aus Martinique« oder: »Für einen Schwarzen immerhin beachtlich«?

42 Sartre: Vorwort (wie Anm. 41), pp. 18, 22.

43 Pascal Bruckner: Le sanglot de l'homme blanc. Tiers-monde, culpabilité, haine de soi. Paris 1983. Dieses in der Art der »nouveaux philosophes« geschriebene Buch ist keine systematische Analyse, sondern eher eine Kollektion kleiner Essays. Wertvoll sind die zahlreichen einschlägigen Zeugnisse von Persönlichkeiten des französischen Geisteslebens, die Bruckner zusammengestellt hat. Sartre mit seinem berüchtigten Vorwort zu Fanon dient auch ihm als Kronzeuge.

44 Sartre, Vorwort (wie Anm. 41), p. 12.

45 op. cit., p. 8.

46 op. cit., p. 15.

47 Bei allem Verbalradikalismus ist Sartre hinsichtlich des weiteren Schicksals der Europäer merkwürdig evasiv. Sie werden »zum Teufel« gejagt werden (p. 18). Aber zu welchem? Andere, die nicht getötet oder davongejagt werden, werden »assimiliert« werden; die europäische Sonderstellung wird verschwinden und »der sozialistischen Brüderlichkeit Platz machen« (p. 19). Dann wird das Lamm neben dem Löwen weiden. Aber wer garantiert, daß die erfolgreichen Menschenjäger ihre »Brüderlichkeit« nicht auch in Europa einführen werden? Jean-Paul Sartre garantiert es, denn er meint es mit uns gut: »Als Europäer stehle ich einem Feind sein Buch und mache es zu einem Mittel, Europa zu heilen« (p. 12). Wodurch? Durch die Weltrevolution »unter der Führung der Bauernklasse« (p. 10). »Die Zeit nähert sich, dessen bin ich sicher, wo wir uns denen anschließen werden, die sie heute machen« (p. 25).

48 op. cit., p. 20.

49 Vgl. dazu Mühlmann: Chiliasmus und Nativismus (wie Anm. 27), pp. 351ff.

50 Bruckner: Le sanglot de l'homme blanc (wie Anm. 43), passim.

51 Wieder ist Jean-Paul Sartre hier ein unschätzbarer Kronzeuge. Worauf sind die meisten ethnisch-politischen Unterschiede zurückzuführen? Auf das *divide et impera* der Kolonialisten (p. 9f.). Warum gibt es außerhalb Europas Kriege? »Die Stämme kämpfen gegeneinander, weil sie den eigentlichen Feind nicht angreifen können« (p. 16). Weitere amüsante Beispiele für diese freiwillige Blindheit findet man bei Brucker op. cit. (s. Anm. 43). Das Gegenteil behauptet freilich Fanon. Nachdem er die Leistungen der Ethnologie kurz und kommentarlos erwähnt hat, fährt der Meister fort, der Kolonialismus habe »in seinen Bemühungen, die autochthone Kultur abzuwerten, nicht differenziert«, sondern »nur immer wieder behauptet, daß der Neger ein Wilder sei, und der Neger war für ihn weder der Angolese noch der Nigerier: er sprach stets nur vom Neger« (Die Verdammten dieser Erde [wie Anm. 40], p. 162). Logik hin, Logik her, dem *tiers-mondiste* ist alles recht, woraus man einen Vorwurf destillieren kann. Wie verräterisch ist übrigens die Wortwahl! Nicht der Ovambo oder Ovimbundu, sondern der »Angolese«, nicht der Ibo, Tiv oder Yoruba, sondern der »Nigerier«!

52 F. M. Dostojewski: Die Brüder Karamasoff II, V, 5. »Der Großinquisitor« (Insel-Ausgabe Bd. 23, p. 474, Deutsch von Karl Nötzel).

53 Tac. Hist. IV, 68, 73 (Tacitus: Historien. Übersetzt und erläutert von Franz Eckstein. München o. J., pp. 238, 243).

54 Vgl. das mit Anm. 36 belegte Wackenroder-Zitat. – In seiner methodologischen Arbeit »Histoire et Ethnologie« (Kap. 1 von: Anthropologie Structurale, Paris 1958) vergleicht Claude Lévi-Strauss die beiden Disziplinen miteinander: »Alle beide erforschen sie Gesellschaften, die *anders* sind als die, in der wir leben. Ob diese Andersheit von einer Entfernung in der Zeit . . . oder von einer Entfernung im Raum . . . abhängt, ist in Anbetracht der Ähnlichkeit der Positionen zweitrangig« (p. 23, meine Übersetzung).

55 Dies habe ich näher ausgeführt in J. Stagl: Szientistische, hermeneutische und phänomenologische Grundlagen der Ethnologie, in: Schmied-Kowarzik/Stagl (Hrsg.): Grundfragen der Ethnologie (s. Anm. 1), pp. 1-38, §§ 4 u. 5. Ders.: Die Beschreibung des Fremden in der Wissenschaft (wie Anm. 20).

56 Vgl. Anm. 6.

57 Siehe dazu Stagl: Kulturanthropologie und Gesellschaft (wie Anm. 32), pp. 79ff., 105ff.

58 Emile Durkheim: Les formes élémentaires de la vie religieuse (s. Anm. 7) Ch. II, IX, IV.

59 Das Thema der Schwäche der höheren Ideen ist ein zentrales in der deutschen Philosophie (z. B. Schopenhauer oder Scheler) und in der auf ihr aufbauenden Wissenssoziologie.

60 Dies meint Max Webers Begriff der »Veralltäglichung des Charisma«.

61 Ich kann mich der Ansicht Bergsons, nach der ein Fortschritt der »offenen« Moral und Religion in der Welt festzustellen ist (vgl. Anm. 17), nicht anschließen. Ich halte es eher mit der pessimistischen Einschätzung des Augustinus (Civ. Dei I, 35), nach der die *civitas dei* die *civitas terrena* nicht überwinden kann, nicht einmal innerhalb der Kirche als Institution: »Denn ineinandergeschoben sind die beiden Staaten in dieser Weltzeit und miteinander verwirrt, bis sie beim letzten Gericht getrennt werden« (Vom Gottesstaat. Übertragen von Wilhelm Thimme. München 1985[2], Bd. 1, p. 57). Die temporären Friedensordnungen sind durch den technologischen Fortschritt größer und stabiler geworden; eben dadurch vergrößert, ja globalisiert, sind aber auch die Gefahren und Katastrophen, die ihnen drohen.

62 Vgl. Stagl: Wie können kulturelle Inhalte auf die sozialen Strukturen einwirken? (s. Anm. 5).

63 Vgl. dazu die Bemerkungen über die »Welt des Wirkens« als die »ausgezeichnete Wirklichkeit« bei A. Schütz: Gesammelte Aufsätze (wie Anm. 6), pp. 260ff.

64 Stagl: Szientistische, hermeneutische und phänomenologische Grundlagen der Ethnologie (wie Anm. 55), §§ 5, 6.

65 Aus diesem Grunde halte ich auch nichts von der heute oft erhobenen Forderung, die in den völkerkundlichen Museen aufbewahrten Ethnographica »zurückzugeben«. An wen bitte? Von den rechtlichen und konservierungspraktischen Problemen einmal abgesehen: Museen sind Schatzhäuser der Wissenschaft, die Zugänglichkeit für Forscher jeder Provenienz gehört zu ihrem Auftrag. Durch das Eintauchen in die museale Sphäre – auf welchen Wegen auch immer – sind diese Gegenstände eben zu Ethnographica, d. h. zu alltagsenthobenen wissenschaftlichen Dokumenten geworden. Wer sie »zurück« haben will, hat dabei keineswegs die Wissenschaft im Auge. Er will sie in Gebrauchsgegenstände, nämlich in Gestalt von Prestigeobjekten, rekonvertieren.

66 Vgl. Stagl: Die Beschreibung des Fremden in der Wissenschaft (wie Anm. 20), pp. 284ff.

67 Vgl. dazu W. E. Mühlmann: Ethnologie als soziologische Theorie der interethnischen Systeme. Kölner Zeitschrift für Soziologie und Sozialpsychologie 8, 1956, pp. 186-205. Überhaupt lassen sich die Arbeiten von Mühlmann für diese Auffassung von Ethnologie heranziehen.

68 Vgl. Anm. 15.

69 ibidem, pp. 177-186.

70 Schmied-Kowarzik: Das unendliche Sein und das endliche Seiende (wie Anm. 69), p. 182.

71 op. cit., p. 183.

72 loc. cit.

73 op. cit., p. 185.

74 op. cit., p. 183.

75 op. cit., p. 185f.

76 Schmied-Kowarzik: Die Objektivation des Geistigen (wie Anm. 29), pp. 16ff.

Ludwig Nagl

»Nature versus Nurture« Eine erledigte oder eine wiederauflebende Wissenschaftskontroverse?

Zu Derek Freemans Kritik an Margaret Meads Samoa-Studien

Derek Freemans aufsehenerregender und vielkommentierter[1] Versuch, den bisherigen Bestseller der ethnologischen Literatur, Margaret Meads »Coming of Age in Samoa« (1928), zu demontieren, hat nicht nur Implikationen für jene völkerkundlichen Forschungen, die mit südpazifischen Kulturen beschäftigt sind: seine »Entlarvung« einer »anthropologischen Legende«,[2] so hoffen manche (der ethnologischen Grundthese nämlich von einer kategorial trennscharfen Abgrenzbarkeit des Bereichs der Kultur von jenem der biologisch analysierbaren Natur), sei in der Lage, bedeutend mehr zu leisten. Der Biologe I. Eibl-Eibesfeldt, der das Vorwort zur deutschen Übersetzung der Studie Freemans schrieb, spricht diese Hoffnungen mit unverhohlener Deutlichkeit aus: »Ginge es nur um die Richtigstellung einiger völkerkundlicher Daten, dann würde sich wohl kaum einer erregen. Aber Meads lebendige Ausführungen stützten die Thesen jener, die für freie Sexualität, Auflösung der Familie und repressionsfreie Erziehung eintraten. Ihre Beobachtungen schienen auch die These von der Gleichheit der Geschlechter ebenso wie jene von der Erziehungsbedingtheit der Aggression zu stützen.«[3] Freemans Attakke auf das Samoa-Bild Meads soll also – zumindest indirekt – viel mehr bewirken, als nur eine Revision bestimmter ethnologischer Aussagen: sie dient in der politischen Öffentlichkeit zum Angriff auf das theoretische Vorfeld all jener sozialen Experimente, die mit einer weitgehenden freien Veränderbarkeit gesellschaftlicher Interaktions- und Institutionalisierungsformen rechnen. Ist diese Kontroverse somit primär eine innerwissenschaftliche Manifestationsform des sich seit einigen Jahren in den USA und den anderen westlichen Industriestaaten formierenden politischen Neokonservativismus? Kehrt in Freemans Attacke auf die antibiologistische Kulturtheorie Meads (und ihres Lehrers Franz Boas) – trotz gegenteiliger Versicherungen – der hochpolitisierte Wissenschaftsstreit zwischen Biologie und Kulturanthropologie, welcher in den Zwanzigerjahren unseres Jahrhunderts unter dem Kampfruf »Nature versus Nurture« geführt wurde, in leichten Modifikationen wieder? Eibl-Eibesfeldt, der deutsche Interpret der Intentionen Freemans, möchte vermeiden, daß dieser Eindruck entsteht: »Nicht, daß es nunmehr heißen müßte, alles reife unabhängig von der Erziehung heran. Kein Biologe würde je etwas derartig Unsinniges behaupten . . . Aber die These von der beliebigen Wandelbarkeit menschlichen Verhaltens kann durch den Hinweis auf Meads Beobachtungen nicht mehr gestützt werden.«[4]

Will man einmal absehen davon, daß Biologen immer wieder eine extrem naturalistische Reifungstheorie des Menschen vertreten haben (was, wie sogleich vorgeführt wird, Derek Freeman selbst in wünschbarem Detail aufzeigte), so erscheint insgesamt der apodiktische Schluß, den Eibl-Eibesfeldt aus der Samoa-Kontroverse zieht, gelinde gesagt, übertrieben. Zwar hoffen manche Verhaltensforscher, daß alle Versuche, die soziokulturelle Realität des Menschen von der Biologie kategorial scharf zu trennen, durch Attacken wie diejenige Freemans auf die kulturanthropologischen Prämissen Meads nachhaltig diskreditiert worden sind: verwandeln sie diese Hoffnung jedoch in die Behauptung, daß die »Plastizität« des Menschen aufgrund stammesgeschichtlicher Determinanten aufs Nachhaltigste limitiert sei, so beginnen sie damit, nolens volens, eine neue Runde der Nature/Nurture-Debatte.

Wie wir im folgenden zeigen wollen, gibt es gute Gründe, an der Gültigkeit des Fazits zu zweifeln, das Eibl-Eibesfeldt aus Freemans Buch zieht: Steht doch der Kompromißvorschlag Freemans, demzufolge die traditionelle Nature/Nurture-Kontroverse zwischen Eugenikern und Kulturdeterministen überwunden werden kann durch einen (intern differenzierten) Evolutionsbegriff, selbst auf tönernen Beinen!

Diese These soll in den vier Abschnitten der vorliegenden Arbeit näher erläutert werden. Zunächst geht es in (1) um eine kurze Charakterisierung der klassischen Kontroverse zwischen biologischen Deterministen und Kulturanthropologen, sowie um den Stellenwert von Meads Samoa-Buch in diesem Kontext. Teil 2 beschäftigt sich mit den Leistungen und Grenzen des Kulturdeterminismus: hier wird der Versuch unternommen, die legitimen und auch gegenwärtig gänzlich unüberholten Motive, welche die Kulturanthropologen zur Abgrenzung von der Biologie nötigten, von deren »kulturdeterministischen«, durch E. Durkheim inspirierten Engführungen zu separieren. Im 3. Abschnitt gehen wir der Frage nach, ob das, was wir Freemans »Versöhnungsthese« nennen, in der Tat die Nature/Nurture-Kontroverse zu bereinigen imstande ist, oder ob in ihr der Status von humanen Sozietäten verkannt wird, und es sich bei seinen Integrationsversuch zuletzt doch um eine raffiniertere Neuauflage des Nature-Theorems handelt. Diese Frage wird im abschließenden vierten Teil bejaht und auf das Defizit verwiesen, welches Freemans Position kennzeichnet: in ihr ist eine Theorie des »objektiven Geistes« ausgespart, die Kulturanthropologen wie Margaret Mead sehr wohl für unverzichtbar hielten. Weder die Gestaltetheit noch die Gestaltbarkeit humaner Produkte und Institutionen ist verstehbar als ein bloßer durch Selektionszufälligkeit entbundener Reflex evolutionärer Entwicklungsprozesse.

1. Die »klassische« Kontroverse zwischen biologischen Deterministen und Kulturanthropologen

Ein unbezweifelbares Verdienst von Freemans Buch ist die Beschreibung und Analyse des wissenschaftlichen und politischen Umfelds, in dem Margaret Meads Samoa-Studien entstanden. In dem einleitenden Kapitel seiner Untersuchung, das der »Entstehung des Kulturddeterminismus« gewidmet ist, entwickelt Freeman, warum Meads Analyse der samoanischen Gesellschaft der Stellenwert einer »negativen Instanz« (d. h. einer Art »experimentum crucis«) zugeschrieben werden konnte, in welchem dem biologischen Determinismus, der am extremsten in der Eugenikbewegung des frühen 20. Jahrhunderts zu Tage trat, die Gegenrechnung präsentiert werden sollte: wäre es nämlich möglich, so argumentierten die Kulturanthropologen, die von biologischen Strukturen mitbestimmte Adoleszenzphase des Menschen als kulturspezifisch *unterschiedlich* strukturiert, also nicht in allen Gesellschaften homogen aufzuweisen, so demonstriere dieser Nachweis, daß die Biologen mit ihrem erbtheoretisch argumentierenden Determinismus unrecht hätten. An einer solchen Beweisführung, die Margaret Mead unter der Leitung ihres Lehrers Franz Boas in ihren Samoa-Studien zu erbringen versuchte, waren alle jene Anthropologen, die dem Biologismus und seinen rassistischen Implikationen kritisch gegenüberstanden, äußerst interessiert.

1.1 a Exkurs zur Forschungsprogrammatik Meads

Margaret Mead umreißt im Einleitungskapitel von »Coming of Age in Samoa« die sie leitenden Forschungsmaximen folgendermaßen: »The anthropologist . . . grew to realize the tremendous role played in an individuals life by the social environment in which each is born and reared. One by one, aspects of behaviour which we had been accustomed to consider invariable complements of our humanity were found to be merely a result of civilisation, present in the inhabitants of one country, absent in another country, and this without a change of race. He learned that neither race nor common humanity can be held responsible for many of the forms which even such basic human emotions as love and fear and anger take under different social conditions.«[5] Gegen den genetisch-biologischen Determinismus der Eugeniker (siehe 1.2 a) und gleichermaßen gegen eine metaphysische Invariantenlehre von der Menschen»natur«, betonen Kulturanthropologen wie M. Mead aus einsichtigen Gründen den historisch variablen Charakter aller humanen Vergesellschaftungsformen: der Mensch ist nicht einfachhin Naturprodukt, sondern er macht sich eine Sozial»natur« erst in institutionell geregelten und historisch spezifizierten Interaktionskontexten: das ist der einzige, formal-negative, invariable Gehalt einer postmetaphysischen Anthropologie. D. h. aber, daß selbst die »grundlegenden menschlichen Gefühle« nicht Ausfluß eines biologisch festliegenden Menschen»wesens« sind, sondern, wie z. B. die lange Geschichte der Geschmackskultur es dartut, Produkt historischer Konstellationen. Oder, in den Worten Meads: »It ist education by which the baby, arrived *cultureless* upon the human scence, becomes a full-fledged adult member of his or her society.«[6]

Die Menschen»natur« ist offen, vielfältig und plastisch: dieses Grundtheorem der Kulturanthropologie, so glauben wir, ist nach wie vor aktuell und somit auch gegen diverse Neo-naturalismen verteidigbar. Die Adoleszenzstudien Meads in Samoa sollten es stützen. Dabei war die Frage, der Mead nachging, die folgende: »Are the disturbances which vex our adolsescents due to the nature of adolescence itself or to the civilisation? Under different conditions does adolescence present a different picture?«[7] Die Antwort, die Mead auf diese Frage gibt, ist ein eindeutiges Ja: »Adolescence ist not necessarily a time of stress and strain, but cultural conditions make it so.«[8]

1.1 b Exkurs zu Freemans »normalisiertem« Samoa-Bild

Derek Freeman ist es gelungen, manche der Evidenzen, von denen Mead in »Coming of Age in Samoa« spricht, zu problematisieren, ja die Meadsche Darstellung als ganze in den Verdacht zu bringen, daß sie immer wieder der Traumlogik exotistischer Südseebilder folge: dieser Vorwurf, so scheint es dem Autor nach einem mehrwöchigen Aufenthalt in Samoa, hat in allerlei Hinsicht seine Berechtigung. Die konkreten Einwände gegen manche der Details von Meads Studie erlauben jedoch nicht den illegitim allgemeinen Schluß, daß die These von der historischen Variabilität der Adoleszenz deshalb kollabiert sei. Die samoanische Form des Heranwachsens mag zwar nicht so spannungsfrei sein, wie Mead sie schilderte; dennoch besteht weiterhin ein deutlicher Unterschied zwischen den »traditionalen« Weisen der Sozialisation in archaischen Gesellschaften, der Struktur des Heranwachsens in Übergangsgesellschaften (wie Samoa), der Adoleszenzproblematik im westeuropäisch-amerikanischen Bürgertum des ausgehenden 19. Jahrhunderts mit ihrem rigid strukturierten Vater-Sohn-Konflikt und den durch narzißtische Störungen und retreatistische Protestformen belasteten Adoleszenzprozessen in den zeitgenössischen Industriegesellschaften. Für die konkrete Struktur dieser Differenzen bietet die Biologie des humanen »Reifens« keine Erklärung, die Plastizitätsthese der Kulturanthropologen hält sie hingegen unverdrängerisch in Sicht.

Freemans »normalisiertes« Samoa Bild zeigt, aufgrund der Gegenstellung zu Meads Beschreibungen, immer wieder die Tendenz, auffällige Eigenständigkeiten dieser Südsee-Kultur abstrakten Identitätsbehauptungen zu opfern und speziell in intimeren sexuellen Fragen die beschönigenden Reden samoanischer Gesprächspartner für bare Münze zu nehmen: der samoanische Dichter A. Wendt, welcher Freemans Studie in vielem durchaus schätzt, spricht ganz in diesem Sinn davon, daß Freeman z. B. gar zu leichtfertig auf Behauptungen wie diejenige, das Ideal der Jungfräulichkeit sei in Samoa auch eine Realität, hineingefallen sei.[9] Im Zusammenhang mit der Frage nach der sexuellen Liberalität der Samoaner ist meiner Frau und mir besonders aufgefallen, daß Freeman die samoanische Expressionsform der »Nachttänze« (»poula«), die, obwohl von den Missionaren perhorresziert, auch heute noch, etwa auf der samoanischen Insel Savaii, weiterbesteht, weder ausführlich beschreibt noch gar analysiert; und dies, obwohl sie eine für jeden, der sie miterleben konnte, fremdartige und hinreissende Attraktivität entfalten. Sie passen wohl zu wenig in Freemans puritanisch-nüchternes Anti-Bild einer »normalisierten« und verchristlichten Sexualität auf Samoa. A. Krämer, dessen klassische Studie »Die Samoa-Inseln« aus dem Jahre 1903 Mead nicht bekannt war, beschreibt ganz auf der Linie Meads einen solchen Nachttanz folgendermaßen: »Jünglinge, Kinder, Greise, Mädchen, alte Weiber, alles tanzt bis der Morgen graut, immer ausgelassener, immer ungebundener, und wenn nur noch die fremden Jünglinge und die Mädchen des gastgebenden Dorfes übrig sind, so reißen die übermütigen Knaben den Mädchen das lavalava fort unter Gelächter und Aufschreien, bis bei Morgengrauen jeder sich in seine Behausung begibt (fa anougāsega = to commit obscenity after the poula). Zahlreiche Liebesbande, mehr oder weniger flüchtig, werden bei solchen Gelegenheiten geknüpft, und wenn solch eine Gastgesellschaft ein Dorf verläßt, pflegen meist auch einige Mädchen mit von dannen zu ziehen, freilich um oft schon nach wenigen Tagen oder Wochen ernüchtert wiederzukehren.«[10]
Gegenstand der Erwägungen dieser Untersuchung ist jedoch nicht Freemans »normalisiertes« Samoa-Bild in seinen Leistungen und Grenzen. Was uns hier beschäftigen soll, ist vielmehr, ob aus Freemans Problematisierung von Meads Samoa-Studien wirklich folgt, was er zu suggerieren scheint und Eibl-Eibesfeldt direkt und programmatisch ausspricht: die Antiquiertheit nämlich der Grundthese der Kulturanthropologie von der hochgradigen Plastizität humaner Institutionen?

1.2 Der wissenschaftstheoretische Hintergrund von Meads Studie

a) Die biologische Erbtheorie, so zeigt Freeman in den Einleitungskapiteln seines Samoa-Buches, erlebte um die Jahrhundertwende international (in den USA, England und Deutschland) eine erste Blüte, wie nicht nur die Schriften Francis Galtons, des »Vaters der Eugenik«, sondern auch diejenigen von Charles B. Davenport, Madison Grant und Charles Rosenberg demonstrieren. Einzelne Bundesstaaten der USA versuchten daraufhin zu Beginn unseres Jahrhunderts ihre Bevölkerungspolitik an »Züchtungsmaximen« zu orientieren, die direkt dem Schrifttum biologischer Rassetheoretiker entstammen. Durch jene Maßnahmen, die ihre Legitimität aus der Genetik abzuleiten suchten, wurde das Vorfeld für die Karriere der Erbtheorie in den faschistischen Gesellschaften dieses Jahrhunderts bereitet: Derek Freeman zeigt in interessantem Detail, wie der biologische Determinismus Schritt für Schrifft auf jenen »schrecklichen Höhepunkt im nationalsozialistischen Deutschland zusteuerte, der mit Hitlers eugenischen Sterilisationsgesetzen des Jahres 1933 seinen Anfang nahm«[11]

Die Grundthese der Eugeniker war, daß beim Menschen der Einfluß der »Nature« (des Erbgutes) den der »Nurture« (der sozialen Umwelt) bei weitem überrage. Galton prägte in Anlehnung an eine Wendung Shakespeares für dieses politikträchtige Theorieprogramm den eingängigen Schlachtruf »Nature, not nurture«.[12] Der Mensch sei, wie die Eugenik zeige, ein primär erbmäßig determiniertes Wesen und die Verbesserung menschlicher Verhältnisse könne nur durch die Züchtung hochwertiger Rassen erfolgen. Charles Davenport schreckte nicht davor zurück, auch extreme Konsequenzen dieser Theorie auszusprechen. Seiner Ansicht nach fehlten »Verbrechern, Prostituierten, Landstreichern und anderen ›minderwertigen‹ Individuen« jene »Gene, nach deren durch Mutation in des Menschen ferner Vergangenheit bewirktem Auftreten der Mensch seine mehr primitiven und asozialen Instinkte zu beherrschen gelernt und die Zivilisation aufzubauen vermocht habe. Der Verbrecher sei also ein Verbrecher und die Hure eine Hure, weil sie aufgrund ihrer genetischen Struktur nicht mit den neurologischen oder physiologischen Mitteln ausgestattet sind, um sich ihrer animalischen Triebe erwehren zu können.«[13] Die politischen Folgen solcher eugenischen Verdammungsurteile, die jederzeit auch auf »primitive« oder »degenerierte« Kulturen ausdehnbar waren, lagen auf der Hand.

Niemand wird sich heute dieses »wissenschaftlichen« Erbes annehmen wollen: So ist selbstverständlich auch Freeman weit davon entfernt, den biologisch-*genetischen* Determinismus als eine konsistente Theorie gelten zu lassen. Die Eugeniker, so unterstreicht er immer wieder, übersahen, daß Kulturen nicht nur von Erbfaktoren, sondern auch von außergenetischen (nichtbiologischen) Determinanten bestimmt werden. Die Analyse des Wechselspiels zwischen diesen beiden Bestimmungsgründen fällt freilich bei Freeman, obwohl er in diesem Zusammenhang gern von einem neuen »Paradigma« der Kulturtheorie spricht, wie wir in (3) zeigen wollen, eher dürftig aus.

b) Die zeitgenössischen Kritiker der biologischen Deterministen scharten sich im Amerika der Zwanzigerjahre um Franz Boas, einen schulbildenden Ethnologen der Columbia University in New York City, der einflußreiche Studien wie die von Ruth Benedikt und Margaret Mead inspirierte. Boas war in seiner Kulturkonzeption stark beeinflußt von der deutschen Aufklärung; Herder und Schiller, vor allem aber Kant prägten seinen wissenschaftlichen Zugang zur gesellschaftlichen Realität nachhaltig. Als Student hatte er in Kiel bei Benno Erdmann, einem der bedeutendsten Neukantianer seiner Zeit, Vorlesungen gehört, die in ihm anhaltendes Mißtrauen gegenüber allen biologistischen Kurzschlüssen in der Theoriebildung weckten. Kants komplexer Naturbegriff, das sah Boas, schließt jeglichen reduktionistischen Determinismus aus. Freeman charakterisiert den Einfluß der Aufklärungsphilosophie auf Boas, der Kant immer wieder, u. a. in den langen Nächten seiner Arktis-Expedition zu den Eskimos 1883, studierte, folgendermaßen: »Natur ist nach Kant ›das Dasein der Dinge, sofern es nach allgemeinen Gesetzen bestimmt ist‹. Der Mensch, als Geschöpf der Natur, ist diesen Gesetzen gänzlich unterworfen. Doch aufgrund der historischen Tatsache, daß es Zivilisation mit sittlichen Ordnungen gibt, ist der Mensch, so postuliert Kant, auch ein Wesen, das befähigt ist, Entscheidungen zu treffen und in dessen Leben Vernunft und Wertvorstellungen bestimmenden Einfluß ausüben. Da dies so sei, können Menschen in einem beträchtlichen Ausmaß ihr eigenes Wesen und das ihrer Gesellschaftsordnung selbst bestimmen. Diese Fähigkeit unterscheide den Menschen von der übrigen belebten und unbelebten Natur.«[14]

Boas kehrt dieses kantische Motiv von der – durch die Möglichkeit zu freiem Handeln vermittelten – »Plastizität« der Kulturen gegen die dogmatischen Reden der Eugeniker: das organisch-biologische Substrat der Menschen kann nicht der letzte Bestimmungsgrund humaner Institutionen sein.

Diese scharfe Gegenstellung gegen den reduktionistischen Biologismus gibt der Kulturanthropologie auch im gegenwärtigen Diskurs Aktualität. Leben doch die erschlichenen Parallelen zwischen tierischem Verhalten und den menschlichen Institutionen, in denen Ethologen wie Eibl-Eibesfeld so gern schwelgen, einerseits von der anthropomorphen Interpretation tierischen Interagierens (dem sprachlosen »Lernen« der Tiere z. B.) und andererseits von der gleichzeitigen Diskreditierung einer die Freiheit ermöglichenden Handlungssprache durch deren entlarvende »Rückübersetzung« in stammesgeschichtliche Entwicklungsdeterminanten! Boas Kantianismus, sein Insistieren auf dem Bruch zwischen naturischem Antrieb und den gesellschaftlichen Institutionen, bleibt – gerade im Zeitalter naiv-realistischer, genetischer Epistemologien (R. Riedl, F. Wuketits) – wegen seiner provokativen Form zeitgemäß.

Weniger aktuell als das Grundmotiv ist freilich die »kulturdeterministische«

Gestalt, die die Boassche Plastizitätstheorie des Sozialen angenommen hat. Sie findet, wie in (2) gezeigt werden soll, ihre Fortsetzung in Meads Rede von der individuellen Unverfügbarkeit der »cultural patterns«.
Bedauerlicherweise ist Boas Liebe zu Kant nicht bis zu jenem Punkt gediehen, wo er die Komplexität und den Spannungsreichtum des kantischen Naturbegriffs (physikalische, »von uns« konstituierte Gesetzesnatur; die unserer Urteilsform verdankte organische Natur; die Freiheits»natur« des Menschen) philosophisch eigenständig zu durchdringen gesucht hätte.[15] Kants *theoretisch*-naturwissenschaftliche Bestimmung der Natur als »universales Gesetz« wird von den Kulturanthropologen allzuschnell analog auf die Freiheits»natur« des Kulturwesens Mensch bezogen, mit dem Effekt, daß alle freiheitsvermittelten kulturellen »Muster« am Leitfaden eines »Determinismus« gedeutet werden und damit zuletzt als kaum variable »Sitten«, denen der einzelne gehorchen muß oder deren Sanktionen er unterliegt, interpretiert sind. E. Durkheims Stillegung der Dialektik von Individuum und Sozietät, die selbst einer simplifizierenden Kantinterpretation entstammt,[16] wird – trotz ihres theoretischen Defizits – in der Entstehungszeit des Kulturdeterminismus von bestimmendem Einfluß auf die Boasianer. Der Boas-Schüler Alfred Kroeber drückt den durkheimschen Gedanken von der »absoluten« Natur des »Superorganischen« am unverhohlensten aus: »Kulturelles ist seinem ganzen Wesen nach überindividuell«.[17] Diese These wird ihren Nachhall auch bei Mead finden.

2. Grenzen und Leistungen des Kulturdeterminismus: Das kantische und das durkheimsche Erbe

Der Versuch der Kulturanthropologen (Boas, Kroeber, Benedikt, Mead), die Kulturtheorie gegenüber biologisch-deterministischen Erklärungsansprüchen des menschlichen Verhaltens als eine autonome Disziplin zu begründen, führte zu den Übertreibungen, die den Kultur»determinismus« heute unattraktiv machen: Die Rede von der Autonomie der Kultur wurde um den Preis erkauft, daß ein »sozialer Determinismus«, der die Zwangsstruktur des biologischen Determinismus im humanen Bereich widerspiegelt, postuliert wurde. Der Einfluß E. Durkheims auf die Boasianer ist in dieser Wendung der Kulturanthropologie zum Kulturdeterminismus unübersehbar. Durkheims Theorie von der eigenständigen Realität des Sozialen, die, im »Kollektivbewußtsein« einer Gesellschaft manifest werdend, den einzelnen in seinem Verhalten durchgängig bestimmt, beeindruckte nicht nur Boas selbst, sondern kehrt verstärkt bei seinen Schülern Kroeber, Benedikt und Mead wieder. Kroeber etwa spricht davon, daß die Kultur das Leben der individuellen Mitglieder einer Gesellschaft auf eine Weise durchdringt, die durch die

Individuen nicht kontrolliert werden kann, sondern vielmehr »einer eigenen Kausalität« folge.[18]

Diese Kausalität ist nicht der biologische Ursache-Wirkungs-Zusammenhang, sondern wird konstituiert durch die Regeln (»patterns«), die eine soziale Gemeinschaft definieren. Unschwer erkennt man in der kulturdeterministischen Theorie Kroebers Durkheims Verinnerlichungsthese wieder, die Behauptung nämlich, daß der Mensch durch kulturelle Sozialisation nicht nur geprägt wird, sondern darin erst insgesamt seine Identität als »Ich« erlangt: Für Durkheim besitzt jede Gruppe ein bestimmtes »conscience collective«. Darunter versteht er die allen Gruppenmitgliedern gemeinsame Gesamtheit der Normen (sentiments collectifs) und Verhaltensregeln (règles morales); überdies auch die kognitiven Inhalte des jeweiligen Weltbildes (représentations collectives) und die allgemein geteilten Meinungen (courants collectifs).[19] Das Individuum wird durch diese kulturspezifischen Regeln durchgängig bestimmt, es *entsteht* gleichsam in ihnen. Unbeantwortet bleibt in einer solchen Sozialisationstheorie freilich die Frage, wie denn der kultur*verändernde* Widerstand gegen ein determinierendes kulturelles »pattern«, dessen Ort das autonomiefähige Subjekt ist, unter ihren Prämissen überhaupt noch begrifflich gefaßt werden kann. Die Rede von einer eigenständigen, kulturdeterminierenden Kausalität zieht, so scheint es, eigentümliche Konsequenzen nach sich: die Freiheit des Subjekts, die von der Kulturanthropologie vor dem biologistischen Reduktionismus gerettet wurde, verschwindet unter der Hand zumindest in den rigideren Fassungen des »Kulturdeterminismus«.

Einiges von diesem paradoxen Resultat der Nature/Nurture-Kontroverse der Zwanzigerjahre geht in das theoretische framework der Meadschen Kulturanthropologie ein. So argumentiert Mead im Kapitel 14 von »Coming of Age in Samoa« z. B. folgendermaßen: Die Adoleszenzphasen in den USA und im Südpazifik seien voneinander unterschieden; in Samoa gebe es im Gefolge der Pubertät keine signifikanten Identitätsprobleme, in den USA und Europa jedoch sei die Adoleszenz von inneren Krisen bestimmt. Beide Kulturen hätten somit ihr spezifisches »patterning«. Finden wir, die Leser Meads, nun, daß das samoanische Modell in mancher Hinsicht wünschbar wäre als das der amerikanischen und europäischen Gesellschaft, könnten wir dann nicht einfach handelnd darauf hinwirken, daß wir die unsere Gesellschaften bestimmenden Sozialisationsformen abändern? Ganz auf der Linie der durkheimschen Argumente beantwortet Margaret Mead diese Frage mit Skepsis und Zurückhaltung: »Unfortunately, the conditions which vex our adolescents are the flesh and bone of our society, not more subject to straightforward manipulation upon our part than is the language which we speak. We can alter a syllable here, a construction there; but the great and far-reaching changes in linquistic structure (as in all parts of culture) are the work of time, a work in which *each individual plays* an *unconscious and inconsiderable part.«*[20] Wie bei Durkheim so ist hier bei Mead die Dialektik von institutionellem »patterning« (in klassisch philosophischer Terminologie: von »objektivem Geist«) und individueller Freiheit stillgelegt. Der Kulturddeterminismus, so könnte man sagen, zeigt die Tendenz, die »objektiven Sitten« zu verabsolutieren: sie werden zwar kategorial von bloßen Naturantrieben biologischer Art abgegrenzt, zugleich aber wiederholt sich in ihnen die Zwangsstruktur »determinierender Antriebe« auf der Ebene einer kulturellen Kausalität. Veränderung kann durch die Handlungen einzelner intentional nicht herbeigeführt werden, ob sie eintritt (d. h. »sich ereignet«), ist letztlich eine Frage der dem individuellen Handeln unverfügbaren »historischen« Situation.

Die »Plastizität« menschlicher Gesellschaften ist weniger gestaltbar, als wir hoffen; zwar gibt es viele voneinander unterschiedene Ausdrucksformen des Humanen; ein strukturkorrigierender Eingriff, so meinen die Kulturdeterministen, ist den Individuen jedoch kaum möglich.

Gefährdet diese Stillegung der Dialektik von sozialer Institution und individuellem Handeln die logische Konsistenz des kulturanthropologischen Forschungsprogramms insgesamt? Oder unterstreicht die Rede vom Primat der sozio-kulturellen »patterns« bloß, daß die soziale Realität ein Gewicht hat, welches dem einzelnen, handelnd realisierten Entschluß, ihm Widerstand zu leisten, mächtig und nachhaltig entgegensteht (nicht aber unüberwindbar bleibt)?

Diese zweite, theoretisch raffiniertere, weil nicht kultur»deterministische« Leseart, welche der Spannung zwischen »Sitte« und »Freiheit des individuellen Handelns« illusionslos Rechnung zu tragen sucht (ohne freilich die Wechselwirkung zwischen »pattern« und Handlung in der gebotenen Konsequenz philosophisch genau zu rekonstruieren), läßt sich aus manchen der Äußerungen Meads, und vor allem aus manchen Ausführungen ihres Lehrers Boas, stützen. Im Kapitel 11 von »Coming of Age in Samoa« analysiert Mead z. B. die Biographien jener samoanischen Mädchen, die den Verhaltensanforderungen ihrer Gesellschaft (als soziale Aufsteiglerinnen oder Absteiglerinnen) teilweise den Rücken gekehrt haben. Der Charakter der samoanischen Kultur als einer Kultur im *Übergang* (d. h. einer unter Freiheitskondition *offenen,* nicht einfachhin durch eindeutig gültige Sitten determinierten Kultur) wird hier deutlich: auch eine in vieler Hinsicht »traditionale« Gesellschaft wie die Samoas, das zeigt Mead in ihren Realanalysen, ist kein im Sinne des Kulturdeterminismus einheitlich-geschlossenes System. Mead spricht das Konfliktpotential, welches durch die »deviante« Motivation einzelner Gesellschaftsmitglieder erzeugt wird, in ihrem Kommentar zu den von ihr analysierten Mädchenbiographien deutlich aus.

Trotzdem untersucht sie im weiteren nicht detailliert die zukunftsbestimmende Dynamik dieser Übergangssituation. Ihr Interesse gilt in der Hauptsache

vielmehr dem als weitgehend ungebrochen postulierten Soziokontext, welchen sie in ihren Studien nachzuzeichnen sucht, um ihn dann – in kulturdeterministischer Idealisierung – mit der ebenfalls idealtypisch gefaßten sozialen Realität der USA zu vergleichen. Der innere Bruch, der schon 1925 allerorts in der fa'a Samoa (der traditionellen samoanischen Lebensweise) bestand, die bereits damals zwischen missionarischem Einfluß, Amerikanisierungstendenzen und den herkömmlichen samoanischen Erwartungsbildern hin und her pendelte, wird somit für Mead nicht zu einem zentralen Thema. Die Mehrheit der samoanischen Mädchen, so Mead, »showed a surprising uniformity of knowledge, skill and attitude and presented a picture of orderly, regular decelopment in a flexible, but strictly delimited environment.«[21]
Der offene (individualisierte Handlungsmöglichkeiten implizierende) Charakter der Übergangsgesellschaft Samoa, welcher aufgrund der geänderten Verhaltensmuster der »Aufsteiglerinnen« schon zu Meads Zeiten den meisten Gesellschaftsmitgliedern dieses Inselreiches sichtbar war, wird in den gelegentlich allzu typisierenden Beschreibungen Meads seiner inneren Dynamik wieder entledigt. Eine »typisierte« Kultur widerspiegelt dann, in ihrer vermeintlich transsubjektiven Uniformität, mutatis mutandis, den Zwangscharakter biologischer Determination: der wesentliche Unterschied zwischen den beiden Determinismen besteht, dieser typisierenden Reduktion zufolge, zuletzt allein darin, daß die Menschen im Laufe der Geschichte in vielen sozialen Realitäten leben (samoanischen, amerikanischen, europäischen etc.), die Tiere hingegen ihre Artbestimmtheit immer identisch reproduzieren. Wie die humanen Sozietäten interagierend und lernend aufeinander bezogen sind, und wie sie durch die politische Schaffung von Rechtsinstitutionen etc. sich transformieren können: diese in direktem Sinn handlungsbezogenen Fragestellungen, welche den Alltag von Übergangsgesellschaften realiter bestimmen, treten in Meads Samoa-Studie (unter kulturdeterministischen Prämissen) stark in den Hintergrund. (Das ist nicht mehr der Fall in ihren späteren Arbeiten, vor allem in »New Lives for Old«, wo sie den kulturellen Wandel in Manus, Papua New Guinea, sensibel und kenntnisreich auch hinsichtlich seiner Zukunftsperspektiven untersucht).[22]
Im Vergleich zu Mead widmet Franz Boas dem inneren Bruch in traditionalen Kulturen, in dem sich die Spannung zwischen »Sitte« und dem »devianten« Widerstand einzelner Individuen und Gruppen gegen die traditionalen Obligationen manifestiert, auch theoretisch größere Aufmerksamkeit und hält somit Distanz vom Durkheimianismus seiner Schüler. Schon 1883 betont er in seinem »Anthropologischen credo«, wie wichtig es für die Ethnologie sei, »den Kampf der Individuen gegen die Stammesgebräuche« zu verfolgen und zu untersuchen, »wie weit das starke Individuum in der Lage ist, sich selbst von den Fesseln der Konvention zu befreien.«[23]
Boas will damit offenkundig den Zentralgedanken von Kants Aufklärungs-

philosophie, daß der Mensch im Prinzip autonomiefähig ist, in seinem Kulturbegriff explizit berücksichtigen: diese kantische Idee ernstnehmen heißt freilich, den Kultur»determinismus« im Sinne Durkheims zu verabschieden und die Dialektik zwischen den deskriptiv aufzeigbaren »patterns« einer bestimmten Kultur und den spezifischen Formen des Widerstandes einzelner dagegen ins Zentrum der Kulturanthropologie zu rücken. Nur so ist der Freiheits»natur« des Menschen Gerechtigkeit getan und dem »monstösen Monismus« der Eugeniker (Boas) eine Gegenrechnung aufgemacht, die nicht selbst die Spuren der Abgrenzung internalisiert in sich trägt. Das von kulturdeterministischen Engführungen gereinigte Autonomiemotiv der boasschen Kulturanthropologie bleibt auch für die gegenwärtige Ethnologiedebatte von größtem Belang.

3. Freemans »Versöhnungsthese«: Schlichtung der Nature/Nurture-Kontroverse oder Neuauflage des Nature-Theorems?

Freeman betont in seiner kritischen Analyse des wissenschaftstheoretischen Hintergrunds von Margaret Meads Samoa-Studien seine Äquidistanz sowohl zum biologischen Determinismus, den Boas und seine Schüler zurecht angegriffen hätten, als auch zum Kulturdeterminismus Meads, welchen Freeman ausdrücklich als eine Reaktion auf die »gleichermaßen unwissenschaftliche Doktrin« eines extremen biologischen Determinismus deutet: »Der Kulturdeterminismus war also gewissermaßen die Antithese zur These des biologischen Determinismus. Damit ist nun sowohl in der Anthropologie als auch in der Biologie augenscheinlich die Zeit reif für eine Synthese, bei der in der Erforschung menschlichen Verhaltens die grundlegende Bedeutung des Genetischen wie des Außergenetischen und ihre Wechselwirkung in der Geschichte der Gattung Mensch . . . anerkannt wird.«[24]

Ist diese Synthese aber in der Tat in der von Freeman vorgeschlagenen additiven Form, d. h. als eine versöhnende Aneinanderreihung vormals rivalisierender Theorieprogramme möglich? Vieles, so glauben wir, spricht gegen diesen *äußerlichen* Kompromiß.

Das, was Freeman das Außergenetische nennt, so zeigten die Kulturanthropologen im Gefolge Kants, basiert auf einer eigenen, der Freiheit des menschlichen Handelns entstammenden, in den Produkten des Handelns (Gebilden, Geräten, Symbolen, Zeichen) manifest werdenden und durch nicht-naturische, soziale Organisationsformen auf Dauer gestellten struktursetzenden Logik, die weder einfachhin Ausdruck genetischer Programme, noch aber deren bloße Verlängerung oder komplementäre Ergänzung (gleichsam eine Genetik mit nachgenetischen »anderen Mitteln«) ist.

D. h. 1., Nature und Nurture sind nicht in einem Wechselspiel, in dem zwei

Faktoren auf gleicher (nämlich evolutionstheoretisch faßbarer) Ebene um den stärkeren Einfluß konkurrieren. Kulturstiftendes Handeln ist nicht einfachhin eine »andere«, zwar ebenfalls evolutionär entstandene aber dennoch nicht genetisch erklärbare »Determinante«, die unter der Dirigentenschaft des Selektionsbegriffs in der Arena der Evolution mit den stammesgeschichtlich fixierten Antriebssystemen um die Vorherrschaft ringt. 2. Kultur erschöpft sich nicht in extra-genetischen (historischen) *Struktur*charakteristika (sozialen Regeln), sondern enthält darüber hinaus das Potential der sozialisierten Subjekte, die Struktur ihrer Vergesellschaftungsform intentional zu verändern: menschliches Handeln impliziert die Möglichkeit, jegliche (naturische oder sozial-habituelle) Prägung zunächst reflexiv zu distanzieren und sodann diese auch realiter zu negieren. Eine Zwei-Bereichs-Lehre, in der Natur und Kultur äußerlich aneinandergehängt werden, wie Freeman sie in seiner »Versöhnungsthese« vorschlägt, verschleiert die Kluft, die zwischen den genetisch determinierten artspezifischen Antriebssystemen und jenem Negations- und Fantasiepotential des menschlichen Handelns besteht, dem jegliche Kultur ihre konkrete, in den regelhaften, sozialen Objektivationen ihres Weltverständnisses manifest werdende Gestalt verdankt.
Freeman, so zeigt das Schlußkapital seiner Mead-Studie, erhofft eine Bereinigung der Nature/Nurture-Kontroverse durch Theorien wie die von C. H. Wadington,[25] denen zufolge es beim Menschen »ein zweites Evolutionssystem gibt, das das biologische überlagert und mittels eines andersartigen Systems der Übermittlung von Information funktioniert.« Diese außergenetische Komponente, so Freeman, ist als ein eigener Faktor a) gegen jeglichen soziobiologischen Reduktionismus zu verteidigen, stellt b) aber selbst, als ein Evolutionsprodukt, zuletzt den methodologischen Erklärungsprimat einer (gegenüber dem alten Dogmatismus allerdings aufgeklärten) Biologie nicht in Frage. Freeman beruft sich auf J. T. Bonner (The Evolution of Culture in Animals, Princeton 1980), auf K. Popper und K. Lorenz (Die Rückseite des Spiegels, München 1981), wenn er seine »Versöhnungsthese« im letzten Kapitel von »Margaret Mead und Samoa« so formuliert: Wir haben heute eine Anschauung »von der Entwicklung des Menschen, die zwar zwischen genetischen und außergenetischen Komponenten unterscheidet, jedoch nur im Sinn von interagierenden Teilen eines einzigen Systems.«[26]
Ist das nun aber wirklich ein tragfähiger Kompromiß oder rumpelt in diesem Trojanischen Pferd das neubewaffnete Nature-Theorem?
Freemans Formel erlaubt eines mit Sicherheit, nämlich a) eine kritische Abgrenzung vom älteren, genetisch-eugenischen Biologismus; sie beinhaltet b) aber, genau besehen, eine affirmative Bestärkung des naturalistischen Grundtheorems, gegen das Boas und Mead in den Zwanzigerjahren – aus guten (kantischen) Gründen, in mancher Hinsicht aber mit untauglichen (durkheimschen) Mitteln auftraten: denn Freeman postuliert zuletzt den

Primat der evolutionären Entwicklung (in der genetischen wie auch in der außergenetischen Dimension). Alle Einheitssysteme der evolutionären Entwicklung, auch wenn sie nach biologischen und außerbiologischen Verlaufsstrukturen intern differenziert werden, kommen jedoch, wie im folgenden kurz skizziert werden soll, in Schwierigkeiten, wenn sie ernsthaft den Versuch unternehmen, die Entstehungsgeschichte der Freiheit und die Entfaltung des Handlungsbegriffs (in seinen Objektivationen und Institutionalisierungen) mit Hilfe des Konzept der Selektion aufzuhellen.

ad a) Die Hauptmotive des älteren, genetisch konzipierten Biologismus, das weiß Freeman, leben fort im zeitgenössischen Projekt einer »unified sociobiology«[27], wie es beispielsweise E. O. Wilson verfolgt.[28] Vom Reduktionismus solcher Theorien will Freeman seine »Versöhnungsthese« freihalten. In einer kritischen Arbeit zum soziobiologischen Ansatz schrieb er 1980 »that sociobiological theory, however great be its explanatory power when applied to species the closed behaviour programs of which are genetically determined, will not suffice in the case of homo sapiens, and will, accordingly, never amount to an adequate anthropology, or human ethology.«[29]

Freeman teilt somit nicht die massive reduktionistische Grundannahme Wilsons, daß genetische Modelle allein das Entstehen humaner soziokultureller Leistungen erklären können. (Wilsons Programm ist ein Derivat des in jüngster Zeit mehr und mehr auch im eigenen Lager angegriffenen[30] Konzept der »Einheitswissenschaft«, von dem die Logischen Empiristen des Wiener Kreises in dessen Frühphase so begeistert waren). Wilsons theoretischer Zugriff lebt letztlich davon, daß, wie er sich ausdrückt, in seinem Erklärungsprogramm »die schlichte, aber erschreckende Tatsache zur Kenntnis genommen ist, daß das menschliche Gehirn eine Maschine ist, die von der genetischen Evolution geschaffen wurde.«[31]

Gegen den Dogmatismus solcher »Tatsachen«behauptungen, der von der zeitgenössischen Wissenschaftstheorie und sprachanalytischen Philosophie in zunehmendem Maße – und prinzipiell – in Frage gestellt wird (Hilary Putnams Kritik an der Ideologisierung des Turing-Maschinen-Konzepts in der zeitgenössischen »artificial intelligence«-Debatte mag als Beleg für diesen neuen, anti-reduktionistischen Argumentationsstrang innerhalb der sprachanalytischen Philosophie dienen[32]), betont Freeman, daß eine allein genetisch argumentierende Evolutionstheorie nicht hinlänglich erklären kann, wie Kulturen entstehen und sich ausdifferenzieren.

ad b) In Gegenstellung zur Soziobiologie unterstreicht Freeman also die Eigenständigkeit »außergenetischer Prozesse«, die einen zweiten – nämlich den kulturellen – Evolutionsstrang ermöglichen: »Human evolutionary history has resulted in the emergence of exogenetic processes, and of a 2nd, or cultural, system of evolution. Thus it becomes evident that sociobiological theory per se, being restricted to purely genetic processes, is categorically

unfitted for the comprehensive scientific study of the evolution and behaviour of . . . the human animal.«[33]
Die »exogenetischen Prozesse« sind für Freeman allerdings selbst Resultate der Evolution und ihrer Mechanismen: die interne Differenzierung zwischen »geschlossenen« und »offenen« Programmen führt somit zu keinem nachhaltigen Abschied vom evolutionären Naturalismus. Freeman vertraut, bei aller Kritik an der Soziobiologie, zuletzt zur Gänze auf die Leistungskraft der Evolutionstheorie auch hinsichtlich der Begründung von Kultur. Aus dem Reich der Natur »entsteht« das Reich der Freiheit, in dem »Traditionen«, die nicht genetisch, sondern durch Lernen übermittelt werden, zutage treten. (»Lernen« impliziert freilich bereits diejenigen Handlungsmöglichkeiten, um deren Erklärung aus nicht-lernenden, vorhumanen Reaktionsprozessen es in einer solchen Theorie ja erst gehen müßte!) Der Mechanismus der »natürlichen Selektion« soll, Freeman zufolge, auch den kulturellen Ablösungsprozeß von der biologischen Determiniertheit tierischer Arten aufhellen: »As Mayr, Popper, and Young all emphasize, both open and closed programs of behaviour have been evolved by means of natural selection. There is now, however, conclusive evidence to show that an open program, itself the product of natural selection, can, in some species, lead to the formation of what are called traditions.«[34]
Freemans ungebrochenes Vertrauen in die Leistungskraft der Evolutionstheorie und ihres Selektionsbegriffs auch für die Kulturtheorie rückt seine Vorbehalte gegenüber der Soziobiologie in die rechte Perspektive: trotz seiner Kritik an den krassen biologistischen Reduktionismen der Eugeniker und der Soziobiologen geht auch er selbst, wie sich zeigt, nicht nachhaltig über einen Kultur»naturalismus« hinaus. Sein Standpunkt repräsentiert somit nicht die Synthese, nicht eine Versöhnungsposition in der gegenwärtig wiederauflebenden Nature/Nurture-Kontroverse, sondern bleibt selbst (naturalistisch inspirierte) Partei.

4. Freemans Defizit: In der »Versöhnungsthese« ist eine explizite Theorie des »objektiven Geistes« ausgespart

Freemans Schlichtungsversuch der Nature/Nurture-Kontroverse kann darum auch umstandslos von Eibl-Eibesfeldt als ein Angriff auf die kulturanthropologische These von der freien »Plastizität« der Gesellschaft und der Modifizierbarkeit basaler humaner Empfindungen und Triebe gelesen werden; wird in seiner »Versöhnungsthese« doch die »Offenheit« des Humansystems zuletzt *immer* materialiter rückbezogen auf ein vermeintlich prägendes biologisches Substrat.
Die radikale *Negativität* des menschlichen sozietätenstiftenden Handelns ist

in diesem »Kompromiß« nicht verstanden. In der Konsequenz dieses Unverständnisses werden bei Freeman sowohl die Kulturprodukte (Geräte, Zeichensysteme) als auch die sozialen Institutionen durch vage Analogien zu vormenschlichen Verhaltensmustern »naturalisiert«. Als Beispiel für diesen Prozeß mag seine biologistisch inspirierte Analyse der samoanischen Höflichkeitssprache dienen, die von der Grundüberzeugung getragen ist, »daß kulturelle Faktoren nicht adäquat erfaßt werden können, wenn sie nicht auf die viel älteren stammesgeschichtlich bedingten Strukturen bezogen werden. Denn was als kulturell bezeichnet wird, hat sich zwar mittels nichtgenetischer Prozesse, aber in ständigem Bezug zu diesen phylogenetischen Gegebenheiten ausgeformt.«[35]

Die basale Wissenschaft des Humanen ist demnach für Freeman, ganz auf der Ebene des vormaligen Nature-Theorems, die biologische Verhaltensforschung. D. h. aber, der kulturelle Überbau, die 2. Evolutionsreihe, bleibt für ihn, trotz aller relativen Eigenständigkeit, dennoch im letzten dauerhaft durch die naturische Basis geprägt.

Gegenüber diesem – sich antireduktionistisch gebärdenden – Reduktionismus Freemans ist die Grundthese der Kulturanthropologie von der »Plastizität« des Menschen, seiner Freiheit, die nicht nur ihre eigenen Produkte, sondern auch das gesamte naturische Vorfeld der Kultur interpretativ und technisch-real zu verändern, ja zu negieren in der Lage ist, nicht nur zu verteidigen, sondern philosophisch auszubauen (durch eine Kritik des Durkheimianismus der Kulturdeterministen). Mead hat recht, wenn sie davon spricht, daß das Neugeborene »kulturlos« die menschliche Szene betritt[36] und die spezifischen Kulturtechniken der Gesellschaft (im Umgang mit einer sozial erzeugten, zweiten, nicht-naturischen »Natur«) erst lernend erwirbt: dieser Erwerb erfolgt durch das Einüben des Gebrauchs von »Geräten«, durch das Erlernen von Sprache und Symbolik, durch die Einführung in den Regelsinn von sozialen, politischen und religiösen Institutionen. D. h. aber, Sozialisation, Kulturerwerb, erfolgt durchgängig vermittels freiheits- und handlungsbezogener Medien (Sprache, Arbeit, institutionellen Regeln), die nicht-naturische, naturdeformierende und naturinterpretierende Objektivationen humaner Zwecksetzungen sind. Diese in ihrer Vielgestaltigkeit zu beschreiben, zu analysieren (und damit der Kritik und Aufklärung zugänglich zu machen), heißt anderes zu tun, als primär die vage Analogie zu einer vermeintlich prägenden biologischen Stammesgeschichte zu ziehen; vielmehr bleibt es das zentrale Anliegen jeder nicht-reduktionistischen Kulturtheorie, die sprachlichen und außersprachlichen Objektivierungsformen des fremden (und/oder vergangenen) Handelns verstehend aufzuschlüsseln und damit einer argumentativen Auseinandersetzung zuzuführen.

Strukturanalysen des »objektiven Geistes« wie diejenigen – der hermeneutischen Tradition nahestehenden – von Walther Schmied-Kowarzik,[37] können zur philosophischen Dimensionierung der Kulturtheorie gerade im Zeitalter der wiederauflebenden Nature/Nurture-Debatte wegen ihrer antireduktionistischen Grundhaltung Wesentliches beitragen: ihre Aktualität wächst gerade dann, wenn die verdeckt naturalistischen »Synthesen« mehr und mehr als solche durchschaut werden.

Anmerkungen

1 Derek Freemans Buch erschien in deutscher Übersetzung unter dem Titel »Liebe ohne Aggression. Margaret Meads Legende von der Friedfertigkeit der Naturvölker«, München 1983. Der Titel des englischen Originals lautet »Margaret Mead and Samoa. The Making and Unmaking of an Anthropological Myth«, Harvard University Press 1983.
Einen guten Überblick über die englischsprachige und deutsche Rezeption gibt Renate v. Gizycki in ihrem Aufsatz »Margaret Meads Samoa: Eine Kontroverse mit oder ohne Samoaner?., Anthropos 79, 1984, Fußnoten 3-5 (eine interessante rezente Arbeit konnte in diesen Literaturüberblick noch nicht aufgenommen werden und wird deshalb hier ausdrücklich genannt: Gabriele Weiss, »Zur Kontroverse Derek Freeman–Margaret Mead«, in: Mitteilungen der Anthropologischen Gesellschaft in Wien, Bd. 114, 1984, S. 109-115).

2 So der englische Untertitel »The Making and Unmaking of an Anthropological Myth«.

3 Eibl-Eibesfeldt, Vorwort zu Derek Freeman: Liebe ohne Aggression, S. 11.

4 Ebd., S. 11.

5 Margaret Mead: Coming of Age in Samoa, Penguin Books England 1981, S. 11.

6 Ebd., S. 18.

7 Ebd., S. 17.

8 Ebd., S. 189.

9 Zitiert nach Renate v. Gizycki, Margaret Meads Samoa.

10 Augustin Krämer: Die Samoa-Inseln, Stuttgart 1903, II. Band, Abschnitt VII, S. 324.

11 Freeman, Liebe ohne Aggression, S. 58.

12 Ebd., S. 29.

13 Ebd., S. 56.

14 Ebd., S. 42.

15 Zur Komplexität des kantischen Naturbegriffs siehe Woldietrich Schmied-Kowarzik: Das dialektische Verhältnis des Menschen zur Natur, Freiburg/München 1984, S. 19-35.

16 Zur Kritik an den Simplifikationen des durkheimschen Kantianismus siehe Ludwig Nagl, Gesellschaft und Autonomie. Historisch-systematische Studien zur Entwicklung der Sozialtheorie von Hegel bis Habermas, Wien 1983, S. 109-133.

17 Freeman, Liebe ohne Aggression, S. 66.

18 Ebd., S. 66.

19 E. Durkheim: De la Division du Travail social, Paris [7]1960 und Les Formes elementaires de la Vie religieuse, Paris [4]1960.

20 Margaret Mead: Coming of Age in Samoa, S. 189.

21 Ebd., S. 149.

22 Margaret Mead: New Lives for Old. Cultural Transformation – Manus 1928-1953, New York 1956.
23 Franz Boas, An Anthropological Credo, 201 (zitiert nach Freeman, Liebe ohne Aggression, S. 23.).
24 Derek Freeman: Liebe ohne Aggression, S. 330.
25 The Human Evolutionary System, in: M. Banton (Hrsg.), Darwinism and the Study of Society, London 1961.
26 Freeman, Liebe ohne Aggression, S. 327.
27 Derek Freeman: Sociobiology: The »Antidiscipline« of Anthropology, in: Sociobiology Examined (Ed. S. Montagu), New York/Oxford 1980, S. 198ff.
28 E. O. Wilson: The Insect Societies (1971) und Ch. J. Lumsden/E. O. Wilson: Das Feuer des Prometheus, München 1983.
29 Freeman, Sociobiology, S. 199.
30 Hilary Putnam: Reductionism and the Nature of Psychology, in: Mind Design (Ed. J. Haugeland), MIT Press, 1981, S. 205-219.
31 Lumsden/Wilson: Das Feuer des Prometheus, S. 80.
32 Hilary Putnam: Reflective Reflexions, in: Erkenntnis, Vol. 22, 1985 (Essays in Honour of Carl G. Hempel on the Occasion of his 80th Birthday).
33 Freeman, Sociobiology, S. 216.
34 Ebd., S. 202.
35 Freeman, Liebe ohne Aggression, S. 328f.
36 Margaret Mead: Coming of Age in Samoa, S. 18.
37 Walther Schmied-Kowarzik, Die Objektivation des Geistigen. Der objektive Geist und seine Formen, Leipzig 1927, sowie Stellung und Aufgabe von Wundts Völkerpsychologie und der Begriff des Volkes, in: A. Hoffmann (Hrsg.), W. Wundt. Eine Würdigung, 2. Teil, Erfurt 1924.

Jürgen Kreft

Ethnologie und Evolution

Zur Problematik der Anwendung der kognitiv-strukturalen Entwicklungspsychologie / genetischen Moralpsychologie in der Ethnologie

0. Einleitung

Folgende Thesen dürften heute wohl mit breiter Zustimmung rechnen:
›Die Ethnologie versteht sich als empirische Wissenschaft, nicht als normative, wenn es dergleichen überhaupt geben kann.‹
›Die Ethnologie versteht sich als eine soziologische Disziplin, nicht als eine psychologische.‹
›Die Ethnologie versteht sich (überwiegend) als synchron ansetzende Forschung, die allenfalls, soweit ethnologisches Material vorliegt, auch die diachronen Aspekte der von ihr untersuchten Gesellschaft oder ethnischen Institutionen einbezieht.‹
Die Ethnologie hat früher, in ihrem quasi vorwissenschaftlichen Stadium, sich geradezu exzessiv einer Reihe hoch spekulativer und problematischer oder gar abstruser Evolutions- oder Progressions-Konzepte hingegeben. Es scheint ein Zeichen ihrer wissenschaftlichen Reife zu sein, daß die Ethnologie sich heute evolutionistischer oder progressionistischer Ansätze enthält. Überdies standen oder stehen solche Ansätze, die allesamt dem european bias unterliegen und offen oder versteckt die eigene Kultur zum normativen Maßstab nehmen, in Komplizenschaft mit Kolonialismus und Neokolonialismus, und Evolutionskonzepte, in denen den Ethnien ›niedrige Entwicklungsstufen‹ bescheinigt werden, verkamen und verkommen allzu leicht zur Rechtfertigungsideologie für Ethnozid und Genozid.
Aus alledem dürfte hinreichend deutlich werden, daß die Ethnologie allen Grund hat, allen Entwicklungsansätzen und erst recht einer Entwicklungspsychologie mit normativen Implikationen mit großem Mißtrauen, wenn nicht sogar kategorisch ablehnend gegenüberzutreten. Nichtsdestotrotz halte ich es für angebracht, die angedeuteten Standpunkte und Argumente zu problematisieren und nicht nur für die Anwendung von Entwicklungspsychologie in der Ethnologie – das geschieht ja auch schon mehr und mehr –, sondern für eine von vornherein evolutionistisch konzipierte Ethnologie zu plädieren. Hierin weiß ich mich in der Intention mit Walther Schmied-Kowarzik einig, der in diese Richtung bereits in seiner Studie zur Völkerpsychologie (1924), aber auch später in seinem Buch »Frühe Sinnbilder des Kosmos« (1974) argumentiert hat.
Es hat, meine ich, durchaus seine Richtigkeit, wenn die Ethnologie sich auch als soziologische, empirische und synchron verfahrende Disziplin versteht,

aber daraus folgt keineswegs, daß die psychologische, die normative und die diachrone Dimension ausgeschlossen sein müssen.
Ich werde zu zeigen versuchen – freilich nur der Tendenz nach –, daß diese Dimensionen unverzichtbar sind, wenn die Ethnologie sich selbst hinreichend begreifen und begründen will. Weiter will ich dabei zeigen, daß zwar der bias-Verdacht oder Ideologie-Verdacht gegen einen evolutionistischen ethnologischen Ansatz ernst zu nehmen ist, insofern dieser darauf hinauszulaufen scheint, unsere europäische Gesellschaft als Krönung der Evolution zu erweisen oder gar zu feiern, daß aber der systematische Anspruch eines evolutionistischen Ansatzes nicht ideologiekritisch erledigt werden kann, wie sehr immer die Ideologiekritik ›Verzerrungen‹ überzeugend identifizieren mag. Schließlich soll deutlich werden, daß die triftige Kritik an den früheren Entwicklungsansätzen einen kognitiv-strukturalen Ansatz insofern nicht trifft, als er eben keine Aussagen über angebliche Abfolgen wie ›von der Promiskuität zur Ehe‹ oder ›vom Matriarchat zum Patriarchat‹ oder ›vom Totemismus zum Monotheismus‹ enthält, sondern sich auf Aussagen über die Entwicklung von fundamentalen Strukturen beschränkt.

1. Die Differenz von Geschichte und Evolution

Wie treffend auch immer die Kritik war, die vor allem von funktionalistisch und synchron ansetzenden Ethnologen gegen die progressionistisch-evolutionistischen (Pseudo-)Theorien vergangener Jahrzehnte vorgetragen wurde – gegen die Dürftigkeit der empirischen Basis, die Fragwürdigkeit der (spekulativen) Methoden, die Grobschlächtigkeit der theoretischen Begriffe usw. – erst auf dem Boden einer präzisen und ausgereiften Theorie individuellller (und gesellschaftlicher) Entwicklung, wie sie mit dem kognitiv-strukturalen Entwicklungsansatz in der Tradition von Piaget und Mead vorliegt, kann die Kritik die Mängel der früheren Ansätze vollständig aufklären. – Ich nenne das Wichtigste und verdeutliche es an Beispielen:
Die alten ethnologischen Entwicklungskonzepte mußten allein schon daran scheitern, daß sie an der ›Phylogenese‹ (Evolution der ›Gattung‹, wie sie sich in der Abfolge von verschiedenen Typen von Gesellschaften oder von ›Denkweisen‹ usw. in diesen darstellt) ansetzten, statt an der Ontogenese. Sie mußten zusätzlich daran scheitern, daß sie nicht zwischen Entwicklung und Geschichte bzw. Struktur und Inhalt unterschieden. An der Beachtung und Klärung dieser Differenz hängt aber die Möglichkeit einer wissenschaftlichen Theorie der Entwicklung und jeder Fortschritt in diesem Felde.
Die Geschichte kleiner Gruppen wie die von Staaten und Gesellschaften ist durch Abbrüche und Untergänge, durch Stagnation und plötzliches, überraschendes Wachstum, durch Einverleibung anderer Gruppen, Staaten usw.

oder Aufgehen in anderen, also durch Diskontinuität und Kontingenz, nicht durch Stetigkeit oder gar Gesetzmäßigkeit gekennzeichnet. Überdies: Was sollte ›Gesetzmäßigkeit‹ heißen? Wir haben es mit Geschichte, nicht mit Natur zu tun. Die Rede von Naturgesetzen in der Geschichte ist konfus.
Was in der Geschichte gilt, gilt aber keineswegs von der in ihr ›enthaltenen‹ und deshalb rekonstruierbaren Entwicklung. Entwicklungen sind qua definitione ›gesetzmäßig‹, sie folgen einem ›notwendigen Muster‹. Da Entwicklungen in der Dimension der Geschichte keinen Naturgesetzen, keiner Kausalität dieser Art unterliegen können, kann es sich hierbei nur um die kognitive Notwendigkeit einer ›Entwicklungslogik‹ handeln. Was ist damit gemeint? – Ich erläutere das an Beispielen aus der Ontogenese und verdeutliche damit zugleich die These, daß Forschungen zur sozialen Entwicklung zunächst im Bereich individueller Entwicklung (Ontogenese) ansetzen müssen, wenn sie Muster von notwendiger Entwicklung, also Entwicklungslogiken, rekonstruieren wollen.

2. Ontogenese und Entwicklungslogik

Aus Entwicklungslogiken lassen sich keine Aussagen über Fakten ableiten, sondern nur hypothetische Sätze. Wenn irgendwo und irgendwann jemand das Radizieren lernt, dann muß er zuvor in dieser Reihenfolge: Zählen, Addieren (Subtrahieren), Multiplizieren (Dividieren), Potenzieren gelernt haben. Diese Reihenfolge stellt ein universales, gegenüber allen Zeiten und Gesellschaften invariantes logisches Muster dar. Das können wir deshalb nicht bezweifeln, weil wir einsehen, daß die folgenden Operationen die früheren voraussetzen und enthalten. Das ist ein gewiß sehr einfaches und hier auch noch oberflächlich dargestelltes Muster. Piaget hat analog hierzu unter anderem die Entwicklung des physikalischen Mengenbegriffs und überhaupt die Entwicklung der sogenannten ›physischen Kognition‹ analysiert und ihre ›Logiken‹ rekonstruiert. Entsprechend hat Robert Selman in den letzten zehn Jahren, an Mead, Piaget, Flavell und Kohlberg anschließend, die Entwicklung der ›sozialen Kognition‹ erforscht und vor allem ihren Kern, die Entwicklungslogik der sozialen Perspektivenwahrnehmung rekonstruiert. Diese Logiken sind genauso einsichtig und ›zwingend‹ wie die Logik im Bereich der mathematischen Entwicklung. Lawrence Kohlberg hat das Muster der moralischen Entwicklung rekonstruiert.
Alle genannten Forschungen erheben den Anspruch, universale, historisch-gesellschaftlich invariante, entwicklungslogische Muster rekonstruiert zu haben. Dieser Anspruch wird im Bereich der physischen Kognition (Logik, Mathematik, Proto-Physik) auch allgemein als berechtigt akzeptiert oder doch toleriert. Jedenfalls gibt es hier nur wenige Gegenstimmen. Ganz

anders steht es mit Kohlbergs Anspruch, eine universale Stufenfolge moralischer Kognition rekonstruiert zu haben. Die Überzeugung von der Relativität moralischer Normen gehört zum (dogmatischen) Kernbestand der sozialwissenschaftlichen Präsuppositionen. Kohlbergs Anspruch ist insofern geradezu ein Affront. Erst recht gilt das von der These, daß der Normenrelativismus (teilweise) selbst noch innerhalb des Kohlberg-Ansatzes als ein Phänomen, das auf einer Zwischenstufe der Entwicklung auftritt, erklärt und relativiert wird.
Hier ist nun zunächst auf die Differenz von Moral im Sinne von Gerechtigkeit oder Fairness (vgl. Rawls 1971 bzw. 1979) und Sitten oder Bräuchen hinzuweisen, dann auf die Differenz von Struktur und Inhalt.
Es wird nicht bestritten, daß auf der Ebene der Inhalte und Sitten zwischen den verschiedenen Gesellschaften, Schichten, Gruppen usw. große Unterschiede, ja Gegensätze bestehen und geschichtliche Wandlungen (nicht-evolutionären Charakters) feststellbar sind: Bewertung von Sexualität, Formen der Werbung, der Ehe, Definitionen von Geschlechtsrollen; Verhalten gegenüber Eltern (Älteren, Jüngeren, Höhergestellten); Friedfertigkeit oder Draufgängertum als Idealbildungen – alles das ist selbstverständlich relativ in historisch-sozialen Kontexten. Auf einer ganz anderen Ebene liegen die kognitiv-strukturellen Konzepte von Gerechtigkeit, denen bestimmte kognitive Strukturen der sozialen Perspektivenwahrnehmung und der Person-Konzepte korrespondieren. Die Inhalte des ›gleichrangigen Austausches‹ z. B. (Stufe 2) können durch sittliche Traditionen sehr unterschiedlich geregelt sein, an der Struktur dieser Stufe ändert das nichts. Entsprechend kann das ›Ideal‹ bzw. die normative Rolle (Stufe 3) inhaltlich höchst verschieden definiert sein, obwohl die Struktur des Rollenverhaltens und des Gerechtigkeits-Begriffs identisch sind.
Der sozialwissenschaftliche Normen-Relativismus beruht unter diesem Aspekt darauf, daß nicht zwischen Struktur und Inhalt unterschieden wird. Er verdankt sich aber auch der Mißachtung eines hiermit eng verbundenen Unterschieds, dem zwischen partikularen Normen und universalen Prinzipien. Der Sozialwissenschaftler, der sich mit den verschiedenen Gesellschaften, ihren Institutionen und Normen befaßt, kann schwerlich die Einsicht in die Relativität dieser Normen vermeiden. Nun liegen diese Normen in aller Regel – fast nur unsere Gesellschaft macht da in gewisser Hinsicht eine Ausnahme – auf der Ebene konventioneller und traditioneller, partikularer Normativität. Da liegt es nahe, die konventionell-traditionelle und partikulare Normativität mit moralischer Normativität überhaupt gleichzusetzen und moralische Prinzipien nicht als solche, sondern als konventionelle Normen anzusehen. Handelt es sich nun noch um ideologiekritische Sozialwissenschaft, die in den konventionellen Normen des aus Repression entspringenden falschen Bewußtseins gewahr wird, dann – so zeigt sich immer erneut –

wird die (mit Moral gleichgesetzte) traditionelle Moral schlicht und pauschal mit Repression und Ideologie identifiziert.

So gesehen ist der Normenrelativismus eine Zwischenstufe (Stufe 4½ bei Kohlberg) zwischen dem konventionellen und dem postkonventionellen Niveau (level). Sie ist nicht mehr konventionell, weil der Geltungsmodus der Normen auf dieser Stufe (Konventionalität/Traditionalität) nicht mehr überzeugt, ja zerbrochen ist. Sie ist noch nicht postkonventionell im positiven Sinne, weil Moral noch nicht aus Prinzipien gerechtfertigt wird. Zwar werden solche Prinzipien im Vollzug der Ideologiekritik bereits in Anspruch genommen, aber gerade das wird nicht bewußt und bleibt ohne Konsequenz für den relativistischen Standpunkt.

Wir haben es also bei der moralischen Kognition in doppelter Hinsicht mit Universalität zu tun: einmal mit der Universalität von postkonventionellen Prinzipien, auf welche die Entwicklung über das präkonventionelle und konventionelle Niveau hinführt; zum anderen mit der Universalität eben dieser Entwicklung und ihres Musters, ihrer ›Logik‹.

Ich muß es hier bei diesen gedrängten Ausführungen belassen und kehre zum Problem der sozialen Evolution (Phylogenese) zurück.

3. Ontogenese und Phylogenese (soziale Evolution)

Die Rekonstruktion der Logiken, von denen die kognitiven Entwicklungen in den verschiedenen Bereichen (physisch, sozial, moralisch) bestimmt sind, erfolgte in der ontogenetischen Dimension. Nur in dieser hat man hinreichende Beobachtungsmöglichkeiten: Der größte Teil der Gesamtentwicklung wird innerhalb der ersten 25 Lebensjahre zurückgelegt. Längsschnitt-Untersuchungen über diese Zeitspanne sind zwar sehr aufwendig, aber möglich. In erheblichem Maße sind sie ersetzbar oder ergänzbar durch Untersuchungen mit einer entsprechenden Zahl von Querschnitten in den verschiedenen Altersstufen. Eine Vielzahl von Paralleluntersuchungen, Wiederholungsuntersuchungen usw. ist möglich. Was unmittelbar untersucht wird, das sind die Handlungen und Kognitionen von Individuen in Experimenten und Befragungen (Interviews) unterschiedlicher Art. Hier kann durch Nachfragen Aufklärung über Unklarheiten erreicht werden usw. Die Methoden hat man in über fünfzig Jahren seit Piagets Anfängen vervollkommnen können. Viele Untersuchungen sind Hunderte Male in den verschiedensten Ländern wiederholt worden. Das alles erklärt, daß die Erforschung von kognitiv-strukturellen Entwicklungen in der Ontogenese und zunächst nur hier Erfolg hat. Was kann nun Entwicklung in der Dimension der Gesellschaften heißen und wie kann sie erforscht werden?

4. Entwicklung in der Dimension der Gesellschaften (Phylogenese)

Ich sagte schon, daß Untersuchungen zur ontogenetischen Entwicklung in verschiedenen Ländern, das heißt auch in verschiedenen Kulturen, durchgeführt wurden. Kohlbergs Ansatz ist inzwischen in über 25 Kulturen überprüft worden. Das alles bedeutet, daß einerseits die Universalität der kognitiven Strukturen bestätigt, daß anderseits eine ungleiche Verteilung der von den Individuen in den verschiedenen Gesellschaften erreichten Stufen festgestellt wurde. Das ist zunächst ein statistisches Phänomen. Im statistischen Sinne sind die verschiedenen Gesellschaften ungleich entwickelt. Natürlich erhebt sich die Frage, ob darin ein Verweis auf eine ungleiche Entwicklung gesellschaftlicher Institutionen und Strukturen steckt. Damit würde ja erst die Dimension der ›Phylogenese‹ wirklich erreicht.

Wenn wir zum Beispiel der Entwicklung im Bereich der mathematischen Operationen zurückkehren, dann können wir uns daran, auch ohne auf umfangreiche Forschungen zurückgreifen zu müssen, klar machen, daß das Erreichen bestimmter Entwicklungsniveaus über die verschiedenen Gesellschaften (und Schichten) ungleich verteilt ist. Nicht einmal die Multiplikation und Division sind in allen Gesellschaften (in der Form des Rechnens mit Zahlen) bekannt. Vom Potenzieren, Radizieren, Logarithmieren kann man sagen, daß es auch in unserer Gesellschaft von sehr vielen Individuen nicht beherrscht wird. Freilich sind diese Operationen bei uns fester und notwendiger Bestand der Gesellschaft. Sie und noch höhere mathematische Operationen sind institutionalisiert bzw. in den Institutionen Wissenschaft, Technik, industrielle Ökonomie enthalten und objektiviert und werden in der notwendigen Institution Schule vermittelt.

›Vermitteln‹ kann hier aber nicht heißen, daß diese Operationen als Inhalte gelernt oder als vorgegebene gesellschaftliche Strukturen internalisiert werden. Lernen im Bereich kognitiver Strukturen bedeutet vielmehr, daß die – in sozialen Interaktionen sich heranbildenden – Individuen in Auseinandersetzung mit physisch-kognitiven und soziomoralischen Problemen usw. in sich die kognitiven Strukturen aktiv-konstruktiv aufbauen und, zur Bewältigung neuer, schwierigerer Probleme usw., auf jeweils höherer Stufe umbauen, worin Differenzierungen und Integrierungen eingeschlossen sind. Die verschiedenen Stufen einer strukturellen Entwicklung sind strukturelle Ganzheiten, die jeweils ihre besondere Struktur haben, so daß Entwicklung tiefgehende Neustrukturierungen auf der jeweils höheren Stufe bedeutet.

Was von der Entwicklung im Bereich der mathematischen Operationen gilt, gilt allgemeiner von ›physischer Kognition‹ überhaupt. Wie höhere Mathematik in Jägerkulturen weder bekannt ist noch gebraucht werden könnte, so ist auch in einfachen Jägerkulturen oder gar noch in höheren Stammeskulturen die Stufe der ›formalen Operationen‹ (das III. Niveau (level) in der

Entwicklung der physischen Kognition, vgl. Inhelder/Piaget 1977) nicht zur Reproduktion der Gesellschaft oder sonstwie notwendig oder interessant. (Das schließt nicht absolut aus, daß in höheren Stammeskulturen einige Individuen diese Stufe erreichen.) Alles was in bezug auf Naturbeherrschung an Techniken geübt wird, liegt in solchen Gesellschaften strukturell nicht jenseits der Stufe der ›konkreten Operationen‹ (das II. Niveau in der Entwicklung der physischen Kognition).

Entsprechendes gilt für die soziomoralische Entwicklung. Insofern Normativität der ›Stoff‹ ist, aus dem Institutionen gemacht sind, hat die Soziologie und hat die Ethnologie als eine soziologische Disziplin, deren primäre Gegenstände die Gesellschaften und ihre Institutionen sind, es mit Normativität zu tun. Im Aspekt des Individuums entsprechen dem die soziale und die moralische Kognition. Wie die physische Kognition ihre gesellschaftliche Entsprechung in Technik und Naturwissenschaft hat, so die soziale und moralische Kognition in den gesellschaftlichen Institutionen, die als Institutionen aus Normativität bestehen, mögen sie im übrigen als Inhalte solche der Ökonomie oder Technik oder anderes haben. – Entsprechend den von Kohlberg unterschiedenen drei Hauptstufen (Niveaus) der moralischen Entwicklung (›präkonventionelle‹, ›konventionelle‹, ›postkonventionelle‹ Stufe) finden wir die (Kern-)Institutionen von Gesellschaften ihrer Struktur nach ebenfalls auf diesen drei Niveaus etabliert. Dies ist jedenfalls eine gut begründete These. Die einfachsten Gesellschaften konstituieren sich, scheint es, über Riten, die strukturell z. B. durch die fehlende Differenzierung von Handlungsmotiven und Handlungsfolgen als Bewertungskriterien (für rituell falsches Verhalten) definiert sind, was sie der ›präkonventionellen‹ Stufe zuordnet. Die entwickelten Stammesgesellschaften und traditionalen Hochkulturen sind auf ›konventioneller‹ Stufe (aber auf unterschiedlichen Subniveaus) etabliert. Erst die moderne Industriegesellschaft ist in ihren (Kern-)Institutionen (Wissenschaft – Technik – Ökonomie, Recht, demokratische Verfassung, aber auch Kunst und (Hoch-)Literatur) auf postkonventionellem (und formal-operationalem) Niveau angesiedelt. – Alles das sind freilich schon Übervereinfachungen.

Wir müssen natürlich auch hier unterscheiden zwischen den Institutionen und den Individuen. In Übereinstimmung mit Kohlberg, Apel, Habermas u. a. verstehe ich die Lehren von Sokrates, Buddha, Jesus u. a., von Philosophen, Propheten, Mystikern aus den Hochkulturen vor unserer Zeitrechnung als postkonventionell nach Denkstruktur und Diskursstruktur. Andererseits gibt es nach den Untersuchungen von Kohlberg und seinen Schülern nicht wenige Erwachsene in unserer Gesellschaft, deren Entwicklung über den präkonventionellen Level nicht oder nur wenig hinausgegangen ist. – (Auch das kann hier nur angedeutet werden.)

Im Aspekt der Entwicklung von kognitiven Strukturen der Naturbeherrschung (physische Kognition) und der zwischenmenschlichen Interaktionen (soziomoralische Kognition) lassen sich, das habe ich skizziert und hoffentlich plausibel gemacht, sowohl Individuen als auch gesellschaftliche Institutionen ihrem strukturellen Niveau nach bestimmten Stufen der Entwicklungssequenz zuordnen. Sowohl im Hinblick auf die Institutionen als auch auf die Mitglieder sind die Gesellschaften unterschiedlich heterogen. (Die entwickelteren sind es mehr als die weniger entwickelten Gesellschaften). Die Zuordnung ganzer Gesellschaften zu bestimmten Entwicklungsniveaus stellt insofern immer eine erhebliche Vereinfachung dar, doch läßt sie sich im Hinblick auf Kern-Institutionen (und Bevölkerungsmehrheiten) rechtfertigen.

5. Diskussion des Ansatzes

Im Unterschied zu den alten ethnologischen Entwicklungskonzepten setzt das von mir vorgestellte nicht an irgendwelchen äußeren und inhaltlichen Merkmalen an (am Gebrauch von bestimmten Werkzeugen, Metallen, von Techniken der Nahrungsbeschaffung oder von anderen Techniken (z. B. Schrift) oder an Phänomenen, auf der Ebene von Patrilinearität, Matrilinearität o. ä.), sondern bei sehr fundamentalen und allgemeinen Strukturen. Was die Institutionen betrifft, so werden auch sie hier unter dem Gesichtspunkt sehr allgemeiner Strukturen betrachtet, die über einzelne Institutionen hinausgehen und einen kognitiven Charakter haben und insofern eben auch innere Strukturen der Individuen sind.

Dieser Ansatz und die von ihm aus vorgenommenen Zuordnungen zu Entwicklungsniveaus stellen keine Bewertung dar. Eine Gesellschaft und ihre Mitglieder, die sich auf einfacherem Niveau befinden, ist nicht weniger wert als eine entwickeltere, so wenig wie ein Kind weniger als ein Erwachsener wert ist. Die Einsicht darin, daß Entwicklungsstufen nicht übersprungen werden können und damit in die Notwendigkeit jeder Stufe, verbietet außerdem jede Abwertung von früheren Stufen. Schließlich aber muß nach Kohlberg die Entwicklung der moralischen Kognition als ein immer deutlicheres und differenzierteres Begreifen des Prinzips der Gerechtigkeit verstanden werden. Da es klar ungerecht wäre, einfachere Stufen oder Menschen auf einfacheren Stufen negativ zu bewerten, verbietet sich gerade für Menschen auf postkonventioneller Stufe jede Diffamierung weniger entwickelter Menschen.

Von daher erklärt sich auch in einer Hinsicht die Ablehnung von Entwicklungskonzepten durch Ethnologen. Eben weil sie auf postkonventioneller Stufe – hoch empfindlich gegen Ungerechtigkeit, gegen Unterdrückung und Diffamierung anderer Menschen überhaupt, speziell wegen Abweichung von irgendwelchen Standards, sind, wenden sie sich gegen Entwicklungskonzepte, die, wie sie meinen, solche Diffamierung wegen Abweichung implizieren. Hinzu kommt noch, daß man die Standards selbst als unkritische Verabsolutierung der lediglich europäischen Normen und Weltanschauung meint verstehen zu müssen.

Nun ist es gewiß richtig, daß die Wahl der Dimension ›kognitive Struktur‹ als diejenige, in der Entwicklung untersucht wird, durch die europäische Entwicklung, in der die Kognitionen besonders stark und weit entwickelt wurden, nahegelegt wird. Man könnte auch das Maß, in dem Kinder geliebt oder die Alten geehrt, mit Natur geschwisterlich umgegangen oder Versenkungsübungen getrieben werden, jeweils als Entwicklungskriterium nehmen, aber man käme auf diese Weise kaum zu rekonstruierbaren Mustern, weder im Bereich von Individuen, noch von Institutionen, noch von Gesellschaften. Über die Feststellung kontingenter Fakten und Verteilungen von Fakten käme man wohl erst dann hinaus, wenn man die genannten Kriterien mit der kognitiv-strukturellen Entwicklung verbinden könnte. Wenn Wissenschaft Zusammenhänge erforschen will, dann hat sie es entweder mit irgendwelchen kausalen, mit formal-strukturellen, mit funktional-strukturellen Zusammenhängen oder mit Kombinationen von diesen zu tun. Eine Sozialwissenschaft wie die Ethnologie hat als ihren primären Gegenstand die Strukturen der Institutionen im Kontext ihrer Gesellschaft zu erforschen. Da Institutionen, wie ich schon feststellte, aus Normativität (und natürlich auch aus Zwang) ›gemacht‹ sind, ist kein ethnologischer Ansatz adäquat, der nicht von vornherein Normativität bzw. soziomoralische Kognition enthält. Insofern ist der kognitiv-strukturale Ansatz nicht durch andere Ansätze ersetzbar, was aber nicht heißt, daß er nicht ergänzbar oder ergänzungsbedürftig sei.

Der kognitiv-strukturale Ansatz ist gerade auch als evolutionistischer nicht verzichtbar oder ersetzbar für die Ethnologie, sofern diese nicht darauf verzichten will, sich selbst zu verstehen und zu begründen. Sozialwissenschaften oder umfassende sozialwissenschaftliche Theorien haben unvermeidbar eine selbstreflexive Struktur. Sie sind stets auch ihr eigener Gegenstand, mag das auch faktisch verdrängt werden. Sie können ihre eigenen Geltungsansprüche nicht begründen, wenn sie nicht zeigen können, daß die Theorie auch für die Theorie selbst gilt. Der Historische Materialismus z. B. muß zeigen können, daß er genauso erklären kann, wie es zum Historischen Materialismus kam, wie er die Entstehung anderer Theorien meint erklären zu können. Entsprechend muß die Psychoanalyse sich auf die Entdeckung der Psychoanalyse anwenden lassen. Beide Theorien ruinieren ihren Geltungsanspruch, wenn die selbstreflexive Anwendung zu Widersprüchen führt, z. B. wenn durch totalen relativistisch-reduktionistischen Historismus oder Psychologismus Geltungsansprüche auf faktische Genese reduziert werden: ›Alle Geltungsansprüche sind nichts als das Ergebnis historischer Bedingungen‹ oder ›Alles Bewußte ist nur Ausdruck unbewußter Prozesse‹ (»Daß das Ich nicht Herr sei in seinem eigenen Haus« [Freud, GW XII, S. 11]). Ohne Zurechnungsfähigkeit gibt es aber keine Wissenschaft.

Die Ethnologie muß entsprechend, sich selbst aufklärend, darüber Auskunft geben, was es bedeutet, daß sie (wie alle Wissenschaften) zu einer Gesellschaft gehört, die sich zwar sehr von den Stammesgesellschaften usw. unterscheidet, die Gegenstand der Ethnologie sind, die aber aus eben solchen Gesellschaften – über Zwischenstufen – hervorgegangen ist. Wenn die Ethnologie begründen und erklären will, daß und wie sie Stammesgesellschaften, ihre Institutionen und Menschen einerseits verstehen kann und andererseits dabei Probleme hat, dann muß sie (zusammen mit der Soziologie usw.) das Verhältnis aufklären, in dem die Gesellschaft, der sie als eine ihrer Institutionen angehört, zu den Stammesgesellschaften steht. Hierbei kann die Ethnologie nicht daran vorbei, daß dieses Verhältnis nicht nur eines der strukturellen Differenz oder – irgendwo auch – Kongruenz oder Analogie ist, sondern daß auch ein realer ›sozialgeschichtlicher‹ Zusammenhang besteht, eine Herkunft. Eine Erklärung, die sich auf beides bezieht, wie sollte sie anders möglich sein als durch eine Theorie der (strukturellen) Evolution?

Was hier auch immer an Argumenten für einen kognitiv-strukturalen und universal-evolutionistischen Ansatz beigebracht worden ist und was darüber hinaus beigebracht werden könnte – bleibt nicht doch das Problem des european bias? Muß der abendländische Rationalismus bzw. die Rationalisierung der europäischen Gesellschaft (Max Weber) wirklich als universal und paradigmatisch für alle Gesellschaften verstanden werden? Habermas (1981) hat darauf eine doppelte Antwort gegeben: Die abendländische Entwicklung der Vernunft, die Ausdifferenzierung von Wissenschaft, Moral, Recht, Kunst usw. gehorcht einer universalen Entwicklungslogik – aber verzerrt. Verzerrt ist die Entwicklung durch die Dominanz der Zweckrationalität (›instrumentelle Vernunft›, ›Verstand‹), die alle anderen ›Arten‹ der Vernunft (soziale Kognition, moralische Kognition, ästhetische Kognition usw. bzw. kantisch gesprochen: praktische Vernunft, Urteilskraft usw.) sowohl in der Entwicklung behindert als auch deformiert. – Ich stimme dem zu, mit der Erweiterung, daß selbst die Erkenntnis dieser Deformation noch an ihr leiden dürfte. Wir müssen damit rechnen, daß die Verzerrung all unsere Kognition (und nicht nur sie) betrifft und müssen zugleich unterstellen, daß die Verzerrung nicht Erkenntnis, auch ihrer selbst, schlechthin verhindert.

Es bleibt noch eines in diesem Zusammenhang: Wenn wir von Entwicklung reden, sollten wir auch nach ihren ›Kosten‹, ihren Opfern fragen und danach, was verloren ging, aber – vielleicht – auf entwickelterer Stufe doch wieder, verwandelt, zurückgewonnen werden könnte und sollte.

Literatur

Karl-Otto Apel: Zur geschichtlichen Entfaltung der ethischen Vernunft in der Philosophie I. In: Apel u. a.: Praktische Philosophie/Ethik: Dialoge 1. Frankfurt 1984.

Kurt Bergling: Moral Development. The Validity of Kohlberg's Theory. Stockholm 1981.
Susan Buck-Morss: Sozio-ökonomische Verzerrungen in Piagets Theorie und ihre Implikationen für interkulturell vergleichende Untersuchungen. In: Riegel 1975/1978.
Rainer Döbert: Systemtheorie und die Entwicklung religiöser Deutungssysteme. Frankfurt 1973.
Carolyn P. Edwards: Moral development in comparative cultural perspektive. In: Wagner/Stevensen, San Francisco 1982.
Jürgen Habermas: Zur Rekonstruktion des Historischen Materialismus. Frankfurt 1976.
ders.: Moralentwicklung und Ich-Identität. In: ders., a.a.O.
ders.: Theorie des kommunikativen Handelns, 2 Bde., Frankfurt 1981.
Bärbel Inhelder / Jean Piaget: Von der Logik des Kindes zur Logik des Heranwachsenden, Olten 1977.
Lawrence Kohlberg: Stage and sequence: The cognitive-developmental approach to socialization. In: D. A. Goslen (Ed.), Handbook of socialization: Theory and research. New York 1969, S. 347–480.
ders.: Moral stages and moralization: The cognitive developmental approach. In: T. Lickona (Ed.); Moral development and behavior theory, research and social issues. New York 1976, S. 31-53.
ders.: From Is to Ought. In: Th. Mischel: Cognitive development and epistemology. New York 1971.
ders.: Zur kognitiven Entwicklung des Kindes. Frankfurt 1974.
Jean Piaget: Die Entwicklung des Zahlbegriffs beim Kinde. GW Bd. 3, Stuttgart 1975.
ders.: Die Entwicklung der physikalischen Mengenbegriffe beim Kinde. GW Bd. 4, Stuttgart 1975.
Jean Piaget / Bärbel Inhelder: Die Entwicklung der elementaren logischen Strukturen. Teil 1 und 2. Düsseldof 1973.
John Rawls: A theory of justice. Cambridge 1971. Deutsch: Eine Theorie der Gerechtigkeit. Frankfurt 1979.
Klaus F. Riegel: Zur Ontogenese dialektischer Operationen. Frankfurt 1978.
Walther Schmied-Kowarzik: Stellung und Aufgabe von Wundts Völkerpsychologie und der Begriff des Volkes, in: A. Hoffmann (ed.): W. Wundt. Eine Würdigung, 2. Teil, Erfurt 1924.
ders.: Frühe Sinnbilder des Kosmos. Gotteserlebnis und Welterkenntnis in der Mythologie, Ratingen/Kastellaun 1974.
Wolfdietrich Schmied-Kowarzik / Justin Stagl (edd.): Grundfragen der Ethnologie. Beiträge zur gegenwärtigen Theorie-Diskussion, Berlin 1981.
Traugott Schöfthaler / Dietrich Goldschmidt (edd.): Soziale Struktur und Vernunft. Jean Piagets Modell entwickelten Denkens in der Diskussion kulturvergleichender Forschung. Frankfurt 1984.
Robert S. Selman: Die Entwicklung des sozialen Verstehens. Frankfurt 1984.
ders.: Social-cognitive understanding: A guide to educational and clinical practice, in: T. Lickona (ed.): Moral development and behavior. New York 1976, S. 299–316; dt. Sozial-kognitives Verhalten: Ein Weg zu pädagogischer und klinischer Praxis. In: Dieter Geulen (ed.): Perspektivenübernahme und soziales Handeln. Frankfurt 1982.
E. Turiel / C. P. Edwards and L. Kohlberg: Moral development in Turkish children, adolsecents and young adults. Journal of Cross-Cultural Psychology, 1978/9 (1), S. 75-86.

Daniel A. Wagner / Harold W. Stevensen (edd.): Cultural perspectives on child development. San Francisco 1982.

Herta Nagl-Docekal

Läßt sich die Geschichtsphilosophie tropologisch fundieren?

Kritische Bemerkungen zur Annäherung der Analytischen Philosophie an den Strukturalismus

Der Versuch, die von der Rhetorik entwickelte Typenlehre sprachlicher Bilder für die Geschichtsphilosophie nutzbar zu machen, ist bis Vico zurückzuverfolgen. Zu einem zentralen Anliegen wurde er aber erst in jüngster Zeit im Gefolge der sprachanalytischen Philosophie der Geschichte. Hatte sich Arthur C. Danto in seiner 1965 erstmals erschienenen »Analytical Philosophy of History« die Untersuchung der Sprache der Historiker zum Programm gemacht,[1] so spitzte Hayden White in seiner 1973 publizierten »Metahistory« dieses Programm unter Einbeziehung von Motiven der strukturalistisch orientierten Linguistik zu auf die Frage nach der Tiefenstruktur der sprachlichen Gestaltung von Geschichte und versuchte, diese Frage mit den Mitteln der Tropologie zu bewältigen.[2] Whites Unternehmen erzielte vor allem in den USA breite Resonanz. So veranstaltete die Zeitschrift »History and Theory. Studies in the Philosophy of History« 1979 in Zusammenarbeit mit der Wesleyan University eine Tagung, die der Diskussion der »Metahistory« gewidmet war und publizierte die Ergebnisse dieser Tagung im Jahr darauf in Form eines Beiheftes.[3] Diese Diskussion nun auch im deutschsprachigen Kontext fortzusetzen, erscheint nicht zuletzt im Hinblick darauf gerechtfertigt, daß sich die deutschsprachige Debatte zu geschichtsphilosophischen Fragen ebenfalls zunehmend an strukturalistischen Überlegungen orientiert. Im folgenden sollen also die entscheidenden Thesen des Whiteschen Ansatzes auf ihre Validität hin befragt werden. (Die folgende Erörterung beschränkt sich somit auf die konzeptionellen Grundlagen der »Metahistory« und klammert die ideengeschichtlichen Konsequenzen, die White daraus zieht – das Buch trägt ja den Untertitel »The Historical Imagination in Nineteenth-Century Europe« – weitgehend aus.)

Zunächst eine kurze Rekapitulation der maßgeblichen Differenzierungen Whites. Wie vor ihm Danto richtet auch White wie gesagt den Blick auf die sprachliche Präsentation von Geschichte: »I will consider the historical work as what it most manifestly is – that is to say, a verbal structure in the form of a narrative prose discourse that purports to be a model, or icon, of past structures and processes in the interest of explaining what they were by representing them«.[4] Und wie Danto geht auch White davon aus, daß die Sprache der Geschichtsschreibung mehr leistet als die bloße Wiedergabe von Fakten, daß sie also erzählendes Gestalten ist, was nicht zuletzt darin deutlich wird, daß die selben Fakten in ganz unterschiedlichen Geschichten anzutreffen sein können. Während aber Danto sich darauf konzentriert, mittels einer

Analyse der Implikationen des erzählenden Satzes Aufschlüsse über die Strukturelemente von Geschichte (als erzählter Geschichte) zu gewinnen, wendet White die Fundierungsfrage ins Inhaltliche und sucht nach den Voraussetzungen für die Unterschiedlichkeit der erzählten Geschichten.

Im Zeichen dieser Fragestellung wird für White rasch deutlich, daß die verbreitete Gegenüberstellung von Geschichtswissenschaft und spekulativer Geschichtsphilosophie, derzufolge diese beiden Formen der Auseinandersetzung mit Geschichte einander wechselseitig ausschließen, keineswegs plausibel ist. Er begegnet dieser gängigen Einschätzung – die nicht nur das Selbstverständnis der Historiker weitgehend bestimmt, sondern auch die Theorie der Geschichtswissenschaft, insbesondere im Gefolge des Wiener Kreises, und die im übrigen noch bei Danto eine zentrale These seiner »Analytical Philosophy of History« bildet – mit dem Argument, daß die Interpretationsleistung der Geschichtswissenschaft zumindest implizit auf geschichtsphilosophischen Erwägungen basiert. Der Unterschied zwischen den beiden Disziplinen reduziert sich damit für ihn auf die Akzentsetzung: »What remains implicit in the historians is simply brought to the surface and systematically defended in the works of the great philosophers of history . . . there can be no ›proper history‹ which is not at the same time ›philosophy of history‹«.[5] White wählt den Terminus »historical thought« für das spekulative Element, das Geschichtswissenschaft und Geschichtsphilosophie verbindet, und bezeichnet damit eben jene Form des Umgangs mit der Vergangenheit, die er metahistorisch zu hinterfragen unternimmt.

Um nun die Grundlagen des historischen Denkens aufzuspüren, entschließt sich White zu einer Methode, die der strukturalistisch orientierten Linguistik entlehnt ist: er nimmt die sprachliche Gestalt als die bloße Oberfläche und sucht dieselbe auf ihre Tiefenstruktur hin zu durchleuchten. Im Zeichen dieser Methode legt White zwei verschiedene Schichten frei. Die erste davon prägt sich für ihn in den Geschichtsdarstellungen selbst so deutlich aus, daß er sie noch als »manifest« bezeichnet. Es ist die Ebene der verschiedenen Konzepte bezüglich der Aufgabe der Darstellung. White charakterisiert sie als Theorien der historischen Erklärung bzw. davon, wie in der Präsentation von Geschichte ein Effekt von Erklärung erzielt werden könne; er spricht von »particular theories used to give historical accounts the aspect of an ›explanation‹«.[6] Indem er diese Konzepte neuerlich auf ihre Voraussetzung hin untersucht, gelangt White schließlich zur Schicht der eigentlichen Tiefenstruktur. Er definiert sie als die Ebene der primären Sicht der Geschichte, welche ästhetischen und nicht begrifflichen Charakter hat, d. h. als die Ebene der ursprünglichen »visions of the historical field«.[7]

White geht dabei nicht so vor, daß er sich direkt den von ihm ausgewählten Autoren des 19. Jhs. zuwendet, um die jeweils spezifische Ausprägung dieser beiden Fundierungsebenen sichtbar zu machen. Er wählt vielmehr ein typologisches Verfahren, welches er in der Einleitung seiner »Metahistory« entwikkelt. Whites Untersuchung setzt also mit einer formorientierten Analyse von Geschichtsdarstellung (»formalist approach«) ein, die darauf hinausläuft, die verschiedenen Möglichkeiten, welche im Rahmen der beiden alle Geschichtsschreibung fundierenden Ebenen zur Disposition stehen, idealtypisch zu erfassen und systematisch zu ordnen. Erst vor dem Hintergrund dieser »ideal-typical structure of the ›historical work‹«[8] kann nach White die Besonderheit der einzelnen Autoren erfaßt werden, da sie dann über die Abwandlung der einzelnen Elemente bzw. über deren jeweilige Kombination identifizierbar ist.

Was nun die Ebene der theoretischen Konzepte betrifft, so erläutert White, daß die verschiedenen Begriffe von historischer Erklärung und damit von der Aufgabe der Geschichtsschreibung überhaupt in entsprechend verschiedene strategische Anweisungen für die Geschichtsdarstellung einmünden. Im Zuge seines Typisierungsverfahrens unterscheidet er zunächst drei verschiedene Dimensionen solcher Strategien: »I distinguish among three kinds of strategy that can be used by historians to gain different kinds of ›explanatory affect‹. I call these different strategies explanation by formal argument, explanation by emplotment and explanation by ideological implication«.[9] Diese Typen von Strategien schließen einander keineswegs aus; White geht es vielmehr darum, aufzudecken, daß jede Geschichtsdarstellung eine ästhetische, eine epistemologische und eine moralisch-ideologische Dimension impliziert. Im weiteren unterscheidet er im Rahmen jeder dieser Dimensionen vier mögliche Vorgangsweisen (vgl. Abb.). So ist etwa in ästhetischer Hinsicht für ihn jedes historische Denken einem der folgenden vier »modes of emplotment« (am besten wohl mit »Formen der Dramatisierung« zu übersetzen) zuzuordnen: Romanze, Tragödie, Komödie, Satire. Auf der epistemologischen Ebene unterscheidet White vier Arten der wissenschaftlichen Argumentation, welche ebenso vielen verschiedenen Auffassungen der Struktur der Geschichte entsprechen. Diese »modes of argument« sind: 1. »formist« – hier geht es um das Erfassen von individuellen geschichtlichen Formen (White nennt Herder als Beispiel); 2. »mechanistic« – in diesem Fall soll das Kausalprinzip des Geschichtsprozesses offengelegt werden (dafür ist nach White das Verhältnis von Basis und Überbau bei Marx repräsentativ); 3. »organicist« – damit ist jene Argumentation gemeint, die beansprucht, die einzelnen Teilbereiche des Historischen in ein übergeordnetes Ganzes zu integrieren (White verweist hier u. a. auf Hegel und Ranke); 4. »contextualist« – diese Argumentationsweise ist an synchroner Analyse orientiert und zielt darauf ab, Funktions- bzw. Strukturzusammenhänge aufzuzeigen (White charakterisiert Burckhardt in diesem Sinne). Was schließlich die dritte Dimension der Erklärungsstrategien betrifft, so ist White der Auffassung, daß jede Geschichtsdarstellung ideologische Implikationen aufweist, d. h. so angelegt ist, daß sich bestimmte Konsequenzen für die jeweils gegenwärtige Praxis ergeben, und er unterscheidet – übrigens im Rückgriff auf Karl Mannheim – folgende vier Typen von politischen Richtungen: Anarchismus, Radikalismus, Konservatismus und Liberalismus.[10]

Die einzelnen Historiker und Geschichtsphilosophen sucht White von hier aus über ihre jeweilige Entscheidung in jeder der drei Erklärungsdimensionen in ihrer Besonderheit zu erfassen. So heißt es z. B. von Ranke: »Ranke's histories are consistently cast in the mode of Comedy, a plot form that has as its central theme the notion of reconciliation. Similarly, the dominant mode of explanation used by him was Organicist, consisting of the uncovering of the integrative structures and processes which, he believed, represent the fundamental modes of relationship to be found in history. Ranke dealt not in ›laws‹ but in the discovery of the ›Ideas‹ of the agents and agencies which he viewed as the inhabitants of the historical field . . . The ideological implications of this combination of a Comic mode of emplotment and an Organicist mode of argument are specifically Conservative . . . inasmuch as one can legitimately conclude from a history thus construed that one inhabits the best of possible historical worlds, or at least the best that one can ›realistically‹ hope for.«[11]

White bezeichnet diese jeweils besonderen Kombinationen als den individuellen Stil der einzelnen Autoren, er bedient sich also einer ästhetischen Terminologie und darin kündigt sich bereits die entscheidende Wendung seiner Überlegungen an.

White ist überzeugt, daß die Entscheidung, die die einzelnen Autoren in jeder der drei Dimensionen treffen, der Argumentation nicht zugänglich ist, bzw. daß für jede Erklärungsstrategie gute Gründe beigebracht werden können; »historians such as Michelet, Ranke, Tocqueville and Burckhardt, and philosophers of history such as Hegel, Marx, Nietzsche and Croce . . . cannot be ›refuted‹ nor their generalizations ›disconfirmed‹, either by appeal to new data that might be turned up in subsequent research or by the elaboration of a new theory for interpreting the sets of events that comprise their objects of representation and analysis«.[12] Diese Einschätzung bedeutet freilich eine gravierende Vorentscheidung, auf deren Konsequenzen noch zurückzukommen sein wird. Für White selbst ergibt sich an dieser Stelle die Frage, wie anders die genannten Entscheidungen fundiert sind, wenn nicht über den rationalen Diskurs. Es ist diese Frage, die ihn dazu bestimmt, unterhalb der konzeptuellen Ebene eine weitere und zwar prä-konzeptuelle Fundierungsschicht der Gestaltung von Geschichte zu suchen.

White argumentiert hier, daß der Bereich des Historischen immer schon in bestimmter Weise konstituiert sein muß, ehe die verschiedenen Erklärungsstrategien darauf zur Anwendung gebracht werden können: »before the historian can bring to bear upon the data of the historical field the conceptual apparatus he will use to represent and explain it, he must first prefigure the field – that is to say, constitute it . . . as a ground inhabited by discernable figures«.[13] Diese Konstitutionsleistung vollzieht sich nach White auf einem »deep level of consciousness« und so verwendet er den Terminus »metahistorisch«, um schon durch die Bezeichnung deutlich werden zu lassen, daß diese Ebene als aller historischen Begriffsbildung vorausliegend, d. h. strikt »precognitive and precritical«[14] gedacht werden müsse. Die Präfiguration des Gegenstandsbereichs der Geschichtsschreibung hat für White vielmehr ästhetischen Charakter und er bezeichnet sie als einen »poetic act«.[15]

Im Zeichen seines typologischen Programms gelangt White auch im Hinblick auf diesen poetischen Konstitutionsakt zur Unterscheidung von vier idealtypischen Möglichkeiten und dies ist der Ort seines Rückbezugs auf die Tropologie (Vgl. Abb.). White argumentiert, daß für die primäre Imagination des Historischen jene Formen zur Verfügung stehen, welche die poetische Sprache auch sonst aufweist. In der näheren Bestimmung dieser Formen bezieht sich White auf Jakobson, Lévi-Strauss und Lacan, er greift aber letztlich auf die Vierzahl bei Vico zurück. Demnach unterscheidet er folgende Tropen (die er jeweils durch eine paradigmatische Sprachfigur veranschaulicht): 1. die Metapher (»my love, a rose«), 2. die Metonymie (»fifty sail«), 3. die Synekdoche (»he is all heart«), 4. die Ironie (»cold passion«). Im weiteren erläutert White: »Metaphor sanctions the prefiguration of the world of experience in object-object terms, Metonymy in part-part terms and Synecdoche in object-whole terms . . . the trope of Irony, then, provides a linguistic paradigm of a mode of thought which is radically selfcritical with respect not only to a given characterization of the world of experience but also to the very effort to capture adequately the truth of things in language.«[16]

Die eigentliche Pointe von Whites »Metahistory« ist also, daß der Gegenstandsbereich der historischen Forschung und Theorienbildung zunächst nach dem Schema einer der vier Tropen konstituiert wird, wobei die Wahl zwischen diesen Tropen auf ästhetische oder moralische Gründe zurückzuführen ist – »the best grounds for choosing one perspective on history rather than another are ulitmately aesthetic or moral rather than epistemological«.[17]

Mit dieser primären Imagination des Historischen sind bereits die Weichen für die begriffliche Ebene gestellt: »in the poetic act which precedes the formal analysis of the field, the historian both creates his object of analysis and predetermines the modality of the conceptual strategies he will use to explain it«.[18] Die jeweilige Kombination von Erklärungsstrategien wird also schon auf der metahistorischen Ebene entschieden. White spricht in diesem Zusammenhang explizit von linguistischem Determinismus und nennt die Begriffe Gefangene der Bilder: »thought remains the captive of the linguistic mode in which it seeks to grasp the outline of objects inhabiting its field of perception«.[19]

Für die grundsätzliche Erörterung dieses Ansatzes kann die Frage nach der

Legitimität der Typenvierzahl, die White jeweils unterscheidet, zunächst beiseite gelassen werden. Es ist vielmehr das Konzept der Verankerung der Geschichtsphilosophie bzw. des »historical thought« in einer vorbegrifflichen Sicht der Geschichte als solches näher zu betrachten. Dabei ist das Motiv Whites gewiß insofern zu akzeptieren, als es auf die allgemeine These hinausläuft, daß Geschichtsphilosophie und Geschichtsforschung in einem vorwissenschaftlichen Verständnis von Geschichte ihren Ausgangspunkt haben. Es ergeben sich aber gravierende Probleme, wenn man der näheren Bestimmung dieses Vorverständnisses nachgeht. Indem White dasselbe auf eine Konstitutionsleistung zurückführt, stellt er zwei Momente einander gegenüber: den Zugriff der »Präfiguration« einerseits und dessen Material andererseits. Worin besteht aber dieses Material? Für White ist es keine Frage, daß es sich dabei um die schlichten Daten der Vergangenheit handelt. Dagegen ist aber zu bedenken, daß die historischen Fakten grundsätzlich nicht als die primären Bausteine des Geschichtsbewußtseins gedacht werden können. Damit nämlich Fakten also solche, sei es von den Zeitgenossen überliefert, sei es im späteren Rückblick, aufgegriffen werden können, ist jeweils eine bestimmte Sicht der betreffenden Entwicklungen vorausgesetzt, welche als Relevanzkriterium über die Fixierung der Fakten entscheidet. M. a. W.: das Geschichtsbewußtsein, das White auf der Basis der Fakten erst entstehen lassen will, liegt diesen bereits zugrunde.

Die Wurzel dieses Problems liegt darin, daß White die Fundierung des Gegenstandsbereichs des Geschichtsdenkens in Analogie zur Konstitution der Gegenstände der empirischen Wissenschaften bestimmt, daß er sich also an Kants Konzept der ursprünglich synthetischen Einheit von Sinnesdaten und Anschauungs- bzw. Verstandesformen orientiert. Indem White nicht darauf eingeht, daß Kant diese Konzeption strikt auf die Gegenstände der sinnlichen Wahrnehmung einschränkt, gerät er in eine Problematik, die sich im übrigen bis auf die Neukantianischen Versuche der Bestimmung der Geisteswissenschaften zurückverfolgen läßt[20] und für die im Rahmen der neueren deutschsprachigen Diskussion die Geschichtstheorie H. M. Baumgartners repräsentativ ist.[21] Bei aller Verschiedenheit im einzelnen ist allen diesen Ansätzen die Schwierigkeit gemeinsam, daß sie, um den Gegenstandsbereich der historischen Forschung auf einen Konstitutionsprozeß zurückführen zu können, die Vergangenheit vorgängig in eine Vielzahl atomarer Einzeldaten (bzw. Einzelereignisse) auflösen, womit nicht nur der Hintergrund der historischen Fakten, von dem eben die Rede war, verlorengeht, sondern gleichzeitig auch die Möglichkeit anzugeben, worin das spezifisch Historische der historischen Fakten bestehen soll.[22]

Dabei könnte gerade der Rückgriff auf Kant für die Bestimmung des vorwissenschaftlichen Geschichtsverständnisses relevant werden – aber der Rückgriff auf seine in der praktischen Philosophie verankerte Geschichtsphiloso-

phie. Es sind vor allem zwei Überlegungen aus den grundlegenden Passagen der »Idee zu einer allgemeinen Geschichte in weltbürgerlicher Absicht«, die in diesem Zusammenanhang Beachtung verdienen. Zum einen die, daß die Geschichte im praktischen Vermögen des Menschen ihren Ursprung hat – bzw. in der daraus resultierenden Problemstellung, daß die Menschen die Regeln des Zusammenlebens, die bei den Tieren instinktmäßig gegeben sind, selbst bestimmen müssen, was eine Aufgabe für die ganze Gattung bedeutet – zum anderen diejenige, daß die Menschen keineswegs »wie vernünftige Weltbürger, nach einem verabredeten Plane, im ganzen verfahren«.[23] Von der ersten Überlegung her ergibt sich zunächst, daß auch das Geschichtsbewußtsein in der Praxis seinen Ursprung hat; nimmt man indessen beide Überlegungen zusammen, so lassen sie sich dahingehend fortführen, daß die Spannung zwischen dem jeweils eigenen Handeln und seinem ungeplanten Kontext den Ansatzpunkt für das primäre Bild von Geschichte bildet. Es ist demnach die Spannung zwischen den jeweils eigenen praktischen Prinzipien und Zielsetzungen einerseits und den (oft auch kontraintentionalen) Konsequenzen bzw. der Bedrohung oder dem Scheitern derselben (respektive der Personengruppen, die sie repräsentieren) andererseits, in welcher das vorwissenschaftliche Geschichtsverständnis begründet ist. Dieses läßt sich von hier aus als die je und je besondere Bilanzierung dieser Erfahrung bestimmen.
An dieser Stelle rückt die Frage nach der Relevanz der Tropologie ins Zentrum. Es mag ja naheliegend erscheinen, den Ansatz Whites nicht länger durch das Konstitutionskonzept zu belasten und die Tropen nun auf die Verarbeitung der eben genannten Spannung zu beziehen. Doch damit wird erst die eigentliche Problematik dieses Ansatzes sichtbar. Hier ist zu beachten, daß das zentrale Anliegen, das White mit seinem Rückgriff auf die Tropologie verfolgt, darin besteht, die »präkognitiven« bzw. »präkritischen« und d. h. nur mehr ästhetisch bestimmbaren Grundlagen des Geschichtsdenkens aufzudecken. Dieses Anliegen vereitelt aber die adäquate Bestimmung des vorwissenschaftlichen Geschichtsverständnisses. Zwar entsteht dasselbe gewiß nicht im Medium der Argumentation, doch ist es grundsätzlich artikulierbar. Die praktischen Erfahrungen sind keine Geschmacksfrage; damit ein bestimmter Zusammenhang etwa als eine sinnvolle oder auch als eine desintegrative Entwicklung aufgefaßt werden kann, bedarf es der jeweils eigenen praktischen Prinzipien und Zielsetzungen als Beurteilungsgrundlage. Diese sind es also, die den Leitfaden des Geschichtsbewußtseins bilden, und nicht beliebig austauschbare Geschmacksurteile.
Es könnte nun eingewendet werden, daß diese Argumentation White nicht trifft, weil er davon ausgeht, daß die Sprache aller Praxis und aller Erfahrung immer schon zugrundeliegt. Seine Intention wäre demnach, auch die eben genannten Prinzipien und Zielsetzungen der Praxis im Sinne des Strukturalismus auf die sprachliche Tiefenstruktur zurückzuführen. Whites Argumenta-

tion wäre dann so zu lesen: welche Trope man wählt, entscheidet auch über die praktische Orientierung. In diesem Sinne interpretiert auch Hans Kellner den Ansatz Whites. Genauer gesagt, moniert Kellner in seinem Artikel »A Bedrock of Order: Hayden White's Linguistic Humanism«,[24] daß White seine eigene strukturalistische Intention nicht konsequent genug verfolgt hat und so in einen Widerspruch geraten ist. Kellner erscheint es als ein willkürliches Abbrechen der Suche nach der Tiefenstruktur, daß White bei vier gleichrangigen Tropen haltmacht; nach seiner Auffassung wäre eine »Over-Trope« auszumachen gewesen, jedenfalls für jede historische Epoche eine spezifische »Over-Trope«, welche den jeweils anderen Tropen eine untergeordnete Funktion zuweist. Daß dieser Punkt in der »Metahistory« ausgespart bleibt, führt Kellner darauf zurück, daß White die Willensfreiheit habe retten wollen (dies soll der Terminus »Linguistic Humanism« im Titel des Kellnerschen Aufsatzes indizieren). »By declaring the tropic structures irreducible to mind or society . . . White has assumed his consistent, if absurd, stance. Metahistory is a moral text which can authorize itself only by declaring the freedom of moral choice, in the face of the great determinism of our time«.[25]
Sieht man vom kritischen Gestus Kellners einmal ab und geht man dem interpretativen Gehalt seiner Ausführungen nach, so erweist sich dieser als aufschlußreich. Die beiden zentralen Intentionen Whites, die Kellner aufzeigt und gegenüberstellt, sind gewiß zutreffend charakterisiert. Wenn man freilich diese Intentionen genauer untersucht, so werden auch die zentralen Probleme der Whiteschen Position deutlich; Kellners Interpretation bietet somit (unabhängig von seinen eigenen Einwänden gegen White) einen entscheidenden Ansatzpunkt für die kritische Analyse. Zunächst also zum strukturalistischen Motiv Whites: hier erhebt sich die Frage, wie die These von der Determinierung des Denkens durch die Sprache zu belegen ist. Diese Frage betrifft nicht zuletzt die strukturalistische Argumentation selbst, und sie exponiert eine doppelte Widersprüchlichkeit derselben. So erweist sich die Determinismus-These erstens der Form nach, d. h. als Theorie, als aporetisch. Wie soll sich eine bestimmte Theorie anderen Theorien gegenüber als plausibler erweisen, wenn Theorien insgesamt »captives« der sprachlichen Bilder sind? M. a. W.: die Determinismus-These stellt sich selbst infrage, weil der theoretische Diskurs von ihr her auf eine fundamentale Verkennung zurückzuführen ist – des Umstandes nämlich, daß die eigentlich relevante Entwicklung des Denkens nicht von der argumentativen Auseinandersetzung, sondern von der tropologischen Veränderung der Sprache zu erwarten ist. Die zweite Widersprüchlichkeit ergibt sich im Inhaltlichen. Wo immer präkognitive Determinanten des Denkens aufgezeigt werden, hat das Denken selbst einen Standpunkt bezogen, welcher auf der Basis dieser Determinationsthese nicht zu erfassen ist. Wenn White argumentiert, daß jeder »historical thought« auf eine der vier von ihm unterschiedenen Tropen

zurückzuführen ist, wie ist dann seine eigene Geschichte des europäischen historischen Denkens im 19. Jahrhundert zu verorten? White hat sich die Frage selbst gestellt und gelangte zu einem bezeichnenden Ergebnis: »It may not go unnoticed that this book is itself cast in an Ironic mode. But the Irony which informs it is a conscious one, and it therefore represents a turning of the Ironic consciousness against Irony itself.«[26] White nimmt sich also durchaus explizit selbst aus seiner Theorie aus, doch er verabsäumt es, nach den Konsequenzen zu fragen, die sich daraus hinsichtlich der strukturalistischen Konzeption ergeben.

Es zeigt sich also, daß Whites Orientierung am Strukturalismus in grundsätzliche Probleme führt. (Kellners Einwand gegen die mangelhafte Realisierung der strukturalistischen Intention bei White erweist sich von hier aus als peripher). Wie steht es nun aber mit dem zweiten und von Kellner als antagonistisch eingeschätzten Element der Whiteschen Konzeption, mit der Freiheit der Wahl zwischen den Tropen? Hier ergeben sich, wie gesagt, neuerlich gravierende Probleme. Zunächst ist festzuhalten, daß die Entscheidung zwischen den Tropen nicht auf gute Gründe rekurrieren kann; sie erfolgt ja auf der präkognitiven Ebene. Das bedeutet aber, daß die Freiheit, von der hier die Rede ist, lediglich als bloße Willkür gedacht werden kann. Daran ändert auch nichts, daß White die Entscheidung zwischen den Tropen als »aesthetic« bzw. »moral« bezeichnet. Im Gegenteil: gerade dadurch, daß er diese beiden Bezeichnungen synonym verwendet, bestätigt sich, daß er nicht eine anhand von Kriterien begründete Entscheidung im Blick hat, sondern einen vernünftiger Argumentation nicht zugänglichen Prozeß.

An dieser Stelle ist zu berücksichtigen, daß sich die Frage nach der argumentativen Begründung für White zunächst hinsichtlich der drei von ihm unterschiedenen Dimensionen von Erklärungsstrategien gestellt hat. Genauer gesagt, handelte es sich dort noch um drei verschiedene Begründungsprobleme; es wäre also zu untersuchen gewesen, an welchen Kriterien 1. die Wahl der ästhetischen Gestaltung, 2. die Interpretation der Struktur der Geschichte sowie der Aufgabe der wissenschaftlichen Argumentation und 3. moralische bzw. politisch-ideologische Entscheidungen zu orientieren sind. White schnitt aber alle diese Fragen kurzerhand ab mit der Feststellung, daß in keinem dieser Bereiche begründete Entscheidungen möglich seien. Dieses Verdikt ist freilich keineswegs plausibel, gerade auch im Hinblick auf die von White selbst untersuchten Geschichtstheorien. So ist nicht einsichtig, warum etwa der mechanistische oder der organische Geschichtsbegriff des 19. Jahrhunderts keiner begründeten Kritik unterzogen werden können sollten. Es ist vielmehr festzustellen, daß ein Rückgriff auf die traditionellen Bestände der Philosophie Differenzierungen erbracht hätte, welche die Grundlagen für die Bestimmung der jeweils relevanten Kriterien bieten. In diesem Zusammenhang wären vor allem die Konsequenzen der praktischen Philosophie bzw.

der auf derselben basierenden Geschichtsphilosophie Kants zu entwickeln gewesen – diese hat ja nicht nur, wie bereits angedeutet, für die Bestimmung des vorwissenschaftlichen Geschichtsverständnisses Relevanz, sondern auch für alle drei der eben angeführten Problemstellungen (es würde freilich zu weit führen, dies hier im einzelnen zu erläutern).
Daß White diese Fragen rundweg abschneidet, hat ihre Entdifferenzierung zur Folge, bedingt also die Gleichsetzung von »aesthetic« und »moral«. Diese Problematik ist allerdings nicht nur bei White anzutreffen; sie ist vielmehr ein signifikantes Folgeproblem der Analytischen Philosophie insgesamt. Wenn Rationalität ausschließlich über Logik und Empirie definiert wird, dann müssen die ästhetische und die moralische Dimension gleichermaßen als transrational bestimmt werden, und als Entscheidungsinstanz kommt nur mehr die bloß in Negation zur Vernunft bestimmte Willkür in Frage. M. a. W.: Der Rettungsversuch der Freiheit kann im Rahmen dieser Argumentation nicht gelingen; Freiheit kann nicht einmal als Problem, d. h. in der Frage nach der Legitimation praktischer Entscheidungen, adäquat thematisiert, sondern nur dezisionistisch verstümmelt werden.
An diesem Punkt wird nun aber einsichtig, wie die beiden zentralen (und, wie sich jetzt zeigt, keineswegs antagonistischen) Motive Whites zusammenhängen. Der Strukturalismus muß aus der Perspektive der Analytischen Philosophie, insbesondere der Geschichtsphilosophie, in doppelter Hinsicht als attraktiv erscheinen: zum einen weil er die Möglichkeit bietet, in jenem Bereich, der im Rahmen der Analytischen Philosophie nur negativ bestimmt werden kann, zu Differenzierungen zu gelangen; zum anderen, weil er, im Zuge des Anspruchs, alles Denken auf seine präkognitiven Tiefenstrukturen zurückzuführen, keine Erweiterung der Rationalitätsgrenze einfordert. Anders gesagt: Das Verdikt gegenüber dem Versuch, die Vernunft als praktische zu bestimmen (welches freilich ganz unterschiedlich begründet ist – einmal im restriktiven Vernunftbegriff der Analytischen Philosophie und einmal in der strukturalistischen Distanzierung vom Vernunftbegriff überhaupt) bildet den gemeinsamen Nenner, der den Übergang von der Analytischen Philosophie zum Strukturalismus begünstigt – es bildet freilich auch das gemeinsame Problem, welches, wie sich gezeigt hat, für die Geschichtsphilosophie eine schwerwiegende Hypothek darstellt. White ist im übrigen auch hinsichtlich dieser Verbindung repräsentativ; seine Überlegungen sind der Anfangsphase einer Entwicklung zuzuordnen, welche gegenwärtig zunehmend in den Vordergrund rückt. Die Annäherung der Analytischen Philosophie an den Strukturalismus ist zur Zeit immer häufiger – und nicht nur im Zeichen geschichtsphilosophischer Fragestellungen – anzutreffen, womit freilich auch die Aufgabe der Erörterung der Defizienzen dieser Verbindung an Dringlichkeit gewinnt.
Zusammenfassend ist festzustellen, daß Whites Versuch, die Geschichtsphi-

losophie tropologisch zu fundieren, in sein Gegenteil umschlägt. Zwar geht White mit Recht davon aus, daß geschichtsphilosophische Fragen keine Angelegenheit der bloßen Theorie sind, daß also die Entscheidung zwischen den verschiedenen Geschichtsbegriffen moralische Implikationen aufweist; indem er sich aber von hier aus nicht auf eine Bestimmung der praktischen Vernunft einläßt, begibt er sich der Möglichkeit, Geschichtsphilosophie zu fundieren. Es kann nun weder Geschichte als Thema der Geschichtsphilosophie adäquat erörtert werden, noch das vorwissenschaftliche Geschichtsbewußtsein als der Ausgangspunkt, von dem sich alles Geschichtsdenken mit dem Anspruch auf argumentative Fundierung abhebt, noch auch die Legitimationsbasis, welche den argumentativen Zugang zu geschichtsphilosophischen Fragen eröffnet. Mehr noch: der Versuch, den dezisionistisch und damit bloß negativ bestimmten Freiheitsbegriff mit strukturalistischen Mitteln auszufüllen, bedeutet die endgültige Erledigung der Geschichtsphilosophie. Diese stellt sich nun nur mehr als ein Scheindiskurs dar, dessen diskursiver Schein dadurch ermöglicht wird, daß die Abkünftigkeit alles Denkens von den sprachlichen Bildern verdrängt wird. White selbst scheint freilich weder die immanenten Aporien seines strukturalistischen Entlarvungsarguments zu sehen, noch die aus demselben resultierende Inversion seines Vorhabens.

Mit alledem ist jedoch nicht gesagt, daß die Tropologie als solche eine Gefährdung für die Geschichtsphilosophie bedeute. Die Problematik der Whiteschen Position ergibt sich ja erst mit der strukturalistischen Lesart der Tropologie. Geht man hingegen etwa der Stellung der Tropen in Vicos Geschichtsphilosophie nach, so ergibt sich ein ganz anderes Bild. In der »Neuen Wissenschaft« haben die Sprachfiguren keineswegs den Charakter von Determinanten des Denkens; sie werden vielmehr umgekehrt jeweils auf Differenzierungsschritte des Denkens zurückgeführt. Vico erläutert dies am Beispiel der häufig anzutreffenden Anthropomorphismen in der Bezeichnung landschaftlicher Strukturelemente, also an Ausdrücken wie »Zunge des Meeres, Arm eines Flusses, Busen vom Meer«[27]. Er ordnet dergleichen Bezeichnungen einer Frühphase der Sprachentwicklung zu, in der die Sprache der Abstraktionsleistung des Denkens noch nicht angemessen war. Das Denken führte also in eine Not der Sprache, der zunächst nur mit Bildern abgeholfen werden konnte. Von hier aus ist für Vico die Geschichte der Sprache (und d. h. aller Sprachen) dadurch gekennzeichnet, daß, entsprechend der zunehmenden Differenzierung des Denkens, zunächst das Raffinement der Sprachbilder anstieg, bis schließlich »bei wachsender Aufklärung des Menschengeistes sich Worte fanden, die abstrakte Formen bedeuten, oder Gattungsbegriffe, die ihre Arten einbegreifen oder die Teile mit dem Ganzen verbinden«.[28] Die Tropen Metonymie, Synekdoche, Metapher und Ironie bilden daher bei Vico (in dieser Reihenfolge) die Grundlage für die

manifeste Struktur	Mode of Emplotment (aesthetic dimension)	Romantic	Tragic	Comic	Satirical
	Mode of Argument (epistemological dimension)	Formist	Mechanistic	Organicist	Contextualist
	Mode of Ideological Implication (moral dimension)	Anarchist	Radical	Conservative	Liberal
Tiefen-struktur	Mode of Poetic Language (poetic act of prefiguration)	Metaphor	Metonymy	Synecdoche	Irony

Periodisierung der Sprachgeschichte. Wenn Vico im weiteren versucht, aus dem »Wörterbuch der Sprache« die Grundstruktur des Geschichtsverlaufs überhaupt, »die ewige ideale Geschichte . . . nach welcher die Geschichten aller Völker in der Zeit verlaufen«[29], abzulesen, so bedeutet dies eine tropologische Fundierung der Geschichtsphilosophie, die sich von derjenigen Whites grundlegend unterscheidet. Für B. Liebrucks kündigt sich darin bereits Hegels Bestimmung der Geschichte als Entwicklungsgang des Geistes an.[30] Die Frage der Legitimität einer solchen Orientierung der Geschichtsphilosophie an der Tropologie muß freilich einer gesonderen Untersuchung überlassen bleiben.

Anmerkungen

1 Arthur C. Danto, Analytical Philosophy of History, Cambridge 1965 (dt.: Analytische Philosophie der Geschichte, Frankfurt 1974).
2 Hayden White, Metahistory. The Historical Imagination in Nineteenth-Century Europe, Baltimore-London 1973.
3 Metahistory: Six Critiques; History and Theory, Volume XIX, Number 4, Beiheft 19.
4 White, Metahistory, a.a.O. 2.
5 Ebd. XI.
6 Ebd. XII.
7 Ebd. 4.
8 Ebd. 5.
9 Ebd. X.
10 Ebd. 7-29.
11 Ebd. 27f.
12 Ebd. 4.
13 Ebd. 30.
14 Ebd. 31.
15 Ebd. 31.
16 Ebd. 36f.
17 Ebd. XII.
18 Ebd. 31.
19 Ebd. XI.
20 Vgl. Max Weber, Die »Objektivität« sozialwissenschaftlicher und sozialpolitischer Erkenntnis, in: M. W., Methodologische Schriften, Frankfurt 1968, 1-64. Dazu: Herta Nagl-Docekal, Die Bedeutung Max Webers für die gegenwärtige Auseinandersetzung um die sogenannten Geisteswissenschaften, in: Wiener Jahrbuch für Philosophie, Band IX, 1976, 116-138.
21 Vgl. Hans Michael Baumgartner, Kontinuität und Geschichte. Zur Kritik und Metakritik der historischen Vernunft, Frankfurt 1972; ders., Thesen zur Grundlegung einer transzendentalen Historik, in: ders. und Jörn Rüsen (Hrsg.), Seminar: Geschichte und Theorie, Frankfurt 1976, 274-302.
22 Für eine eingehendere Analyse s. Herta Nagl-Docekal, Die Objektivität der Geschichtswissenschaft. Systematische Untersuchungen zum wissenschaftlichen Status der Historie, Wien–München 1982, bes. 217ff.

23 Immanuel Kant, Idee zu einer allgemeinen Geschichte in weltbürgerlicher Absicht, in: I. K., Werke in sechs Bänden hrsg. v. Wilhelm Weischedel, Frankfurt 1964, Band VI, 34.

24 Hans Kellner, A Bedrock of Order: Hayden White's Linguistic Humanism, in: Metahistory: Six Critiques, a.a.O. 1–29.

25 Ebd. 29.

26 White, Metahistory, a.a.O. XII.

27 Giambattista Vico, Die Neue Wissenschaft über die gemeinschaftliche Natur der Völker, hrsg. v. Erich Auerbach, Berlin–Leipzig o. J., 171f.

28 Ebd. 175. Zur Geschichte und Bedeutung der Metapher vgl. Hans Blumenberg, Paradigmen zu einer Metaphorologie, in: Archiv für Begriffsgeschichte, Band 6, 1960, 1-142.

29 Vico, Neue Wissenschaft, a.a.O. 68.

30 Bruno Liebrucks, Sprache und Bewußtsein, Frankfurt 1964ff., Band 1, 267.

III. Sittlichkeit und Humanität

Dietrich Benner

Ethik und Pädagogik

Über ethische Voraussetzungen der Pädagogik und pädagogische Voraussetzungen der Ethik

Jede Ethik, ganz gleich, ob es sich um eine naive Ethik im Sinne einer bestimmten Sitte oder eine philosophische oder wissenschaftliche Ethik handelt, weist Bezüge zu pädagogischen Fragen und Problemstellungen auf. Die Sitte beansprucht ja nicht nur die Anerkennung derjenigen, die schon in sie eingeführt sind, sondern auch die Anerkennung derjenigen, die als Heranwachsende noch in sie eingeführt werden müssen. Und philosophische und wissenschaftliche Klärungsversuche dessen, was unter einer guten Ordnung des Zusammenlebens der Menschen zu verstehen ist, richten sich ebenfalls niemals nur an die Erwachsenen, sondern zugleich an die Heranwachsenden. In systematischer und problemgeschichtlicher Hinsicht lassen sich alltägliche und philosophisch wissenschaftliche Ethiken daraufhin befragen, ob sie den Bezug zu pädagogischen Fragen und Aufgaben vorrangig von der Ethik her bestimmen, oder ob auch umgekehrt in die Ethik Bezüge eingehen, die nicht nur die Pädagogik ethisch, sondern darüber hinaus auch die Ethik pädagogisch bestimmen. Je nachdem nun, ob die Erziehungstatsache vorrangig ethisch bestimmt wird oder in die Ethik selbst explizit ein pädagogischer Begriff der Erziehung eingeht, verengt oder erweitert sich der Horizont praktischer Philosophie.

Walther Schmied-Kowarzik hat 1932 eine »Ethik mit Berücksichtigung pädagogischer Probleme« publiziert, die der pädagogischen Grundtatsache, daß der Mensch zu seiner Menschwerdung der Erziehung bedarf, in mancherlei Hinsicht Rechnung trägt. Darauf weist schon der Titel dieser Arbeit hin, der nicht etwa eine normative Ethik ankündigt, die sich zur Klärung pädagogischer Fragen befugt hält, sondern von einer Ethik spricht, die pädagogische Fragen berücksichtigt. Auf die wissenschaftliche Ausbildung von Lehrern hat diese Ethik kaum Einfluß nehmen können, weil die Akademisierung der Lehrerbildung von 1932/33 an rückgängig gemacht wurde und in der Folgezeit nicht liberale und der Idee der Menschheit verpflichtete Ethik-Konzepte, sondern normative und rassistische Ideologien die theoretische und praktische Legitimation pädagogischen Handelns bestimmten. In historischer Sicht kann man sich mit der Ethik Walther Schmied-Kowarziks nicht auseinandersetzen, ohne ihre der Tradition kritischer praktischer Philosophie und dem Geist der Weimarer Verfassung verpflichtete Distanz zur nationalsozialistischen Ideologie und Politik zu würdigen. Und in systematischer Hinsicht fordert schon ihr Titel dazu heraus, zu fragen, was unter einer ethischen

Berücksichtigung pädagogischer Fragen, und was umgekehrt vielleicht unter einer pädagogischen Berücksichtigung ethischer Fragen zu verstehen ist.
Ich möchte im folgenden beide Perspektiven miteinander verknüpfen und in einem ersten Teil zu klären versuchen, was Walther Schmied-Kowarzik in systematischer Hinsicht 1932 unter der Berücksichtigung pädagogischer Probleme in seiner Ethik verstanden hat, in einem zweiten Teil dann auf einige inhaltliche Aussagen zur pädagogischen Relevanz dieser Ethik eingehen und abschließend in einem dritten Teil einige aporetische Überlegungen zur Problemgeschichte des Verhältnisses von Ethik und Pädagogik zur Diskussion stellen.

1. Zur Berücksichtigung pädagogischer Fragen in der Ethik

Daß die philosophische Reflexion auf das, was Moralität und Sittlichkeit ist, nicht etwa pädagogische Fragen aus eigener Zuständigkeit lösen kann, sondern berücksichtigen muß, stellt die Ausgangsthese der ethischen Abhandlung von Walther Schmied-Kowarzik dar. Diese These wird vor dem Hintergrund der geisteswissenschaftlichen Theoriebildung bei Dilthey und in Anlehnung an Husserls Phänomenologie und neukantianische Systementwürfe zunächst für das Verhältnis von Ethik und Psychologie erläutert. Ethik und Psychologie können, so lautet der Kern dieser These, weder dadurch angemessen in Beziehung zueinander gesetzt werden, daß ersterer der Rang einer transzendentalen, a-priorischen Begründung praktischer Vernunft und letzterer der Rang einer empirischen Einzelwissenschaft zuerkannt wird, noch dadurch, daß die Ethik auf eine philosophische Begründung verzichtet und selber den Charakter einer empirischen Wissenschaft annimmt: »Eine Psychologie, die sich nur auf Psychisches beschränken wollte, wäre sinnloses Gestammel« (S. 8); und eine empirische Ethik, welche das sittliche Handeln aus der »Gewohnheit« erklärte (S. 18), implizierte, wie alle »naturalistischen Theorien des Sittlichen (,) . . . im Grunde eine Auflösung des Sittlichen« (S. 26).
Die Überzeugung, daß ethische Fragen empirisch nicht geklärt werden können, weil eine empirische Erklärung des menschlichen Verhaltens nicht die Frage zu beantworten vermag, was wir tun, wie wir unsere Beweggründe beurteilen und wie wir moralisch handeln sollen, teilt Walther Schmied-Kowarzik mit Kant, der streng zwischen empirischen Urteilen im Bereich der Naturerkenntnis und moralischer Beurteilung individueller und gesellschaftlicher Handlungsantriebe und Beweggründe unterschieden hatte (vgl. Kritik der reinen Vernunft, B 547f.). Die Auffassung, daß eine Psychologie, die sich auf Psychisches im Sinne dessen beschränkt, was Kant den empirischen Charakter des Menschen genannt hatte, nicht über sinnloses Gestammel

hinaus gelangen könne, verweist allerdings zugleich auf Differenzen zur Transzendentalphilosophie Kants. Sie besagt nämlich, daß eine Wissenschaft von der psychischen Verfaßtheit des Menschen nicht in Analogie zum Paradigma naturwissenschaftlicher Erkenntnis begründet werden kann, sondern sich durch ein Subjekt-Objekt-Verhältnis auszeichnet, in welchem – im Unterschied zur Naturwissenschaft – erkennendes Subjekt und zu erkennende Sache – in gewisser Hinsicht – identisch sind.

Das »Ich denke« Kants (Kritik der reinen Vernunft, B 131) kann unsere Vorstellungen im Bereich der Erkenntnis psychischer Prozesse und gesellschaftlich-historischer Entwicklungen nicht in gleicher Weise »begleiten« wie im Bereich der Naturerkenntnis. Träfe Kants Gegenüberstellung eines Reichs der Freiheit und eines Reichs der Notwendigkeit, einer Kausalität aus Freiheit und einer Kausalität aus Naturnotwendigkeit, eines intelligibel-spontanen, nicht bedingten, sondern unbedingten und außer aller Temporalität zu denkenden und eines empirischen, bedingten, durch die Zeitreihe der vorausgegangenen Handlungen determinierten Charakters auf die individuelle und gesellschaftliche Praxis tatsächlich zu, so wäre dadurch die Freiheit nur dem Scheine nach gerettet. Die transzendentale Differenz von intelligiblem und empirischem Charakter muß im wirklichen Charakter des Menschen die Möglichkeit der Freiheit begründen und darf sich, um der realen Möglichkeit von Moralität willen, nicht auf einen freien intelligiblen Charakter beschränken, dem dann letztlich ein unfreier, empirisch determinierter Charakter unvermittelt gegenüberstünde.

Zum philosophischen Begriff der Sittlichkeit, den Kant mit der Unterscheidung zwischen Heteronomie und Autonomie neu begründete, muß ein Begriff der individuellen Genese moralischer Urteils- und Handlungskompetenz hinzukommen, der freilich nur auf dem Boden einer Psychologie entwikkelt werden kann, die nicht Verhalten kausal-analytisch erklärt, sondern die Entwicklung von Urteils- und Handlungskompetenz als im Individuum selbst stattfindende Bewußtseinsentwicklung interpretiert.

Die gesuchte Synthese zwischen einer nicht-naturalistischen Ethik autonomer Moralität und einer Theorie der psychischen Genese moralischer Urteils- und Handlungskompetenz erblickte Walther Schmied-Kowarzik 1932 in »jenen Ethik-Systemen der letzten vier Jahrzehnte, die auf Grund vertiefter psychologischer Einsicht eine völlige Neubegründung der Sittlichkeitslehre unternahmen«, indem sie eine Parallelität zwischen den »niederen und höheren Stufen« der Entwicklung unseres »Gefühls- und Strebungslebens« sowie einer objektiven »Rangordnung der Werte« unterstellten bzw. systematisch konstruierten (S. 41ff.). Auf eine Kongruenz erlebbarer Werthöhen unterschiedlicher Strebungen und einer objektiven Rangordnung unterschiedlicher Wertbereiche, wie sie in den Arbeiten von Dilthey, Scheler, Hartmann,

Spranger u. a. behauptet und ausgeführt wurde, soll also die neue Einheit von Ethik und Psychologie begründet sein. Und auf dieser Einheit versuchte Walther Schmied-Kowarzik zu begründen, was unter einer angemessenen Berücksichtigung pädagogischer Fragen in einer Ethik zu verstehen ist. Im Sinne geisteswissenschaftlicher und neukantianischer Ethiksysteme Ende des 19., Anfang des 20. Jahrhunderts und der Versuche, eine geisteswissenschaftliche bzw. denkpsychologische Psychologie zu begründen, bestimmen die moralphilosophisch-objektiven Werthöhen, die Aufgaben pädagogischen Handelns und die psychologischen Wertaneignungsstufen den zeitlichen Prozeß der Wertordnungsaneignung. Ethik und Psychologie sind dieser Konzeption zufolge wesentlich »Wertordnungserkenntnis«, und zwar nicht im Sinne der Konstruktion einer rationalen Wertordnung, sondern im Sinne eines in der Teleologie des Seelenlebens begründeten Wertfühlens und Wertwollens (S. 45). Pädagogik ist entsprechend Wertordnungsaneignung und Bildung eines »axiologischen Höhensinns« (N. Hartmann).

»Der Kern unseres Wesens ist Fühlen und Streben, und von diesem unserem charakterlichen Sein hängt die Möglichkeit der Wertordnungserkenntnis ab. Lebewesen, die nur eine einzige Art von Gefühlen und Werten erleben, wie die Tiere, können auch die Beziehung des Höher und Niedriger nicht erfassen . . . Aber auch die einzelnen Menschen sind nicht im gleichen Maße fähig, diese oder jene Werte zu erleben. Bei manchem ist das Fühlen eines oder mehrerer idealer Werte verkümmert, und so vermag er das Schöne oder Religiöse nicht zu begreifen. Er projiziert diese idealen Werte auf die Ebene des Angenehmen und Nützlichen und verkennt so ihr wahres Wesen, was sich nur dem Blick in die Tiefe offenbart. Geisteswissenschaftliche Erkenntnis ist demnach abhängig vom charakterlichen Sein des Erkennenden, und Menschen, die für gewisse Werte blind sind, vermögen auf diesen Gebieten nichts Wesenhaftes zu erkennen, indem sie Scheingebilde ganz anderer Art für das eigentlich Wesentliche nehmen. Die naturalistischen Theorien der Ethik gehen oft aus einem solchen im charakterlichen Sein begründeten Nichtverstehen-können hervor, und jeder Versuch, einen echten Naturalisten zu überzeugen, muß solange mißlingen, bis es gelungen ist, in ihm das höhere Werten voll zu erwecken und in der Selbstbesinnung bewußtzumachen« (S. 45f.).

Pädagogische Fragen in einer ethischen Abhandlung zu berücksichtigen, bedeutet, gemäß dem einheitsstiftenden Zusammenhang von innerpsychisch-ethischer Wertordnung und temporär-psychischer Wertaneignung, grundsätzlich zweierlei: Zum einen gilt es, die Frage zu klären, welche moralischen Werte der handelnde Pädagoge in seiner Erziehungspraxis vertreten und z. B. seinen Schülern angesichts vorgegebener unterschiedlicher Wertordnungssysteme als Beurteilungskriterien anbieten solle; zum anderen gilt es, darauf aufmerksam zu machen, daß moralische Erziehung niemals unmittelbare Erziehung zur Moralität – im Sinne der Gewöhnung – sein kann, sondern dem »Wertordnungsaneignungsprozeß«, der über das Werterleben und Wertfühlen der Heranwachsenden vermittelt ist, in pädagogischer Hinsicht Rechnung tragen muß. Dieser zweifachen Berücksichtigung pädagogischer Fragen in der Ethik von Walther Schmied-Kowarzik möchte ich zunächst nachgehen, um dann in systematisch-aporetischen Überlegungen den hermeneutischen Zirkel von objektiver Wertordnung und subjektiver Wertaneignung und das auf ihm basierende Programm zur Förderung eines »axiologischen Höhensinns« zu problematisieren. Die Kritik am werttheoretischen Grundansatz der Ethik von Walther Schmied-Kowarzik stelle ich dabei auch deshalb an den Schluß meiner Überlegungen, weil die Art und Weise, in welcher diese Ethik konkrete Probleme moralischer Urteilsfindung erörtert, gerade deshalb besondere Beachtung verdient, weil in ihr bereits immanent die Grundlagen einer werttheoretischen Begründung sittlicher und pädagogischer Praxis in Frage gestellt und überschritten werden.

2. Pädagogische Ethik als Ethik für Pädagogen

Walther Schmied-Kowarziks Ethik mit Berücksichtigung pädagogischer Probleme erschien in der von E. Saupe herausgegebenen Reihe »Handbücher der neuen Erziehungswissenschaft«. Mit ihr formulierte Schmied-Kowarzik den Kern dessen, was er als eigenen Beitrag zur wissenschaftlichen Lehrerausbildung in den Jahren 1927-1933 als Professor für Philosophie und Psychologie an der Pädagogischen Akademie in Frankfurt/M. vertreten hatte. Dieser Kern umfaßte weitaus mehr als nur die Programmatik einer objektiven, in der Teleologie des Seelenlebens verwurzelten Rangordnung der Werte von unteren Vitalwerten über Sozialwerte bis hin zum höchsten Wert des Heiligen (S. 62). Er schloß nämlich eine diskursive Analyse komplexer Handlungssituationen ein, welche – und dies ist für mich das eigentlich An- und Aufregende in der Ethik Walther Schmied-Kowarziks – die moralische Urteilsfindung gerade nicht aus einer Rangordnung der Werte ableitet. Exemplarisch läßt sich dies an den Ausführungen zur Stellung der Religion, zum Verhältnis von Moralität und Religiösität, zur Ehe- und Familienmoral und zur moralischen Beurteilung verschiedener Gesellschafts- und Wirtschaftssysteme verdeutlichen.
Wie andere Ethiksysteme seiner Zeit räumte Schmied-Kowarzik dem Heiligen die höchste Rangordnung in der Werthierarchie ein und führte dann jedoch aus, daß die Religion keine höchste Urteilsinstanz in moralischen Fragen beanspruchen dürfe: »Das Göttliche ist uns im religiösen Erleben als ein über alle iridischen Werte Erhabenes gegeben. So kommt dem Werte des Heiligen die höchste Stellung in der Rangordnung der Werte zu. Damit soll

und kann natürlich nicht gesagt werden, daß jedesmal eine religiöse Handlung jeder anderen Handlung vorzuziehen ist. Im Gegenteil . . . Die altruistisch-sozialen Werte sind diejenigen, die je nach der gegebenen Lage die allergrößte Dringlichkeit haben können, indem das Leiden und die Todesgefahr anderer schlechterdings keinen Aufschub duldet. Nur in unmittelbarer eigener Todesgefahr können der Wille zur Selbsterhaltung und die auf die Auseinandersetzung mit Gott gerichteten Bestrebungen eine noch größere Dringlichkeit haben. Die religiösen Gefühle begleiten übrigens Handlungen der verschiedensten Kulturgebiete und heiligen sie dadurch, so daß ein Konflikt eben durch diese Möglichkeit vermieden werden kann . . . Die Anerkennung des Göttlichen als des höchsten Wertes, ja als eines Wertes überhaupt, ist nicht für alle Typen der Sittlichkeit unbedingt erforderlich. Wesentlich ist nur, daß mindestens ein idealer Wert wahrhaft erfaßt und höher geschätzt wird als das Angenehme und Eigennützige, und wünschenswert ist es, daß dieser Wert oder einer dieser Werte der altruistisch-soziale ist, der als der dringlichste das Kerngebiet des Sittlichen darstellt. Dies ist das mindeste, was zu wünschen ist; das Ideal ist die allseitige Entfaltung aller höheren Werte« (S. 62ff.).

Hier stellt Walther Schmied-Kowarzik selbst fest, daß durch eine Rangordnung sogenannter Werte und Wertbereiche der Zusammenhang von Religion, individueller Sittlichkeit, moralischer Politik, pädagogischer Praxis und Ökonomie nicht angemessen bestimmt werden kann, weil das Höchste als Höchstes nicht das Ganze sein kann und das Ganze als Ganzes mehr sein muß als die Summe seiner hierarchisch und teleologisch geordneten Teile. In der Ehe- und Familienmoral Walther Schmied-Kowarziks tritt die nicht-teleologische, gerade nicht auf eine absolute Werthierachie gegründete Argumentationslogik praktischer Urteilskraft noch deutlicher hervor. In Auseinandersetzung mit möglichen Anmaßungen, aus einer Religion als höchstem Wert abzuleiten, wann, unter welchen Bedingungen und in welcher Form beispielsweise der Geschlechtsverkehr als körperliche Vereinigung von Mann und Frau erlaubt sei, heißt es dort:

»Die Ausübung des Geschlechtsverkehrs selbst ist, insofern die in Betracht kommenden sozial-ethischen Pflichten geordnet sind (die sich auf die Verantwortung des Ich gegenüber dem Du beziehen, D. B.) erlaubt und berechtigt. Dieses Recht auf Liebesgenuß begründet die Erlaubtheit des Gebrauchs von Mitteln zur Verhütung der Schwangerschaft; dieses Recht wird von denen bestritten, die den ehelichen Geschlechtsverkehr in jedem Fall nur zum Zweck der Kinderzeugung für erlaubt erklären. Der Mensch hat aber ein Recht darauf, das Leben zu genießen, sofern dabei nicht irgendeine Pflicht verletzt wird. Das ist aber hier nicht der Fall, bzw. braucht nicht der Fall zu sein« (S. 72).

Einer ähnlichen Argumentationslogik folgen die Ausführungen zur Frage der Lösbarkeit der Ehe, zur Erlaubtheit der Ehescheidung und zur lebenslänglichen Treuepflicht. Hier zeigt Walther Schmied-Kowarzik auf, daß der »Wille zur Dauer« in »jeder echten Liebe« und Freundschaft unter Menschen »eingeschlossen ist« (S. 91), daß folglich nur solche Beziehungen erlaubt sind, die den Willen zur Dauer einschließen, daß unter dieser Bedingung allerdings die »Probeehe« als Vorstufe zur »Dauerehe« erlaubt werden und daß auch eine Ehescheidung, wenn sie nicht aus egoistischen Gründen angestrebt werde, »als sittlich berechtigt anerkannt werden« kann (S. 92).
Bei der Beurteilung politischer Ordnungsstrukturen wird insbesondere die Differenz von Volk und Staat, gesellschaftlich-kulturellem Leben und einer von Parteien getragenen parlamentarischen Demokratie, betont (S. 74ff.) und als verbindendes Moment der gesellschaftlichen Praxis der Bürger und der politischen Praxis des Staates mit Verweis auf die Weimarer Reichsverfassung die »Pflicht der Duldsamkeit« herausgestellt (S. 79ff.):
»Die Pflicht der Duldsamkeit, die im 16. und 17. und vollends im 18. Jahrhundert in bezug auf die verschiedenen, in einem Staate lebenden Religionsgemeinschaften zur Anerkennung gelangte, soll nun auch in bezug auf die völkischen Minderheiten voll zur Geltung kommen. Die geistige Freiheit des Menschen ist nur dann gewährleistet, wenn er uneingeschränkt die religiöse, national-kulturelle und sonstige Gemeinschaft, mit der er sich eins und verwandt fühlt, wählen darf. In der Betätigung dieser Duldsamkeit erfüllt der Mensch eine der schönsten Pflichten gegenüber der alle Staaten und Völker in sich einschließenden Gemeinschaft der Menschheit. Im Gegensatz zu den einseitigen Sittlichkeitsanschauungen, wie sie in der Gegenwart als Verachtung anderer Nationen und der Menschheitsgemeinschaft, bzw. als antinationale Menschheitsverbrüderung verbreitet sind, soll hier die Überzeugung ausgesprochen werden, daß der einzelne sowohl Pflichten gegenüber seinem Staat und Volk, als auch gegenüber der Menschheit hat«.
Während die Pflicht zur Duldsamkeit, die in der älteren Tradition als »Güte« bezeichnet wurde, die Pflicht zum Wohlwollen gegenüber jedem fremden Du formuliert, bezieht sich die »Gerechtigkeitspflicht« auf die Beurteilung aller gesellschaftlichen Ordnungssysteme, einschließlich des Bereichs ökonomischen Handelns. Mit Bezug auf den Artikel 153 der Weimarer Reichsverfassung, welcher bekanntlich lautete »Eigentum verpflichtet. Sein Gebrauch soll zugleich Dienst sein für das gemeine Beste«, distanziert sich Walther Schmied-Kowarzik vom Kapitalismus im Sinne des Manchester-Liberalismus und führt aus:
»So ist durch die neue soziale Betrachtung des wirtschaftlichen Lebens (im Gegensatz zur früheren, singularen) zur Gerechtigkeitspflicht der Gemeinschaft geworden, was früher ausschließlich Liebeswerk und Wohltätigkeit des einzelnen war. Freilich, noch stehen wir erst in den Anfängen dieser Erzie-

hung zur sozialen Gesinnung, und die Grundsätze der Reichsverfassung sind noch lange nicht Gemeingut des ganzen deutschen Volkes geworden. Während es zweifellos ist, daß derjenige, der sich zu dieser sozialen Gesinnung bekennt, dem manchester-liberalen Kapitalismus nicht den sittlichen Rang des jetzt in Entwicklung begriffenen sozialen Kapitalismus zugestehen kann, kann man bei einer aus dem gleichen sittlichen Geist erfolgenden Wertvergleichung von sozialem Kapitalismus und Sozialismus nicht zu einer eindeutigen Höherordnung eines von beiden gelangen: Wer die Vergesellschaftung der Produktionsmittel für möglich und früher oder später verwirklichungsfähig hält und in ihr den einzigen Weg sieht, der große Massen aus namenlosem Elend herausführt, wird sich für den Sozialismus (oder Kommunismus) entscheiden; wer dagegen diesen Weg nicht für gangbar hält und der Überzeugung ist, daß auch der soziale Kapitalismus bei voller Entfaltung seines sozialen Gedankens . . . dem wirtschaftlichen Elend zu steuern . . . vermag, darf in seiner sozialen Gesinnung nicht geringer eingeschätzt werden. . . . Die sittliche Einstellung beginnt erst da, wo man sich besinnen will auf das Recht des anderen, wo man auch sein politisches Wollen durchwalten sein läßt vom Geist der Gerechtigkeit« (S. 104f.).

Diese und andere Passagen zeugen von dem liberalen Geist dieser Ethik, welche dadurch einen Beitrag zur Lehrerausbildung zu leisten versuchte, daß sie die angehenden Lehrer auf dem Weg über eine moralphilosophische Aufklärung in die Lage versetzen wollte, sich von jedweder Zumutung einer indoktrinierenden Erziehung der nachwachsenden Generation im Sinne eines bestimmten politischen oder kirchlichen Parteigeistes zu emanzipieren. Die Mahnung, die Schmied-Kowarzik mit Bezug auf Otto Baumgarten dabei aussprach, »Mitleiden statt Urteilen (sei) des praktischen Sittenlehrers erste Schuldigkeit« (S. 94), verweist auf die heute noch bestehende Aufgabe, pädagogische Aufklärung und Emanzipation nicht im Sinne einer Verkündung angemaßter absoluter Wahrheiten zu betreiben, sondern als pädagogischen Beitrag zur Ermöglichung eines sittlichen Fortschritts im Bewußtsein der Freiheit zu begreifen.

Die liberalen und diskursiv-offenen Analysen dominieren nicht in allen Ausführungen dieser Ethik. An einigen, wenigen Stellen schlägt ihr systematisches Fundament, die Annahme einer bewußtseinsteleologischen Wertordnung und eines ihr entsprechenden Werterlernens und -empfindens, das, wie ich zu zeigen versucht habe, die inhaltlichen Ausführungen zu konkreten Problembereichen nicht affiziert hat, bis in die Einzelaussagen durch und führt dort zu einer naturalistischen Bestimmung der Moral, was um so merkwürdiger ist, als diese Ethik ansonsten jedwede naturalistische Ableitung des Sittlichen auf schärfste kritisiert. Ich denke hier insbesondere an Walther Schmied-Kowarziks Ausführungen zur doppelten Moral von Männern und Frauen, welche dem Mann ausdrücklich einen natürlich-instinktbedingten Hang zur Polygamie, der Frau eine Affinität zur Monogamie, dem Mann Kühnheit, der Frau Keuschheit als dominante Eigenschaften zubilligen und darum Treulosigkeit, Promiskuität und nicht-ehelich gezeugten bzw. empfangenen Nachwuchs für den Mann nach anderen Maßstäben als für die Frau beurteilen (vgl. S. 82ff.). Ich gehe auf diese Passagen hier nicht näher ein. Eine genauere Auseinandersetzung mit dem Problem einer geschlechtsspezifischen Moral müßte m. E. nämlich aufzeigen, daß die Gefahr einer doppelten Moral für Männer und Frauen keineswegs dadurch einfach vermieden werden kann, daß beide Geschlechter – unter Absehung der Differenz von Zeugung und Schwangerschaft – ein und derselben normativen Moral verpflichtet werden. Wichtige Hinweise darauf, daß ein naturalistisch-geschlechtsspezifischer Moralbegriff nur durch ein Moralverständnis überwunden werden kann, in dem sich Mann und Frau in ihrer gemeinsamen Verantwortung für sich und ihre Kinder auch als geschlechtliche Wesen – und nicht nur als Menschen überhaupt – anerkennen, finden sich durchaus auch in der Ethik von Walther Schmied-Kowarzik. Auf die doppelte Moral für Männer und Frauen habe ich hier lediglich deshalb hingewiesen, weil ich mit Verweis auf sie zum letzten Teil meiner Überlegungen überleiten kann.

3. Teleologische oder nicht-teleologische Verhältnisbestimmung von Ethik und Pädagogik?

Vergleicht man die im ersten Teil referierte Systematik von ethischer Wertordnung und psychisch-temporärer Wertaneignung, welche nach Walther Schmied-Kowarzik die Berücksichtigung pädagogischer Fragen in einem Ethik und Psychologie miteinander vermittelnden, werttheoretisch und denkpsychologisch begründeten System praktischer Philosophie gestatten sollte, mit der im zweiten Teil vorgestellten diskursiven Klärung von Fragen praktischer Urteilskraft und Urteilsfindung, so ergibt sich folgende merkwürdige und weiterführende Problemstellung:
In dem Wertordnungssystem selbst kommt das Pädagogische als besonderer Wertbereich nicht vor; und dies verweist womöglich darauf, daß selbst einer der »allseitigen Entfaltung aller höheren Werte« verpflichteten pädagogischen Theorie und Praxis innerhalb der Hierarchie dieser Werte kein teleologisch bestimmter Ort zugewiesen werden kann. In Walther Schmied-Kowarziks inhaltlichen Ausführungen zur Klärung konkreter Moralprobleme und Fragen der Beurteilung von Politik und Ökonomie findet dagegen angesichts der liberalen und offenen Argumentationslogik dieser Ausführungen durchaus eine Berücksichtigung pädagogischer Fragen statt, die nun jedoch gerade nicht dem Argumentationsschema einer objektiven Wertteleologie folgt, sondern implizit und explizit darauf aufmerksam macht, daß eine Beurteilung

der Zwecke menschlichen Handelns, folgte sie linear der angenommenen Hierarchie einer Wertordnung, womöglich sogar irregeleitet werden könnte. Teleologische Wertordnung ohne ausgewiesenen Topos für pädagogische Theorie und Praxis oder nicht-teleologische Verhältnisbestimmung von Ethik und Pädagogik, dies scheint mir das Dilemma zu sein, auf welches Walther Schmied-Kowarziks Ethik mit Berücksichtigung pädagogischer Probleme hinführt.

Hinter diesem Dilemma verbirgt sich die fundamentalphilosophische Aporie geisteswissenschaftlicher und werttheoretischer Ethik-Systeme im ersten Drittel unseres Jahrhunderts. Diese versuchten die Zweiweltentheorie und den Formalismus der Ethik Kants dadurch zu überwinden, daß sie an die Stelle der Unterscheidung zwischen transzendentaler Autonomie und empirischer Heterenomie eine innerpsychische Teleologie des Seelenlebens setzten, die – Kants Trennung zwischen Seins- und Sollens-Aussagen überbietend – gleichermaßen wertbestimmt wie wertkonstituierend gedacht wurde (vgl. Dilthey 1924 u. 1927; s. a. Brüggen 1980). Die Grenzen der Philosophie Kants ließen sich jedoch nicht schon dadurch erweitern, daß Kants Unterscheidung zwischen empirischer und intelligibler Welt in eine Hierarchie von Geltungs- und Wertbereichen überführt wurde. Der werttheoretische Versuch, der praktischen Philosophie wieder zu jener systematischen Weite zu verhelfen, welche diese bei Platon und Aristoteles – freilich im Kontext einfacherer gesellschaftlicher Ordnungsstrukturen – für sich beanspruchen konnte, scheiterte nämlich am neuzeitlichen Problem der Vermittlung von Individualität und gesellschaftlicher Totalität. Die antike Güter- und Wertethik kannte dieses Problem noch nicht, da sie den teleologischen Ordnungszusammenhang der Seelenteile in Analogie zum organologischen Ordnungszusammenhang der Stände in der Polis konzipierte. Die neuzeitliche Gewissensethik lehnte dagegen jedwede Normierung der Moral nach einer Rangordnung von Zwecken ab, vermochte dann aber keinen Begriff der Einheit der menschlichen Gesamtpraxis mehr zu entwickeln und begründete stattdessen einen Begriff der Bildung jedes Einzelnen zu größtmöglicher Vielseitigkeit. Die geisteswissenschaftlichen und werttheoretischen Ethiksysteme des 20. Jahrhunderts hielten an der vor allem vom Neuhumanismus propagierten Idee der Vielseitigkeit des Individuums fest und versuchten diese mit einer werthierarchischen Ordnung der menschlichen Gesamtpraxis und einer dieser affinen Teleologie des Seelenlebens zu verbinden.

Dieser Versuch mußte scheitern, weil innerhalb eines teleologisch und hierarchisch konzipierten Begriffs der menschlichen Gesamtpraxis letztlich – trotz weiterreichender Absichten – für eine Begründung der pädagogischen Idee der Bildung jedes Einzelnen zur Vielseitigkeit und Universalität kein Raum blieb. Sollte am Prinzip der Individualität und der Aufgabe der universellen Bildung aller Menschen festgehalten werden, so konnte die teleologische

Hierarchie möglicher und notwendiger Zwecke als Ordnungsrahmen für einen Begriff der menschlichen Gesamtpraxis nicht aufrechterhalten werden. Teleologische Güter- und Wertethik auf der einen und individuelle Gewissens- und universelle Verantwortungsethik im Sinne gegenseitiger Anerkennung der Individuen als teleologisch nicht bestimmbarer Selbstwert oder Selbstzweck auf der anderen Seite lassen sich nicht widerspruchslos in eine Synthesis überführen. Dies zeigt sich nirgends deutlicher als an der Stellung, die der pädagogischen Praxis innerhalb einer teleologisch und werthierarchisch geordneten menschlichen Gesamtpraxis oder aber innerhalb einer nicht-teleologischen Differenzierung der Humanität zukommt.

An teleologischer Stimmigkeit bis heute unübertroffen ist die aristotelische Ethik und Politik. Sie ordnet alle gesellschaftlichen Tätigkeiten von den niederen ökonomischen, welche Sklaven besorgen, bis zu den höheren politischen, welche freie Bürger ausüben, danach, inwieweit die Qualifikation, ein bestimmtes Gut hervorzubringen, mit der Kompetenz verbunden ist, über den richtigen Gebrauch des jeweiligen Guts zu befinden. Sie bindet die Gerechtigkeitsstruktur politischer Herrschaft an Grundsätze einer der Eudaimonie der gesamten Polis dienenden hierarchischen Ordnung der Zwecke und der zur Erreichung dieser Zwecke tauglichen Mittel und bemißt hiernach die den Einzelnen mögliche Vollkommenheit. Vollkommen heißt im Griechischen »téleios«, bedeutet also zweckgerichtete Vollkommenheit. Die dem Einzelnen mögliche Vollkommenheit zu bestimmen, kann nach Aristoteles nicht Angelegenheit einer dezisionistischen Gesetzgebung sein, sondern muß sich nach der Natur der Einzelnen und dem Zweck des Ganzen richten. Jemanden zum Sklaven durch Gesetz zu bestimmen, der nicht durch seine Natur zu Lohnarbeit und zu von anderen geleiteter und gelenkter Tätigkeit bestimmt ist, bedeutete für ihn die größte nur denkbare Mißachtung der Natur des Einzelnen. Die Differenzierung der Anlagen der Einzelnen und die Hierarchie der Tätigkeiten im Staate war also keineswegs dezisionistisch, sondern teleologisch bestimmt, und der pädagogischen Praxis fiel die Aufgabe zu, die Einzelnen in die ihnen sowohl von ihrer Natur her angemessene als auch vom wohlgeordneten Ganzen der Polis her vorbestimmte Vollkommenheit einzuführen. Das schloß nicht in das Belieben der Einzelnen gestellte Regelungen zur Bestimmung des optimalen Heiratsalters für Männer und Frauen, zur Abtreibung überzähligen Nachwuchses, zur Tötung verkrüppelter Kinder, zu den jeweils angemessenen Lerninhalten und Lehrmethoden ein. Die aristotelische Ethik war wesentlich eine politische Ethik, die aristotelische Pädagogik deren angewandter Teil. Daß die Bestimmung der Einzelnen nicht nur von der Ordnung der menschlichen Gesamtpraxis, sondern daß umgekehrt auch diese von der Bildung der Einzelnen zu der ihnen jeweils größtmöglichen Vielseitigkeit abhängen könne, daß also Ethik, Pädagogik und Politik nicht in einem hierarchischteleologischen, sondern in einem dialektischen Verhältnis gegenseitiger Vorausgesetztheit stehen könnten, war für Aristoteles ebenso undenkbar wie zuvor schon für den nachsokratischen Platon.

Die Ethik der Neuzeit, z. B. Rousseaus teleologisch unbestimmter Begriff der menschlichen Natur, Kants Kritik jedweder teleologischen Ordnung menschlicher Tätigkeiten durch das kategorische Gebot gegenseitiger Anerkennung der Individuen als Selbstzweck, Herbarts und Humboldts Begriff der Bildsamkeit jedes Einzelnen zu einer teleologisch gerade nicht bestimmbaren Vielseitigkeit, kennen eine solche Harmonie von Anlagendisposition und gesellschaftlichem Ordnungszusammenhang der menschlichen Gesamtpraxis nicht mehr. Die Vollkommenheit des Einzelnen, zu der dieser jeweils fähig ist und auf die hin er erzogen werden soll und sich bilden kann, wird nicht mehr nach Maßgabe einer gesellschaftlich vorgegebenen oder von der politischen Philosophie vorentworfenen Gesamtordnung bemessen, sondern bezieht sich nurmehr auf das, was den einzelnen leichter oder schwerer fällt. Die künftige Bestimmung des Individuums gerade nicht nach dem zu bemessen, was für es jeweils das leichter zu Erlernende ist, sondern in jedem eine größtmögliche Vielseitigkeit zu universeller Urteils- und Handlungskompetenz zu entwickeln, die öffentliche Beratung über die gemeinsamen Angelegenheiten gerade nicht gemäß einer Hierarchie der Zwecke auf die Frage nach den richtigen Mitteln zu beschränken (vgl. Aristoteles: Eudemische Ethik 1226bff.), sondern offenzuhalten für eine praktische Verständigung und Vernunft, über die wir im Sinne des Nicht-Wissens des Sokrates gar nicht verfügen, kennzeichnet das gegenüber allen vorausgegangenen Epochen veränderte Generationsverhältnis neuzeitlicher Ethik, Pädagogik und Politik. Schleiermacher hat dieses neue Generationsverhältnis auf den Begriff gebracht, als er die aristotelische Bestimmung des Generationsverhältnisses als eines vorrangig politischen, in dem die ältere die jüngere Generation regiert, auf daß diese als einst ältere die dann jüngere gut zu regieren vermöge, in die sokratische Frage transformierte, was eigentlich die ältere mit der jüngeren Generation wollen dürfe, wenn die Intentionalität dieses Wollens sich einer Idee des Guten verpflichtet wisse, die niemandem gestatte, sich im Besitze der Mündigkeit zu wähnen.

Die werttheoretischen und teleologischen Passagen der Ethik Walther Schmied-Kowarziks stehen eher in der teleologischen, durch Diltheys Systematik einer Teleologie des Seelenlebens gebrochenen, aristotelischen Tradition, die diskursiv-aporetischen, der Höherentwicklung der Menschheit in und aus eigener Unwissenheit verpflichteten Teile dagegen sind der sokratisch-kantischen Tradition einer Aufklärung im Ausgang von eigener Unmündigkeit verpflichtet. Hiervon zeugen eindeutig die Schlußpassagen dieser Ethik, welche nicht mehr einer prästabilierten Harmonie zwischen einer objektiven Rangordnung ethischer Werte einerseits und einer innerpsychischen Teleologie der Aneignung entsprechender Verhaltensweisen andererseits folgen, sondern eingestehen: »Für das menschliche Seelenleben . . . ist eine (mechanische oder teleologische, D. B.) Voraussetzung völlig unmöglich. Hier gilt nicht bloß ein Ignoramus, sondern ein Ignorabimus. Auch wenn wir alle bewußten Erlebnisse eines Menschen von seiner Geburt bis zu seinem vierzigsten Lebensjahr kennten und ihn in eine ganz bestimmte, von uns völlig überschaubare Situation bringen, können wir niemals vorhersagen, daß er unbedingt so und nicht anders handeln wird. Wir können die Zukunft eines Menschen nicht vorausbestimmen. Denn das eigentliche Wesen des Menschen ist uns in seinen Tiefen nicht gegeben; aus den vergangenen Erlebnissen läßt sich das zukünftige Leben nicht errechnen. Denn Gegenwart und Zukunft sind nur zum Teil von den vergangenen Erlebnissen und von der Umgebung abhängig, zum Teil auch von meinem Ich und seinen noch ungeoffenbarten Anlagen, seinen schöpferischen Tiefen. Darum kann (darf!, D.B.) Erziehung niemals Psychotechnik werden« (S. 157).

Literatur

F. Brüggen: Strukturen pädagogischer Handlungstheorie. Dilthey, Geisteswissenschaftliche Pädagogik, Mead, Habermas, Erlanger Schule. Freiburg/München 1980.

W. Dilthey: Über die Möglichkeit einer allgemeingültigen pädagogischen Wissenschaft (1888). Bd. VI der gesammelten Schriften. Leipzig/Berlin 1924.

–: Studien zur Grundlegung der Geisteswissenschaften. Bd. VII der gesammelten Schriften. Leipzig/Berlin 1927.

W. Schmied-Kowarzik: Ethik mit Berücksichtigung pädagogischer Probleme. Osterwieck 1932.

Josef Derbolav
Thesen zu einer Pädagogischen Ethik[1]

1. Ich sehe in der ›Pädagogischen Ethik‹ eine relativ selbständige Disziplin im Wissenschaftsgefüge der Gesamtpädagogik neben der pädagogischen Anthropologie, der Theorie der Bildungswelt, der bildungspolitischen Theorie und den pädagogischen Situationswissenschaften (Biologie, Psychologie, Soziologie). Will man sich dieses Gefüge modellartig vergegenwärtigen, könnte man von einer kegelförmigen Zuordnung dieser Disziplinen sprechen. Die Eckpunkte des Kegels stellen dabei jeweils deren Anknüpfungspunkte dar. Darnach wäre dem Educanden die pädagogische Anthropologie, dem Erzieher die pädagogische Ethik, der zwischen beiden vermittelnden ›Sache‹ die Theorie der Bildungswelt und der Spitze des Kegels, als Symbol der übergreifenden politischen Verantwortung, die Theorie der Bildungspolitik zuzuordnen. Die Grundfläche des Kegels, und damit auch die empirische Grundlage der Gesamtpädagogik, würde dann von den pädagogischen Situationswissenschaften repräsentiert.
Diese pädagogischen Einzeldisziplinen stehen in einem funktionellen Zusammenhang miteinander, wobei es lockere und intensivere Verknüpfungen gibt. Eine intensivere Wechselbeziehung besteht zwischen pädagogischer Ethik und pädagogischer Anthropologie, insofern das pädagogische Handeln ein Miteinander-Handeln von Erzieher und Zögling ist und in anthropologischer Perspektive eben nicht nur die Persönlichkeit des Educanden, sondern auch die des Erziehers pädagogische Beachtung verdient.
2. Pädagogische Ethik ist keine Spezial- oder Sonderethik, sondern eine Regionalethik, die aus der Anwendung allgemeiner ethischer Grundsätze auf ein bestimmtes Handlungsfeld, hier auf das der pädagogischen Praxis, erwächst. Sie ist daher vergleichbar mit anderen Regionalethiken, wie der medizinischen, der politischen, der Rechtsethik, der journalistischen Ethik usw., die sich – ähnlich wie die pädagogische Ethik der pädagogischen Gesamtpraxis – den Einzelpraktiken Medizin, Politik, Recht, Journalistik usw. norm- und zielgebend eingliedern. Im sog. ›Praxeologischen Modell‹ sind diese Disziplinen in relativer Vollständigkeit und zugleich in ihrem funktionellen Zusammenhang systematisch wiedergegeben. (Darauf kann hier nicht näher eingegangen werden.)[2] Von ihm her gesehen, läßt sich pädagogische Ethik (wie die übrigen Regionalethiken) auch als professionelle Ethik bezeichnen, denn sie gründet in einer Berufsaufgabe; nämlich im ›Geschäft der Erziehung‹, doch greift sie – und das ist gegen eine allzu professionalistische Auslegung der Praxeologie überhaupt gesagt – in ihrem Weisungspotential über ihren Berufshorizont in die berufsaffine Alltags- und Lebenswelt über, was sich gelegentlich auch in einer erweiterten Bezeich-

nung niederschlägt. So ist es etwa üblich geworden, die medizinische Ethik in eine Art ›Bioethik‹ einzubetten, welche, über die ärztliche Tätigkeit hinaus, jede Naturbetreuung überhaupt sachkundig und verantwortlich zu regulieren sucht. In analoger Weise ist auch die pädagogische Ethik nicht nur für den berufsmäßigen Erzieher und Lehrer zuständig, sondern auch für die Eltern und für alle Arten gelegentlicher Erziehung.[3] Für die pädagogische Ethik wie für die analogen Regionalethiken gelten zunächst die generellen moralischen Maßstäbe, die das sittliche Bewußtsein als verbindlich anerkennt. Darüberhinaus sind diese Ethiken auf ihren jeweiligen Aufgabencharakter hin orientiert, der ihnen eine spezifische Verantwortung auferlegt.

3. Die Verantwortung des Erziehungshandelns ist eine potenzierte Verantwortung, die selber wieder Verantwortung im Educanden hervorbringt.[4] Damit tritt die konstitutive Zielorientierung des pädagogischen Handelns, praxeologisch gesprochen: seine regulative Idee, in Sicht. Man nennt sie ›Mündigkeit‹ und versteht darunter die ›verantwortliche Selbständigkeit‹, die sich der Educand im Verlauf der pädagogischen Auseinandersetzung erwerben soll. Von der rechten Wahrnahme dieser Zielsetzung hängt das Verständnis des gesamten pädagogischen Geschehens ab, das Verfehlen ihres Sinns kann die Pädagogik leicht in ein pervertiertes, d. h. technologisches Grundverständnis abrutschen lassen. – Mündigkeit qua verantwortliche Selbständigkeit setzt beim Educanden Personscharakter voraus, d. h. einen der Selbstdetermination fähigen Willen, kurz: ein ›Gewissen‹. Der Educand tritt dem Erzieher als Persönlichkeit, nicht als Sache entgegen und muß daher durch die objektivierten Bezüge, d. h. die psycho-soziologischen Mechanismen seines Verhaltens hindurch als Du angesprochen und angenommen werden. Sachen kann man machen, Menschen sind prinzipiell weder mach- noch manipulierbar, man muß sie ihrer Spontaneität entsprechend behandeln, d. h. mit ihnen als Wesen, die nicht reagieren, sondern antworten können, umgehen. Jede Art von Dressur und alle Versuche, den Willen des Educandus, aus welchen Gründen auch immer, zu brechen, ihn bis zur völligen Gefügigkeit zurechtzubiegen oder ihn auch auf viel sanfteren Wegen zu ihm fremden Zielvorstellungen hinzugängeln, widersprechen dem Prinzip der pädagogischen Verantwortung und müssen als pädagogische Todsünde schlechthin angesehen werden.

Der mangels eines besseren aus der Rechtssprache entlehnte Begriff der Mündigkeit bleibt in bezug auf seine Zielfunktion relativ abstrakt und allgemein und bedarf daher einer doppelten Konkretisierung, einer soziologisch-zeitgeschichtlichen und einer psychologischen; zum ersten erhält Mündigkeit im Wandel der historischen Perioden unterschiedliche Implementationen, die jeweils als ihre Platzhalter fungieren: Beispiele für solche Zeitprägungen sind: der Aufgeklärte bzw. Fromme im Zeitalter des Rationalismus und des Pietismus, die individuell entfaltete, universell-gebildete und zur

Totalität mit sich selber vermittelte Persönlichkeit im Neuhumanismus, der geschichtsbewußte Mensch im Historismus des 19. Jhs. oder auch der Intellektuelle, wie ihn H. Schelsky in den 50er Jahren unseres Jhs. als Leitbild kreierte, der Kritisch-Emanzipierte der Studentenbewegungszeit und – wenn ich unserer zugespitzten Gegenwart, einer Periode vieldimensionaler Bedrohung und Herausforderung, ein gemäßes Leitbild zuordnen wollte – der selbstkontrollierte, sich selbst auf das strikteste überwachende Mensch.

Die psychologische Konkretisierung des Mündigkeitsbegriffes läßt sich von der in der pädagogischen Verantwortung implizierten Forderung ablesen, daß der Erzieher in jedem seiner intendierten Akte der Selbstverwirklichung des Educandus diene. Er muß in ihm also immer, die angemessene Form von Mündigkeit hervorzubringen suchen, indem er zwischen seinen offenen Möglichkeiten und durchschaubaren Grenzen je vermittelt und seine Spontanneigungen und bereits kultivierten Interessen mit Feingefühl ausbalanciert. (Erst dadurch erhält Mündigkeit ihr bestimmtes Gepräge). Und er muß einen Blick besitzen für echte und angemaßte Ansprüche, für das substantielle und für das nur eingebildete Wollen und Streben bei seinem jungen Partner. Darauf kommen wir noch beim ›pädagogischen Eros‹ zurück.

4. Wenn der pädagogisch verantwortliche Erzieher die produktiven Möglichkeiten seiner Zöglinge erforscht, wenn er ihre Individuallage bedenkt und sich an ihr zugleich der Chancen und Grenzen seiner Tätigkeit bewußt wird, dann kommt bereits die Partnerdisziplin der pädagogischen Ethik, die *pädagogische Anthropolige* ins Spiel, die ich als ›Verfassungsgeschichte des Individuums› oder ‹Personagenese› interpretiere. Ich übersehe dabei nicht, daß die Entwicklung der Heranwachsenden einen bio-psycho-soziologischen Unterbau besitzt, daß hier eine Reihe evolutionärer und funktioneller Mechanismen ablaufen, ohne die der Heranwachsende gar nicht das werden könnte, was später aus ihm wird; doch möchte ich hier das Sein gleichsam ins Sollen aufgehoben sehen, d. h. ich deute Personagenese als eine Synthese von Gegeben- und Aufgegebenheiten und nenne ihre Stufen Verfassungsstrukturen seiner Entwicklung, weil sich der individuelle Mensch über sie gleichsam zur Reife seiner Persönlichkeit emporarbeiten muß. Die Perspektive der Aufgegebenheit bedeutet dabei nicht allein das, was aus der Sicht des Erziehers jeweils mit dem Educanden geschehen soll, sondern meint zugleich auch die Sollensansprüche, für die sich der Educand fortschreitend selber mit pädagogischer Einhilfe sensibel macht. Die Verfassungstadien des Individuums sind also auf sein Gewissen bezogen, das den substantiellen Kern seiner Personagenese darstellt. Pädagogische Anthropologie ist daher letztlich nichts als eine genetische Theorie des Gewissens, d. h. die Geschichte seiner pädagogischen Vermittlung im Sinne einer dreidimensionalen Erschließung: einer Horizonterweiterung der sittlichen Ansprüche, ihrer Konkretisierung

und Verdichtung und schließlich des Schritts von der Heteronomie zur Autonomie der Gewissensentscheidungen. Die *Horizonterweiterung* führt dabei vom Du-Bezug der Kleinstgruppe (Mutter-Kind-Beziehung) über die familiären, schulischen Partnerschaften und Freundschaften der Jugendgeselligkeit zu den distanzierteren Beziehungen innerhalb der Großgruppen, der Berufswelt, der Gesellschaft, des Staates, der internationalen Verbände und findet in der Vorstellung der Menschheit gleichsam eine ideale Grenze. Unter *Verdichtung* sittlicher Ansprüche ist die zunehmende Sensibilisierung des Gewissens für immer neue, frei erfundene und freiwillig angenommene Pflichten auf begrenzten Bezugsfeldern gemeint, wie sie etwa einem innigen Eltern-Kind-Verhältnis oder dem Umgang unter Liebenden zuwachsen können. Wie dies zu verstehen ist, kann man sich am besten an dem Unterschied zwischen freier christlicher Gesinnung, die sich allenfalls in gelegentlichen Handlungen der Nächstenliebe kundgibt, und vollpraktiziertem Christentum deutlich machen, das die kirchlichen Pflichten wie Gebet, Gottesdienst, Gebrauch der Sakramente, gebotenes Fasten oder Festefeiern auf das Pünktlichste erfüllt, auch wenn hier häufig ein großer Spielraum zwischen konventioneller und substantieller Erfüllung bleibt.

Den von Kant thematisierten *Schritt von der Heteronomie zur Autonomie* – die dritte Entfaltungsdimension des Gewissens – würde ich daher auch weniger als Bruch oder ›kopernikanische Wendung‹ denn als eine kontinuierliche Entwicklung beschreiben wollen, wobei für mich das Entscheidende der Autonomie im Vergleich zur Heteronomie nicht in der Produktion neuer und originaler Maximen, sondern in der kritischen Kontrolle der bisher habitualisierten Handlungsregeln und allfälliger Selbstverpflichtungen auf sie, unabhängig von ihrer Genese, läge. Davon wird noch zu reden sein.

Die ersten Gewissensstufen der *Personagenese* hat Pestalozzi recht überzeugend entwickelt, ich habe sie dann nach oben ergänzt und präsentiere sie hier in der letzten etwas modifizierten Fassung. Wie Pestalozzi gehe ich dabei gleichsam von der ›Bahn der Natur‹ aus, die, wenn ich den Schweizer recht verstehe, die Chancen der Gewissensbildung in ihrer Verflechtung mit dem natürlichen Wachstumsprozeß markiert. Die Bewegung nimmt dabei ihren Ausgang vom Schrei des Säuglings, d. h. von der Not seiner unmittelbaren Bedürftigkeit, der, analog dem tierischen Laut, auf Abhilfe gerichtet ist, die dem Kind mit der Stillung durch die Mutter gewährt wird. Doch enthält dieser Schrei – und das ist das Neue gegenüber der animalischen Entwicklung – zugleich die implicite Frage nach dem Sinn dieser Not, die ihre anschauliche Antwort in der Liebe findet, in welche die Mutter den natürlichen Akt des Stillens kleidet. In der liebenden Zuwendung der Mutter aber ist erstmalig die reaktive Spontaneität des Kleinkindes angesprochen, das auf diesen Anspruch mit dem Lächeln der Gegenliebe und *Dankbarkeit* antwortet. In diesem Impuls der Dankbarkeit wird zugleich der Bruch mit der reinen instinkthaften Natur der individuellen Entwicklung vollzogen: das Kind tritt erstmalig in den Solidaritätshorizont menschlicher Kommunikation ein, der vom Prinzip der Reziprozität dominiert wird. Es erfährt hier, daß Fragen eine Antwort erheischt, Schenken zum Wiederschenken verpflichtet, kurz daß zwischenmenschliche Kooperation steten Ausgleich erforderlich macht. Trotzdem gibt es hier immer wieder Rückfälle in die nackte Natürlichkeit, d. h. in die instinkthaften Versuche, aufgrund des konditionierten Zusammenhanges zwischen Schrei und liebender Zuwendung sich die Mutter in einseitiger Weise gefügig zu machen.

Genau dem aber tritt eine neue Art mütterlicher Kontaktnahme: die das Kind an Regel und Ordnung gewöhnende Zucht, entgegen und erzeugt dabei einen neuen, für das Kind noch unverständlichen Zwang, auf den es mit der ›Frage‹ trotziger Abwehr reagiert, die eine neue Antwort erheischt. Auch diese ›Antwort‹ hat Pastalozzi sehr anschaulich geschildert. Die Mutter zieht das störrische Kind auf ihren Schoß und sucht ihm mit Worten, deren Sinn ihm hier noch verschlossen bleiben mag, deren Grundtendenz es aber begreift, die Notwendigkeit geordneter Verhältnisse deutlich zu machen. Das Kind beginnt zu verstehen, daß es nur in dieser Ordnung geborgen sein und nur in ihrer Anerkennung und in der Einübung in sie Beruhigung finden kann und identifiziert sich so mit der zweiten Verfassungsstruktur des Gewissens: mit der Haltung des *Gehorsams.* Von der antiautoritären Erziehung her wird Gehorsam gerne als typische Untertanenqualität diskriminiert, in Wahrheit ist er aber die eigentliche sittliche Leistung des noch unmündigen Menschen, wie Hegel mit Recht unterstrichen hat. – Gerade diese Unmündigkeit freilich ist es, die die Gewissensbewegung weitertreibt. Sie wird vom Educanden als Not erfahren, die verbindlich gewordene Ordnung nach Sinn und Begründung nicht durchschauen zu können, und treibt damit zugleich den Stachel der Neugier hervor. Hier aber knüpft die Schule an, die nunmehr im planmäßigen Unterricht die implicite Gesetzlichkeit dieser Ordnung als verstehbaren Sachzusammenhang Stück für Stück hervortreten läßt und damit die Not der neugiergeladenen Unwissenheit ›wendet‹. Aus der verarbeiteten Erfahrung des Unterrichts resultiert damit eine neue Gewissensgestalt, die der *Verständigkeit* und der *Sachlichkeit.* In diesem Stadium ist der Schüler das, was man einen brauchbaren jungen Menschen, einen ›guten Kumpel‹ nennt, auf den man sich als Partner in allen Belangen verlassen kann. Die Versachlichung der eigenen Welteinstellung und die völlige Zurückstellung der eigenen Person ist zugleich eine Gewissensleistung von hoher Qualität, zu der manche Menschen in ihrem ganzen Leben kaum gelangen.

Diese unmündigkeitstilgende Sachlichkeit und die Verständigkeit des in der Schule erworbenen ›Kulturumblicks‹, den die »anderen längst haben«, (Hegel), produziert freilich die neue Not der Unselbständigkeit, sich ausgeschlossen zu finden, nun nicht mehr von der Welt der Bildung und Vorstellung, wohl aber von ihrer harten fordernden Wirklichkeit, und was diese Not erst zu bestehen vermag, ist die Entdeckung der eigenen Person als Gewissensträger und Entscheidungsinstanz, die nun nicht nur gehorsam nachvollzieht, was ihr vorgesagt wird oder vorgeordnet ist, sondern selber Entschlüsse zu fassen und dadurch Ordnung zu stiften vermag. Dies ist der Punkt, wo das individuelle Gewissen seine Verfassungsautonomie erreicht, ganz im kantischen Autonomieverständnis, das die neue Fähigkeit meint, weniger sich und anderen Vorschriften zu machen als die vorhandenen und bereits heteronom geübten auf ihre Tauglichkeit zu einer allgemeinen Gesetzlichkeit zu überprüfen und sich im positiven Falle ausdrücklich selber darauf zu verpflichten. Ausdruck der Gewissensautonomie ist also der Akt der Selbstverpflichtung, in dem das in seiner Potenz noch latente Gewissen eine neue Spontaneität gewinnt, das nunmehr unbeugsam ist gegen jeden Gewissenszwang. Während das konventionelle Gewissen auch in seiner substantiellen Zuspitzung irgendwie reversibel bleibt und selbst moralische Nötigung noch zu verarbeiten und in Gewohnheit überzuleiten vermag, gilt für dies selbstverpflichtete das Lutherwort: Hier steh ich und kann nicht anders! Historisch ist die Erfahrung des autonomen Gewissens ersmalig im Glaubensbereich aufgetreten und hat hier viele Gläubige zu Märtyrern werden lassen. – Was uns hier in unserer Verfassungsgeschichte des individuellen Gewissens besonders interessieren muß und was meist übersehen wird, ist, daß Kant mit seiner Formel der Gewissensprüfung, dem kategorischen Imperativ, den Bannkreis des Ethischen durchbricht und ins Politische übertritt, weil Gesetze ja nur dann ihre Funktion erfüllen, wenn sie eine Vielzahl von Menschen, eine Gemeinschaft verpflichten. In der Sprache unserer Personagenese formuliert: es genügt nicht wenn der Educand den Sachgehalt der vorausgesetzten Ordnung begreift und darin seine Unmündigkeit überwindet, er muß auch seine Unselbständigkeit hinter sich lassen und zum Sachwalter dieser Ordnung selber aufrücken, d. h. eine neue Gewissensgestalt adoptieren: die der *Gerechtigkeit;* und das kann er nur, wenn er die Gabe autonomer Selbstverpflichtung bereits besitzt und zugleich bereit ist, allen anderen seine selbständige Verantwortung zuzuwenden. Die zentrale Aufgabe der Gerechtigkeit aber ist die Verteilung und ihr Prinzip die Gleichheit, die freilich in zwei verschiedenen Gestalten auftreten kann. (Da wir bei den erzieherischen Tugenden nochmals auf die Gerechtigkeit zurückkommen, wird das Nötige dort gesagt.) – Daß wir aber in der Gerechtigkeit gleichsam den Kulminationspunkt der Gewissensentwicklung erreicht haben, zeigt sich darin, daß ihr Ausgleichsgedanke wieder an das Reziprozitätsprinzip der Dankbarkeit des Ausgangs dieser Bewegung anknüpft und in dieser Abrundung zugleich die Unterwerfung des Individuums unter die Mitmenschen im Gehorsam und unter die Dinge in der Sachlichkeit wieder zurücknimmt und alle Momente in eine wohlausgewogene Balance bringt.[5]

Bisher haben wir den Aufstieg der Gewissensgestalten gleichsam als Bildungsgestalten, d. h. in ihrer vernehmlichen Verflechtung mit der familiären und schulischen Betreuung betrachtet. Dann würde die zuletzt erreichte Gerechtigkeitsgestalt des Gewissens in etwa dem Status politischer Bildung entsprechen, die der Heranwachsende in seiner vorberuflichen Periode erreicht. Was hier noch ungelöst zurückbleibt, ist die Not seiner unbewährten Freiheit und Verantwortung, die der Konkretisierung auf klar umgrenzte berufliche Rollen und Aufgaben bedarf. Im geduldigen Hineinarbeiten in ihre Ansprüche und Leistungsmuster erwirbt der junge Mensch das, was ihm endlich eine befriedigende Antwort auf die Frage nach dem Sinn seiner bisherigen Personagenese zu geben vermag: *das Ethos des bewährenden Dienstes*. In der Tat zeigt sich die Gediegenheit des Gewissens erst im engagierten Dienst an Zielen und Aufgaben, die relativ überschaubar bleiben und bei denen Wollen und Können miteinander in Einklang stehen. – Doch bleibt dem engagiertesten Einsatz und dem bewährtesten Können die doppelte Erfahrung des Versagens nicht erspart; nicht nur sein Schicksal auch die Ungunst der Verhältnisse können den Menschen um den verdienten Erfolg bringen, ja er selber kann am harten Anspruch des von ihm Geforderten gleichsam in die Knie gehen. Die Not, die aus dieser Grenzerfahrung erwächst, spricht sich in der Regel in Resignation und Ressentiment aus und wird wie alle bisherigen Nöte erst überwindbar in einer letzten und reifsten Gewissensgestalt, in der *Weisheit des Entsagenkönnens* und des opferbereiten Dienstes an den offenen Möglichkeiten anderer, d. h. der kommenden Generation.

So hat sich unser personalgenetisches Stufenmodell als eine ›schola vitae‹ im comenianischen Sinn erwiesen, die über ihren einzelnen Gestalten hinweg gleichsam Geburt und Tod, das Eintreten in den Sinnhorizont des Lebens und des schließlichen Verzichts auf alle eigenen Aspirationen in eins zusammenschließt. Sie ist zugleich unmittelbares Bezugsstück der pädagogischen Handlungsmotivation des Erziehers, denn er wird sich pädagogisch recht unterschiedlich verhalten müssen, wenn er es mit einem schreienden bzw. lächelnden Säugling, einem folgsamen Kind, das Anweisungen problemlos erfüllt, mit einem Jungen oder Mädchen im sog. Kumpelalter, auf die man sich in der Erfüllung von Sachaufgaben verlassen kann, oder mit einem bereits politischen und sozial engagierten jungen Menschen zu tun bekommt, bzw. wenn er sich als Erwachsenenbildner bzw. Sozialarbeiter mit beruflichen Dilemmata bzw. mit Seniorenproblemen herumschlagen muß. Er wird dabei voraussetzen dürfen, daß bereits das vorautonome Gewissen des Educanden sensibel gemacht werden kann für die altersgemäßen Tugenden wie Höflichkeit, Hilfsbereitschaft, Verträglichkeit und Kameradschaftlichkeit, deren sozialer Tenor ihnen ja schon in der ersten Solidaritätserfahrung tendenziell aufgeschlossen worden ist, so daß er auch hier genug Anhaltspunkte für seine pädagogischen Impulse finden wird.

5. Damit haben wir bereits die Güter- und Tugendlehre berührt, die als Bezugssystem unserer Aufklärungsarbeit fungiert. Die Güterreihe führt von Lust und Schmerz über die Gesundheit, die Nützlichkeit bis schließlich zur sittlichen Qualität oder Tugend empor. Diese Stufenreihe wird dabei von der Regel dominiert, daß jedes Gut im nächst höheren gleichsam seine Grenze findet und so notgedrungen die sittliche Entwicklung tendenziell nach oben lenkt. Das läßt sich leicht im einzelnen aufzeigen. Wenn der Schmerz ein Anzeichen für das bedrohte seelisch-leibliche Gleichgewicht (der Gesundheit) darstellt, dann sind Lust und Freude gleichsam Ausdruck des erreichten Wohlbefindens. Der Mensch hat sehr rasch eine weitmaschige differenzierte Lehre und Praxis der Lustgewinnung und Schmerzvermeidung entwickelt – eben den Hedonismus –, und philosophische Schulen, wie etwa die Epikureer, haben diese Lehren ins Seelisch-Geistige emporsublimiert. Exzessives Luststreben kann indessen Gesundheit und Vitalität gefährden, und damit setzt die Natur selber dem Absolutheitsanspruch des Lustverlanges eine Grenze. – Gesundheit, Vitalität bzw. körperlich-seelisches Wohlbefinden sind freilich noch kein Zweck an sich, sondern die Voraussetzung für jene produktiven Leistungen, die den Menschen im Rahmen der Kulturgemeinschaft abgefordert werden. Hier tritt er zunächst in die Sphäre des Nützlichen ein, d. h. in den Bereich zuhandener Mittel für höhere Ziele, die sich erst auf der Tugendstufe identifizieren lassen. Das sind zunächst Mittel des Genusses und seiner ökonomischen Voraussetzungen, Besitz und Geld, dann Mittel menschlicher Beeinflussung und Dominierung, kurz Gewalt und Macht, wie sie zwar in der politischen Verantwortung als notwendige Bedingungen ihrer Durchsetzungskraft vorausgesetzt sind, aber dort leicht zum Selbstzweck entarten können; Mittel ferner der Geschicklichkeit, mit deren Hilfe sich der Mensch beruflich engagiert und Erfolge erzielt und die gleichsam im Wissen und Können, d. h. im szientifisch-technischen Potential seiner Weltzuwendung, kulminieren, weiterhin die sozialen Güter des Ansehens und der Ehre, die in der Regel aus dem zweckmäßigen Einsatz der vorher genannten Mittel erwachsen; das Nützliche führt dann in den Bereich der sittlichen Qualitäten über, die in der traditionellen Ethik unter dem Begriff der Tugenden figurieren. Auch die Tugendbewährung kann den Menschen zu Ansehen bringen, das man dann aber besser als den ›Rang‹ bezeichnet, den er sich seinem Verdienst entsprechend zu geben weiß.

Die Tugendlehre selber ist immer ein wenig Stiefkind der ethischen Reflexion geblieben und entbehrt bis heute einer strengen Systematisierung. Sokrates und Platon knüpfen an die überkommenen Tugenden der *Selbstbeherrschung* (Sophrosyne), der *Tapferkeit* (Andreia), der *Gerechtigkeit* (Dikaiosyne), der *praktischen Klugheit* (Phronesis) und der *Weisheit* (Sophia) an, bei beiden spielt noch die *Frömmigkeit* (Hosiotes) eine gewisse Rolle; doch machten sie nicht den Versuch, dieses Feld schärfer durchzuartikulieren. Und auch Aristoteles verdanken wir lediglich eine Strukturtheorie der Tugend als einer Mitte zweier einander ausschließender Gegensätze. Den Tugendkanon selber hat er – wie später auch das Christentum – kaum substantiell erweitert, seine Neuerungen treffen im Grunde nur einige elitäre Haltungen bzw. kognitive Einstellungen. Kant kennt zwei Jahrtausende später imgrunde nur eine Tugend, nämlich die durch Übung fest gegründete Gesinnung, seine Pflicht genau zu erfüllen, eine Aufgabe, die er freilich nicht sklavisch, sondern ›fröhlichen Herzens‹ erfüllt sehen will, ganz wie Aristoteles, der der menschlichen Tugend als ›naturgemäßer Energie‹ seines Charakters die Qualität des Lustvollen zuspricht.

6. Von diesem Tugendverständnis aus läßt sich nun auch ein Weg zur habituellen Differenzierung der pädagogischen Verantwortung, d. h. zu einer pädagogischen Tugendlehre einschlagen. Tugend wird dabei durchaus im aristotelischen Sinn verstanden, als Mitte zwischen zwei Extremen, oder genauer, als Kulminationspunkt sittlicher Energie, von der auf doppelte Weise in Perversionen abgeglitten werden kann: durch Überspitzung oder durch gänzliche Abspannung des in ihr implizierten Anspruchs.

Ich habe früher zwischen sachbestimmter Autorität, pädagogischem Eros, pädagogischem Takt und pädagogischem Humor unterschieden und möchte heute zwischen den in der Mitte genannten Tugenden noch die pädagogische Gerechtigkeit einschieben. *Sachbestimmte Autorität* bedeutet dabei, daß der Erzieher seinen überlegenen Rang und seine dominierende Rolle weniger der alters- und reifemäßigen Überlegenheit als dem sachlichen Anspruch verdanken sollte, den er vor der Jugend zur Geltung bringt. Doch muß hier gleich hinzugefügt werden, daß zur ›pädagogischen Sache‹ eben nicht nur die abstrakten Lehrinhalte oder vermittlungsbedürftigen Kulturgüter, sondern auch die Vermittlungstätigkeit selber gehören. Denn der Erzieher, der Lehrer ist ja von seiner spezifischen Rolle her Mittler zwischen Sache und Zögling. Wenn es ihm nicht gelingt, die sachliche Aufgabe dem Fragebewußtsein der betreuten Jugend aufzuschließen, verliert sie ihre bildnerische Bedeutung. Dann eben bricht der eigentliche pädagogische Auftrag in defizitäre Halbheiten auseinander, in den bezuglosen Anspruch der Sache, wie ihn etwa der Wissenschaftler vertritt, oder in der Autokratie des Erziehers, der seine eigene Macht gegen die der Sache setzt. – Die zweite pädagogische Tugend, den *Eros* hat Platon erstmalig ins Spiel gebracht und darin den (früher kurz erwähnten) ›pädagogischen Blick‹ des Erziehers für die verborgenen Möglichkeiten und Chancen seines Educanden thematisiert. Was er meint, hat er in einer ästhetischen Symbolsprache ausgedrückt, die dem

›Schönen‹ im pädagogischen Zusammenhang eine doppelte Bedeutung verleiht. Schön ist zunächst die Seele des Educanden, sofern sie von seinen verborgenen Anlagen und Schätzen Kunde gibt, was das pädagogische Geschäft so anziehend macht; schön ist aber zugleich auch im wachsenden Maße die Stufenordnung der praktisch-geistigen Ansprüche, zu der der Educand vom Erzieher emporgezogen werden soll, und zwar so, daß er in die Bewegung des Fragens versetzt wird, deren vorwärtstreibende Impulse ihn einfach nicht mehr zur Ruhe kommen lassen. Für den Erzieher steckt der Anspruch des Eros in der Forderung, den Zögling nicht einfach so zu nehmen, wie er faktisch ist, sondern wie er sein könnte und werden sollte; und damit ist auch schon jener Punkt erreicht, an dem sich die Geister scheiden. Der Erzieher kann hier zum pädagogischen Enthusiasten werden, welcher die nüchterne Realität ganz aus dem Blick verliert, er kann aber auch ohne jedes Gespür für das Mögliche sich an die blanken Realitäten klammern und dem Zögling damit jede Möglichkeit abschneiden, über sich selbst hinauszuwachsen.

Die pädagogische *Gerechtigkeit* scheint zunächst eine Tugend zu sein, die nur innerhalb der Erziehungsgemeinschaft sinnvoll ist und in der Tat hier eine unhintergehbare Forderung formuliert, deren Nichterfüllung jede pädagogische Kooperation untergräbt. Sie kann aber auch jene Gleichförmigkeit und Ausgewogenheit meinen, mit der der Erzieher seine Impulse den Einzelindividuen zuteilt. Denn Gerechtigkeit ist ihrer Natur nach *Verteilungs*gerechtigkeit und hat, wie wir hörten, mit Gleichheit zu tun, die eine doppelte Gestalt annehmen kann: eine arithmetisch egalitäre und eine geometrisch proportionale, je durch Wertprinzipien vermittelte. Am Thema pädagogische Chancengleichheit ist das Problem der Gerechtigkeit in den letzten Jahrzehnten innerhalb der deutschen Bildungspolitik breit und intensiv diskutiert worden, wobei hier zunächst an die Zuteilung von Schulchancen gedacht war. (Die entscheidende Frage war dabei, ob diese Zuteilung mehr elitär oder sozial motiviert sein, mehr dem Maßstab der Leistung oder an der Bedürftigkeit folgen sollte.) Daß die Chancengleichheit bereits im unmittelbaren Unterrichtsgespräch beginnt, mit der Frage, wen der Lehrer hier zuerst anspricht, wessen Antwort er akzeptiert bzw. zurückweist, wen er fördert, beiseite liegen läßt oder gar repressiv behandelt, wurde dabei häufig übersehen. Eine weitere Anwendungsdimension für Lehrergerechtigkeit oder -ungerechtigkeit ist natürlich die Begutachtung und Benotung, denn hier wird diese pädagogische Tugend oder ihr Fehlen gleichsam dokumentarisch ausgewiesen. Pädagogischer Eros und Gerechtigkeit scheinen sich hier mitunter ins Gehege zu kommen, insofern sein ›Blick‹ für das begabte Kind den Lehrer leicht zu dessen bevorzugter Betreuung motivieren kann, und Kinder, die seinen Eros weniger ansprechen, dabei zu kurz kommen. Aber solcher Widerspruch ergibt sich nur bei oberflächiger Betrachtung. Der wahre pädagogische ›Erotiker‹ sieht auch noch im schwächsten, sog., ›unbegabtem‹

Kind verborgene Chancen und bloß verstellte Möglichkeiten und wird sich hier als Schatzgräber verstehen, dem scheinbar totes Gestein nur anspornt, seine Bemühungen, fündig zu werden, zu verdoppeln. Und er wird sich vor allem den Blick für die detailreiche Unterschiedlichkeit individueller Begabung, persönlichen Charakters und Naturells bewahren und nicht einseitige Beurteilungs- oder Qualitätmaßstäbe in Geltung setzen wollen. Die erzieherische Gerechtigkeit aber geht in die Brüche, – damit sind wir wieder bei den Extremen angelangt, in welche Gerechtigkeit auseinanderfallen kann – wenn der Lehrer alle seine Schüler völlig gleich behandeln wollte, nur um gerecht zu sein, oder wenn er seiner Chancenverteilung eine elitäre Werteordnung zugrundelegte oder wenn er ausschließlich, um eine dritte Möglichkeit durchzuspielen, die jeweilige Umgänglichkeit oder Gefügigkeit zum Schlüssel seiner Schülerbehandlung erhöbe.

Der von Herbart zum erstenmal ins Erziehungsdenken eingeführte pädagogische *Takt* würde in etwa der griechischen Phronesis als praktischer Klugheit für situative Anforderungen entsprechen und meint die durch Übung erwerbbare Fähigkeit, pädagogische Ansprüche in die konkreten Bedingungen der Praxis zu übersetzen. Man könnte sich fragen, ob diese Geschicklichkeit überhaupt eine pädagogische Tugend ist und nicht dem Bereich pädagogischer Technik zuzuordnen wäre, doch ist es die humane Struktur der hier zu bewältigenden Situationen, d. h. der spezifische Begegnungscharakter solcher Übersetzungsaktionen, der sie ganz entscheidend vom Umgang mit Dingen und Sachen abhebt. Der Erzieher muß hier die besonderen Chancen der Individuallage des Educandus im Auge behalten und zwischen dem Je-Gegebenen und -Aufgegebenen unter dem Anspruch seiner Verantwortung vermitteln können. Herbarts pädagogischer ›Takt‹ hat etwas mit Makarenkos pädagogischer ›Taktik‹ (Meisterschaft) zu tun, die auch bei diesem, wie seine Situationsschilderungen zeigen, natürlich vielmehr war als geschickte Handwerklichkeit. – Gerade deshalb kann der pädagogische Takt leicht in zwei Extreme auseinanderfallen und dabei sattsam bekannten Typen des pädagogischen Lebens Gestalt geben, dem bloßen Routinier, der mit allen Herausforderungen des pädagogischen Alltags in managerhafter Weise fertig wird; und dem pädagogischen Doktrinär, der unfähig ist, seine starren Grundsätze in die Spezifität konkreter pädagogischer Aufgaben produktiv einzuschmelzen.

Um das Syndrom pädagogischer Tugenden abzurunden, sei hier noch der pädagogische *Humor* genannt, der gleichfalls von einem bedeutenden Erziehungsdenker, dem Begründer der geisteswissenschaftlichen Pädagogik, Hermann Nohl, erstmalig beschrieben worden ist. Humor ist keine bloße Heiterkeit des Herzens, er verträgt sich ebenso mit Heiterkeit wie mit Schwermut, denn er hat das Tragische bereits hinter sich und positiv überwunden. Man kann ihn als unentbehrliches Grenzbewußtsein des Erziehers seinen eigenen Aspirationen gegenüber nennen; er ist es, der eine Barriere gegen die ewige Pädagogenkrankheit errichtet, sich selber allzu wichtig und ernst zu nehmen. Platon hat den Menschen einmal ein ›göttliches Spielwerk‹ genannt, das eines großen Ernstes gar nicht würdig sei, und etwas von dieser Einstellung kann man jedem Erzieher und Lehrer wünschen, auch und gerade wenn er sein Geschäft wirklich ernst nimmt. – Selbst diese göttliche Gabe des Humors aber kann nach zwei Richtungen hin pervertieren: wo sie ihr Maß verliert, verwandelt er sich in Zynismus, der alles, was ihm auf dem pädagogischen Feld an Problematischem begegnet, mit Spott, Ironie, gewiß auch mit Selbstironie quittiert. Sein keineswegs willkommener Gegenspieler ist der pedantische Rechthaber und Besserwisser, wie er allen Kennern der pädagogischen Bühne bestens vertraut ist. Pedanten dieser Art gelangen nie zur Erfahrung ihrer Grenzen.

Wenn ich hier bestimmte Haltungen und Einstellungen als spezifisch pädagogisch gekennzeichnet habe, so heißt das nicht, daß in der pädagogischen Verantwortung nicht auch die traditionellen Tugenden Platz hätten, ja für sie entbehrlich wären. Aber sie sind in der Regel so allgemeinen Charakters, daß sie imgrunde für jede Art von Beruf in Anspruch genommen werden können und hier nicht gesondert aufgeführt werden müssen. Die pädagogischen Tugenden dürften umgekehrt nicht als konkrete Handlungsanweisungen mißverstanden werden, sie lassen sich deshalb auch nicht schulmäßig vermitteln. Man muß sie von Vorbildern oder exemplarischen Situationen ablesen und nach bewährten Modellen zu habitualisieren suchen, und man kann sie auch nicht wie Fahnen vor sich her tragen. Sie sind bestenfalls Medien der Einhilfe, die dem Erziehungshandeln den Dienst an der Selbstverwirklichung der Educanden erleichtern, indem sie Chancen freilegen, an Gefahren erinnern und Grenzen sichtbar machen.

Eine ähnliche Art Konkretisierungsmedium stellt die Lehre von den *Erziehungsmaßnahmen* wie Ermahnung, Tadel, Warnung, Drohung, Ermunterung, Apell, Lob und Anerkennung usw. dar, über die in der pädagogischen Literatur viel geschrieben worden ist. Auch Bollnows ›unstete pädagogische Vorgänge‹ haben hier ihren Ort. Die eigentliche moralische Erziehungsarbeit aber wird mit Tugenden und Maßnahmen dieser Art lediglich vororientiert auf konkrete Situationen, deren Anspruch kasuistisch aufgeklärt werden muß. Davon soll nun etwas ausführlicher im letzten Abschnitt die Rede sein.

7. Ich stehe nicht an zu behaupten, moralische Erziehung in actione sei *kasuistische Situationsaufklärung,* und ich bringe damit ein altes, zum Teil verpöntes moralpädagogisches Prinzip wieder zu seinem, wie mir scheint, gebührendem Rang: die sog. Kasuistik. Nur in konkreten Lagen spielt sich das wahre Erziehungsleben ab, sammeln sich die Probleme, konzentrieren

sich die zu bewältigenden Konflikte und finden Dilemmata ihre Auflösung. Daß Moral in Sätzen lehrbar sei, haben alle großen Ethiker mit gutem Grund bestritten. Aristoteles z. B. war überzeugt, für seine ethischen Schriften Verständnis nur bei denjenigen Lesern voraussetzen zu können, die bereits sittliche Grunderfahrungen gemacht hätten.[6] Was bei der kasuistischen Methode zu dieser Einsicht hinzutritt, ist lediglich der Gedanke, daß solche sittlichen Erfahrungen gleichsam planmäßig veranstaltet werden können oder, im Sinn einer Aufgabe formuliert, daß Lehrer und Erzieher in der Lage sein sollten, die ihnen begegnenden Problemsituationen im Erziehungsleben moralpädagogisch aufzuarbeiten. Aufklärungsbedürftige pädagogische Situationen sind meist durch einen Konflikt, durch eine besondere Herausforderung oder durch eine dringlich zu bewältigende Aufgabe charakterisiert. Der jeweilige Problemgehalt weist dabei auf Normen zurück, die in Affinität zu ihm stehen und ihn zur Auflösung bringen können, wenn es gelingt, sie dem Gewissen der Betroffenen aufzuschließen.

Ich begnüge mich mit zwei Beispielen aus der moralpädagogischen Tradition, deren Vater ohne Zweifel Sokrates war, und demonstriere das Gemeinte an den von Xenophon überlieferten sokratischen Gesprächen, dem Dialog mit dem Sohne Lamprokles, der sich mit seiner Mutter überworfen hatte, und mit dem Jüngling Chairekrates, der mit seinem älteren Bruder in Feindschaft lebte. Die Gespräche laufen in beiden Fällen nach derselben Regel ab: zunächst wird den Partnern die verletzte Norm der Dankbarkeit gegenüber der Mutter und der Freundesliebe vor das Gewissen gestellt und an vielen Beispielen so verdeutlicht, daß der Anspruch beider Forderungen die ungeteilte Zustimmung der Gesprächspartner findet. In dem Augenblick aber, wo die zunächst theoretisch erscheinende Normvermittlung auf die persönliche Situation der Gesprächspartner bezogen wird, auf das Zerwürfnis mit der Mutter bzw. dem älteren Bruder, beginnt sich der spontane Widerspruch der Betroffenen zu regen. Sie tragen scharfe Einwände, vor, die jedoch von Sokrates in versöhnlicher Weise Schritt für Schritt entschärft und außer Wirksamkeit gesetzt werden. So demonstriert er dem Sohn, daß die Unfreundlichkeit der Mutter ihrer allzu großen Belastung entspringe, an der Lamprokles selber Mitschuld trage. Seine Mutter sei vielleicht manchmal unleidlich, aber sie meine es bestimmt nicht böse. – Auch aus dem abweisenden Betragen des älteren Bruders spreche durchaus kein verdorbener Charakter, denn man könne ihm Edelmut nicht absprechen. Chairekrates müsse sich einfach mehr um seine Freundschaft bemühen, dann würde sich dieser gewiß nicht beschämen lassen und seine Liebe noch intensiver erwidern. Beide Gespräche enden damit, daß die ursprünglich verletzte Norm den Gesprächspartnern gleichsam ›ins Herz geschrieben‹ wird und daß ihnen Sokrates darüber hinaus noch das bestimmte Motiv eröffnet, sich mit Mutter und Bruder wieder zu versöhnen.

Anmerkungen

1 Diese Thesen zu einer pädagogischen Ethik sind dem verstorbenen Adressaten dieser Gedenkschrift, Prof. Walter Schmied-Kowarzik zugeeignet, mit dessen pädagogischer Ethik sie manche Züge gemeinsam haben. Zwar wird dem Leser bei der Lektüre seiner ebenso systematisch-überzeugenden wie erfahrungsgesättigten Schriften von allem Anfang an deutlich, welcher philosophische Wandel sich in diesen letzten fünfzig Jahren vollzogen hat. Ich habe ernste Schwierigkeiten, die phänomenologische Grundlegung der Ethik – damit auch der pädagogischen Ethik – im Geiste Husserls, Hartmanns und Schelers zwar nicht verstehend nachzuvollziehen, wohl aber als Lösung zu akzeptieren. Gleichwohl ist es offenbar die gemeinsame Sache, die ihren philosophischen Bearbeitern auch bei unterschiedlichen Denkvoraussetzungen doch verwandte Problemperspektiven und Lösungen aufnötigt, und die damit ein Gespräch auch über zeitliche und sachliche Distanz hinweg möglich macht. Deshalb sei hier kurz zusammengefaßt, welche Auffassungen ich mit dem Autor des Buches ›Ethik, mit besonderer Berücksichtigung pädagogischer Probleme‹ aus dem Jahre 1932 teile. Ich stimme mit ihm zunächst darin überein, daß pädagogische Ethik nur von einer allgemeinen Ethik her grundgelegt werden kann und bin deshalb überall wo es mir für das Verständnis ethisch-pädagogischer Theoreme nötig schien, von generellen moraltheoretischen Lehrstücken ausgegangen. Zum zweiten lehne ich mit ihm jeden Versuch entschieden ab, Ethik naturalistisch zu begründen und damit den (aufgeklärten) Egoismus gleichsam zum Prinzip zu erheben. – Drittens würde ich das, was Walter Schmied-Kowarzik als Instinkttriebe und Gewohnheiten ins Spiel bringt und auf die legalistische Grundlage der Moral bezieht, dem funktionell-mechanistischen Unterbau der moralischen Motivation zurechnen, die bei mir im Gewissen fundiert ist; der Jubilar selber verwendet den Gewissensbegriff kaum, doch zeigt er, daß sich dieses Zentrum der Sensibilisierung für Pflichten in dreidimensionaler Weise entfaltet: durch Horizonterweiterung und Verdichtung sittlicher Ansprüche sowie schließlich durch den Fortschritt von der Heteronomie zur Autonomie; er antizipiert damit bereits ein Lehrstück, das mir für die Theorie moralischer Bildung heute unentbehrlich erscheint. Schließlich interpretiert Walter Schmied-Kowarzik die Pflichten gegen sich selber ganz wie ich als ersten Einstieg in die Sozialethik. – Auch in bezug auf seine Stufenordnung der Werte finden sich manche Bezüge zu meiner Güterreihe; ich würde indessen den Vitalwert vor dem Nützlichen ansetzen und den Schritt von der Ethik in die Ästhetik, die Wahrheitstheorie und die Religionsphilosophie nicht mitvollziehen wollen. Nach meinen Verständnis geht Ethik nicht über die sog. ›Sozialethik‹ hinaus. Da ich ferner in der ethischen Rekonstruktion die Methode der Ideation nicht anwende, kann ich die Zäsur zwischen einer (bei S. K.) noch relativ naturbezogenen Legalität und der Idealstruktur der Moralität nicht so scharf empfinden, wie der Jubilar das vor fünfzig Jahren getan hat, und habe mich daher im Text stärker um den Nachweis einer Kontinuität zwischen dem vorautonomen und autonomen Gewissen bemüht.

2 Vgl. das einschlägige Schaubild zur Praxeologie in meinen ›Abriß europäischer Ethik‹, Würzburg 1983, 153f.

3 Das läßt sich auch von der Aufbaustruktur der Einzelpraktiken her begründen, die über die Naturwüchsigkeitsstufe hinaus erst auf der Rationalitätsstufe und dem Bezugsfeld der regulativen Idee in den Raum der Professionalität hineinragen, d. h. auch das naturwüchsige pädagogische Handlen unterliegt letztlich ethischen Maßstäben und kann sich, wo es sich auf sich selbst besinnt, ihnen nicht entziehen.

4 Die indikativische Formulierung ist hier deontologisch gemeint, d. h. sie drückt eine Aufgabe, sein Sollen, kein Faktum aus.

5 Diese Verfassungsgeschichte des Individuums stellt sich zwar in etwa quer zu den überkommenen Modellen psychologischer Phasenlehren, wie sie in den zwanziger Jahren unter relativ genauer zeitlicher Bezifferung der Epochalstrukturen entwikkelt worden sind. Doch hat sie gerade heute eine Unterstützung aus dem US-amerikanischen Bereich erhalten, durch die Schule Kohlbergs, der freilich selber europäisches Gedankengut, nämlich die Entwicklungspsychologie Jean Piagets, aufarbeitete. In seiner plastisch durchartikulierten Stufenlehre, die er für kulturinvariant hält, geht es freilich weniger um Gewissensstrukturen als um Ebenen des moralischen Urteils. Doch kann man die moralischen Urteilsleistungen unschwer als Ausdruck bestimmter Gewissenslagen interpretieren.

6 Vgl. Nik. Ethik 1095 b 6-8, 1103 a 16-18, e 14-25, und die auf das Verständnis der Kunst bezogene Parallelstelle Pol. 1340 b 23-35.

Michael Benedikt

Kant und die materiale Wertethik im 20. Jahrhundert

Einleitung

Wert wird ein anwendbares Mittel oder die Form eines erstrebbaren Zustandes genannt, Krisen, die uns befallen oder immer schon befallen haben, zu tilgen bzw. zu lösen; mag nun jenes prekäre Übel, eine solche kompensierbare Krise heilbar sein oder nicht,[1] mag ein Mittel für uns erreichbar oder anwendbar sein oder nicht, folgendes ist jedenfalls in Anbetracht der Bestimmung eines Mittels als Wert von Bedeutung: Zunächst beziehen sich Gesichtspunkte der Abschätzung als Werte auf *sinnvolle Handlungen* bzw. auf deren Folgen. Hier muß aber die Bedeutsamkeit sich sowohl von der *Normbegründung* im Sinne einer Verantwortung einerseits als auch von der *Handlungsentscheidung* anderseits abheben und für sich qualifizieren, auch tradieren und modifizieren lassen. Anderseits geraten wertbezogene Normen, eben wegen dieser Distanz von Begründungs- bzw. Folgelast – hier in konsequenter Abhebung von der Verbindlichkeit der sich auch verselbständigenden Handlungsreihen, dort in der Abgrenzung gegenüber dem Diskurs des Standhaltens eines etwa probeweise je auf sich gestellten Überlegens gegenüber der Diskursivität der Gesichtspunkte Anderer – in eine Abstraktionsform eigentümlicher Art: Wir nennen sie Gewohnheit oder zweite Natur, insofern sich unser Instinkt, unser Impuls, von den Gegebenheiten des Weltlaufes überrascht, ein Residuum eben von nützlichen Regeln geschaffen hat, Abbreviaturen und ein Mittel also, nicht jeweils von vorne beginnen zu müssen, um sich durch Umwelt hindurch auf Mitwelt und deren zeitliche Erstreckung verlassen zu können. Derartiges Handeln aus zweiter Natur gemäß der Wahl oder Wahlverwandtschaft von Gewohnheiten, aufgrund der Motivation gemäß Ersparnis oder Maximierungsbedingungen, mithin Werten, überwindet aber, selbst im Zeichen der Krise, die Entscheidungsschwäche nicht: bloße Nützlichkeitserwägungen durch Handlungsverbindlichkeit auch technisch gesättigt zu ersetzen, führen nicht über das Wahlraisonnement, und wenn, dann nur durch Zufall hinaus. Das 17. Jahrhundert nannte einen solchen Scheinausweg: ce qui est moralement possible.

Nicht einmal die Vermittlungsinstanz von technisch-abstrakten Mitteln als Werten im Sinne meßbarer Produktionskosten einerseits und pragmatisch-konkreten Mitteln als Gebrauchswerten (besonderer oder allgemeiner Vorliebe) in ihrer gesellschaftlichen Verbindlichkeit der anerkannten Rechtschaffenheit anderseits kann eine gelungene Tauschwertqualität ersetzen noch auch die kriterielle Basis der Rechtschaffenheit von dem Verdacht des bloßen Rollenspieles freisprechen.

Allerdings ist uns in Krisenzeiten die Frage nach der Wertevidenz seitens der Skeptiker unausweichlich gestellt worden, welche alles Überlegen zugunsten der Handlung oder jedwede Handlung zugunsten der Überlegung der unabsehbaren Möglichkeiten reduziert hatten. So ist jetzt nicht mehr die Gewohnheit in gesellschaftlich geprägten Nutzungsformen als vom Naturzustand ableitbar, noch auch die Handlungsfähigkeit nach Kriterien bzw. durch provisorische Maximen strategischer Klugheit vollziehbar oder durch Techniken anwendbar zu machen, ebensowenig wie uns die Evidenz des Bindegliedes beider, der Naturgewohnheit und des technischen Raffinements nicht mehr sonnenklar ist: Ein Bindeglied, die *zumutbare Rechtschaffenheit,* sollte deswegen, wie Agnes Heller meint,[2] eben nicht bloß krisenfest sein sondern darüber hinaus auch die technischen mit den pragmatischen Momenten der Wertevidenz vermitteln; doch eben dies ist in der anerkannten Rechtschaffenheit nicht erreicht worden. Ein solches Resultat hätte sogar die Sphäre der abstrakten Werte, ihre Aufspaltung in technische, pragmatische und absolute, auf einmal und wieder je und je, nach den Rückfällen, tilgen können, wenn nämlich Wahl der Gewohnheit und Wahlverwandtschaft des von uns auf das menschenwürdige Anders-als-Sein[3] übergestülpten Selbstverwirklichungsgestus in das übergeführt wird, was Walter Benjamin noch vorkritisch den transzendenten Durchbruch der Entscheidung durch die Wahl hindurch nennt.[4]

Weil wir aber diese Betrachtungsart angemessener Gerechtigkeit gerade nicht in eine kritische Verbindlichkeit über alle Skepsis hinweg, zu überführen vermochten, ist aber auch der Gestus des Durchbruches durch unsere Wahlverwandtschaften sowohl aus der Wertbegründung heraus als auch für die provisorische Maximierung von Situationsethik in die Ziellosigkeit sogar des Wertverfalles gegen alle Handlungszwecke, sogar gegen die eingeklagte Rechtschaffenheit, zum bloß provisorischen Theater abgesunken.

In letzter Zeit wurde diesbezüglich metakritisch mehrfach[5] auf eine Spannung der Moderne verwiesen: schon weit vor der Aufklärung habe sich eine Differenzierung von *Verfahrensethik* und *substantialer Sittlichkeit* eingespielt. Jetzt, da wir uns mit unseren szientifischen, technologischen, pragmatisch-institutionalistischen Objektivationen, kurz den zivilisatorischen Intentionen, am Ende, auch am Ende geordneter Lebensumstände sehen, die Substanz also im Verfahrenskalkül aufgezehrt sei, schauten wir uns wieder nach substantialer Sittlichkeit, in einem Heimweh nach dem zu erneuernden Heimweh, wie Derrida meinte, um.

Es steht uns aber zuerst an, um nicht allzuschnell ins Alteuropäische abzuschweifen, nur einige Kontraste als Objektivationen gerade desjenen Geistes zu nennen, über den Hegel, über Aufklärung und Bildung hinweg, als den objektiven Geist der Sittlichkeit verfügte.

Ich möchte hier andeutungsweise drei Grundmuster gegenüberstellen, um zuletzt zur Not unserer praktischen Lebensformen, wie sie sich heute stellt, zu gelangen, und dies nicht ohne Anweisung in Richtung auf einen Ausstieg.
Ich kontrastiere in diesem Betracht zunächst einerseits die beiden Konfigurationen der cartesianischen Moral zusammen mit ihrem Grundgedanken, der Magnanimitas, der Großmut. Ich setze diese Verbindlichkeit gegenüber der neuerlichen Konzeption der Glückseligkeit inmitten geglückter Vergesellschaftung gemäß dem Leibniz'schen Muster eines wie auch immer eurozentristisch oder auch je enger gefaßten Optimismus; hier ist aber die Weisheit des geglückten Lebens dem Formalgerüst eines Netzes provisorischer Verhaltensregeln ausdrücklich gegenübergestellt.
Anderseits kontrastiere ich wie im fortgeschrittenen englischen aufgeklärten Liberalismus die Locke'sche Idee des halbwegs dezenten Überlebens einer großen Anzahl, auch durch verfahrensorientierte Schutzmächte unserem Lebensgefühl zugemutet und angetragen, wie dies bei Ferguson und Adam Smith aufkommt, mit einer überraschenden Wendung der Wiedererlangung substantialer Sittlichkeit der Autarkie inmitten der Zivilisationskrankheit unserer künstlichen Vergesellschaftungsformen, wie dies von Rousseau bis Hegel vorgestellt wurde.
In der Dynamisierung des Wiedergewinnens eines Zustandes guter Lebensführung, Agnes Heller nennt diese, wie wir sahen, Rechtschaffenheit, tauchen aber jene auch inhaltlich bestimmten Modifikationen unseres jetzt als *Habitus* neuerdings beanspruchten Stiles substantialer Sittlichkeit auf, welche einer sogenannten Vernetzung qualifizierbarer Wertnormen, in der Spannung von Wertbegründung und Wertverwirklichung, somit dem Übergang von Klassik zur Romantik das Gepräge gaben und gerade durch den Bruch von Bedürfnissystem und restaurativer Sittlichkeitsnorm in Frage gestellt sind.
Diese Spannung hat aber Kants Werk und seine unmittelbare Wirkung, ebenso wie dessen Mißverständnis auszuhalten.
Ich halte hier zunächst einmal fest, daß ich im Gesamtwerk von Kants ethischer Begründung unseres lebensweltlichen Verhaltens ebenso wie in seiner geschichtlich-anthropologischen Explikation und Anwendung aber eine gelungene Einbindung von drei verschiedenen Linien sehe, welche, wie gesagt, seit Beginn der Aufklärung schon im 17. Jahrhundert bis in unsere Epoche oft mißverstanden wurden. Einerseits geht es um die ausdrückliche Gleichgewichtung von natürlich-anthropologischer Vergesellschaftung hier und provisorischer Moral, im Latenz- oder Prägnanzzustand der Krise, da. Zweitens dreht es sich um die Konfrontation und den prägnanten Zugriff zu den beiden Strängen substantialer, aber schon habituell gebrochener Sittlichkeit da und der ausdrücklich zur Verfahrensform verbundenen Normenethik hier.[6]

Drittens geht es um unser eigentümliches Problem der Sezession von Werten als Titel von Würde, von Marktwert oder von Verrechnungswert eines Handlungsresultates gegenüber einer normativen Handlungs- oder Gewissensbedingung. Die Vereinbarung hat Kant im ethischen Gemeinsinn lokalisiert, den ich aber hier nicht frontal aufgreife. Allerdings ist anzunehmen, daß in Ermangelung einer solch präzisen pragmatisch-anthropologischen Strategie des Gemeinsinnes das Mißverständnis teils des letzten Jahrhunderts, teils dieses Jahrhunderts aufgetreten ist, daß Kant keinerlei inhaltliche, also nach Typik und Zweck, nach Tugendhaltung und Rechtsnorm ausdrücklich spezifizierbare Topik des Gewissens zur Hand gehabt habe. An die vorgeblich leere Stelle sind empirische Soziologie, alteuropäische aristotelische Topik im Sinne einer induktiven, ethischen Homiletik, und eben materiale Wertehtik getreten. Sie alle seien aber, wie in der materialen Phänomenologie behauptet, Objektivationen eines sittlichen Geistes. Sie würden die dem Menschen eigentümliche Vergesellschaftungsform erst verbindlich machen aufgrund einer evident in der Wahl fundierten Wesensschau, welche das Genie der Moral dem common sense des gemeinen Mannes allerdings, wie die Neukantianer beeinspruchen, ohne *Rechtfertigung* angleiche.[7]

Die Kritiken in Anbetracht dieses Legitimationsmangels sind bekannt: 1. Wertmoral habe nie in die Empirie handelnd eingreifen können, sie sei nur das Feigenblatt für eine irgendwie fortlaufende improvisierte Situationsethik, habe zugleich mit der natürlichen Sittlichkeit immer schon gebrochen. 2. Wertmoral ist immer im Legitimationsdefizit gewesen. 3. Wertmoral laufe immer den Typus des höheren Menschen an, könne sich weder in Überredung noch in Überzeugung an die Massen halten, müsse sich vielmehr am Geländer ihrer eigenen, aber nicht thematisierten oder selbst methodologisch ihr Defizit fortschleppenden[8] Rationalität bewähren. 4. Wertmoral folge – im Gegensatz zur auch positiv ausdrückbaren und formal zu legitimierenden Gesinnungsethik – einem geheimen Autismus, der weder den amour propre noch den amour de soi même aufzuschlüsseln vermag.

Ich werde gemäß dieser kurzen Einleitung die Problemlage in folgender Weise vorstellen.

1. Die Divergenz von provisorischer Moral und ihrem protorationalem Begründungsstatut gegenüber der Aufstufung natürlicher Vergesellschaftung ist uns im Rücken und kann als gegenläufiges Resultat des in der Renaissance verdrängten Humanismus jederzeit wieder aufbrechen.
2. Die Divergenz von Verfahrensethik und substantialer Sittlichkeit in der Tradition von Locke bis zur Nationalökonomie eines Ferguson oder James Mill tritt gegenüber der Erfüllungsidee des späten Hegelschen Ansatzes, durch Rousseau hindurch, zunächst zurück.
3. Der Kantische Ansatz und seine Amputierung ist eklatant.

4. Kant ist gegenüber der materialen Wertethik des 20. Jahrhunderts immer noch beachtlich. Diese Aufmerksamkeit prägt etwa auch das Funkkolleg Ethik, ohne daß in der entsprechenden Auseinandersetzung schon ein Vergleich zwischen den verlorenen Elementen materialer Wertethik gewonnen wäre.[9]

Alle vier Fragestellungen befassen sich aber je verschieden mit jenen grundlegenden ethischen Problemen, um deretwillen wir auch akademische oder extramurale Gespräche über diese Belange abhalten. Einmal ist es die Frage des ethischen Relativismus, gefolgt von der Frage der Freiheit in ihren verschiedenen Formen. Sodann ist es das von vielen, wie etwa Goethe, weitgehend gemiedene Problem des Bösen (die Ethik möge sich nicht mit dem Bösen beschlabbern) und zuletzt, mit Bezug auf das Problem der Durchsetzbarkeit des als gut Intendierten oder das in solcher Intention als Handlung in Öffentlichkeit Gesetzte; Durchsetzbarkeit ist selbst dann gefordert, wenn sich der Autor bei gutem Gelingen jeweils immer schon aus der Öffentlichkeit zurückgezogen haben muß, schon um von seinem Werk nicht mitgerissen zu werden. Dieses Problem der Objektivation des Geistigen im Sinne eines opus der bona mens ist aber auch zeitlebens Angelegenheit des Kulturanthropologen, Pädagogen und Philosophen Walther Schmied-Kowarzik gewesen, dem zu Ehren unsere Reden in diesem Rahmen gehalten werden.

1. Die Divergenz von provisorischer Moral und ihrem protorationalem Begründungsstatut gegenüber der Aufstufung natürlicher Vergesellschaftung

Agnes Heller hat erst kürzlich in ihrem Beitrag: »Die ethische und die ästhetische Lebensform des rechtschaffenen Menschen« uns wieder an ein altes Dilemma erinnert: Wie sie in der Katalogschrift der Berliner Internationalen Bauausstellung von 1981: »Das Abenteuer der Ideen. Architektur und Philosophie seit der industriellen Revolution«, feststellt, ist seit Max Webers spätem klassischen Text »Wissenschaft als Beruf« zuletzt auch die gewöhnliche Wertverbindlichkeit des rechtschaffenen Menschen als ein thematisches Konzept in Verruf gekommen:

»Der Versuch, das Reich des Ethischen, des Ästhetischen, des Religiösen, und des Politischen, ja sogar des Wissenschaftlichen – einschließlich ihrer jeweiligen Lebensweisen – miteinander zu versöhnen, erscheint im Text Webers als ein unauthentisches, ja sogar gefährliches Unterfangen.«[10]

Um nämlich Rechtschaffenheit des honeste vivere – Inbegriff der altstoisch-konservativeren neben den sogenannten naturrechtlich-liberalen Lebensformen des neminem laede und des suum cuique tribue – als gemeingesellschaftlich zu gewährleisten, bedarf es eben einer Strukturform, deren Bedeutungsabstraktion mit Bezug auf die genannte Interessenvielfalt als Wertnorm zu begreifen sei. Weil diese Norm, ihr Inbegriff, aber nur in jeweiligen primären oder wiederholten *Stiftungsarten* erst zu erlangen, ohne diese aber sowohl für den Einzelnen, als auch gemäß gesellschaftlicher Angemessenheit und Anerkenntnis null und nichtig sind, ist gerade die Relativität der Wertsetzungen, wie dies auch Peter Winch mehrfach vorstellig macht, eine Voraussetzung für moralische Beurteilungen.

Gleichwohl schneidet Agnes Heller mit ihrer gesellschaftsethischen These: »Es gibt rechtschaffene Menschen, weil Rechtschaffenheit anerkannt ist«[11] (wobei Anerkennung weder Auszeichnung noch Belohnung sei) die Aporie durch. Sie erzwingt dies allerdings als *pragmatisches* Fazit, daß »die Anerkennung der Rechtschaffenheit nicht mit der Anerkennung aller rechtschaffenen Menschen identisch« sei.[12]

Dies bedeutet offensichtlich a) es gibt Rechtschaffenheit; und b) diese ist erst im moralischen Diskurs anzuerkennen.

Während Hellers Zwischenbegründung für a) und b) aber darin besteht, daß es nichts »radikal Böses« in der »menschlichen Natur« gibt,[13] und schwer zu verteidigen sein wird, scheint ihr Ausdruck, daß »der rechtschaffene Mensch heute möglich (sei), weil es Menschen gibt, die eher Ungerechtigkeit erleiden als antun, und die auch *wissen,* was heute Gut und was heute Böse genannt werden kann«,[14] von stärkerer Überzeugungskraft.

Agnes Hellers Argument geht nun weiters dahin, daß weder die Verbindlichkeit des moralischen Gesetzes allein noch die gute Gewohnheit und deren Wertbedingungen für sich für die *sittliche Lebensform* und deren *Beurteilung,* also anerkannte Rechtschaffenheit, ausreichen. Es scheint aber durch ihr Argument gerade dies nicht geleistet, wie diese beiden Extremalwerte als methodisch ausweisbar, selbst in der Situation der Krise, zueinander zu stehen kommen. Sowohl die aristotelische Phronesis als auch die platonische Dikaiosyne, die stoische oikeiosis wie die heimarmene haben als Vermittlung versagt.

In diesem Jahrhundert zeigt sich aber ihr Versagen, wie schon betrachtet, am Auseinanderbrechen formaler Gesinnungsethik und materialer Wertethik. Agnes Heller hat gleichwohl versucht, Rechtschaffenheit in eins mit Anerkennung als Inbegriff der Wertvermittlung zu restaurieren. Dies scheint nicht ganz geglückt. Vor allem deshalb nicht, weil sie den wohlbegründeten mauvaise foi, das Mißtrauen, nicht aus dem Weg hat räumen können. Das Mißtrauen bleibt, zusammen mit der Divergenz relativer Werte und reiner Gesinnung. Wir haben uns also deshalb nochmals an die bezeichneten vier Stationen zurückzuwenden. Zu Beginn der Neuzeit stechen als Divergenz gegenüber der rationalen Begründung provisorischer Moral bei Descartes die dem Menschen natürlichen und weisen Wertformen natürlicher Vergesellschaftung gemäß seinen Anlagen, Glückseligkeit zu erreichen, etwa bei Leibniz, hervor. Diese Divergenz besteht bis in dieses Jahrhundert bis ins ominöse Jahr 1984, und bis heute.

Damit komme ich zur ersten kurzen Gegenüberstellung: Begründung der vier Formen provisorischer Moral in Descartes' drittem Discours von 1637 gegenüber Leibnizens sechs oder sieben Formen natürlicher Vergesellschaftung von etwa 1696: De Beatitudine.

Die magnanimitas ist aber an den sich verselbständigenden Zweckmitteln, den wertlosen Werten, ebenso wie an der Unglaubwürdigkeit des Aktionismus und dessen Zerrbild, dem hysterischen Leiden, und unserem Mißtrauen an jenen gescheitert.

A) *Die Grundsätze provisorischer Moral* (weil die endgültige erst durch Rationalisierung unserer Leidenschaften, auch mit Bezug auf einen annehmbaren biologischen Zustand und technisch ausreichende Mittel bestehen könne – wie Descartes an Picot schreibt –) sind kurz folgende:

Im Fortschreiten der industriellen und szientifischen Revolution bedürfen wir einer konformistischen Verklausulierung unserer Lebensformen, unseres Stils und Auftretens, gepaart mit der Affirmation eines aktionistischen Dezisionismus: Handlungsverhalten dieser Art verlangt aber als Prinzip, daß man abschätzbare Richtlinien oder Werte (ebenso wie jenen geistigen Akt, *durch* den man an sie glaubt) ohne weiteres distanzieren können müsse. Dies ist also deshalb nötig, weil der *anerkennende und* wert*setzende* Akt von jenem ersteren bloß wertrezipierenden Akt, wie Descartes beansprucht, eben verschieden ist; verschieden »also von dem Akt, *durch* den man erkennt, *daß* man *dies* oder *jenes* glaubt«. Wegen dieser Differenz gibt es aber nicht nur so etwas wie eine Untreue Werten gegenüber, sondern auch ein leeres Festhalten am Prinzip des Aktionismus, der dann zur nächsten Maxime führen mag: Sei immer erfolgreich, selbst im entschlossenen Handeln ohne Wissen der Konsequenzen (fac et excusa), und, um nicht bereuen zu müssen, (si fecisti nega). Teile schließlich zwischen Dir und Deiner Umwelt (divide et impera) und halte eher Dich als das Andere oder gar das interpretierbare Schicksal für verantwortlich. Zusammenfassend sei ein Selektionsprinzip des je Zuträglicheren (etwa der rationalen Vorschau angewandter Wissenschaft vor dem Verpulvern der Kräfte im konkreten Jetzt-Einsatz) zu ertragen, um zu der Toleranzform der Magnanimitas, der lang ausschauenden Geduld, um derentwillen Nietzsche Descartes namentlich lobt, zu gelangen.

B) Die ausgemachte *Mitte* der Formen *natürlicher Gemeinschaften,* wie sie in Leibniz' Analysen zu De Beatitudine präsentiert wird, sechs oder sieben an der Zahl (»so die Natur haben will« und aus der gemäß dem Glücksstreben und der Vernunftverbindlichkeit nach dem Prinzip der Sparsamkeit die Gerechtigkeit als Erhaltungs- oder Beförderungsbedingung teils Vorausset-

zung ist, teils zirkulär resultiert), ist die von *Herr und Knecht:* Nach langer Suada über Zu- und Abträglichkeit der Sklaverei heißt es: »Summa, die natürliche Knechtschaft hat gegen unvernünftige Menschen statt, sofern sie nicht durch Regeln der Gottesfurcht beschränket wird«.[15] Eindeutig beruht die erste vorläufige, hier zwar verschwiegene *natürliche Gemeinschaft* zwischen jeglichem *Endlichen* und dem *absoluten Wesen* darin, daß der Grund von beider Gerechtigkeit ident sein könne. Die je weiter unterschiedenen beiden vorläufigen Vergesellschaftungsformen, durch natürliches Recht befördert oder erhalten,[16] sind die der geschlechtlichen Liebesgemeinschaft auf Dauer und das durch Geburt oder Adoption gestiftete, ausdrücklich auf Zukunft orientierte Generationenverhältnis. Die der Knechtschaft *nachfolgende* Vergesellschaftungsform – keineswegs schon durch Maschinentechnik, Arbeitsteilung oder Tauschform bzw. gar geniale Inventionen seitens der Knechte umgedreht –, ist die der Haushaltung im System der Bedürfnisse, die der bürgerlichen oder royalen Herrschaft von Großgemeinschaften wie zuletzt die der natürlichen Verbände der Religiösen, auch ohne Anspruch auf Offenbarung, welche bloß erleuchtend hinzutreten könne.
Die *Katholizität* der Leibniz'schen Naturform der Erhaltungs- und Steigerungsbedingung sticht hier ebenso ins Auge wie die Cartesische Prätention der Radikalisierung, also Begründung des gleichsam protestantischen *Rückzuges in die Innerlichkeit* aufgrund des *provisorischen* Status. Der Wert als Erhaltungs- und Steigerungsbedingung der natürlichen Sittlichkeit steht der Normendifferenz provisorischer Verfahrensreflexion nach Relativierung und Begründung von abstraktifizierbaren Wertnormen gegenüber, eine habituelle Verknüpfung auf dem Boden künstlicher Vergesellschaftung scheint in diesem Kontext ausgeschlossen, unsere Natur, selbst die als Habitus gefaßte, ist in Krise.

2. Die Divergenz von Verfahrensethik und substantialer Sittlichkeit

Nach Lübbes brillanter Ausführung zu »Hegels Kritik der politisierten Gesellschaft«[17] gilt für Hegels Gesetz sowohl der Objektivierungen des Geistes als auch des Objektiven Geistes selbst, daß kein praktisches Gesetz des Rechtes oder der Moral die Kompossibilität des Bestehenden zugunsten des Optimum in Frage stellen dürfe. Auch das Sollen eines postaufgeklärten rechtsnormalen Handelns sei davon nicht auszunehmen, selbst wenn unser Status der Bedürfnisgesellschaft, in welchem die Moral eine besondere Note erhalte, nämlich als *Notstaat,* der Vorherrschende sei. Lübbe zitiert hier affirmativ Hegels bekannte These mit Bezug auf dessen Rechtsphilosophie: »Als philosophische Schrift muß sie am weitesten davon entfernt sein, einen Staat, wie er sein soll, konstruieren zu sollen.«[18]

Allerdings gehe Hegel in seiner »Theorie institutioneller Garantien der bürgerlichen Freiheit über die historische Wirklichkeit« insofern hinaus, als in dieser Wirklichkeit jene »Garantien noch nicht bestehen, und . . . legitimiert sie im übrigen (nur teilweise M. B.) philosophisch. Dabei vermeidet Hegel in seinen entsprechend vorwärts weisenden Theorien strikt . . . radikale Konsequenz(en), das heißt, er bleibt in seinem Progressismus an Vorstellungen des pragmatisch Notwendigen orientiert, gleichsam an einem pragmatischen Prinzip des revolutionären Minimums.«[19]

Beim Heraufkommen der revolutionären Wirklichkeit, d. h. gelegentlich des Umsturzes der souveränen Handlungsvernunft in die anarchisch auflösenden oder populistisch nivellierenden Handlungsreflexe wird allerdings auch Hegel, wie etwa in den Vorlesungen zur Geschichte der Philosophie[20] angst und bang genau dann, wenn das Selbstdenken der Aufklärung unvermittelt in die Konsequenz, also die Vorstellung ohne Vermittlung revolutionär in die Handlung übergeht.

Genau dieser Angst wird Hegel immer dann begegnen, wenn seine Vermittlungen zwischen substantialer Sittlichkeit und liberalisierender Nützlichkeit ins Leere stoßen, welche Leermeinung, politisch gesehen, eine Übermacht auf sich zieht; diese ist allemal noch zur Aufforderung und zum Aufruf nach dem Genius des Krieges als Maßstab aller Werte in der Krise umgeschwenkt; Max Scheler hat diesen Genius bekanntlich sowohl in seiner Kriegsschrift[21] als auch in seinem Friedenstraktat[22] beschworen, ebenso wie ihn auch Walther Schmied-Kowarzik in seiner Einübung von 1917[23] als Deduktion der Befreiung, wohl eher an Fichtes Autarkiestatut als an die weltgeschichtliche Betrachtung Hegels angelehnt, zum Durchbruch kommen ließ.
Den Kontrast zu Hegels Rezeption des Hinübertretens der substantialen Sittlichkeit in eine rechtliche Verfassung bietet bekanntlich der Liberalismus des dreiteiligen Werkes von Adam Smith über den Schutz der Gefühle, den Differentialkalkül von Gebrauchs- und Tauschwert sowie über die Verfassungsgeschichte. Wert wird jetzt zum emphatischen Ausdruck der Sicherheit geschlossener Gesellschaften; wir haben darüber hinaus aus der Tradition Fergusons bis in den Übergang zur pragmatisch orientierten Zweckethik die Einsicht nachzutragen, daß die Gesetzlichkeit des abstrakten Mittel-Gebrauches in Technik – versus Zeug – Bewandtnis, in Arbeitsteilung versus Werkkoordination in Anbetracht steigender Institutionalisierung gegenüber den Tauschformen als Belange künstlicher Vergesellschaftung als eigentümliche Funktionssphäre bloß abstrakten Geltens aufgrund des Gemeinsinnes festzuhalten sind. Kants Berufung im Rezipieren und Durchbrechen – und nicht Distanzieren des glänzenden Elends der Zivilisation – auf die Spur Rousseaus führt aber, anders als bei Hegel, im Verzicht auf den amour de soi même im Ideal der Vernunft schon weit über Rousseau und dessen Rückkehr

auf den nun gesellschaftlich verfaßten Narzißmus hinaus in den Versuch, das abstrakte Gelten von Werten wieder im Gemeinsinn zu konkretisieren.

Dies führt aber auf den Gedanken, die Topik der Kantischen Ethik, also seine selbstorganisierende induktiv-teleologische Beispielsammlung, scharf zu kontrastieren gegenüber der typisierenden Homiletik, somit deren beider Verbindung mit Bezug auf eine plastische, und somit nicht einäugige, kritische Anthropologie einzuklagen. Daß hierbei das Legitimationsstatut der moralischen Gesinnung (zusammen mit den engen Pflichten gegen andere und gegen uns) in eine kontrastreiche Position, vor allem einmal mit Bezug auf das erste Prinzip des Rechtsverhältnisses zu stehen kommt, nämlich etwas Äußeres als das Seine zu haben, um es entäußern zu können, dies ist allerdings seit seiner berühmten Kritik an der behaviouristischen Anerkenntnisdialektik auf der nicht ausdrücklich formulierten Basis von Rechtschaffenheit eindrucksvoll demonstriert: Seit dem Rahmen der »Träume eines Geistersehers« ist diese Anerkenntnis zum radikalen Problem der Sprachvermittlung im Übergang vom dialogischen »Du sollst«, mehr noch, »Du kannst, weil Du sollst«, zum gesellschaftsethischen »Wir sind verbunden . . .« geworden, die Verbindlichkeit selbst wird aber dort ins noumenale Reich der Verantwortung, jenseits der relativen Werte abgeschoben.

3. Der Kantische Ansatz und seine Amputierung

Ebenso wie Kants theoretische Philosophie im kritischen Zeichen eines zweifachen Paradigmenwechsels zu stehen kommt, also von der Physik-Dynamik der natürlichen Örter in die klassische mechanische Dynamik, weiter noch in die Feldtheorie vorstößt, und von dieser schon Vorgriffe auf die Diskontinuität des Materialen der Perzeptionen im Primat des Raumschematismus andeutet; ebenso leitet er im Bereich der Handlungstheorie aus dem Naturrecht und seiner komplementären Kritik in Form der Legitimation provisorischer Moral in die Transformation von Dialogmoral in Gesellschaftsethik auf dem Boden jetzt des Bewußtseins eines anthropologisch weltoffenen experimentierenden, also *weltbürgerlichen* Status über. Ist in erster Hinsicht das Problem der Relativierung der Apperzeptionsform die Kardinalfrage, so wird in der zweiten Hinsicht, nach Rousseaus Anstoß, die Vereinbarung szientifischer Initiative freier Modellbildung als Antwort auf den Determinismus des sogenannten Naturgeschehens mit der Handlungsintention in Blickrichtung aufs Individuelle, also aufgrund der Kausalität *aus* Freiheit, zur entscheidenden Aufgabe.

Während es aber gar nicht so leicht ist, deren beider Vermittlung, nämlich deren Habitus einer *Kausalität der Freiheit unseres empirischen Charakters* in einem auch abstrakten Umgang mit Sachmitteln und Zwecken als Schema-Typen zu originären Begriffsschematen propositionaler Form gemäß der Bedeutung dessen, *was der Fall ist* zu transformieren, wie dies der späte Kant als Basis der sogenannten metaphysischen Deduktion der Kategorien wohl mehrmals vorschlägt, so scheint die gegenläufige Arbeit einfacher. Ich meine die Mittel-Zweckverhältnisse so zu regeln, zu handhaben, sublimieren, symbolisieren, daß daran der jeweilige Andere als Individuationsziel mitgemeint ist: Dies ist aber Kants Anspruch, daß das Ideal, als Individuelles, von der Erfahrung gerade gemäß der Handlungsintention unseres empirischen Charakters, also der Kausalität *aus* Freiheit nur am weitesten entfernt zu sein *scheint.* Nach Sistierung des ontologischen Arguments zur Bestimmung des Inbegriffs des maximal Individuierbaren ist aber der je Andere als Individuellstes praktisch für die Freiheitshandlung da, welche Funktion auch immer hierbei eine theologische Fakultät, ein Lehramt oder eine entsprechende Homiletik, etwa die Auslegungskunst des vielfachen Schriftsinnes unter den harten Bedingungen der Säkularisierung, haben mag.

Erinnern wir uns nun, welche Bedeutung der universelle Grundsatz praktisch orientierter Kausalität (also der sogenannte kategorische Imperativ) in seinen sechs Hinsichten teils intentional differenzierter, teils material, also zweckgebunden ausgelegter Inhaltsethik wohl haben mag, wenn es um die Mittel gegenüber Zwecken, um das Reich der Zwecke, um den Endzweck, um ein anderes Reich der Natur, gemäß der künstlichen Einbindung der Mittel in Anbetracht der Bonität der Folgen gehen mag.[24] Denn tatsächlich ist ohne diese materiale Mittel-Zweckbeziehung oder jene intentionale Transformation von Bedeutungen (oder Werten) in den Sinn von Sinn, also in das gesprochene Wir des verborgenen und sprachlich zu verlautbarenden Schriftsinnes, etwa eines vorgeschriebenen Textes, ebenso leer, wie der Sinn der Maximierung von Handlungsverbindlichkeit ohne jenen Imperativ blind bleibt.

Das Monument des kategorischen Imperativs steht dann verlassen da und ist nur im negativen Gebrauch – man gedenke Jägerstädters oder jener französischen Nonne im Berichte v. Balthasar, welche sich der Schande der Augustinischen Lukretia zur Vermeidung des Selbstmordes gerade auslieferte – ein Zeichen ohne Deutung.

Ich gehe hier auf die vielen Reduktionismen zu beiden Seiten des leeren Imperativs, also des Umfeldes technischer und pragmatischer Werte, abstrakter Mittel oder Beliebigkeit der Zwecke gemäß Gewohnheitsnorm nicht näher ein, es müßte nämlich hierfür zunächst ein taxonomischer Katalog aufgestellt werden. Nur so viel: Während die Normen der Kausalität aus Freiheit selbst aber regulative Gesetzesbedingung immer nach der relativen Norm, also bezogen auf die einzelnen materialen Aspekte der Handlungsverbindlichkeit enger oder weiter Art, bzw. obliquer oder direkter Intention, somit ihrerseits Basis für relative Werte darstellen, ist die Form des Imperatives, insofern er aufs Individuelle, je Andere gehen kann, also nicht wiederum in die Reflexion auf sich zurückschlägt und somit apperzeptionslastig ist, verbindliches Gesetz aus Freiheit.

Dies hat zuletzt J. F. Lyotard mit Bezug auf die »Suche nach Gerechtigkeit«, wohl aus seiner postmodernen Interpretation her, übersehen müssen, wenn er nochmals und immer wieder das individuierende Gesetz der Allheit mit der Fallbestimmung der Regeln der Allgemeinheit des normativen Wertes verwechselt: »Wir haben niemals das Gesetz, immer nur Regeln. Auch in der Ethik (›Man muß‹ ist nicht ethisch, es ist nicht ›Du sollst‹. Notwendigkeit, nicht Verpflichtung.) Diese Frage führt zur Kantschen Ethik zurück. Aber der Imperativ ist leer, weil er universell ist – genau wie Lévinas es Kant vorwirft – er ist der Form nach unausführbar, er verlangt, daß der Handelnde die Maxime seines Handelns derart beurteilt, ›so daß‹ sie zum allgemeinen Gesetz erhoben werden kann. Das Gesetz ist diese Allgemeinheit, wir aber sind wie der Aristotelische Richter, wir bedürfen der Klugheit, die den Rückzug aus der Allgemeinheit braucht. Gerechtigkeit ist immer möglich, jedoch ohne vorgängige Kriterien, ihre Regel muß in jedem Fall neu aufgesucht werden.«[25]

Strenggenommen hat Kant für die Typik der praktischen Vernunft aber gegen Lyotards Deutung eine Verbindlichkeit des Gemeinsinnes (für Andere denken) angesetzt, welche er zumeist – nicht immer – als unerlernbar angab. Nur im äußerst gefährdeten Übergang von Großpopulationen zur Weltgesellschaft, also Sache der Zweckethik im kriegsgefährdeten weltbürgerlichen Zustand, für uns heute nach der Terminologie des zwanzigsten Jahrhunderts als materiale Wertethik unterdessen in jedem gewöhnlichen Umgang als normal zu statuieren, erklärt er jene sonst unerlernbare Kunst aber gelegentlich sogar für anthropologisch verbindlich. Hegel, welcher gemäß der höchsten irdischen Richtschnur nur in Formen der Dynamik geschlossener Großgesellschaften und deren Krieg dachte, ebenso wie die auf Dilthey und den Pragmatismus folgenden hermeneutischen Transzendentalpragmatiker, dürfte im Verfehlen jenes Gemeinsinnes die Funktion der Anthropologie als zugleich transzendental *und* pragmatisch, also im Sinne der Vermittlung von künstlicher und natürlicher Vergesellschaftung, nicht erkannt haben; deshalb haben sie Kants Legitimationsstatut der gewissenhaften Handlung gegenüber der inhaltlich differenzierten, pointierten und deshalb erst das Mißtrauen überwindenden Ausübung, ebenso wie die Mittel-Zweck-Relationen anthropologisch unvermittelt und abstrakt getrennt. Damit stehen wir vor dem schon vorgezeichneten Problem der materialen Wertethik im zwanzigsten Jahrhundert.

4. Kant und die materiale Wertethik im zwanzigsten Jahrhundert

Ich gliedere diesen Abschnitt in vier Teile.
a) Zuerst exponiere ich einige Gedanken Max Schelers, im Anschluß und in Erweiterung des vor kurzem hier in Wien von Reiner Wiehl Vorgetragenen. Es geht näherhin um die im Gefolge von Brentano vorgeführte Relevanz des stellungnehmenden Erfühlens des Guten und Bösen.
b) Sodann betrachte ich Nikolai Hartmanns Transformation der Bedeutungssphäre in die apriorische Wertwelt der sittlichen bzw. kulturellen Handlungsnormen.
c) Schließlich unterscheide ich mit Hans Reiner die subjektiv belangvollen von den objektiv verbindlichen Wertnormen.
d) Zuletzt und zum Abschluß erinnere ich an den interessanten Versuch Walther Schmied-Kowarziks, trotz aller beiläufigen unglaubwürdigen Deutschtümelei, die genannten Wertethiken wieder auf die Basis einer Vollform der Ethik rückzuführen.

Daß dies nicht auf dem Boden einer kritischen Vollanthropologie, im Sinne Plessners oder Kampers dargestellt wird, ist hier nicht von Belang. Wichtig ist vielmehr, daß in der analytischen Psychologie – Psychologie wohl im Sinn der Enzyklopädie Hegels unter Voraussetzung einer dort vorangestellten Anthropologie – das transformierte phänomenologische Verfahren als eine Verbindlichkeit zwischen Dialogmoral und Gesellschaftsethik aufscheint. Schließlich ist das gelungene Einbringen der nach Technik und Pragmatik differenzierten Werte Walther Schmied-Kowarziks Kulturanthropologie vorbehalten, deren genauere Analyse aber den Rahmen meiner Darlegung überschreitet.

a) Die materiale Wertethik Max Schelers

Auch Schelers Beeinflussung durch die Brentanosche Dreiteilung der Evidenzerlebnisse in Vorstellen, Beurteilen, emotives Bewerten ist eklatant; allerdings löst Schelers Personalismus gleich zu Anfang jene Sperre der Wahrnehmungsintuition und Intention zumindest teilweise, welche Husserls von Brentano entlehnte, strenge naturwissenschaftliche Attitüde gegen die Geisteswissenschaften – also gegen Poetik, Kulturhermeneutik, Gesellschaftswissenschaften – zunächst zeigen läßt. Der in der kritischen »Weltanschauungslehre« konzipierte Person-Begriff[26] trägt die seit Boethius geraffte *Spannung* zwischen ontologisch aufgestufter Pneumatizität von Substanz als verinnerlichtem Triebausdruck und emotivem Rollen- bzw. Maskenspiel an sich. Genau diese Spannung ist zugleich Ort der Wertbeurteilung, was personale Vorstellung und Wertempfindung, was emotives Billigen oder Verwerfen betrifft. Während der eine Pol, die substantiale Sphäre, aber den Menschen als kosmisches Wesen in seine je weitere horizontale Umwelt einbindet, und ihn damit auch zum Schauplatz seiner möglichen Ideologien aus theoretischem Betracht macht,[27] ist der andere Pol als bloßes Rollenverhalten pragmatisch noch ungeschützter: Einerseits macht Scheler bekanntlich die Lebensformen der Neuzeit seit der Renaissance für das Ungenügen bloß mathematisch-physikalischer Planumwelt und deren spätere Transformation in biologisch bedingte, zuletzt ökonomisch, nach Bedürfnissystemen determinierte Strukturen verantwortlich;[28] anderseits sind es nicht bloß unentschlüsselte Technik und Wissenschaft, welche uns zu Ideologen degenerieren lassen. Vielmehr ist es die nach Scheler auf der *Basis* der Wissenschaft, auf dem Grunde eines gefühlsmäßigen, wertenden Antriebes beruhende *Rollenstruktur,* ganz im Sinne des Boethius, welche die Primär-Umwelten, zusammen mit ihren legitimen Formen von Bildungsmacht, Herrschaftsmacht, Heilsmacht degenerieren lassen.

Die schon zuvor im Zusammenhang mit Leibniz (dessen monadischen Gedanken der Repräsentation er für sich in »Erkenntnis und Arbeit« beansprucht) ausgesprochene Aneignung unserer Natürlichkeit bleibt trotz Schelers Hang zum Pragmatismus noch einmal einseitig, weil natursüchtig: Wertsetzen in Arbeit, Erzeugung von Geräten, Gebilden, also Objektivationen des Geistigen, bleibt verhangen: Das Verhängnis besteht demnach im Wertnaturalismus (und dessen stellungnehmender Gefühlsadäquation) insofern es das Umweltschaffen einer Menschenwelt betrifft: Diese bestehe vornehmlich in der einzigartigen phänomenologisch erfaßbaren Intentionalität, der pragmatisch bedingten Selektion aus dem »bereits sinnvoll aufgebauten Sein« heraus, wie Scheler in der »Lehre von den drei Tatsachen« zeigt und worauf Salcia Passweg in ihrer Darstellung der »Phänomenologie und Ontologie«[29] verwiesen hatte: Wenn auch Scheler diesen Naturalismus der Selektion im Wertfassen nicht ganz durchhält[30], so bleibt nach dem Abwerten des Primates der sinnlich-kognitiven Vorstellung zugunsten des Drang-Erlebnisses für ihn nur die eine entscheidende Ambivalenz übrig: Der blinde, vernunftlose, schöpferische Lebensdrang, gestuft nach Kraft-Vital-Personzentrum gemäß der Idee einer fließenden Übergänglichkeit im Sinne Bergsons steht dem drohenden Reflexionsüberschuß gegenüber. In welcher Weise sich in dieser Substantialsphäre noch die Spinozistische Affektenkonzeption ausdrückt, kann hier, auch mit Bezug auf das Verhältnis von Kosmogonie und Theogonie, wie R. Wiehl es hier neulich brillant vortrug, nicht weiter erörtert werden.

Im Kontrast zur substantialen Basis erbaut somit Scheler seine Wertwelt als personzentrierte Leistungsbedingung des Überlebens, des Lebens, des sogar dezenten gemeinschaftlichen Überlebens, auf dem Rollenverhalten, also dem Konträren zum Substantialen; Schelers zentrale Einsicht liegt nur darin begründet, daß jede primärkonstitutive Wertleistung – mit Ausnahme der Stiftung des Heilswissens und des poetischen Wissens – immer schon – sei es mit Bezug auf das Bedürfnis oder die vorausgesetzte Seinsordnung – zu spät kommt. Das Eigentümliche des Scheler'schen, intentionalen Erfühlens vor dem Stellungnehmen, was Werte, also Bedeutungskomplexionen des Begehrens und deren Handlungsverantwortung betrifft, scheint mir deshalb in zwei oftmals beklagten, weil nicht vermittelten Grundansätzen seiner Phänomenologie zu liegen, also im folgenden: ebenso wie das Wahrnehmen als zum Phänomen des zum Vorschein-Tretens den Vorrang vor der auch gemeinschaftsbildenden Handlung hat, ebenso hat der Sprach- und Aussagesinn, wie auch immer real metaphorisch oder analogisch eine folgenschwere Ausgleichung zu ertragen: Die *Werturteile* sind nämlich den Deklarativsätzen, also Ausdrucksform unserer Tatsachenbehauptungen, möglichst äquivalent gemacht, wonach wir ein Werturteil als eine Proposition ansehen müssen, in der einem Objekt eine bestimmte Eigenschaft zugesprochen wird. Im Kampf gegen den ideologischen Objektivismus und die gesellschaftlich und soziologisch nicht aufgeschlüsselte »Seinspest« der Metaphysik ebenso wie gegen deren Reaktion in Form abstrakter Sollensethik ist Scheler, um nicht in letzterer zu verkommen, dem Genius der Konstitution und Überwindung der Reflexion in Anbetracht des konkreten Handelns nicht gefolgt; der Gestus des verantworteten, also begleitenden Altruismus bleibt nur deutungsloses Zeichen. Der Wegweiser geht nicht mit, zitiert er gern Schopenhauer bei der Rückfrage, wie es im Verhältnis von Moralbegründung und Anwendung in der Zuwendung reflexiver Überlegung zum konkreten Sinn von Sinn bestellt sei.

Ich übergehe hier die akkurate Kritik Stegmüllers[31] mit Bezug auf den noch prägnanteren Sprachnaturalismus Schelers, welcher gemäß einer Wesenskonzeption der Werte die Handlungsprädikate analog den Gegenstandsprädikaten rezipiert hat, und wende mich zu:

b) Nikolai Hartmanns Einklagen der objektiven Wertwelt

Für Nikolai Hartmann als erklärten Scheler-Schüler gilt von vornherein für die Frage der Differenz von Konstitution und Erfüllung der Primat der vergleichbaren *Bedeutungstypik* von Werten vor der *Verbindlichkeit* der *Primärbegründung* des Gewissens mit Bezug auf dessen *Bewährung*.
Genau mit Bezug aufs Gewissen dreht Hartmann nämlich den herkömmli-

chen Primat der sittlichen Einsicht, ja selbst den der mehr pragmatisch orientierten klugen Phronesis um; wir schöpfen aktous aus einem Wertspeicher oder Ideenreservoir: Deshalb sei auch das »Gewissen ein deutliches Zeugnis für die Aktualität der Werte«. Diese werden aber gleichsam aus einem Bolzano'schen Ideenhimmel, also dem »an und für sich bestehenden Reich der Werte« in unserer relativ zufälligen Tat und durch sie als Prinzipien des Ethos herabgebracht: Erst dadurch »transzendieren« sie »die Sphäre der Wesenheiten und des idealen An-sich-Seins« und »greifen« in die fluktuierende Welt der »ethischen Akte« ein.

In dieser »Wertschau« sind wir, ohne daß der Zusammenhang von substantialer Sittlichkeit und aktuosem Rollenverhalten konstitutiv gefunden worden wäre, Akteure, Schauspieler, wie auch immer ausgestattet mit einem Wertorgan. Dieses Organ führt uns gleichsam als instinctum fidei unseres Werterlebens im individuellen Reifen des Einzelmenschen wie im geschichtlichen Reifen des Organs der Menschheit von einem Zentralpunkt einer Epoche der Weltgeschichte oder des Wachstumsschubes zum nächsten. Für Nikolai Hartmann gilt hier aber die Spannung zwischen intuitio originaria und derivativa: Die sekundäre Wertschau *organisiert* erst die im ersten archetypischen Verfahren gewonnenen Instanzen. Die Kreativität bleibt hier aber, wie sie uns Kant zunächst für das freie Spiel der Einbildung im schönen oder erhabenen Kunstwerk, Symbol des bonum honestum für Sittlichkeit,[32] als auch strenger mit Bezug auf die Handlungsverbindlichkeit der Kausalität aus Freiheit vorgeschrieben hatte, auf der Strecke.

Hartmanns absolute Werte als deklarativ abrufbare Normen sind ebenso verfehlt, wie sein Ersetzen der verbindlich-intentionalen, je wieder zu leistenden Gewissenshandlung durch die Spannung von archetypischer und ektypischer Wertschau und deren Selektionskriterien, etwa des Vorziehens von Gerechtigkeit, Nächstenliebe ins Stocken geraten. Die Aufführung findet nicht statt. Damit bleibt aber der Gesinnungswert, um solch ein Ungeheuer zu konstruieren, innerlich leer und äußerlich erfolglos. Man hat unterdessen sowohl den Mangel an intentionalem Wertfühlen wie den Mangel an Differenzierung der Werttafel für den Wertverfall verantwortlich gemacht; dagegen hat sich gezeigt, daß Verantwortung, strikt gesehen, unter der Hinsicht der technisch-pragmatischen Anwendbarkeit von Steigerungs- und Erhaltungsbedingungen des Lebens für allerlei Greueltaten immer gut ist, so lange System und Rollenspiel der verstärkbaren Anerkenntnis selbst unter dem Deckmantel der Rechtschaffenheit nur funktionieren. Die Intentionsverwirklichung der darin sich auflösenden abstrakten Wertvorstellungen technischer Mittel und pragmatischer Zwecke bleibt deshalb an Hartmanns Gewicht der Einschätzung jene Goldwaage, auf der seine objektive Wertevidenz gewogen und zu leicht befunden wurde.

c) *Hans Reiners Differenzierungen innerhalb des Formalismus der materialen Werte*

Der Freiburger Husserl-Schüler, obwohl aus der Münchner Phänomenologenschule stammend, trachtet in seinen Arbeiten »Das Prinzip von Gut und Böse«[33] bzw. »Pflicht und Neigung«[34], den Ursprung, dessen Urssache nicht Wirkung einer anderen Ursache ist, also den des Ursprungs der Wertorientierung aus einer alten Kantischen Frage aufzusuchen. Hierbei behauptet Reiner, daß die echte phänomenologische Ursprungsfrage mit der von Husserl etwa in den Cartesianischen Meditationen, also im Sinne von Genese des Phänomenalen aus dem unvordenklichen Ursprung darzulegen sei. Tatsächlich geht es Reiner aber zumindest dem Wortlaut nach um ein ungelöstes Problem: Wie nämlich eine Handlung unter Berücksichtigung der *tauglichen Mittel* so bestehen könne, daß ihre phänomenalen Folgen, also das konkrete menschliche Mitsein, auch im Zeichen der Bonität stehen können.

Hierbei hat sich Reiner zuletzt in seiner Studie »Der Ursprung der Sittlichkeit«[35] von Hartmanns und Schelers relativ passiven Wert-Intentionalitätsbegriff zu distanzieren getrachtet, ohne jedoch, wie auch Reiner selbst durchblicken läßt, die eigentliche Entscheidung im Wertsetzen und Wertbestimmen zu erfassen. Die sei zwar triftig, ganz abgesehen von der Erkenntnisquelle: da diese wohl erst im Ursprung der Differenz »zwischen bedürfnisbezogenen und absoluten Werten« gelegen, demzufolge »keine relative Aussage, sondern (als) eine unbestreitbar objektive Tatsache«[36] festgeschrieben sei.

Während also die absolute Werthaftigkeit oder Würde für sich feststehe und jederzeit gemäß Evidenz, etwa der Widerspruchsfreiheit, festgemacht werden könnte, wie in der Vermeidung des Selbstmords oder der Lüge einsichtig, seien die relativen Werte, also der Preis oder Marktwert, nur als kontingente Modifikation unserer Bedürfnisse zu erfüllen. Dies bringt uns aber nochmals in den Verdacht, als ob bloß die primären Aussageinhalte der *engen Pflichten* der Prüfung der Würde standhielten, während die sogenannten fremd- und eigenrelativen *»weiten« Werte* ihrerseits der Kontingenz des ›moralement possible‹, also dem Naturalismus hier, dem Dezisionismus und seiner Verfahrensreflexion da, verfallen seien.

Immer mehr spitzt sich die Frage auf eine Prinzipientheorie der fremdrelativen Werte mit Bezug auf Handlungslegitimationen zu, auf Grund deren die sogenannte Objektivation vom Intelligiblen in die Empirie, also in Gerüsten, Spielformen, Maschinen, Gebilden, Gewerben, Institutionen nicht vergebliche Liebesmüh in Ansehung verbindlicher Handlungsmoral zu sein hat. »Fiat iustitia pereat mundus« gilt wie immer für die negative Pflichterfüllung von unseren Zeitgenossen in einmaliger Krise. Für den Aufbau der Verbindlichkeit in ständiger Krise genügt dies nicht.

Die Wertlehre des zwanzigsten Jahrhunderts hat hier ebenso versagt wie der abstraktifizierende Formalismus den Übergang von Dialogverfahren zur Gesellschaftsethik noch nicht leisten konnte.

Abschluß

Im Anschluß an Hans Freyer und Wilhelm Dilthey hat Walther Schmied-Kowarzik versucht, eine phänomenologische Synthesis von Tathandlung des Gewissens mit den Mittelbedingungen von Erfolgshandlungen zu komponieren, mit deren kurzer Exposition ich schließen möchte.

d) In seinem Aufsatz von 1933 »Mensch und Menschentum, eine anthropologische Grundlegung«[37] unternimmt es Walther Schmied-Kowarzik also, ein Komplement zu seiner Gestalt-Objektions- und Werktheorie von 1927 zu geben, noch in Dorpat geschrieben, und zwar mit dem Titel »Die Objektivation des Geistigen«.[38]

Hier erweitert er seine Festrede zu Immanuel Kant von 1924 auf dem Boden des »Umrisses« seiner Husserl mit Dilthey verbindenden »neuen analytischen Philosophie«,[39] welche im neu edierten Teil als »Grundlegung einer *nichtempirischen* Psychologie«[40] sowohl Hegels Enzyklopädie-Psychologie als auch Husserls Wendung seit den zwanziger Jahren als »Universalwissenschaft vom Menschen« umzugestalten trachtet.

Wir könnten Gehlens, Schelskys und vor allem Plessners Einsichten zu einer pragmatischen Anthropologie, welche weder das Naturwesen noch die souveränen Konkretisierungen ethischer Verbindlichkeit in Kulturleistungen ausschließt, sogar deren Spannung aushält, vielleicht im Sinne einer Fundamentalwissenschaft vom Menschen Walther Schmied-Kowarziks Untersuchungen vorziehen, besonders was dessen exaltierte Ansätze und Ausführungen zu einer Penetranz der »Wissenschaft des Deutschtums«[41] anbelangt, Fortsetzung wohl der Deutschen Ideologie Max Stirners, wenn man dessen Arbeit im Österreichischen Lloyd zu Triest von 1848, »Die Deutschen im Osten Deutschlands« betrachten und bedenken will. Stirners Expansionsschrift, Schelers Kriegsschrift von 1915, Schmied-Kowarziks Deutschtumswissenschaft sind für all dies bezeichnend, aber witzig, prekär, wirkungsreich und belehrend. Man müßte diese gewaltsamen Desorientierungen in Anbetracht des Weltbürgertums einmal mit Rauschnigs Gesprächen mit Hitler konfrontieren.

Neben diesem Ausgleiten gibt es jedoch in den zuerst genannten anthropologischen Schriften Walther Schmied-Kowarziks einen Ansatz zur Vermittlung von *Überlegung,* also Reflexion *und* Deduktion, von wandelbaren Werten und Normen hier und einer Methode der Bestimmung inhaltlicher Typik der menschlichen Würde mit Bezug auf die Ausweitung homiletisch relevanter humanitär erträglicher und gesellschaftlich erfolgreicher Lebensformen – als Vermittlungspotrekturen unseres empirischen Charakters – da. Walther Schmied-Kowarzik legt also in seiner anthropologiebezogenen »Ethik mit Berücksichtigung pädagogischer Probleme«[42] einen Grundriß der Ethik des Idealen vor, also jenes entscheidenden Vermittlungsschrittes als Grundansatz der Verbindung künstlicher mit »natürlicher« Vergesellschaftung; dieser ist nunmehr zusammenzudenken mit den geschichtlich prägnanten Analysen der Objektivationen des Menschlichen, deren Leistungensform, also Werk-, Institutions-, Tauschcharakter einer humanteleologischen Betrachtung entspringt. Erst diese Momente gewähren uns einen Übergang von bloß subjektiv innerlicher Gewissensverantwortung in die Dimension des Verlassens der bloßen Dialogizität in konkrete Gesellschaftsethik.

In den Rangordnungen der Werte schließt sich zunächst Schmied-Kowarzik weitgehend der Strukturdifferenz von Wert und Würde von Scheler[43] im besonderen mit Bezug auf Wertdivergenz und Würdeprimat an; ebenso wie er die Lebensmächte als Ordnungsnormen gesellschaftlich, zuletzt gerade noch gemäß republikanischer Verfaßtheit im Widerstreit von Freiheit, Gewalt und Gesetz in kantischer Verbindlichkeit zur Geltung zu bringen trachtet.

Zuletzt zeigt er jedoch gerade im Sinn einer Vereinbarung von Deduktion und Reflexion, wie dies Dieter Henrich als *»Überlegung«* aufwies, einen Zusammenhang der Norminhalte, also der durch Wertmittel erfüllbaren Zwecke, mit der Verbindlichkeit der Würde in der Autonomie des Handelns auf.

Und hier passiert es. In der Souveränität der weiten Pflichten (Benevolenz und Ausbildung *aller Fähigkeiten* um des Anderen willen, Modulation des: jeder nach seinen Fähigkeiten, jedem nach seinen Bedürfnissen) springt der Funke der habituellen Freiheitskausalität auf die Erweiterung der zwischengeschlechtlichen Verhältnisse in die Großgemeinschaften über: Relative Werte wie Besitz, Tausch, Gerätschaft zu gelungenem Werk werden hierdurch zum Brückenschlag der altruistischen Erfüllung weiter Pflichten. Aus der Überlegung der Reflexion gehen wir in die Zuwendung zum Anderen über.

Walther Schmied-Kowarzik stellt in diesem Zusammenhang ein für alle Mal die autistische Selbstverwirklichungs-Ethik in die Ecke, wenn er ausführt: »Wenn gefragt wird, welches von den vier großen idealen Wertgebieten (also Ästhetik, Religion, etwa auch Wissensbewältigung und Handlungsnorm, als Herrschaft – eingef. v. Verf.) die meisten für alle Menschen verbindlichen Abstraktionspflichten (also ideal-altruistisch ebenso wie konkretisierbare ›materiale‹ Werte – M. B.) enthält, so muß unbedingt geantwortet werden: das *Alturistisch-Soziale.«*[44] *Im Widerstreit mit anderen Pflichten haben sie den Vorrang.*

Um Edmund Husserls Méditations Cartésiennes von 1929 zu variieren, wo er noch vergeblich versucht, aus dem egologischen Gefängnis auszubrechen, können wir in Anbetracht der Ethik W. Schmied-Kowarziks modulieren: Nur wer die Dialogizität des Wir in einer Epoché, also Distanznahme, selbst der Objektivation des Geistigen verläßt, kann eine universellere Form der Gesellschaftsethik, ein »wir«, welches sowohl die Masse aufschlüsselt als sich auch von Außenseitern herausfordern läßt, wiedergewinnen. Und mit Dostojewskis Umkehr des berühmten, auch von Hussserl ausgewählten Diktums Augustinus' wäre in diesem Sinne zu schließen: Transite ad personam alienam, in exteriore hominis habitat veritas.

Anmerkungen

1 Vgl. Johann W. v. Goethe: Die Wahlverwandtschaften. Mit einem Essay von Walter Benjamin, Frankfurt 1975 (ITB) S. 106.

2 Vgl. Agnes Heller: Die ethische und die ästhetische Lebensform des rechtschaffenen Menschen. In: Das Abenteuer der Ideen. Architektur und Philosophie in der Industriellen Revolution. Internationale Bauausstellung. Berlin 1981. Frölich & Kaufmann 1984. S. 149-166.

3 Jean François Lyotard nennt das Unterschlagen der methodischen Auflösung des ›Autrement du 'être‹ (im Sinne von E. Lévinas) einen »anthropologischen Mord«. Vgl. J.-F. Lyotard: Streitgespräche, oder: Sprechen nach »Auschwitz«. Dt. Übers. v. A. Pribersky, Bremen (o. J. 1982), S. 39.

4 Vgl. Walter Benjamin: »Goethes Wahlverwandtschaften«. »Allein in jedem Falle, da Verwandtschaft zum Gegenstand einer Entschließung wird, schreitet die über die Stufe der Wahl zur Entscheidung hinüber. Diese annihiliert die Wahl, um die Treue zu stiften: nur die Entscheidung, nicht die Wahl ist im Buche des Lebens verzeichnet. Denn Wahl ist natürlich und mag sogar den Elementen eignen; die Entscheidung ist transzendent.« A.a.O. S. 321.

5 Vgl. z. B. Charles Taylor: Justice after Virtue. In: Kritische Methode und Zukunft der Anthropologie. Hrsg. M. Benedikt u. R. Burger. (Schriftenreihe Wissenschaft und Weltbild 6). Braumüller Verlag Wien 1985. S. 23ff., vgl. ebenso S. 181ff.

6 Es ist hier aber eine Anmerkung am Platz, welche das Genie der Moral anbelangt: Kant konnte es sich noch leisten, zu sagen, daß die gegenwendige Umkehr von analytischer regressiver Methode zur synthetisch-progressiven Methode an einem Punkt des Gemeinsinnes – er nennt ihn auch Mutterwitz – zusammenstoße, der als kritischster nicht lernbar oder einholbar ist.
Wir weit gefährdeteren Zeitgenossen sind allerdings schon auf einen Status der Einübbarkeit und somit Lernbarkeit des Zwischenverhältnisses von Letztbegründung des sozialen Gewissens und der inhaltlich mannigfach verzweigten Wert-Typik in Anbetracht von Ausübung *und* Einübung verwiesen.

7 Nun beruht aber die abstrakte Evidenz der Wertbestimmung zwischen Norm und Ausübung auf einer Modifikation der immer aufs Konkrete, sich durch alle Mittel-Werte durchsetzenden erweiternden Handlung, also Intention aufs je zu befreiende Individuelle. Als hierfür supplierend ist, für den Goethe-Interpreten noch gleichwertig, später distanzierend, die Kunstbetrachtung in ihrer Beziehung auf Philosophie getreten. Vgl. W. Benjamin, a.a.O. S. 304.

8 Vgl. oben Anmerkung 3.
9 Vgl. K.-O. Apel (Hrsg.): Praktische Philosophie/Ethik. Reden zum Funk-Kolleg. Frankfurt 1980. Fischer TB 6854, bes. S. 267ff.
10 Agnes Heller: A.a.O. S. 150.
11 A.a.O. S. 155.
12 A.a.O. S. 156.
13 A.a.O.
14 A.a.O.
15 Gottfried W. Leibniz: Kleine Schriften zur Metaphysik. Darmstadt 1956. S. 403.
16 A.a.O. S. 402.
17 Vgl. Hermann Lübbe: Theorie und Entscheidung. Freiburg 1971. S. 93ff.
18 G. W. F. Hegel: Grundlinien der Philosophie des Rechts. Hrsg. J. Hoffmeister. Hamburg 1955, S. 159.
19 H. Lübbe. A.a.O. S. 99.
20 G. W. F. Hegel: Vorlesungen zur Geschichte der Philosophie. Glockner, Michelet, Stuttgart 1959, Bd. 19. S. 552f. (XV, 553).
21 Max Scheler: Der Genius des Krieges und der Deutsche Krieg. Leipzig 1915.
22 Ders.: Die Idee des Friedens und der Pazifismus. Berlin 1931.
23 Vgl. Walther Schmied-Kowarzik: Die Gesamtwissenschaft vom Deutschtum. Hamburg und Leipzig 1918.
24 Der dreifach modal gefächerten Analyse des Kategorischen Imperativs geht nicht nur (vgl. I. Kant: Grundlegung zur Metaphysik der Sitten. Akad. Ausg. IV 436f.) die eine relationale Analyse voraus, welche erst die Basis des Auseinandertretens einerseits von Rechts- und Tugendpflichten, anderseits von Werten als technischer bzw. pragmatischer Verselbständigung der Mittel gegenüber der davon abgehobenen »Würde« (a.a.O. S. 433) abgibt; erst die Folge der universellen Bestimmung des *einen* Imperativs auf die Würde der Individuation im Ideal des je Anderen verbindet die weiten Pflichten auf die Souveränität des »Jeder nach seinen Fähigkeiten, jedem nach seinen Bedürfnissen«. Daß diese Form der Würde als absoluter Wert oder Zweck in sich bzw. Endzweck bezeichnet wird, ist für die Kritik ein nicht unbeträchtliches Hindernis.
25 J. F. Lyotard: A.a.O. S.
26 M. Scheler: Moralia. 1923. S. 11ff. (Ges. Werke Bd. 6, Bern 1963. S. 19).
27 Vgl. M. Scheler: Erkenntnis und Arbeit. In: Die Wissensformen und die Gesellschaft. Berlin 1926. S. 385.
28 Vgl. z. B. Vom Wesen der Philosophie. In: Vom Ewigen im Menschen. Berlin 1921. S. 65. (Ges. Werke, Bd. 5, Bern 1954, S. 73f., 86.)
29 Vgl. hierzu S. Passweg: Phänomenologie und Ontologie. Straßburg 1939.
30 M. Scheler: Die Lehre von den drei Tatsachen. S. 349f., 355f. (Ges. Werke Bd. 10, S. 450ff., 456ff.)
31 Vgl. W. Stegmüller: Hauptströmungen der Gegenwartsphilosophie I. Stuttgart [3]1963, S. 269ff., 275ff.
32 I. Kant: Kritik der Urteilskraft. § 59.
33 Freiburg 1949.
34 Meisenheim 1951.
35 Vgl. Zeitschrift für philos. Forschung XIII/2, 1959.
36 A.a.O. S. 274.
37 Zeitschrift für den evang. Religionsunterricht 44/8 (1933) S. 347ff.
38 Leipzig 1927.
39 Leipzig 1912.
40 Leipzig 1928.

41 Hamburg und Leipzig 1918.
42 Ostwieck 1932.
43 Ethik, a.a.O. S. 57ff.
44 Ethik, a.a.O. S. 136.

Helmut Fleischer

Ethischer Idealismus – Was denn sonst?

Anmerkungen zum Ethik-Entwurf von Walther Schmied-Kowarzik (1931/32)

Kurz vor dem Eintritt der totalen Sonnenfinsternis und des gewaltigen Erdbebens, die Europas Humanität verdunkelten und bis in ihre Grundfesten erschütterten, ließ Walther Schmied-Kowarzik – fast zeitgleich mit Jaspers' Schrift »Zur geistigen Situation der Zeit« und Nicolai Hartmanns »Zum Problem des geistigen Seins« – mit seiner gedanklich dicht komprimierten Ethik (»mit Berücksichtigung pädagogischer Probleme«) noch einmal ein Dokument jener humanen Geistigkeit in die Öffentlichkeit der »pädagogischen Provinz« gehen. Das Buch verfiel alsbald der entschiedenen Ablehnung seitens des NS-Regimes, weil aus ihm unüberhörbar ein Geist allgemeinmenschlicher Kultur und Völkerverständigung, politischer Toleranz und republikanischer Liberalität sprach. Namentlich dieses Buches wegen wurde sein Verfasser aus dem deutschen Universitätsleben verdrängt, so daß er sich gerade noch in den engeren Raum des Gymnasialunterrichts zurückziehen konnte.

Ein Blick zurück auf diesen Ethik-Entwurf kann jedem, der sich heute von der neuerlichen Ethik-Renaissance angesprochen fühlt, den willkommenen Anlaß zu einer geschichtlichen Besinnung darauf geben, was Ethik als eine geistig-praktische Veranstaltung bedeuten konnte und kann.

Bekenntnis zum Idealismus

Schon vom ersten Satz an kann es keinen Zweifel geben: »Dieses Buch ist ein Bekenntnis zum Idealismus« – damit beginnt schon das Vorwort. (S. V) Nicht um den damals noch frisch in Erinnerung befindlichen Kantianischen Erkenntnisidealismus geht es dabei, sondern um einen sittlich-praktischen Idealismus: »Idealismus ist selbstloses Fühlen und Streben, ist ein Tun um des anderen willen, ist das Betreiben einer Sache um ihrer selbst willen, ein Handeln, das einem höheren oder höchsten Wert zuliebe geschieht. Idealismus ist der Glaube, daß es höhere Werte gibt als die selbstischen des Angenehmen und Nützlichen.« (S. VI).

Idealismus bedeutet zum einen, daß der seiner selbst gewisse Innenraum des »Bewußtseins«, der bewußten Erlebnisse, Erkenntnisse und Willensbekundungen, in und für sich selbst eine Schlüsselfunktion erlangt. Und es bedeutet zum anderen, daß durch solche bewußte Akte oder Akte des »Bewußtseins«

hindurch eine »objektive« Ordnung von »Wesenheiten« sich uns aufschließt, oder auch ein »objektiv Geistiges«, das sich über alles Getriebe des vital Interessierten erhebt und eigene, höhere Richtmaße des Richtigen in sich birgt. So ist dann auch in Walther Schmied-Kowarziks ethischer Systematik eine Vergewisserung über die Sphäre des menschlichen Bewußtseins (Einfühlung, Gefühl und Wert, Streben und Ziel) die Eingangsstation. (I. Kap., S. 3-15) Hauptmethode der Orientierung in dieser Sphäre sind die seit Husserl weithin erprobten Denkmittel der Phänomenologie. Schon in seinen einleitenden Aufschlüssen über die Wissensgebiete, die sich mit dem Sittlichen befassen, markiert Schmied-Kowarzik für die eigentliche Ethik das (ebenfalls durch die Phänomenologie erschlossene) Arbeitsfeld einer »Wesensforschung«, die ganz unabhängig von jeder »Wirklichkeitsfeststellung« sich in der Dimension einer »daseinsfreien Soseinsanalyse« zu entfalten vermag: »Jedes Sosein, jedes Wesen können wir (von seiner etwaigen Existenz völlig absehend) in seinem Eigenschaftszusammenhang zergliedern, wobei wir bestimmte Zusammenhänge als notwendig, andere als möglich erkennen.« (S. 2) (Bei einem Würfel ist z. B. die Zwölfkantigkeit ein Wesensnotwendiges, die rote Farbe ein Wesensmögliches.) Ebenso können wir im ethischen Bewußtsein »durch Wesensanalyse ein festes Gefüge von Eigenschaften erkennen, das notwendigerweise (wesensgesetzlich) in jedem ethischen Bewußtsein vorhanden sein muß«; und darumherum der weite Spielraum wesensgesetzlich zugelassener Möglichkeiten, von denen uns die Erfahrung der Geschichte, Ethnographie oder Biographie erzählen kann. (S. 2-3) Das Wesenhafte-Wesensgesetzliche, dessen das ethische Bewußtsein ansichtig wird, sind die höheren (wesensmäßig von den niederen unterscheidbaren) *Werte* und *Wertverhältnisse*. So verschränken sich in diesem Ethikdenken der Bewußtseinsidealismus und der Wesensidealismus. Die Ethik gewinnt auf diese Weise (wenigstens ihrem eigenen Bewußtsein nach) einen objektiv verbindlichen Bezugsrahmen und eine kognitiv verbürgte Geltungsgewißheit.

Ethik als Disziplin

Der Ethik-Entwurf von Walther Schmied-Kowarzik hat einen durchaus systematischen Aufbau und setzt einige deutliche Markierungen – unter anderem manch eine, die auch in der heutigen Ethikarbeit in Erinnerung gebracht zu werden verdient –, und er ist ein ausgesprochen intensiver Diskussiontext, der auf die Arbeiten zahlreicher Autoren bis hin zu den zeitgenössischen Mitstreitern oder Kontrahenten kritisch-abwägend und konstruktiv-integrierend eingeht. Wir haben jetzt (aus dem Magnus-Verlag) einen Nachdruck der letzten Auflage von Friedrich Jodls zweibändiger Geschichte der Ethik zur Verfügung, deren erster Teil 1882, der andere 1889

erschienen war. In Schmied-Kowarziks Buch haben wir einen aus der lebendigen Zeigenossenschaft erwachsenen Nachtrag für die anschließenden vier Jahrzehnte philosophischer Ethikgeschichte, in der zeitgenössischen Verständnisweise gestaltet – ein wirklich aufschlußreiches Dokument.
Der Blick in das Inhaltsverzeichnis zeigt, wie der Verfasser, bevor er nach der Vororientierung im Bewußtseinsraum zu seiner eigentlichen Sache kommt, zur »Grundlegung der Ethik«, noch einen Kampf gegen das »uneigentliche« Verständnis des Sittlichen auszufechten hat, wie es in den Ethik-Theorien des »Naturalismus« begegnet. Für die »Grundlegung« ist charakteristisch, daß sie sogleich zwei Rubriken eröffnet, indem sie erstens auf eine Grundlegung der *Sozial-Ethik* (mit dem Zentralbegriff »Güte«) zielt, darüber hinausgehend aber zweitens auf die Grundlegung einer *»Ethik des Idealen«*. Unter den schon benannten idealistischen Prämissen versteht es sich, daß wir in eine normativ-engagierte Ethik eingeführt werden, in eine Ethik also, deren innerstes Anliegen es ist, die Richtmaße des Seinsollenden in voller Deutlichkeit, Eindringlichkeit und Strahlkraft sichtbar zu machen. Eine »objektive«, hoch-autoritative Maßgabe liegt in den »idealen Werten: und der ihnen eigenen »Rangordnung« (S. 57-64), und daran schließt sich als das Mittelstück des Ganzen der Abriß einer »Pflichtenlehre« (S. 64-114). Denn das naiv-sittliche Handeln erfüllt nur einen kleineren Raum neben dem Vielen, was den Menschen in einem Pflicht- und Sollbewußtsein vermittelt wird. Dic Pflichtenlehre umschreibt Pflichten eines jeden gegen sich selbst (solche der Lebenserhaltung, der Gesunderhaltung, der Berufsausübung) und Pflichten gegen andere: Güte und Gemeinsinn, Solidarität mit den deutschen Volksangehörigen im Ausland (32 Millionen Auslandsdeutsche neben 62 Millionen »Reichsdeutschen«), ebenso aber auch Toleranz und alle Rechte für die im Reich lebenden nichtdeutschen Minderheiten aus Polen, Tschechen, Masuren, Wenden u. a., auch für die 564 000 teils religiös, teils völkisch bestimmten Juden. »Das Verhältnis zu diesen Minderheiten bedingt Pflichten: so haben wir die Pflicht, diese Minderheiten in ihren deutschen Vollbürgerrechten in nichts zu schmälern und ihrer national-kulturellen Entwicklung, sofern sie von ihnen selbst gefordert wird, nichts in den Weg zu legen. Denn dieselben Rechte, die wir für die deutschen Minderheiten in den Fremdstaaten fordern, den Minderheiten des eigenen Staates zu gewähren, ist unsere Pflicht.« Eine Fußnote verweist auf die einschlägigen Artikel 135 und 148 der deutschen (»Weimarer«) Reichsverfassung. (S. 79) Ein Passus über Pflichten gegen die Tiere fehlt nicht. (S. 81) Ausgedehntere Betrachtungen gelten der Sexualethik, dem Ehe- und Familienleben. (S. 81-94) Den anderen starken Verpflichtungskomplex neben dem der mitmenschlichen Güte und Anteilnahme bilden die Forderungen der Gerechtigkeit, von denen viele eine staatliche Rechtsform erhalten. Ein besonderes Augenmerk richtet Schmied-Kowarzik auf die neue Verrechtlichung sozialer Gerechtigkeitsforderungen,

und er führt mehrere Artikel der Reichsverfassung an, die ein wirtschaftliches Recht des Einzelnen gegenüber der Gemeinschaft statuieren (beginnend mit dem Recht auf Arbeit).
»So ist durch die neue soziale Betrachtung des wirtschaftlichen Lebens (im Gegensatz zur früheren, singularen) zur Gerechtigkeitspflicht der Gemeinschaft geworden, was früher ausschließlich Liebeswerk und Wohltätigkeit des einzelnen war. Freilich, noch stehen wir erst in den Anfängen dieser Erziehung zur sozialen Gesinnung, und die Grundsätze der Reichsverfassung sind noch lange nicht Gemeingut des ganzen deutschen Volkes geworden.« (S. 103)
Nach den Pflichten gegen sich selbst und gegen die Mitmenschen treten ferner noch Pflichten gegen Gott und die ideellen Werte ins Blickfeld. »Zu den idealen Kulturgebieten gehören außer dem altruistisch-sozialen das ästhetische, das theoretische und das religiöse.« (S. 104) Die Einbindung des Menschen in eine religiöse Kultur bedeutet für Walther Schmied-Kowarzik, den »freien Protestanten«, eine Bereicherung, Erhöhung und Heiligung der anderen Pflichtbindungen. »Zu den Pflichten gegen Gott gehört nicht nur die Mitwirkung (Synergie) an Glauben und Gläubigkeit, am Gottsuchen, nicht nur Gottesliebe und Gebet, sondern auch die Heiligung aller anderen (weltlichen) Pflichten. Es gibt zwar – das muß gegen wiedererwachte Engherzigkeit gerade heute betont werden – echte Sittlichkeit ohne Religion (wirkliche Moralität, nicht bloß Legalität), aber es gibt auch die Heiligung der Pflichten gegen andere (und gegen ideelle Werte) aus dem Glauben.« (S. 107-108) Die anderen ideellen Werte heißen Wahrheit und Schönheit. Zumal die »Pflicht gegen die Schönheit« hat in der ideellen Kultur einen weiten Wirkraum, auch wo es nicht um große Werke der Kunst geht. Auch im Alltagsleben – bei der Wahl von Ausstattungsstücken und der Gestaltung von Wohnungen – können alle »mitschaffen an der ästhetischen Durchgeistigung unserer Umgebung«. »Schönheit und Wahrheit sind nicht Werte, die bloß einer Mußekultur angehören, nicht zieratmäßige Anhängsel des Lebens, sondern sind jedem menschlichen Leben, mithin auch jeder Notkultur, wesensmäßig einwohnend.« (S. 111)

Ethik des Idealen

Zu demjenigen, was uns Walther Schmied-Kowarzik mit seiner Skizze einer ethischen Systematik zu bedenken gibt, gehört namentlich seine Aufgliederung der Sittlichkeit in die »Ethik des Sozialen« und eine ihr ebenso vorausgehende wie auch sie überragende »Ethik des Idealen«. Was er zur Einführung in die damit verbundene Problematik sagt, läßt sich ebensogut auch heute wiederholen: »Es erhebt sich . . . die Frage: ist das Sozial-Ethische das

Gesamtgebiet des Ethischen oder nur ein Teilgebiet neben anderen. Von vielen – und gerade heute – wird der erste Teil der Frage unbedingt bejaht. Sie sehen in allem Ethischen ein Sozial-Ethisches: Sittlich ist, so sagen sie, die Rücksichtnahme auf das Du und die Gemeinschaft, nichts anderes.« (S. 39) Dagegen erhebt Schmied-Kowarzik Einspruch: »Es gibt . . . noch andere Pflichten, als solche gegen die anderen Menschen, und darum ist das Gebiet des Sittlichen größer, als das des Altruistisch-Sozialen, das freilich unter normalen Umständen das Kerngebiet des Sittlichen darstellt.« (S. 41)
Es ist nicht ganz leicht, zu diesem weiteren Gebiet einen Zugang zu schaffen, und man mag insbesondere daran zweifeln, ob unser Autor wirklich ins Kerngebiet führt, wenn er die über das Sozial-Altruistische hinausreichende Dimension des Sittlichen an der Schaffensgesinnung eines Künstlers zu exemplifizieren sucht. (S. 39-40) Im weiteren Fortgang wird es jedoch deutlicher, wie überhaupt erst die aktive Erschließung einer Rang- und Gewichtsordnung, in der diese und jene Daseinsgüter *für mich selbst* bedeutsam werden – ein Vorziehen des Höherkultivierten vor dem bloß Vegetativen, des Aktiv-Gestaltenden vor dem Passiven –, überhaupt erst die höheren Kriterien des Menschlichen, des Human-Kulturellen im allgemeinen und für einen jeden begründet, bevor es sodann in der Beziehung auf je Andere bedeutsam werden kann. Nur was ich auch für mich selbst als ein human Hohes erschlossen habe, kann ich daraufhin auch einem Mitmenschen zuteil werden lassen – in diesem Sinne geht ein Ethos des human reichen Selbstseins dem Ethos eines achtungs- und rücksichtsvollen Mitseins voraus. Schmied-Kowarzik diskutiert diesen Zusammenhang an zahlreichen Gedankengängen anderer Autoren (M. Scheler, H. Schwarz, E. Grisebach, N. Hartmann, J. M. Guyau u. a.), und er entwickelt daran eine Typenlehre von Gesittungskulturen. Wo wir in unseren Tagen gerade wieder eine Blüte des Altruistischen in der Ethik erleben, könnten Walther Schmied-Kowarziks Betrachtungen zur »Ethik des Idealen« ein wertvolles Korrektiv sein. Sie verweisen auf Bejahungen eines Selbst- und Für-sich-selbst-Seins (oder auch -habens), das nicht so leicht unter das Verdikt des Egoistischen fällt. Eine andere Frage ist freilich, ob man dies alles weiterhin nur in den Denkformen einer idealistischen Wertgefühls-Ethik entfalten kann.

Sittliche Erziehung

Die Ethik-Schrift von Walther Schmied-Kowarzik ist als Band in einer Reihe von Handbüchern der neueren Erziehungswissenschaften abgefaßt. Die philosophisch-ethische Systematik hat darin, wie man unschwer erkennt, den eindeutigen Primat. Im Anschluß an den Abriß der Pflichtenlehre finden wir noch weitere Fragen der ethischen Systematik verhandelt. Auf das Verhältnis von Ethik und Pädagogik kommt das vierte Kapitel zu sprechen – es ist etwas über 20 Seiten lang.

Von der altvertrauten Frage, ob Tugend lehrbar sei, kommt Schmied-Kowarzik rasch zu einer subtilen Rechenschaft über das »Wie« einer erzieherischen Weckung sittlicher, idealer Gesinnungen und Kräfte, deren allgemeine Möglichkeit er bejaht. Sich auf Dilthey beziehend, bekräftigt er, daß die einfühlende Erinnerung an eine sittliche Handlungsweise »zu gesinnungsverwandtem Handeln bestimmt«, allerdings nicht nach Art einer bedingungslosen Patent-Technologie. »Die Phantasiegefühle und Phantasiestrebungen der Erinnerung, Einbildung und Einfühlung haben die Tendenz, Ernstgefühle und Ernststrebungen in uns zu erwecken; diese Tendenz wird dann verwirklicht, wenn in unserem eigenen Selbst eine keimende Anlage zur Entfaltung reif ist.« Und in diese Konstellation wirkt der Erzieher hinein, wiederum unter der Bedingung, daß sein eigenes »Ernsterleben« lebendig erfahrbar wird. »Daher die alte Weisheitslehre, daß es nicht gilt, viele Worte zu machen, immerfort ›Moral zu predigen‹ . . ., sondern ernst und schlicht zu handeln und zu bekennen.« So, wenn sich ein Lehrer zu den idealen Werten bekennt, die in einem geschichtlich zu erinnernden Tun verwirklicht oder verfehlt worden sind. »Solch lebendiges Stellungnehmen des Lehrers im Unterricht, sowie im Schulleben, vom Schüler im einfühlenden ernstartigen Phantasiefühlen und -streben erfaßt, erweckt die Entfaltung lebensfähiger Keime idealen Fühlens und Strebens.« (S. 139) Bei alledem ist zu bedenken, daß außer den absichtsvollen Erziehungsintentionen auch die unabsichtlichen Einwirkungen ins Spiel kommen, die »funktionale Erziehung« (nach dem Quellenverweis ist es der nachmalige NS-Erziehungsideologe E. Krieck, der diese Titulierung geprägt hat).

»Aufgabe des Erziehers ist es, die idealen Kräfte des Kindes zu erwecken, zunächst neben den instinktiven, gewohnheitsmäßigen und eigennützigen Bestrebungen, später im Kampf gegen sie.« (S. 146) Über mehrere Stufen führt der Bildungsgang auf die Höhe »sittlicher Einsicht«, eines »fühlenden Wertens idealer Art«; es ist »das Erwachen sittlicher Gefühle auf Grund geklärter und geweiteter Vorstellung der Handlung und ihrer Folgen«. (S. 149) Die wichtigste Vorstufe auf diesem Weg ist der Übergang vom eigennützig-selbstbezogenen Agieren zu einem Tun jemand anderem zuliebe (beginnend mit den Eltern). (S. 146) Dieses »Zuliebe-Tun«, so lesen wir, ist durchaus ein ideales, jedoch ein mittelbares: Das Gute »wird nicht um seiner selbst willen getan, sondern aus Liebe zu den Erziehern«; erst mit dem »Erfassen des Sinnes einer Ordnung« ist die volle Reife sittlicher Einsicht erreicht. (S. 148)

Mit eindringlichen Wendungen umschreibt Schmied-Kowarzik, in welcher behutsamen und demutsvollen Arbeitsgesinnung die Erziehung überhaupt

und die sittliche (oder auch zur sittlich-religiösen erweiterte) allein ihren höchsten Sinn erfüllt. Erziehung kann »niemals Psychotechnik werden«. (S. 157) Erziehen ist ein »Herausziehen« dessen, was in jemandem als unentfaltete Anlage verborgen ist. Das »ideale Gefühl« läßt sich nicht im eigentlichen Sinne übertragen. »Das Beispiel der Menschen, mit denen das Kind in Berührung kommt« – und natürlich nicht ein vorsätzlich arrangiertes und vorgeführtes Beispiel – »ist der mächtigste Faktor sittlicher Erziehung. Die planmäßige Erziehung ist Ergänzung und Vollendung der unbewußt wirkenden Erziehung durch das Leben.« (S. 155) »Bei der Entfaltung idealer Gefühle und Strebungen hat der bewußte Wille, weder der eigene noch der fremde, nicht alles zu sagen.« Zumal hat der Erzieher nicht in mißverstanden-prometheischer Manier ein Geschlecht zu formen, das ihm gleich sei, »sondern den Menschen zu helfen bei ihrer Entfaltung und Gestaltung zu dem menschheitlichen, dem volkheitlichen und dem eigenpersönlichen Idealbild eines jeden, zu der individuell-idealen Form und Idee des Menschentums, die seinem Sein zugrunde liegt, mag sie ihm selbst (schon) bewußt sein oder nicht.« Die individuelle Eigenart in den Ausformungen des Idealen »ist selbst ein idealer Wert«. Mit dem Bekenntnis zur Individualität schließt das Kapitel. Ja dieses Bekenntnis nimmt zuletzt einen geradezu beschwörenden Tonfall an: »die Eigenart der Persönlichkeit auf idealem Gebiet wollen wir doch nicht zugrunde gehen lassen. Ein Uniformismus wäre hier unerträglich.« Zur nämlichen Zeit begab es sich, daß die Verfechter von gesellschaftspolitischen, menschheitlichen oder »volkheitlichen« Idealen sich massenhaft in militante Uniformen kleideten. Hier der letzte Satz: »Die Freiheit der wissenschaftlichen Überzeugung, der Weltanschauung, der Kunst, des Glaubens und des Gewissens ist ein kostbares Gut, ein Gut, das uns im Deutschen Reich durch die Verfassung gesichert ist, das wir aber auch in der Erziehung niemals außer acht lassen dürfen, denn ›nur der verdient sich Freiheit und das Leben, der täglich sie erobern‹ – *will!*« (S. 158)
Ein kurzes fünftes Kapitel von drei Seiten setzt mit einem Ausblick auf das »metaphysische Problem« einen Schluß. Es geht darin um die Frage nach der spezifischen Freiheit, die sich das wollende (und sollende) Ich zuschreiben kann. Schmied-Kowarzik befindet sich hier in einer Frontstellung gegen den Naturalismus, der die Frage nach den Ursachen des wollenden Ich auf das Doppelverhältnis von »Erbmasse« und »Milieu« zurechtschneidet, also auf Instanzen zurückführt, die »das Bewußtsein kausieren, nicht motivieren«. Solche Theoretiker der Willensfreiheit benehmen sich wie Leute, die beim Abzählen der Personen im Raum sich selbst mitzuzählen vergessen: »diese Theoretiker vergessen bei der Aufzählung der Ursachen das wollende Ich selbst.« (S. 160) Dieses Aktivzentrum vor allem Bedingenden charakterisiert Schmied-Kowarzik im Anschluß an Kant, Schelling und Schopenhauer als einen »ursachlos freien« metaphysischen Charakter: »Die Freiheit des Ich

liegt in einer außerzeitlichen Ewigkeitstat, durch welche es sich zu dem gemacht hat, was es in der Zeit ist.« (S. 161)

Wider den ethischen Naturalismus

Die Ethik ist innerhalb der philosophischen Betrachtung der menschlichen Dinge derjenige Ort, an dem die Philosophie selber zur »praktischen Person« wird, indem sie das Handeln denkt und das Denken in das Handeln einweist. Dies geschieht in der Ethik nicht selten auf die ganz direkte (vielleicht allzu direkte) Weise, daß man von ihr eine Antwort auf die Frage verlangt, was wir tun sollen. Dem gibt Walther Schmied-Kowarzik wohl auch seinen Tribut, wenn er die »Pflichtenlehre« als das Mittelstück in der Grundlegung der Ethik entfaltet. Bei näherem Zusehen scheint sich der Akzent indessen mehr anderswohin zu verlagern. Wir sahen ja, wie sehr der praktische und feinfühlige Pädagoge in ihm sich dagegen verwahrt, in der sittlichen Erziehung das Wichtigste auf eine doktrinale Präsentation und »Durchsetzung« allgemeiner Sollbestimmungen abgestellt sein zu lassen. In einer tieferliegenden Gedankenschicht gewinnt die ethische Reflexion noch einen anderen praktischen Sinn, indem sie einen gereinigten Begriff vom Handeln als Handeln erschließt, noch diesseits jeder inhaltlichen (oder auch Kantisch-formalen) Sollbestimmtheit dieses Handelns.

Die reflexive Aufklärung dessen, was Ich-Handeln eigentlich ist, vollführt Schmied-Kowarzik in seinem entschiedenen Disput gegen den Naturalismus in der Ethik, oder vielmehr in dem Aufweis, daß der ethische Naturalismus den Boden der Ethik gar nicht erreicht. Denn er deutet das Ich-Handeln in ein Es-Geschehen um und vertreibt so die Wahrnehmung des Sittlichen aus ihrem Innenraum.

Ein gemeinsamer Defekt der Ethik-Theorien des Naturalismus ist darin zu sehen, daß ihnen allen das Sittliche sich auf das Altruistische, Nicht-Egoistische in den menschlichen Einstellungen und Handlungsweisen reduziert; es reicht in ihnen (nach Schmied-Kowarziks Aufgliederung) nur bis zum »Sozial-Ethischen«, nicht bis zur Ethik des Idealen. Einige der naturalistischen Doktrinen (von Aristipp und Epikur über Hobbes bis zu Holbach und Stirner) leugnen die Möglichkeit nicht-egoistischer Handlungsantriebe rundweg: Alles ist für sie Egoismus oder Camouflage des Egoismus. Delikater sind die anderen Lehren, die neben dem Egoistischen im menschlichen Handeln das Nicht-Egoistische durchaus gelten lassen, es jedoch aus der Sphäre des Aktiv-Sittlichen hinaus in eine Sphäre des Natürlich-Triebhaften verlagern oder aus einer sozialen Zweckdienlichkeit erklären – überhaupt, das Erklären eines gegenständlich (faktisch vorhanden oder auch »zuhanden«) vorgestellten Sachverhaltekomplexes als das eigentliche Geschäft der Ethik betreiben. Von dieser Art ist die Verankerung des Sittlichen in einem

»Solidaritätsinteresse«, die Lehre von einem sozialen Instinkt oder der Gewöhnung (auch durch Lohn und Strafe), wie man es namentlich in der evolutionistischen Sozialethik zusammengefaßt findet. Schmied-Kowarzik bespricht in dieser Blickrichtung die Positionen von Darwin, Mill, Feuerbach, Freud u. a., um dann zu einer abschließenden Kritik anzusetzen. Den methodischen Kardinalmangel des ethischen Naturalismus sieht er darin, daß dieser sich überhaupt nicht lang auf eine psychologisch-phänomenologische Wesenszergliederung des Sittlichen einläßt, sondern von vornherein auf eine empirisch-psychologische Erklärung reduktiver Art aus ist. Das Modell einer »psychischen Kausalgesetzlichkeit«, mit dem die naturalistische Erklärung arbeitet, ist indessen »nicht imstande, die ideelle Norm-Gesetzlichkeit des Sollens verständlich zu machen«. Die normative Gültigkeit, die in der »Idealgesetzlichkeit« beschlossen liegt, macht den tiefsten Sinn des Sittlichen aus. (S. 25) Indem sie diese Instanz einfach nicht zu sehen bekommen, laufen die naturalistischen Theorien auf eine Auflösung des Sittlichen hinaus, sind sie (wie Schmied-Kowarzik sie mit E. v. Hartmann klassifiziert) Gestalten eines »pseudomoralischen Bewußtseins«. Sofern der ethische Naturalismus wirklich konsequent ist (und nicht nur ein Selbstmißverständnis), ist er der bündige Ausdruck eines praktischen Ethos: Der Naturalist ist ein Mensch, dessen Blindheit für sittliche Werte darin gründet, daß in ihm die Anlage zum sittlichen Erleben unter- oder unentwickelt geblieben ist. Er empfindet selber nur (oder fast nur) egoistisch und unterschiebt darum auch den Anderen nur egoistische Beweggründe. So hat er mit seiner Theorie für sich und seinesgleichend durchaus recht, er repräsentiert einen Menschentypus, der zwar nicht »ewig« sein muß, aber auch nicht so bald verschwinden wird.

An dieser Stelle erscheint es mir angezeigt, aus der Rolle des Berichterstatters und Kommentators in die eines Verhandlungspartners in Sachen philosophischer Ethik damals und heute überzuwechseln. Es dürfte kaum einen Zweifel geben, daß der so entschieden und existentiell geführte Kampf gegen den ethischen Naturalismus einen wichtigen Punkt berührt; einen jedoch, den der Anwalt des ethischen Idealismus vielleicht selber nicht so ganz genau benennt, so daß die Frontstellung in diesem Disput sozusagen etwas schief gerät. Wenn der Naturalismus in der Ethik eine fragwürdige Vergegenständlichung der Sphäre sittlich relevanten tätigen Wirkens bedeutet, bedeutet nicht auch der idealistische Widerpart mit seiner Fixierung an einer idealen Wesensgesetzlichkeit und an den »Werten« ebenso eine fragwürdige Vergegenständlichung (oder »Hypostasierung«) der Instanzen? Und hat es sich nicht zum anderen erwiesen, daß innerhalb des Lagers, in dem man sich zum »Idealismus« bekennt, wenigstens ebenso gravierende Divergenzen im Gesittungspraktischen bestehen, womöglich noch gravierendere als jene, die Walther Schmied-Kowarzik in seiner Absage an den Naturalismus herausgestellt hat?

Den besagten gravierenden Punkt sehe ich in der radikalen Differenz, die in bezug auf menschliches Handeln zwischen der Beobachter- und der Teilnehmerperspektive besteht; und nur in der Teilnehmerperspektive erschließen sich denn auch die Gesittungswertigkeiten menschlichen Handelns. Müssen sich diese aber unbedingt kardinal in der Gestalt von *idealen Werten des Sittlichen* erschließen, die dem sittlichen Bewußtsein gegenständlich-gegenwärtig sind und das Handeln bestimmen? So entsprach es der Sichtweise der werte-metaphysischen Ethik, die gerade ihre Blüte erlebte, als Walther Schmied-Kowarzik sein Ethik-Konzept erarbeitete. Ich habe gerade noch eine späte Nachblüte dieser Ethik erlebt – in dem Jahrzehnt nach 1945 gab es kaum ein Philosophiestudium ohne einen obligaten Durchgang durch die Ethik von Nic. Hartmann, die wenige Jahre vor der Schmied-Kowarziks erschienen war. Inzwischen haben sich manche neuen Wege philosophischer Ethik aufgetan – bequemere und auch schwierigere. Einer der schwierigeren Wege ist es, das Ideale der »sittlichen Werte« ganz in das Laboratorium des Praktischen menschlicher Interaktionen zurückzuholen, das Herstellen und Eingehen normativer Gesittungsverbindlichkeiten im Einzelpersonalen wie im Sozialen als Arbeit des Ethos und am Ethos zu bedenken. Muß Ethik im Bannkreis des Idealismus bleiben? Die Möglichkeiten der Positionsbestimmung waren um 1930 noch nicht erschöpft.

Ethik in der Geschichte

Die Geschichte des philosophischen Denkens ist in die Geschichte menschlicher Gesellschaftsbildungen und -umbildungen eingelagert als eine Art Organon – zusammen mit Nachbardisziplinen wie Politik, später Anthropologie, Geschichts- und Sozialphilosophie – für die bewußte Teilhabe einer bestimmten gesellschaftlichen Schicht, eben der in besonderer Weise Denkfähigen und Nachdenklichen, am schwierigen Gesamtleben der Menschengattung. Diese Denkfähigen und Nachdenklichen – später nennt man sie die Gebildeten als die Träger einer intellektuellen, ästhetischen und humanitären Hochkultur – haben immer eine ausgesprochen prekäre Stellung zwischen der großen Masse der manuell Arbeitenden und der kleinen Minorität der militärisch-administrativ Herrschenden (der Obrigkeit, die Gewalt über alle hatte) eingenommen. Die in dieser Kulturschicht ausgebildeten Formen humaner Gesittung und die noch viel weiter reichenden programmatischen Ideen von einer höheren und höchsten Stufe solcher humanen Gesittung sind das Aktivzentrum der philosophischen Ethik und des ethischen Humanismus. Zu den »schwierigeren« Wegen heutiger philosophischer Ethik, von denen ich eben sprach, gehört der verbindliche Entschluß, die Ideen von idealer Sittlichkeit stets mit dem praktischen Gang der Geschichte menschlicher (und weithin sehr wenig humaner) Sozialkultur zusammenzudenken, Sittlichkeit als Moment der Geschichte zu begreifen.

Die Ethik des Idealen nimmt, wie wir auch an dem Entwurf von Walther Schmied-Kowarzik sehen können, die Konkretheit der Geschichte nicht gerade sehr angelegentlich in Betracht. Und wenn ein Blick auf sie fällt, stellt sie sich als eine Wechselfolge aus enger oder weiter gefaßten Teilausschnitten aus dem idealen Ganzen des Wertreiches dar. Ethik als Hochkultur des guten Willens ist nicht auch schon eine Hochkultur geschichtlicher Situationseinsicht. Das bezeugt unser vorliegender Fall ebenso wie diejenigen von Karl Jaspers und N. Hartmann. Die damals wie heute nicht behobene Schwierigkeit, die Universalien des sittlich Guten auf die Partikularismen der Klassen- und Völkerkämpfe zu beziehen und eine geschichtliche Perspektive für die Zukunft des menschlichen Ethos zu gewinnen, möchte ich lieber deutlich als offene Frage und Streitsache ins Auge fassen als mit einem Kult des Idealen überspielen oder auch magisch beschwören: Wir sind doch alle Brüder, seht es doch endlich ein!

Die idealistische Ethik stellt sich mir, kritisch betrachtet, als das Organon einer Politik-Teilhabe von human Gebildeten dar, die dafür noch keine angemessene politische Form gefunden haben. So scheinen mir die Dinge auch heute noch zu liegen. Ich ziehe es für meinen Teil wenigstens vor, die ethische Überlegung im Offenen der geschichtlich unerledigten Ordnungsfragen anzusetzen als im geschlossenen Raum einer zeitlosen Wesensordnung des Sittlichen. Die geschichtliche Einsicht sagt mir freilich auch, daß so etwas zwar auch heute noch nicht ganz einfach ist, aber auch nicht mehr so heillos schwierig wie damals auf halbem Weg zwischen den beiden Phasen des Weltkriegs, in den Jahren vor Hitlers Machtergreifung.

Peter Heintel

Zum Wertewandel in der Gesellschaft

Vorbemerkung

Werte und Normen regeln das Zusammenleben der Menschen, stützen Einrichtungen der Gesellschaft. Sie haben einen recht eigentümlichen Doppelcharakter, der immer schon zu viel Streit und Mißverständnis führte: sie sind einerseits konkret, inhaltlich, »Gebots- und Verbotsschilder« täglichen Handelns von Individuen und Kollektiven (dazu gehören Rechtsnormen, Verhaltensregelungen, unausgesprochene Sitten, Höflichkeitsregeln – etc.), sie sind andererseits recht formal, eher Ideen, Ideale, Postulate, Appellationsinstanzen (dazu gehören Rechtsnormen »höherer Allgemeinheit«, wie die Grund-, Freiheits- und Menschenrechte, Verfahrensnormen, aber auch ethische Postulate wie Humanismus, klassenlosen Gesellschaft etc.)
Während die einen unseren alltäglichen Umgang regeln, sind die anderen jene Ideen, Vorstellungen, Forderungen, die, nie ganz »ausbestimmt«, Orientierungspunkte bilden, aus denen dann jeweilige Konkretionen erst abgeleitet werden müssen. (Die Grund- und Freiheitsrechte *müssen* nach dem jeweiligen Stand geschichtlicher und kultureller Entwicklung in verschiedenen Ländern dieser Welt anders interpretiert und konkretisiert werden; nur *eine* Auslegung weltweit gelten lassen zu wollen, heißt indirekt einen Machtanspruch stellen).
Dieser Doppelcharakter ist, solange es menschliche Entwicklungen gibt, nicht aufhebbar und es wird vor allem im zweiten Bereich immer Konflikte und auch »ideologische« Auseinandersetzungen geben müssen. In der Geschichte hat es immer wieder zu einer recht fruchtlosen Kontroverse geführt zwischen den einen, die der Meinung anhingen, Werte und Normen seien etwas von Menschen *Gemachtes,* eine bewußt herbeigeführte oder unbewußte »Übereinkunft«. Und den anderen, die dafür eintraten, die Werte seien *Natur, Gott gesetzt,* unveränderlich, ewig, unverzichtbar.
Nun merkt wohl jeder, daß Werte und Normen vom Menschen gesetzt werden und ebenso auch bewußt verändert werden können; also haben sicher die einen recht. Zugleich muß aber jeder nach kurzer Zeit zugeben, daß es Voraussetzungen, Bedingungen des Setzens und Veränderns gibt, die durchaus *auch* Werte und Handeln-anleitende Normen sind, die nicht in gleicher Weise gesetzt und verändert werden können, ganz schlicht deshalb, weil sie die Bedingung von Veränderung überhaupt ausmachen (die Freiheit als Wert anzuerkennen, ist erst die Voraussetzung dafür, daß man Rechtsstaatlichkeit »setzen« kann; Freiheit setzen zu wollen ist absurd, weil genau dieser Akt sie selbst schon voraussetzt). Also haben auch die anderen recht: es scheint

Werte zu geben, die nicht von uns gesetzt, gemacht werden, die vielmehr Bedingung des Setzens von konkreten Werten und Normen darstellen; ob die nun von Gott, der Natur, dem Kosmos oder sonst woher gesetzt werden, ist für unsere Betrachtung nicht so wichtig, bezeichnen diese Begriffe doch zunächst Instanzen, die eben dem direkten Zugriff des Menschen entzogen sind. Wir könnten auch formulieren: jene formaleren, »idealen« Werte sind sprachliche Verständigungsformen nicht darüber, was wir machen können, sondern dessen, was wir immer schon *sind,* ob wir es nun genauer wissen oder nicht. In diesem Zusammenhang sei auf die »Ethik« von Walther Schmied-Kowarzik verwiesen, in der ebenfalls Werte in ihrer konkreten Ausgestaltung als »Objektivationen des Geistigen« bestimmt, in ihren Voraussetzungen aber in der »Teleologie unseres Seelenlebens« verankert werden.
Wenn heute von einem Wertewandel gesprochen wird, so ist offensichtlich jedoch weniger die erste Ebene gemeint, denn in der Geschichte haben sich Werte und Normen ständig geändert und hier ist auch unsere Zeit keine Ausnahme. Wenn also das Wort in »pathetischerem« Charakter verwendet werden soll, dann muß es sich schon um etwas »Tiefgreifenderes«, »Erschütternderes« handeln. Man findet die »Grundfesten« der Gesellschaft erschüttert oder zumindest wackelig, man versteht die Jugend nicht mehr, fühlt sich fremd im eigenen Land, bedroht von »neuen« Ideologien und diesbezüglichen Haltungen. Zweifellos bezieht sich diese Frage nach dem Wertewandel auf die zweite Ebene, und wenn sich hier etwas radikaler bewegt, so wird es ernst, weil es die Bereiche betrifft, die wir *sind,* unsere leiblich-wirkliche Existenz. Es gibt plötzlich keine Verständigungsformen mehr darüber, was gut tut, für uns wichtig ist, woraufhin zu leben wert ist (die gegenwärtige »Eskalation« der »Sinnfrage« bezeugt dieses Defizit nur allzu deutlich). Andererseits bergen diese Zeiten innerer Erschütterung immer die Chance der Besinnung, des prüfenden Innehaltens: vielleicht ist es gar nicht so, daß sich die »Grundwerte« wandeln und wir plötzlich in ein neues Menschendasein eintreten müssen, vielleicht zeigt der »Wandel« gerade umgekehrt Sackgassen und Verwicklungen unserer Entwicklung auf, an deren Kritik sich der Mensch wieder in verlorenen oder verschütteten Dimensionen in Erinnerung bringt. Tatsächlich ist bemerkbar, daß viele Ideen und Begriffe wieder aufgenommen werden, die im vergangen ökonomisch-technokratischen Zeitabschnitt nur ein marginales Dasein führten und es gibt »Fortschrittliche«, die in aller Naivität versuchen, »alte« Lebensformen wieder modern zu machen. Daran mag folgendes abzulesen sein: Wertewandel, das Aufkommen »neuer« Werte, ist immer auch ein Er-innern, ein Überprüfen der *»Verletzungs- und Reduktionsgeschichte«,* die sich bewußt und unbewußt die Menschen selbst zufügen.
Die Grundthese für das Weitere lautet: *die menschheitsgeschichtliche Entwicklung scheint an Grenzen gestoßen zu sein, die weder überschreitbar sind,*

ohne daß die Gefahr zumindest partieller Selbstvernichtung permanent bleibt, von denen man aber auch nicht zurück in die Geschichte gehen kann, weil dies im Grund dasselbe bedeutet (z. B. Einschränkung der Industrie in der Landwirtschaft würde zu einen Produktionsrückgang führen, der das »Hungergespenst« noch weit körperlicher werden ließe als es jetzt ist, die Industrialisierung bedenkenlos voranzutreiben schädigt Umwelt und Natur und macht mit der Zeit unsere Nahrung giftig). Wir befinden uns daher in einem permanenten *»Grenzmanagement«,* für das die Geschichte keine Wertmaßstäbe oder normative Richtlinien anbietet. Erschwerend kommt hienzu, daß die Zeit individueller »heroischer« Entscheidungen und die Möglichkeit diesbezüglicher Einflußnahmen vorbei ist. Alle wichtigen Grenzprobleme haben es an sich, weltweite Ausdrucksformen entwickelt zu haben. Entscheidungen müssen dabei »global« fallen und dies bedürfte zweierlei Voraussetzungen: einer internationalen Zusammenarbeit, von der wir weit entfernt sind, Organisations- und Informationssysteme, die wir noch nicht entwickelt haben. Die Chancen für »kollektives«, »weltbürgerliches« Grenzmanagement sind daher vergleichsweise gering und die Resignation nicht verwunderlich, die entweder in der Leugnung der Probleme besteht, sie einer unbeeinflußbaren »weltgerichtlichen« Instanz zuweist (Gott, dem Weltgericht, dem automatischen Klassenkampf) oder in einer endzeitlichen Stimmung »carpe diem« simuliert, nimmt und genießt, was es gerade noch gibt.

Raumgrenzen

Die Menschheitsentwicklung scheint der nicht unvernünftigen These angehangen zu haben, daß Fortschritt in der Organisierung größerer »Räume« und möglichst vieler Menschen in ihnen bestünde. Je größer der beherrschte und verwaltete Raum, umso mehr Ressourcen, je mehr Menschen, umso besser ist die arbeitsteilige Spezifikation und Kooridnation möglich. Sogenannte Hochkulturen stellen den Sinn dieser These unter Beweis. Der seit Arbeitsteilung und Seßhaftwerdung der Menschen beobachtbare »Expansionstrieb« hatte noch einen weiteren Vorteil: innere Krisen des Systems konnten nach außen abgelenkt werden. Kriege sind oft entstanden aus dem Anlaß heraus, innere Systemwidersprüche zu »bewältigen«. Die menschheitsgeschichtliche Entwicklung kann man in diesem Zusammenhang also in zwei Aspekten sehen. Fortschritt entsteht sowohl durch die Organisation größerer Räume und mehrer Menschen, als auch durch den »Fort«-Schritt von Problemen und Systemwidersprüchen. Wirtschaftform (im wesentlichen die agrarisch dominierte), Verkehrs- und Kommunikationsmittel beschränkten in der Vergangenheit auch die Expansionsmöglichkeiten, das änderte sich mit der industriellen Produktion und dem Fortschreiten der Techniken im

Verkehr und der Kommunikation. Imerpialismus ließ *ein* Wirtschaftssystem in der ganzen Welt aufrichten. Und dies ist »geglückt«. Kein Land dieser Erde kann sich ihm ungestraft entziehen.
Es änderten sich aber auch naturgemäß die Vorzeichen: wo immer man mit anderen Systemen »in Berührung« kam, traf man »Seinesgleichen«. Expansionen werden zu Kriegen um Dominanzen im Wirtschaftssystem; Kriege notwendigerweise zu Weltkriegen, weil alles mit allem verflochten ist. Die Grenze ist erreicht. Es steht kein Raum mehr zur Verfügung: die Systemexpansion hat die ganze Welt überzogen: »Ausweichsmöglichkeiten« gibt es nur mehr in den Weltraum; dieser erweist sich jedoch als seltsam »sperrig« und nachdem die Hypothese von Leben auf anderen Planeten nicht ausreichend beantwortet wurde, dürfte sie für Erdenbewohner auch unwirklich, unattraktiv sein.
Die Grenze zeigt sich doppelter Gestalt: erstens ist es unglaublich schwierig, dieses Weltimperium, noch dazu in seiner Wirtschaftsdominanz, infolge seiner Komplexität zu organisieren und zu verwalten; ständig fällt es in allen Ecken und Enden auseinander. Der Traum von der weltbürgerlichen Weltregierung scheint ausgeträumt. Zweitens ist uns die »Flucht in den Raum« verwehrt, mit der noch die Parole vom »Volk ohne Raum« operieren konnte. Rüstung und »Verteidigungssystem« erweisen imperialistische Unterfangen immer deutlicher als Schläge gegen sich selbst. Wohin also mit unseren Problemen, den inneren Systemwidersprüchen?
Es scheint eine Zeit der *»inneren« Expansion* und *Differenzierung* notwendig zu werden. Probleme, die wir früher »hinaustragen« konnten, auch mußten, müssen jetzt an Ort und Stelle verhandelt und bewältigt werden. Nicht zufällig erscheint mir das Voranschreiten aller Wissenschaften, Techniken etc., die sich mit der »inneren Seelenlandschaft« der Menschen beschäftigen, wobei im Sprachgebrauch hier des öfteren alte militärische Expansionsstrategie auftaucht. Dennoch: Um Probleme »an Ort und Stelle« zu lösen, bedarf es dieser »Systemerweiterung« nach innen (individuell *und* kollektiv). Großräumige Organisation und Kommunikation müssen ebenso verbessert werden; die Grenzen des rational begründbaren Zentralismus sind allenthalben erreicht. Dezentralisierung heißt heute ein großes Schlagwort; besser hieße es: den Widerspruch zwischen Zentralismus und regionaler Autonomie besser organisieren zu lernen. Was bedeutet dies aber wiederum anderes als *innere* Differenzierung und Expansion?

Zeitgrenzen:

Analog zur Raumexpansion wurde die Zeit als Linie, als fortschreitende Dauer zu deuten versucht – insbesondere dort, wo sich die Raumerweiterung bündelte. Die Geschichte wurde als linearer, sich in eine unendliche Zukunft erstreckender Prozeß vorgestellt. Verbunden damit war das Postulat von der prinzipiellen Unsterblichkeit der Gattung (die nur ein außer der Welt liegendes eschatologisches Ereignis vernichten kann). In der Neuzeit kam noch ein besonderer Umgang mit Zeit dazu, nämlich ihre durchgängige »Ökonomisierung«, d. i. eine Raumerweiterung in Zeiteinheiten; es gewinnt am Markt, wer in immer kürzeren Zeiteinheiten immer mehr produziert; Zeiteinheiten werden in sich erstreckt und angefüllt, denn »Zeit ist Geld«. Diese »Auffüllung« und innere Beschleunigung von Zeit (Hetze, Streß) hat die Wirtschaft längst verlassen und sich auf alle Lebensbereiche erweitert. Der ökonomisch bestimmten Zeitrhythmik wurde auch jene des Leibes, des sozialen Körpers, des Lebens überhaupt, der Natur und Umwelt unterstellt. »Eigenzeitlichkeit«, die sich hier nicht unterordnet, ist nicht gefragt.

Das Zerstückeln, Beschleunigen und Aufteilen von Zeiteinheiten, die Bestimmung aller Zeitrhythmik durch die Zeitordnungen des industriellen Produktionsprozesses wird aus zwei Hauptgründen immer fraglicher: erstens macht diese verallgemeinernde Form von Zeitordnung und Zeitrhythmik *krank*. Zweitens, – und das ist global gesehen der wichtigere Grund: wir haben uns Probleme geschaffen, zu deren Lösung wir immer mehr Zeit brauchen, die wir nicht haben, die sich auch dafür Verantwortliche nicht nehmen können. Wir haben es verlernt, »in Generationen« zu denken und diese auch dementsprechend zu organisieren. Wir haben es verlernt zu warten, uns Zeit zu nehmen für Analysen, Innezuhalten im Fluß der Zeit, auch um zu schauen, »ob es gut war«.

Alles Leben hat innere Rhythmik und Eigenzeitlichkeit; auch das soziale Leben und seine Gebilde. Nimmt man ihnen diese, sterben sie oder fristen ein äußerst reduziertes Dasein. Diese Eigenzeitlichkeit läßt sich nicht ungestraft und ausschließlich für äußere Zwecke funktionalisieren. Wieder sind wir an ein Grenzmanagement gelangt: *jede* individuelle Eigenzeitlichkeit zu berücksichtigen würde Organisation unmöglich machen, die ausschließliche Bestimmung durch die Organisation ruiniert Individuen, macht sie krank und nimmt ihnen jegliche Initiative. Selbst wenn man den Menschen als Maschine denkt (wozu Enthusiasten der Technik und Wirtschaft eine Zeitlang neigten), so anpassungsfähig ist er wieder nicht, daß er es zu *seinem* Lebensziel macht, bloß für Äußeres zu funtionieren, und sogar bei Maschinen gibt es zugestandenermaßen so etwas wie »Materialmüdigkeit« – ist man zu Maschinen »gnädiger« als zu sich selbst?

Unsere rationalen und funktional wichtigen Bürokratien, die sich durch alles hindurchziehen, fördern den Tod sozialen Lebens, d. h. auch schließlich die Unfähigkeit, aktuelle Probleme zu bewältigen. Unternehmungen klagen heute sehr viel über ihre »Verbürokratisierung«, haben zugleich aber viel Angst, in »unkontrollierbaren Prozessen« neues soziales Leben zu initiieren.

Zum Normenwandel: gegenüber der historischen Tendenz nach mehr Ordnung und Kontrolle über Bewegung und Prozeß gilt es nun wieder, die andere Seite zu verstärken oder wie K. Wecker so ungefähr singt: »wenn es wird ein wenig chaotischer, so wirds auch weniger despotischer«, (Eigenbewegung mit Selbstverantwortung gegen die Despotie der Funktion und Außensteuerung).

»Natürliche« Grenzen (Grenzen der Natur)

Die gesamte Neuzeit ist der gigantische Versuch, Natur total »in den Griff« zu bekommen. Zum Frommen des Menschen muß Natur »beherrscht« werden. Sie wird entgöttert, entdämonisiert, zur bloßen »Materie«, schließlich zum »Material der Pflicht«. Naturgesetze fangen sie in Modelle ein, in denen sie »als Zeuge« vor den »Prüfstand der Vernunft« zu treten hat. Natur verliert jedes »Für-Sich-Sein«; sie ist nur mehr für die Zwecke des Menschen da. Der Mensch ist als »Krone der Schöpfung« der eigentliche innere und höchste Zweck der Natur, und in diesem Sinne wird er auch zu ihrem »Schöpfer«, der aus dem »rohen Klumpen« eben »das Beste« zu machen imstande ist. Eine gemachte *Gegennatur, Gegenwelt* wird erzeugt, in der der Mensch *Herr* ist, in die sich die Natur einfügen soll. Menschen können aber bekanntlich, sieht man vom unmittelbaren Fortplanzungsakt ab, über den wir kaum viel mehr wissen als die Tiere, nichts Lebendiges erzeugen; ihre Gegenwelt besteht daher aus »toten« Gegenständen und Dingen. Dies ist auch beabsichtigt, denn: tote Dinge sind schon gestorben und halten daher – der Ideologie nach – ewig. Das Leben der Natur soll nun den Gesetzen dieser toten Gegenwelt angepaßt und unterworfen werden. Dabei *muß* notgedrungen viel Lebendiges sterben (von den Tier- über Pflanzenarten bis zu Indianern). Auch hier macht sich der Mensch zum Richter über Leben, das er nicht geschaffen hat. Er überwindet die Macht und Gewalt »der alles verzehrenden« Natur und ihrer unkontrollierten Prozesse, indem er ihr »partiellen« Tod zufügt; er stellt ihr gegenüber eine Gegenwelt (die Welt der Städte, der Steine, des Betons, der Maschinen, Straßen als Weltlabor für Autos etc.), die er in der »Gewalt« hat, die »ewig« dauern soll, so wie die »ewig« gültigen Naturgesetze. Dies ist wohl das gute Recht eines »Vernunftwesens«, das als Mängelwesen täglich schauen muß, wo es bleibt, dessen Überleben nicht aus der Natur heraus gesichert ist.

Nun verwenden wir aber ständig Material *aus* der Natur *gegen* sie, zum Aufbau unserer Gegenwelt. Dieses »Eingreifende Handeln« hat eine kollektive Mächtigkeit und Organisation erreicht, die tatsächlich von einem menschlichen »Umgestalten« der Natur sprechen lassen muß. Unser Wirtschaftssystem und die Dominanz des industriellen Produktionsprozesses kann auf dieses organisierte eingreifende Handeln überhaupt nicht mehr verzichten. Ständig ordnen wir daher Lebendiges in Totes um oder unterwerfen es ihm. Vorbild und Methode für diese Tätigkeit finden wir in der neuzeitlichen Naturwissenschaft und ihrer Anwendung (im wesentlichen die Technik). Diese hat als Leitwissenschaft die Physik; Physik beschäftigt sich mit »leblosen« Körpern und deren innern und äußeren Gesetzen. Sie ist *die* Wissenschaft des Anorganischen. In einem beispiellosen Reduktionsprozeß wurde die ganze Neuzeit hindurch versucht (bis heute), alle Natur in diesem Wissenschaftsvorbild zu erfassen (bis zur »Natur« des Menschen). Im Sinne der Dominanz von Physik und Technik leben wir bis heute in einem »anorganischen Zeitalter«; nur in ihm läßt sich eine »menschliche« Gegenwelt radikal aufbauen.

Aus mehreren Ursachen erreichen wir heute deutlich die Grenzen dieser »Aggression gegen die Natur«. Erstens können wir nicht unendlich viel Material aus einer endlichen begrenzten Welt nehmen wollen. Manches an Ressourcen wird knapp. Zweitens ist der Eingriff als *maßlos* erkannt: wir können mit der Natur nicht einfach machen, was wir wollen; sie »wehrt« und »rächt« sich ihrerseits. Die Maßlosigkeit besteht einerseits in kollektiv-organisierten und sich überall verbreitenden Eingriffen, andererseits in der Dominanz des Maßes der »anorganischen Methode«. Drittens wird zu wenig Rücksicht darauf genommen, daß die Natur selbst ein »System-für-sich« ist, ein zusammenhängendes Ganzes aus Teilsystemen, zwischen denen sich so über Jahrmillionen ein gewisses »Überlebensgleichgewicht« eingependelt hat. Jahrzehntausende hat sich der Mensch in dieses Gleichgewicht eingefügt, auch wenn er Elemente umgeordnet und konzentriert hat (etwa in der Seßhaftwerdung). Die industrielle *Revolution* ist nun wirklich eine solche; sie hat sich von dieser Abhängigkeit gegenüber dem Gleichgewicht der Natur »frei« machen wollen, die Produktion toter Gegenwelt hat nun zweifellos das ursprüngliche Gleichgewicht gestört, ohne ein Äquivalent aufgebaut zu haben. Diese Störung kann Prozesse ungeahnter »Instabilitätskämpfe« auslösen; d. h. der Mensch setzt gerade dadurch, daß er meint, durch sein Eingreifen und Herrschen die Natur in Gewalt zu haben, Prozesse in Gang, die er überhaupt nicht in der Hand hat. Der Dialog der Systeme hat überhaupt noch nicht begonnen, wir haben auch noch kaum eine *»organische* Wissenschaft« entwickelt.

Als Menschen sind wir ja auch »Natur-Wesen« und irgendwie mit einem Teil in diesem Gleichgewicht verankert. Ich glaube, daß wir schon in uns selbst diese Ursache bemerken, daß es mit uns und der Natur in eine neue Epoche geht; wir brauchen nur auf unseren Körper und unsere Sinne hören. Der Normenwandel muß schon »aus Instinkt« kommen, es sei denn, wir sind wirklich funktionierende angepaßte Maschinenmenschen geworden, Zahnräder der Gegenwelt. Betrachtet man Jahrhunderte von Wert- und Normentwicklung, vollzieht sich jetzt ohnehin Erstaunliches: innerhalb *einer* Generation zeigt sich hier ein gewaltiger Wandel, der für weitere Jahrtausende richtungsweisend sein kann, wenns noch rechtzeitig ist. Natur und Umwelt bekommen einen völlig anderen Wert, man spricht sogar schon von Partnern – eine Wunschvorstellung, die schließlich auch dem geglückt vorgestellten Verhältnis von Mann und Frau entnommen ist. Uns fehlt aber noch das *neue Maß*. Dies ist eine typische Situation für verstärktes Grenzmanagement.

Grenzen der Arbeit

Im Mittelalter war Arbeit eine deutliche Qual, eine Fron, die einem so recht deutlich machte, daß man nicht mehr im Paradies war. Bereits die beginnende Neuzeit bringt hier den Umschwung. Arbeit, Leistung, Tüchtigkeit werden zu eigentlichen Selbstverwirklichungsmöglichkeiten uminterpretiert – bis zum emphatischen Selbstschöpfungsakt: egal ob Fichte oder Marx, intentional meinen beide das, was Calvin schon als Schlüsselverbindung zwischen Himmel und Menschen angesprochen hatte: durch Arbeit schafft sich der Mensch erst selbst, wird zum Subjekt, genießt hier seine Selbstverwirklichung, die Fron wird zum Beruf, zu dem man berufen sein soll. Nichtarbeit ist Faulheit, asozial, Arbeitslosigkeit der Mangel eines Ausgeschlossenseins in einem Ghetto der von der Gesellschaft in »Ungnade« Gefallenen. »Werktätig« zu sein ist ein Solidarität versprechender Ehrentitel, in manchen Ländern wird man zum »Held der Arbeit« ernannt; »Müßiggang ist aller Laster Anfang« (man vergleiche die Bedeutung der Muße in der Antike) »ohne Fleiß kein Preis«, »wer nichts leistet, verdient auch nichts« (Leistung ist wohl definiert).

Was ist der Grund für diese einseitige Pointierung? Das neue, an industrielle Produktion gebundene Wirtschaftssystem und die damit verbundene *Dominanz »einer«* Arbeitsform, nämlich der technisch-praktischen, eingreifenden, instrumentellen. Es ist die Macht des Handwerks, in seiner systematisierten Form als angewandte Wissenschaft, über alle anderen Tätigkeitsformen. Die agrarische Tätigkeit tritt in den Hintergrund und obwohl anderen Gesetzen verpflichtet, wird sie jenen der Industrialisierung möglichst total unterworfen. Künstlerische, rituelle, interaktive Tätigkeiten und Fähigkeiten verlieren an Wert und werden nach ihrer Funktionalität für den übrigen Produktionsprozeß und seine Organisation hin untersucht.

Die Dominanz der technisch-praktischen Tätigkeit kommt nicht von ungefähr und ist nicht daraus entstanden, weil die Menschen sich entschlossen hatten, es einmal anders zu probieren. Sie hängt mit der Produktion der Gegenwelt zusammen. Diese läßt sich nämlich nur herstellen mit Hilfe der instrumentellen Tätigkeit. Natur kann nur mit Werk-Zeug überwunden, die

Gegenwelt nur aus einer ungeheuren Anhäufung von »künstlichen« Produktionen gezimmert werden. Erst in der von uns erzeugten Gegenwelt fühlen wir uns ersichtlich frei. Sie stammt von uns, ist unser Produkt, unsere Schöpfung, nach unseren Erkenntnissen; in ihr sind wir planend, handelnd, kontrollierend zu Hause. Hier gibt es keine irrationalen Einflüsse, was geschieht, ist unser Wille. In ihr haben wir unseren Geist, unsere Vernunft materialisiert, uns selbst »verdoppelt«. Im Werk, Produkt, erkennen wir uns als Schöpfer wieder.
Zum Aufbau der industriellen Produktion sowie zum Aufrechterhalten ihrer »aggressiven« Vorwärtsentwicklung bedurfte es zunächst einer ungeheuren kollektiven Anstrengung und Konzentration. »Menschenmassen« wurden dafür benötigt und mußten organisiert werden. Die positive Arbeitsideologie hatte auch den Zweck, die »neue« Arbeit schmackhafter zu machen. Tatsächlich stellte sie nämlich eine funktionalistische Verarmung von Tätigkeit dar; eine Entwicklung bis hin zum Taylorismus, wo von einer Person nur *eine,* kleine, definierte Funktion verlangt wird. Diese Verarmung war zunächst im Sinne der Ideologie »Arbeit als Mühsal und Plage« durchaus als »Erleichterung« begreifbar. Noch heute »beneiden« vielfach Bauern Arbeiter um ihre einfache, »leichte« Tätigkeit. Dazu kam natürlich etwas ganz Neues: Mobilität, eine gewisse Unabhängigkeit von der stark normierenden dörflichen Gemeindestruktur, also eine neue Art von Freiheit. Die Landflucht kann m. E. durchaus nicht bloß aus der allmählichen Industrialisierung der Landwirtschaft erklärt werden. Die Stadt ist bis heute etwas Attraktives, Lockendes geblieben. Der Aufbau des Kapitalismus hätte sich wahrscheinlich ohne die neue positive Arbeitsideologie nicht bewerkstelligen lassen. Es war eine Konzentration (Organisation) vieler Menschen notwendig, und diese bedurften einer Disziplinierung, von deren Ausmaß die Geschichte bisher nichts wußte. Disziplinierung, funktionelle Verarmung, Reduktion der Person (auf die »Ware« Arbeitskraft), Austauschbarkeit von Individuen bedurften einer doppelten Kompensation: diese wurde einerseits in der Umwertung der Arbeitsideologie zur Verfügung gestellt, andererseits durch den berechtigten Hinweis auf Fortschritt und Entlastung von immer mehr Menschen durch die Erhöhung des gesellschaftlichen Reichtums geleistet.
Die Entdeckung hat aber zwei Seiten: sie führt nicht nur zu größerem »Reichtum« von immer mehr Menschen, zur Entlastung von unmittelbaren Überlebenssorgen, jedenfalls in unseren Breiten, sie führt auch zur »Entlastung« des Arbeiters vom Arbeitsprozeß selbst. Es liegt durchaus in der Vernunft der Ökonomie des Kapitalismus, daß er den Menschen als »teuerste« Arbeitskraft durch Maschinen ersetzt, ihn »wegrationalisiert«. Denn Maschinen sind nicht nur billiger, sie sind im allgemeinen auch verläßlicher, haben keine Montagskrankheiten. Nun sind aber, dank des generellen Fortschritts, die Menschen nicht weniger geworden: in der Ökonomie des Kapita-

lismus in Ost und West ist für Arbeitslose kein Platz, sie sind belastende Störelemente.
Es scheint notwendig zu werden, Arbeit und Arbeitslosigkeit unter den gegenwärtigen Gesichtspunkten neu zu »bewerten«. Die Konsequenzen dieser Neubewertung sind aber nicht harmlos und greifen tief ins Wirtschaftssystem ein. Deshalb scheut man sich auch die Dinge wirklich so zu begreifen, wie sie nun einmal sind. Es ist zuzugeben, daß die funktionalisierte Arbeit des industriellen Produktionsprozesses in den meisten Teilen Mühsal, Plage und »nerventötend« ist. (Totes in hochspezialisierten Einzelakten zu produzieren, macht selbst tot.) Es ist daher richtig und »menschlich« konsequent, hier soviel als überhaupt möglich zu automatisieren. Diese Arbeit ist nämlich für sich genommen trotz aller industria = Eifer nichts wert. Wertvoll wird sie nur über ihre Produkte und wenn die auf eine andere Weise zustandekommen, umso besser. Arbeitslosigkeit ist also notwendig und sinnvoll; in der gegenwärtigen Situation aber weder wirtschaftlich, noch psychisch, noch politisch zu bewältigen. Und hier ist sich das Wirtschaftssystem in seinen Reduktionsformen und seiner Dominanz der *einen* Arbeitsform selbst im Wege. Wir haben es nämlich verlernt, Arbeit als *solche* wahrzunehmen, die *sehr wohl des Menschen bedarf,* also nicht »automatisiert« werden kann. Schlicht zusammengefaßt ist dies die Arbeit mit allem Lebendigen. Der industrielle Produktionsprozeß und seine Wirtschaftsform hat diese Arbeiten nicht nur zurückgedrängt, er hat ihnen den Charakter der Wertschöpfung genommen. Alle Arbeit an und mit Lebendigen gehorcht nämlich *eigenen* Gesetzen, die sich weder naturgesetzlich erfassen lassen, noch kontrollierbar und beliebig manipulierbar sind. Andere Arbeits- und Umgangsformen sind daher angebracht.

Organisationsgrenzen

Wir leben in einer permanenten Organisationskrise: sie besteht zunächst darin, daß alle mir bekannten Organisationen und Institutionen dem hierarchischen Ordnungsprinzip entsprechen, das, mehrere Jahrtausende alt, heute nicht mehr genügt, diejenigen komplexen Aufgaben zu lösen, die an es herangetragen werden. Zugleich gibt es keine wirkliche Alternative, auf die übergegangen werden könnte. Die Hierarchie hat daher heute einerseits eine funktionale Grenze erreicht, die überschritten werden *muß,* andererseits müssen wir dennoch *in ihr* weiterleben. Jeder, der einmal Führungsaufgaben wahrgenommen hat, weiß um dieses Dilemma, um diesen Widerspruch. Ein weiteres Beispiel für »Grenzmanagement«.
Weshalb geht es nicht mehr ausschließlich im guten alten hierarchischen System? Hierarchien funktionieren nur dort klaglos, wo mindestens vier

Bedingungen erfüllt sind: 1. *Informationsmonopol* des verantwortlichen Einzelentscheidungsträgers; 2. *Übersichtlichkeit* der Entscheidungsmaterie; 3. *Normative Abgesichertheit eines »ständischen« Prinzips,* ohne Möglichkeiten auf- oder abzusteigen; 4. Eine *Legitimation von außen,* jenseits des Systems, die nicht in Frage gestellt werden darf (»von Gottes Gnaden«), die aber für die Vernünftigkeit des Systems verantwortlich ist.
Industrielle und bürgerliche Revolution haben so gut wie alle diese Bedingungen erschüttert. Teils aus emphatisch ideologischen Gründen (»Gleichheit«, »Freiheit«, »Brüderlichkeit«), teils aus wirtschaftlicher Notwendigkeit (nur ein »Aufsteiger« erwirbt mit der Zeit jene Kaufkraft, die das Wirtschaftssystem stabilisiert). Dennoch mußten auch die Hierarchien beibehalten werden. Der ideologische Widerspruch: Forderung nach Gleichheit bei gleichzeitiger Beibehaltung von hierarchischer Ungleichheit, wurde im Liberalismus »elegant« gelöst; damit, wie wir aber sehen, wird der Widerspruch endgültig *im* System zementiert. Man mußte zugeben, daß Hierarchien notwendig sind und beibehalten werden müssen, die Menschen aber zugleich »gleich« und frei sein sollen. Also »erfand« man drei Schlüsselbegriffe: *Chancengleichheit, Leistung, Aufstieg.* Die Ideologie lautet nun: jeder Mensch ist gleich und frei, also muß man ihm die nötig gleichen Startbedingungen verschaffen (»Jeder ist der Schmied seines Glückes« – eine Volksweisheit, die viel älter klingt, als sie tatsächlich erfunden wurde). Nehmen wir selbst an, diese Ideologie würde glatt aufgehen, so ist dennoch ersichtlich, welches Spannungspotential in die Hierarchie hineingetragen wurde: die Aufstiegsorientierung beherrscht vielfach die gesamte Arbeitsmotivation. Man kämpft gegen Konkurrenten, rivalisiert um die Gunst der »Einflußreichen«, kritisiert nur, wo es »ungefährlich« ist, ist gänzlich de-motiviert, wenn man sich »zurückgesetzt« glaubt. Diese Konkurrenzsituation ist zwar für Leistung ausnützbar, sie bringt aber auch viel »Reibungsverlust« in den Arbeitsalltag.
Nun kommt, bezogen auf die anderen noch vorhin erwähnten Punkte folgendes erschwerend hinzu: es gibt – vor allem in wichtigen und komplexeren Entscheidungsmaterien – kein Informationsmonopol mehr beim Vorgesetzten. Er ist in seinen Entscheidungen von vielen Seiten her abhängig geworden und darauf angewiesen, die nötigen Informationen zu bekommen. Keine wichtige Problemlage wird heute mehr von einem »übersehen«. Und obwohl daher Hierarchie auf dem »Einzelentscheidungsprinzip« beruht, sind im Grunde heute alle Entscheidungen »zusammengetragene« Gruppenentscheidungen.
Die Unübersichtlichkeit und Komplexität des Informationszusammenhangs, damit die defacto Aufhebung der Einzelentscheidung, hat zunächst zu einem ebenso komplexen Widerpart geführt, zur Bürokratie, die sich als Organisationssystem verstehen will, das alles rational und sachlich in Entscheidungs-

und Kontrollmaßnahmen aufgelöst hat. Mit den Bürokratien hat die Hierarchie einen weiteren Stoß bekommen. Sie war nämlich früher im Sinne des familial-patriarchalischen Systems auch ebenso emotional besetzt. Da nämlich unsere »emotionelle« Bildung meist in familienartigen Verbänden verläuft, sind wir auch später noch bestrebt, diese Lerngeschichte in Organisationen auszunützen, obwohl diese ganz anderen Gesetzen gehorchen. D. h. wir suchen in Betrieben nach Analogien zur Lebensgeschichte. In den alten übersichtlichen Hierarchien kann daher auch der Vorgesetzte immer in die Rolle des »guten« oder »strafenden« Vaters schlüpfen und noch heute sind wir von Wünschen, Sehnsüchten und emotionellen Übertragungen nicht frei. Trotz aller Bürokratie ist der Wunsch nach dem Patriarchen groß geblieben. Wir haben es bisher menschheitsgeschichtlich noch nicht gelernt, emotionell postiv mit größeren Organisationsformen umzugehen, wir sind entwicklungs- und lebensgeschichtlich bei der Familie, bzw. Kleingruppe stecken geblieben. Viel an Überleben und »Fortschritt« der Menschen wird daran hängen, wie weit sie imstande sind, diese Hürde zu nehmen und einen *positiv emotionellen Sinn* für Organisationen und Institutionen entwickeln.
Die traditionelle Besetzung der Hierarchie wird ebenso problematisch, wie ihre bloße Negation (die »antiautoritäre« Phase). Wir müssen hier völlig neue Werthaltungen lernen, die sich durch Schlagworte, wie »kooperative Führung« etc. vielleicht zwar vorbereiten lassen, meines Erachtens aber noch lange nicht erreicht sind.
Der Verlust der Außenlegitimität hat dazu geführt, daß sich die Hierarchien fast »unendlich« erweitert haben, es gibt kaum eine, die nicht ihre Gegenhierarchie hervorgebracht hat. Da nun Hierarchien ja zweifellos Normen und Werte verwalten, müssen sie gewärtig sein, daß immer auch die entgegengesetzten Normen und Werte auftreten. Man nennt dies heute Wertpluralismus, der viel dazu beigetragen hat, daß die gute alte Wertpyramide endgültig ins Wanken gekommen ist. Was aber von dem einen als Relativismus und Nihilismus beklagt wird, befreit andere noch zum Nachdenken und es wird immer klarer, daß inhaltliche Normen und Werte (also nicht jene, die mit unserer Existenz unausrottbar verbunden sind, weil wir sie *sind*) aus geschichtlichem Interesse stammen.

Erfahrungsgrenzen

Hier glaube ich einen weiteren tiefgehenden Normen- und Einstellungswandel zu bemerken. Eigene Erfahrung, Selbsterfahrung, Lebenserfahrung bekommen langsam wieder Stellenwert. Allenthalben wird gegen die »Enteignung« von Erfahrung polemisiert. Diese war zu Beginn unserer Neuzeit wohl sinnvoll und notwendig. Will man Individuen, einzelne in Aufgaben bündeln und konzentrieren, muß alles, was diesen nicht entspricht oder zuwider läuft, abgewertet werden. Der Siegeszug des naturwissenschaftlichen Modells sowie die Entfaltung des industriellen Produktionsprozesses beruhen zunächst auf dieser Erfahrungsenteignung. Die Erde bewegt sich um die Sonne, es ist nicht so wie wir es sehen. Unsere subjektive Sinnlichkeit und Erfahrung ist falsch, zumindest ungenau und fehlerhaft. Im Arbeitsprozeß wird meine Funktion, in der ich austauschbar sein muß, genau bestimmt, was ich sonst noch bin, geht niemand was an, es stört eher den reibungslosen Ablauf. In der Wissenschaft geht es um Exaktheit und Objektivität, um Allgemeingültiges (»Gleich-Gültiges«), das jenseits der Einzelerfahrung gilt. Wissenschaft und Organisationen schreiben vor, wer man zu sein hat, bzw. »wirklich« ist. Tatsächlich haben wir durch diese »Delegationsformen« unser Vertrauen auf unsere Erfahrung längst verloren. Unser Ich war nicht gebraucht.

Die Verunsicherung bezüglich unserer Sinnlichkeit geht Hand in Hand mit der gegenüber unserem Leib, Körper. Wir haben längst ein direktes Verhältnis zu ihm verloren und Medizin oder Sport oder öffentliche Gesundheitsverwaltung dazwischen geschoben. Trotz aller differenzierter Wissenschaft wissen wir immer weniger *direkt,* wer wir sind. Ist dies notwendig?

Die mit diesen Phänomenen verbundene *Wissenschaftsgläubigkeit* hat in der letzten Zeit einige Einbrüche erlitten.

Erstens bemerkt man, daß die Wissenschaft (vor allem die Gesellschafts- und Sozialwissenschaften) zur Lösung praktischer Probleme recht wenig beitragen kann. Sie hat keine »Rezepte« und Viel-Wissen, ohne die Vermittlung der nötigen Haltungen dieses umzusetzen, nützt nur zum Bücher-Schreiben. Zweitens bemerkt man mit Schrecken, daß sich in wichtigen Problemen die Experten widersprechen und kaum einhellige Meinungen zustandebringen, wo ist jetzt die Objektivität geblieben? (Siehe Kernkraftwerksthema, Rüstungsfragen usw.). Die Entwicklung der Wissenschaften, ihre Spezialisierung und Komplexität wird der Lösung von globalen Problemen überhaupt nicht mehr gerecht; es wäre eine *echte* Interdisziplinarität vonnöten, die es kaum gibt; eben auch, weil Wissenschaftler interdisziplinäres Zusammenarbeiten, besonders von der sozialen Seite her, nicht gelernt haben. Abgezirkelte Spezialistenpositionen, gegeneinander vertreten, *müssen* in Widerspruch geraten und es ist gut, daß dieser Zustand immer öffentlicher wird. Und hier schließt sich der Kreis: Die Erfahrungsgrenze des Experten ist die konkrete Erfahrung der Betroffenen; sie ist m. E. unersetzlich. Deshalb ist es wichtig, wieder *Mut zu machen,* seiner eigenen Erfahrung zu *trauen* und Strukturen, Formen zu schaffen, in denen diese dann auch Öffentlichkeit bekommen kann.

Erfahrungsgrenzen der Wissenschaft und der Experten, die deutlich sichtbar werden – gewisse Erfahrungen sind im wissenschaftlichen Modell überhaupt nicht zu machen – führen zur Tendenz, die »Enteignung« an Erfahrung wieder rückgängig zu machen. Dies bedeutet nicht bloß eine Veränderung der Werthaltung gegenüber Wissenschaft, es findet vielmehr eine direkte und indirekte Aufwertung der Subjektivität, des Ichs, der Sinne und des Leibes statt, sowie die einer in Kommunikation darüber stehenden Öffentlichkeit als »Gegenwelt« zu eingeschränkten Expertenvorstellungen.

IV. Mythos und Kunst

Herbert Melichar

Manifestationen des Religiösen in der Urzeit?

Anläßlich eines Besuches in Regensburg 1952 legte Prof. Dr. Walther Schmied-Kowarzik mir Zweitsemestrigem dringendst nahe, auch hinter Steingeräten der Urzeit den menschlichen Geist zu sehen. Bis 1958 fanden wir uns öfter in Mödling zu diesem Thema zusammen.
Dieses Referat ist ein imaginäres Zwiegespräch mit meinem verehrten Lehrer, in tief verbundener Erinnerung an damals.

Urzeit ist der schriftlose Abschnitt der Menschheitsgeschichte. Die Erforschung der urzeitlichen Kulturen geschieht daher vorwiegend durch Interpretation von Bodenfunden und deren Fundumständen, weshalb auch die Erschließung der geistigen Seite des archaischen Menschen auf Schwierigkeiten stößt. Die Übertragung der »Definition« des Menschen aufgrund des jetzigen Ist-Zustandes als geschichtliches Wesen mit Geist, Willen, Freiheit, Sachkultur und persönlicher Kultur (dazu die Religion) auf den Angehörigen einer frühe(re)n Evolutionsstufe (Mensch=Mensch) beruht auf einem deduktiven Schluß mit möglicherweise falschen Prämissen. Die andere (mehr naturwissenschaftliche) Denkrichtung anerkennt einen langsamen Evolutionsprozeß und ergänzt bei Nachweis einer genügenden Anzahl von Kulturphänomenen das Religiöse durch einen Analogieschluß. Die Aufgabe der Urgeschichtsforschung besteht daher u. a. darin, das früheste Auftreten von Kulturelementen zu registrieren und den jeweils ältesten Nachweis der Objektivationen menschlichen Geistes zu erbringen, natürlich mit dem Risiko, den tatsächlichen Beginn des Dahinterstehenden nie zu erfassen.
Die sog. direkten Quellen als Fundstoff betreffen: Werkzeug, Feuergebrauch, Siedlungswesen und Gemeinschaftsleben, Totenbestattung, Nahrungserwerb und Zeugnisse abbildenden Schaffens. Da diese Aussagebereiche sich gegenseitig ergänzen und überschneiden, ergibt sich ein für unser Thema grundlegendes Bild des frühen Menschen in folgender Weise, wobei chronologisch (Steinzeit – Metallzeit) vorgegangen wird.
Sobald der »frühe« Mensch das planmäßig hergestellte *Werkzeug* als Mittel zwischen sich und sein Werk setzt, erscheint die endgültige Gegenüberstellung Ichsubjekt – Realobjekt erreicht. Schon die ältesten Werkzeuge der Australopithezinen-Stufe (Geröllgeräte) sind Produkte schöpferischer Lernprozesse, willensgesteuerten Schaffens, bewußt erfaßter und verstandesmäßig verarbeiteter Erfahrungen der (naturgesetzlich) vorgegebenen Wirklichkeit. Dieser dazu fähige Intellekt in Wechselbeziehung zu evolutiv ablaufender physisch-psychischer Entwicklung erzeugt mit steigendem Assoziationsreichtum auch steigende Ansprüche, deren zunehmende Qualität z. B. an der

wachsenden Präzisierung der Geräte in der Typenreihe vom Geröllgerät über den Faustkeil bis zu den Schmalklingen und Mikrolithen des oberen Paläolithikums abgelesen werden kann.

Der *Feuergebrauch* erweist die bleibende Überwindung des tierischen Schreckverhaltens und steht daher eigentlich »typologisch« noch vor der Werkzeugherstellung (ältester bisheriger Feuernachweis: Station 13 von Chou-k'ou-tien bei Peking, ca. 500 000 v. Chr.; andere Fundorte in Ungarn, Frankreich und England sind wahrscheinlich jünger, ältere afrikanische Evidenzen nicht stichhaltig).

Siedlungswesen und Gemeinschaftsleben erschließen sich aus den Wohnspuren. Langzeitbesiedlung wie später größere Hausbauten (z. B. die Mammutjägerstation Kostjonki IV bei Voroneš, UdSSR, mit mehreren Feuerstellen) zeigen sowohl ein auf Zusammengehörigkeitsgefühl und Wir-Bewußtsein geprägtes Zusammenleben als auch eine auf höheren ethischen Gesinnungs- und Verhaltenswerten beruhende Ordnung, die den Bestand der Gemeinschaft garantiert.

Hier hinein fügt sich der *Nahrungserwerb*. Zwar ist die Jagd, weil stark instinktnutzend, auf der Entwicklungsleiter tieferstehend als z. B. die Werkzeugherstellung, doch sind Treibjagden (z. B. beim Felsen von Solutré/Saône-et-Loire nachgewiesen) nur organisiert mit Jägern und sonstigen Helfern erfolgreich (auch hier ist sprachliche Verständigung der Teilnehmer untereinander anzunehmen).

Die Bestattung bzw. *Totenfürsorge* verrät eine fast ausnahmslos zu beobachtende Sorgfalt. Aus dem mittleren Paläolithikum Frankreichs ergab die Station La Ferassie (La Bugue/Dordogne, ca. 45.000 v. Chr.) 2 Erwachsene und 4 Kinder (Mann mit dem Kopf nach Westen, Gesicht nach Süden, Frau mit Kopf nach Osten, Steingerät zur Hand, die Kinder mit je drei Steingeräten in gleicher Lagerichtung), La Chapelle-aux-Saints (Corrèze) einen Mann mit dem Kopf im Westen, Fleischbeigaben, Ocker(farbe) und Feuerspuren in einer dabei angelegten Grube. Weitere Einzelbestattungen wie auch Doppelbestattungen mit z. T. erstaunlicher Altersdivergenz (Oberkassel, BRD: 60jähriger Mann mit 25jähriger Frau; Grimaldi-Ventimiglia/Ligurien: 17jähriger Jüngling mit älterer Frau) ergänzen das Bild.

Im oberen Paläolithikum (ca. ab 40.000 v. Chr.) mehren sich Speisebeigaben und Schmuck (Männer und Frauen gleich damit versehen), sowie Ockerverwendung in den Gräbern: Lagerung des Toten auf einer Ockerschicht (Oberkassel, BRD; Arene Candide/Savona, Ligurien) oder unter einer solchen (Les Hoteaux/Ain; La Madeleine/Dordogne). Auch Lagerung des Toten auf der Herdstelle (Laugerie-Basse/Dordogne, Le Roc-de-Sers/Charente, Predmost/Mähren) oder Überlassen des Lagerplatzes an den Toten (Cro-Magnon/Dordogne, Grimaldi/Ligurien) sind Beweise der Fürsorge mit deutlicher persönlicher Anteilnahme. Aus der Tatsache der ständig erfahrbaren Generations- und Geschlechterfolge bei überdauerndem Gruppenbestand ergibt sich auch ein metaphysischer Aspekt: der Tote erzeugt ein Vermissungserlebnis und die Gewißheit der Endlichkeit in der physischen Welt. Zu welchen denkerischen Konsequenzen der Paläolithiker dabei fähig war, bleibt vorläufig unbekannt.

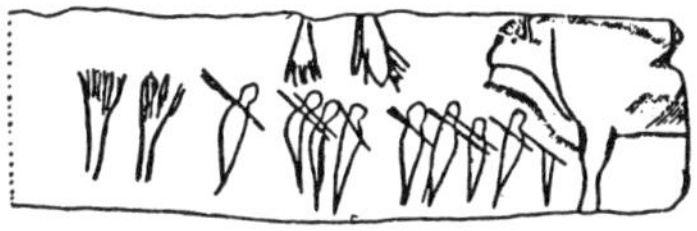

1. Knochengravierung aus Les Eyzies-de-Tayac, Dordogne, Frankreich

2. Gravierung auf Hirschgeweih, Teyjat, Dordogne, Frankreich

Ebenso bleibt vieles vom tieferen Sinn der Zeugnisse des *abbildenden Schaffens* fürs erste verborgen. Die Darstellungen (z. B. Höhlenmalereien) sind als geistige und bildnerische Leistung vom naturnahen Stil des franko-kantabrischen Bereiches (ca. 20-12 000 v. Chr.) bis zur Stufe symbolhafter Abstraktion und der Schematik des ostspanischen Stils (ca. ab 10 000 v. Chr.) verfolgbar. Für unser Thema wesentlich sind (franko-kantabrischer Bereich) Darstellungen wie aus Les Eyzies/Dordogne (8-9 Menschen mit geschulterten Speeren vor aufgerichtetem (?) Wisent, Abb. 1), Chancelade/Reymonden (7 Personen um mazerierten Wisent, einer mit Zweig(?) in der Hand) und Abri Mège, Teyjat/Dordogne (3 tanzende Gestalten in Gemsenfellverkleidung, Abb. 2): die nahezu einzigen Wiedergaben von Individuengruppen bei gleichförmigem, offenbar geregeltem und normiertem (Soll-)Verhalten. Stark emotionelle Beteiligung wird man aus Szenen mit einer vor angreifendem Tier bedrohten fliehenden Gestalt (Roc-du-Sers/Charente, Gasulla-Schlucht/Castellón) herauslesen dürfen, Zuneigung zeigt sich z. B. aus der ostspanischen Darstellung einer Mutter mit Kind (Minateda/Albacete, Abb. 3), Abneigung, Haß und/oder Gerechtigkeitsvollzug im Dienste der Selbstverteidigung, des »Gesetzes« und der Sittlichkeit aus den ostspanischen Gruppen-Kampfdarstellungen (Gasulla/Castelón) und Erschießungs- bzw. Exekutionsszenen (Alpera/Albacete, Gasulla/Castelón, Abb. 4).
Das darstellende Schaffen umfaßt u. a. auch menschengestaltige Statuetten aus verschiedenen Materialien (bisher etwa 100 Exemplare zwischen Pyrenäen und Bajkal-See gefunden). Ihre übereinstimmenden Charakteristika sind: (mit nur einigen Ausnahmen) weibliches Geschlecht, Gesichtlosigkeit, Fußlosigkeit, stehende Haltung mit den Armen unterhalb der Brüste bzw. auf dem Bauch (Abb. 5). Ihr Sonderstatus zeigt sich z. B. sowohl aus der

3. *Felsmalerei aus Minateda, Albacete, Spanien*

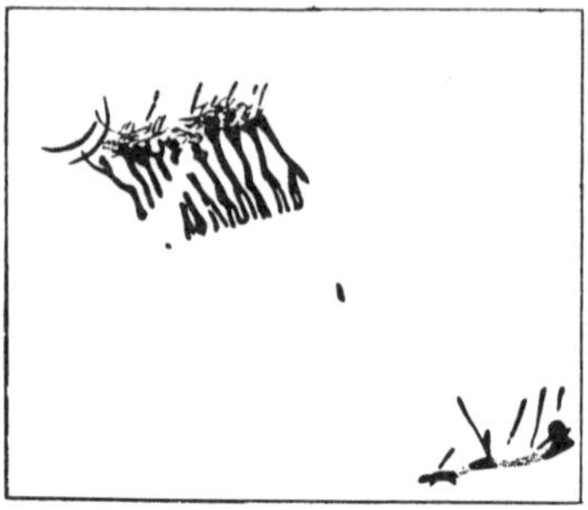

4. *Felsmalerei aus der Gasulla-Schlucht, Castellón, Spanien*

Fundlage (in Jelisejeviči b. Brjansk, UdSSR, zusammen mit zerschlagenen Mammutstoßzähnen und markierten Elfenbeinstücken inmitten eines Kreises aus Mammutschädeln, in Dolni Vestonice/Mähren inmitten einer großen Herdstelle, in Nebra/Bez. Halle zusammen mit Pferde- und Renknochen etc. in einer Steinkiste), als auch durch ihre Verbindung mit Ocker(bemalung), wie dies schon aus dem Bestattungswesen bekannt ist. Die Statuetten waren als Träger eines Sinngehalts mindestens ebenso intensiver Teil des Mikrokosmos des spätpaläolithischen Menschen wie die anderen Darstellungen.

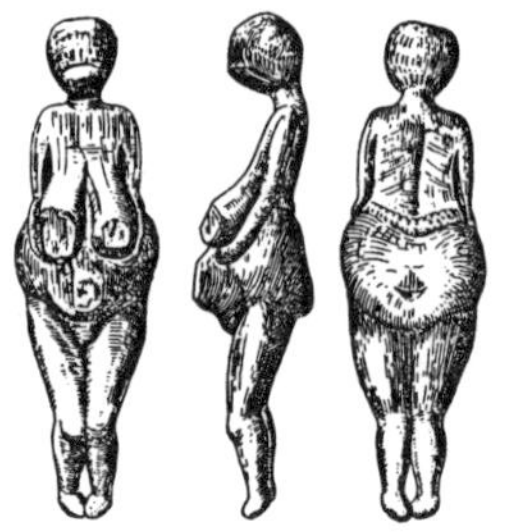

5. *Kostjonki b. Voronesch, UdSSR, Station I*

Die besondere Bedeutung der Höhlen Frankreichs und Spaniens wird noch durch andere Höhlenfunde unterstrichen. Im Drachenloch ob Vättis (Sankt Gallen/CH) wurden 1920-1923 u. a. Depositionen von Höhlenbärenschädeln in einer Steinkiste und eine ummauerte Feuerstelle gefunden. Parallelfunde dazu gibt es außer in der Schweiz noch in Deutschland (Petershöhle b. Velden, Mittelfranken), Südfrankreich (Trois-Frères/Ariège), Schlesien (Reyersdorf/Glatz) und Ungarn (Istállóskö-Höhle b. Eger/Heves). Derartige

Knochendepositionen wie auch solche von Mammutknochen (Weinberghöhlen b. Mauern, BRD und Jelisejeviči/Brjansk oder Mal'ta/Irkutsk, UdSSR) hatten keinen profanen Zweck. Sie erinnern eher an Darbringungen im Sinne von Opfern.

Eine kurze Zwischenbilanz zeigt uns den urzeitlichen Menschen des oberen Paläolithikums ziemlich »menschlich«: als handelnde, wollende, strebende, mit anderen Individuen einzeln und in der (Wir-)Gruppe verbundene, (sprachbegabte) *Person,* mit Bewußtsein seiner selbst, einer den (Kardinal-) Tugenden vergleichbaren ethischen Haltung, durch Gedächtnis und Phantasie fähig zu schöpferisch- gestaltender Leistung, mit Gefühlsleben begabt etc. Das »Religiöse« ist damit allerdings noch nicht erfaßt, und der unbefangenste, sachlich allerdings nicht ganz unproblematische Weg dazu scheint (nur) über die nun auf notwendigen Umwegen festgestellten Qualitäten des archaischen Seelenlebens zu gehen: die Bereiche des Gefühls und der Sittlichkeit. Daher formuliert sich die Frage anders: Hatte der urzeitlich-archaische Mensch die Fähigkeit der Empfindung des Numinosen?

Faktum ist, daß die bisher festgestellte geistig-seelische Beschaffenheit dieses Menschen ihn zu Gemütszuständen und -bewegungen wie Erregung, Furcht, Freude, Trauer, Zuneigung, Kinderliebe, Abneigung, Haß etc., desgleichen zu klaren ethischen Wertempfindungen befähigt hat: einem genügend weiten Rahmen seelischer Befindlichkeiten, der auch das Gefühl des Numinosen hätte umfassen können. Nun muß aber der Umstand, daß das Gefühl des Numinosen auch andere Gefühlsinhalte zu komplexem Zusammentreffen anregen und veranlassen kann, auf umgekehrtem Wege von einem feststellbaren Gefühlskomplex in Richtung »numinos« nicht zwangsläufig zur Tatsächlichkeit des Erlebnisses heiliger Ergriffenheit führen, aber die Möglichkeit der Existenz eines solchen zeichnet sich stark ab. Dazu kommt, daß das sittliche Wertbewußtsein und die Relation der Werte zueinander, auch beim paläolithischen Menschen schon im Hinblick auf die gesellschaftliche Ordnung (s. o.) unabdinglich, genügend »Stoff« ergeben, um damit Heiliges zu verknüpfen oder zu erfüllen. Auch hier ist seine Existenz zwar nicht direkt erkennbar, aber sehr stark möglich.

Faßbar wird das urzeitliche Numinose erst, wenn eine urzeitliche Menschengruppe das gruppengemeinsam erfahrene numinose Erlebnis in sichtbare bleibende Form umzusetzen weiß und diese in die Sphäre des »ganz Anderen« stellt.

Auf die franko-kantabrischen Höhlenbilder angewandt bedeutet dies: Ihre Lage bis ins tiefste Höhleninnere, das für den Menschen kein Aufenthaltsraum war, betont eine vom profanen Leben unterscheidbare, das Numinose berührende Wertsphäre, so wie die Statuetten die Gestaltgebung einer Idee erweisen, obgleich beider Sinngehalt uns (noch) nicht offenbar ist.

Um auf der Basis dieser nun hier erschlossenen »numinosen Potenz« des urzeitlich-araischen Menschen doch zu einem schlüssigen Ergebnis zu kommen, müssen nun, dem *Graebner*'schen Formkriterium folgend, evident zusammengehörige Elemente ausgewählt und schrittweise so weit heraufverfolgt werden, bis zweifelsfreie Nachrichten (z. B. Schriftquellen) ihren tatsächlich religiösen Charakter erweisen.

Am geeignetsten erscheint dabei ein Frauenrelief (eines aus einer Gruppe von Steinblock-Reliefs, insgesamt 4 Frauen- und 1 Männerdarstellung) aus der Schicht VI von Laussel b. Marquay/Dordogne: eine stehende Frau, gesichtslos, linke Hand auf dem Bauch, in der rechten ein Wisent-Horn haltend (Abb. 6). Zeitstellung Gravettien, etwa 25 000 v. Chr. Abgesehen von der prinzipiellen Verwandtschaft mit den Statuetten, deren Hände in fast allen Fällen auf dem Bauch ruhen (Hände oberhalb der Brüste nur Lespugue, Willendorf und Gagarino am Don), ist hier die Kombination

Frau + Rind

im Sinne des genannten Kriteriums von größter Bedeutung.

6. Laussel b. Marquay, Dordogne, Frankreich

Nach dem Ende der letzten Eiszeit und mit den geänderten klimatischen Bedingungen kam der Schritt ins Neolithikum (Jungsteinzeit) zur produzierenden Wirtschaftsform (Bodenbau, Steinschliff, Keramik, Tierhaltung), die sich in geschlossener Form zuerst im Gebiet vom Zweistromland über das östliche Mittelmeer bis Ägypten abzeichnete. Das bedeutete die Möglichkeit der Vorratswirtschaft, größere Unabhängigkeit von den Zufälligkeiten des Naturgeschehens und eine geänderte geistige Welt mit neuen Bewußtseinsinhalten. Dennoch zeigt sich eine auffallende und für unser Thema wesentliche Übereinstimmung gewisser fundamentaler Weisen der Begegnung des Menschen mit den vom Paläolithikum her bekannten Lebensbekundungen.

Auch im Neolithikum wird der Tote wohl befürsorgt und normalerweise unter freiem Himmel in einer Grube beigesetzt. Hockerlage ist vorherrschend. Eine statistische Beobachtung von 24 Gräberfeldern aus Mähren,

Deutschland und Österreich mit 187 Bestattungen zeigt eine Körperorientierung mit Kopflage nach Süden, Südosten, Südwesten, Westen und Osten von 43%, nach Norden, Nordosten und Nordwesten von 56%. Davon aber hatten 89,9% die Gesichter dem Sonnenlauf zugewandt und nur 10,1% abgewandt. Im ungarischen Gräberfeld von Zengövárkony (Pécsvárad/Baranya, 4. Jt. v. Chr.) blickten von 339 Bestatteten 336 zur Sonne. Man setzte also den Toten für den Abschnitt nach seinem Erdenleben gern mit einem für den Bodenbauer vital wichtigen Himmelsphänomen in Beziehung. Grabbeigaben sind im wesentlichen Schmuck und Nahrungsmittel, z. B. gekochte Ackerbohnen, ölhaltige Leinsamen, Haselnüsse, geröstetes gesäuertes Brot (Stuttgart-Zuffenhausen, BRD, 4. Jt. v. Chr.), also zubereitete und genußfertige Speisen. In Rössen (Merseburg/Halle) war einem Toten die Fleischbeigabe direkt zwischen die Zähne geschoben worden. Die Gefäße standen bevorzugt in Gesichtnähe oder in Reichweite der Arme. Häufig sind auch Farbstoffe als Beigaben (Ocker, Brauneisenstein), sowie rote Farbspuren auf dem Körper zu beobachten, selten schwarze Substanz, die sonst nur im gleichzeitigen Ägypten ebenso verwendet wird. Auch bei der anfangs vereinzelt geübten, im Laufe des Neolithikums sich mehrenden Brandbestattung bleibt die Beigabensitte unverändert, die Speisen (z. B. Schaf, Ziege) meist frisch und unverbrannt. Die Verbundenheit mit den Verstorbenen führte stellenweise zur Dekapitierung und Aufbewahrung des Kopfes oder Schädels im Wohnhaus (Jericho/Jordanien, 7. Jt. v. Chr.: Leichen unterm Estrich, Köpfe im Wohnraum angeordnet; Zengövárkony: 33 Bestattete ohne Schädel, aber dabei meist besonders reichliche Beigaben).

Nun sollen hier zusätzlich zwei in einer für uns deutlich erkennbaren Form den geistigen Bereich berührende Erzeugnisse vorgestellt werden: die »mensa oblatoria« und die Grube. Der Fundort Sabatinovka (Bug, UdSSR, 4./3. Jt. v. Chr.) ergab einen ummauerten Raum mit gepflasterter Eingangszone, im Hintergrund einen aus 4–5 Schichten aufgebauten Tisch oder Sockel, auf dem 16 weibliche Statuetten lagen. Ein ähnlicher Tisch aus Herrnbaumgarten (Niederösterreich) zeigt die Verbreitung und weite Gültigkeit solcher Objekte, wie auch die unveränderte Gültigkeit der Frauenfigur in nicht-profanen Bereichen.

Repräsentative Beispiele für Gruben ergab z. B. der Fundort Branč (Nitra/Slowakei, Mitte 4. Jt. v. Chr.), wo sie unweit der Rückseite (= Nordseite) der Häuser festgestellt wurden: spitze Gruben, Tiefe bis 220 cm, aus Lehm und sterilen Lößlagen schichtweise aufgefüllt, mit Scherben, Tierknochen, Holzkohlestücken und Asche als Fundmaterial. Eine enthielt in einer Strate einen ordnungsgemäß deponierten, vollständigen Rinderschädel mit Gehörn. Der Fundort Ossarn (Niederösterreich) lieferte ähnliche Gruben, darin ein Gefäß mit angebranntem Getreide, darauf eine Füllung mit Lehmpflasterung und Feuerspuren. Da man ähnliche Gruben aus dem frühhelladischen Bereich (3. Jt. v. Chr.) kennt, also aus dem Boden, auf dem das Griechentum erwachsen ist, möge Homer, Odyssee XI/24ff. als exemplum illustrativum dienen:

Ich aber zog indessen mein scharfes Schwert von dem Schenkel,
Warf eine Grube dann aus, eine Elle in Länge und Breite,
Schüttete rund um sie eine Spende für alle die Toten . . .
. . . zum Schluß noch streute ich Weißmehl.
. . . Sagte, ich werde die beste Kuh, die noch niemals getragen,
Opfern im Hause, das Feuer ernähren mit edelsten Gaben,
Wenn ich nach Ithaka käme . . .
. . . Jetzt aber trieb mein Befehl die Gefährten, sie sollten die Tiere
. . . Häuten und gänzlich verbrennen . . .

In dieser Beschreibung eines »bothros« erscheinen Opfertier, Grube, Getreide (Mehl!) und Feuer als den Forderungen der Beziehungskriterien genügende Übereinstimmungen mit den neolithischen Befunden.

7. Çatal Hüyük b. Cumra, Türkei: Hausinneres

Verfolgt man nun die ursprünglichen Grundelemente, Frau und Rind, bis in die frühen einschlägigen Zeitstufen, so gibt eine der ältesten stadtähnlichen Siedlungen der Welt, Çatal Hüyük (südl. Zentralanatolien), den umfassendsten Einblick: 10 Schichten, beginnend mit dem 7. Jt. v. Chr., 100 Häuser, davon 50 Räume mit Bemalung und sonstiger Ausgestaltung nicht-profanen Inhalts. Für unser Thema von Belang sind dabei Tierkopfplastiken, überwiegend das Rind, sowie bankförmige längliche Lehmsockel mit in Reihe eingesetzten Rinderhörnern. Dazu aus Gips gearbeitete Frauenfiguren in Geburtshaltung, als ob das Rind das Geborene wäre (Abb. 7). Ein weniger stattliches, aber doch überzeugendes Beispiel für diese Verschmelzung und Gleichartigkeit der Vorstellungen bis Südosteuropa herauf ist die Mischfigur aus Medvednjak (bei Belgrad, Vinča-Kultur, 4. Jt. v. Chr.): ein aus Ton gefertigtes, schwer proportioniertes Rindergehörn mit weiblichen Brüsten auf dem Mittelteil.

Wie aber bereits ersichtlich war, gehen Frau und Rind nicht nur gemeinsame Wege, sondern streckenweise auch getrennt und zeigen eine gleichsinnige Parallelentwicklung. Das Rind erscheint auf Gefäße gemalt (Irak-Syrien, 5. Jt. v. Chr.), als Figur aus Ton (von Nord-Mesopotamien, 5. Jt. v. Chr., bis Mitteleuropa, 3. Jt. v. Chr.), oder verbindet sich mit dem Gefäß zu theriomorpher Gestalt (Nord-Mesopotamien, 5. Jt. v. Chr., bis Mitteleuropa). Diese Kombination, Rind – Gefäß, ist für unser Thema noch weiter unten auszuwerten.

Ähnlich spielt das weibliche Gegenstück zwischen dem 5. und 3. Jt. v. Chr. seine Rolle: als Gefäßbemalungsmotiv kaum, eher als plastische Gefäß-Applikation in Südosteuropa (Rumänien-Ungarn), am meisten aber als selbständige Figur: von fettleibig bis schlank schwankend, zwischen zwei Tieren oder auf einem solchen sitzend (Çatal Hüyük und Haçilar/Türkei, 1. Hälfte 6. Jt. v. Chr.), auf dem Boden sitzend (Irak, 6. Jt. v. Chr.), stehend mit den Händen unterhalb der Brüste oder auf dem Bauch (vom Irak des 5. Jt. v. Chr. bis zum Balkan), mit erhobenen oder seitlich gestreckten Armen (Rumänien bis Mitteleuropa, Ende 4. Jt. v. Chr.), vor allem aber als thronende Frau (Syrien und Türkei, Griechenland, Balkan bis Mitteleuropa). Beispiele des anthropomorphen weiblichen Gefäßes mit den Armen auf dem Unterleib reichen von Griechenland (Korinth, 4. Jt. v. Chr., Rumänien, Ungarn (Kökénydomb/Csongrád, Abb. 8) bis Mitteldeutschland (Erfurt).

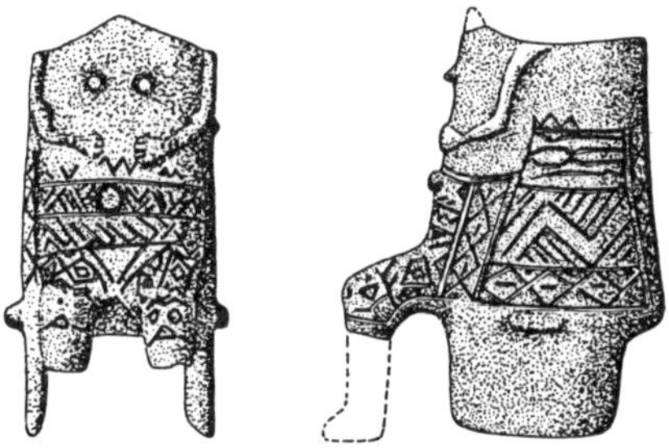

8. Kökénydomb, Csongrád, Ungarn: Frauengefäß

Für das Verständnis dieser Schöpfungen erweist sich von Bedeutung, daß sie in eine Zeit reichen, wo im Zweistromland und in Ägypten die Entwicklung vom Dorfcharakter zur höher organisierten Kultur einsetzt. Die Erfindung der Schrift ermöglicht die Fixierung von tradiertem Vorstellungsgut als Mythos. Der Mythos bedeutet Bewältigung und Ordnung der Vergangenheit, allein schon durch die Benennung, und gibt dem Inhalt eine historische Dimension. Nun erfährt man von der Entstehung z. B. des mesopotamischen Kosmos, vom Ur-Meer, vom Schöpfergott *An* (Himmel), dessen Symbole

Hörnerkrone und Stier sind, von *Inanna-Ishtar,* die zur Himmelsherrin aufrückt und sich mit *An* verbindet: frühe Worte über den Kosmos, dessen Sinnbilder als Bodenfunde längst vorher schon greifbar, aber für uns Heutige nicht benennbar waren.
Um das Bild nicht zu verzerren, sei gesagt, daß die Frau im archäologisch faßbaren Fundgut nicht nur mit dem Stier verbunden erscheint, obwohl diese Kombination die langlebigste und durchschlagendste ist, weshalb sie zum Thema gewählt wurde. Auch Schlange, Kröte und Vogel treten dabei auf, wie diese Tiere untereinander ebenso Verbindungen eingehen können. Die Kombination Vogel – Rind wird uns noch beschäftigen.

9. Kökénydomb, Csongrád, Ungarn: Dreieck mit Gesicht

Mit den bisherigen Ergebnissen gewappnet, läßt sich auch ein auf den ersten Blick nicht sinnfälliger Fund schrittweise erschließen: das stehende Dreieck aus Kökénydomb (Csongrád, Ungarn, Tisza-Kultur, 4. Jt. v. Chr., Abb. 9), mit 48 cm Seitenlänge und einer menschlichen Gesichtsandeutung oberhalb der Basislinie. Parallelfunde ähnlicher Art sind mit gewissen Formvariationen innerhalb der Zeitspanne Neolithikum bis Bronzezeit von Zypern über die Kykladen, Mazedonien, Bulgarien, Jugoslawien bis Spanien verbreitet. Den gedanklichen Anschluß findet man durch den Blick einerseits auf das nun schon mythisch lesbar erschlossene Zweistromland (Siegelbild des Nazimaruttash, 1308-1283: die triangulär dargestellte sumerische Muttergottheit Ninhursag nimmt den Wassergott Enki in ihren Schoß auf, um seine Wunden zu heilen), wie auf die schon weiter oben als exemplum illustrativum bemühte griechische Mythenwelt: die jungfräulich-fruchtbare Artemis (zusammen mit der kuhäugigen (!) Hera und der ein Füllhorn (!) tragenden Themis zum altertümlichsten Bestand des griechischen Pantheon gehörend) wurde in Gestalt eines Konus verehrt:
. . . simulacrum deae non effigie humana, continuus orbis, latiore initio, tenuem in ambitum, metae modo exsurgens et ratio in osbcuro . . .
(Tacitus Hist. II/3)
Oder:
. . . apud Cyprios Venus modum umbilici, vel ut quidam volunt, metae colitur . . .
(Servius, Ad Vergil. Aen. I/724)
Nach alledem wird man bei genügender Vorsicht in dem Triangel von Kökénydomb ein dem nicht-profanen Bereich angehörendes Objekt, ein Symbol für den weiblichen »Inbegriff« sehen dürfen.

Auffällig ist hier überall das weibliche Übergewicht gegenüber dem Männlichen: vom Paläolithikum bis zur mesopotamischen Mythenwelt, wo neben Inanna-Ishtar ihr Geliebter Tammuz im Schatten steht, zeigt auch die neolithische Idolwelt dieselbe Schwerpunktverteilung.

Um so abweichender ist der Fund einer Männerstatuette mit einem sichelartigen Instrument über der Schulter aus Szegvár-Tüzköves (Tisza-Kultur, 4. Jt. v. Chr., Abb. 10). Man erkennt hier ein deutliches Parallel-Motiv zu einer Stelle in Hesiods (um 700 v. Chr.) Theogonie, wo Kronos, Sohn des Uranos und der Gaia, aus Haß gegen seinen Vater und auf Betreiben seiner Mutter, diesen mit einer gezähnten Sichel entmannt (und damit die Trennung von Himmel und Erde vollzieht). Nun erstaunt es wohl nicht mehr, daß die Doppelfiguren der griechischen Mythenwelt wie Hera und Athene, Hekate und Artemis, Demeter und Kore in neolithischen Doppelfiguren ihre gedanklichen und wohl auch spirituellen Vorläufer haben. So gemahnen auch Funde geschwärzter Ton-Idole z. B. aus Chaironaia (Mittelgriechenland) an die sog. Schwarze Demeter in einer Höhle Arkadiens (Pausanias VIII/42), und rot bemalte Idole oder Idolköpfe an den Roten Dionysos von Korinth (Pausanias II/2/6; VII/26/11; VIII/39/6). Die Reihe ließe sich vermehren.

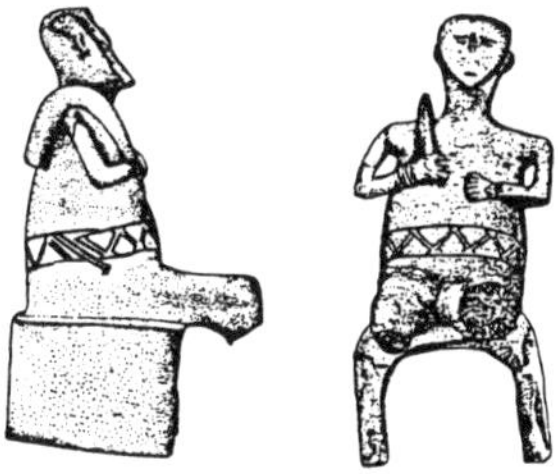

10. Szegvár-Tüzköves, Csongrád: Sitzstatuette mit Sichel (?)

Aus praktischen Gründen muß die Bronzezeit (das gesamte 2. Jahrtausend v. Chr.) des mitteleuropäischen Raumes hier übersprungen werden: parallel zur nahöstlichen Mythenversion scheint sich die Frau endgültig vom Rind als Begleiter zu trennen. Die Zeit ist darstellungsarm und verlagert den spirituellen Schwerpunkt wo anders hin. Aber am Übergang zur frühen Eisenzeit (2./1. Jt. v. Chr.) findet sich der Anschluß mühelos wieder: alte Motive neu belebt und verarbeitet: den Vogel und das Rind, teils selbständig, teils zu Mischwesen verschmolzen, teils als Beiwerk zu den sog. Kesselwagen: kleinen Wagenmodellen aus Bronze mit gefäßförmigem Aufbau, deren Verbreitung von Rumänien (Bujoru: Teleorman) über Bosnien (Glasinac), Ungarn (Szászvárosszék), Südwestböhmen (Milavce) Deutschland (Acholshausen b. Würzburg) und Peckatel/Mecklenburg) bis Dänemark (Skallerup) reicht (Abb. 11). Die nicht-profane Bedeutung der Kesselwagen zeigt sich daraus, daß z. B. die Stücke aus Skallerup und Peckatel aus Gräbern stammen und Leichenbrand enthielten, wie auch – exemplum illustrativum – ein bronzener großer Kesselwagen, ein Meer auf Rädern, mit Rindern und geflügelten

Cherubimen zur Ausstattung von König Salomos Tempel gehörte (1. Buch Könige, 7/23). So ist in dieser Zeit das Rind wieder Leitmotiv, diesmal ergänzt durch Kessel und Vogel. Zum Sinngehalt dieser Kesselwagen findet man schlüsselhafte Hinweise in der Numismatik: Münzbilder aus der Stadt Krannon (Thessalien, 4. Jh. v. Chr.) zeigen einen vierrädrigen Kesselwagen und zwei Vögel (Raben) als Begleiter. Nach Antigonos von Karystos (3. Jh. v. Chr.) wurde bei Trockenheit der Wagen bewegt und der Kessel geschlagen, um von den Himmlischen Regen zu erbitten. Der Kessel war also Auffang- und Bewahrgefäß für lebenspendendes Wasser. Dieses Motiv des lebensspendenden Wassers erscheint bereits in alter Zeit zum Motiv des Unsterblichkeitstrankes überhöht (z. B. im Adapa-Mythos; im Gilgamesh-Epos ist das Lebenswasser durch das Lebenskraut ersetzt).

11. Szászvárosszék/Hunyad, Siebenbürgen: Vogelwagen

So erscheint der Kessel als Trankbehälter mit der Unsterblichkeitsvorstellung behaftet, was nun auch den Kesseln von Peckatel und Skallerup als Knochenbehälter tieferen Sinn gibt. Welche Rolle spielen aber dabei Rind und Vogel? Als Schlüssel dazu nehmen wir ein Beispiel aus der Zeit und Welt der Kelten. Auf dem Silberkessel von Gundestrup (Aars/Jütland, frühes 2. Jh. v. Chr.; gefunden 1891), einem Behälter mit figürlichen Darstellungen auf doppelter Silberplattenbestückung, hat die Analyse der dargestellten Szenen Parallelen zum irischen Epos vom Helden Cuchulainn ergeben, dessen bisher älteste Version aus dem 9. Jh. n. Chr. stammt. Da heißt es im Zuge einer von Cuchulainns Heldentaten:

Es war ein Kessel in der Burg – das Kalb der drei Kühe.
Dreißig Kühe in seinem Schlund, das war keine Last für ihn.
Sie pflegten zum Kessel zu kommen . . . Sie gingen niemals
fort von ihm, bevor sie ihn nicht gefüllt zurückließen.
Viel Gold und Silber waren drin – es war ein herrlicher Fund –
Ich raubte diesen Kessel samt der Tochter des Königs.

Nach einer anderen Version saßen Vögel (!) auf den Ohren der Kühe (!) und sangen beim Füllen des Kessels.

Durch diese Kombination von Rind, Kessel, Vogel – die Frau kommt hier nur versteckt noch dazu – erhellt sich auch der tiefere Sinn zumindest eines

12. Nové Košariská b. Bratislava, Slowakei: Kuhkopfgefäß

Teils der hallstattzeitlichen Motive: Das Gefäß ist Behältnis eines (besonderen) Trankes, kombiniert mit dem uralten Motiv »Rind« und dem Vogel, der Bringer oder Bewacher des Heilstrankes bzw. der Heilsspeise ist. In der Mythenwelt Griechenlands sind diese Motive lebendig: Adler und Tauben bringen Ambrosia, wovon sowohl der schon weiter oben erwähnte Kronos profitiert (Plutarch, De facie lunae, c. 26), wie auch Psyche in Apuleius' »Goldenem Esel«.

13. Čičarovce/Vel'ke Kapusany, Slowakei: Vogel-Rind-Gefäß

Die Kombination oder sogar Verschmelzung Rind-Gefäß-Vogel zu Mischwesen ist im früheisenzeitlich-hallstättischen Kreis häufig: Gefäße mit Kuhköpfen (Abb. 12), solche in Vogelgestalt mit Hörnern (Cičarovce/Slowakei, Abb. 13), Wagen mit Vogelkörpern und Rinderohren (Glasinac/Bosnien). Vorherrschend ist die Darstellung des Rindes in nur symbolischer Gestalt der Hörner (sog. Mondidole, Abb. 14), diese auch kombiniert mit Vögeln (Sopron/Ungarn, Abb. 15). Ab dem 5./4. Jh. v. Chr., nach dem Beginn der keltischen Ära, scheint sich diese Symbolik ziemlich erschöpft zu haben. Zwar tritt der Vogel in der spätest-hallstättischen (Situlen-)Kunst noch vereinzelt auf, aber der große, bisher gewohnte Motiv-Komplex ist dem Blick entzogen und erscheint erst im christlichen Bereich wieder.

Entscheidend ist nun die letzte Frage: ob sich von diesen durch die schriftlose Zeit hindurch verfolgten Elementen etwas im heutigen Zusammenhang mit

14. Sopron-Károlymagaslat, Györ-Sopron, Ungarn: Rinderhorn-Idol

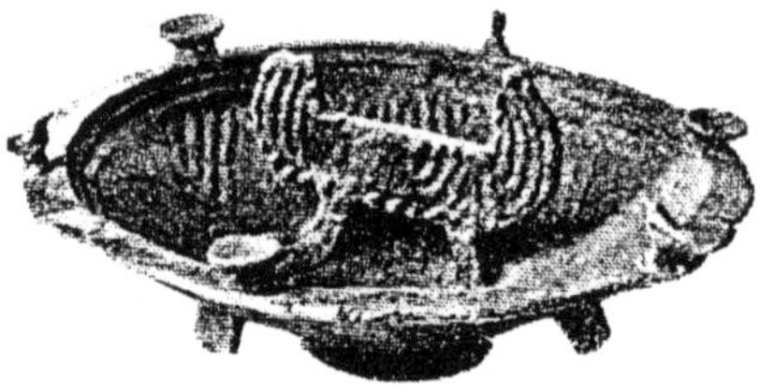

15. Sopron-Várhely, Györ-Sopron, Ungarn: Schüssel mit Rinderhorn-Idol und Vögeln

dem Sakralen so erhalten hat, daß man rückläufig nun den interpretativen Anschluß an die Urzeit und gleichzeitig damit die Antwort auf die im Titel gestellte Frage erhält.

Auffallend ist die Aufnahme uns nun wohlbekannter Motive und Elemente in die christliche Welt, vor allem des Behälters des Lebenstrankes, vom heiligen Gral bis zum Meßkelch reichend, vielfach auch durch den Lebensbaum ergänzt, der durch Anreicherung aus der östlichen orphisch-dionysischen Mysterienlehre der Spätantike sich zum Weinstock gewandelt hat. Die oben gestreifte Trennung von Frau und Rind erscheint in der katholischen Kunstthematik überwunden: die Gottesmutter Maria steht auf einer nach oben geöffneten Mondsichel, dem anderen Aspekt des Rindes – eine symbolhafte Parallele zum paläolithischen Steinrelief von Laussel, von dem wir ausgegangen sind. Dem Zweifel – Zufälligkeit oder gehaltlose Motivkontinuität – kann man begegnen: in genügend vielem Erzählgut ist die Erinnerung an sogar ältesten Gedankenschatz lebendig bewahrt. Wie im Grimm'schen Märchen vom Machandelbaum das Brüderchen aus seinen Knochen wiederersteht, oder wie es im Alten Testament heißt: Ihr dürren Gebeine, höret das Wort Jahwehs: Siehe ich gebe euch Odem, daß ihr lebendig werdet (Ezechiel 37/4), so wußte offenbar auch der Moustérien-Mensch vom Drachenloch ob Vättis um die Lebenskraft der Knochen, als er die Höhlenbärenschädel opfernd deponierte.

Die »Religiosität« des Menschen kann man nun bis in die mittlere Altsteinzeit begründet annehmen. Nur die Frage nach dem »Glauben«, dessen Gestalt und Werden, ist (noch) ungelöst. Auch dem archaisch-urzeitlichen Menschen war die Erfahrung des Endlichen in Raum (Umgebung) und Zeit (Geburt und Tod) bekannt. Ob er aber das dieser Endlichkeit zugrunde liegende Unendliche denkerisch erfassen konnte, wissen wir nicht. Möglicherweise hat er, dem das Unendliche seinem Inhalt nach unbegreiflich war, eine begreifbare Verendlichung versucht und in seinen Statuetten und Idolen gefunden, ebenso wie die Totenfürsorge innerhalb der Vorstellung des Leiblichen blieb.

Die physische Entwicklung des Menschen ging über evolutive Stadien. Die Entfaltung der materiellen Kultur verlief mutatis mutandis ähnlich. War aber das Innewerden der eigenen Kreatürlichkeit, das Empfinden oder Denken des Abhängigseins von Höherem, die Erfahrung des »Ganz-Anderen« das Ergebnis eines progressiven Reifeprozesses aus einem dämmerhaften »archaisch-uroborischen« Zustand, oder das einer Spontangenese? Auch diese Frage nach dem Anfang ist noch offen.

Anmerkung

Wegen des Umfangs einschlägigen Schrifttums und zur Vermeidung willkürlicher Auswahl wird hier auf Literaturangaben verzichtet.
Abbildungen nach Hampel, Mellaart, Müller-Karpe, Nagy, Pichlerová.

Walter Hirschberg

Vergegenständlichungen des Geistigen im Bereiche der Sachkultur

Ausgehend von Hans Freyers »Theorie des Geistes« (Leipzig 1923) versuchte seinerzeit Walther Schmied-Kowarzik in seiner Arbeit »Die Objektivationen des Geistigen. Der objektive Geist und seine Formen« (Leipzig 1927) der von Hans Freyer vorgenommenen »Gliederung all der mannigfaltigen Gebilde, die die Welt des objektiven Geistes in sich begreifen«, durch eine »Neugruppierung und Ergänzung eine systematische Form zu geben«. (1927, 3) Da sich die Werkzeug- und Gerätekunde (Ergologie) in der Völkerkunde als die Lehre von Form und Anwendung der auf dem Wege technologischer Arbeitsgänge entstandenen Produkte versteht, in der Regel jedoch von einer Einbindung sozialer und funktionaler Aspekte, geschweige von solchen geistiger Natur, kaum die Rede ist, erscheint es um so naheliegender, diese bedeutsame Betrachtungslücke beseitigen zu wollen.

Als ein »Teilstück aus einem zweckmäßig gerichteten Zusammenhang« fordert das *Gerät* eine »Erfüllung seiner Sinnintentionen durch hinzutretende Akte der *Verwendung«* – meinen H. Freyer und W. Schmied-Kowarzik. (1927, 7) »Nur der Ausdruck ›Gerät‹ zielt ausschließlich auf ein stoffliches Erzeugnis, auf ein außerhalb des Menschen gelegenes Mittel für seine Zwecke. Aber im Grunde ist das Gerät nach Freyers eigener Definition nichts in sich Abgeschlossenes, für sich selbst Verständliches; es ist ein ›Teilstück aus einem zweckmäßig gerichteten Handlungszusammenhang.‹« (1927, 15) »Handhabungsgeräte« – schreibt W. Schmied-Kowarzik (1927, 20) – »wie das Ruder, das Schwert, der Hammer, die Zange, der Pflug, der selbstgezogene Wagen werden gebraucht, indem die menschliche Arbeitskraft die Geräte betätigt. Selbstverständlich werden in diesen Geräten bestimmte Kräfte und Wirksamkeiten vorausgesetzt: die Schwere, Kohäsion, Undurchdringlichkeit, Elastizität usf.« (1927, 20) Wo alte Handwerkskunst noch lebendig geblieben ist, dort ist das Gerät (das Werkzeug) die verlängerte Hand des Meisters; Hand und Gerät sind eins geworden, und nur schwer trennt sich der Meister von seinem alten und ihm liebgewordenen Werkzeug. Im Jahre 1952 wies der Volkskundler Leopold Schmidt in seiner Arbeit »Gestaltheiligkeit im bäuerlichen Arbeitsmythos« auf die Gefahr hin, die seiner Meinung nach in der Spaltung zwischen Geistiger Volkskunde und Sachvolkskunde vorauszusehen war, denn es wurden Zusammenhänge zerrissen, die »als solche wichtiger als die Einzelheiten hüben und drüben sind«. Es müßte daher die Aufgabe der Volkskunde sein – meinte Leopold Schmidt – von sich aus die Einheit wiederherzustellen und den Primat der geistigen Grundlagen, wie sie ihn seit mehr als einem Jahrhundert herausgearbeitet hat, wieder in den Vordergrund zu stellen und die Sachvolkskunde nach-

drücklich auf die Bedeutung der volkstümlichen Geistigkeit, insbesondere des gesamten Volksglaubens in allen seinen Erscheinungsformen hinzuweisen. Es war dies der Weg, der von Jacob Grimm über Wilhelm Mannhardt u. a. zu Viktor Geramb, Adolf Spamer und Karl Spieß führte, ein Weg, der die Einheitlichkeit der Disziplin aus dem Geiste der Grundanschauung heraus immer wieder betonte und dementsprechend die geistige Volkskunde und Sachvolkskunde – sprich: Ergologie – fruchtbar miteinander zu verbinden wußte. Leopold Schmidt versuchte in der genannten Arbeit anhand der Ernteschnittgeräte Sichel und Sense den eingeschlagenen Weg weiter zu gehen, um zu sehen, auf welche Weise sich die beiden Erntegeräte in den Jahrtausenden für den arbeitenden Menschen als *Sinnbild* verselbständigt haben, indem sich das bäuerliche Arbeitsgerät dann als geistige Wesenheit zeigt. »Die Sichel ist so lange, so intensiv Arbeitsgerät, daß sie dann Gegenstand der Magie, des Mythos, des Kultes erscheint, kurz, eben zur *geistigen Gestalt* erhoben ist.« (Schmidt 1952, 4) Wenn L. Schmidt in diesem Zusammenhang von einer *»Gestaltheiligkeit«* sprach, kam es ihm darauf an zu zeigen, daß die sachlichen Gegenstände der Volkskultur genauso geistige sind, wie die ihrem Wesen nach schon so bezeichneten, also die des Glaubens, des Brauches und der Volkskunst.
In die gleiche Richtung zielten bereits 1927 die Worte W. Schmied-Kowarziks, wenn er meinte, in dem von ihm aufgestellten System von Objektivationen des Geistigen: »Gerät, Gebilde, Zeichen und Abbild« wäre auch mit verschiedenen Mischformen zu rechnen, zu denen er beispielsweise das Magische zählt: »Der Sinn des Magischen ist niemals sinnlich anschaulich verständlich, wie das einfache Gerät im Gebrauch, oder Gebilde und Abbild. Er bedarf immer des Zeichens. Er enträtselt sich uns im Grunde nur durch sprachliche Mitteilung. Die magische Handlung und der magische Gegenstand haben im Glauben des primitiven Menschen eine unsichtbare, unwahrnehmbare Wirkungsmacht, die aber tatsächlich niemals objektiv wird; nur die ›Erfolge‹ dieses geheimnisvollen Wirkens werden objektiv. Diese magische Bedeutung kann uns also nur durch das Zeichen, durch Sprache und Schrift zur Auffassung gebracht werden.« (Schmied-Kowarzik 1927, 29)
Vor ganz ähnliche Probleme, wie sie hier von L. Schmidt für die Volkskunde zitiert wurden und auf die W. Schmied-Kowarzik in seiner Schrift »Die Objektivation des Geistigen« hingewiesen hatte, sieht sich auch die Ergologie in der Völkerkunde gestellt, auf die im folgenden näher eingegangen werden soll. Mit nur wenigen Ausnahmen bedachte bisher die völkerkundliche Sachforschung oder Ergologie der glaubens- und brauchmäßigen Bindungen ihrer Objekte, am allerwenigsten aber dann, sobald es sich »bloß« um ganz gewöhnliche Arbeitsgeräte des alltäglichen Lebens handelte. Es erscheint daher angebracht, anläßlich des 100. Geburtstages des am 24. Juli 1958 in Mödling verstorbenen Kollegen Walther Schmied-Kowarzik von neuem die

Aufmerksamkeit auf das auch in der Völkerkunde nur stiefmütterlich behandelte Thema zu lenken. Eine dieser Ausnahmen bildet die heute mehr oder weniger in Vergessenheit geratene Arbeit von Willy Schilde (Die afrikanischen Hoheitszeichen, in: Zeitschrift für Ethnologie 1929). »Die Völker kennen Abzeichen zu den verschiedensten Zwecken ihrer sozialen Gliederung. Sie können Geschlechts- und Altersunterschiede, Beruf und Rang, Tapferkeit, Mutterschaft, selbst seelische Zustände bezeichnen.« Mit diesen einleitenden Worten ging Schilde an die Arbeit und behandelte die Themen: Korpulente und langnägelige Herrscher, Frisur und Bart, verschiedene Körperverunstaltungen, den Schmuck am Körper, das Material des Schmuckes, zusammenfassende Betrachtungen über den Schmuck, Kopfputz und Kopfbedeckungen, Fellkleidung, sonstige Kleidung, Zepterstäbe und Keulen, Waffenzepter, Wedel und Fächer, Matte, Thron, tragbare Throne und Ähnliches, Musikinstrumente, verschiedenartige Abzeichen und eine Zusammenfassung des Ganzen. Ein jedes dieser Themen überrascht durch seine Fülle an dargebotenen Beispielen, und es wäre ein aussichtsloses Beginnen, all diesen Beispielen auch nur andeutungsweise gerecht werden zu wollen. Begnügen wir uns zunächst mit den *»Zepterstäben und Keulen«.*

Ernüchternd wirkt es auf den Leser, wenn er in dem von A. Janata und mir herausgegebenen Buch »Technologie und Ergologie in der Völkerkunde« (Berlin 1980[2]) erfährt, daß der Ausdruck *Keulen* als Überbegriff für eine Anzahl verschiedener Schlagwaffen für den Nahkampf diene; so z. B. Keulen, die einen eigenen, ausgeprägten Hebelarm besitzen, der Kolben genannt wird. Die Probleme, die bei der Herstellung dieser Waffen auftreten, bestehen in der Verbesserung der Schlagwirkung und der Vereinfachung der Handhabung (Ausgestaltung des Griffteils). Eine Verbesserung der Schlagwirkung kann erzielt werden durch Verlagerung des Schwerpunkts und Armierung mit Keilen, Spitzen und Dornen.

Kein Zweifel besteht darüber, daß die Keule oder der Stock in der Hand des Jägers oder des Kriegers einst eine überragende Bedeutung besaß, und es darf uns nicht wundern, wenn schließlich Stab, Stock oder Keule zum Zepter des erfolgreichen Kriegers wurden, der die Herrschaft für sich in Anspruch nahm. Jedenfalls ist die Keule eine uralte Waffe, die sich z. B. als Zepter der Pharaonen bis in die jüngere Zeit erhalten hatte. Das Zepter ist eines der gebräuchlichsten Hoheitsabzeichen, und es mangelt nicht an Versuchen, seine Bedeutung und Herkunft zu erklären. War Gerland (1902) z. B. in einem Aufsatz »Zepter und Zauberstab« bemüht, im Stab selbst die Darstellung und Verkörperung eines Gottes oder göttlichen Wesens und vornehmlich die Verkörperung des Schutzgeistes des betreffenden Trägers zu sehen, so sah W. Schilde (1929) in seiner Arbeit im Ahnenkult eine viel bessere Deutungsmöglichkeit: »Gräber werden gern durch Stäbe markiert« – schreibt Schilde – »und diese wieder durch Schnitzereien als Darstellungen der Ahnen

öfter deutlich gemacht, als nur an den bekannten Stellen in Nordadamaua und bei Bongo nebst Nachbarn« (Schilde 1929, 84) Von den vielen Beispielen, die Schilde bringt, wäre der Bericht des Missionars J. Irle (1906) besonders hervorzuheben, wenn er von den ozohongue, kleinen, 20 cm langen Stäbchen aus dem Holze des Omuvapu-Baumes bei den Herero schreibt: »Ist der heilige Baum den Herero der Repräsentant der ältesten Urahnen, so versinnbildlichen die heiligen Stöcke, die Ozohongue, Zweige des Omuvapo (Rosinenstrauches), die Ahnen. In jedem Häuptlingshaus befindet sich ein Bündel dieser etwa 20 cm langen Stäbchen. Beim Tode des letzten Häuptlings wurden sie mit einem gewissen Teil des heiligen Stieres (Omusisi), der aus diesem Anlaß geschlachtet wurde, umwickelt. Jedes dieser Stöckchen stellt einen Ahnen dar; bei jeder richtigen Opferhandlung finden sie Verwendung. Sobald wieder ein Stammeshäuptling stirbt, wird ein neues Stäbchen dem Bündel zugefügt.« (Irle 1906, 77) Zu den heiligen Dingen der Herero gehörten auch ozondume, (Sing. ondume). »Der ondume ist der Stock von einem kleinen omumborombanga-Bäumchen« – schreibt Irle – »den der Häuptling oder Vater eines Stammes in seinem Leben gebraucht hat. Mit ihnen wird das heilige Feuer, wenn es einmal erloschen ist, neu angedrillt. Diese ozondume repräsentieren mit den ozohongue, beide aus dem Opferbusch (omuvapu) geschnitzt, die Ahnen des Stammes.« (Irle 1906, 79) An der Loangoküste (Kongo) war ein langer, geschnitzter oder umflochtener Stab das Abzeichen des Fürsten und zugleich auch ein Ahnenstab, der in der Familie weitervererbt wurde.
Die von einer Menschen- oder Tierfigur gekrönten Zepter- oder Häuptlingsstäbe waren für Schilde der deutliche Beweis für einen Zusammenhang zwischen Zepter und Ahnenkult. Es erübrigt sich hier weitere Beispiele zu bringen, sie können leicht bei Schilde in der Zeitschrift für Ethnologie nachgelesen werden. Was aber für das Zepter gilt, galt für Schilde im Prinzip auch für die Keule. Sie könnte seiner Meinung nach für ein Bindeglied angesehen werden, denn sie fände sich als ein Zepter in der Südsee, und wir erinnern uns auch an die mit einem Steinknauf bewehrte Keule der Pharaonen. »In Europa« – schreibt W. Schilde (1929, 90) – »hat eines der ältesten, das von Ungarn, die Form, wie sie als Kriegswaffe von ungarischen und siebenbürgischen Adligen verwendet wurde. Sie ist sicher in vielen Fällen der zur Waffe umgestaltete Ahnenstab, da dessen Ausschmückung eine keulenförmige Verdickung an einem Ende zur Folge hat.«
Ein weiteres Beispiel: *Lanze und Speer.* »Den Dolchen und insbesondere *Lanzen* als Stichwaffen entsprechen die *Speere* und Pfeile als Projektile. Eine eindeutige Trennung zwischen Speer und Pfeil ist nicht möglich. Mit Speer assoziiert man im allgemeinen größere Länge, Wurf mit der Hand oder Schleudervorrichtungen und Fehlen einer Befiederung, mit Pfeil hingegen kleinere Länge. Beschleunigung durch Schußvorrichtungen und Befiede-

rung« – soweit der Ergologe in der Völkerkunde (W. Hirschberg/A. Janata, Technologie und Ergologie in der Völkerkunde, Berlin 1980[2], 193). Ähnlich wie Keulen sind auch Lanze und Speer das Zepter der Kriegshäuptlinge. Zwar werden auch da und dort Bogen, Pfeil und Köcher den Häuptlingen als Insignien überreicht – so etwa nach Ibn Batuta im alten Mali-Reich –, doch behaupten Lanze und Speer den Vorrang als Hoheitszeichen. »Es versteht sich von selbst, daß eine Lanze, die sich seit Generationen in der Dynastie vererbte, in besonderem Ansehen steht und einem heiligen Gerät gleichgeachtet wird, wenn sie angeblich oder tatsächlich vom Reichsgründer gebraucht worden war. Zwei Hellebarden und neun Lanzen waren alte Königsreliquien in Bueni«; wobei in den alten Bereichen sicherlich nicht so streng zwischen Lanze, Speer und Hellebarde unterschieden wurde wie heute in der Ergologie. Und weiter heißt es bei Schilde, der heilige Speer der Bor-Regenmacher wäre vom Ahnengeist besessen gewesen und wurde wie bei den Nuern, Bari, Lango, Nuba in Unjoro und Ankole in einer Hütte aufbewahrt; in einer Art »Schatzkammer« können wir nach unserem Sprachgebrauch sagen. In Urundi, Rwanda und Ankole wurde er zum Kultgerät bestimmter Geheimbünde mit einem Urahnen, einem Heros an der Spitze. Die Schilluk setzten den heiligen Speer der Sonne nicht aus, umhüllten ihn sorgsam mit Matten und stellten ihn nach dem Tode des Königs in seinem Tempel auf. »Man schwört bei ihm und braucht ihn bei allen möglichen Riten in Ostafrika und besonders bei den Niloten im oberen Nilgebiet«. (Schilde 1929, 92) Ein Zweizack ist oder war das Zepter der Herrscher von Kaffa, in einem der historischen Königreiche im südlichen Äthiopien, und auch Hartmann (1883/84) weiß von sonderbaren gabelförmigen Lanzen als Abzeichen von Priestern, Regenmachern und Häuptlingen in Äthiopien und Uganda zu berichten.

Das Wurfmesser: »Für einen nur in Afrika auftretenden Wurfwaffentyp hat sich der unglückliche *Ausdruck Wurfmesser* eingeführt« – heißt es in der Ergologie (Hirschberg/Janata 1980[2]). »Es handelt sich hier aber nicht um einen flachen Keil mit einer Schärfe, sondern um eine formal viel komplexere Waffe. Von einem kurzen Griff geht eine gerade oder leicht gekrümmte Längsachse aus, aus der eine wechselnde Anzahl messer-, dolch-, sichel und säbelartiger Klingen entspringt. Man unterscheidet u. a. einen Vogeltypus . . .« usw. (1980[2], 188) »Während die Waffe im Tschadseegebiet und in Tibesti in weniger komplizierten Formen tatsächlich im Gebrauch steht, hat sie im Kongo bemerkenswerte Formwucherungen durchgemacht und dient hier nur noch als Prunk- und Drohwaffe. In dieser wie auch in formaler Hinsicht folgt das Wurfmesser ähnlichen Tendenzen wie die eurasischen Stangenwaffen.« (Hirschberg/Janata 1980[2], 189)

Wir erinnern uns an das berühmte Werk von Georg Schweinfurth »Im Herzen von Afrika« (Leipzig 1978), an den durch ihn gleichfalls berühmt gewordenen König Munsa der Mangbetu in Zaire, von dem Schweinfurth ein so hervorragendes Porträt entwarf, daß wir es nicht versäumen wollen, es in vollem Wortlaut wiederzugeben. »Ein imposanter Federhut beschattete das Haupt und saß über 1,5 Fuß hoch auf der Höhe des Scheitels, indem derselbe, wie es die Monbuttumode vorschreibt, den oberen Teil des Chignos deckte. Dieser Hut bestand aus einem schmalen Zylinder von feinem Rohrgeflecht und war außen mit drei Etagen von roten Papageifedern besetzt, große Federbüschel derselben Art krönten die Spitze. Einen Schirm hatte der Hut nicht, wohl aber war vorn über dem Scheitel, eine Art Schirmwehr am Normannenhelme, das erwähnte halbmondartige Gebilde aus Kupfer angebracht. Die durchbohrten Ohrmuscheln trugen fingerdicke Kupferstäbe. Am ganzen Leib war der König mit der landesüblichen Schminke von Farbholz eingerieben, welche seinen ursprünglich hellbraunen Körper die antike Färbung pompejanischer Hallen verlieh. Seine einzige Kleidung, gleichfalls durch nichts von der allgemeinen Mode des Landes abweichend, nur von ausgesuchter Eleganz und Feinheit, bestand in einem großen Stück aufs sorgfältigste verarbeiteter Feigenrinde, welche mit demselben Farbstoff imprägniert war, der als Schminke diente, und umhüllte in äußerst kunstvollem Faltenwurfe den halben Körper, Kniehosen und Leibrock zugleich darstellend. Fingerdicke stielrunde Riemen von Büffelhaut, welche im Schoße zu einem kolossalen Knoten verschlungen waren und an den Enden schwere Kupferkugeln trugen, hielten als Gürtel das schönbesäumte Rindenzeug an den Hüften zusammen. Um den Hals hing ein feingegliederter Kupferschmuck, der einen Strahlenkranz über die ganze Brust warf, und an den nackten Armen waren sonderbare, mit Ringen beschlagene Zylinder befestigt, ähnlich den Trommelschlägeln, welche ein Tambour an sich trägt. An den Gliedmaßen des Unterarms und des Schienbeins wanden sich spiralige Kupferringe hinauf, und unter dem Knie hatte man je drei glänzende hornartige, aus Hippotamushaut geschnittene und gleichfalls kupferbeschlagene Ringe befestigt. In der Rechten schwang Munsa als Scepter seiner Würde den sichelförmigen Monbuttusäbel, an diesem Platze eine Luxuswaffe von purem lauterem Kupfer.« (G. Schweinfurt 1878)

»Die ganze ›Heiligkeit‹ der bäuerlichen Arbeit wäre in Frage gestellt, wenn ihre Geräte reine Zweckdinge wären« – meinte weiland Leopold Schmidt (1952) und dachte dabei an Sense und Sichel. Ähnliches gilt aber auch für die Hacke in Schwarzafrika. Sie ist beispielsweise im Sambesi-Angolagebiet zu einem Symbol weiblicher Tätigkeit auf dem Acker geworden. »Als solches treten auch Zierformen, die bei Tänzen getragen werden (Lala, Lenje, Totela, Coke usw.) oder Miniaturexemplare bei Kultvorführungen (etwa bei den Tänzen zur Austreibung von Dämonen bei den Cokwe) auf. In den Gebieten mit ausgesprochener Frauenfeldarbeit, denen die Sambesi-Angolavölker wenigstens zum großen Teil angehören, ist die Hacke ja ein ausgesprochenes Weibergerät, das der Mann nur ungern in die Hand nimmt« – schreibt H. Baumann (1944, 214/216). »Gut gekennzeichnet« – heißt es dann später in seinem Lunda-Werk (1935, 507) in einer Anmerkung dazu – »wird das schon durch die Tatsache, daß im Wahrsagekorb ein kleines Hackenmodell vorkommt, das in bestimmter Lage angibt, daß einer Frau bei der Feldarbeit etwas zustoßen wird.«

Sah weiland Gerland (1902) das »Zepter als ein Kind des Zauberstabes« an (zit. nach Schilde 1929, 83), so vermutete W. Schilde, den Spuren von Heinrich Schurtz folgend, für die Erklärung der »Bedeutung und Herkunft« der Zepterstäbe weit bessere Anknüpfungspunkte im Ahnenkult zu finden. H. Schurtz zitierend schreibt er: »Wie sich nun im Kriegshäuptling zuletzt die ganze Macht der Männergesellschaft vereinigt, so geht auf ihn auch jene unheimliche Gabe über, die Geister zu beschwören, er ist zugleich Herrscher und Priester und verdoppelt auf diese Weise seinen Einfluß . . . Der Zauber ist in den Augen der Naturvölker keine rein geistige Eigenschaft, sondern haftet an gewissen Gegenständen, wie den Ahnenfiguren. Es sind das gewissermaßen erbliche Zaubermittelt. In kultivierten Fällen treten an ihre Stelle Waffen und Schmuckstücke, die dann auch einen gewissen heiligen Nimbus haben, so die Zepter . . .« (W. Schilde 1929, 84).

In einer 1958 abgeschlossenen, aber erst 1974 posthum erschienen Arbeit »Frühe Sinnbilder des Kosmos. Gotteserlebnisse und Welterkenntnis in der Mythologie« geht Walther Schmied-Kowarzik in der Deutung von Zepter und Lanze noch weiter und sieht darin Sinnbilder der kosmischen Himmelsachse, die Himmelspol und Erde miteinander verbindet und um die sich alle Gestirne bewegen. Von den vielen Bezügen aus Mythen-Überlieferungen, die er zur Abstützung dieses Deutungsversuches zusammenträgt, sei hier nur sein Verweis auf China zitiert: »In China leitete der Kaiser seine Macht vom himmlischen Herrscher im Zentrum der Welt (dem Himmelspol des Nordens) ab. Die irdische Ordnung war Abbild der kosmischen Ordnung. Das Tao des Himmels und das Tao der Erde waren durch die Achse der Welt miteinander verbunden. Das königliche Zepter war Symbol für die Achse der Welt . . . Die Eingliederung des Menschen in diese kosmische und irdische Ordnung gewährleistete die Harmonie auch des gesellschaftlichen Lebens. Der Mensch wußte sich hier durchaus an der allgemeinen Ordnung und Gesetzmäßigkeit mitverantwortlich.« (W. Schmied-Kowarzik 1974, 56f.).

Wir können hier nicht auf diese Deutungen weiter eingehen. Es galt nur zu zeigen, wie sich Gegenstände des alltäglichen Gebrauches (Geräte, Werkzeuge) mit Geistigem (Sinndeutungen des Kosmos, des Sozialen und Psychischen) zu unlösbaren Einheiten verschränken können, denen wir dann nicht gerechtwerden, wenn wir die Gegenstände nur auf ihre engeren Anwendungsfunktionen, getrennt von den mit ihnen verwobenen Sinngehalten, beziehen. Die Magie – so schreibt H. Biedermann (1979) – »ist symbolkundlich deshalb belangvoll, weil in ihr ein Denkstil aktiv wird, der ein gleichnishaftes Handeln ohne Kausalmechanismus als wirksam erlebt. Sie ist die praktische Manifestation einer Geisteshaltung, in der ein ›wie hier, so dort‹ als zwingend empfunden wird, um nicht nur mit Hilfe der mantischen Disziplinen aus beobachtbaren Details der Umwelt auf größere Korrespondenzen Schlüsse zu ziehen, sondern die auch den Magier selbst in die Lage versetzen soll, aktiv in den Weltlauf einzugreifen und Natur und Übernatur mit Hilfe einer überlieferten Technik zu beeinflussen.«

Verwandt mit dem Denkstil der Magie ist der von Arnold van Gennep (1873–1957) in die Literatur eingeführte Begriff des sogenannten Dynamismus (von griech. dynamis = Kraft), d. h. der Glaube an das Vorhandensein und das Wirken einer unpersönlichen Kraft, die in allen Gegenständen, aber erst recht in jedem Tier und Menschen vorhanden ist. »Der Mensch ist dieser Kraft ausgesetzt, aber er kann sie durch magische Praktiken und Riten manipulieren und zu seinem Vorteil nutzen. Es ist deshalb sehr wahrscheinlich, daß gerade der Kraftglaube das magische Denken und die magischen Praktiken förderte.« (Thiel 1984, 60/61)

Es erscheint naheliegend, daß hochgestellte Persönlichkeiten (Häuptlinge, Priester usw.) über weit mehr Kräfte verfügen als niedere, und es entspricht dynamistischem Glauben, daß jene Kräfte oder auch Lebenskräfte auf Gegenstände (Kleider, Geräte, Werkzeuge und dergleichen) übergehen, mit denen die kraftgeladene Persönlichkeit in Berührung stand oder diese nutzte. Hatten wir zu Beginn unserer Betrachtung das Werkzeug in der Hand des Meisters als seine verlängerte Hand bezeichnet, dann ist es entsprechend dem dynamistischen Glauben nach auch verständlich, daß er sich nur schwer von seinem gewohnten Werkzeug zu trennen vermag. Ein Stück von ihm selber steckte darin und war Sinnbild seiner Persönlichkeit.

Literatur

Hermann Baumann, Bei Bauern und Jägern in Inner-Angola, Berlin 1935.

Hermann Baumann, Zur Morphologie des afrikanischen Ackergerätes in Wiener Beiträge zur Kulturgeschichte und Linguistik, 6 (1944).

Hans Biedermann, Magie, in: M. Lurker (Hrsg.), Wörterbuch der Symbolik, Stuttgart 1979.

Walter Hirschberg / Alfred Janata (Hrsg.), Technologie und Ergologie in der Völkerkunde, Berlin 1980².

J. Irle, Die Herero, Gütersloh 1906.

Willy Schilde, Die afrikanischen Hoheitszeichen, in: Zeitschr. f. Ethnologie (1929).

Leopold Schmidt, Gestaltheiligkeit im bäuerlichen Arbeitsmythos, Wien 1952.

Walther Schmied-Kowarzik, Die Objektivationen des Geistigen. Der objektive Geist und seine Formen, Leipzig 1927.

Walther Schmied-Kowarzik, Frühe Sinnbilder des Kosmos. Gotteserlebnis und Welterkenntnis in der Mythologie, Ratingen/Kastellaun 1974.

Franz Josef Thiel, Religions-Ethnologie, Berlin 1984.

Hans Manndorff

Weltbild und Bauformen einer frühen Kultur: Götterberg und Tempelturm der Khmer in Südostasien

Sehr sinnvoll erscheint es mir, den zweiten Teil dieses Symposions im Museum für Völkerkunde abzuhalten, da Prof. Dr. Walther Schmied-Kowarzik in seinen Forschungen und Publikationen sich mit Themenkreisen befaßt hat, die in das Gebiet der Völkerkunde, der Kulturanthropologie, der Vergleichenden Religionswissenschaft, der Religionsgeschichte und der Mythologie fallen. Als Direktor dieser Institution möchte ich versichern, daß es uns eine Auszeichnung ist, diese Tagung zu seinem Gedenken auch bei uns zu beherbergen, und bei der Auswahl des Themas zu meinem Vortrag ist er sicherlich geistig Pate gestanden, da ich aus den seinerzeitigen Gesprächen mit ihm sein tiefgehendes kulturphilosophisches Interesse an den Bereichen der Kosmologie und Mythenforschung erlebt habe.

Ich habe deshalb als Beitrag zu diesem Symposion ein Thema gewählt, von dem ich sicher bin, daß es in den engsten geistigen Interessensbereich von Prof. Walther Schmied-Kowarzik fällt, nämlich den Zusammenhang von Architekturformen, Kultbauten, Tempel- und Stadtanlagen mit dem Weltbild, der Kosmologie und Kosmogonie einer frühen Kultur. Ich führe Sie in eine Region, mit der ich mich als Ethnologe und Kulturhistoriker seit Jahrzehnten befasse, nach Indien und Südostasien – in eine historische Epoche, die vom 7. bis zum 14. Jahrhundert n. Chr. reicht – zum Tempel Angkor Wat und in die Königsstadt Angkor Thom. In diesen Tempel- und Stadtanlagen offenbart sich der Versuch einer Verbildlichung der Sinnbilder, die für diese Kultur als Leitideen galten, als geistige Quelle und religiös-mythologischer Hintergrund, und somit eigentlich auch als eine »Objektivation des Geistigen« zu verstehen sind.

Angkor Wat ist, architektonisch gesehen, eine dreistufige Pyramide, und jede Stufe ist umgeben von einer Galerie mit Türmen an den Ecken und Pavillons in der Mitte jeder Seite, also auf der Achse der Treppen. Die Handhabung der Perspektiven ist derart, daß man zu dem Schluß kommen kann, daß man schon damals die gesamte Geometrie des Raumes beherrschte. Denn man hatte erkannt, daß man, um ein Bauwerk in seiner ganzen Weite überblicken zu können, ein zweifaches von seiner größten Dimension zurücktreten müsse. Die Basis mißt 215 × 197 m und die Höhe des Hauptturmes 65 m. Vom Hauptportal führt eine 350 m lange Fliesenstraße, umsäumt von einer Naga-Balustrade (eine mythische Schlange darstellend, in Gestalt einer Kobra mit aufgeblähter Haube). Von dieser Stelle wird man des gesamten Tempels zum erstenmal ansichtig.

Eine gewaltige Arbeitsleistung steckt in diesem Bauwerk, ebenso eine umsichtige Organisation bei der Beschaffung von Material und Transportmitteln, aber wenn wir es vom Geistigen her sehen, eine der großartigsten schöpferischen Leistungen der Menschheit in der Beherrschung und Überwindung der Schwerkraft der Materie. Es ist echte Kunst, ein Versuch des geistigen Nachvollzuges des göttlichen Schöpfungsaktes! Die gesamte Architektur weist auf ein Zentrum, auf ein Allerheiligstes, auf ein Symbol hin, auf eine Bildhaftmachung des Sinnbildes, nämlich auf den zentralen Tempelturm. Und dieser Tempelturm ist in diesem Weltbild das sichtbare Abbild des Göttersitzes, und zwar des Götterberges Meru.

Das ist es, worum es hier geht! Der Weltberg Meru ist der mythologische Berg in der Theogonie der Hindu, der »Nabel der Welt«, die Residenz der Götter. Die Birmanen nennen ihn Mien-mo, die Siamesen nennen ihn Simeru. Er wird von Angehörigen verschiedener Völker und Sekten nicht immer ganz gleichartig beschrieben. Es heißt, auf seinem Gipfel sei Kailasa, der Himmel Shiwas, auf einem anderen Gipfel Swarga, das Paradies Indras. Der Weltberg Meru tritt in den Traditionen der alten Hindu immer wieder als Sitz der Götter auf, häufig ist das Hochland von Pamir als das Land genannt, das um den Götterberg liegt. Meru bedeutet die irdische Verköperung des Himmels, sein Symbol in der Architektur ist eben der Tempelturm.

Der Tempelturm versinnbildlicht den Göttersitz. Im alten Kambodscha wurden die Tempel ganz allgemein als Giri, Berge, bezeichnet. Das läßt ihre Bedeutung als Weltbergsymbol klar hervortreten. Und dieser gesamten Architektur liegt ein Weltbild zugrunde, eine geistige religiöse Konzeption, die in den Bauformen ihren Ausdruck fand. Aber nicht nur im Tempel Angkor Wat sondern auch im Stadtbild von Angkor Thom, auch im Königshof, auch in der magisch-religiösen Sanktionierung der Ansprüche des Königs, der rituellen, zeremoniellen Inkraftsetzung seines Amtes, und darüber hinaus auch in der Gesellschaft findet diese Grundkonzeption ihren Ausdruck, was ich noch auszuführen haben werde.

Wenn ich sage, Professor Walther Schmied-Kowarzik ist geistiger Pate bei der Auswahl des Themas für meinen Vortrag gewesen, so nicht zuletzt deshalb, weil ich mich erinnere, daß wir – die Freunde Herbert Melichar, Walter Pöldinger und Wieland Schmied, später auch dessen jüngerer Bruder Wolfdietrich Schmied-Kowarzik – bei Ausgrabungen in unserer Umgebung gewesen sind, urgeschichtlichen archäologischen Ausgrabungen, und uns dort Prof. Walther Schmied-Kowarzik besucht hat und unser Interesse, unseren Blick, unser Verständnis auch für die höheren Formen dessen, für die höheren geistigen Bereiche dessen, was wir hier aus unserer Vergangenheit erarbeiten, gelenkt hat: daß wir nicht nur die Scherben, nicht nur die Steine, nicht nur die Relikte von Feuerstellen oder Werkzeugen und Waffen sehen, sondern auch das Weltbild jener Kulturen zumindest ahnend begreifen mögen – und er hat damals immer wieder hinaufgewiesen auf den

Nordstern, auf die astralen Bereiche, auf die Symbole: Weltesche Ygdrasil, auf die Himmelsleiter, den Schamenenbaum, auf Walhalla als Göttersitz und ähnliche Aspekte und hat auch Bezug genommen auf die konkreten Ergebnisse der Ausgrabung. Ich verweise hier auf seine Publikation »Frühe Sinnbilder des Kosmos«; weiters verweise ich auf die diesbezüglichen Arbeiten meines verehrten Lehrers Prof. Robert Heine-Geldern, der an der Universität Wien südostasiatische Völkerkunde und Archäologie gelehrt hat, sowie natürlich auch auf Henri Groliers, den besten Kenner Angkors und der Kunst der Khmer.

Gesamtansicht von Angkor Wat

Heine-Geldern sagt: Der kosmische Grundzug der südostasiatischen Baukunst läßt sich nur aus seiner Verwurzelung in der Gesamtheit der kosmisch-magischen Vorstellungen verstehen, d. h. eben jener Vorstellungen und Bräuche, die man noch heute allenthalben beobachten kann. Ohne Berücksichtigung der Gegenwart könnte man die Symbolik z. B. der alten Khmerbauten, er spricht von Angkor Wat und Angkor Thom, nur mühsam und in dürftigen Bruchstücken verstehen. Die Quelle, und das ist methodisch interessant, für die Interpretation der alten Khmerbauten sind erstens die Denkmäler selbst, zweitens die Inschriften und drittens die Rückschlüsse aus den heutigen Tatbeständen.
Ebenso wie der gesamten Architektur von Angkor Wat ein Weltbild zugrundelag, galt auch das Königreich als Abbild des Universums. Angestrebt wurde eine Identifikation von Kosmos und Staat, eine Harmonie von Kosmo-

logie und Gesellschaft und eine heilige Analogie von Sakralem und Profanem. Ebenso wie der Weltberg Meru, der im zentralen Tempelturm symbolisiert wurde, in diesem Weltbild den Mittelpunkt des Universums bildete, war auch der Palast des Königs das magische Zentrum des Königreiches.
Der König herrschte über sein Reich aufgrund der Kraft und Erleuchtung, die ihm seine Residenz im heiligen Ort, als im Symbol des Göttersitzes Meru, verlieh. Er nahm auch Namen aus dem Pantheon an, er nannte sich Indravarman, d. h. beseelt von Indra. Dies ist der alte Hochgott der vedischen Arier, der auf eine Zeit zurückgeht, als jene aus dem Iran, Zentralasien und Südosteuropa einwanderten in das Indus- und Gangestal, und es waren die indischen Überlieferungen des Mahabharata und des Ramayana, die nach Südostasien weitergegeben wurden. Ein anderer König, eben jener, der Angkor Wat erbauen ließ, nannte sich Suryavarman, d. h. beseelt von Surya, dem Sonnengott. Und einer, der später den Bayon erbaute, nahm den Namen Jayavarman an, denn er war eben beseelt von Jaya.
Um den Palast des Königs lag die Hauptstadt, die gleichzeitig das Königreich und den Kosmos symbolisierte. Dieses Konzept findet seinen Ausdruck im königlichen Umzug nach der Krönung, eine Handlung, durch die er von seiner Domäne magisch Besitz ergreift. Sanktioniert ist er zur Herrschaft, indem er beseelt ist von einem Gott. Er faßt sich als Gottkönig auf. Diese Analogie wurde noch weitergeführt und auf den Hofstaat übertragen. Die Bewohner des königlichen Palastes, der König, die Königinnen und Hofbeamten, wurden als heilig und unantastbar erachtet und trugen Namen, die mit ihren Counterparts, ihren Gegenstücken im Götterberg Meru, korrespondierten. Der König wurde als Inkarnation eines oder manchmal zweier Götterkönige angesehen, gewöhnlich von Vishnu und Shiva, die bei der Krönung vom Himmel stiegen und sich in seinen Leib senkten.
Auch der Harem gehört in dieses Konzept, ebenso wie die Himmlischen mit vielen Frauen umgeben waren, nämlich mit Apsaras, tanzenden himmlischen Wesen, Engeln vergleichbar, so auch der König, die Prinzen und der Hofstaat.
Auch der Name der Hauptstadt Angkor Thom im alten Kambodscha – oder in späteren Zeiten und in anderen Regionen Südostasiens z. B. Pnom Penh, Krung Thep (Bangkok) etc. – hat Bezug auf den Berg und heißt »die Stadt, die um den Berg liegt« oder »die himmlische Königsstadt«, »die Stadt der Engel«, »der Wohnsitz der Götter«. Es ist also ein Konzept erkennbar, nach welchem über der Stadt, über der Spitze der Stadt, die Stadt Gottes steht, die Akropolis könnte man auch sagen, die Polis, die Stadt, die Akropolis, die Spitze der Stadt, der Sitz der Götter, etwas was wir nicht gleich per analogiam mit Olymp gleichsetzen dürfen, das aber doch in seiner Grundidee sicherlich etwas Vergleichbares ist, wenn es auch ganz spezifische regionale, kulturelle, lokale Ausformungen haben mag.

Die Harmonie und Analogie zwischen Kosmos und Staat setzt sich fort in Zahlensymbolik, in Emblemen und anderen Formen. Der Königsthron blickt nach Osten wie sein Vorbild im Himmel. Denn nach der kosmischen Magie in Siam – und dort hat man dies alles noch im letzten Jahrhundert antreffen, beobachten und beschreiben können, was letztlich auf die Mon-Khmer-Kultur von Angkor zurückgeht – ist dem Gang der Sonne entsprechend der Osten als die Weltrichtung der Geburt anzusehen. Der Süden als die des Lebens, der Westen als die des Sterbens und der Norden als die des Todes. Eine Einteilung entstand zwischen Positionen der rechten Hand und Positionen der linken Hand. Rechte-Hand-Positionen sind assoziiert mit dem Süden und dem Militär. Linke-Hand-Positionen sind assoziiert mit dem Norden und zivilen Funktionen. Nun gab es auch Königinnen der Rechten und Linken, es gab Administrationsabteilungen der Rechten und Linken. Es gab Minister und Ämter der Rechten und Linken und es gab Provinzen der Rechten und Linken (das natürlich hat nichts mit unseren heutigen Symbolen der Politik rechts und links zu tun, sondern es ist eine Kosmologie!). Eine Kosmogonie, die hier im Irdischen sich widerspiegeln sollte. Darüber standen Wächtergeister oder Wächtergötter der vier Himmelsrichtungen, die Zivilverwaltung lag in den Händen von vier Hauptministern, die vier Säulen genannt, ebenso die Militärverwaltung unter vier Hauptgenerälen und selbst der Harem war unterteilt in vier Königinnen des Nordens, des Südens, des Ostens und des Westens. Eine davon war die Hauptfrau der Rechten und eine andere der Linken.
Und das endet in Südostasien eigentlich erst mit dem Jahr 1932, in Thailand insbesondere mit der Konstitution, es gab damals eine Offiziersrevolte, der König wurde zwar nicht abgesetzt, aber viele dieser Auffassungen sind damals sozusagen säkularisiert und nicht mehr in dieser Bedeutung weitergeführt worden. Aber all dies geht zurück auf die Khmer, auf die Mon-Khmer. Diese Auffassung ist wahrscheinlich gar nicht so unähnlich wie die im alten Babylon und Sumer. Und letztlich ist die Idee des Tempelturms als Berg-Symbol vergleichbar mit der Zikkurat Mesopotamiens, wie wir sie aus Ur und Uruk, Ninive usw. kennen.
Nun darf ich Sie bitten, an Hand von Lichtbildern den Tempel Angkor Wat zu durchschreiten und sodann in die Stadt Angkor Thom zu gehen, um dort das nächste große Symbol anzutreffen, nämlich den Phimeanakas. Wir nähern uns entlang einer Naga-Balustrade von 350 m Länge der ersten Galerie dieser dreistufigen Tempelpyramide, die, wie ich bereits gesagt habe, weiter in immer höher aufsteigende Galerien unterteilt ist. Diese Galerien sind wieder von Ecktürmen flankiert, in den Vorhöfen des ganzen Komplexes befinden sich Bibliotheken, Möchsklausen, Gänge, in denen verschiedene Reliefs aus dem Mahabharata und Ramayana in die mythische Welt einführen. In diesem Bild sehen wir einen der Ecktürme der äußeren

Treppenaufgang zum zentralen Turmheiligtum

Tempelstufe von Angkor Wat. Man geht entlang der Achse durch die äußere Galerie, durch einen kleinen Korridor, der bereits mit vielen Reliefs verziert ist, die alle den Kampf der Götter mit den Dämonen darstellen, nämlich Szenen aus dem Mahabharata und dem Ramayana, und das sehr anschaulich. Natürlich sind solche Bilder auch historische Dokumente, weil sie uns die Trachten, die Waffen, die Werkzeuge, die Geräte und die Wagen aus jener Zeit zeigen. Man steigt die erste Stiege hinauf, kommt in den zweiten Tempelbezirk, steigt höher dem zentralen Turmheiligtum entgegen, der eben das Allerheiligste ist und in dessen Innerem eine kleine Zelle wohl jener Ort ist, in dem das eigentliche Opfer den Göttern dargebracht wurde.
In den äußeren Galerien begegnen wir vielen Apsaras, tanzenden himmlischen Wesen, die wohl das Erhebende, das über die Schwerkraft des Menschen Hinausgehende, symbolisieren sollen, aber zweifelsohne die Tracht am Hofe, der Hofdamen und der am Hofe lebenden Gesellschaft tragen, auch

deren Schmuck und Haartrachten zeigen. Die Kleidung erscheint durchsichtig, diese Körper sind jedoch nicht nackt, sie sind bekleidet, es ist ein Stil, von Indien übernommen, insbesondere von Amaravati in Andhra Pradesh, wo diese verfeinerte höfische Kunst zu höchster Blüte gelangt war. Die Tänzerinnen sind mit verschiedenen Mudras dargestellt, d. h. Handgesten, die beim höfischen und kultischen Tanz eine wesentliche Rolle spielten. Auch der Armschmuck, der Beinschmuck, der Ohrschmuck und der Halsschmuck sind repräsentativ für jene Epoche. (Es folgt hier eine Erläuterung von diversen kunsthistorischen Details an Hand der Lichtbilder.)

An den Außenwänden finden sich kunstvolle Balustraden, die Innenwände sind mit Reliefs bedeckt, die Szenen aus den mythischen Epen darstellen. So ist hier ein Streitwagen zu sehen, wie er bereits im Rigveda geschildert wird, d. h. im 12. Jahrhundert vor Chr., als die Indoarier in das Gebiet von Mohenjo-daro und Harappa der Industal-Kultur eindrangen, in diesem Relief jedoch zweifelsohne ein historisches Dokument aus der Zeit von Angkor darstellt und somit einen Streitwagen der Khmer zeigt. Symbolisiert wird in diesem Relief aber der Kampf der Götter gegen die Dämonen, wie er in den erwähnten mythischen Epen erzählt wird. Das Gleiche gilt für die Darstellung des Streitelefanten, von dem aus der Feldherr, hinter dem Mahut, dem Elefantentreiber, thronend, sein Fußvolk anweist, welches die historischen Waffen jener Zeit trägt.

Nach diesem Gang durch den Tempel Angkor Wat betreten wir die Königsstadt Angkor Thom, der wir uns – wieder an Hand von Lichtbildern – entlang eines mit Wasser gefüllten Grabens nähern, über den eine Brücke mit einer Naga-Balustrade zum großen Eingangstor führt.

Dieses Stadttor ist so hoch gebaut, daß man auch mit Elefanten, die einen königlichen Sattel mit Zeremonialschirm trugen, durchreiten konnte. In den darüberliegenden Torturm sind in alle Himmelsrichtungen blickende, zeitlos lächelnde Bhodisattwas gemeißelt, Manifestationen des Mahayana-Buddhismus. Es würde zu weit führen, auf diesen Begriff der südostasiatischen Religionsgeschichte näher einzugehen.

Wenden wir uns also nocheinmal der Naga-Balustrade zu, die zum Tor führt und wiederum den Kampf der Götter mit den Dämonen darstellt. Auf der einen Seite sitzen die böse, grimmig und widerlich dreinschauenden Ajurs, die Dämonen, und auf der anderen Seite, ruhig, gütig und mächtig, die Devs, die Götter. Auch sie halten die Naga, die Schlange. Dies repräsentiert wiederum einen tieferen mythischen Sinngehalt, der hier bildlich dargestellt ist. Nun, es ist rechts und links eine Schlange, es sitzen rechts die Devs, die Götter, links die Ajurs, die Dämonen, und beide ziehen sie an der Schlange. Was heißt das? Es steht ein Sinn dahinter, es steht eine Bedeutung dahinter, so selbstverständlich, wie wir Christen unsere Symbole haben, und diese die Abbilder unserer Sinnbilder sind, die für uns das Heiligste, das Allerheiligste, bedeuten, so auch für jene Menschen; man muß sich nur bemühen, daraufzukommen, was sie gemeint haben, dann wird es durchaus verständlich in seinem Zusammenhang. Es wird in dieser Naga-Balustrade, ich versuche einzuführen, das Kirnen des Ozeans dargestellt. Kirnen ist ein alter deutscher Ausdruck für Quirlen. Dadurch wird der Trank der Unsterblichkeit, Amritsa, erzeugt. Mritsa ist die Sterblichkeit, der Tod, a ist die Negation, A-mritsa ist somit die Unsterblichkeit. Eine uralte Menschheitssehnsucht, durch ein heiliges Getränk, durch eine heilende Speise, das ewige Leben zu erlangen. Eine Sehnsucht, die wir in verschiedenen Kulturen auf verschiedene Weise ausgedrückt, aber doch oft und oft und immer wieder in ähnlicher Weise antreffen. Hier im Kirnen des Ozeans durch die Devs und Ajurs, die an der Naga-Schlange ziehen, wird also Amritsa, wird Unsterblichkeit gewonnen. Die Puranas, Legenden religiös-magisch-mythischen Inhalts, erzählen, daß die Götter, von den Dämonen beunruhigt, zu Vishnu flohen – Vishu ist ein Hauptgott der Trimurti – und dieser gab den Göttern den Rat, einen Waffenstillstand mit den Dämonen zu schließen und mit ihrer Hilfe den Ozean zu kirnen, wobei der Berg Mandara – das ist der Weltberg Meru – als Quirlstange verwendet werden und die Schlange Vasuki – das ist die Naga-Schlange – als Quirlriemen dienen sollte, und Vishnu selbst würde in seiner Gestalt als Schildkröte, also als Kurma-avatara als Unterlage oder Stütze dienen. Und dieselbe Legende berichtet, daß dieser Rat befolgt wurde und Amritsa, das heilende, das heiligende Getränk entstand, das die Unsterblichkeit brachte, Soma, dem Nektar, vergleichbar.

Nachdem wir an der Naga-Balustrade vorbei durch das Stadttor in das Innere der Stadt gelangt sind, kommen wir zum Zentrum, zum Phimeanakas. In Angkor Thom, der Königsstadt, war der Berg der Mitte, eben der Phimeanakas, dem Kult des Devaraja, des »Gottkönigs«, gewidmet, d. h., der göttlichen Kraft, die sich in dem jeweiligen irdischen König verkörperte. Die Idee steht dahinter: – ein Gott erfüllt die Person des Königs mit seiner göttlichen Substanz und macht ihn erst dadurch in Wahrheit zum König.

Aber nicht nur durch eine Ausstrahlung des höchsten Gottes erhielten die Könige Kambodschas ihre Königskraft, sondern auch von der Erde, die sie beherrschten, und da ist wieder Naga, die mythische Schlange, ein Fruchtbarkeitssymbol, Wassersymbol, Erdsymbol, von Bedeutung. Und dazu gibt es auch einen Hinweis in der Gründungslegende von Angkor – interessanterweise findet sich diese auch in den frühen Khmer-Reichen von Funan, Chenla und in Champa. Sie ist zwar kompliziert, aber in kurzer Zusammenfassung besagt diese Gründungslegende: Ein Brahmane landet, von einem Traum inspiriert, an der Küste und begegnet der Tochter eines einheimischen Herrschers, der mit einer Naga, einer mythischen Schlange, verglichen wird. Der Brahmane heiratet die Tochter. Ihr Vater trinkt das Wasser, das das Land bedeckt, und macht den Boden urbar. Dies scheint möglicherweise eine

symbolhafte Schilderung für die Einführung der künstlichen Bewässerung zu sein.
In dieser Gründungslegende wird also auch auf die Erde und ihre fruchtbringende Kraft Bezug genommen, gegenüber der göttlichen Kraft des Höchsten, die von oben kommt. Der König ist wohl der von Indra Beseelte, der vom Sonnengott Surya Beseelte, der von Jaya Beseelte, aber auch die Erde, die sie beherrschten, ist von Bedeutung für die Könige Kambodschas.
Der chinesische Reisende Tschen Ta-kuan, ein Mitglied einer chinesischen Gesandtschaft, berichtet darüber im Jahr 1296: »Im Palast von Angkor Thom gibt es einen goldenen Turm, eben diesen Phimeanakas, auf dessen Gipfel der König schläft. Alle Eingeborenen behaupten, daß in dem Turm der Geist einer neunköpfigen Schlange haust, der Herrin des Bodens im ganzen Königreich. Sie erscheint jede Nacht in Gestalt einer Frau. Mit ihr schläft der König zuerst und vereinigt sich mit ihr. Nicht einmal die vornehmsten Gemahlinnen des Königs würden es wagen, einzutreten. Er entfernt sich in der zweiten Nachtwache und kann nunmehr mit seinen Frauen und Konkubinen schlafen. Wenn eines Nachts der Geist der Schlange nicht erscheint, so bedeutet das, das der Augenblick des Sterbens für den König da ist. Unterläßt es der König in einer einzigen Nacht zu kommen, so geschieht ein Unglück.«
Das berichtet der chinesische Reisende aus dem Jahre 1296, das ist etwa auch die Zeit, in der Marco Polo am Hofe des Kublai Khan weilte. Nun, was ist die tiefere Bedeutung dieses Berichtes? Man hat versucht, dem geistig nahezukommen, Heine-Geldern, an den ich mich sehr anschließe, sagt: Die magische Verbindung mit dem Boden seines Königreiches soll hier dargestellt werden, so, wie sie sein legendärer Vorfahre, der Brahmane Kaundinya – von dem ich gerade die Legende erzählt habe – der Gründer des Reiches von Funan, von dessen Königen sich die Könige von Angkor ableiten, der Sage nach durch Vermählung mit der Nagi-Soma, der früheren Herrin des Landes, vollzogen hatte. Es liegt hier eine »magische Fiktion« vor, meint Heine-Geldern, der König wird nicht tatsächlich immer auf dem Phimeankas geschlafen haben, sondern dies ist eher als Symbol zu verstehen. Er wird sich nicht wirklich mit Schlangen vereinigt haben, aber es ist ein Ausdruck dessen, was uns hier als bildliche Gestalt und Erzählung entgegentritt. Es ist ein Versuch, dadurch dem Sinnbild nahezukommen. Himmel und Erde – der König im Mittelpunkt. Somit waren hier, im Mittelpunkt des Reiches, einem Brennpunkt gleich, alle Kräfte des Himmels und der Erde vereinigt. Es war ein magischer Mittelpunkt, ein göttliches Kraftzentrum, welches auf den König und sein Reich übertragen wurde.
Im Vortrag folgt nun eine Serie von Lichtbildern, die in der Königsstadt Angkor Thom im Jahre 1965 vom Vortragenden und seiner Frau aufgenommen worden waren. Sie zeigen verschiedene Kultanlagen wie rituelle Bäder,

figurale Darstellungen von Gottheiten, Symboltieren – z. B. Garuda, den mythischen Adler, Ganesha, den elefantenköpfigen Gott, Erawan, den dreigesichtigen Elefanten, Wächterfiguren in Gestalt von Löwen, Apsaras, Naga-Makara, den Schlangendrachen, Yamantaka, den Todesgott, der auch als »Leprakönig« bezeichnet wird, Hanuman, den affengesichtigen Gott u.a.m. Es wird an Hand der Lichtbilder eine kunstgeschichtliche Analyse und mythologisch-religiöse Interpretation dieser figuralen Darstellungen gegeben.
Nachdem auch der Tempel Bayon und inbesondere dessen ungezählte Türme mit den in die vier Himmelsrichtungen blickenden Antlitzen des Bhodisattva Avalokitesvara an Hand von Lichtbildern gezeigt und besprochen wurde, – »auch der Bayon ist ein Abbild und Symbol des heiligen Weltberges Meru, eines der großartigsten vielleicht, das die Baukunst Südostasiens geschaffen hat« – wird eine Inschrift aus dem Jahr 969 n. Chr., wie sie im Tempel von Bantay Srei gefunden wurde, gezeigt. Sie besagt:
»Er ist die allumfassende Seele, er, über den irrende Menschen in Streitgesprächen argumentieren, er, den sie mit Worten, Namen und Gestalten bezeichnen wollen, er, von dem sie aber nur unzulängliches Stückwerk erfaßt haben.«
Ein anderer Hymnus lautet: »Er ist die Quelle allen Seins, des Sichtbaren und Nichtsichtbaren, er ist unter uns gegenwärtig, wie der Mond über das Wasser des Universums schimmert.«
Und ein weiteres religionsphilosophisches Gebet spricht ihn direkt an, und zwar mit »Du«: »Gestaltlos bist Du, obgleich von Gestalt, denn durch Maya trägst Du unzählbare Gestalten nach Deinem Wunsch. Du selbst bist ohne Anfang, doch der Anfang von allem. Du schaffst, Du erhältst und Du zerstörst die Welt.«
Ich möchte mit einem Zitat aus Kurt Hoffmann, »Die Wirklichkeit des Mythos«, München 1965, schließen, das – wie mir scheinen will – so ganz und gar dem Geist des Professors Dr. Walther Schmied-Kowarzik entspricht, wie er ähnlich auch in seinem Werk »Frühe Sinnbilder des Kosmos« zum Ausdruck kommt:
»Im Mythos wird in unserer Zeit eine unvergängliche Wahrheit wiederentdeckt, eine Wahrheit, die nötig ist und fruchtbar sein kann und die dem wissenschaftlichen Fortschritt nicht nur nicht widerspricht, sondern als notwendiges Gegengewicht von ihm gefordert wird.«

Gernot Sack

Die vierte Ekloge Vergils*

Vergils 4. Ekloge ist eine der berühmtesten und zugleich heiß umstrittensten Dichtungen der Weltliteratur. Es wurden darüber seit Ausgang der Antike soviele Bücher geschrieben, daß kein Philologe in der Lage ist, die einschlägige Literatur in ihrer Gesamtheit auch nur zu überschauen, geschweige denn zu durchdringen oder gar zu verarbeiten. Kaum eine Zeile dieses Gedichts, kaum ein tragender Begriff, der nicht völlig entgegengesetzte Deutungen oder Erklärungen hervorgerufen hätte; kaum eine Größe der klassischen Philologie, die nicht ihr Wissen, ihren Scharfsinn und ihre Phantasie an diesem Gegenstand erprobt hätte. Und dennoch gibt es bis heute keine verbindliche Deutung, keine in allen Details unwidersprochene Erklärung dieses Gedichts, und es wird sie wohl auch nie geben. Es kann nicht Anliegen dieses Referats sein, den unzähligen Hypothesen eine weitere hinzuzufügen oder gar eine Patentlösung anzubieten, die ein für allemal Licht in das Dunkel der 4. Ekloge brächte. Vielmehr möchte es die Zeithintergründe der Dichtung erhellen, die Probleme aufzeigen und einige Lösungsvorschläge diskutieren.

Das Wort Ekloge ist griechischen Ursprungs und bedeutet »Auswahl« oder auch »ausgewähltes Gedicht«. Es wird in den Handschriften für die einzelnen Hirtengedichte Vergils verwendet, die der Dichter selbst – ebenfalls mit einem griechischen Wort – Bucolica nennt. Vergil stellt sich mit dieser Bezeichnung bewußt in die Tradition des hellenistischen Dichters Theokrit,[1] der nicht der Begründer, wohl aber der Höhepunkt griechischer Hirtenpoesie ist (boukolos = Rinderhirt, dann Hirt allgemein). Er läßt in seinem heimatlichen Sizilien Hirten auftreten, die freilich mehr die Flöte blasen und tiefsinnige Gespräche führen als ihrer Arbeit nachgehen; dennoch ist bei Theokrit noch ein realer Hintergrund auszumachen. Diese Welt von Daphnis und Chloe griff nun Vergil auf, verlegte sie von Sizilien nach Arkadien, womit er weniger die konkrete Landschaft in der Mitte der Peloponnes meint als das Idealbild einer amoenen Landschaft überhaupt,[2] weitab von aller historisch-

---

* Als ich 1958 als Student der klassischen Philologie meinen künftigen Schwiegervater Walther Schmied-Kowarzik im Krankenhaus zu Regensburg besuchte, beschäftigte er sich gerade im Rahmen der Studien zu seiner religionsphilosophischen Arbeit »Frühe Sinnbilder des Kosmos« mit dem Buch von Eduard Norden, Die Geburt des Kindes. Ich zeigte ebenfalls Interesse für das Thema, und so entspann sich zwischen uns ein lebhaftes Gespräch über Archetypen in Mythologie und Religion, und ich wurde dadurch zum erstenmal mit der 4. Ekloge Vergils konfrontiert. In der Erinnerung an dieses Gespräch wurde das Thema meines heutigen Referats gewählt.

gesellschaftlichen Realität. Hier liegen die Schäfer Corydon und der schöne Alexis, die kokette Amaryllis, Meliboeus und Tityrus, feinsinnige, empfindsame, hochpoetische Naturen, denen man alles eher glaubt als die bäuerliche Schlichtheit eines hart arbeitenden Naturburschen, im Grase, singen heiterbesinnliche oder traurig melancholische Lieder von Liebe und Poesie, führen gelegentlich einen Sängerwettstreit durch und verehren ihren Hirtengott Pan. Diese »Natur«-Idylle, die Schäferwelt Arkadiens, macht Schule, wird zu einem abendländischen Topos und feiert immer dann fröhliche Auferstehung, wenn die Zeiten besonders naturfern sind, wenn die Menschen einer städtischen Zivilisation eine sentimentale Sehnsucht nach der »Natur« überkommt, was immer sie darunter verstehen mögen. Nicht umsonst schwingt das Rokoko wieder das Banner Arkadiens, wird eine Hochblüte der Schäferpoesie.

Doch dieses Arkadien ist nur die eine Seite von Vergils Bucolica. In einigen Eklogen ändert sich der Hintergrund; Arkadien gleicht sich unmerklich dem vom Bürgerkrieg zerrütteten Italien Vergils an, die Hirten greifen politische Themen auf und diskutieren soziale Fragen. Die Bukolik wird dann zu einer bloßen Verkleidung für zeitgenössische Fragestellung und Probleme. Fünf von den zehn Eklogen der Sammlung tragen rein bukolischen Charakter, fünf weisen mehr realistische Züge auf und haben einen Bezug zur politisch-sozialen Gegenwart des Dichters. Die 4. Ekloge ist ein oder *der* Exponent der 2. Gruppe. Sie steht übrigens, wie Büchner ausdrücklich betont, keineswegs an hervorgehobener Stelle innerhalb der Sammlung. Der Dichter maß ihr also keine herausragende Bedeutung gegenüber den übrigen Eklogen zu.

»Ihr Musen Siziliens, ein etwas erhabeneres Lied wollen wir anstimmen! Nicht alle haben ihre Freude an Buschwerk und niedrigen Tamarisken. Und wenn wir von Wäldern singen, dann sollen die Wälder eines Konsuls würdig sein.

Schon ist die Endzeit gekommen, wie sie uns in Sibyllinischem Gesange verheißen. Die große Folge der Jahrhunderte beginnt von neuem. Schon kehrt die Jungfrau zurück, zurückkehrt die Herrschaft Saturns. Schon wird vom hohen Himmel herab ein neuer Sproß gesandt. Du, keusche Lucina, segne nur den Knaben, der da geboren wird! Mit seiner Geburt wird zum ersten Mal das eherne Zeitalter enden und in der ganzen Welt das goldene auferstehen: schon herrscht dein Bruder Apollo.

Unter dir, Pollio, gerade unter deinem Konsulat beginnt dieses glückliche Zeitalter, und es beginnen die großen Weltenmonate fortzuschreiten. Unter deiner Führung werden die letzten Spuren unseres Verbrechens, die etwa noch an uns haften, getilgt und somit die Länder der Erde von ewiger Furcht erlöst. Der Knabe wird das Leben der Götter empfangen und die Heroen vereint mit den Göttern sehen, und er wird selbst unter ihnen erscheinen. Und er wird mit Väterkraft herrschen über den befriedeten Erdkreis.

Dir aber, Knabe, wird die Erde als erste kleine Geschenke wild wachsenden, rankenden Efeu mit Baldrian spenden und Seerosen, vermischt mit üppig wucherndem Akanthus. Ohne Zwang kommen die Ziegen mit milchstrotzendem Euter nach Hause, und nicht fürchten die Rinder die gewaltigen Löwen. Deine Wiege selbst wird dich umschmeicheln mit Blüten. Aussterben wird dann die Schlange, und es stirbt das trügerische Giftkraut; überall sprießt assyrischer Balsam.

Sobald du aber imstand bist, von den Ruhmestaten der Helden und den Werken der Väter zu lesen, und zu erkennen vermagst, was mannhafte Leistung bedeutet, wird allmählich das Feld von wogenden Ähren golden erglänzen, von wildem Dornengestrüpp hängt scharlachrot die Traube, und aus harten Eichen träufelt tauiger Honig. Doch einige Spuren des alten Frevels werden noch bleiben; sie zwingen, das Meer mit Schiffen aufzuwühlen, die Städte mit Mauern zu umgürten und in die Erde tief Furchen zu reißen. Dann wird ein neuer Tiphys erstehen und eine neue Argo, die auserwählte Helden an Bord trägt; auch neue Kriege werden entbrennen, und wieder wird ein großer Achill entsandt gegen Troja.

Dann erst, wenn du im kraftvollen Alter zum Manne gereift, wird auch der Seemann nicht mehr fahren aufs Meer und werden die Waren nicht mehr auf den Brettern des Schiffs zum Markte getragen: vielmehr bringt überall alles die Erde von sich aus hervor. Nicht mehr leidet der Boden unter der Hacke, der Weinstock unter dem Messer, selbst die Stiere wird der kräftige Pflüger lösen vom Joch. Nicht mehr braucht man die Wolle täuschend zu färben, sondern von selbst wechselt der Widder auf der Wiese sein Fell: bald in lieblich roten Purpur, bald in goldgelben Safran; ohne fremdes Zutun umkleidet Scharlach die weidenden Lämmer.

›Solche Zeiten führt eilends herauf‹: so sprachen in Eintracht über das beständige Walten des Schicksals die Parzen zu ihren Spindeln. Beschreite nun die Bahn dieser hohen Ehren – denn bald wird die Zeit erfüllt sein –, du liebes Götterkind, du hoher Sproß Jupiters! Schau an, wie das gewölbte Weltall unter seiner Last erzittert und die Länder und Meere und der unergründliche Himmel, schau, wie alles sich freut über die kommende Zeit.

Mir bleibe dann nur ein letzter Rest meines langen Lebens und wieviel Atem genug ist, um deine Taten zu rühmen! Nicht wird mich dann im Gesang Orpheus, der Thraker, besiegen, nicht Linus, mag jenem auch seine Mutter Kalliopea und diesem sein Vater, der strahlend schöne Apoll, zur Seite stehen. Und selbst wenn Pan mit mir stritte und Arkadien fällte den Richtspruch, selbst Pan müßte geschlagen sich geben und Arkadien fällte den Richtspruch.

Fang an, kleiner Knabe, deiner Mutter erkennend zuzulächeln: zehn Monde brachten der Mutter lange Beschwerden! Fang an, kleiner Knabe: Wem seine Eltern nicht zugelächelt, den würdigt kein Gott seines Tisches und keine Göttin des Lagers.«

Da begegnen nun immerhin einige Gedanken und Topoi, die den späteren Christen, insbesondere den Anhänger der neuen Lehre in der Frühzeit oder den für Wunder und Prophezeiungen aufgeschlosseneren Menschen des Mittelalters aufhorchen ließen. Da ist von der Geburt eines sotér, eines Weltheilands, die Rede, dem Sohn eines mächtigen Vaters; auch seiner Mutter wird ehrend gedacht. Die Ausschmückungen dieser kommenden paradiesischen Zeit ähneln in manchen Details den Schilderungen des Alten oder des Neuen Testaments. So ist es nicht verwunderlich, daß man bald in der 4. Ekloge, der »Messiasekloge«, eine verschlüsselte Vorhersage Christi sah und den Autor unter die Propheten einreihte. Tertullian, der erste christliche Theologe lateinischer Sprache (um 200), bezeichnete ihn als »anima naturaliter Christiana«. Kaiser Konstantin und mit ihm der Kirchenlehrer Laktanz (divinae institutiones 7, 24, 11) bestätigen ausdrücklich die Prophezeiung des christlichen Messias durch Vergil; der gotterleuchtete Dichter habe von der bevorstehenden Ankunft des Heilands gewußt, er habe nur die Wahrheit verhüllt, um bei den damaligen Machthabern in Rom keinen Anstoß zu erregen.[3] Von Monte Cassino wurden mit der christlichen Lehre und den Gesetzen des heiligen Benedikt auch die Werke Vergils an das Abendland weitergegeben. Dieser war während des ganzen Mittelalters eine Autorität, die Aeneis war neben der Bibel das meistgelesene Buch. »Meister Vergilius« oder der »Zauberer Vergil« war auch dem Laien bekannt, er wurde im 14. Jahrhundert der Held eines Volksbuchs. Dante erwählte sich ihn als Begleiter durch das Inferno. Und Theodor Haecker bezeichnet ihn noch in unserem Jahrhundert als einen »Vater des Abendlandes«.[4]

Doch die neuere Vergilexegese ist von dieser Betrachtungsweise abgerückt. Lassen wir daher das Gedicht unvoreingenommen in seiner Zeit stehen und untersuchen wir zunächst deren Hintergründe. Die 4. Ekloge ist 41/40 v. Chr. entstanden; um die genauere Datierung streiten die Interpreten.[5] Rom war zwischen 133 und 31 v. Chr. von nahezu ununterbrochenen Bürgerkriegen heimgesucht, die über das ganze Reich, d. h. über die gesamte Oikumene tobten und 100 Jahre Kampf, Tod, Leiden, Enteignung und Unsicherheit brachten, die in erster Linie das einfache Volk, vor allem die Bauern betrafen. 48 besiegte Cäsar seinen Rivalen Pompejus bei Pharsalus; 44 wurde es selbst ermordet, was aber keineswegs die Wiederherstellung der Republik brachte. Seine Erben Marc Anton und Octavian besiegten 42 die Cäsarmörder. Aber die Rivalität zwischen beiden Siegern zeichnete sich bereits ab, die erst mit dem Sieg Octavians bei Actium (31) enden sollte. Nach der Schlacht bei Philippi (42) mußte Octavian seine Veteranen entschädigen, indem er ganz einfach die Bauern der Poebene enteignete. Auch Vergils väterliches Gut fiel dieser Landverteilung zum Opfer. Durch die Verwendung C. Asinius Pollios bei Marc Anton wurde für den Dichter die Enteignung rückgängig gemacht. Ihm, seinem Freund und Gönner, dem designierten Konsul für das Jahr 40, ist die 4. Ekloge gewidmet. Durch die Vermittlung Pollios kam im Spätsommer 40 im sog. Frieden von Brundisium nochmal eine Verständigung zwischen den Kontrahenten Marc Anton, der damals noch der bedeutendere war, und Octavian zustande. Das nehmen die meisten Exegeten zum Anlaß, die Ekloge in die 2. Jahreshälfte 40 zu datieren.

Wollen wir mit diesen Vorkenntnissen nun an den Text herangehen. Ich folge der Gliederung Büchners,[6] die mich voll überzeugt, aber nicht ganz unwidersprochen ist. Danach ist das Mittelstück, das aus 28 Versen besteht (18-45), von je zweimal 7 Versen (4-17 und 46-59) eingerahmt, und die ersten drei Verse der Einleitung haben ihre Entsprechung in den letzten vier des Schlusses.

Die drei Einleitungsverse beinhalten einen Anruf an die Musen und nennen

bereits den Konsul, Asinius Pollio, dem das Gedicht gewidmet ist. Sicelides Musae deutet auf Theokrit und dessen bukolische Dichtung. Vergil stellt sich damit einerseits in diese Tradition, will sie aber andererseits überwinden, um sich einem »erhabeneren« Gegenstand zuzuwenden: non omnis arbusta iuvant humilesque myricae. Wenn er sich schon mit bukolischer Dichtung befaßt, soll diese immerhin eines Konsuls würdig sein.
Die nächsten 7 Verse (4-10) sprechen dann von dem erhabeneren Thema, nämlich dem Anbruch einer neuen Zeit, die irgendwie mit der Geburt eines himmlischen Knaben zusammenhängt. Nach einem alten »Cumaeischen Gesang« ist die Endzeit und damit der Beginn eines neuen Zeitalters gekommen. Der große Ablauf der Jahrhunderte beginnt von neuem. Dieses Cumaeum carmen beziehen die meisten Interpreten – allerdings wiederum nicht unwidersprochen[7] – auf eine Weissagung aus den sibyllinischen Büchern, die gerade auf die Ereignisse des Jahres 40 anspiele. Die alte Vorstellung von einer zyklischen Wiederkehr der großen Weltzeiten ist orientalischen Ursprungs;[8] der Umlauf des großen Weltenjahrs beginnt bei der Wiederkehr derselben Gestirnkonstellation von neuem und bringt die zyklische Wiederholung aller Dinge und Ereignisse mit sich. Der Gedanke einer Abfolge von drei oder vier Weltaltern, dem goldenen, silbernen, bronzenen und eisernen, ist in der griechischen Literatur zum erstenmal von Hesiod gestaltet. Im römischen Schrifttum wird die goldene Zeit unter Kronos als Saturnia regna bezeichnet. Mit dieser goldenen Zeit kehrt auch die »Jungfrau« auf die Erde zurück, das ist die unter die Sterne versetzte Göttin Dike/Iustitia (Arat, Phain. 133). Zusammen mit der Wiederkehr dieses Zeitalters erfolgt auch die Geburt eines göttlichen Kindes. Falls man progenies (7) mit »Sproß, Abkömmling« übersetzt, was aber nicht unbedingt zwingend ist, ergeben sich tatsächlich einige Ähnlichkeiten mit Jesaja 9,5: »Denn uns ist ein Kind geboren, ein Sohn ist uns gegeben, und die Herrschaft ist auf seinen Schultern.« Diese legen freilich keineswegs den Schluß nahe, Vergil habe den alttestamentarischen Propheten gekannt. Ein Anruf an die Lichtbringerin Lucina, die Geburtsgöttin, erbittet deren Segen für den Knaben, der da geboren werden soll. Lucina wird häufig mit Diana gleichgesetzt, der Schwester Apollos. Umstritten ist die Aussage: »Schon herrscht dein Bruder Apollo« (10). Liegt hier wirklich, wie Norden annimmt, die ägyptische Vorstellung vom Sonnengott vor, der ein neues Zeitalter einleitet, oder bedeutet die Herrschaft Apolls nichts anderes als ein »Symbol für die Herrchaft apollinischer, geistiger, klarer Haltung«, wozu Büchner neigt (177), oder haben wir bereits einen Hinweis auf Octavian vor uns, der zeitlebens eine besondere Affinität zu Apollo und dessen Kult hatte?
Eine weitere Gruppe von 7 Versen (11-17) bringt den Anbruch der neuen Zeit mit dem Konsulat des Pollio in Zusammenhang und malt das Leben des göttlichen Kindes genauer aus. Unter dem Konsulat Pollios, also im Jahr 40,

wird dieses glückliche Zeitalter beginnen, die Überreste unseres Verbrechens werden allmählich verschwinden. Der Knabe, zunächst selbst offensichtlich kein Gott, wird »das Leben der Götter empfangen« und unter den Heroen verweilen. Sollte Vergil hier bereits die Apotheose des Augustus prophezeien, oder meint die Stelle nur, er werde ein Leben von Göttern führen, d. h. die goldene Zeit genießen? Der Erdkreis wird dann befriedet sein, und der Knabe wird darüber herrschen »mit Vätertugend« (patriis virtutibus), d. h. nach der bewährten, »vorbildlichen Art der Väter«. Dieser typisch römische Gedanke, wie Büchner betont (179), scheint mir den Sinn dieser Aussage treffender wiederzugeben als alle politischen (Sohn des Augustus herrscht mit der Macht seines Vaters) oder theologischen (Sohn Gottes) Spekulationen.

Das Mittelstück (18-45) umfaßt 28 Verse und beinhaltet eine Schilderung des erwarteten goldenen Zeitalters synchron mit den Altersstufen des puer. Im Gegensatz zu dem recht feierlich getragenen Duktus der vorangehenden 14 Verse, wo Vergil als vates spricht, ist dieser Teil, der sich nun auch wieder thematisch der Bukolik annähert, in einem eher breit dahinfließenden epischen Ton gehalten. Vergil spricht den Knaben selbst an.

Gleich nach dessen Geburt bringt ihm die Natur ihre Huldigung in Form von einfachen Geschenken dar. Hier begegnen nun wieder die stereotypen Begriffe der Hirtendichtung: wildwachsender Efeu, Baldrian, Seerosen, Akanthus. Diese Naturidylle wird angereichert mit den Topoi, die zur Schilderung des Paradieses oder des goldenen Zeitalters immer wiederkehren, die dann zu einem festen Bestandteil des Märchens werden, z. B. im »Schlaraffenland«: es gibt keine Feindschaft mehr unter den Tieren (22), Giftschlangen und Giftkräuter sterben aus (24), alles wächst ohne Bestellung (28-39/40), Trauben hängen an den Dornbüschen (29), die Eichen schwitzen Honig aus (30), ja sogar die Wolle der Schafe sprießt in bunten Farben (42-45). Während sich dieser paradiesische Zustand in der Kindheit des Knaben (18-25) anbahnt, gibt es in dessen Jugend Rückschläge (31-36): »Spuren des alten Frevels« sind noch nicht ausgetilgt; die Menschen werden weiter zur See fahren, seit alters ein Topos für Frevel gegen die Natur. Eine »neue Argo« – das Schiff des Jason auf seiner Fahrt nach Kolchis – wird tapfere Krieger an Bord tragen. Das ist natürlich nur eine bildhaft-epische Ausschmückung in Form eines Rückgriffs auf den mythischen Stoffkreis von Jason und Medea; dennoch würde der spätere Kriegszug Octavians gegen Osten, die Verfolgung seines Gegners Antonius nach Actium und Alexandria, verblüffend gut zu dieser Stelle passen. Der »große Achill«, der da »gegen Troja geschickt« wird, wäre dann eben der siegreiche Octavian. Diese Kriegsprophezeiung inmitten der Schilderung paradiesischen Friedens, des eisernen Zeitalters inmitten des goldenen, ist auf jeden Fall sehr merkwürdig und wird von den meisten Interpreten als »Bruch der Komposition«[9] bezeichnet.

Die Vollendung des goldenen Zeitalters wird erst mit den Mannesjahren des puer (37-45) eintreten, wenn er »über den befriedeten Erdkreis Herrscht« (17).
Die folgenden 7 Verse (46-52) kehren nun nach dem mehr bukolischen Intermezzo wieder zu dem feierlich-beschwörenden Ton zurück; sie drücken die Sehnsucht der Welt nach dieser paradiesischen Zeit des Friedens aus. Selbst die Parzen fordern ihre Spindeln zur Eile auf, um den Anbruch des Zeitalters zu beschleunigen. (Selbstverständlich beinhaltet nur Vers 45 – talia saecla currite – die wörtliche Rede der Parzen und nicht alle Verse von 18-46, wie Hommel annimmt; die Widerlegung dieser Zuweisung durch Büchner (181/82) scheint mir überzeugend.) Nach den Parzen beschwört der Dichter selbst den »erhabenen Göttersproß« (49), nicht länger zu warten: Die Zeit ist reif, alles harrt voller Erwartung seiner Ankunft.
In der nächsten Siebenergruppe (53-59) tritt die Individualität des Dichters deutlicher hervor. Er verknüpft die Hoffnung auf die baldige Ankunft des Knaben mit seiner eigenen Welt der Bukolik: Möge es ihm vergönnt sein, diese Zeit noch zu erleben, um die Taten des Friedensbringers in seinem Lied zu preisen. Aus diesen Versen spricht ein hohes Selbstbewußtsein, wenn er sich mit den berühmten mythischen Sängern Orpheus und Linus mißt und diese sogar im Sangeswettstreit zu besiegen verspricht. Doch man darf darin keine Überheblichkeit sehen; denn gerade der erhabene Gegenstand des Gesangs macht den Vorrang des Sängers aus. Orpheus und Linus hatten keinen Anbruch einer goldenen Zeit zu besingen. Unter dieser Voraussetzung müßte sich selbst der Hirtengott Pan vor dem personifizierten Arkadien als Schiedsrichter geschlagen geben. Mit dem Stichwort Pan und Arkadien am Ende des Gedichts ist ein Bogen zu den arkadisch-bukolischen Begriffen des Anfangs – arbusta, myricae – geschlagen.
Die letzten 4 Verse gehen von der Fiktion aus, der puer sei soeben geboren, und fordern ihn auf, seine Mutter lächelnd zu erkennen zum Dank für ihre langen Beschwerden der Schwangerschaft. Wer seiner Mutter nicht zulächelt, der kann auch nicht unter die Götter aufgenommen werden, mit Bezug auf V. 15: »Er wird das Leben von Göttern empfangen.«
Hierbei ergibt sich jedoch ein textkritisches Problem: Die Lesart qui non risere parenti ist in keiner Handschrift bezeugt, lediglich von Quintilian so zitiert; sie bringt überdies unerträgliche grammatisch-stilistische Härten, würde aber sinngemäß besser passen als das eindeutig überlieferte cui non risere parentes: wem seine Eltern nicht zugelächelt. Nach Büchner wäre die Gedankenführung folgendermaßen: »Beginne deine Mutter an deren Lächeln zu erkennen; die Schwangerschaft brachte ihr viele Beschwerden. Wem seine Eltern nicht zugelächelt – d. h., wer nicht als Mensch auf Erden ganz natürlich geboren wird –, der kann auch nicht unter den Göttern aufgenommen werden.« Bei dieser eindeutig überlieferten Fassung geht es m. E. nicht

ohne verkrampftes Zurechtbiegen der Gedankenführung ab; bei der anderen Fassung hingegen würde die Gedankenführung sofort einleuchten, aber es ginge nicht ohne Pressung der textlichen Überlieferung ab. Ich möchte mich unter diesen Umständen für den überlieferten Text entscheiden, aber Büchner in der Erklärung des risu – »Lächeln der Mutter« – nicht folgen.

Nun erhebt sich natürlich zum Schluß die Frage: Wer ist mit dem Knaben gemeint? Darauf gibt es – abgesehen von der inzwischen längst abgetanen Weissagung Christi – mindestens vier verschiedene Antworten, deren keine eindeutig zu überzeugen vermag. Ein Großteil der Exegeten (Fraenkel, Schadewaldt, Güngerich u. a.) ist der Auffassung, bei dem Knaben müsse es sich um eine ganz bestimmte, faßbare menschliche Gestalt handeln. Dafür käme *erstens* ein in jener Zeit erwarteter Sohn Marc Antons in Frage. Der Triumvir, auf der Höhe seiner Macht, war 41/40 bedeutender als der junge Octavian, er erwartete tatsächlich die Geburt eines Kindes. Der Frieden von Brundisium (40) werde von Vergil überschwenglich als Anbruch der goldenen Zeit bewertet. Dagegen spricht nur, daß in dem ganzen Text keine Silbe auf Marcus Antonius hindeutet.

Ernster zu nehmen ist die *zweite* Erklärung, es handelt sich um einen Sohn des angesprochenen Konsuls C. Asinius Pollio.[10] Tatsächlich wurde diesem im Dezember 41, wo er als Konsul längst designiert war, ein Sohn geboren: C. Asinius Gallus. Jener Konsul, der ältere Freund des Dichters, ein feingebildeter, musischer Mann, dem der Frieden ein Herzensanliegen bedeutete, war ja einer der Vermittler zwischen Marc Anton und Octavian. Das Zustandekommen des Friedens von Brundisium ist mit sein Verdienst. Die 4. Ekloge sei demnach zugleich ein Glückwunsch zur Geburt des Sohnes und zum Jahreswechsel 41/40, dem Beginn des Konsulats von Pollio, verbunden mit der Hoffnung auf Frieden. Diese Erklärung wird gestützt durch antike Kommentare, die bis in die Zeit Vergils zurückreichen. So berichtet Servius auctus: »Asconius Pedianus a Gallo audisse se refert hanc eclogam in honorem eius factam« (ecl. IV, 11). Hommel[11] begründet mit dieser Gallus-Theorie auch die »Schwäche der Dichtung«: Die Verbindung des orientalischen Theologumenon von der Geburt eines Friedensbringers mit der römischen Realität sei nicht gelungen, die Komposition unausgewogen. (»Rückschlagsmotiv« in der Darstellung des goldenen Zeitalters). Das liege an der Kürze der verfügbaren Zeit zwischen der Geburt des Knaben in der zweiten Dezemberhälfte 41 und dem Jahreswechsel. Die Abfassung dieses Gelegenheitsgedichts sei eben überstürzt gewesen.

Die Haupteinwände gegen diese Deutung sind folgende: nirgends in dem Gedicht ist der Knabe, der überdies noch gar nicht geboren ist, ausdrücklich als Sohn des Konsuls bezeichnet. Außerdem rechtfertigt ein Sohn Pollios, der unter den damaligen politischen Verhältnissen keinerlei Aussicht hatte,

einmal wirklich Macht auszuüben, diesen Aufwand an Vorschußlorbeeren in keiner Weise.
Bleibt als *dritte* Deutung ein Sohn Octavians. Tatsächlich war Scribonia, die Gattin Octavians, im Jahre 40 ebenfalls schwanger. Von einem Sohn des Triumvirn, des späteren Kaisers Augustus, dürfte man tatsächlich mehr erwarten als von dem eines letztlich politisch bedeutungslosen Konsuls. Ihm stünde in der Tat »ein Leben unter Göttern« bevor; die »Tugenden des Vaters« wären dann eine feine Huldigung an Augustus. Nimmt man als Abfassungszeit nicht den Dezember 41, sondern den Herbst 40 an, dann ist der Frieden von Brundisium soeben zustandegekommen, die Beschwörung des goldenen Zeitalters als des endlich eingekehrten Friedens hätte seine Berechtigung. Damit könnte auch der Einwand entkräftet werden, die Anspielung auf ein Kind Octavians sei zu sehr verschlüsselt. Nach der Verständigung zwischen Octavian und Marc Anton ginge es nicht an, nur den einen Triumvir, noch dazu den jüngeren, unbedeutenderen, laut zu preisen, den anderen aber gar nicht zu erwähnen. Außerdem enthielt auch bereits die zeitlich vorausgehende erste Ekloge eindeutig eine Huldigung an Octavian, indem sie ihn geheimnisvoll als den »divus iuvenis« preist. In Aeneis 6, 79-94 aber läßt Vergil Augustus als Entelechie der römischen Geschichte preisen: »Hic vir, hic est . . . Augustus Caesar, divi genus, aurea condet saecula . . .«. Dafür daß der Friede von Brundisium bald wieder zerbrach, ist Vergil nicht verantwortlich zu machen, und auch dafür nicht, daß das 39 geborene Kind des Octavian kein Knabe war, sondern die nachmalig berüchtigte Kaisertochter Julia.
Eine ganze Reihe von Interpreten (Norden, Oppermann, Büchner) meinen freilich, der Knabe der 4. Ekloge sei überhaupt keine faßbare konkrete Persönlichkeit. Sie sehen in ihm – als *vierte* Deutung – eine »Transponierung idealer Gehalte ins Konkrete«, ein »Symbol«, eine »Parallelisierung des Knaben mit dem vergilischen Mythos vom goldenen Zeitalter«. Ja, Büchner spricht es unumwunden aus (191): »Der Knabe ist das goldene Zeitalter«, um freilich dann weiter unten (193) fortzufahren: »Die Prophezeiung spricht symbolisch nur von der goldenen Zeit, meint aber . . . Octavian.« An anderer Stelle[12] verdeutlicht er seine Hypothese folgendermaßen: »Was von dem Knaben gesagt wird, ist zu groß, um es etwa einem erwarteten wirklichen Kinde als Geburtstagspoem zu widmen, der Knabe symbolisiert die goldene Zeit selbst.«
Der Einwand gegen diese Deutung liegt darin, daß eine derart schemenhafte Gestalt, ein bloßes Symbol für das goldene Zeitalter, das ja in dem Gedicht genügend anschaulich ausgemalt ist und nicht zusätzlich noch jener schattenhaften Konkretisierung bedarf, unvergilisch, ja letztlich unrömisch wäre.
Wie dem nun immer sein mag: auf die Frage nach der Identität des Kindes ist unendlich viel Scharfsinn aufgewendet worden, ohne daß eine eindeutig

überzeugende Antwort gefunden wurde. Diese ungelöste und wohl auch unlösbare Frage verstellt letztlich die wahre Würdigung des Gedichts.[13] Ebensowenig bringt die gelehrte Forschung nach dem orientalischen Ursprung jenes Theologumenon vom göttlichen Kind Kriterien für die Deutung der 4. Ekloge, wenn etwa E. Norden den ursprünglich ägyptischen Archetypus vom göttlichen Weltenretter, dessen Vater ein Gott, dessen Mutter aber eine Sterbliche ist, in Herakles, Pollux, Dionysos, Romulus und letztlich auch in Jesus verwirklicht sieht. Im Gegensatz zu Hommel und Jachmann, die in dem Werk ein bloßes Gelegenheitsgedicht sehen, ein »schlechtes, weit überschätztes Elaborat«, dessen Hauptdefekt »die Brüchigkeit seines Gefüges« sei[14], wertet Büchner die 4. Ekloge als »klassisch ausgewogenes Gedicht«, in dem Vergil »das Höchste erreicht habe«. M. E. fügen sich die Sphären des goldenen Zeitalters und des puer in der Tat nicht ganz nahtlos aneinander. Auch die beiden Welten – römische Realität: honores, facta parentum, patriae virtutes und die Märchenwelt des Mythos – klaffen irgendwie auseinander. Holtorf (164) räumt zunächst die kompositorische Schwäche der 4. Ekloge ein, würdigt sie aber dann dennoch als »eine dichterische Vision von hohem künstlerischem Rang, deren geheimnisvolle messianische Verheißung nicht nur im Altertum, sondern die Jahrtausende hindurch immer wieder der Menschen Herz ergriffen« habe.

Und das scheint mir auch das Zeitlose, ja gerade in unserer Zeit wieder Hochaktuelle an diesem Gedicht. Eine zerstrittene, von Kriegen gepeinigte Welt, eine verzweifelte Menschheit sehnt sich inbrünstig nach dem Frieden. Das war auch die Zeitstimmung um Christi Geburt. Vergil, und nicht nur Vergil, hatte das Bewußtsein, an einer Zeitwende zu stehen. In diesem Kairos waren die Menschen aufgeschlossen für die Verkündigung eines Sotér, eines Messias, eines göttlichen Kindes, das ihnen den Frieden bringen sollte. Wenn es dann auch nicht der puer der 4. Ekloge war, sondern die Friedensbotschaft des Jesus von Nazareth, welche die Welt verändern sollte, so hatte der sensible Dichter jedenfalls ein feines Gespür für die Erwartungen, Sehnsüchte und Hoffnungen der Menschheit und gestaltete sie in einem Kunstgebilde, das gerade wegen seines Facettenreichtums, wegen seiner Mehrdeutigkeit die Zeiten überdauerte und das uns in der heutigen Weltlage wieder unmittelbar anzusprechen vermag.

Anmerkungen

1 Geb. ca. 305 v. Chr. in Syrakus; er schuf seine Werke ca. 280-260.
2 Bruno Snell, s. Literaturverzeichnis.
3 Griechische Übersetzung der Konstantinsrede vor dem Konzil in Nicaea durch Eusebius; zitiert nach Holtorf, 88.
4 S. Lit. Verz.

5 Büchner, 184.
6 182.
7 Radke, Vergils Cumaeum carmen.
8 Serviuskommentar, V. 4: »philosophi . . . dicentes completo magno anno omnia sidera in ortus suos redire et ferri rursus eodem motu«.
9 Holtorf, Hommel: »Rückschlagmotiv«.
10 Zuletzt mit großem Eifer u. Scharfsinn vertreten v. Hommel.
11 Bei Oppermann, 388/9.
12 Römische Dichtung, Studien zur röm. Literatur, Bd. 10, 1979, S. 73f.
13 Büchner, 191.
14 G. Jachmann, Die 4. Ekloge Vergils, 1952.

Literaturverzeichnis

Ausgaben:

P. Vergili Maronis opera, ed. Friedrich Hirtzel, Oxford 1956.

Vergil, Landleben, lateinisch und deutsch, ed. Johannes Götte, München 1958[3].

Literatur:

Karl Büchner, P. Vergilius Maro, der Dichter der Römer, Sonderdruck aus Pauly-Wissowa, Realencyclopädie der klassischen Altertumswissenschaft, Stuttgart 1955.

Mircea Eliade, Die Religionen und das Heilige, Salzburg 1954.

Johannes Götte, Vergil, Landleben, s. o., Nachwort.

Theodor Haecker, Vergil Vater des Abendlandes, Fischer TB 213.

Herbert Holtorf, P. Vergilius Maro, Die größeren Gedichte, Bd. 1, Freiburg/München 1959.

Das neue Bild Vergils, in: Der altsprachliche Unterricht 5/1953, S. 27ff.

Friedrich Klinger, Die Einheit des Virgilischen Lebenswerkes

–: Virgil und die geschichtliche Welt, in: Römische Geisteswelt, München 1956[3].

Eduard Norden, Die Geburt des Kindes, Leipzig 1924.

Hans Oppermann (ed.), Wege zu Vergil, Darmstadt 1966; daraus:

Hildebrecht Hommel, Vergils »messianisches« Gedicht, S. 368-425.

Karl Kerenyi, Vergil und Hölderlin, S. 320-337.

Hans Oppermann, Vergil, S. 93-113.

Walter F. Otto, Vergil, S. 69–92.

Wolfgang Schadewaldt, Sinn und Werden der vergilischen Dichtung, S. 43-68.

Gerhard Radke, Fachbericht: Vergil, in: Gymnasium 64/1957, 161ff.

–, Vergils Cumaeum Carmen, in: Gymnasium 66/1959, S. 217-246.

Bruno Snell, Arkadien. Die Entdeckung einer geistigen Landschaft, in: Die Entdekkung des Geistes, Göttingen 1975[3].

Wieland Schmied

Gustav Klimts Fakultätsbild »Die Philosophie«

Einige Anmerkungen zum Verhältnis von Malerei und Philosophie um die Jahrhundertwende

Im Mittelpunkt meines kleinen Referates über das Verhältnis von Philosophie und Malerei um die Jahrhundertwende steht das Gemälde von Gustav Klimt »Die Philosophie«, das er als erstes in der Reihe seiner drei Fakultätsbilder für die Aula der Wiener Universität geschaffen hat. Ihm folgten dann noch »Die Medizin« und »Die Jurisprudenz«, indes »Die Theologie« einem anderen Künstler, Franz Matsch, einem Studienfreund Klimts, übertragen worden war. Der Zufall – oder die Ironie – hat es gefügt, daß die drei Bilder von Klimt am Ende des Zweiten Weltkriegs zugrundegegangen sind, indes die »Theologie« von Franz Matsch erhalten geblieben ist.

Ehe ich die Geschichte der Entstehung, Bedeutung und Wirkung des programmatischen Gemäldes von Klimt »Die Philosophie« hier in ganz groben Zügen skizziere und seine Aufnahme durch die Zeitgenossen an Hand einiger markanter Zitate verdeutliche, erlauben Sie mir einige Bemerkungen zum historischen Hintergrund der Zeit. Wie standen sich Malerei und Philosophie damals gegenüber? Was konnten sie voneinander erwarten? Gab es überhaupt Verbindungen?

Lassen Sie mich mit einer Behauptung beginnen: die Fremdheit der Philosophie gegenüber der Kunst und ihren spezifischen Entwicklungen war ohne Zweifel größer als die Fremdheit der Künstler gegenüber den philosophischen Ideen ihrer Zeit, mochten ihre Kenntnisse im einzelnen noch so unsystematisch oder einseitig sein.

Am Beginn des 19. Jahrhunderts steht die Überzeugung von Hegel, der den Gedanken der Kunst nur als einen abgeschlossenen, der Vergangenheit angehörenden formulieren kann. Einen der Gründe für das Ende der Kunst sieht er darin, daß sie aufs innigste mit der Religion verknüpft war und sie nach der Lösung dieser Bindungen nicht mehr die geistigen Bedürfnisse zu befriedigen vermochte, »welche frühere Zeiten und Völker in ihr gesucht und nur in ihr gefunden haben . . .« Der Künstler wurde nicht mehr von den gültigen Glaubenswahrheiten der Religion getragen und hatte damit die wahrhaft bedeutenden Inhalte verloren, die im Bild zu vermitteln sein welthistorischer Auftrag war. Er war, ob er nun Historien-, Porträt-, Stillleben- oder Landschaftsmaler war, im letzten auf sich selbst gestellt. Ihm fehlte die zwingende, alles überwölbende Kraft eines einheitlichen Weltbildes, das jedem Detail seinen selbstverständlichen Platz zuwies.

Hegel schrieb: »In allen diesen Beziehungen ist und bleibt die Kunst nach der

Seite ihrer höchsten Bestimmung für uns ein Vergangenes. Damit hat sie für uns auch die Wahrheit und Lebendigkeit verloren.«
Eines ist an der Sicht Hegels ohne Zweifel richtig: die Kunst hat sich nicht nur von ihren Bindungen an kirchliche Auftraggeber, sondern von allen zwingenden Bindungen an die christliche Glaubenslehre gelöst. Sie wird in wachsendem Maße autonom und ist dabei, sich in verschiedenen Etappen – die wir hier auch nicht stichwortartig nachzeichnen können – ihre eigenen Gesetze zu geben. Die Philosophie hat niemals die Stellung gegenüber der Kunst einzunehmen versucht, die die Religion einmal für sie besessen hat. Es sind einzelne Philosophen, deren Gedanken und Diktion wiederum einzelne Künstler zu faszinieren, zu bestimmten Themen anzuregen oder zu einer bestimmten Weltsicht zu beeinflussen vermögen. Aber nirgendwo vermochte die Philosophie mit Anspruch auf Verbindlichkeit zu dekretieren, was, wie und von wem zu malen oder plastisch zu gestalten sei. Nicht nur, daß es verschiedene philosophische Schulen, Richtungen, Lehrmeinungen gab, die miteinander konkurrierten und einander zum Teil radikal widersprachen – die Kunst war längst soweit emanzipiert, daß sie keine wie immer geartete geistliche oder weltliche Autorität über sich anzuerkennen vermochte. Im Gegenteil: sie gewann im 19. Jahrhundert ein Prestige, daß sie wiederholt als »Ersatzreligion« angesprochen wurde und sich um die Person eines als überragende Größe anerkannten Künstlers ein wahrer Geniekult entfaltete.
Es sind vor allem zwei Philosophen, die im ausgehenden 19. und beginnenden 20. Jahrhundert auf die Bildende Kunst wie auf Literatur und Musik den größten Einfluß entwickelten: Arthur Schopenhauer und Friedrich Nietzsche. Ich kann, um die Weite dieses Einflusses anzudeuten, hier nur einige wenige Namen bildender Künstler herausgreifen: Giorgio de Chirico, Alfred Kubin, Max Beckmann, Max Ernst waren sowohl von Schopenhauer wie von Nietzsche beeinflußt, de Chirico und Kubin auch von Otto Weininger fasziniert. Wie gerade einige der französischen Symbolisten sich nicht nur von den deutschen Romantikern, sondern auch von der Philosophie Schopenhauers beeindruckt zeigten, so wurde Nietzsche für Giovanni Segantini, Max Klinger, Edvard Munch, Otto Dix, für die Expressionisten – Kirchner, Heckel, Schmidt-Rottluff – zum entscheidenden Erlebnis. Viele von ihnen haben sich um die Gestaltung seines Bildnisses bemüht oder sich selbst in Nietzsche-Pose porträtiert, in Einzelfällen zum Seher und Propheten stilisiert, wie das am Selbstporträt Giovanni Segantinis besonders deutlich wird. Die expressiv-dynamische Nietzsche-Büste von Otto Dix mit ihren wahrhaft bekennerhaften Zügen, die leider nicht erhalten geblieben ist, wie die Porträt-Zeichnung von Edvard Munch, der aus dem Bild des seinen Kopf in die Hand stützenden Philosophen das Bildnis eines unbeirrt still dem Ewigen nachsinnenden, nachdenkenden einsamen Mannes macht, gehören da zu den herausragend-

sten Beispielen. Ebenso groß war Nietzsches Einfluß auf die Musik – ich nenne hier nur die Namen Richard Strauß und Gustav Mahler – und auf die Literatur, wofür stellvertretend die Namen Stefan George, Hugo von Hofmannsthal, Rainer Maria Rilke, Carl Sternheim, Heinrich und Thomas Mann, Robert Musil, Gottfried Benn, Ernst Jünger und Alfred Döblin stehen mögen.

Es ist hier nicht der Platz, im einzelnen die Gründe zu analysieren, die zu diesem kaum abschätzbaren Einfluß Nietzsches geführt haben. Es war wohl ebenso der rücksichtslose Kulturkritiker, der keine Tabus kannte und alles Menschliche, Allzumenschliche durchschauende Psychologe, der seine Wirkung übte, wie der unvergleichliche Wortkünstler, der Dithyrambiker, das artistische Sprachgenie, das betörte. Sicher war es auch der Mann, der zu Abenteuer und Wagnis rief und einlud, um der Erkenntnis willen »gefährlich zu leben«, wie der Verdammer allen Mitleids, der Bejaher aller Tiefen und Höhen menschlicher Existenz, der Philosoph, der eine Umwertung aller Werte forderte. Und bestimmt spielte neben all diesen im einzelnen kaum zu trennenden Einzelzügen die Lebenslegende Nietzsches eine Rolle, sein unglückliches, märtyrerhaftes Schicksal, das ihn schließlich – als hätte er zu viel gewagt und die Götter herausgefordert – in Wahnsinn verfallen ließ.

Vielleicht hat schließlich bei der Bedeutung, die er gerade für viele bildende Künstler gewann, nicht nur sein bekenntnishaftes Artistentum, nicht nur sein ausgesprochener Anti-Akademismus und seine den alten Schönheitskanon verwerfende Ästhetik eine Rolle gespielt, sondern ebenso die überragende Rolle, die er der Kunst vor allem in seinem nachgelassenen Hauptwerk, dem »Willen zur Macht« einräumte. Heidegger hat in seiner berühmten Nietzsche-Vorlesung unterstrichen, daß es für Nietzsche die Idee der Kunst ist, die letztlich die »ewige Wiederkehr des Gleichen« in Gang setzt und vorantreibt. Für Nietzsches Schätzung der Kunst und des von ihm sehr komplex gedeuteten Verhältnisses von Schein und Wahrheit – vor allem im Hinblick auf ihren Wert für das Leben – ließen sich viele und oft widersprüchliche Zitate beibringen. Ich möchte mich hier mit einem einzigen begnügen: »In der Hauptsache«, sagt Nietzsche, »gebe ich den Künstlern mehr recht als allen Philosophen bisher: sie verloren die große Spur nicht, auf der das Leben geht, sie liebten die Dinge dieser Welt – sie liebten ihre Sinne.«

Giorgio de Chirico, der von Nietzsche geprägt wurde wie wohl kein anderer Künstler dieses Jahrhunderts und im Anschluß an seine Lektüre Nietzsches wie Weiningers seine Malerei »metaphysisch« nannte, »pittura metafisica«, hat – wir wissen nicht, ob direkt im Hinblick auf das genannte Nietzsche-Zitat oder verwandte Stellen im Werk des Philosophen – als Antwort auf Nietzsche 1919 geschrieben: »Die guten neuen Künstler sind Philosophen, welche die Philosophie überwunden haben.«

Unter ein Selbstbildnis von 1911 schrieb er: »Et quid amabo nisi quod aenigma est?« »Was sonst soll ich lieben, wenn nicht das Rätsel?« Es ist das Selbstbildnis, das ihn in der Pose Nietzsches zeigt, den Kopf gedankenschwer auf die Hand gestützt. Ein knappes Jahrzehnt später, 1919, wiederholt er in seinem weiteren Selbstbildnis das Bekenntnis fast wörtlich: »Et quid amabo nisi quod rerum metaphysica est?«

Die Figuren, die in seinen Bildern meist winzig klein oder als Schatten auftreten, zur Schneiderpuppe erstarrt und zum Denkmal versteinert, nennt er häufig »Dichter«, »Propheten«, »Philosophen«. Die Titel sprechen vom Mysterium eines Herbstnachmittags, dem Geheimnis der Arkade, dem Rätsel des Orakels, aber sie meinen immer das Mysterium unserer Existenz.

Das Lebenswerk Gustav Klimts spannt sich in einem großen Bogen zwischen zwei bedeutenden Bewegungen der Kunstgeschichte, vom Symbolismus zum Expressionismus (und überspannt dabei noch manche zeitgenössische Strömung wie Historismus, Jugendstil und Secessionismus). Wir dürfen Klimt dabei nur sehr bedingt und mit einem Teil seines Frühwerkes für den Symbolismus in Anspruch nehmen, während er dem Expressionismus innerlich gar nicht mehr angehörte, wohl aber ihn mit Interesse verfolgt und gefördert hat, Kokoschka und Schiele sind ihm für diese Förderung immer dankbar geblieben.

Die Gestaltung philosophischer Probleme, will sagen der großen Lebensfragen des Menschen, der unauslotbaren Welträtsel und der Mysterien unserer Existenz, die weder von der Philosophie noch von der Naturwissenschaft in einer allgemein befriedigenden Weise beantwortet werden konnten, waren es, die die Maler des Symbolismus von Puvis de Chavannes und Odilon Redon bis zu Giovanni Segantini und zum jungen Edvard Munch zu immer neuen Visionen inspirierten, wobei diese neuen Visionen den Rückgriff auf die alten Mythen, ihre Götter, Heroen und Dämonen nicht ausschlossen. Beispiele dafür ließen sich aus beinahe allen europäischen Ländern beibringen – vom Engländer Dante Gabriel Rossetti bis zum Franzosen Gustave Moreau, vom Schweizer Arnold Böcklin bis zum Belgier Fernand Khnopff, vom Italiener Gaetano Previati bis zum Tschechen František Kupka, vom Österreicher Rudolf Jettmar bis zum Litauer Mikalojus Konstantinas Ciurlionis. Der Symbolismus war tatsächlich eine ganz Europa umspannende Bewegung.

Die Intuition, die Ahnung der Künstler vermochte, das war die innerste Überzeugung aller vom Symbolismus Bewegten, dabei weiterzuführen als die Resultate der exakten Wissenschaften, die immer fragwürdiger und ungreifbarer erschienen. Der französische Dichter Stephan Mallarmé sagte: »Der vollendete Gebrauch dieses geheimen Wunders, das den Symbolismus ausmacht, liegt darin, einen Gegenstand nach und nach aufzudecken, um eine Seelenlage anzudeuten.« Diese Seelenlage haben nicht nur die Dichter der Zeit, sondern ebenso die bildenden Künstler der Epoche immer wieder in den raffiniertesten, zartesten und geheimnisvollsten Andeutungen umspielt. Sie taten es, indem sie sich bewußt darauf beschränkten, Fragen zu stellen und nicht mit schnellen Antworten zur Hand zu sein.

Paul Gauguin, der den Ideen des Symbolismus zumindestens zeitweise sehr nahestand, schrieb unter eines seiner Bilder: »Wer sind wir? Woher kommen wir? Wohin gehen wir?« Max Klinger zeigt uns den Menschen in einem Blatt aus seiner populär gewordenen Folge von fünfzehn Radierungen »Ein Leben«, die dem dänischen Kritiker, Schriftsteller und Nietzsche-Verehrer Georg Brandes gewidmet ist, als ein Wesen, das auf rätselhafte Weise und von kaum sichtbaren Händen – wir dürfen auch sagen: Kräften – getragen ins Dasein gehalten wird und bestimmt ist, ins Dunkle zurückzusinken, und in der Tat lautet der Titel dieses letzten Blattes der Folge von 1884 »Ins Nichts zurück«. In seiner 1889 erschienenen Serie von zehn Radierungen »Vom Tode« memorisiert Max Klinger das menschliche Schicksal vielleicht am eindringlichsten in dem Blatt »Nachts«, das einen meditierenden Philosophen vor einem ins Ungewisse verlaufenden Weg unter dräuenden nächtlichen Wolken zeigt. Diese Wolken haben sich in Giovanni Segantinis Zeichnung von 1896 »Die Verkündigung des Wortes« zur Gestalt eines Engels verdichtet, welcher der an einer Mauer sitzenden Figur die erwartete Botschaft eingibt. Diese Botschaft ist das Wort Zarathustras, denn die Zeichnung von Segantini war für den Einband der italienischen Ausgabe von Nietzsches »Also sprach Zarathustra« bestimmt, fand allerdings damals dafür keine Verwendung.

In einem an Max Klingers Radierungen erinnernden Sinn sieht Alfred Kubin in einer Zeichnung von 1902 »Des Menschen Schicksal«. Eine weibliche Gestalt mit verhängtem Gesicht – wohl eine Variante der von Kubin in einem anderen Blatt konzipierten »Unser aller Mutter Erde« – harkt mit einem riesigen Rechen blindlings eine kaum in Individuen differenzierte Menschenmenge auf einen Abgrund zu, so als sei diese gärtnerische Tätigkeit die selbstverständlichste Sache der Welt, als würde hier welkes Laub oder gar Unkraut beiseitegetan. Mag diese Vision in ihrem abgrundtiefen Pessimismus viel eher von Schopenhauer als von Nietzsche inspiriert sein, so zeigt die 1901 entstandene Zeichnung von Kubin »Der Rebell«, die den abgetrennten und aufgespießten Kopf des Philosophen auf eine chaotische Welt blicken läßt, daß Nietzsche für ihn damals in gleicher Weise präsent war. In einem Blatt wie »Der Horcher«, in dem eine in sich – und zugleich in die Erde – versunkene Gestalt unter einem von Gestirnen, Planeten und Sternennebeln sanft erhellten Himmel still meditierend der Sphärenmusik lauscht, die nur einem philosophischen Geist vernehmbar ist, hat Kubin damals ein geistiges Selbstbildnis geschaffen.

Diese wenigen Beispiele mögen illustrieren, in welchem Maße philosophische Gedanken die Künstler um die Jahrhundertwende beschäftigten und wie sie ihnen in verschiedenen Stilen und Techniken sinnbildlichen Ausdruck zu geben versuchten. So stellte der Auftrag an einen Maler wie Gustav Klimt, ein programmatisches Bild der »Philosophie« für die Wiener Universität zu schaffen, durchaus nichts Außergewöhnliches dar, mögen sich die Vorstellungen der Auftraggeber auch in sehr viel konventionelleren Bahnen bildnerischer Vorstellung bewegt haben als die des Künstlers, der sich gerade damals, zu Ende der neunziger Jahre, in einer entscheidenden künstlerischen Umbruchphase seines Lebens befand, die zeitlich mit den Kämpfen um die Gründung der Secession und der Durchsetzung der auch in Wien heraufziehenden Moderne zusammenfiel.

Auch von Klimt wissen wir, daß ihm die Nietzsche-Diskussion vertraut war, und daß er, der an sich so schweigsame Mann, nicht nur mit Gustav Mahler sich öfters über den Philosophen ausgetauscht hat, ohne daß Nietzsche für ihn jemals so wichtig geworden wäre wie für de Chirico, Kubin, Max Ernst oder Otto Dix. In seinem 1903 vollendeten Beethovenfries, das gerade jetzt wieder nach gründlicher Restaurierung im Wiener Künstlerhaus zu bewundern ist, sind die Spuren seiner Auseinandersetzung mit den Gedanken Nietzsches jedenfalls unverkennbar.

Es wäre aber ohne Zweifel grundsätzlich verfehlt, wollten wir für Gustav Klimts Konzeption der »Philosophie« für die Aula des neuen, von Heinrich von Ferstel im Renaissance-Stil errichteten Universitätsgebäudes gerade die Philosophie Nietzsches in Anspruch nehmen oder auch nur eine besondere Abhängigkeit von ihr behaupten. Wir dürfen in diesem Bild viel eher den Versuch Klimts sehen, aus dem eigensten innersten Wesen auf den Auftrag zu antworten und aus den in ihm lebendigen Gedanken und Vorstellungen eine Vision der Philosophie zu entwerfen. Es konnte für ihn – wie für jeden anderen Maler seiner Zeit – kein einheitliches, allgemein verbindliches Bild der Philosophie geben, an das er sich hätte halten können, wie es für den mittelalterlichen Künstler ein wenigstens in den Grundzügen verbindliches Bild einer Madonnen- oder Kreuzigungsdarstellung gegeben hat. Wohl aber gab es damals wie heute konventionelle, klischeehafte Vorstellungen symbolischer Bildelemente, die bei einer Thematisierung der Philosophie in mehr oder weniger vertrauter Weise zur Berücksichtigung drängten. (Wenn die »Philosophie« nicht, wie viele der Universitätsprofessoren es wünschten, einfach durch die Porträts der großen Philosophen repräsentiert werden sollte.) Es ist das große Verdienst Gustav Klimts, diese Bildvorstellungen, von denen auch er anfänglich nicht ganz frei gewesen ist, im Zuge seiner Arbeit Schritt für Schritt überwunden und durch eigenwillige, ungewohnte und persönliche Interpretationen ersetzt zu haben, wobei, wie schon zeitgenössische Kritiker bemerkten, ihn sicher im einzelnen Gedanken der Theosophie geleitet haben mögen. Aber diese Entscheidung für Ideengut der Theosophie war seine ureigenste, durch keinen Auftrag gedeckte Entscheidung. Natürlich kannte Klimt den Erwartungsdruck, unter dem seine Arbeit stand, auch hatte er in den ersten, sich noch nicht deutlich vom Konventionellen abhebenden Entwürfen, die er dem Ministerium vorgelegt hatte, diesen Erwartungen noch eher Nahrung gegeben als ihnen widersprochen. Was sich ereignete, hatte er nicht voraussehen können: Gustav Klimt ist an der Größe der ihm gestellten Aufgabe und mit dem entwickelten Mut, nur der Stimme der inneren Eingebung zu folgen, um wahrhaftig zu bleiben, gewachsen. Er hat den in sich während der Jahre der Arbeit an der »Philosophie« und den beiden anderen Fakultätsbildern, der »Medizin« und der »Jurisprudenz«, vollziehenden Wandel akzeptiert und ihn im Resultat seiner Arbeit allen Anfeindungen zum Trotz öffentlich gemacht.

Sehen wir uns die einzelnen erhalten gebliebenen Skizzen und Entwürfe Klimts zur »Philosophie« an, so finden wir ihn auf dem Weg, sich über sein persönliches Verständnis von Sinn, Aufgabe und Möglichkeit der Philosophie klar zu werden und nach Figuren zu suchen, die die einzelnen Tendenzen oder Aspekte der Philosophie verkörpern konnten.

Wir sehen das z. B. in der Studie einer Figur von 1896, die eher unter der Last des Grübelns oder der Fülle des Wissens in sich zusammengesunken ist als geeignet erscheint, optimistische Perspektiven der Zukunft zu weisen. Die Werkzeichnung von 1898/99 gibt schon eher Aufschluß über den Entwurf der Gesamtanlage des Werkes. Eine zeitgenössische Karrikatur von R. Greyling zeigt Klimt bei der Arbeit an seiner »Philosophie« und scheint dabei eher auf eine Inspiration durch die »leichte Muse« und die von ihr offerierte »leckere Kost« anzuspielen als auf die doch offenbar erwartete Gedankentiefe des Malers. 1899 war die »Philosophie« fertiggestellt, 1900 die ihr in der Grundkonzeption durchaus korrespondierende »Medizin«, von der wir durch einen 1897/98 zu datierenden Entwurf den Charakter der Farbgebung kennen. Durch einen überlieferten Farbdruck der Figur der »Hygieia« kennen wir wenigstens ein Detail des vollendeten Bildes der »Medizin« in den Originalfarben. Als letztes der drei Fakultätsbilder wurde 1903 die »Jurisprudenz« fertig.

Die drei Fakultätsbilder, die Klimt im Rahmen verschiedener Ausstellungen der Secession – 1900 die »Philosophie«, 1901 die »Medizin« und 1903 die »Jurisprudenz« – der Öffentlichkeit vorstellte, entfesselten einen Sturm des Protests, wie ihn Wien bis dahin in Dingen der Kunst noch nicht erlebt hatte. Hermann Bahr hat das wütende Echo, das Klimts Kunst damals erregte, in dem Buch »Gegen Klimt« gesammelt. Vieles, was wir in dieser Dokumentation an Exzessen eines »gesunden Volksempfindens« lesen können, will uns heute schier unglaublich erscheinen. Die allgemeine Pogromstimmung hatte selbst einen Karl Kraus erfaßt, der nicht müde wurde, Klimt und seine Bilder zu attackieren. Besonders eigenartig berührt uns, wenn er sie, eine angebliche Pariser Stimme zitierend, wiederholt als »gout juif« (jüdischer Geschmack) verspottet und allen Ernstes verlangt, das Parlament – das, den Protest der Professorenschaft aufnehmend, ebenfalls bei der Regierung interpellierte – solle über Klimt richten, denn die Abgeordneten seien zuständig, wenn »Steuergelder« für ein »ausgestelltes Machwerk verschwendet werden«.

Was war nun das Anstößige an den Fakultätsbildern, insbesondere an der »Philosophie«? Was empörte die Zeitgenossen in einem Ausmaß, das sich Klimt und seine Freunde von der Secession nicht hatten vorzustellen vermögen? Hören Sie zuerst die Beschreibung im Katalog der Secessionsausstellung des Jahres 1900, die mit 35.000 Besuchern einen ungeheuren Zulauf hatte. Da heißt es: »Die Philosophie. Eines der fünf allegorischen Deckenbilder für die Aula der Universität (Auftrag des Ministeriums für Cultus und Unterricht). Linke Figurengruppe: Das Entstehen, das fruchtbare Sein, das Vergehen. Rechts: Die Weltkugel, das Welträtsel. Unten auftauchend eine erleuchtete Gestalt: Das Wissen.« Das Bild konnte übrigens nicht bis zum Ende der Ausstellung gezeigt werden, da es anschließend nach Paris zur Weltausstellung ging, wo es wohlwollend-reserviert aufgenommen wurde, ohne in irgendeiner Weise Aufsehen zu erregen.

Ludwig Hevesi, neben Hermann Bahr der angesehenste und wortgewaltigste Kritiker in Kunstdingen, den Wien zu jener Zeit besaß, beschrieb seinen ersten Eindruck so: »Klimts ›Philosophie‹ ist eine großartige Vision, in der eine, man kann schon sagen, kosmische Phantasie schaltet. Man sieht der ganzen Szene noch das Chaos an, aus dem sie sich losgerungen hat, oder vielmehr immerfort losringt, als ewig fließendes, ununterbrochen zu Formen gerinnendes und wieder zerrinnendes Leben.

Wir sehen ein Stück Weltraum voll rätselhafter Gärung, einer Bewegung, deren Rhythmus sich nur erraten läßt. Auch die Formen hüllen sich in eine mystische Undeutlichkeit, die das Auge farbig benebelt. Der Maler muß dieses Geheimnis soweit als möglich rein malerisch behandeln. Auch gibt es sich seiner Phantasie vor allem als Farbenerscheinung kund. In diesem Weltraum brauen die verschiedensten Blau, Violett, Grün und Grau durcheinander, und ihr Gewoge ist ganz durchsetzt von flimmerndem Gelb, das sich bis zu echtem Gold steigert. Man denkt an Weltenstaub und wirbelnde Atome, an elementare Kräfte, die erst Dinge suchen, um an ihnen fühlbar zu werden. Schwärme von Lichtfunken stieben umher, jeder Funke ein Stern, ein roter, blauer, grüner, orangegelber, goldblitzender. Aber das ganze Chaos ist eine Symphonie, deren Farben der Künstler ganz aus seiner sensitiven Seele heraus mischt. Er phantasiert uns eine Farbenharmonie vor, in deren eigentümlichen Feinheiten sich das Auge verträumt und verliert. An einer Stelle dieses Farbengewoges ballt sich ein grüner Nebel . . . Je länger man hinsieht, desto mehr gliedert es sich. Ein steinern unbewegtes Antlitz tritt hervor, dunkel, wie das einer ägyptischen Basalt-Sphinx . . . Es ist das

Gustav Klimt, »Die Philosophie«
(1945 zerstört)

Rätsel, das Bild des Welträtsels, eine Anspielung darauf. Und an diesem Schweigenden, verhüllten vorbei schwebt von oben herab ein heller Strom von Leben . . .«

Dieser enthusiastische Eindruck wurde aber bald durch andere Stimmen korrigiert. Zu den ersten, die protestierten, gehörten die Professoren der Wiener Universität. Sie verfaßten diese Petition an das Kultusministerium:

». . . Die Unterzeichneten beabsichtigen, eine von Professoren aller Fakultäten ausgehende Petition durch den hohen akademischen Senat an Se. Excellenz den Unterrichtsminister gelangen zu lassen, in welcher mit Rücksicht auf das gegenwärtig in der Secessions-Ausstellung befindliche . . . Bild von Klimt: ›Die Philosophie‹ 1. der Meinung Ausdruck gegeben werden soll, daß dasselbe nach seinem Styl dem Renaissancebau Ferstel's nicht entspreche; 2. an Se. Excellenz die Bitte gestellt werden soll, die Anbringung des Bildes in der Aula, wenn möglich, hintanzuhalten.

Sollten Sie, geehrter Herr Collega, nach Besichtigung des Bildes mit der Tendenz dieser Petition einverstanden sein, so bitten wir Sie, uns das mittels beiliegender Correspondenzkarte wissen zu lassen . . .«

Zu denen, die sich am stärksten über das Bild erregten, gehörte der Wiener Philosoph Friedrich Jodl. Er äußerte sich in der Neuen Freien Presse vom 28. März 1900 wie folgt: »In der Universität ist für das Bild keine geeignete Stätte. Wir kämpfen nicht gegen die nackte und nicht gegen die freie Kunst, sondern gegen die häßliche Kunst.«

Einer seiner Kollegen gab im »Illustrierten Wiener Extrablatt« unter dem gleichen Datum zu Protokoll, er kenne weder Klimt noch die ›Philosophie‹, habe aber den Protest mitunterschrieben. Er habe einen solchen Haß gegen die moderne Kunst, daß er ihr entgegentrete, wo und wie er nur könne.

Gegen den Protest der Professoren wandte sich der Wiener Ordinarius für Kunstgeschichte, Franz Wickhoff, der damals in Rom weilte, und wies auf die Inkompetenz seiner Kollegen hin. In einem Vortrag, den er am 9. Mai in der »Philosophischen Gesellschaft« der Universität hielt, griff er Jodls Diktum von der »Häßlichkeit« des Bildes auf und sprach über das Thema: »Was ist häßlich?«

». . . Selten«, so resümierte Wickhoff, »ist der Wissenschaft von einem Künstler so tief gehuldigt worden. Aus den Toren des Hauses, das ihr geweiht ist, sollte dieser großherzige Künstler vertrieben werden. Man sieht es, wie die Begeisterung ansteckend wirkt, so steckt auch die Mißgunst an. Wenn seinem Bilde einmal die Darstellung der Medizin zur Seite stehen wird, dann wird auch der meergrüne Schimmer des ersten Bildes in seiner dekorativen Wirkung ganz verständlich sein, und es wird Niemand verfehlen, den Künstler zu preisen, der uns mit diesen herrlichen Werken beschenkt hat . . .«

(Fremdenblatt, 15. 5. 1900)

Aber die allgemeine Kritik war durch subtile Argumente nicht zu überzeugen oder zu besänftigen. Sie blieb fast einhellig negativ. In seltenem Einklang von »Fackel« und »Neuer Freier Presse«, dem »Illustrierten Wiener Extrablatt« und der Boulevardpresse höhnte auch das deutschnational gesinnte »Deutsche Volksblatt«: ». . . Uns ist Klimts Bild musikalisch nur mit Richard Strauss' ›Also sprach Zaratustra‹ vergleichbar. Da wie dort der mißglückte Versuch, Philosophie zu erläutern . . . Wir gestatten uns, das Bild ebenfalls zu schildern und bedienen uns hiezu eines echt secessionistischen Stils: Gründurchleuchtetes Aquarium, Milliarden Tropfen glitzern. Infusorien tummeln sich liebesentflammt . . . Formen erschimmern, lösen sich und ergänzen sich. Körper sind es, spukhaft von bläulichem Verwesungshauche überzogen . . . Ertrinkende Menschleiber. Unten ein feuriges Haupt. Die Meergase. Seitlich ein grünblauer Brodem. Ist es etwas oder ist es grünes Nichts? Ein dicker Seeigel ist's, von Seetangen umwogen . . .«
Versuchen wir von einem heutigen Standpunkt aus zu untersuchen, was die Zeitgenossen Klimts damals in so ungeheurem Ausmaß an seinem Bild der »Philosophie« und später an den beiden anderen von ihm entworfenen Fakultätsbildern erregt hat, so scheint es wohl ein ganzes Bündel von Gründen zu sein, das da zusammenkam und Professoren, Publikum wie Presse verstörte. Zuerst einmal stellten Klimts Visionen die positivistische Weltauffassung der Zeit wie das wohlerworbene Selbstverständnis der Wissenschaft in Frage. Klimts Interpretation der »Philosophie« imaginiert die Welträtsel als im letzten unlösbar, und das Anlitz, welches »Das Wissen« versinnbildlicht, korrespondiert dem der Sphinx. Es scheint sagen zu wollen: »Ich weiß, daß ich nichts weiß.« Was sich im Kosmos an Zyklen einer ewigen Wiederkehr ereignet, bleibt in seinem »Woher?«, »Wohin?« und »Wozu?« ein Mysterium. Im gleichen Sinn stellt die »Medizin« nicht den Triumph der ärztlichen Wissenschaft, sondern Hilflosigkeit und Vergeblichkeit aller medizinischen Bemühungen vor den Grundphänomenen unserer Existenz, Schmerz, Krankheit, Alter, Tod dar. Die »Jurisprudenz« schließlich verweist auf die Institutionalisierung des Unrechts, auf die Gnadenlosigkeit der Strafverfolgung, der das hinfällige Individuum hoffnungslos ausgeliefert ist. Sie ist das aggressivste der drei Bilder, offenbar bereits unter dem Eindruck der empfangenen Verletzungen und Demütigungen gemalt. Der Entwurf von 1898 hatte noch ganz anders ausgesehen, hatte der Göttin der Justiz das Banner der Freiheit in die Hand gegeben. Davon ist nichts geblieben. Das ausgeführte Gemälde klagt die Rechtsprechung der Zeitgenossen als atavistisch an. Die Erinnyen, die Pallas Athene gezähmt hatte, sind als Furien zurückgekehrt und verfolgen unkontrolliert und erbarmungslos ihr Opfer. Das Bild der Justitia, die verbundenen Auges – also ohne Ansehung der Person – die Schalen der Waage des Gerichts ausschwingen läßt, ist ins Gegenteil verkehrt, auf den Kopf gestellt: offenen Auges wird hier Unrecht

Gustav Klimt »Die Medizin«
(1945 zerstört)

getan und Rache genommen. Und es gibt keine Instanz, die dem Treiben Einhalt gebieten könnte.

So befremdlich und verstörend Klimts Interpretation der Grenzen und des Zustands von Philosophie, Medizin und Jurisprudenz sein mochten, sie waren, wenn auch vielleicht die erste, so doch keinesfalls die einzige Ursache der Empörung, die seine Bilder hervorriefen. Eine zweite lag in der naturalistischen Darstellung unverhüllter Körper. In der »Philosophie« ist eine Milchstraße von Sternbildern parallel gesetzt dem Fluten ineinanderverschlungener nackter Leiber. Die »Medizin« akzentuiert diesen schicksalshaften Strom menschlicher Leiber als das unabänderliche Naturgesetz von Werden, Fruchtbarkeit, Welken und Vergehen. Aber gerade eine aller gewohnten mythologischen Einkleidungen beraubte Allegorie lag in der Absicht Klimts: der nicht-idealisierte nackte Körper – also die Natur selbst – sollte für den Gedanken eintreten, sollte die *Idee* ausdrücken, sie »verkörpern«: *Nuda veritas.* (Der Surrealist Max Ernst hat ein Vierteljahrhundert später die Art der Symbolisierung mit einem ironisch treffenden Satz charakterisiert: »Die Nacktheit der Frau ist weiser als die Weisheit des Philosophen.«)

Dann gab es bei Klimt noch einen dritten Punkt, der Ärgernis erregte. Er lag in der ungewohnten Kompositionsweise der Bilder, die sich zum einen nicht in die herkömmliche Anlage und Wirkung von Deckenbildern fügen wollte, und zum andern in der Verschlingung und Verknotung menschlicher Leiber etwas ungemein Befremdliches besaß und die Allegorien – so es denn überhaupt noch solche waren – schwer lesbar, wenn nicht gar unverständlich machte. Was immer diese Allegorien oder Visionen auch besagen wollten, der ursprünglichen Aufgabenstellung (und der Erwartung der Auftraggeber) entsprachen sie gewiß nicht. Viel eher ließen sie sich in einer Umkehrung des von Franz Matsch illustrierten Zentralmotivs als Triumph der Finsternis über das Licht deuten, als daß sie den Sieg des Lichts hätten symbolisieren können.

Das weitere Schicksal der drei »Fakultätsbilder« ist schnell erzählt. Sie sind nie an der Decke der Aula der neuen Universität angebracht worden. Unter dem Eindruck der öffentlichen Kritik und der nur halbherzigen Verteidigung durch das Wiener Kultusministerium hat Klimt sie zurückgezogen. Am 3. April 1905 verzichtete Klimt auf den Auftrag und bittet um Angabe, wohin er die empfangenen Vorschüsse zurückzahlen könne. Zunächst ziert sich das Ministerium noch, will trotz aller Anfeindungen am Auftrag festhalten – wohl auch deshalb, weil die zuständige Kunstkommission die Bilder von Franz Matsch als künstlerisch unbefriedigend bezeichnet hatte. Man drängte Klimt auf Ablieferung der Bilder.

Aber das Maß der Kränkung war für diesen voll. In einem am 12. April 1905 Berta Zuckerkandl für ein Wiener Abendblatt gegebenen Interview begrün-

dete Gustav Klimt seine Weigerung, seine drei von der Öffentlichkeit so fanatisch angegriffenen Fakultätsbilder freizugeben. Daraufhin erklärte sich das Ministerium mit der Rückgabe des Auftrags und damit der Rechte an den juridisch von ihm bereits fest erworbenen »Fakultätsbildern« einverstanden. Am 30. Mai 1905 zahlte Klimt die bis dahin von ihm erhaltenen Honorarvorschüsse in Höhe von 30.000 Kronen mit Hilfe eines Sammlerfreundes, des Mäzens August Lederer, zurück. Dafür erwarb August Lederer die »Philosophie«. 1938 wurde der Kunstbesitz von August Lederer zwangsenteignet. 1944 kam die »Philosophie« in den Besitz der Österreichischen Galerie, die schon 1918 – im Todesjahr Klimts wie seiner Künstlerfreunde Koloman Moser und Egon Schiele – die »Medizin« erworben hatte und kurz vor Kriegsende durch zwangsweisen Verkauf neben der »Philosophie« auch noch die »Jurisprudenz« erwerben konnte.
Alle drei »Fakultätsbilder« wurden – nachdem sie 1943, zum 25. Todestag Klimts, ein letztes Mal in der Secession öffentlich ausgestellt worden waren – kurz vor Kriegsende nach Schloß Immendorf ausgelagert. Dort sind sie am 11. Mai 1945 zusammen mit einer Reihe anderer Werke von Gustav Klimt verbrannt.

Anmerkung

Walther Schmied-Kowarzik hat die Diffamierung der modernen Malerei als ›häßliche Kunst‹ seines Lehrers und Doktorvaters Friedrich Jodl nie mitgemacht. In seiner Gymnasialzeit und den ersten Studienjahren in Wien hat er die Aufregungen um die Klimt-Bilder mehr aus der Ferne miterlebt. In seinen späteren Arbeiten und Vorlesungen zur Ästhetik während seiner Privatdozentenzeit in Wien seit 1913 geht er gänzlich andere Wege als Jodl. Über die Expressionisten-Ausstellung von 1918, die damals ebenfalls sehr angefeindet wurde, schrieb *Walther Schmied-Kowarzik* folgende, nebenstehend etwas gekürzt wiedergegebene Besprechung:

Walther Schmied-Kowarzik

Die Expressionisten-Ausstellung in der Wiener Secession (1918)

Die 49. Ausstellung der Wiener Secession ist ein Ereignis in der Geschichte des Wiener Kunstlebens. Die Wiener Secession hat jene Gruppe jüngerer Künstler, die den Expressionismus vertreten oder ihm nahe stehen, eingeladen, in einer besonderen Ausstellung vor die Öffentlichkeit zu treten. Wiederum wie in den ersten Jahren nach der Gründung (1897) ist Jugendsturm und Empörergeist in den Olbrichschen Kunsttempel am Karlsplatz eingezogen. Seit dem Austritt der Klimtgruppe (Hoffmann, Wagner, Roller, Moser, List, Meßner, Bernatzik, Moll, Hölzel usw.) im Jahre 1905 hatten sich die anfangs so hoch gehenden Wogen schöpferischen Überschwangs so sehr geglättet und gesänftigt, daß mancher Kritiker in dieser Ruhe weniger eine meisterlich gebändigte Kraft, als Ermattung und Schwäche erblicken wollte. Die Klimtgruppe hat währenddessen zusammen mit jüngeren Künstlern 1908 und 1909, dann wieder 1911 eine selbständige »Kunstschau« veranstaltet. Aber schon 1913 und 1914 gelang es, einen Teil der jüngeren Generation (vorwiegend Impressionisten) in den Jugendausstellungen der Secession zu vereinigen, und einzelne von ihnen wurden damals in die Reihen der Mitglieder aufgenommen (Dachauer, Esterle, Radler).

Die gegenwärtige Ausstellung gibt ein geschlossenes Bild des expressionistischen Kunstwollens in Wien. Die Überschau hinterläßt einen überwiegend erfreulichen Eindruck. Wenn jede Kunstwelle mit einer Zeit formloser Kraft beginnt und in einem Alter kraftloser Form endet, so steht der Wiener Expressionismus zweifellos in jenem Gärungsalter, in dem das Wollen das Können noch weit übertrifft; gleichwohl ist die Vorwärtsbewegung zu jenem Reifepunkt unverkennbar, in dem Kraft und Form, eigenwüchsige Ursprünglichkeit und kristallgesetzlicher Stil zu vollendetem Ausgleich gelangen werden. Der Vergleich mit den früheren Kunstschaudarbietungen zeigt uns den Wiener Expressionismus in einem Zustand der Läuterung, der Besinnung, des Reifens. Freilich auch jetzt ist noch vieles Experiment, nicht selten mißlungenes Experiment. Und es gibt Mitläufer, die nicht durch echten, inneren Drang zum Suchen bestimmt sind. Aber im allgemeinen ist das Suchen ehrlich und echt, aus stärkstem Erlebnis geboren; und schon ist ein Weg sichtbar, eine Richtung, die auf ein immer klarer erkennbares Ziel weist.

Die größte Begabung des Wiener Kreises ist ohne Zweifel Egon Schiele. Ein Zeichner von größter Treffsicherheit, vermag er seine Kunst insbesondere im Bildnis zu offenbaren. Die Bildnisse (Ölgemälde und Bleistiftskizzen) lassen erkennen, daß sein Ziel nicht die eindrucksscharfe Wiedergabe des Augenblicksbildes, sondern der gesteigerte Ausdruck der in ihrer Tiefe erfaßten Persönlichkeit ist. Durch den eigenartig gedämpften Ton seiner Farben, durch die weit geöffneten Augen seiner Gestalten und ihren in die Ferne gerichteten Blick sucht er seinen Bildern eine bedeutungsvolle Sprache zu geben, freilich nicht immer mit Erfolg. Die »Auferstehung«, zwei Särge mit zum Leben wiedererwachenden Leichen (ein Bild, das wohl aus einer älteren Zeit stammt), gehört zu den nicht geglückten Versuchen, die in dieser Ausstellung dargeboten werden. Schieles Städtebilder dagegen mit ihrer kleinstgenauen Linienzeichnung und Perspektive, ohne Entfernungswerte der Luftfärbung, eingetaucht in den trüben Ton der Gesamtstimmung, geben uns jenes klare und weite Schauen, das uns bei wetterverhangenem Himmel und durchsichtigster Luft die Dinge sub specie aeterni betrachten läßt, so daß uns die Bauwerke der Menschen wie Spielzeugschachtelhäuser anmuten . . .

Anton Faistauer ist ein Künstler der Farbe, der er eine so vielsagende, verhaltene Leuchtkraft zu geben weiß, daß das gewöhnlichste Stilleben und das Bildnis einfacher Menschen durch diese sinnliche Vergeistigung bedeutsam wird. Von diesem jungen Künstler ist noch viel zu erwarten. Von Faistauer beeinflußt ist Robin Ch. Andersen.

Zu einem trefflichen Bildnismaler hat sich Paris Gütersloh entfaltet. Sein Selbstbildnis, das Bildnis seiner Frau u. a. vermögen den geistigen Kern des Persönlichen eindrucksvoll zur Anschauung zu bringen. Wie gering die Selbstkritik ist, die mit so reifem Können gepaart ist, zeigt die Schaustellung der »Liebesunterhaltung«, einer ganz oberflächlichen und noch dazu nichtssagenden Skizze . . .
Am weitesten von der Realität entfernen sich die stilisierenden Bilder von Merkel, Melzer, Zülow u. a. Georg Merkel lehnt sich durchaus an den Stil älterer Meister an. Er zeichnet den abstrakten Berg, Baum, Nachen, die abstrakte Burg, Bucht, Welle; in diesen abstrakten Landschaften Menschen in mannigfachen Stellungen, übrigens jede Figur für sich, ohne lebendige Beziehung zur Gruppe, jedoch zuweilen geschickt in den Rahmen komponiert. Moriz Melzer schweift noch weiter von der Wirklichkeit ab, ohne zu einer in sich gegründeten Stilisierung zu gelangen, die dies restlos rechtfertigte. Immerhin zeigen einzelne wenige Gestalten eine glückliche Gabe der Vereinfachung. Franz von Zülow ist von alten Gobelinstickereien beeinflußt; ein fast farbloses »dekoratives Panneau«, in Leimtechnik, einem neuen, interessanten Verfahren, ausgeführt, gibt ohne verjüngende Perspektive im Übereinander den Aufblick auf abstrakte Berge, Flüsse, Häuser und Menschen.
Das Ver-sacrum-Zimmer bringt graphische Arbeiten, darunter meisterhafte Zeichnungen von Schiele und Jungnickel, farbige Zeichnungen von Andersen, Schröder usf. Die phantastischen Tuschzeichnungen von Ariel Birnbaum und Alfred Kubin verdienen besondere Erwähnung. –
Die Ausstellung, die der Initiative des gegenwärtigen Präsidenten der Secession Richard Harlfinger zu danken ist, zeigt das Kunstschaffen der Wiener jüngeren Künstler in lebhafter Bewegung, zwar von Ziel und Höhe noch entfernt, aber doch in der stetigen Richtung nach aufwärts . . . (erschienen in: Deutsche Arbeit, Prag 17 (1918) X, S. 421ff).

V. Erinnerungen und Würdigungen

Walther Schmied-Kowarzik
Privatdozent der Philosophie
an der Universität Wien 1913-1920

Herbert Cysarz (†)

Zur 100. Geburtstagswiederkehr von Walther Schmied-Kowarzik

(22. 5. 1885 - 24. 7. 1958)

Meine erste Begegnung mit Walther Schmied-Kowarzik fand noch während des Ersten Weltkriegs statt. Ich war seit 28. 9. 1916 als k. u. k. Reserveleutnant (und Sturmtruppführer) 100% kriegsversehrt und befand mich an neuen Scheidewegen meiner geistigen Existenz. Walther Schmied-Kowarzik hatte meinen überaus anspruchsvollen Fragenbrief, durch den ich Beratung suchte, mit unerwartet vielseitigen Wegweisungen erwidert, mit einer Überfülle orientierender Vorschläge und bibliographischer Notizen. Danach lud er mich in seine Wohnung im Wiener VIII. Bezirk ein und eröffnete da mit ebenso horchendem Takt wie einleuchtendem Zupacken ein langes, für mich entscheidendes Gespräch. Es fixierte die Wahl meiner Dissertation (»Erfahrung und Idee«, 1921, ausgezeichnet mit dem Wilhelm-Scherer-Preis der Berliner Akademie der Wissenschaften). Es half die grund- und gesamtwissenschaftlichen Strukturen meiner späteren germanistischen Lehrtätigkeit in Wien, Prag und München zu bestimmen. Es vereinigte die weiten geisteswissenschaftlichen Kollektiv- und Universalhorizonte mit genauen Problemstellungen zum deutschen Geistesleben. (Siehe hierzu meinen Werk- und Lebensbericht »Vielfelderwirtschaft«, Bodman ²1980.) Meine fortdauernde Dankbarkeit und Verbundenheit spottet näherer Aufzählungen.

Der Philosoph Walther Schmied-Kowarzik ist vor nunmehr 100 Jahren in dem nämlichen Haus in Mödling zur Welt gekommen, in dem er vor 27 Jahren verstorben ist. Er hat sich früh (1913) an der Wiener Universität habilitiert und seit 1921 als Hochschullehrer in Dorpat, Frankfurt und Gießen, schließlich wieder in Wien gewirkt. Seine letzten Lebensjahre verbrachte er teils bei der Familie seiner Tochter in Regensburg, teils im Mödlinger Vaterhaus.

Walther Schmied-Kowarzik bewegte sich vorwiegend in universaltheoretischen Perspektiven, doch immer voll Konzentration auf konkrete Probleme des Geisteslebens, der Erziehung, der Ethik und Gesellschaftsordnung, der Anthropologie insgesamt. Seine ›Objektivationen des Geistigen‹ zeitigen nicht nur neue Formulierungen des Wissens und Erkennens, sondern auch ein immer neues Wirklichkeitsrelief des schöpferischen Geistes. Das ist das Herz einer von Anbeginn kreativen Leistung.

Walther Schmied-Kowarzik war ein philosophischer Einzelgänger und nicht nur als solcher, bei zeitlebens unbeirrbarer nationaler Gesinnung, ein echter österreichischer Denker. Er ging überall vom sinnfällig Individuellen aus, er richtete Auge und Ohr auf die subtilen Nuancen der menschlichen Dinge. Und er wurde gerade dadurch nicht auf vordergründige Verallgemeinerungen und eilfertige Theoreme, sondern auf das ursprünglich-umfassende geistige Sein hingelenkt. Gerade weil er so tief um die Unerschöpflichkeit des Lebens wußte und sie niemals auf regelnde Normen gebracht wissen wollte, trieb es ihn zu den unzerstörbaren Fundamenten des Wahrnehmens und Erkennens.

Er philosophierte gewissenhaft kritisch, das war für einen Doktoranden und Habilitanden Friedrich Jodls noch selbstverständlich, stets aber im Blick auf das unrückführbar Universelle und Elementare. Sein Patron war da Franz Brentano, der aus Würzburg nach Wien gelangte Praeceptor Austriae: einer der reichsten und menschlich feinst organisierten Denker, der eben aus der Überfülle seiner Anschauungen heraus die allereinfachsten Axiome der Wahrheit, die Schönheit und Sittlichkeit suchte. Aus einer ähnlich unabstrahierbaren Differenziertheit kam später Ludwig Wittgenstein, Mitglied des gegensätzlichen »Wiener Kreises«, zur rationalen Skepsis seiner Sprachphilosophie.

Schmied-Kowarzik begann in den näheren Bahnen Alois Höflers in Wien, Christian von Ehrenfels' in Prag und Alexius Meinongs in Graz mit dem bedeutenden Entwurf einer »Analytischen Psychologie«, die ebenso die unerschöpflichen Stufungen wie die unzerfällbaren geistigen Zusammenhänge und Überhänge des Seelenlebens erhellen wollte. Gleiche Spannungen durchziehen seine Ethik und seine ohne Unterlaß fortschreitende ästhetische Grundlagenforschung. Seine Wahlverwandtschaft zum unformalistisch originären, inbildlich-inbegrifflichen Denken ließ ihn während des Ersten Weltkrieges zum äußerst fruchtbaren Interpreten des ihm teuren G. W. Leibniz und insgesamt der deutschen Geistes- und Wesensart werden. Er hat dem spezifisch deutschen Beitrag zur abendländischen Geistesgeschichte eine Reihe gewichtiger Veröffentlichungen und weitwirkender Vorträge gewidmet.

Schmied-Kowarzik taugte nirgendwie zum Vorzugsschüler einer philosophischen Schule, zum Matador einer akademischen Gruppe. Er strebte schon in seinen baltischen Jahren nach freieren Gestalten der Menschenbildung, der Kulturphilosophie, Anthropologie, Pädagogik. Er vermählte sich in Dorpat in zweiter Ehe mit der baltischen Dichterin Gertrud von den Brincken, der Verfasserin gewichtiger Romane und von Versen eigenen Ranges. Der Erstgeborene aus dieser Ehe, Professor Dr. Wieland Schmied, ist als Schriftsteller und namentlich Kunstkritiker weithin bekannt geworden. Der jüngere Bruder Wolfdietrich Schmied-Kowarzik, Professor der Philosophie an der Gesamthochschule Kassel, gab vor 10 Jahren das kostbare Nachlaßwerk seines Vaters heraus: »Frühe Sinnbilder des Kosmos. Gotteserlebnisse und Welterkenntnis in der Mythologie« (Düsseldorf 1974, samt biographischen Texten und vollständiger Bibliographie).

Dieses interkontinentale Mythen-Panorama, jahrzehntelang erarbeitet, sichtet die unmittelbarsten Welt-Innewerdungen der Frühzeiten. Es untersucht die primordialen Menschheitserlebnisse des Geschehens und des Bestehens, der bewegenden Veränderung und des in sich ruhenden Seinsgrunds, der zwingenden Übermächte der Wirklichkeit und der unbezwinglich waltenden Allmacht. Der »Weltenbaum«, der »Nordberg« mit seinen unterweltlichen Höhlen und andere vornehmlich dem Norden zugehörige Gesichte werden als uranfängliche – aller Religion, Philosophie, Kunst, Wissenschaft vorausliegende – Vergewisserungen der natürlich-geschichtlichen Ordnungen und ihres heiligen Geheimnisses durchhellt. Mit diesem kardinalen Augenaufschlag menschlichen Geistes schließt das Buch den Ring, den allerwegs anvisierten Horizont von Walther Schmied-Kowarziks Lebenswerk.
In jedem Zug seiner wissenschaftlichen Arbeiten ein kreativer Denker von österreichischer Prägung innerhalb der deutschen Philosophie des 20. Jahrhunderts, vermochte Walther Schmied-Kowarzik seinen Schülern und Freunden vielfältige Anregungen zu eigenem Fragen und Forschen zu vermitteln. Keiner Pflicht und Not der Zeit abgewandt, lebte er immer im Dienst der großen Aufgabe volks- und menschheitsbezogener Bildungs- und Kulturarbeit. Am Arbeitstisch in seinem niederösterreichischen Vaterhaus überraschte den 73jährigen ein gnädiger Herztod.

Walther Schmied-Kowarzik
Professor der Philosophie
an der Universität Dorpat 1921-1927

Georg von Rauch

Walther Schmied-Kowarzik an der Universität Dorpat

Sechs Jahre lang war der österreichische Philosoph Walther Schmied-Kowarzik Inhaber des Lehrstuhls für Philosophie an der estnischen Universität Dorpat im Baltikum.

Dorpat, im estnischen Tartu genannt, hatte im Mittelalter eine große Bedeutung als Hansestadt für den deutsch-russischen Handelsverkehr zwischen Lübeck und Novgorod. Sein eigener Handel lief vor allem auf dem Embach und über den Peipus-See nach Pleskau, das man auch den »jüngeren Bruder« Novgorods nannte. Dorpat, als Stadt 1224 gegründet, war aber auch Sitz eines Bischofs, der einer der Landesherren neben dem Meister des Deutschen Ordens, dem Erzbischof von Riga und anderen Bischöfen und damit auch Reichsfürst des Römischen Reiches deutscher Nationen war. Die Domkirche auf dem »Domberg« mitten in der Stadt war der größte Kirchenbau im Ostseeraum.

Als die Russen unter Iwan dem Schrecklichen 1558 über die Grenze eindrangen, brach der livländische Ordensstaat auseinander. Dorpat wurde zerstört, seine deutschen Einwohner verschleppt: es war ein schreckliches Schicksal, das sich in der weiteren Geschichte der Stadt noch mehrere Male wiederholen sollte. Für 150 Jahre wurden Livland und Estland Provinzen der schwedischen Monarchie. 1632 gründete Gustav Adolf, kurz bevor er in der Schlacht bei Lützen fiel, in Dorpat eine Universität mit lateinisch-schwedischer Verwaltungs- und Unterrichtssprache. Sie sollte bis 1710 bestehen. Im Nordischen Kriege von 1700 bis 1725 fiel Dorpat erneut einem Einfall der Russen, diesmal unter dem Zaren Peter dem Großen, zum Opfer. Erneut wurde die Stadt fast völlig zerstört, die Bevölkerung verschleppt. Der Übergang unter russische Herrschaft führte nicht gleich zur Wiederherstellung der Universität. Erst 1802 konnte Alexander I., ein Enkel Katharina der Großen, die Universität neu begründen: als eine autonome Lehrstätte mit deutscher Unterrichts- und Verwaltungssprache, die im Laufe des 19. Jahrhunderts zu ihrer Blüte in den 1860er Jahren aufstieg. Die Studenten waren überwiegend Deutsche aus den baltischen Provinzen, die Professoren kamen zunächst größtenteils aus Deutschland, obwohl viele auch zu den Landeskindern gehörten.

Inzwischen war Dorpat mit seinen kaum 50.000 Einwohnern zu einer idyllischen Stadt mit behaglichen Häusern inmitten von ausgedehnten Gärten zwischen Embach und Domberg geworden, in der sich ein intensives geistiges Leben entfaltete. Erst zum Ende des 19. Jahrhunderts griff der russische Nationalismus in die bisherige Autonomie ein; die Russifizierung der Universität führte zahlreiche russische Studenten und Lehrkräfte in die Stadt.

Im 1. Weltkrieg waren die baltischen Provinzen von deutschen Truppen besetzt. Im Sommer 1918 wurde die Universität unter Kontrolle der deutschen Besatzungsmacht wieder als deutsche Universität eröffnet. Ihr baldiges Ende fiel mit dem Abzug der deutschen Truppen und dem Sturz des deutschen Kaiserreiches zusammen.
Als die baltischen Völker nach dem Ende des 1. Weltkrieges und dem Sturz der russischen Monarchie ihre Selbständigkeit von dem jetzt zu einem Sowjetstaat gewordenen Rußland erkämpften, gingen die Esten an die Wiederherstellung der bisherigen Landesuniversität in Dorpat, die 1919 als national-estnische Hochschule wieder eröffnet wurde.
Da es zunächst noch an einer genügend breiten Schicht von estnischen akademischen Lehrern fehlte, mußte man sich mit einigen baltendeutschen und russischen Professoren sowie einer Reihe aus Westeuropa berufenen Gelehrten begnügen. Sie haben alle dazu beigetragen, daß die Universität im Laufe der 1920er Jahre voll arbeitsfähig wurde.
Der Wunsch, eine auch sprachlich rein-estnische Universität zu schaffen, mußte zunächst zurückgestellt werden. Nur die wenigsten ausländischen Professoren haben sich bemüht, die außerhalb der indo-germanischen Sprachenfamilie liegende recht schwierige finno-ugrische Sprache, das Estnische, zu erlernen. Die Universitätsleitung war großzügig genug, die Anstellungsverträge immer wieder zu erneuern. Erst im Laufe der 30er Jahre wurde das Ziel, eine estnische Universität zu schaffen, fast erreicht. Das bedeutete zugleich, daß die allermeisten ausländischen Fachkräfte Dorpat wieder verließen.
Am naheliegendsten erschien es der Universitätsverwaltung und dem Kultusministerium in den ersten Jahren nach der Wiedereröffnung, Finnländer bzw. Finnen zu berufen, deren Sprache dem Estnischen nahe verwandt ist. Dazu gehörten u. a. der Historiker A. R. Cederberg, der Archäologe A. M. Tallgren und viele andere. In zweiter Linie berief man gern schwedische Professoren, denn die schwedische Epoche der Landesgeschichte im 17. Jahrhundert war wegen der bauernfreundlichen Agrarpolitik in guter Erinnerung geblieben. In der philosophischen Fakultät gehörten dazu der klassische Philologe J. Bergman, der Archäologe B. Nerman, der Kunsthistoriker H. Kjellin. Aus Dänemark kam der Slawist A. Stender-Petersen. Hinzu traten einige ungarische Gelehrte, bei denen die Sprachenverwandtschaft freilich nur dem Fachmann erkennbar war. Sie lasen alle in deutscher Sprache. Aus Deutschland kamen die Philologen W. Süss und E. Kieckers, der Geograph H. Scupin sowie einige Tierärzte. Aus der Schweiz wurde der Germanist W. Wiget berufen und aus der Republik Österreich: Walther Schmied-Kowarzik.
Von den 49 ordentlichen Professoren im Jahre 1925 waren 17 Esten, 15 Deutschbalten, 10 Deutsche aus dem Ausland. Zur selben Zeit wurden

61,5% der Vorlesungen in estnischer Sprache, 24,8% in deutscher, 5,5% in russischer und anderen Sprachen gehalten (lt. Universitas Tartuensis, Lund 1970, S. 22).

Walther Schmied-Kowarzik wurde am 22. 5. 1885 in Mödling bei Wien geboren. Nach dem Studium der Philosophie in Wien, Berlin und Jena promovierte er 1908 in Wien mit Auszeichnung zum Dr. phil., 1913 fand seine Habilitation für das Gesamtgebiet der Philosophie und Psychologie statt; anschließend war er bis 1920 Privatdozent an der Universität der österreichischen Landeshauptstadt. Nach einer Gastdozentur in Göteborg/Schweden wurde er zum 1. 1. 1921 auf das Ordinariat für Philosophie an der Universität Dorpat berufen.

In seinem damals schon viel beachteten philosophischen Werk bemüht sich Schmied-Kowarzik die österreichische Richtung der ›Phänomenologie‹ (Franz Brentano, Alexius Meinong, Christian von Ehrenfels) mit der geisteswissenschaftlichen Philosophie (Wilhelm Dilthey, Eduard Spranger, Georg Misch) zu verknüpfen. Seine umfangreiche Dissertation »Zeit und Raum. Eine psychologische und transzendentalphilosophische Untersuchung« (Wien 1908) gehört zu den frühesten Studien zur Phänomenologie der Raum- und Zeiterfahrung. Mit seinem Hauptwerk »Umriß einer analytischen Psychologie« (Leipzig 1912, 2. Aufl. 1928) unternimmt Schmied-Kowarzik – fast zeitgleich mit Edmund Husserl, dem Begründer der Phänomenologie – den Versuch der Grundlegung einer streng philosophischen, nicht-empirischen Bewußtseinsanalyse als Ausgangsbasis aller Erkenntnisfundierung.

Auch durch die Edition von Leibniz' »Deutsche Schriften« (Leipzig 1916) und dem geistesgeschichtlich-kulturpolitischen Buch »Die Gesamtwissenschaft vom Deutschtum und ihre Organisation« (Hamburg 1918) hatte sich der Österreicher Walther Schmied-Kowarzik innerhalb der deutschsprachigen Philosophie bereits einen Namen gemacht.

Der Verfasser dieses Beitrags studierte 1922-1927 in Dorpat, im Hauptfach Geschichte; eines seiner Nebenfächer war Philosophie. Ich erinnere mich noch gut an Professor Schmied-Kowarziks Vorlesungen in einem der größeren Hörsäle unmittelbar rechts vom Haupteingang des schönen klassizistischen Universitätsbaues. Ich hörte bei ihm Vorlesungen über Erkenntnistheorie, Ethik, Ästhetik, Geschichte der neueren Philosophie und nahm an Übungen über die griechischen Vorsokratiker teil. Es hielt ihn bei den Vorlesungen nicht immer auf dem Katheder: – nach Art der griechischen Peripatetiker ging er auf dem Podium bisweilen längere Zeit auf und ab, seine Gedanken in freier Rede ausbreitend. Der österreichische weiche Tonfall hatte etwas ungemein Musikalisches und dabei doch trotz seiner sanften Diktion etwas Eindringliches und Überzeugendes an sich. Unvergeßlich steht das Bild des schlanken Mannes mit dem dunklen Kinnbart, den er gelegentlich zu streichen pflegte, dem damaligen Hörer vor Augen. Gelegentlich trug er eine dunkelblaue oder schwarze Samtjacke, die inmitten der üblichen Straßenanzüge der Lehrkräfte etwas vom Wiener Ambiente auf die Stadt am Embach übertrug.

Im 19. Jahrhundert hatte die Universität Dorpat im Zeichen des Kantianismus gestanden. Der erste Inhaber des Lehrstuhls, Gottlieb Benjamin Jaesche, war ein Schüler Kants gewesen, und man hat vermutet, daß ein Exemplar der Totenmaske des großen Königsberger Philosophen, die noch jetzt in der Universitätsbibliothek aufbewahrt wird, von ihm aus Königsberg nach Dorpat gebracht worden war. Jetzt bekamen die Hörer der estnischen Universität neben der Geschichte der abendländischen Philosophie auch etwas von der neueren deutschen Philosophie zu hören. So las Schmied-Kowarzik z. B. über die Lebensphilosophie, den Neovitalismus und verwandte Strömungen, über Wilhelm Dilthey, Edmund Husserls Phänomenologie, Eduard Spranger, Hans Freyer und andere Vertreter der geisteswissenschaftlichen Schule.

In Dorpat erschien neben einer Reihe kleinerer Abhandlungen 1927 auch Schmied-Kowarziks Arbeit »Die Objektivationen des Geistigen. Der objektive Geist und seine Formen« in der Schriftenreihe der Universität. In dieser Vorstudie zu einer umfangreicheren Kulturphilosophie geht es Schmied-Kowarzik im Anschluß an Hans Freyers »Theorie des objektiven Geistes« (1923) um eine Systematisierung aller Formen der Vergegenständlichung menschlicher Geistigkeit, beginnend mit dem »Gerät«, den Werkzeugen und Gebrauchsgegenständen, über die selbständigen »Gebilde« der Kunstwerke, die ihren Sinngehalt ganz in sich selbst haben, sowie über das »Abbild«, das nachahmend auf anderes verweist, bis hin zum »Zeichen«, wie es vor allem in Sprache und Schrift vorliegt und Geistiges in reinster Form manifestiert. Unsere ganze kulturelle Welt ist ein Geflecht von Objektivationen des Geistigen, Hervorbringungen der Arbeit des menschlichen Geistes. So haben wir in den Kulturdenkmälern nicht nur objektivierte Zeugnisse vergangener menschlicher Geistigkeit vor uns, sondern sie sind auch Teil unseres Menschseins selbst. Die Objektivationen des Geistigen müssen von Generation zu Generation wieder lebendig angeeignet werden, müssen aufgenommen werden vom sich bildenden subjektiven Geist der jungen Generation, um von ihr produktiv weitergestaltet werden zu können. Mit diesem Bezug auf das Problem der Bildung weist diese Studie bereits voraus auf das Werk »Ethik. Mit Berücksichtigung pädagogischer Probleme« (Osterwieck 1932), das Schmied-Kowarzik später während seiner Lehrtätigkeit in Frankfurt am Main ausgearbeitet hat.

Schmied-Kowarzik fand schnell Kontakt zur deutschbaltischen Volksgruppe in Estland und auch Lettland. Eine rege Vortragsarbeit im Stile der heutigen deutschen Universitätsgesellschaften führte ihn auch nach Reval, nach Riga mit dem dortigen Herder-Institut und in viele kleinere Städte der beiden

Länder. Er beteiligte sich auch aktiv am Aufbau eines deutschen Volksbundes in Dorpat, an der Schriftleitung des in Dorpat erscheinenden Estländisch-deutschen Kalenders, einem Nachschlagewerk über alle Einrichtungen und Veranstaltungen der deutschen Volksgruppe sowie aller staatlichen Institutionen mit literarischen und wissenschaftlichen Beiträgen. Schmied-Kowarzik selbst schrieb darin – unter dem Pseudonym Dr. W. Albrecht – mehrere Beiträge zur Kulturpolitik. Dabei setzte er sich insbesondere für das Recht der Minderheiten auf kulturelle Eigenständigkeit und für gegenseitige Toleranz und Achtung unter den verschiedenen Volksgruppen ein. Dies war eine Problemstellung, die ihn bereits seit seinen Studenten- und Dozentenjahren im österreichisch-ungarischen Vielvölkerstaat beschäftigt hatte, wobei er nicht nur für die deutschen Minderheiten im fremden Kulturgebiet, sondern ebenso für alle nationalen und religiösen Minderheiten im deutschen Kulturgebiet eintrat. So schreibt Walther Schmied-Kowarzik (Dr. W. Albrecht) in der Abhandlung »Die nationale Gesinnung als ethische Pflicht« (in: Estländisch-deutscher Kalender 1925, Dorpat 1924 S. 97/102): »Der Nationalgesinnte billigt das, was er für sich und für sein Volk fordert, auch jedem anderen Volk zu . . . Nationalgesinnt sein, heißt keineswegs: sein Interesse und seine Bildung ausschließlich auf die eigene nationale Kultur beschränken, vielmehr kann gerade der Nationalgesinnte im Gegensatz zum Chauvinisten den lebhaftesten Anteil an der Blüte und Entwicklung fremder nationaler Kulturen nehmen und dabei die feinsinnigste Einfühlung in die Eigenart der fremden Völker zeigen. Die Pflege solcher zwischenvölkerischen Kulturbeziehungen ist eine der vornehmsten Aufgaben des Mehrheits- und Minderheitsvolkes, die einen und denselben Staat zur Heimat haben«.
In Dorpat führten die Kontakte zu den an der Dorpater Zeitung und dem genannten Kalender tätigen Herren, wie etwa dem Historiker Hermann von Berg, der auch am deutschen Gymnasium unterrichtete, und dem Redakteur Siegmund Klau, zu einem vertieften Interesse am Schicksal der deutschen Volksgruppe. Durch Klau wurde er in den Kreis einer der deutschen studentischen Korporationen, und zwar der jüngsten unter ihnen, der Fraternitas Normannia, gezogen. Sie war 1909 von deutschen Studierenden in St. Petersburg gegründet worden und kam nach der Oktober-Revolution nach Dorpat. Hier unterschied sie sich von den anderen älteren Verbindungen durch ihr liberales Reformprogramm. Schmied-Kowarzik verkehrte häufig im Convents-Quartier und hat hier immer wieder kleinere Vorträge auf den literarischen Abenden der Normannia gehalten. Er trug damit nicht wenig zur Hebung des geistigen Niveaus der Verbindung bei. Nach einiger Zeit erhob ihn die Normannia zu ihrem Ehrenmitglied und verlieh ihm damit 1924 das karmesinrot-silber-blaue Band und die dazugehörige Mütze der Verbindung. Auf den geselligen Abenden stimmte er fröhlich in den Gesang der Burschenlieder ein.

Noch enger wurden auch die familiären Beziehungen zum baltischen Deutschtum durch die 1925 erfolgte Eheschließung mit der baltischen Schriftstellerin und Dichterin Baronesse Gertrud von den Brincken. Aus dieser Ehe gingen eine Tochter und zwei Söhne hervor.

Bei allen guten Kontakten auch zu seinen estnischen Kollegen in der Fakultät und auch zu einigen estnischen Studenten, die bei ihm promovierten, wurde es Professor Schmied-Kowarzik mit der Zeit klarer, daß mit dem Heranwachsen eines eigenen nationalestnischen akademischen Nachwuchses die Tage der »fremdsprachlichen« Vorlesungen gezählt waren. Ihm war bei seiner Berufung im Jahre 1921 ein Zehnjahresvertrag vorgelegt worden. Nach dieser Frist mußte er sich verpflichten, in estnischer Sprache zu lesen. Ganz abgesehen von diesen Schwierigkeiten hatte er ja auch nicht die Absicht, sich ein Leben lang an Dorpat zu binden. Was den estnischen akademischen Nachwuchs betrifft, so haben im Bereich der Philosophie einige spätere Dozenten Schmied-Kowarzik ihre Ausbildung zu verdanken. Hierzu gehört Alfred Koort, der von 1927 bis 1940 Dozent und später Professor für Pädagogik und Philosophie wurde und dessen Verdienst darin besteht, die philosophische Begriffssprache ins Estnische übertragen zu haben. Dazu gehörte auch Felix Kibbermann, der ab 1940 bis zu seiner Emeritierung einen Lehrauftrag für deutsche Sprache hatte.

1927 folgte Schmied-Kowarzik einem Ruf auf eine Professur an der Pädagogischen Akademie in Frankfurt a. M. Die Dorpater Jahre haben in mancher Hinsicht auch die späteren Lebensjahre des Gelehrten bestimmt; sie gehören neben den Frankfurter Jahren zu den fruchtbarsten seines philosophischen Schaffens, denn die folgenden Jahrzehnte waren durch berufliche Zurücksetzungen und harte Notzeiten überschattet. 1933 vorzeitig in den Ruhestand geschickt, mußte er erneut als Privatdozent an der Universität Gießen von vorne beginnen; um seine Familie erhalten zu können, wurde er nach zusätzlichen Lehramtsprüfungen mit 50 Jahren Studienassessor an einem Gymnasium in Friedberg. 1939 kehrte er in seine österreichische Heimat zurück, wo er neben einer Studienratsstelle am Mödlinger Gymnasium auch wieder als außerplanmäßiger (unbesoldeter) Professor an der Wiener Universität Philosophie lehrte. Nach 1945, all seiner Manuskripte und Bücher beraubt, lebte er mit seiner Familie in Regensburg, wo er neben freier Vortragstätigkeit auch noch sein letztes größeres Werk »Frühe Sinnbilder des Kosmos. Gotteserlebnis und Welterkenntnis in der Mythologie« (postum Ratingen 1974) abschließen konnte. Die deutschbaltische Welt aber lebte in seinem Hause dank seiner Frau Gertrud von den Brincken in all diesen Jahren bis zu seinem Tode am 24. Juli 1958 fort.

Dieser Beitrag soll auch eine Dankesschuld all derer abtragen, die Walther Schmied-Kowarzik, der jetzt 100 Jahre alt geworden wäre, in den Jahren 1921 bis 1927 im fernen Dorpat begegneten und seiner jetzt gedenken.

Valmar Adams

Ein Gruß aus Tartu

Erinnerungen an meinen verehrten Lehrer

Ein historischer Streifblick zwingt zu der Feststellung, daß in den letzten Jahrzehnten der alten Universitas Dorpatensis (Tartuensis) im Fach Philosophie nach G. Teichmüller (1871-1888) nicht mehr viel los war. Früher an der lateinisch-schwedischen Gustavo-Carolina gab es zwei Lehrstühle für Philosophie, und außerdem wurde noch an der Theologischen Fakultät Religionsphilosophie gelehrt. In der Struktur der neuen estnischen Universität war dieses Fach nur noch durch ein Ordinariat und eine weitere Lehrkraft für alte Philosophie vertreten. De facto lasen in den Jahren 1920-1940 über Philosophie in der Landessprache der Experimental-Psychologe Dozent (ab 1928 a. o. Prof.) Konstantin Ramul, der sich aber um theoretische Philosophie nur wenig kümmerte, und der Altphilologe Walter Freymann als Privatdozent, der aber nur über antike Philosophie vortrug. Beide erwarben die Doktorwürde, die bei uns allerdings mehr als eine Habilitation ist, erst viel später (Freymann 1929, Ramul erst 1939). In der Philosophie blieben beide m. E. Dilettanten.

Der erste, der seit Gründung der estnischen Universität 1920 einen vollen Überblick über die europäische Philosophie gab, war Prof. Dr. Walther Schmied-Kowarzik, der 1921-27 hier als Ordinarius für Philosophie wirkte. Seine in deutscher Sprache gehaltenen Vorlesungen waren akademisch-umfassend und rednerisch vollendet vorgetragen. In ihnen hörten wir zum ersten Mal über die Geschichte der Philosophie in ihrer ganzen Breite von den ersten Jahrtausenden an, und durch ihn wurden uns die philosophischen Themen der Gegenwartsdiskussion erläutert, wodurch das philosophische »Analphabetentum« überwunden wurde. Im Kontrast zum akademischen Stil dieser Vorlesungen herrschte in seinen Seminaren und Privatissima, in denen Schmied-Kowarzik als ein liberaler, offener und humanistischer Denker auftrat, ein viel intimerer Ton.

Als ich mich eines »Traktats über den Sinn des Lebens« erdreistete, gab mir Schmied-Kowarzik in seinem Seminar ein Forum und beurteilte diesen ersten philosophischen Versuch eines Esten sehr wohlwollend. Dieser von mir in deutscher Sprache verfaßte Essay erschien erst 1938 in estnischer Übersetzung (Akademia, 1938/5-6) und in unveränderter Fassung in meinem Essayband »Omega« (1985, S. 52-62). Die Übersetzung ist nicht adäquat, da in der estnischen Sprache damals noch keine philosophische Terminologie vorlag und die Syntax dieser Sprache keinen dem Deutschen ähnlichen Periodensatzbau zuläßt. Da das deutsche Original in den Kriegsjahren verloren gegangen ist, möchte ich durch Rückübersetzung des ersten Satzes aus dem

Kapitel »Deopetale und simiopetale Weltanschauung« eine Vorstellung vom Stil dieses »Traktats« geben: »Ehemals – als die Menschheit in frommer Einfalt und einträglicher Hochmut noch glaubte: die Sonne, der Mond und der ganze sternenreiche Kosmos kreise um die Erde, zur Ehre Gottes und unserem Nutzen, und nur wir selbst stehen als Mittelpunkt des *Alls* fest unter der besonderen Fürsorge des himmlischen Vaters – da war das Menschenleben eine unbestreitbar verbindliche und sinnvolle Angelegenheit.«

1927 mußte Walther Schmied-Kowarzik unsere Universität verlassen, da deutschsprachige Lehrtätigkeit durch die Sprachpolitik der Regierung immer mehr eingeschränkt wurde. Danach war der Lehrstuhl für Philosophie imgrunde vakant. Mein durch Walther Schmied-Kowarzik angeregtes philosophisches Interesse hat sich in meiner Essayistik niedergeschlagen – von Beruf bin ich Slawist.

Das ästhetisch recht begabte estnische Volk ist ganz unphilosophisch veranlagt. In dieser Hinsicht kann man den estnischen Volkscharakter mit dem japanischen vergleichen, wie er im »Reisetagebuch eines Philosophen« von Hermann v. Keyserling beschrieben ist. Das Wesentliche an beiden ist das Unternehmende, Zupackende, Praktische, dem dabei nichts Epigonales anhaftet. Schöpferische Sympathie sowie ein scharfer Blick für alles Neue und Brauchbare, das schnell und geschickt ausgenutzt wird, sind die hervorstechendsten Eigenschaften. Dabei sind beide Völker im Tiefsten fast unbeeinflußbar. Die recht gewagte Parallele mit den Japanern wirkt weniger paradox, wenn man bedenkt, daß die Felsenufer der Halbinsel Estland von den japanischen nicht viel abweichen und daß die Esten in vorhistorischer Zeit ebenso Fischer und Meeresbefahrer waren wie die Japaner.

Für unsere heutige, zweite oder dritte Intelligenzlergeneration ist die Philosophie mehr ein bloßes Wissen, ein Vorwand zum Zitieren, zu spielerischem Manipulieren von Namen und Begriffen als ein Leben in Philosophie, wie es Walther Schmied-Kowarzik führte, dessen Sohn ebenfalls Philosophie-Professor wurde. Ich selbst folgte dieser Tradition, als ich in meinem »Philosophie-Konspekt für Fernstudenten« (erschienen im Essayband »Deine Sekunden«, 1971) ein fröhliches Register der »unbrauchbaren« Philosophen gab. Immerhin besteht mein eigenes Schaffen seit 1934 zum größten Teil aus philosophischen Versuchen, denen ich die Genre-Bezeichnung »Gedanken-Embryos« (»mõttelooted«) gab. Auch in meiner Gedanken-Lyrik werden viele Philosophen herbeizitiert und angerufen.

Ich möchte noch einiges aus dem privaten Leben Walther Schmied-Kowarziks erwähnen:

Im Dezember 1924 gab ich meinem verehrten Lehrer – auf seine Anfrage hin – den Rat, Estland zu verlassen, da ich politische Änderungen für unumgänglich hielt. Auch konnte ich ihm das Erlernen der recht ausgefallenen estnischen Sprache nicht zumuten.

Bei seinen Seminarübungen im selben Herbstsemester saß im Auditorium – stets allein und abseits – die (nach dem »Deutschen Dichter-Lexikon« von Gero v. Wilpert) »bedeutendste deutsch-baltische Dichterin der Gegenwart« Gertrud von den Brincken (1892-1982). Diese aparte, vornehme, etwas menschenscheue Frau wurde 1925 die Gemahlin von Walther Schmied-Kowarzik.

Nach dem Abgang Schmied-Kowarziks verengte sich der Horizont der europäischen Philosophie an unserer Universität, da nur noch kleinere Teilausschnitte berücksichtigt wurden.

Das Trauern um Verlorenes ist mir nicht fremd, wohl aber das Lamentieren. Deshalb möchte ich meinen kurzen Beitrag einen fröhlichen Ausklang geben – durch eine letzte Erinnerung an mein Studium der Philosophie nach Schmied-Kowarziks Weggang aus Tartu (Dorpat).

Die seit 1922 bestehende, noch unter Walther Schmied-Kowarzik gegründete »Akademische Philosophische Gesellschaft« meiner Universität gab Ende der 20er Jahre ein Bankett zu Ehren von Ludwig Klages, der unsere Stadt besuchte. Als die Nachricht eintraf, daß das Kino »Ideal« brenne, mußte Privatdozent Freymann die Feier unterbrechen, da er zugleich Feuerwehr-Hauptmann war. Dies erheiterte den sich langweilenden Klages so, daß er verlangte, zur Brandstätte gefahren zu werden. Dort angelangt, führte er einen richtigen Indianertanz auf und rief: »Schau-Schau, der hiesige Philosoph ist im Nebenberuf Feuerwehrmann. Und er kann das abbrennende Ideal nicht retten!«

Bald erlosch auch immer mehr das Interesse an antiker und mittelalterlicher Philosophie, da das Studium von Latein und Griechisch stark zurückging. Die Universität Tartu wandte sich ganz anderen Idealen zu.

Walther Schmied-Kowarzik
Prof. für Philosophie und Psychologie
an der Päd. Akademie Frankfurt a. M. 1927–1933

Gottfried Hausmann

Objektivationen im Bildungsprozeß

Kollage autobiographisch eingefärbter Kategorisierungsetappen einer ontogenetischen Sinngehalts-Metamorphosenfolge

»Die Ahmung (ist) der Schlag, der aus dem Stein den Funken zündet.« (L. Ziegler)
Habent sua fata non solum, libelli, sed etiam nomina (atque omina) et verba.

Zu diesem »Küchenlateinischen« Slogan hier etwas aus der Frühgeschichte der Pädagogischen Akademien, die seit 1926 unter dem renommierten Kultusminister Prof. Dr. Carl Heinrich Becker in Preußen an die Stelle der traditionellen Lehrerseminare traten.

1

Nach der Gründung von zwei Pädagogischen Akademien (P. A.) für protestantische und einer P. A. für katholische Studenten wurde 1927 in Frankfurt am Main die erste und einzige simultane P. A. eröffnet, die zunächst 50 Studenten unterschiedlichen religiösen Bekenntnisses die Möglichkeit einer wissenschaftlichen Vorbereitung auf das Lehramt an Volksschulen bieten sollte.
Die neue Aera in Frankfurt am Main begann mit einem noch unvollständigen »Lehrkörper«. Zu ihm gehörten einige Hochschullehrer, die nahezu vom Eröffnungstage an von den Studenten mit einem – wie es in Hessen heißt – »Übernamen« ausgezeichnet wurden (»Was sich liebt, das neckt sich.«)
An der Spitze stand als Direktor Prof. Dr. Hermann Weimer, der sogleich »der kleine Weimer« gerufen wurde – nicht etwa wegen seines kleinen Wuchses, sondern weil die von ihm verfaßte »Geschichte der Pädagogik« durch das bequeme Taschenformat der Göschen-Bändchen gegen Wälzer wie Friedrich Paulsens »Geschichte des gelehrten Unterrichts« für uns vorteilhaft abstach. Dr. Marie-Anne Kuntze (Verfasserin einer Fröbel-Darstellung) und Dr. Franz Kade (zuständig für Fragen der Arbeitsschule) – damals beide erst noch »nur« Dozenten und beide Extreme in »Ponem« und »Kostüm« – hießen (sehr zu ihrem wohlkaschierten Mißvergnügen) sehr bald nur noch die »Annemarie« und »der schöne Franz«. Vom Temperament her eher Antipoden, einander indes sich in der Sache produktiv ergänzend, waren Prof. Dr. Georg (nicht zu verwechseln mit Adolf) Reichwein und Prof. Dr. Walther Schmied-Kowarzik. Jener, der Soziologe, und dieser, der Philosoph, wurden gleichermaßen hoch geachtet. Dem geisteswissenschaftlich orientierten Ge-

sellschaftswissenschaftler und Bildungstheoretiker wurde – wohl aus dem instinktsicheren Taktgefühl, über das auch Studenten verfügen können, wenn es darauf ankommt – kein Beiname gegeben: sein Ernst, mitbedingt durch die Spätfolgen einer schweren Verletzung aus dem ersten Weltkrieg, an denen er auch früh sterben sollte, hielt zumal die Studenten, die ihn schätzten, in gebotener Distanz. Entsprechendes geschah dem Philosophen und Psychologen Prof. Dr. Walther Schmied-Kowarzik, dem genuinen Österreicher, der aus dem für die Studenten »exotischen Dorpat« herüberkam. Dies freilich mit dem kennzeichnenden Unterschied, daß er für den prototypischen Charme seiner kakanischen Herkunft in dem eher exklusiven »Zirkel« seiner Studenten mit einem ziemlich kalauernden Zweizeiler »geehrt wurde« (der allerdings nie endemisch gewesen sein dürfte). Der Vers wurde gleichsam »unter der Hand« gehandelt und lautete in kryptischer Form:

»Bei W. S.-K. kommt nur der an,
der Wesentliches Sagen Kann.«

2

Für mich war dieser »W. S.-K.« der erste Philosoph, dem ich als jetzt veritabler Student »zum Anfassen nahe« kam. Als Schüler hatte ich vorher schon von meiner Heimatstadt Düren aus regelmäßig nach Köln fahrend im überfüllten Auditorium schwarzhörend Max Scheler nur von ferne gesehen. Den unvergeßlich großen ersten Kathetererlebnissen folgte jetzt die Intimerfahrung des Symphilosophierens im kleinen Kreis der »Happy few« an der P. A. in Frankfurt am Main.

Und das fing gleich mit einer Konfrontation an: eine Lehrmeinung (hier: die Hans Freyers, den ich sehr schätzte, über die Theorie des objektiven Geistes) wurde von W. S.-K. bei aller Anerkennung im Grundsätzlichen mit kritischer Akribie in wesentlichen Details als irrig denunziert und, nach Korrektur der »Denkfehler«, zurechtgerückt und mit selbstbewußtem Stolz ergänzt. Als ich zu einem Punkt (wichtig: es handelte sich um die Kategorie »Bildung« bei Freyer, die dieser den Objektivationen zurechnete, während Schmied-Kowarzik meinte, sie – zwar als etwas Beharrendes – nur dem subjektiven Geist zusprechen zu dürfen) mit dem Übermut eines Erstsemesters ein Plädoyer für Freyers These improvisierte (die Notizen dazu fielen 1944 mit vielen anderen aus der Frankfurter Zeit den Bomben zum Opfer), wurde mir lakonisch Bescheid getan mit der Bemerkung: »Damit tun Sie aber Freyer einen schlechten Dienst: der hat nämlich inzwischen meiner Kritik zugestimmt«. Der Pfeil traf ins Zentrum: Die Replik hat – und das dürfte ein Kriterium pädagogisch folgenreicher, d. i. »bildungs«-wirksamer Lehre sein – in meinem Denken »objektiv« Epoche gemacht.

Über die berichtete Episode hat übrigens Hans Freyer, dem ich später in den fünfziger Jahren an der Universität in Ankara als Kollegen auf einer Gastprofessur begegnen sollte, mit heiterem Blick auf die anatolische Steppe herzerfrischend gelacht; freilich nicht ohne augenzwinkernd zu der Kategorie der »Bildung« wie ein anderer Galilei etwas kaustisch zu meinen: »Und sie (wer nun: die Kategorie oder der konkreten Sachverhalt der Bildung bzw. das Bildungsgut) ist *doch* eine Objektivation des Geistes.«

3

Wie dem auch sei: aus heuristischen Gründen, die sich später sogar als dramaturgisch gerechtfertigt herausstellen sollten, blieb ich damals in Frankfurt am Main »anmaßend und stutzig« dabei, mich nicht nur mit Objektivationen des Geistigen und ihrer Funktion im Bildungsprozeß zu befassen, sondern auch die Bildung »selbst und als solche« wie Freyer als Objektivation des Geistigen zu betrachten: Mit einem leisen Zweifel zwar und der reservatio mentalis, daß es sich dabei zunächst ja nur um eine in jedem Fall erlaubte Arbeitshypothese handele. Immerhin fand ich dann auch für »meinen« (d. h. eigentlich Freyers) Denkansatz – wie konnte es anders sein – fortgesetzt in der Literatur einschlägige Indizien, die »meinen« Ansatz zu bestätigen schienen und zu weiteren »Nachforschungen« ermunterten. So bei Hamann und Herder, bei Lorenz von Stein und Dilthey und – was besonders wichtig war – bei dem leibhaftigen Kombattanten auf diesem Problemfeld an der Frankfurter P. A., bei dem oben schon erwähnten Prof. Georg Reichwein.
Das Verständnis der Bildung, nicht nur als einer »Sphäre des Kulturlebens« (eines »Kultursystems« also), sondern auch als eines »Haupttypus der Formwerdung des objektiven Geistes«, schien für mich in meiner noch reichlich unbefangenen wissenschaftlichen Unschuld schlicht und einfach in Gestalt z. B. der »septem artes« unbestreitbar als »Stolpersteine« auf dem »Holzweg« des mulus zu liegen. Das zugestandenermaßen naive Verständnis der Bildung als einer spezifischen Art fortwährender Formwerdung des Geistes im intersubjetiven kulturellen Geschehen wurde dabei in vielen Dialogen (bei denen in der Kulisse u. a. übrigens auch Martin Buber präsent war) unter der Hand so etwas wie ein Sesam-öffne-dich für das Wesen der Geschichte und zu einer Art Ariadnefaden in den ungeheuren Labyrinthen der geistigen Welt.

4

Beim Versuch der Spurensicherung hierhergehöriger Erinnerungen stößt die vagabundierende Aufmerksamkeit heute nur noch auf einige wenige, deswe-

gen aber nicht schon minder bedeutsame Sachverhalte, die sich perspektivisch auf die Etappen der persönlichen und literarischen Begegnung mit W. S.-K. zurückbeziehen bzw. von ihnen herleiten lassen.
Wenn im Folgenden durch einen zeitraffenden Rückblick Etliches an subjektiv als »epochal« Erfahrenem in rhapsodischer Besinnung aus dem ad hoc ausgeworfenen, aber schon weitmaschiger gewordenen Netz der Mneme aufgeklaubt und in einem halbwegs sinnträchtigen Zusammenhang zu bringen versucht werden soll, so geschieht dies in der zagen Hoffnung, es möge gleichwohl, wenn vielleicht etwas dürftig, über das Autobiographisch-Subjektive hinaus stellvertretend und repräsentativ etwas von dem reflektiert werden, was mancherorts in dem von den Zeitläufen hart gebeutelten, methodisch forschenden Geist großgedacht werden wollte, aber nur in wenigen Glücksfällen bei einigen zum großgearteten Fragment gedeihen und als zukunftsweisender Wurf auch gelingen sollte. Solches im Detail des »Gesprächs, das wir sind«, gelegentlich erspürt zu haben, muß dem Gedanken genügen, wenn es – wie es die nachgelassenen religionsphilosophischen Studien W. S.-K.s bezeugen – zum ehrfürchtigen Innewerden dessen beiträgt, als was Herder – in Unterschied zu Hegel noch unvorgreiflich – als den »Gang Gottes durch die Geschichte« zu apostrophieren pflegte.

5

Doch zurück zu den datierbaren Fakten der Erinnerung aus der nachfrankfurter Zeit und ihren im Horizont des eigenen Lebens greifbar gewordenen Folgen.
Nach dem ersten Staatsexamen für das Lehramt an Volksschulen in Preußen kam für den Lehramtskandidaten eine beschaulich-aktive Lernzeit an einer Dorfschule in einem Waldbachtal; es lag unweit von Gießen, das mit seinem Theater und seiner Universität (wie zuvor schon Frankfurt) zum Umgang mit Schauspielern und Malern und zum erholsamen Weiterstudium in einigen erwählten Fächern lockte.
Philosophie und Pädagogik verstanden sich von selbst. Kunstwissenschaft sollte zum Hauptschwerpunkt werden. Da waren nämlich schon von Düren aus Kontakte geknüpft gewesen zur Kunsthochschule in Düsseldorf und besonders zum Kreis der »progressiven Konstruktivisten« in Köln und zu Schulkameraden mit Verbindungen zum Werkbund, wie sie auch von W. S.-K. gepflegt worden waren, und zum Bauhaus. In Frankfurt war mit Städelschülern und Schauspielschülern eine Bohème durchlebt und schließlich mit J. Müller-Marein, dem späteren »Zeit«-Journalisten, eine Studentenbude geteilt worden, aus deren Fenster die Ateliersmansarde Max Beckmanns einzusehen und auf der anderen Mainseite das China-Institut zu erahnen war.

Zu allem Überfluß war da aber auch das mittlerweile gleichfalls schon gealterte originäre Interesse an der Psychologie. Der Primaner war an dem Versuch gescheitert, einen Essay über »Rembrandt als Psychologe« zu schreiben. (Der Langbehnsche Titel von »Rembrandt als Erzieher« spielte da hinein.) Der Adept der Psychologie geriet jedoch bald vollends in den Sog dieser Disziplin: zunächst durch die Lektüre Diltheys, zu der die einschlägigen Arbeiten W. S.-K.s den Schlüssel geliefert hatten. Sie wiesen auch Wege zur Gestaltpsychologie, die sich dann bald als direkte selbständige wissenschaftliche Disziplin stürmisch und kontrovers entwickeln sollte. Und das gerade ausgerechnet in Gießen.

6

Hier war es Prof. Dr. Friedrich Sander, der soeben aus Leipzig, wo die »Krueger-Schule« mit der genetischen Ganzheits- und Strukturpsychologie einen Gegenpart gegen die sogenannte »Berliner Schule« der Gestaltpsychologie (zu der Koffka, Köhler und Wertheimer gehörten) aufgebaut hatte, nach Gießen berufen worden war. Er brachte von dort die Nachricht von Ergebnissen mit, die sich aus Untersuchungen des Auffassungsvorgangs an kleinsten Gestalten ergeben hatten, und aufgrund deren ursprünglich nur eine Art Test für Uhrmacher-Lehrlinge standardisiert werden sollte. (Sein Schüler Wohlfahrt hatte sich darum besonders eifrig bemüht.) Daraus ergab sich damals aber das spektakuläre Theoriekonzept der »Aktualgenese« von Gestalten. Hier geriet die genetische Ganzheitspsychologie offensichtlich unvermittelt dem Schöpferischen auf die Spur. Sander ermunterte den Dorfschulfamulus mit der sanften Gewalt, die dem Liebhaber plastischer Kunst zu Gebote steht (die Familie Sander hatte mit dem Bildhauer A. v. Hildebrand freundschaftlich verkehrt), Untersuchungen zur »Aktualgenese räumlicher Gestalten« (dies der Titel der 1933 von der Philosophischen Fakultät der Universität Gießen angenommenen und 1935 im »Archiv für die gesamte Psychologie« erschienenen Dissertation) in die Wege zu leiten.

7

Mit diesen Untersuchungen hatte es nun eine besondere Bewandtnis. Der Student im Nebenberuf bewegte sich damals – wie Dilthey wohl gesagt hätte – in den »Konfinien« zwischen Ästhetik und Psychologie. In das noch ungewisse Niemandsland, in dem diese beiden in Spannung zueinander stehenden disziplinären Kontinente angesiedelt waren, spielte überdies auch noch ein nicht unbeträchtliches Insgesamt pädagogischer Implikationen mit hinein. Der Verdacht ließ sich nicht verdrängen, daß es sich in dem Kräftefeld, mit dem es Psychologie, Ästhetik und Pädagogik gleichermaßen zu tun haben, um hochkomplexe Prozesse der Objektivationen des Geistigen im Menschen (und im Ganzen der Menschheit) handelte. Und deren Ergebnisse waren nun eben nicht nur »Gebilde«, sondern letztlich auch »Bildungsgüter«, die imstande waren »Bildung« auch in Objektivationen zu bewirken. So erschien es reizvoll, ja erwünscht und fällig, die Art, das Zustandekommen und die Wirkung von Gestalterlebnissen anhand von Kunstwerken, vorab im Nachgang der Wohlfahrtschen Studien, anhand von Werken der bildenden Kunst »experimentell« zu untersuchen.

Wohlfahrt hatte mit flächigen Strichfiguren gearbeitet, die in einem Dunkelraum auf einer optischen Bank aus extremer Entfernung verkleinert bis zu evidenter Identifikation näher gerückt wurden.

Die Wahl fiel im anstehenden Fall des Forschungsfamulus auf die Möglichkeit, in verdunkeltem Raum Plastiken kurzfristig zu beleuchten und anschließend das Wahrgenommene identifizieren und das Eindruckserlebnis verbal wiedergeben, d. h. »objektivieren« zu lassen. Sander stimmte dem Vorschlag zu, und so wurden für die Durchführung der Untersuchungen zur Aktualgenese räumlicher Gestalten Plastiken von namhaften Künstlern als Leihgaben erbeten.

Der Brief, der an die erwählten Künstler zu schreiben war – des Nachdrucks wegen selbstverständlich auf offiziellem Institutsbogen – gehört wie das ganze Vorhaben insofern in diesen an W. S.-K. erinnernden Zusammenhang, als er mit Argumenten operierte, die noch nicht dem Begriffsarsenal F. Sanders, sondern unmittelbar dem Ensemble der W. S.-K.schen Kategorien entstammten. Er wurde u. a. auch W. S.-K. zugesandt und von ihm ausführlich kommentiert.

8

Der Erfolg der Briefaktion war verblüffend positiv: es kamen zustimmende Antworten u. a. von Ernst Barlach, Oskar Schlemmer, Otto Freundlich, Raoul Hausmann und Franz Wilhelm Seiwert. Um so enttäuschender war, daß sich schon bei den ersten Testversuchen herausstellte, daß das Ansinnen, die Erlebnisprozesse, die durch extrem kurzzeitige Darbietungen der Plastiken ausgelöst wurden, zu schildern, die Versuchspersonen heillos überforderte. Beim Sichten der Einfälle, die sich in dieser auf den ersten Blick desolaten Situation haufenweise als Alternativen für die Versuche verlockend anboten, ergab sich überraschend die Möglichkeit, wie beim Kartenspiel, gleichsam eine »Volte« zu schlagen und über die Assoziation »Architektur«, als gleichfalls räumliche Gestaltungsgattung, anstelle der Gattung »Plastik« nach den

Bauklötzen der Fröbelschen Spielgaben zu greifen (die Mutter war als Schülerin des Pestalozzi-Fröbel-Hauses in Berlin Kindergärtnerin gewesen). Und so brachten sich diese im Arsenal der frühesten Kindheitserlebnisse deponierten »Würfel« hilfreich in Erinnerung. Welches Arkanum ich mir damit eingehandelt hatte, sollte sich erst sehr viel später, genau genommen erst »post festum«, herausstellen. Doch davon weiter unten.

9

Zunächst galt es jetzt mit Hilfe der »Quader« und »Doppelquader« (intern »Säulen« genannt) der Fröbel-Holzbausteine raumgliedernde Gestaltkomplexe unterschiedlicher ästhetischer Qualität zu konzipieren und einer Anzahl von Versuchspersonen in einem Dunkelraum kurzfristig aufleuchtend darzubieten und anschließend an jede Darbietung jedes Mal mit gleichgeartetem Baumaterial versuchsweise so lange nachbauen zu lassen, bis die subjektive Evidenz erzielt war, das Dargebotene – wenn auch oft widerwillig – (»vorher war's viel schöner« etc.) vorgabegerecht nachgebildet zu haben.

Der Ansatz erwies sich dann auch als ein probates Verfahren zur Initiation aktualgenetischer, zu Objektivationen führender Prozesse. Aus der Vielzahl der Befunde hier nur zwei Ergebnisse, die für spätere Fragestellungen bedeutsam wurden: Es überraschten nicht so sehr die Versuche, die Fröbels Erfahrung bestätigten, daß nämlich die mit den »Gaben« gebauten Komplexe entweder als »Lebensformen«, »Erkenntnisformen« oder »Schönheitsformen« nachgebaut wurden; verblüffend war vielmehr, daß sich beim Versuch des Nachgestaltens mit den Fröbelschen Baukastenklötzchen deutlich zwei konträre Verhaltensweisen beobachten ließen:

1. Ein Vorgehen, bei dem die Versuchsperson in eher entspannter Haltung abwarteten, was jeweils Neues auf sie zukam und was sie »im Großen und Ganzen« zunächst »so in etwa« geschlossen auffassen und »erst nur einmal vorläufig und versuchsweise« wiedergeben mochten; und

2. ein Verhalten, bei dem die Versuchsperson angespannt und begierig auf der Lauer zu liegen schienen, um von vornherein möglichst viele einzelne Details exakt, wenn auch noch nicht im Zusammenhang, so jedoch punktuell sicher in den Griff zu bekommen. Diese Verhaltensweisen traten als person- oder auch als phasenspezifische Merkmale auf, sie konnten aber auch

3. in komplementärer Kompensation als eine Art »Legierung« beobachtet werden. (Aufgrund solcher Befunde unterschied F. Sander später als drei hauptsächliche Wahrnehmungstypen die Ganzheits-, Einzelheiten- und Gestalterfasser).

10

Den Doktoranden beschäftigte seit den Versuchen im Gießener Institut indes ein weiterer Phänomenkomplex ungleich stärker und nachhaltiger: es war der die Mehrzahl der Versuchspersonen bis zur körperlichen Erregung faszinierende Umstand, daß sie mit hochgradigem Sicherheitsbewußtsein erlebten: »Da ist doch noch etwas drin. Ich weiß nur absolut noch nicht, was das sein kann«.

Die Tatsache, daß diese Art des Erfahrens auffallend häufig und offenbar völlig spontan als »Ahnung« bezeichnet wurde, setzte sich beim Versuchsleiter gleichsam »im Hinterkopf« fest und sollte noch überraschende Spätfolgen zeitigen.

11

Im Augenblick war jedoch zuerst einmal vordergründig wichtig, daß es dem durch einen Junglehrerabbauerlaß des Preußischen Kultusministers Adolf Grimme arbeitslos gewordenen Lehramtskandidaten 1933 noch gelang, in Gießen zu promovieren, und daß er dort dem früheren akademischen Lehrer W. S.-K. aus der Frankfurter Zeit stolz berichten konnte, wie es gerade ein Stimulus aus dem Problembereich der Gestaltpsychologie (die ihm ja auch so sehr am Herzen lag, und die ihm wesentliche Förderung schon in ihrer Frühzeit verdankte) gewesen sei, die dem früheren Schüler jetzt, Hals über Kopf zu akademischer Würde gediehen war: War es doch 1933, wo sich W. S.-K. nach Gießen umhabilitierte und als Privatdozent nochmals von vorne begann. Für ihn war eine Siegmund-Freud-Vorlesung zu einer Art Verhängnis geworden. Den frischpromovierten Studenten aus der Frankfurter P. A.-Zeit wurde das Rigorosum in Philosophie und Kunstgeschichte ähnlich zum Verhängnis. Er hatte nämlich (eine Freudsche Fehlleistung?) im März 1933 voller Trotz gegen die politische Entwicklung darauf bestanden, von August Messer (dem er zuvor von W. S.-K. noch Grüße auszurichten hatte) über Karl Marx sowie von Prof. Rauch über den »entarteten Künstler« Oskar Kokoschka peinlich befragt zu werden. Und damit war er trotz eines wohlwollenden »summa cum laude« für die Dissertation vorerst einmal politisch »weg vom (akademischen) Fenster«.

Die List der Geschichte gab ihm dann aber – wo er vermeintlich politisch keinen Schaden anrichten konnte – Schutz unter dem Dach (ausgerechnet!) eines Kindergärtnerinnen-Seminars an der Frauenarbeitsschule in Mainz, wo er »Hilfslehrer für Psychologie und Pädagogik werden durfte«: Fröbel war ja im Vergleich zu Maria Montessori und Sigmund Freud der »deutschere« Pädagoge, wenn auch sein Hauptwerk der »Menschenerziehung« gewidmet war.

12

Die reichliche Mußezeit dort wurde Dilthey gewidmet, und der führte seinerseits wieder zurück zu Fröbel. Und da wurde dann wieder das ominöse Phänomen der »Ahnung« virulent: Jetzt ging es abermals hinab in den Schacht der Geschichte, und in den Stollen der Sprache, der Literatur, der Philosophie und der Dichtung wurde die Mühe – vom »ahd« bis zum »nhd«, von Kant und Tetens, von Hamann und Herder, von Goethe, Schelling, Schleiermacher und Fries bis zu Dilthey u.v.a.m. – »fündig«. »Zur Geschichte und Deutung des Ahnungsbegriffs« lautete daraufhin der Titel der Habilitationsschrift, die 1942 während eines Wehrmachtsurlaubs – wiederum in Gießen – als Entwurf in großer Zeitnot eilig niedergeschrieben und der philosophischen Fakultät vorgelegt werden konnte. (Sie nach Entlassung aus Gefangenschaft 1956 publikationsreif zu machen, konnte ich micht nicht mehr entschließen).
W. S.-K. hat daher von ihrer Existenz – damals von Wien aus? wohl kaum noch Kenntnis erhalten können. Für mich hatte aber der Fröbel-Nachlaß noch eine fulminante Überraschung bereit. Sie verwies wieder auf die Knotenpunkte, Stationen und Wegmarken zurück, gelegentlich derer die Geburtshelferfunktion des dialogischen »Zertierens« mit W. S.-K. über die Rolle der Objektivationen des Geistes im Bildungsprozeß neuerlich offenbar wurde. Durch Otto F. Bollnow, den Gießener Habilitationsanwalt von 1942, war über den eifrigen Stimulator Erich Weniger der Kontakt zu der unermüdlichen Fröbelanwältin Erika Hoffmann zustandegekommen, und er trug dem Habilitanden einen Archivfund zu, wie er ihn sich nicht grandioser hätte vorstellen können: In der Ukraine erreichte den als Heerespsychologe vom Kriegsverwaltungsgrat zum Gefreiten degradierten Sanitäter eine Abschrift von Fröbels sog. »Ahnungsbrief« aus dem Jahr 1835. Dessen Tenor war kurz etwa dieser: der Menschenerzieher habe hinter »Pestalozzis ABC der Anschauung« (von Kopf, Herz und Hand) ebenso wie hinter Herbarts »ABC der Vorstellung« und Fichtes »ABC der Empfindung« zurückzugehen auf den Quellgrund all dieser seelisch-geistigen Phänomene: auf ein »ABC der Ahnung« nämlich, das u. a. anhand von »Spielgaben«, »Entgegengesetzt-Gleiche« (wie Ball und Kugel) sowie am Verhältnis von Würfel, Walze und Kugel, kurz: an signifikanten Objektivationen des Geistigen lebensweltlich Glaube, Liebe und Hoffnung essentiell erfahrbar zu machen gestattet.

13

Der Krieg und die Gefangenschaft unterbrachen – teils lange Zeit, teils endgültig, wie auch zu W. S.-K. seit einem letzten Besuch Ende der 30er Jahre in Friedberg – viele persönliche Kontakte, nicht aber den Fortgang der sich in Objektivationen konkretisierenden Gedankenarbeit im Horizont der hier umrissenen Fragenkomplexe. Als Leitplanke hatte dem Sanitätsgefreiten eine Zeitlang das Kloster Eberbach gedient. Mit dem dort in einer Art Mönchzellen-Atelier nach innen emigrierten Ewald Mataré zusammen (bei Mondschein im Gewürzgarten oder in der Kutscherschänke) dem Rheingauer Urwein oder im Kreuzganggespräch der Kunst und ihrem Werden zugetan, konnte der Krankenpfleger dem Militärdienst stundenweise entfliehen. Es war ihm dabei vergönnt, dem Plastischwerden von Innenweltgehalten als Zeuge »mitahmend« beizuwohnen, und das gerade bei dem Künstler, der ihm für seine Dissertation Werke von sich ausgeliehen hatte und der ihm jetzt eine handliche Kleinplastik als Talismann für den Feldzug in Rußland zueignete.

14

Anhand der Schriften des aus dem nahen Biebrich stammenden Dilthey wurde hier weiter über den Komplex der Ahnung gegrübelt. Dabei begegnete »per random« wiederholt der nicht nur der Sinntiefe verdächtigte, sondern auch fast magisch irritierende Begriff der Mimesis, der ins Deutsche übersetzt ärgerlicherweise »Nachahmung« hieß, im zweiten Teil also der Ahnung lautlich verwandt erschien, dem Sinne nach aber irgendwie geradezu auch auf »Entgegengesetzt-Gleiches« hinweisen konnte. Das griechische »Mimesis« (im Sinne des Aristoteles mit einer »Poiesis«-Komponente imprägniert) hatte wohl mehr mit dem Gemeinten zu tun als das plump despektierliche Nachahmen. An diesem Punkte bahnte sich dann in Notizen (auf Lazaretturlaubsscheinen Verwundeter) eine Art gedanklicher Kettenreaktion an: bei dem von NS-Studenten in Hannover ins Ausland getriebenen und später ermordeten jüdischen Philosophen Theodor Lessing (schon der Titel eines seiner Werke: »Geschichte als Sinngebung des Sinnlosen« hatte den Leser wie ein magischer Schlag getroffen) fand sich 1942 der Begriff der »Mitahmung« (in: »Europa und Asien« kam er – wie ich später feststellen konnte – vor als »Miterleben von Gegenwelt als Bild und durch Gestalt hindurch; d. h. Mitahmen alles Wachstums läßt den Menschen das Wesen aller Umwelt als sein eigenstes Wesen erspüren. Eigenes Wesen fließt unabgelöst und unentfremdet hinein und hinüber in eine erst später objektiv erscheinende Welt«). Da war wohl etwas dran, aber es war in der damaligen Situation nicht weiter nachprüfbar und hermeneutisch kaum zwingend interpretierbar. Und so versank dieser Gedankenkeim vorerst einmal im dumpfen Lagergrund der Seele. Der Termin zu seiner Entfaltung wurde zunächst »ad Calendas Graecas« vertagt und dem erhoffbaren Kairos einer »fruchtbare Momente«

auslösenden Stunde überantwortet. Im »Kriegszettelkastenkonvolut« zum Mimesisproblem fand sich nur ein Hinweis: »mimetisch sagt das Gemeinte besser aus und greift tiefer«, und eine Notiz: es sei dem sog. »Carpentereffekt« noch näher nachzuforschen, den Willi Hellpach irgendwo in seinen Schriften zu einem ominösen (auch der Namen »Ribon« fiel dabei), »Ideorealen Gesetz« erklärt hatte, und damit schien die »Mitahmung« plötzlich auch, über die vage Intuition hinaus, auch wissenschaftlich »sauber«, d. h. experimentalmethodisch, phänomenologisch und kategorial, kritisch greifbar werden zu können. Und: wenn neben der Nachahmung eine Mitahmung und eine Ahmung (als was immer sich das eines Tages auch erweisen sollte) sprachlich tragfähig erschien, so mußte es doch wohl lohnend sein, ebenso über ein Vorahmen und Erahmen nachzugrübeln (und schließlich vielleicht auch noch mehr als das).

15

Aber dem nachzugehen war jetzt nicht die Zeit. So blieb die Assoziation erst einmal Episode. Im Brotbeutel nur Herders »Reisejournal« sowie die Abhandlung »Über Empfinden und Denken« ging es zunächst für einige Jahre in die östliche Ukraine und – gegen Kriegsende – über Belgrad und Agram in die Gefangenschaft am Wörther See, nach Spittal und zuletzt noch an die westholsteinische Küste. Nach der Entlassung aus dem Lager blieb viel Unverdauliches zu neutralisieren; auf der Strecke Gebliebenes galt es aufzusammeln und erneut zu sichten. Als eine Art Brevier diente dabei ein Teil der Herder-Ausgabe von Düntzer, den ein 1943 in Belgrad als Militärbibliothekar tätiger ehemaliger zaristischer Russengeneral aus dem beschlagnahmten Besitz des Szegediner Offizierskasinos dem habilitierten Sanitäter als »Dauerleihgabe« überlassen hatte (ich hüte die Bände neben der kleinen Silberbronzekuh von Ewald Mataré auch heute noch als kostbares »Beutegut«).
Im ersten Jahrzehnt nach Entlassung aus dem Gefangenschaftsidyll am Wörther See und aus der Gefangenschaftshölle von Ockholm in Schleswig-Holstein braute sich dann wieder etwas zusammen, was bis dahin nur hinter- und untergründig bewahrt und behütet werden konnte. Der landwirtschaftliche Hilfsarbeiter, Trümmerräumer und Eisendreher mußte zunächst das Alltägliche für Frau und Sohn besorgen. Schließlich beanspruchten ihn, den Heimkehrer, eine Zeitlang asoziale Schulmädchen als Hilfslehrer. Bis zur Atemlosigkeit wurde er dann eingespannt in die Arbeit beim Landesschulbeirat für Hessen in Wiesbaden, beim Aufbau der wiedergegründeten Universität in Mainz, bei verschiedenen Organisationsgremien der Lehrerschaft; jeweils mit dem Hauptgeschäft der Bildungsplanung befaßt. Schließlich wurde er auch noch vom Hessischen Rundfunk als Leiter der »Hauptabtei-

lung Bildung und Erziehung« (einem Novum in der Medienlandschaft) vereinnahmt.
Bei dieser Lage der Dinge schien ein Versuch erneuten Wiederanknüpfens an die Gedanken, die 1927 zuerst an den von W. S.-K. präzisierten Kategorien wie »Gebilde«, »Gestalt« und »Kunst als Gestaltung« festgemacht worden waren und dann über Untersuchungen zur Aktualgenese bis zu den Quellgründen der Ahnung und der Ahmung verfolgt worden waren, zunächst aussichtslos.

16

In dieser Zeit des »Brodelns« landete nun 1953 wie der berühmte Blitz aus heiterem Himmel in der Zeitschrift ›Universitas‹ ein »Auswahlbericht« aus einem Buch des damals noch in Paris lebenden Ernst Bloch auf dem Schreibtisch. Er handelte von der »Entdeckung des noch – nicht – Bewußten«. Darin war, ei der Daus!, doch von der »Echten«, »Produktiven Ahnung« die Rede, die dann 1959 zu den Herzstücken von Ernst Blochs Hauptwerk über »Das Prinzip Hoffnung« zählen sollte. Damals gab der Fund der Blochzitate zuerst einmal den Anstoß zu einem (leider verloren gegangenen) Briefwechsel mit Bloch. Aber auch schon die Lektüre von Blochs Frühveröffentlichung über die »Entdeckung des noch-nicht-Bewußten« hatte den Leiter des »Bildungsfunks« beim Hessischen Rundfunk ausgerechnet in einer Lage erreicht, als er sich heillos verstrickt vorfand in dem Fragenknäuel der potentiellen pädagogisch-didaktischen Valenz dramatischer und dramaturgischer Sachverhalte. Und dabei nun drängte sich, je länger desto hartnäckiger, der Verdacht auf, daß die Bildungswirksamkeit von »Sendungen« wesentlich mit davon abhängen könnte, in welchem Maße sie im »Empfänger« ihren Sinn im Verlauf eines durch »produktive Ahnung« imprägnierten aktualgenetischen Prozesses katalysatorisch zu erschließen vermöchte.
Daß dieser Prozeß dramatischer Art und daher auch in seinem Verlauf dramaturgisch determinierbar sei, wurde ein weiteres Mal durch einen Zufallsfund endgültig zur Gewißheit:
In den »Fünf Sendschreiben über das Schultheater« J. G. Hamanns stutzten in diesem Zusammenhang Blick und Gedanke beim Lesen des hyperbolischen Aperçues zum Schultheater, wonach das Geschäft eines Schulmeisters am ehesten noch dem Leiter eines Schauspieles gleichen sollte, der sein Tagwerk in 5 Akten zum rechten Ende zu bringen habe.
Diese Lesefrüchte erwiesen sich als ebensoviele Anstöße zu umfänglichem »Botanisieren« in den Gärten der Didaktik, der Dramaturgie und eines Tages – beim Übersprung zum didaktischen Planspiel – auch der Strategie.

17

Nach vier abenteuerlichen Jahren als Gastprofessor in der Türkei konnte ein Manuskript, das den Titel »Didaktik als Dramaturgie des Unterrichts« erhielt, 1959 in Paphos auf Zypern das »Imprimatur« erhalten: ein weiterer Beitrag zum Fragenkomplex, welcher Art die Rolle von Objektivationen des Geistigen in Bildungsprozessen beschaffen sein kann. Dem ein Jahr vorher verstorbenen W. S.-K. konnte dieses Konvolut später Früchte, die nicht zuletzt der Initiation in der Frankfurter P. A. zu verdanken waren, nicht mehr zum Urteil vorgelegt werden. Die Wiener Rezension mußte daher von dem dortigen Kollegen Richard Meister verfaßt werden, der W. S.-K. nahe verbunden war, und der dessen Theorie der Objektivation des Geistigen zu einer kulturtheoretischen Grundlegung der Pädagogik weiterentwickelt hatte.

Sie erschien in der »International Revue of Education«, der Zeitschrift des »Unesco Institute for Education« in Hamburg, wo sich dem Verfasser je länger um so intensiver ein Wirkungsfeld mit globalen Perspektiven eröffnen sollte. Nachdem er 1952 an der ersten Tagung dieses Instituts teilgenommen hatte, war er – während er seit 1960 bis zu seiner Emeritierung 1974 auf dem ersten planmäßigen Lehrstuhl für vergleichende Erziehungswissenschaft in der Bundesrepublik saß – über das eigene Institut an der Hamburger Universität, über die deutsche Unesco-Kommission und insbesondere eben auch über das Unesco-Institute for Education mit den Fragen weltweiter Erziehung konfrontiert worden. Spätestens seit dem International Year of Education (IYE) von 1970 beanspruchte die Problematik prospektiver Bildungsplanung sowie das Konzept einer »education global et permanent« (entsprechend dem Bericht der Edgar-Favre-Kommission: »apprendre à être«) sowie des antizipatorischen und innovatorischen Lernens (entsprechend dem »Lernbericht« des Club of Rome) die versammelte Aufmerksamkeit unter der Kennformel »The Content of Lifelong Education«. Die Fragen nach der Möglichkeit und dem Sinn formaler, nonformaler und informaler Erziehung (i. S. W. Coombs) und die Identifikation globaler Werte der Erziehung in einer multikulturellen, allseitig interdependenten Weltgesellschaft rückten ins Zentrum eines reichgemusterten Netzwerks von Interessenschwerpunkten und führte zu persönlicher Bekanntschaft mit Paul Lengrand, Ivan Illich, Paolo Freire, Bogdan Suchodolski u.v.a. Seither substanziierten sich innerhalb dieses Horizontes spezielle Projekte der »Basis Education for all«, der Nutzung von »Museums and Exibitions as Learning Ressources in the Process of Lifelong Education« und des Programms der weltweiten Fürsorge für das Kulturelle »Heritage of Mankind«. Dabei schlugen auch die alten Vorlieben – gemäß dem französischen Proverb »on revient toujours à ses premiers amours« – wieder durch: so z. B. das Engagement für die progressive (eigentlich: mimetisch-archaische) bildende Kunst des Konstruktivismus (steckte die nicht schon in den Fröbel-Kästen?) mit dem Pädagogisch-Didaktischen kombiniert – besonders numinos faszinierend im »Grundkurs« des Bauhäuslers Josef Albers (heute im Bottroper »Quadrat« und zugleich in der Yale-University dokumentiert) das »Drama« der »Interaction of colour« als Objektivation des Geistigen: alles in allem ein gleichermaßen konkretes und metaphysisches »Lehrstück«, das in dieser gefährlich bedrohten Welt, nehmt alles nur in allem, dazu zu verlocken mag, aller Skepsis zum Trotz, dem verheißungsvollen Hoffnungsprinzip noch eine Chance zuzubilligen, das Herder in seinem Reisejournal schon in den Imperativ gekleidet hatte: »Verjüngung der Menschheit durch Erziehung: welch ein Werk!«. Im Sinne dieses Diktums alle Berufenen mit »sanfter Gewalt« zuversichtlich aufzumuntern. Es wäre gewiß auch gegenwärtig noch im Sinne des Lehrers und Philosophen W. S.-K.

18

Und wenn dann unter den vielen früheren Schülern des schon tief ins autobiographische Lebensalter gekommenen Dorf- und Hochschullehrers aus der Ersten, Zweiten und vor allem der Dritten Welt sich als tatkräftig wirkende Kollegen meldeten, dann konnte es zuweilen geschehen, daß dem Erworbenen und Geschaffenen von dort her immer wieder noch einmal Impulse zukamen und Stimuli abverlangt wurden (nicht nur von außen her, sondern gerade von innen her, – das sollte sich von selber verstehen!). Da hat dann etwa – um noch ein letztes Beispiel aus dem vergangenen Jahr als pars pro toto in den Lichtkegel des Aufmerkens zu rücken – eine Schülerin O. Kokoschkas das Substrat ihrer lebensweltlichen Zeiterfahrung in ein Sinnfragen-Tritptychon mimetisch mehrfach so hinein metamorphosiert, daß sich beim Ringen um einen Ausdruck für dieses Phänomen nach langem Schlummern mit hartnäckiger Unabweisbarkeit wieder das Wort von der »Ahmung« aufdrängte. Und erst während dies hier geschrieben wurde, fand sich im »Mimesiszettelkasten« ein völlig vergilbter Zeitungsausschnitt, der einen Hinweis darauf enthält, daß Leopold Ziegler für diesen 1936 in seinem Werk »Überlieferung« gebrauchten Schlüsselbegriff einen Prioritätsanspruch angemeldet hat. (Irrigerweise übrigens: er kommt dem o. a. Th. Lessing zu.) Dem nachzugehen ist hier nicht der Ort, aber von vielen Autoren, auf die Ziegler sich bezieht, war im Schülerkreis von W. S.-K. häufig die Rede. Hier soll es mit dem Hinweis sein Bewenden haben, daß die Ahmung nach Ziegler in einem doppelten Begriff nur zwar bestimmbar erscheint als zweckfreie Ausdrucksbewegung und als zweckhafte Darstellungsgebärde«, und daß (»rituell« etwa) der »ahmende« Gestus mimisch sozusagen ansteckt und d. h.

hier: die Ahmung als »darstellende Bewegung« der »polysynthetischen Einbildungskraft« Leopold Zieglers und den Ahmenden dazu verführt, ein »mimisch-dramatisches Dromenon« zu konzipieren. Anstatt von den ungeheuerlichen Perspektiven und (diesmal: Ahnungen), die sich dabei ernsthaft beachtet auftun, hier noch (oder schon) zu raunen, sei dieser W. S.-K. zugedachte Exkurs ins Bildungsreich des objektiven Geistes lieber mit einigen Maximen geschlossen, die als Summe der Erfahrungen gelten mögen, deren nicht wenige in nuce W. S.-K. verdankt werden.
Sie wurden formuliert, als der Verfasser in die Verlegenheit gebracht wurde, auf die Frage eines der ominösen Indiskretika, die sich gerne »Who is Who« nennen, eine Antwort zu geben, welches seine »Hobbies« seien. Diese dem Verlag nicht preisgegebene Antwort verdanke ich nicht zuletzt der symphilosophierenden Teilnahme und Anregung des jetzt vor hundert Jahren geborenen dramaturgischen Lehrkünstlers und kunstliebhabenden Weisheitslehrers Walther Schmied-Kowarzik. Als Maxime formuliert lautet sie: »Urphänomene aufspüren – mimetisch (d. h. produktiv ahmend) ihren Sinn erschließen und – handelnd Akzente setzen –.«

Walther Schmied-Kowarzik
Privatdozent der Philosophie an der Universität Gießen 1933–1939
Studienassessor an der Aufbauschule in Friedberg 1935–1939
a.pl. Prof. für Philosophie an der Universität Wien 1940–1945
Studienrat am Gymnasium in Mödling 1939–1945

Herbert König

Erinnerungen an den Kollegen Walther Schmied-Kowarzik

Es war im Jahre 1939. Unser damals noch relativ kleiner Lehrkörper am Gymnasium in Mödling war im Begriff, die Umstellung auf die deutschen Lehrpläne zu verwirklichen. Die Probleme, die sowohl für Lehrer als auch für Schüler entstanden, stellten sich vor allem dadurch ein, daß einige Unterrichtsfächer bis zur 8. Klasse obligatorisch waren, während sie nach dem österreichischen Lehrplan, der seit einigen Monaten der Vergangenheit angehörte, schon wesentlich früher aus den Stundentafeln verschwunden waren. Wohl blieben jene Fächer, die der mathematisch-naturwissenschaftlichen Gruppe angehörten, im wesentlichen unverändert. Große Unterschiede gab es in den musischen Fächern hinsichtlich ihrer Laufzeit, aber auch im Deutsch- und vor allem im Geschichtsunterricht ergaben sich völlig neue Inhalte. Das bedeutete für die Lehrer eine Umwälzung in der Lehrstoffverteilung, für die Schüler aber die Notwendigkeit, manches nachzuholen, da der Stoff jetzt zwangsläufig in komprimierterer Form erarbeitet werden mußte, was vor allem in den höheren Klassen zutraf. Es wurde daher manchmal in einzelnen Gegenständen anfangs noch etwas improvisiert, um das gewaltige Pensum einigermaßen zu verkraften. Zudem fehlte manchem Lehrer die diesbezügliche Erfahrung, die sich in den folgenden Schuljahren allerdings rasch einstellte.

In dieser Situation des »Umbruches« wurden wir eines Tages durch die Mitteilung unseres damaligen Direktors Dr. Arthur Lünemann überrascht, daß der Lehrkörper »Zuwachs« bekäme. Der neue Kollege, ein gebürtiger Mödlinger, sei Hochschulprofessor und komme von der Universität Gießen. Gar bald schon wurde Prof. Dr. Walther Schmied-Kowarzik im Konferenzzimmer eingeführt und begrüßt. Ich darf wohl annehmen, daß er zunächst mit gemischten Gefühlen in unseren Kreis eintrat, war er doch jetzt in seine Heimatstadt zurückgekehrt, an das Gymnasium, an dem er 1904 die Matura mit Auszeichnung abgelegt hatte. Aber er war einst mit anderen Hoffnungen und Perspektiven ausgezogen: nach seiner Promotion und Habilitation in Philosophie und nach entbehrungsreichen Jahren als Privatdozent an der Universität Wien in den Jahren 1913 bis 1920 hatte er den Ruf auf das Ordinariat für Philosophie an der Universität Dorpat in Estland erhalten. So schien sich seine Laufbahn als Hochschullehrer zu erfüllen. Nach sechs Jahren in Dorpat folgten weitere sechs Jahre an der neu gegründeten Pädagogischen Akademie in Frankfurt am Main. Dann aber kam der Einbruch: mit der Neugliederung des Hochschulwesens wurde Prof. Schmied-Kowarzik 1933 in den vorzeitigen Ruhestand versetzt. Das machte einen

doppelten Neubeginn erforderlich. Nochmals begann er als Privtdozent an der Universität Giessen und wurde 1935 nach ergänzenden Lehramtsprüfungen im Alter von 50 Jahren Studienassessor am Gymnasium in Friedberg. Mit seiner Rückkehr nach Mödling und Wien verband er wohl die Hoffnung auf einen Neubeginn in seiner Heimat sowohl am Gymnasium als auch an der Universität Wien, wo er gleichzeitig seine Lehrtätigkeit wieder aufnahm.
Schon sehr bald, als sich die Brücken von Mensch zu Mensch zu schlagen begannen, lebte er sich bei uns sichtlich ein. Er selbst hat durch seine liebenswürdige Art dazu einen wesentlichen Beitrag geleistet. In überraschend kurzer Zeit hat sich Prof. Dr. Schmied-Kowarzik auf die neuen Gegebenheiten eingestellt und sich bemüht, ein wirklich guter *Lehrer* zu sein. Dies haben auch seine Schüler immer erkannt; viele verdanken ihm die Anregungen für ihre spätere Studienwahl, einige, die heute seiner gedenken, sind inzwischen selber Hochschullehrer geworden.
Noch heute ist mir sein Ausspruch in Erinnerung: »Wir Professoren sind die Diener der Schüler«. Besser kann man die Sendung des Lehrers wohl kaum charakterisieren. Ein reifer Hörerkreis wird diesen wunderbaren Gedanken voll erfassen und akzeptieren. Er ist bezeichnend für den *Menschen* Schmied-Kowarzik, der in seinem Beruf eine *Berufung* erblickte.
Gleichzeitig mit seiner Lehrtätigkeit am Knabengymnasium Mödling unterrichtete er auch am hiesigen Mädchengymnasium, wo er sich ebenfalls größter Beliebtheit erfreute. Noch heute sprechen ehemalige Schüler und Schülerinnen voll Anerkennung und Begeisterung von ihm.
Über den profunden Wissenschafter und Denker Schmied-Kowarzik gibt sein Lebenswerk klare Auskunft. Seine Vielseitigkeit ist bewundernswert.
Seinen Kollegen im Lehrkörper gegenüber legte er Freundlichkeit und Kameradschaftlichkeit an den Tag. Es war ein Vergnügen, mit dieser hervorragenden Persönlichkeit zusammenzuarbeiten.
Ich habe es bedauert, daß ich persönlich diese Zusammenarbeit nur relativ kurz genießen durfte, da ich im März 1940 zum Kriegsdienst einberufen wurde. Es ist überaus erfreulich, daß die 100. Wiederkehr seines Geburtstages zum Anlaß genommen wird, dieses großen Menschen, Lehrers und Wissenschafters in gebührender Weise zu gedenken.

Peter Weiser

Erinnerungen an unseren Klassenvorstand Professor Schmied-Kowarzik

Ich glaube, daß ich nicht darstellen sollte, *was* meiner Erinnerung nach Prof. Dr. Walther Schmied-Kowarzik, der Jubilar des heutigen Tages war, sondern *wie* er war. Damit es mir gelingt, relativ unvorbereitet, das Bild dieses Menschen erstehen zu lassen, werde ich Ihnen schildern, wie wir ihn gesehen haben. Ich war – ich bin nicht der einzige, der sein Schüler war und heute hier ist – in einer Klasse, die sehr schwierig war. Es war im Jahr 1939 und in meiner Klasse waren relativ viele Kinder aus Familien, die dem damaligen Regime nicht gepaßt haben. Es waren sehr viele, die mit dem früheren Regime, dem Stände-Staat, kooperiert haben, es waren einige auch sozialdemokratische Familien, es waren einige aus sehr katholischem Lager, es waren Großbürgerliche, jedenfalls solche, die es ihrem Vermögen nach zu sein schienen, und es waren – erstaunlich für die damalige Zeit – neun, deren Ahnennachweis nicht den Nürnberger Gesetzen entsprochen hat, die aber gerade noch studieren konnten. Ich gehörte drei dieser Gruppen an, war katholisch, großbürgerlich und hatte auch jüdische Vorfahren, war also ein besonders schwieriger Fall. Im Jahr 1940 haben wir als Klassenvorstand plötzlich jemanden bekommen, der sich ganz offen zum Regime von damals bekannt hat. Ich habe ihn nicht vorher gekannt – nur die Familien waren miteinander bekannt, meine Großeltern und seine Eltern.

Eigentlich bis zu dem Tag, da er in unsere Klasse gekommen ist – wir hatten gehört, daß er unser Klassenvorstand werden wird – standen wir in Opposition zu ihm. Einige von uns waren etwas verzagt, da man ja wußte, wie gefährdet man ist. Von dem Tag an, an dem er unsere Klasse betreten hat, waren wir ihm in einer Weise zugetan, wie das bei jungen Leuten eher nicht üblich ist. Was uns oder sagen wir einem Kreis von Leuten, deren Namen Sie vielleicht kennen – Ernst Gehmacher z. B., der Leiter des Institutes für Empirische Sozialforschung, war in meiner Klasse, Ernst Steidl, der Obmann der Sektion Handel in der Bundeskammer, wir haben überhaupt in unserer Klasse einige gehabt, die Karriere gemacht haben –, was uns so fasziniert hat, war vor allem sein Deutsch. Professor Schmied-Kowarzik hat das schönste Deutsch gesprochen, das man sich vorstellen kann, er hat sich darin wohltuend von einigen anderen Professoren abgehoben – wir haben bis dahin besonders miserable Deutschprofessoren gehabt.

Seine Art, uns die Dinge zu erklären, war unbescheiblich packend und mitreißend. Und ich kann vielleicht die Frage von Professor Benedikt beantworten, der vorhin gesagt hat, es sei auf dem Symposion diskutiert worden, woher denn seine Deutschtümelei komme und wieso ein so gescheiter

Mensch einem solchen Regime verfallen konnte? Das möchte ich so beantworten: Es war die Liebe zu dem deutschen Volk, die so stark war, daß sie ihn blind gemacht hat.
Ich habe viel später einmal – ich habe mich dann sehr eng an seinen Sohn Wieland, der nach dem Krieg in unserer Straße, der Riegerstraße, gewohnt hat, angeschlossen – ich habe viel später einmal mich mit ihm unterhalten und gesagt: »Dein Vater war eigentlich wie Wotan, er war auf einem Auge blind«. Er war unfähig, die Schrecken zu sehen, nicht weil er sie nicht sehen wollte – es hat sehr viele Leute gegeben, die die Schrecken nicht sehen wollten – nein, er war unfähig, bei den Menschen, die dieses Volk ausmachten, bei dem Glauben, den er an das Volk gehabt hat, zu sehen, daß dieses Volk in sein Unglück zieht, tief ins Unglück hinein gestoßen wird; er hat – wie der Wanderer im ›Siegfried‹ – immer wieder versucht, und das ohne Schlapphut, der sein blindes Auge verdeckt hätte, in uns Idealismus zu erwecken.
Sie können sich das heute nicht mehr vorstellen. Wir waren 15jährige, 16jährige, die längst Auslandsender gehört haben, die längst durch Radio-Atlantik geprägt waren, die sich gefürchtet haben vor dem Einrücken, vor dem Eingezogenwerden, die zumeist überzeugt waren, daß der Krieg verlorengeht. Jeder von uns hat Verwandte gehabt, die gefallen sind – in meiner Familie waren es bereits vier – man hat beinahe schon offen Gespräche darüber geführt. Und da kommt jemand in die Schule, der sagt, wir müssen jetzt auf den Anninger gehen und Heilpflanzen sammeln – wir müssen Heilpflanzen sammeln, weil die Wehrmacht Heilpflanzen braucht, weil sie zuwenig Medikamente hat und wir den Endsieg auf diese Weise sicherstellen müssen. Das war eine fast kindliche Naivität. Am Endsieg hat unser Professor bis 1943 jedenfalls nicht eine Sekunde lang gezweifelt. Aber, dieser Mann hat über all das nicht geredet, wie es sehr viele andere gemacht haben – auch Lehrer leider –, mit einem haßerfüllten Auge nämlich, das er auf die Feinde geworfen hätte, sondern ausschließlich mit dem einen liebenden Auge, das er besessen und das seinem Volk gegolten hat.
Und ich erinnere mich, daß er uns Schönheiten gezeigt hat, ich erinnere mich an eine Stunde über Eckehart und Ute im Dom von Naumburg. Ich erinnere mich an den Bamberger Reiter, den er uns geschildert hat, ich erinnere mich an seine Erklärung der Schönheiten des Domes zu Speyer; es ist uns von ihm auch die Liebe zur bildenden Kunst eingegeben worden. Und dann, es war für mich ein ungeheures Erlebnis – mein Großvater hat eine sehr große Bibliothek gehabt und ich habe Thomas Mann gelesen und Heine, schon aus Protest natürlich, und ich habe sogar den ›Schüler Gerber‹ von Friedrich Torberg besessen, ich habe ihn wie einen Schatz gehütet – plötzlich habe ich durch meinen Lehrer Schmied-Kowarzik das Nibelungenlied entdeckt; er hat uns der ›Nibelungen Not‹ erklärt. Ich habe mich plötzlich – es war glaube ich im Jahr 1943 – in die Welt der Nibelungen und der Gibichungen und der

Wälsungen begeben, und ich habe mich darin im Schlaf ausgekannt – mir kann bis an mein Lebensende niemand etwas über Sinfjötli oder Sigurd erzählen, was ich nicht schon wüßte.

Ich erinnere mich, daß er uns erklärt hat, man könne das Nibelungenlied von innen erleben, als Volker der Spielmann, oder von außen, als Dietrich von Bern. Es war eine großartige Schilderung. Wie ich die Einladung zu diesem Symposion bekommen habe, ist mir das wieder eingefallen, denn einer seiner Söhne heißt ja Volker und der andere Wolfdietrich, also scheint ihn auch emotionell das Nibelungenlied beschäftigt zu haben. Er hat uns in die Schönheiten der Welt seiner Träume, der Geschichte eines Volkes geführt, das für ihn das edelste war.

Er hat uns auch in eine Gegend geführt, die für uns etwas ganz Geheimnisvolles gehabt hat, nämlich in das Baltikum. Ich werde nie vergessen, wie er, sicherlich durch seine Frau, die eine baltische Dichterin war, inspiriert, uns den Weg dorthin gewiesen hat. Wir haben uns als Kinder bald bestens ausgekannt in Reval und in Riga, in Dorpat, in Kaunas, wir haben von der Bernsteinküste gehört, von der kurischen Nehrung und dem kurischen Haff. Er hat uns von Königsberg nordwärts geführt: Ausgangspunkt war immer das Grab Immanuel Kants. Er hat uns ja auch in Geschichte ununterbrochen von Kant und von dem, was auf seinem Grabstein steht, erzählt: ich glaube, es heißt: »Der gestirnte Himmel über mir und das Sittengesetz in mir«. Wir haben von ihm also auch Dinge über ein Deutschland erfahren, das es nicht mehr gibt. Und ich muß Ihnen sagen, es war dann tragisch, wie wir, je weiter der Krieg fortgeschritten ist und wir größer geworden sind, begriffen haben, daß er die Realität nicht mehr sieht. Und manche unserer Mitschüler haben sich gegen ihn gestellt, auch in den täglichen Auseinandersetzungen mit ihm. Er hat es ihnen aber nie nachgetragen. So sehr wir seine Intelligenz und seine Phantasie geschätzt haben, so wenig haben wir ihn verstanden. Das ist wahrscheinlich der Grund, warum keiner von uns nach dem Krieg nach seiner Rückkehr Kontakt mit ihm gehabt hat. Es ist merkwürdig: wir sind eine Klasse, die noch immer zusammenhält und oft über unsere Professoren spricht. Über ihn sprechen wir nicht, so wie keiner von uns nach dem Krieg vermocht hat, mit ihm über diese Zeit zu reden.

Wie wenig ich ihn gekannt habe, habe ich begriffen, als ich kürzlich die Worte las, die auf seinem Grabstein stehen: »Gott mein Quell, Gott mein Ziel«. Ich habe ihn immer für das gehalten, was man im Krieg ›gottgläubig‹ genannt hat, also für konfessionslos. Ich habe keine Ahnung gehabt, daß er sich je mit religiösen Studien befaßt hat.

Retrospektiv muß ich sagen, daß dieser Mensch wahrscheinlich so tief in seinem Theismus verwurzelt war, daß er es vermocht hat, die vielen Schicksalsschläge, die ihn getroffen haben, zu ertragen. Es ist hier angeklungen und sehr diskret gesagt worden, daß ihn seine Lauterkeit in einer Zeit, in der

Lauterkeit nicht gefragt war, um die Karriere gebracht hat, die er verdient hätte. Dennoch hat er die vielen Unlauterkeiten, die ihm von Deutschen angetan worden waren, nicht mit Haß, sondern mit Liebe beantwortet. Und das ist die Essenz dessen, was er beispielhaft vorgelebt hat und was er letztlich für uns durch dieses Beispiel bedeutet hat.
Walther Schmied-Kowarzik ist ein Mann, an den ich immer mit Dankbarkeit zurückdenken werde. Ich habe ihm dafür zu danken, daß er mich in einer Zeit, in der ich allen Grund gehabt hätte, die Deutschen zu hassen, gelehrt hat, die Deutschen zu lieben.

Oskar Koller

Dank für eine Begegnung

Es war im Jahre 1946, kurz nachdem ich aus der russischen Gefangenschaft nach Nürnberg zurückgekehrt war. Mein Zuhause war zerstört, und wir waren ausgesiedelt, wie viele andere, in eine kleine, ländliche Stadt namens Kemnath bei Bayreuth.

An einem winterlichen Vormittag stand ich zufällig vor einem Bilderladen in Bayreuth. Es waren vordergründig kräftige Ölbilder, eine Gebirgslandschaft mit roter Wäsche und andere Motive, die auf mich abstoßend wirkten. In meinem Unmut kam ich mit einem jungen Mann ins Gespräch, und bald schimpften wir beide über diese Auslagen. Wir gingen ein Stück des Wegs zusammen, und wie es der Zufall wollte, entdeckten wir in einem kleinen Schaufenster eine größere Reproduktion einer südlichen Landschaft, die uns beide begeisterte. Wir entzifferten die Unterschrift: Van Gogh! Wir sprachen darüber, wie es kommt, daß uns die Existenz eines so bedeutenden Malers so unbekannt geblieben war und auch welche literarischen Welten uns der Nationalsozialismus versperrt hatte.

Unsere gemeinsame Bildbetrachtung war der Anlaß, uns wieder zu treffen. Der junge Mann hieß Wieland Schmied. Wie es so üblich ist in einer ländlichen Gegend, finden sich Gleichgesinnte schnell zusammen und bilden eine Gruppe. So kam es, daß ich zur Familie von Wieland Schmied, die als Flüchtlinge bei Verwandten in Schloß Unterbruck wohnten, sehr bald Eingang fand. Der Vater Walther Schmied-Kowarzik, damals bereits ein älterer Herr über 60, war stellungsloser Professor für Philosophie, die Mutter, die Schriftstellerin Gertrud von den Brincken, ernährte die Familie durch Englisch-Unterricht, die Tochter Ilse und der jüngste Sohn Wolfdietrich waren noch Schüler.

Professor Schmied-Kowarzik merkte bald, daß ich an seinen damaligen religionsphilosophischen Studien sehr interessiert war, und so gab er mir Unterricht. Ich hörte das erste Mal in meinem Leben von Sokrates und Platon, erfuhr von den griechischen Göttern, der ägyptischen Religion, von den Sumerern, von den Mythen der Völker und den Gemeinsamkeiten ihrer Symbole. Dies alles fiel auf fruchtbaren Boden. Wir trafen uns oft, zwei- bis dreimal in der Woche, unternahmen manchmal größere Spaziergänge, und er wurde mein väterlicher Freund.

1947 zog ich nach Nürnberg und besuchte die Fachoberschule für Grafik. Immer wieder kam ich zu dem Schloß Unterbruck bei Kemnath zur Familie Schmied-Kowarzik zurück. Die direkte Auseinandersetzung mit der Malerei nahm mich voll in Anspruch, aber das Gedankengut, das mir Professor Schmied-Kowarzik mit auf den Weg gegeben hat, ist nicht verloren.

Ein Bild ist der Spiegel des Malers, sein Wesen ist ganz sichtbar zu erfassen und nachzuvollziehen, gleich ob es landschaftlich, figürlich oder abstrakt ist. So ist die Philosophie von Professor Walther Schmied-Kowarzik und unsere Begegnung ein Mosaikstein zur Bildung meines künstlerischen Seins geworden. Ein Beispiel ist eine meiner bedeutendsten Arbeiten: ein Altarbild mit dem Thema Licht; sie gibt etwas von der damals erfahrenen Gedankenwelt wieder.
Es ist mir ein Bedürfnis, mit der Widmung dieses Bildes für den Band zum 100. Geburtstag, Professor Walther Schmied-Kowarzik in Dankbarkeit zu gedenken.

Oskar Koller

Altarbild mit dem Thema „Licht“
Kirche Sankt Martin in Nürnberg
6,40 × 6 m, in Acrylfarben

Wolfdietrich Schmied-Kowarzik
Versuch, einen Lebensweg zu vergegenwärtigen

1885–1904

Am 22. Mai 1885 wird Walther Schmied-Kowarzik in Mödling als zweites von drei Kindern des Bankbeamten Josef Schmied-Kowarzik (1850–1935) und seiner Frau Luise Jarosch-Hagenauer (1852–1943) geboren; er hat zwei Schwestern: Therese (1882–1958) und Bertha (1891–1968). Der Vater Josef Kowarzik hat in den 80er Jahren den Doppelnamen angenommen und unter diesem Namen auch mehrere Bücher und Abhandlungen zur Geschichte des Fechtens, Zweikampfs und Duells veröffentlicht; amtlich bestätigt wurde die Führung des Doppelnamens für die ganze Familie durch die kaiserl. österr. Regierung erst 1913.
Nach dem Erbe eines kleinen Vermögens läßt sich Josef Schmied-Kowarzik 1893 (43jährig) pensionieren und lebt als Publizist, Privatgelehrter und Maler in Wien und Mödling. 1899 nach Umbau des Mödlinger Sommerhauses zieht die Familie ganz nach Mödling, behält aber im Wiener Haus eine Zweitwohnung.
Walther wird zunächst von Hauslehrern unterrichtet. Ab 1893 geht er abwechselnd im Winter in Wien und im Sommer in Mödling in die Volksschule. Wegen einer schweren Augenhautentzündung muß er 1895 ein Jahr aussetzen. 1896 kommt er in das Internats-Gymnasium der Benediktiner in Kremsmünster. Nach schwerem Gelenksrheumatismus und einer Herzklappenentzündung muß er nochmals länger aus der Schule genommen werden. Ab Herbst 1898 kann er dann in das inzwischen in Möding neu gegründete Gymnasium eintreten, wo er 1904 im ersten Abschlußjahr mit Auszeichnung maturiert.

1904–1908

1904 inskribiert sich Walther Schmied-Kowarzik an der Univ. Wien in Philosophie als Hauptfach – unter Einschluß der Psychologie, die damals noch kein eigenes Fach ist – und Geschichte als Nebenfach. Hier schließt er sich vor allem Friedrich Jodl an, dem Nachfolger von Franz Brentano, der vor allem neuere Philosophie, Psychologie und Ethik liest. Neben Friedrich Jodl lehren in Wien noch die Professoren Laurenz Müllner (mittelalterl. Philosophie), Adolf Stöhr (Naturphilosophie), Emil Reich (Ästhetik) sowie ab 1907 Alois Höfler (Pädagogik); Schmied-Kowarzik hört jedoch auch bei den Privatdozenten Robert Reininger und Carl Siegel neuere Philosophie und bei Heinrich Gomperz antike Philosophie.
Auf Vorschlag von Jodl geht Schmied-Kowarzik im WS 1906/07 an die Universität Berlin zu Wilhelm Dilthey, an dessen Privatissimum »Grundlegung der Geisteswissenschaften« er teilnimmt, und das prägenden Einfluß auf die Herausbildung seiner eigenen philosophischen Gedanken hat. Daneben hört er auch bei Alois Riehl über Kants Kritik der reinen Vernunft und bei Carl Stumpf über neuere psychologische Raumtheorien. »Damals entstand in mir« – so schreibt Schmied-Kowarzik in seinem späteren Habilitationsgesuch – »der Gedanke, den Kern der Raum- und Zeittheorie von Kant für die philosophische und psychologische Diskussion erneut fruchtbar zu machen.«
Im SS 1908 reicht Walther Schmied-Kowarzik seine Dissertation »Zeit und Raum. Eine psychologische und transzendentalphilosophische Untersuchung« (230 S.) in Wien ein und wird am 9. Juli 1908 mit Auszeichnung promoviert. Da damals die Vorlesungen von Edmund Husserl in Göttingen von 1907 zur Raum- und Zeitproble-

matik noch nicht bekannt waren, kann diese Dissertation überhaupt als eine der ersten Studien zur ›Phänomenologie‹ der Zeit- und Raumerfahrung gelten.

1908–1913

Nach den Arbeiten zur Drucklegung des ersten psychologischen Teils der Dissertation, der dann 1910 unter dem Titel »Raumanschauung und Zeitanschauung« erscheint, schreibt sich Schmied-Kowarzik im SS 1909 an der Univ. Jena ein, um hier vor allem bei Rudolf Eucken über den nachkantischen Idealismus – Fichte, Schelling und Hegel – zu hören. Im Mai 1910 hält Schmied-Kowarzik vor der Wiener Gesellschaft für Philosophie den Vortrag »Intuition. Ein Beitrag zur Psychologie des ästhetischen Erlebens«, dessen erweiterte Fassung 1911 erscheint und in der Ästhetik-Diskussion einige Beachtung findet.

Am 7. Juni 1911 heiratet Walther Schmied-Kowarzik die Arzttochter Margarete Heinrich (1890–1965) aus Mödling; aus dem Vermögen von beiden Seiten können sie gut und unabhängig in Wien leben und auch einige größere Europareisen unternehmen. Ab Herbst 1911 beginnt er mit der Ausarbeitung seines Buches »Umriß einer neuen analytischen Psychologie« (318 S.), das Ende 1912 in Leipzig erscheint und das er der Philosophischen Fakultät der Wiener Universität als Habilitationsschrift einreicht. Diese zwischen Edmund Husserls Logos-Abhandlung »Philosophie als strenge Wissenschaft« (1911) und dessen Grundlegung »Ideen einer reinen Phänomenologie und phänomenologischen Philosophie« (1913) erschienene Arbeit kann als eine der Husserlschen Phänomenologie erstaunlich nahestehende und doch eigenständige Weiterentwicklung und Vermittlung der österreichischen Richtung der ›Phänomenologie‹ (Franz Brentano, Christian von Ehrenfels, Alexius Meinong) und der geisteswissenschaftlichen Psychologie (Wilhelm Dilthey, Eduard Spranger) angesehen werden, in der es um die philosophische Grundlegung einer nicht-empirischen (= analytischen) Bewußtseinsanalyse als erkenntnistheoretischer Basis der Wissenschaften geht. Nach dem Probevortrag zum Thema »Einteilung der Wissenschaften (unter besonderer Berücksichtigung der Stellung der Natur- und Geisteswissenschaften)« erhält Walther Schmied-Kowarzik am 8. Juli 1913 von der Philos. Fakultät der Univ. Wien die venia legendi für Philosophie und wird nach Bestätigung durch das k. k. Ministerium für Kultus und Unterricht am 16. 9. 1913 zum Privatdozenten ernannt.

1913–1920

Die Einladung zum Kongreß für Ästhetik und allgemeine Kunstwissenschaft vom 7.–9. Okt. 1913 in Berlin nutzt das Ehepaar Schmied-Kowarzik zu einer Deutschlandreise durch Thüringen nach Kassel zum Jugendtag auf dem Hohen Meißner. In Berlin trägt Walther Schmied-Kowarzik unter der Sitzungsleitung von Jonas Cohn den viel beachteten Beitrag »Intuition als Kern des ästhetischen Erlebens« vor. Im WS 1913/14 nimmt Schmied-Kowarzik seine Vorlesungen als Privatdozent der Philosophie an der Universität Wien auf, die er mit einer Unterbrechung durch Einberufung in den Kriegsdienst von Mai 1917 bis Nov. 1918 durch 12 Semester hindurch bis Ende 1920 wahrnimmt; Themen seiner Lehrveranstaltungen sind u. a.: Analytische Psychologie, Intuition als Kern ästhetischen Erlebens, Hamerlings Philosophie, die nationale Idee in der Philosophie des deutschen Idealismus, Grundbegriffe der Ästhethik, Leibniz und die Gegenwart, Kant und der deutsche Idealismus, Geschichte der neuzeitlichen Philosophie, Philosophie der Gegenwart.

Mit Ausbruch des Ersten Weltkrieges 1914 tritt an der Universität insgesamt eine völlig neue Situation ein. Die Lehrkanzel von Friedrich Jodl wird nach dessen Tod 1914 nicht wieder besetzt, so daß durch die Kriegs- und ersten Nachkriegsjahre allein das

Ordinariat von Adolf Stöhr fortbesteht; weiterhin lesen die a. o. Professoren Emil Rein und Robert Reininger sowie 6 Privatdozenten – nach Schmied-Kowarzik hat sich noch Viktor Kraft vor Ausbruch des Krieges habilitieren können. Die Studentenzahlen nehmen rapide ab. Eine feste Stelle an der Universität ist nicht in Aussicht.
Da auch das väterliche Vermögen zu schwinden beginnt, muß Walther Schmied-Kowarzik sich um zusätzliche Verdienstmöglichkeiten umsehen. Ab Herbst 1914 hält er Volksbildungskurse an der Wiener Urania, schreibt historische und kulturpolitische Artikel für verschiedene österreichische und deutsche Zeitschriften und Zeitungen und nimmt den Auftrag der Herausgabe von »G. W. Leibniz' Deutsche Schriften« an.
Am 14. August 1917 wird der erste Sohn Volker geboren. Von Mai 1917 bis November 1918 ist Walther Schmied-Kowarzik zum Kriegsdienst eingezogen; zunächst im Infanteriereg. Nr. 4, danach Schützenreg. Nr. 1, zuletzt als Korporal eingesetzt.
Nach dem Weltkrieg wird die finanzielle Situation noch katastrophaler; der Vater hat sein Vermögen fast völlig verloren und ist nun selbst auf Unterstützung durch seinen Sohn angewiesen. Walther Schmied-Kowarzik übernimmt nun verstärkt Aufgaben in der Erwachsenenbildung. Eine Arbeit für die Wiener Urania »Die Überwindung des Intellektualismus im Volksbildungswesen« (1918/19) wird mit einem Preis dotiert. 1919/20 ist er als Dozent an der Niederösterr. Landeslehrerbildungsakademie in Wien tätig. Im Juni/Juli wird er zu Gastvorlesungen nach Marburg eingeladen. Für das Herbstsemester von September bis Dezember 1920 erhält er eine Gastdozentur an der Hochschule in Göteborg/Schweden. Dort erreicht ihn auch der Ruf primo et unico loco auf das Ordinariat für Philosophie an der Universität Dorpat in Estland, den er nach den vorausgegangenen bitteren Jahren freudig annimmt.
Neben Arbeiten, die seinen verstorbenen Lehrern, Wilhelm Dilthey (1911) und Friedrich Jodl (1914) gewidmet sind, liegen Schmied-Kowarziks philosophische Arbeitsschwerpunkte in jenen Jahren im Bereich der Ästhethik. Von grundlegender Bedeutung ist auch sein Beitrag »Gotteserlebnis und Welterkenntnis« (1918) für die Festschrift für Johannes Volkelt. Seit 1918 war Schmied-Kowarzik Mitherausgeber der »Beiträge zur Philosophie des Deutschen Idealismus« (ab 1927 »Blätter für Deutsche Philosophie«), in denen er eine Reihe von Beiträgen und Rezensionen veröffentlicht. Viel Zeit und Arbeitskraft nimmt auch die Herausgabe der »Deutschen Schriften« von Leibniz in Anspruch, die in 2 Bänden mit ausführlichen Einleitungen und Kommentaren versehen 1916 in der Philosophischen Bibliothek in Leipzig erscheinen.
Ähnlich wie die Gründung und Leitung der Fichte-Hochschule in Wien 1919/20 steht auch diese Editionsarbeit zugleich im Bann der deutschnationalen Aktivitäten Schmied-Kowarziks in jenen Jahren. Seit 1913 bis 1920 ist er Vorsitzender des Dürerbundes für Österreich und seit 1918 bis 1920 Referent für nationale Kulturarbeit des Deutschen Schulvereins für Österreich. Es sind hier vor allem die beiden Bücher »Ein Weltbund des Deutschtums. Die Gegenwartsaufgabe einer Weltpolitik deutscher Kultur« (1917) und »Die Gesamtwissenschaft vom Deutschtum und ihre Organisation. Ein Sehnsuchtsruf dreier Jahrhunderte« (1918) zu nennen; hierbei geht es Schmied-Kowarzik nicht um eine nationalistische oder gar militärische Expansionspolitik, jedoch um eine bewußte nationale Sprach- und Kulturpolitik – wie sie in England und Frankreich ganz selbstverständlich ist –, der sich die deutschsprachigen Staaten Deutschland, Österreich und die Schweiz auch im Hinblick auf das Deutschtum im Ausland annehmen sollen. Man darf dabei nicht vergessen, daß die Nationalitätenfrage und das Kultur- und Sprachproblem in der Österreichisch-ungarischen Monarchie bei nur einem Drittel deutscher Bevölkerung ein äußerst virulentes Thema war, das erst recht nach 1918 für die deutschen Minderheiten in der Tschechoslowakei, Ungarn, Rumänien, Jugoslawien, Italien – aber auch in Frankreich, Rußland, Estland, Lettland – zu einem kulturellen Daseinsproblem wurde.

Viel einflußreicher als diese Bücher, die zwar großen Wiederhall fanden, aber nach dem verlorenen Krieg keine greifbaren Ergebnisse brachten, ist jedoch ein unter dem Pseudonym Dr. Robert Pfeifer veröffentlichter Artikel »Das Heanzenland« (April/Mai 1918), der nach der Auflösung der österreichisch-ungarischen Monarchie als Sonderdruck an alle Nationalratsabgeordnete verteilt, eine erste Argumentationsgrundlage für die Forderung einer Volksabstimmung in Westungarn war, die schließlich zur freigewählten Angliederung des heutigen Burgenlandes an Österreich führte.

1921–1927

Mit dem Jahre 1921 beginnt ein ganz neuer Lebensabschnitt. Zum 1. 1. 1921 wird Walther Schmied-Kowarzik zum ord. Prof. für Philosophie (unter Einschluß der Psychologie) berufen, zunächst mit einem Fünfjahresvertrag, der vorsieht, daß er vom 3. Jahre an in estnischer Sprache lesen soll, der aber noch im gleichen Jahr auf 10 Jahre verlängert wird und die Sprachklausel lockert. Die Republik Estland mit der Landeshautpstadt Tallinn (Reval) war 1919 gegründet worden. In Tartu (Dorpat) wird die ehemals deutschsprachige Universität der russischen Provinz Estland nun als estnische Landesuniversität neu aufgebaut. Da es vorerst nicht genug estnische Dozenten gibt, beruft man vor allem sprachverwandte Finnen, aber auch Hochschullehrer aus Schweden, Dänemark, Deutschland, Österreich und Ungarn. Die meisten dieser neu berufenen Ausländer tragen in den 20er Jahren in Deutsch vor, so daß fast ein Viertel der Vorlesungen in deutscher Sprache stattfindet. Da Deutsch durch Jahrhunderte hindurch die Sprache der Herren – des grundbesitzenden Adels und des begüterten Bürgertums der Städte – war, und auch ein überdurchschnittlicher Anteil der Studenten aus diesen deutsch-baltischen Familien stammte, sah man dies verständlicher Weise mit sehr gemischten Gefühlen.

Am 23. Februar 1921 hält Walther Schmied-Kowarzik seine Antrittsvorlesung »Philosophie, Psychologie und die Geisteswissenschaften«. Als Vorstand des Seminars für Philosophie und Psychologie hat er nun zusammen mit dem Dozenten K. Ramul, der vor allem die Psychologie vertritt, und dem Privatdozenten W. Freymann, die beide in Estnisch lesen, das gesamte Lehrgebiet neu aufzubauen und zu betreuen. In den 13 Semestern, die Walther Schmied-Kowarzik in Dorpat lehrt, trägt er neben einem Zyklus zur Geschichte der Philosophie mit begleitenden Seminaren zu Leibniz, Kant, dem Deutschen Idealismus einführende Grundlegungen zur Logik, Erkenntnistheorie, Kulturphilosophie, Ethik und Ästhetik vor und leitet Seminare zur Gegenwartsphilosophie: Dilthey, Bergson, Scheler, Husserl, Jaspers u. a.

Neben Festvorträgen zu Dante (1921), Kant (1924), Meister Eckhart (1926) und verschiedenen außeruniversitären Vortragsreihen zur »Geschichte der deutschen Philosophie im 19. Jh. und in der Gegenwart« (1923/24) und zu den »großen Mystikern aller Völker und Zeiten« (1925/26) arbeitet Schmied-Kowarzik vor allem an einer Grundlegung der Kulturphilosophie, worüber er dreimal (1922 – 1924 – 1926) Vorlesungen ankündigt. Veröffentlicht werden von diesen Arbeiten und Studien nur zwei Bruchstücke: eine Auseinandersetzung mit Wilhelm Wundts »Völkerpsychologie« (1924) und eine Auseinandersetzung mit Hans Freyers »Theorie des objektiven Geistes«, die unter dem Titel »Die Objektivation des Geistigen« 1927 in der Schriftenreihe Acta et Commentationes Universitatis Tartuensis (Dorpatensis) und im gleichen Jahr als eigenständige Broschüre in Leipzig erscheint. Beachtenswert ist auch sein Vortrag auf dem 5. Internationalen Philosophen-Kongreß in Neapel über »Gestaltpsychologie und Ästhetik«.

Die Frühjahrssemester dauerten von Anfang Februar bis Mitte Mai, die Herbstsemester von Mitte September bis Anfang Dezember. Nach den Sommermonaten, die

Vier Generationen (1921),
der Großvater Josef Kowarzik (Bild),
der Vater Josef Schmied-Kowarzik,
Walther Schmied-Kowarzik,
der älteste Sohn Volker

Walther Schmied-Kowarzik in Mödling verbringt, holt er seine Frau und seinen Sohn Volker im September 1921 über Deutschland – ab Stettin mit dem Schiff bis Reval – nach Dorpat. Für die Sommermonate reiste die Familie dann wieder nach Mödling und Wien; unterwegs besucht Schmied-Kowarzik 1922 den Deutschen Philosophen-Kongreß in Weimar und hält Gastvorträge in Jena, Marburg und Gießen. Noch einmal wiederholt sich dies im Studienjahr 1922–1923. Und obwohl diesmal die Familie auch Weihnachten bis Jänner 1923 in Wien verbringt, hält die an das Wiener Kulturleben gewöhnte Margarete Schmied-Kowarzik die dunklen und kalten Wintermonate in der Kleinstadt Dorpat und die strapaziösen Reisen über die riesigen Entfernungen nicht mehr aus; auch will sie nicht, daß Volker in der deutschen Schule in Dorpat eingeschult wird, da dann die Ferienzeit in Österreich noch eingeschränkter wäre. So läßt sich das Ehepaar im Sommer 1923 einvernehmlich scheiden; Walther Schmied-Kowarzik übernimmt die Unterhaltsverpflichtungen für den Sohn, der jedoch bis zum 18. Lebensjahr bei der Mutter bleiben soll. Nun fährt er allein für die Semesterzeit nach Dorpat; um so mehr drängt es ihn aber in den Sommermonaten nach Mödling, um so mit seinem Sohn Volker zusammenzusein und mit ihm gemeinsame Fahrten und Wanderungen zu unternehmen.

In Dorpat schließt sich Schmied-Kowarzik schnell der deutschen Volksgruppe an. Einst die herrschende Schicht des Landes, bildet sie nun eine nicht einmal 10% der Bevölkerung ausmachende Minderheit, die sehr um den Erhalt der eigenen Sprache und Kultur, deutscher Schulen und Zeitungen ringen muß. Nun kann Schmied-Kowarzik seine Arbeiten zum Deutschtum im Ausland und seine Erfahrungen aus dem deutschen Schulverein in Österreich voll einbringen. Unter dem Pseudonym Dr. W. Albrecht wird er leitender Mitherausgeber des Estländisch-deutschen Kalenders (1924–1927), für den er auch kulturpolitische Leitartikel schreibt. Von der deutschen Volksgruppe wird er auch zu Vorträgen in die Landeshauptstadt, aber auch in die kleineren Provinzstädte eingeladen, und er vermittelt auch eine Reihe von Gastvorträgen namhafter deutscher Philosophen nach Estland und Lettland. Auch er hält mehrfach Gastvorträge im Herder-Institut in Riga, der Landeshauptstadt des benachbarten Lettland.

Bei einem dieser Vorträge in Riga lernte Walther Schmied-Kowarzik im Herbst 1924 die deutsch-baltische Dichterin Gertrud Freiin von den Brincken (1892–1982) kennen, von der seit 1911 bereits mehrere Gedichtbände erschienen waren. Im gleichen Jahr noch verfaßt er eine kleine Studie über die Dichtung von Gertrud von den Brincken im Revaler Boten. Aus den häufigen Treffen wird eine Verlobung und schließlich heiraten Walther Schmied-Kowarzik und Gertrud von den Brincken im Sommer 1925 in Mödling.

Die Ehe brachte jedoch eine große finanzielle Mehrbelastung; die Familie von den Brincken war durch Krieg und Enteignung völlig verarmt, Gertrud war bisher durch privaten Englischunterricht Alleinverdienerin für einen 4 Personenhaushalt: ihre 60jährige Mutter Luise Baronin v. den Brincken, ihre verwitwete kränkliche Schwester Margaretha v. Transehe-Roseneck und deren 8jährige Tochter Susi; für sie alle muß nun Walther Schmied-Kowarzik neben seinem eigenen 8jährigen Sohn Volker aufkommen, ganz abgesehen von der Unterstützung für seine eigenen Eltern. An eigene Kinder ist daher in dieser angespannten finanziellen Lage nicht zu denken. Gertrud von den Brincken bringt in den folgenden beiden Jahren erneut einige Gedichtbände heraus. Gemeinsam mit Walther Schmied-Kowarzik gestaltet sie nun auch den literarischen Teil des Estländisch-deutschen Kalenders ab 1925. Zwischen den beiden Semestern nimmt Walther Schmied-Kowarzik von 1. 12. 1925 bis 15. 2. 1926 eine Gastprofessur für Wirtschaftspsychologie an der Hochschule für Welthandel in Wien wahr. Obwohl die Fahrten zeitraubend und aufwendig sind, bleibt es auch in all den

folgenden Jahren dabei, daß die Sommermonate in Mödling – mit Wanderungen und Fahrten durch Österreich – verbracht werden.
Anfang 1927 erreicht Walther Schmied-Kowarzik der Ruf des preußischen Kultusministers C. H. Becker an die neu zu gründende Pädagogische Akademie in Frankfurt am Main, eine spätere Berufung an eine preußische Universität wird in Aussicht gestellt. Begleitet wird der Ruf von einem geradezu beschwörenden Brief von Eduard Spranger, doch ja den Ruf nach Frankfurt anzunehmen. Da längerfristig für Schmied-Kowarzik ein Bleiben in Dorpat nicht möglich ist, er hat zwar Estnisch gelernt, aber nicht so, um in dieser Sprache philosophische Vorlesungen zu halten, entschließt er sich diesen Ruf anzunehmen. Auf zwei Monate konzentriert, beendet er noch in Dorpat das Frühjahrssemester und beginnt bereits Ende April in Frankfurt a. M. seine neue Tätigkeit.
In Dorpat übernahmen nun estnische Mitarbeiter und Schüler von Walther Schmied-Kowarzik die Vorlesungen in Philosophie, Psychologie und Pädagogik und führten seine phänomenologisch-kulturphilosophische Richtung noch bis 1940 fort, bis durch die Eingliederung Estlands in die Sowjetunion in Folge des Hitler-Stalin-Paktes das gesamte Lehrangebot gänzlich umstrukturiert wurde.

1927–1933

Unter maßgeblichem Einfluß von Eduard Spranger, der seit 1920 in der Nachfolge Diltheys Prof. für Philosophie, Psychologie und Pädagogik an der Univ. Berlin war, wurde in Preußen unter dem Kultusminister Carl Heinrich Becker 1925 ein Gesetz zur Akademisierung der Volksschullehrerbildung verabschiedet, daß die Errichtung von Pädagogischen Akademien vorsah, in denen die angehenden Lehrer in intensiven vier Semestern eine wissenschaftlich-pädagogische Grundbildung erhalten sollten. Dies war zwar mehr als die meisten anderen Länder der Weimarer Republik für die Hebung der Lehrerbildung unternahmen, aber durch die Kurzstudiengänge letztlich doch nur eine halbe Sache; so wurde dieses Projekt von allen Seiten von Anfang an kritisiert und bekämpft, die einen hielten eine Akademisierung der Volksschullehrerbildung für verfehlt, den anderen ging sie nicht weit genug, die Universitäten schauten auf die Päd. Akademien argwöhnisch und verachtungsvoll zugleich herab.
Nach den ersten 3 Gründungen 1926 in Elbing (evang.), Kiel (evang.) und Bonn (kath.) wurde 1927 die erste und dann auch einzige konfessionell simultane Pädagogische Akademie in Frankfurt am Main gegründet; es folgten danach bis 1930 noch 11 weitere konfessionelle Gründungen. Während bei all diesen Gründungen der wissenschaftliche Kern der Lehrerbildung allein durch die theoretische Pädagogik getragen wird – und so verdankt die Pädagogik als Wissenschaft den Pädagogischen Akademien bis weit in die 60er Jahre hinein die sie prägenden theoretischen Köpfe: W. Flitner, E. Weniger, G. Reichwein, F. Copei, H. Geissler, A. Petzelt u.v.a. – soll demgegenüber in Frankfurt am Main neben der Pädagogik auch die Philosophie durch einen angesehenen Vertreter repräsentiert sein, der über die philosophische Ethik den vermittelnden Ausgleich zwischen den Konfessionen stiften soll.
Dies war der Plan und das Angebot, mit dem Walther Schmied-Kowarzik durch den Kultusminister C. H. Becker, vermittelt durch Eduard Spranger, zur Annahme des Rufs an die Pädagogische Akademie in Frankfurt am Main bewogen wird. Der Plan ging schon deshalb nicht auf, da sich die kath. Kirche dagegen von Anbeginn an sperrt, indem sie nicht nur die Berufung eines kath. Religionspädagogen untersagt, sondern auch den Absolventen der Pädagogischen Akademie in Frankfurt den Eintritt in kath. Schulen verweigert. So wird die Pädagogische Akademie in Frankfurt ein simultaner Torso mit Protestanten, Juden – sie ist die einzige Lehrerausbildungsstätte für jüdische

Lehrer – und einigen versprengten Katholiken, die sich von ihrer Kirche nicht abhalten lassen.
Am 10. Mai 1927 nimmt die Päd. Akademie mit der feierlichen Eröffnung durch Kultusminister Becker den Lehrbetrieb auf. Die ersten Jahre sind unglaublich strapaziös: zusammen mit den ersten Dozenten werden auch schon die ersten Studenten zugelassen, und so gilt es, während des laufenden Semesters mit den neuen Kollegen einen Lehrplan auszuarbeiten, der es den Studenten ermöglicht, in 4 Semestern ihre Studien zu absolvieren. Neben Walther Schmied-Kowarzik als Prof. für Philosophie und Psychologie werden der Pädagoge Hermann Weimer als Akademiedirektor sowie die Professoren Georg Reichwein für Pädagogik und Bildungssoziologie (er wurde nach seinem frühen Tod durch Ernst Krieck abgelöst), Arthur Kießling für Psychologie sowie Marie-Anne Kuntze und Franz Kade für Schulpädagogik berufen. Neben den wissenschaftlichen Grundlagenfächern lehren an der Päd Akademie, teils als Prof. und Dozenten teils als Studienräte, die Fachkräfte für Religion, Deutsch und Volkskunde, Geschichte und Staatsbürgerkunde, Erdkunde und Heimatkunde, Mathematik, Naturkunde, Musik, Bildende Kunst und Werkunterricht sowie Leibesübungen.
Zum allerersten Studentenjahrgang 1927–1929, zu dem sich 200 gemeldet hatten, aber nur 50 angenommen werden konnten – beim Vollausbau sollten es rund 150 in einem Jahrgang sein –, gehörten u. a. die späteren Professoren der Pädagogik Dr. Robert Alt, der schon ein Studium an der Univ. Breslau hinter sich hatte und nun Volksschullehrer werden wollte und wegen des jüdischen Religionsunterrichts nach Frankfurt kam (nach 1945 wurde er einer der führenden Erziehungswissenschaftler in der DDR) sowie Dr. Gottfried Hausmann, einer der Mitbegründer der Vergleichenden Erziehungswissenschaft, der im vorliegenden Band seine Erinnerungen und seinen weiteren Denkweg dargelegt hat.
In den 12 Semestern, in denen Walther Schmied-Kowarzik an der Päd. Akademie lehrt, liest er: Geschichte der Philosophie, Einführung in die Philosophie, Philosophische Grundlegung der Pädagogik, Philosophie und Psychologie der Kultur als Grundlegung der Pädagogik, Weltanschauungsfragen der Gegenwart sowie Ethik und Übungen zur Ethik an Texten (in regelmäßigem Turnus mit unterschiedlichen Schwerpunktsetzungen) sowie Allgem. Psychologie, Differenzielle Psychologie, Kindes- und Jugendpsychologie, Charakterologie, Geisteswissenschaftliche Psychologie. In den ersten Jahren leitet er auch gemeinsam mit Georg Reichwein ein Philosophisch-pädagogisches Colloquium für Fortgeschrittene und Lehrer, das er später nach Reichweins Tod gemeinsam mit Arthur Kießling als Philosophisch-psychologisches Colloquium fortführt.
Neben einer Reihe von philosophischen und pädagogischen Abhandlungen sind die Eckpfeiler seiner philosophischen Arbeit die völlig neu bearbeitete, wesentlich erweiterte 2. Aufl. seines Buches »Umriß einer analytischen Psychologie. Grundlegung einer nichtempirischen Psychologie« (1928), in dem er nicht nur die Weiterentwicklung der philosophischen Diskussion der zurückliegenden 15 Jahre berücksichtigt, sondern sich auch genauer mit der Phänomenologie Edmund Husserls, der Gegenstandstheorie Alexius Meinongs, der Geisteswissenschaftlichen Psychologie Wilhelm Diltheys und Eduard Sprangers, der Denkpsychologie Richard Hönigswalds auseinandersetzt und seine eigene Position einer philosophischen Bewußtseinsanalyse schärfer herausarbeitet. Die eigentliche Frankfurter Arbeit ist jedoch seine »Ethik. Mit Berücksichtigung pädagogischer Probleme«, die Anfang 1932 erscheint. Sie ist nicht als erkenntnistheoretische Diskussion der Bedingungen der Möglichkeit praktischer Philosophie konzipiert, sondern als materiale Sittenlehre, als praktische Orientierung für sittliche Lebensfragen der Gegenwart, und somit genau das, was als ethisch-philosophische Mitte einer nicht-konfessionell ausgerichteten Lehrerbildung gelten konnte. Als solche

und durch ihre liberale Grundhaltung findet sie in der kurzen Zeit bis zur Machtergreifung des Nationalsozialismus vor allem innerhalb der philosophisch-pädagogischen Diskussion verdiente Beachtung und Anerkennung.
Erwähnenswert ist auch seine Festrede zur Immatrikulationsfeier am 11. Mai 1929 »Hochschule, Wissenschaft und Bildung«, in der Schmied-Kowarzik sein Konzept für ein Hochschulstudium - nicht nur an Päd. Akademien – als philosophisch vermittelte Ausgewogenheit zwischen Wissenschaft und sittlicher Lebensbildung, zwischen rationaler Erkenntnis und sittlichem, ästhetischem und religiösem Erleben darlegt.
1928 gründet Schmied-Kowarzik in Frankfurt am Main eine Ortsgruppe der Deutschen Philosophischen Gesellschaft, die er bis 1933 leitet. Zum Philosophen der ebenfalls noch ganz jungen Frankfurter Universität – zunächst ist es Hans Cornelius bis zu seiner Emeritierung, 1928 wird Max Scheler berufen, starb aber noch im selben Jahr, ab 1929 hat Paul Tillich den Lehrstuhl für Philosophie und Soziologie inne – bestehen gute Beziehungen. Keinerlei Kontakte hat Schmied-Kowarzik zu den jüngeren Kollegen vom Institut für Sozialforschung. Dagegen lebt die alte Freundschaft zu Martin Buber wieder auf, den Schmied-Kowarzik noch aus der Wiener Studienzeit kennt und der nun an der Frankfurter Universität jüdische Religionsphilosophie lehrt. Durch Einladungen in die Philosophische Gesellschaft holt Schmied-Kowarzik viele bekannte Philosophen und Pädagogen nach Frankfurt zum Vortrag, so Nicolai Hartmann, Theodor Litt, Eduard Spranger u.v.a.
Durch seine Berufung als Preußischer Beamter wird Walther Schmied-Kowarzik deutscher Staatsbürger und verliert dadurch seine österreichische Staatsbürgerschaft – was ihn später an Deutschland fesseln sollte. Doch weiterhin fährt er jedes Jahr in den Sommermonaten mit seiner Frau nach Mödling zu seinen Eltern und seinem Sohn und unternimmt von dort Fahrten und Wanderungen. Am 5. Februar 1929 wird Wieland, der erste Sohn aus zweiter Ehe, geboren.
Anfang 1930 erfährt Walther Schmied-Kowarzik, daß er von der Philosophischen Fakultät der Universität Breslau primo loco als Nachfolger von Richard Hönigswald auf die ord. Prof. für Philosophie, Psychologie und Pädagogik vorgeschlagen worden sei; jetzt scheint sich das Versprechen von Kultusminister C. H. Becker auf eine baldige Berufung auf einen Universitätslehrstuhl zu erfüllen. Doch der neue Kultusminister Grimme zieht eine Hausberufung des a. o. Prof. Siegfried Marck vor, und Moritz Löw rückt so als a. o. Prof. nach – welche Gründe für diese doppelte Hausberufung letztlich ausschlaggebend waren, konnte nicht ermittelt werden.
Zwei Jahre später werden infolge der großen Wirtschaftskrise unter demselben Kultusminister Grimme 8 der 15 neu gegründeten Pädagogischen Akademien geschlossen, ein Großteil der Hochschullehrer wird sofort vorzeitig pensioniert, die anderen werden auf die verbleibenden Akademien verteilt. So flattert auch Walther Schmied-Kowarzik Anfang 1932 der Bescheid seiner baldigen Versetzung in den einstweiligen Ruhestand zum 1. 4. 1933 ins Haus, da man die Philosophie an der Pädagogischen Akademie in Frankfurt wieder abbauen wolle. Neuer Direktor wird 1932 Erich Weniger, der Direktor der aufgelösten Päd. Akademie in Altona, und auch sonst rücken neue Kräfte nach, so Gerhard Pfahler anstelle von Arthur Kießling für Psychologie. Die philosophischen Grundlagen der Pädagogik werden jetzt von Weniger selbst und anderen Pädagogen übernommen, und Schmied-Kowarzik wird auf die Psychologie zurückgedrängt, allerdings läßt er es sich nicht nehmen, weiterhin durch die letzten zwei Semester noch »Ethik« zu lesen.
Im Schreiben des Preuß. Kultusministers mit der Ankündigung der Versetzung in den einstweiligen Ruhestand wird Schmied-Kowarzik versichert, daß ihm baldmöglichst eine freiwerdende besoldete Stelle an einer Universität des Landes Preußen angeboten werde. Dieses nicht abwartend, sucht Schmied-Kowarzik auf Anraten der Gießener

Philosophen August Messer und Ernst von Aster, mit denen er seit über 10 Jahren in gutem Kontakt steht, bei der Hessischen Landesuniversität Gießen um Umhabilitation nach, zumal August Messer, vor der baldigen Emeritierung stehend, ihm Hoffnung auf seine Professur für Philosophie und Pädagogik macht.
Am 27. 7. 1932 wird Walther Schmied-Kowarzik die venia legendi für Philosophie an der Universität Gießen erteilt, allerdings auf Intervention einiger Fakultätsmitglieder – die damit Anträge weiterer Hochschullehrer von Pädagogischen Akademien abwehren wollen – mit der Auflage, daß die venia legendi erst mit seiner ständigen Wohnsitznahme in Gießen in Kraft treten solle. Da Walther Schmied-Kowarzik noch bis März 1933 seine Professur in Frankfurt wahrzunehmen hat, wird der Umzug nach Gießen erst für April 1933 geplant. So kommt es, daß die Universität Gießen Walther Schmied-Kowarzik unter dem 7. 4. 1933 als Habilitationsdatum führt, dem Tag seines Umzugs nach Gießen – mit weitreichenden Folgen für seine weitere Universitätstätigkeit.
Walther Schmied-Kowarzik war 1920 in die protestantische Kirche übergetreten – seine Mutter stammt aus einer altprotestantischen Familie der mährischen Brüdergemeinde –; allerdings erfolgte sein Übertritt mit dem ausdrücklichen Vorbehalt, daß er die Christologie nicht übernehmen könne. Jesus ist ihm Religionsstifter und vor allem Sittenlehrer, nicht aber Gottessohn. In den folgenden Jahren suchte er immer wieder Kontakt zu frei-christlichen Gemeinden innerhalb der protestantischen Kirche. In Frankfurt am Main bekommt er schnell Kontakt zur frei-christlichen Gemeinde des Pfarrers Willy Veit. In dieser Gemeinde wird er 1930 zum Kirchenältesten gewählt. In einer Reihe von Ansprachen trägt er der Gemeinde sein »Glaubensbekenntnis« vor und referiert 1932 auch auf der Konferenz des Weltbundes für Freies Christentum über »Sozialismus und Christentum«. Aus diesen Vorträgen erwächst das Büchlein »Glaubensbekenntnis eines freien Protestanten«, das Anfang 1933 im Hutten-Verlag erscheint.

1933–1939

Am 2. Mai 1933 hält Walther Schmied-Kowarzik in der kleinen Aula der Universität Gießen vor den Mitgliedern der Philosophischen Fakultät und Studenten seine Antrittsvorlesung »Das Wesen des Menschen«, sie erscheint als letzte seiner philosophischen Abhandlung durch fast zwei Jahrzehnte hindurch unter dem Titel »Mensch und Menschentum. Eine anthropologische Grundlegung« Ende 1933 in der »Zeitschrift für den evang. Religionsunterricht«. Diese anthropologisch-ethische Skizze gipfelt in einem Bekenntnis zu Jesus von Nazareth, nicht als Gottessohn, sondern als Sittenlehrer, der die Nächstenliebe, das Altruistisch-Soziale, zum obersten Gebot erhoben hat, und nur im Streben seiner Erfüllung verwirklicht sich das Wesen des Menschen.
Man versteht diese für eine philosophische Antrittsvorlesung ungewöhnlich pastoral anmutenden Sätze wohl erst richtig vor dem zeitgeschichtlichen Hintergrund. Sechs Tage danach fand am 8. Mai 1933 die »Große nationale Kundgebung der Universität« statt, in deren Rahmen der Semesterbeginn im »neuen Reich« gefeiert, das neue Studentenrecht verkündet und die geistige ›Säuberung‹ im »Sinne der Nationalsozialistischen Bewegung« begonnen wurde, mit der öffentlichen Verbrennung von »zersetzendem Schrifttum«.
Nach dem »Gesetz zur Wiederherstellung des Berufsbeamtentums« vom 7. 4. 1933, dem nationalsozialistischen »Säuberungsgesetz«, wurden allein an der Univ. Gießen von den 60 Ordinarien 21 entlassen, darunter die beiden Philosophen Ernst von Aster noch im Juli und August Messer durch vorzeitige Emeritierung im August 1933. Durch die neue »Verfassung der Landesuniversität Gießen« wurden die korporativen Rechte der Selbstverwaltungsorgane außer Kraft gesetzt, so daß Neuberufungen durch das

Hessische Staatsministerium in Verbindung mit den neu eingesetzten oder freiwillig kooperierenden Rektoren und Dekanen vorgenommen werden konnten. So wurde zum 1. 11. 1933 Hermann Glockner als Nachfolger von Ernst von Aster nach Gießen berufen und am 1. 3. 1934 Gerhard Pfahler, der ehemalige Kollege von Schmied-Kowarzik an der Päd. Akademie, für Psychologie und Pädagogik als Nachfolger von August Messer; Pfahler wurde zugleich von 1934 bis zu seiner Berufung nach Göttingen neuer Rektor der Universität Gießen. Walther Schmied-Kowarzik dagegen wird am 20. 10. 1933 nach dem »Gesetz zur Wiederherstellung des Berufsbeamtentums« nach § 5 Abs. 2 und § 6 endgültig in den vorzeitigen Ruhestand versetzt unter ausdrücklichem Fortfall der Wiedereingliederungsklausel der einstweiligen Ruhestandsversetzung. Die Ruhegehaltsbezüge werden auf 39% festgesetzt, das waren knapp 320,– RM; dies ist für die 6 Personen, die es zu versorgen gilt – und ein weiteres Kind ist unterwegs – absolut zu wenig. Auf Antrag wird Schmied-Kowarzik jedoch genehmigt, daß er neben der Privatdozentur an der Universität Gießen (ohne Bezüge) einen Lehrauftrag für Psychologie an der Hochschule für Lehrerbildung – der ehem. Päd. Akademie – in Frankfurt a. M. noch bis März 1934 wahrnehmen dürfe.

Die Päd. Akademie in Frankfurt war mit dem SS im Mai 1933 nach einem Gesetz der nationalsozialistischen Reichsregierung, das die Volksschullehrerbildung neu regelte, in eine Hochschule für Lehrerbildung umgewandelt worden, dabei wurden nicht nur alle jüdischen Dozenten und Studenten dieser simultanen Päd. Akademie mit sofortiger Wirkung entlassen, sondern ebenso auch alle weiblichen Lehrkräfte und Studentinnen. Sie wurde als reine ›Männer-Hochschule‹ noch 2 Semester in Frankfurt a. M. fortgeführt und dann ab SS 34 nach Weilburg an der Lahn verlegt. In den beiden letzten Frankfurter Semestern durfte Schmied-Kowarzik letztmalig von Gießen aus mit Lehrauftrag psychologische Veranstaltungen durchführen.

In dieser Situation angstvoller Sorge um den Erhalt der Familie tritt Walther Schmied-Kowarzik – nicht zuletzt auch auf dringliches Anraten einiger Kollegen und Ministerialbeamter – in die nationalsozialistische Partei ein, und er glaubt auch, in einigen Punkten mit dieser Partei übereinstimmen zu können. In einem kleinen Beitrag »Ein Hochstift für deutsche Volksforschung«, der 1933 im »Ackermann aus Böhmen« erscheint, bringt Schmied-Kowarzik in Erinnerung, daß er schon in seinen kulturpolitischen Schriften während des Ersten Weltkriegs für »eine Gesamt-Wissenschaft vom deutschen Leben« eingetreten sei. Jetzt »könnte endlich« – so schreibt er – »der große Plan dreier Jahrhunderte verwirklicht und eine deutschwissenschaftliche Nationalakademie geschaffen werden.« Zusammen mit einem Sonderdruck dieser kleinen Schrift und einer Reihe von Gutachten von Kollegen und Persönlichkeiten des öffentlichen Lebens, die das philosophische Werk würdigen und zugleich die »deutsche Gesinnung« von Schmied-Kowarzik bezeugen, bewirbt er sich beim Hessischen Staatsministerium um eine Hochschullehrerstelle.

Anfang 1934 wird Walther Schmied-Kowarzik von Ministerialrat Ringshausen, zuständig für das Bildungswesen, Kultus, Kunst und Volkstum im Hessischen Staatsministerium, mit der Wahrnehmung einer Professur für Psychologie und Philosophie an der neu zu gründenden Hochschule für Lehrerbildung in Friedberg beauftragt, und es wird ihm – da einer endgültigen Berufung nichts im Wege steht – nahegelegt, bereits jetzt wegen des erhöhten Arbeitsaufwands der ersten Semester nach Friedberg zu übersiedeln. Für das SS 34 wird er mit ministerieller Genehmigung von seinen Lehrverpflichtungen als Privatdozent an der Universität Gießen beurlaubt.

Die Übersiedlung erfolgt wegen der bevorstehenden Geburt des zweiten Kindes aus zweiter Ehe etwas Hals über Kopf: die Gießener Wohnung muß bereits im April geräumt werden, der Einzug in die Friedberger Wohnung verzögert sich bis Ende Mai. Eine provisorische Unterkunft wird in einer Pension in Bad Nauheim gefunden, wo am

18. Mai 1934 Ilse-Roswith zur Welt kommt. Durch die Umzugsstrapazen und ärztliche Fehlgriffe bedingt, wird Gertrud Schmied-Kowarzik von einem heftigen Kindbettfieber erfaßt und liegt, von den Ärzten bereits aufgegeben, im Sterben. Allein durch die Krankenpflege ihres Mannes überlebt sie, liegt aber noch monatelang krank darnieder. In seiner Verzweiflung telegraphiert Walther Schmied-Kowarzik an die Verwandten in Lettland, die er all die Jahre seit seiner Heirat durch monatliche Überweisungen versorgt hatte, so rasch als möglich nach Friedberg zu kommen. So ziehen in die neue Wohnung Ende Mai neben seiner noch schwerkranken Frau und den beiden kleinen Kindern auch seine Schwägerin Margaretha v. Transehe-Roseneck und ihre 17jährige Tochter ein – seine Schwiegermutter Luise Baronin v. den Brincken war ein Jahr zuvor verstorben.
In diese Zeit größter Überanstrengung hinein geschieht es nun, daß die im Nationalsozialistischen Deutschen Studentenbund organisierten Studenten, als Schmied-Kowarzik innerhalb einer Psychologie-Vorlesung Ende Juni auf Sigmund Freud und Alfred Adler zu sprechen kommt, ihn auspfeifen und »Juden-Psychologie« skandalieren. Dieser Situation überhaupt nicht gewachsen, versucht er die Thematisierung Freuds und Adlers vor den Studenten zu rechtfertigen. Aufgrund der Anzeige der nationalsozialistischen Studenten erscheinen in der nächsten Sitzung unangemeldet der Rektor der Hochschule, Prof. Dr. Georg Faber, und der eigens von Darmstadt hergeholte Ministerialrat Ringshausen. Walther Schmied-Kowarzik trägt in dieser Sitzung über Fritz Künkel »Die Arbeit am Charakter. Die neue Psychotherapie in ihrer Anwendung auf Erziehung, Selbsterziehung und seelische Hilfeleistung« vor. Er wird daraufhin von Ministerialrat Ringshausen öffentlich zur Rede gestellt, was er denn mit diesem »Freudianismus« bezwecke. Über die mündlich gegebenen Erklärungen hinaus sind in den Personalakten die verzweifelten schriftlichen Rechtfertigungsversuche vom 7. 7. an den Rektor Faber und an den Ministerialrat Ringshausen erhalten, in denen Schmied-Kowarzik – die nationalsozialistische Rassenhetze völlig verkennend – zum einen betont, daß man ihm doch wirklich nicht »Freudianismus« vorwerfen könne, da er doch bereits in seiner »Ethik« gegen den Materialismus Freuds wissenschaftliche Einwände erhoben habe und gerade auch deshalb nun auf Fritz Künkel eingegangen sei, dessen Arbeit von einer sittlich-idealistischen Gesinnung geprägt sei, wie er sie ebenfalls vertrete. »Künkel gehört zu jenen Heilerziehern, die schon seit Jahren in engster Verbindung mit der evangelischen Seelsorge standen . . . und gerade die sittlich-religiöse Haltung als die eigentliche Befreiung aus der Neurose . . . ansehen.« Auch sein Entwurf eines Programms psychologischer und philosophischer Lehrveranstaltungen, die er dem Ministerialrat Ringshausen unterbreitet, geht völlig an dem, was die Nationalsozialisten forderten, vorbei. Daher nützen diese Eingaben nichts mehr; die bereits ohne Datum für Juli 1934 ausgestellte Urkunde zur »Berufung von Dr. Walther Schmied-Kowarzik zum ordentlichen Professor mit Wirkung zum 1. April 1934« wird dem Reichstatthalter in Hessen nicht mehr zur Unterschrift vorgelegt, stattdessen wird Schmied-Kowarzik am 25. August 1934 seine Entlassung mit sofortiger Wirkung zum 1. September 1934 zugestellt.
Die folgenden Briefe und Eingaben Schmied-Kowarziks zeigen einen völlig gebrochenen, ja zerbrochenen Menschen, der aus Verzweiflung, nicht mehr wissend, wie er für den Lebensunterhalt von 7 Personen aufkommen soll, sich in erniedrigender Weise den Erpressungen der Behörde unterwirft. So bedankt er sich – nach vielen vorhergehenden Demütigungen –, daß ihm für den Besuch eines 4wöchigen Lehrgangs der Gauführerschule in Frankfurt a. M., den er inzwischen »mit sehr gutem Erfolg« absolviert habe, ein weiteres Monatsgehalt versprochen worden sei und bittet um baldige Überweisung, da er keine weiteren Kredite bekomme. Gleichzeitig kündigt er dem »Hochverehrten Herrn Ministerialrat« das baldige Erscheinen seines schon im

Druck befindlichen Buches »Erziehung und völkischer Idealismus« an, dessen erste Druckbögen er zur Dokumentation seiner deutschgesinnten philosophischen Arbeit gleich mitsendet. Dies hätte er nicht tun sollen, denn Ringshausen veranlaßt sofort eine Zensurkontrolle, und bald darauf werden Druckvorlage und ausgedruckte Bögen beim Verlag Carl Bindernagel in Friedberg eingezogen. Denn was von Seiten Schmied-Kowarziks – in eher peinlicher Anpassung – der Versuch ist, seine sittlichen Ideale in die nationalsozialistische Bewegung hineinzulesen, unter bewußtem Übersehen ihrer damals schon offenkundigen verbrecherischen Vorankündigungen, liest sich von den Nationalsozialisten aus als eine idealistische Verballhornung oder bestenfalls als moralisierende Verniedlichung ihrer Ziele. Schließlich spricht sich Schmied-Kowarzik gerade auch in dieser Schrift entschieden für den Minderheitenschutz aller Volksgruppen und Religionsgemeinschaften aus und verurteilt – in indirekter Anspielung auf die Entlassungen jüdischer Mitbürger – die Verfolgungen und Pogrome gegen Juden in Rußland auf das Schärfste.

Wer einmal fällt, wird noch gestoßen. Die im Amtsblatt und durch die Presse verbreitete Meldung der fristlosen Entlassung von Prof. Dr. Walther Schmied-Kowarzik wird von der Deutschen Philosophischen Gesellschaft zum Anlaß genommen, ihn als Mitherausgeber ihrer Zeitschrift »Blätter der deutschen Philosophie«, an der er seit ihrer Gründung 1918 mitgewirkt hatte, ab Jg. 35 zu streichen. Ebenso läßt nun auch das Rektorat der Universität Gießen anfragen, ob Schmied-Kowarzik auch die Privatdozentur aberkannt werden solle, was jedoch vom Hessischen Staatsministerium verneint wird.

Nach Monaten bitterster Not sucht Schmied-Kowarzik um die Erlaubnis nach, Lehramtsprüfungen in Geschichte, Geographie und Philosophischer Propädeutik nachholen zu dürfen, um sich wenigstens für den Schuldienst bewerben zu können. Dies wird ihm am 22. 12. 1934 ministeriell genehmigt. Mit ausführlicher Begründung erlassen ihm seine beiden Kollegen Hermann Glockner (Philosophie) und Gerhard Pfahler (Psychologie und Pädagogik) aufgrund seiner Promotionsleistungen und seiner philosophischen und pädagogischen Schriften den mündlichen und schriftlichen Teil der Prüfung in Philosophie und wissenschaftlicher Pädagogik. Die Prüfungen in Geschichte und Geographie legt er mit dem Gesamtresultat »gut« am 16. 2. 1935 ab. Am 29. April 1935 wird Walther Schmied-Kowarzik an der Oberschule für Jungen in Aufbauform (einem Internats-Gymnasium) in Friedberg mit 50 Jahren als »ältester Studienassessor des Deutschen Reichs« eingestellt.

Damit kommt das alltägliche Leben langsam wieder in geordnete Bahnen. Da es Schwägerin und Nichte im nationalsozialistischen Deutschland nicht aushalten, kehren sie nach Lettland zurück, bleiben aber weiterhin auf monatliche Unterhaltszahlungen angewiesen. Nach einem Jahr Unterbrechung wird im Sommer 1935 auch wieder die alljährliche Österreichfahrt aufgenommen – der Vater Josef Schmied-Kowarzik war inzwischen am 26. 1. 1935 84jährig verstorben. Im Herbst 1935 kommt gemäß des Scheidungsvertrags der älteste Sohn Volker nach seiner Matura und nach Vollendung des 18. Lebensjahres mit nach Friedberg, wo er, da zunächst noch ein Schuldenberg abzuzahlen ist, nicht gleich ein Studium aufnehmen kann, sondern zunächst – gerade deutscher Staatsbürger geworden – seinen zweijährigen Militärdienst absolvieren muß. Zwischen Gertrud und Walther Schmied-Kowarzik kommt es zunehmend zu Spannungen in politischen Fragen, während Walther Schmied-Kowarzik seine Parteizugehörigkeit und seine Vorträge geschichtlichen und sittlich-religiösen Inhalts auf Parteischulungskursen damit rechtfertigt, daß man die positiven Ideale der deutschen Geistesgeschichte in die nationalsozialistische Bewegung hineintragen bzw. in ihr stärken müsse, lehnt Gertrud von den Brincken jegliche Kooperation mit den Nazis ab; ihre äußerst

zeitkritischen Gedichte werden von der Zensur nicht zum Druck freigegeben. Ihr erster Roman »März« erscheint daher 1937 in Wien.
Am 9. November 1938, der sog. ›Reichskristallnacht‹, erfährt Walther Schmied-Kowarzik, daß die Synagoge angezündet worden sei. Sofort erstattet er beim Bürgermeister Anzeige wegen Brandstiftung, holt einige seiner Schüler aus dem Internat, um beim Löschen zu helfen; als er erkennt, daß dort nichts mehr zu retten ist, postiert er sich mit den Schülern vor dem historischen Judenbad von Friedberg und verhindert dessen Zerstörung. Als er sieht, daß Wohnungen jüdischer Mitbürger geplündert werden, tritt er mit Freunden, die sich ihm angeschlossen hatten, den Plünderern entgegen und gibt das Geraubte zurück. Seine Frau und sein Sohn Wieland, die an anderer Stelle Zeugen der Zerstörungen, Plünderungen und Demütigungen jüdischer Mitbürger geworden waren, wollen auf der Stelle dieses Land verlassen. Am nächsten Tag geht Schmied-Kowarzik zum Kreisleiter, um aus der Partei auszutreten, da er nicht Mitglied einer Partei sein könne, die solche Barbarei dulde. Der Kreisleiter Backhaus beschwört ihn, dies nicht zu tun und damit die Partei falschen Elementen preiszugeben; außerdem versichert er ihm ehrenwörtlich, daß die Aktion nicht von der Parteileitung angeordnet worden sei und daß Ähnliches auch nie mehr geduldet werden würde. Allzu leicht läßt sich Walther Schmied-Kowarzik von solchem Gerede einlullen. Immerhin spricht er in den folgenden Vorträgen im Rahmen von Parteischulungen verstärkt von den sittlichen Aufgaben gegenüber den Mitmenschen, zu denen gerade die Deutschen von ihren Kulturidealen her verpflichtet seien. Aufgrund solcher Reden wird Schmied-Kowarzik als Kreisschulungsredner zunehmend zurückgenommen. Verstärkt bemüht sich Schmied-Kowarzik, in seine österreichische Heimat zurückzukommen, deren Anschluß er aus vollem Herzen freudig begrüßte. Die alljährliche Sommerfahrt nach Mödling wird dann 1939 auch die Heimkehr. Inzwischen ist am 11. März 1939 der jüngste Sohn Wolfdietrich geboren worden.
An der Universität Gießen hatte Walther Schmied-Kowarzik seit dem SS 33 – mit Ausnahme des SS 34 – durch 12 Semester hindurch als Privatdozent der Philosophie mit dem Titel »Professor« regelmäßig zwei philosophische Veranstaltungen abgehalten. Mehrfach stand er jedoch knapp vor der Entlassung, so daß auf Rat befreundeter Kollegen ab Herbst 1935 die venia legendi auf Philosophie und Deutschtum im Ausland erweitert wird. In Philosophie liest er mehrfach: eine Einführung in die Philosophie und zur Geschichte der neueren Philosophie mit Übungen zu Leibniz, Kant, Fichte usw., sodann über Ethik, Kulturphilosophie und Erkenntnislehre des geschichtlichen Erkennens.
1937 sucht Walther Schmied-Kowarzik beim Dekan der Philosophischen Fakultät, seinem Kollegen Hermann Glockner nach, daß er – wie bei Umhabilitationen üblich – in der Folge der Privatdozenten nicht unter dem irrationalen Umzugsdatum 7. 4. 1933, sondern unter dem Datum seiner Wiener Ersthabilitation gereiht würde. Der Sinn der Bitte ist völlig klar und eigentlich eine Selbstverständlichkeit, sie hätte jedoch die Fakultät genötigt, für Schmied-Kowarzik sofort ein Verfahren zur Ernennung zum »nichtbesoldeten außerordentlichen Professor« einzuleiten. Hermann Glockner reicht das Gesuch mit Bemerkungen, die völliges Unverständnis zeigen oder vortäuschen, an den Rektor weiter, der ohne Antwort das Ansuchen »ad acta« legen läßt. Daher konnten alle bis Oktober 1932 Habilitierten noch vor dem neuen Dozentengesetz vom November 1938 zu nichtbeamteten außerordentlichen Professoren ernannt werden, nicht aber Schmied-Kowarzik, dem für die 6 Jahre nach der Habilitation – ab 7. 4. 1933 gerechnet – noch 6 Monate fehlen.
Da die Philosophische Fakultät in seinem Fall keine Schritte unternimmt, beantragt Walther Schmied-Kowarzik 1939 von sich aus wenigstens die Ernennung zum Dozenten neuer Ordnung. Da das Gesetz von November 1938 der erneuten politischen und

rassischen Siebung dient, legt er seinem Gesuch neben den üblichen Unterlagen auch erneut eine Reihe von Gutachten philosophischer Kollegen bei. Das amtlich eingeholte Gutachten des Ordinarius für Philosophie Hermann Glockner vom 14. Juli 1939 sticht darunter als betont zurückhaltend, ja unfreundlich, hervor. Hier kommt auch die uninformierte Behauptung auf, daß Schmied-Kowarzik, abgesehen vom Buch »Ethik mit Berücksichtigung pädagogischer Probleme« (1932), das mehr eine pädagogische Arbeit sei, »in den langen Jahren von 1918 bis heute nichts mehr veröffentlicht« habe – eine Formulierung, die später Arnold Gehlen in Wien wieder aufgreift, ohne überhaupt in das Schriftenverzeichnis Einblick zu nehmen. Das Gutachten von Glockner ist so offensichtlich distanziert gehalten, daß sich der neue Dekan der Philos. Fakultät, der Kunsthistoriker Christian Rauch, genötigt sieht, zusätzlich ein positives Gutachten zu verfassen, in dem er ausdrücklich auf das beigelegte Schriftenverzeichnis verweist. Aufgrund dieses Gutachtens wird Schmied-Kowarzik am 18. September 1939 – er ist damals schon nach Mödling übersiedelt – zum Dozenten (neuer Ordnung) für Philosophie an der Universität Gießen ernannt; mit dieser Ernennung war nichts weiter verbunden als die Erlaubnis, weiterhin unentgeltlich lehren zu dürfen.

1939–1945

Seit dem Anschluß Österreichs ans Deutsche Reich vom 13. 3. 1938 bemüht sich Walther Schmied-Kowarzik sowohl über die Universität als auch über die Schulbehörde um eine Versetzung in seine Heimat. Da die gesetzlichen Anpassungen des Bildungswesens erst im Laufe des Schuljahres 1938/39 erfolgen, gelingt eine dienstliche Abordnung im Schuldienst erst zum 1. 9. 1939. Noch komplizierter gestalten sich die Bemühungen um eine Rückkehr an die Wiener Universität. Durch die Nazis verloren auch an der Wiener Universität viele Professoren und Dozenten aus rassischen oder politischen Gründen ihre Stellung, sie wurden entweder vorzeitig in den Ruhestand geschickt wie Alois Dempf, Ordinarius für Philosophie seit 1937, und Viktor Kraft, apl. Prof. seit 1924, oder sie mußten überhaupt fliehen wie das Psychologen-Ehepaar Karl und Charlotte Bühler und viele andere. Dies ist sicherlich ein überaus unglücklicher Zeitpunkt für den Antrag Schmied-Kowarziks auf erneute Umhabilitation an die Universität Wien. Trotzdem stimmt die Philosophische Fakultät am 25. Februar 1939 aufgrund des positiven Gutachtens des Alt-Ordinarius Robert Reininger und durch Fürsprache Richard Meisters für die »Übertragung seiner venia legendi von Gießen nach Wien«. Über den zusätzlichen Antrag auf einen voll besoldeten Lehrauftrag, wie ihn Reininger anregte, und durch den Schmied-Kowarzik vom Schuldienst hätte weitgehend unabhängig werden können, wird dann erst im Mai 1939 befunden. Robert Reininger war inzwischen emeritiert und so wird der neuberufene Gunther Ipsen, Prof. für Philosophie und Volkslehre, der Nachfolger von Karl Bühler, um eine Stellungnahme gebeten. Ipsen spricht sich ausdrücklich dagegen aus, Schmied-Kowarzik vor Berufung des Nachfolgers von Reininger einen besoldeten Lehrauftrag zu erteilen, da dies »unkollegial« dem Neuzuberufenden gegenüber wäre, ja er stellt sogar den Beschluß der Umhabilitation der Fakultät vom 25. 2. 1939 in Frage.
Da Schmied-Kowarzik dann in den Schuldienst der Ostmark nach Wien-Mödling versetzt wird, erläßt der Reichsminister für Wissenschaft, Erziehung und Volksbildung am 3. Februar 1940 die rückwirkende Eingliederung des Dozenten Schmied-Kowarzik in die Philosophische Fakultät der Universität Wien zum 18. 9. 1939. Diese Einsetzung Schmied-Kowarziks störte weniger die alten Fakultätsmitglieder, die großteils Schmied-Kowarzik von früher noch kannten und die ja auch der Umhabilitation zugestimmt hatten, als vielmehr die neuberufenen Professoren Gunther Ipsen und Arnold Gehlen, dem Nachfolger Reiningers, die die Auffüllung der gelichteten Reihen

der Dozenten lieber alleine mit ihren linientreuen Genossen vorgenommen hätten. Walther Schmied-Kowarzik liest in Wien vom Sommer 1940 bis Jänner 1942: Einführung in die Philosophie, Leib-Seele-Unsterblichkeit, Von Leibniz bis Kant, Übungen zu Leibniz, Von Kant bis zur Gegenwart sowie über Ethik.

Im Sommer 1941 stellte sich erneut die Frage der Ernennung älterer Dozenten zu apl. Professoren. Auf eine entsprechende Anfrage des Dekans der Philos. Fakultät übersendet Arnold Gehlen als Vorstand des Philosophischen Instituts am 21. 6. 1941 zwei Gutachten, die Dozenten Garbeis und Schmied-Kowarzik betreffend: »Auf Grund dieser Gutachten halte ich die Bedingungen zur Verleihung des Titels eines außerplanm. Professor für nicht gegeben, würde vielmehr die Entlassung derselben aus dem Hochschuldienst . . . befürworten.«

Dem Gutachten von Arnold Gehlen über Schmied-Kowarzik liegt offensichtlich das Gutachten von Hermann Glockner zugrunde, nur daß es wesentlich niederschmetternder in der Beurteilung ausfällt. Die »Ethik« wird mit dem Satz abgetan, daß sie »von mehr pädagogischem Interesse aus verfaßt« sei. Dann wird noch das »Glaubensbekenntnis eines freien Protestanten« (1933) erwähnt, das »versucht, die dogmatischen Inhalte durch etwas modernisierende Umdeutungen zu halten« und sich daher »innerhalb der Kirche« bewege. Neben einer Reihe von nachweislichen Verleumdungen, die hier nicht alle aufgezählt werden sollen, schreibt Arnold Gehlen, seiner biologischen Zuchttheorie entsprechend: »Auch der häufige, niemals aufsteigende Wechsel seiner äußeren Lebensstellung läßt darauf schließen, daß er sich als akademischer Lehrer nicht zur Geltung bringen konnte.«

Das Gutachten über Dozent Franz Wolfgang Garbeis (1925 habilitiert) mag ähnlich hart ausgefallen sein, er wurde jedenfalls nicht zum apl. Prof. ernannt, konnte aber durch einige Fürsprecher in der Fakultät als Dozent weiter lehren. Bei Walther Schmied-Kowarzik bemühte sich der Dekan, der Orientalist Viktor Christian, um einen anderen Kompromiß: Er legte Schmied-Kowarzik nahe, von sich aus einen Antrag auf Freistellung von seinen Lehrverpflichtungen zu stellen und bewog Arnold Gehlen, ein erneutes Gutachten zu stellen, daß es dem Reichsminister für Wissenschaft, Erziehung und Volksbildung ermöglichen konnte, Schmied-Kowarzik mit der Entbindung von seinen Lehrverpflichtungen zum apl. Prof. zu ernennen. Dem überaus dürftigen 15-Zeilen-Gutachten von Gehlen fügt er selber noch eine positiv würdigende Stellungnahme zu Werk und Wirken Schmied-Kowarziks hinzu.

Zum Entsetzen von Arnold Gehlen ernennt der Reichsminister jedoch Walther Schmied-Kowarzik mit Wirkung vom 3. Januar 1942 zum apl. Prof. Ohne Schmied-Kowarzik von der neu entstandenen Situation zu informieren, wird nun der Reichsminister eiligst ersucht, doch der *»Bitte* des Genannten, ihm mit Ende des WS 1941/42 seiner Lehrverpflichtungen zu entheben«, stattgeben zu wollen. Im April 1942 wird sodann Prof. Dr. Walther Schmied-Kowarzik durch den Reichsminister von seinen Lehrverpflichtungen entbunden, und er wird danach im Personenstandsverzeichnis der Philosophischen Fakultät bis 1945 als »apl. Prof. im Ruhestand« geführt.

In den ersten Jahren im Schuldienst in der Ostmark war Walther Schmied-Kowarzik mehreren Gymnasien gleichzeitig als Geschichts-, Deutsch-, und Geographielehrer zugeordnet, so war er an den Gymnasien in den Wiener Bezirken VIII, XVIII sowie XXIV (Mödling) am Mädchen- und Jungengymnasium tätig. Mehrfach setzt er sich in dieser Zeit für rassisch Verfolgte ein und weigert sich – gegen strikte Anweisungen von oben – Schüler aus sog. ›Mischlingsehen‹ zu benachteiligen. Erst mit der Ernennung zum Studienrat am 29. Mai 1941 wird ihm eine Planstelle am Mödlinger Jungen-Gymnasium endgültig zugewiesen. So kann er sich auch erst von da ab verstärkt wissenschaftlicher Arbeit zuwenden, wobei er sich vor allem auf die Ausarbeitung seiner Kulturphilosophie und auf religionsphilosophische Studien konzentriert. An der

Universität Wien hält Walther Schmied-Kowarzik in den Jahren 1943 und 1944 mehrfach Vorträge über seine religionsphilosophischen und mythologischen Forschungen, so am Institut für Völkerkunde und am Seminar für Volkskunde sowie in der Wiener Anthropologischen Gesellschaft.
Für Gertrud von den Brincken sind die Mödlinger Jahre eine besonders schöpferische Zeit, in rascher Folge erscheinen ihre großen baltischen Romane und ein neuer Gedichtband.
Von März bis Sept. 1944 war Schmied-Kowarzik Stellvertreter des abwesenden Oberstudiendirektors. Erst in dieser Zeit erfährt er von Freunden, was in den Konzentrationslagern mit den Juden wirklich geschieht. Nur mit Mühe ist er von seinen Freunden davon abzuhalten – sie und sich selber in Gefahr bringend – sich in Protestschreiben direkt an Hitler und Himmler zu wenden. Ab dieser Zeit wird ihm aber seine völlige Fehleinschätzung des Nationalsozialismus und seine eigene Mitschuld bewußt. Im Oktober 1944 wird Schmied-Kowarzik notdienstverpflichtet, zunächst von November 1944 bis Februar 1945 zum Grenzeinsatz in Gols am Neusiedlersee, danach in den Raum Wien abkommandiert. Gertrud Schmied-Kowarzik war inzwischen mit den Kindern zu Verwandten nach Schloß Unterbruck in der Oberpfalz übersiedelt. Im März erhält Walther Schmied-Kowarzik Urlaub zum Besuch der Familie, von dort konnte er nach dem Zusammenbruch der Fronten nicht mehr nach Österreich zurück. Als die Sowjetischen Truppen Mödling besetzen, geht die ganze Habe der Familie, die große Bibliothek und vor allem die gesamten Manuskripte – die Vorlesungen seit der Dorpater Zeit und die ausgearbeiteten Buchmanuskripte – verloren.

1945–1958

Den Einmarsch der amerikanischen Truppen erlebt die Familie Schmied-Kowarzik am 18. April in Unterbruck, dem völlig von Flüchtlingen überbelegten Schloß, in dem sie selbst einen 24 qm großen Raum zu 5. bewohnen. Dem ersten Aufruf der Besatzungsbehörden, daß sich ehemalige Parteiangehörige zu melden haben, kommt Walther Schmied-Kowarzik sofort am 15. Juni 1945 nach. Er gibt nicht nur lückenlos all seine Parteiaktivitäten an, sondern bekennt sich indirekt mitschuldig an den Verbrechen des Nationalsozialismus, deren ganze Ausmaße ihm erst in den Monaten nach Kriegsende bewußt geworden sind.
Aufgrund dieses ungewöhnlichen Bekenntnisses wird er wie ein Hauptschuldiger eingestuft und behandelt. Fast ein Jahr ist er in Moosbrug in Bayern interniert, wo er auf 52 kg abgemagert mehr tot als lebendig am 15. Mai 1946 mit der Auflage entlassen wird, bis zur Beendigung des Spruchkammerverfahrens keine bezahlte Tätigkeit annehmen zu dürfen. Schmied-Kowarzik arbeitet freiwillig und unentgeltlich eine Zeitlang für die evang. Kirche, danach hilft er beim Aufbau einer lokalen Zeitung in Kemnath. In den ersten Nachkriegsjahren muß Gertrud Schmied-Kowarzik – unter Verzicht ihrer schriftstellerischen Tätigkeit – die Familie durch Englischunterricht erhalten.
Erst am 27. 11. 1947 – als wirkliche Hauptschuldige schon längst wieder in Amt und Würden sind – wird das Spruchkammerverfahren mit der Klageschrift gegen Schmied-Kowarzik eröffnet, die mündlichen Verhandlungen finden am 18. März 1948 statt. Das Verfahren zieht sich durch zwei Instanzen und endet nach mündlicher und schriftlicher Einvernahme vieler Zeugen am 31. 8. 1948 bzw. 2. 9. 1949 mit der Einstufung in Gruppe IV als Mitläufer.
Der Hauptanklagepunkt bezieht sich auf Schmied-Kowarziks Tätigkeit als Kreisschulungsredner in Friedberg. Der Kern des Spruches lautet: »Seine Entschuldigung diese

Tätigkeiten benutzt zu haben, um den Nationalsozialismus zum Besseren zu wenden, ist nicht glaubwürdig. Wer das vermeintlich Gute am Nationalsozialismus bestätigt und propagiert, mußte das Böse in Kauf nehmen . . . Er wurde aber trotz seiner Schriften und Reden von den Nazis nicht für voll gehalten. Seine Philosophie war den Nazis gleichgültig, da sie ihre eigene hatten, und die bestand in der restlosen Ausnutzung der Gewalt . . .
Da der Betroffene aber selbst nicht an Gewalttätigkeiten teilgenommen hat, bei der Judenaktion 1938 Schritte unternahm, um die Ausschreitungen einzudämmen, er in der Schule keinen Unterschied machte und Halbjuden unterstützte, erscheint er einer milderen Beurteilung würdig.«

Walther und Gertrud Schmied-Kowarzik mit ihren jüngeren Kindern Ilse-Roswith und Wolfdietrich 1949 in Schloß Unterbruck

Walther Schmied-Kowarzik nimmt diesen Schuldspruch nicht nur an, sondern leidet schwer daran, daß er – unwillentlich und unwissentlich zwar – mit seiner Unterstützung des Nationalsozialismus an Millionen von Verbrechen mitschuldig geworden war. Er hatte ein besseres, sittlich und kulturell gereiftes Deutschland gewollt – und an diesem Ideal hielt er auch weiterhin fest –, aber er hatte am Aufbau eines sittlich niederträchtigen und barbarischen Deutschland mitgewirkt.
An eine erneute Anstellung an einer Hochschule oder Schule ist aus Altersgründen nicht mehr zu denken; ja es steht noch ein jahrelanger Kampf um die Geltendmachung der Pensionsansprüche bevor, der erst 1952 abgeschlossen wurde. In einem Brief vom 15. 8. 1950 an den Bundesminister des Inneren in Bonn, in dem es erneut um die

Walther Schmied-Kowarzik
mit seinen älteren Söhnen Volker (r.) und Wieland (l.)
an seinem 70. Geb. 1955 in Mödling

Pension für seine zehnjährige Schuldienstzeit geht, schreibt Walther Schmied-Kowarzik zum Schluß: »Beim Überlesen des Briefes finde ich, daß ein Ton der Verbitterung mitklingt. Das wäre in Anbetracht der Tatsache, daß Millionen in derselben Zeit viel Schwereres, ja, den Tod erlitten, nicht berechtigt. Und doch ist es erklärlich, daß sich das Gefühl der Klage über das Schicksal regt, wenn man im Rückblick erkennt, daß die Zeit von 1933–1945 einem nur Rückschläge (Ruhestandsversetzung, Entlassung, Zurücksetzungen usf.) gebracht hat und man schließlich nachträglich noch dafür . . . bestraft wird, indem einem die Pension für einen geleisteten Dienst vorenthalten wird.«
Erst mit der Übersiedlung nach Regensburg 1950 wird das Leben wieder erträglicher; jetzt kann Walther Schmied-Kowarzik seine liegengebliebenen religionsphilosophischen und mythologischen Studien in der Bibliothek der Philosophisch-Theologischen

Fakultät wieder aufnehmen – Pater Wilhelm Schmidt, ein Freund der Familie aus alter Zeit, eröffnet diese Möglichkeit. Auch wird Schmied-Kowarzik mehrfach zu Vorlesungsreihen von der Volkshochschule Regensburg eingeladen. Er veröffentlicht auch wieder eine Reihe kleinerer Artikel und Rezensionen; Ende 1951 erscheint die Abhandlung »Das unendliche Sein und das endliche Seiende« in der Wiener Zeitschr. f. Philos., Psychol., Päd., ein Rückblick auf den metaphysischen Kern seines Philosophierens. Das meiste bleibt allerdings unveröffentlicht, da ihm die Verbindungen zu Zeitschriften und Verlagshäusern fehlen.
Ab 1954 lebt er dann wieder regelmäßig mehrere Monate des Jahres im Mödlinger Vaterhaus. Alte Freundschaften leben wieder auf, so zu Franz Winkelmayer, Friedrich Kainz und Richard Meister, der auch eine kleine Würdigung zum 70. Geb. in der Presse schreibt. In all diesen Jahren arbeitet Walther Schmied-Kowarzik an der erneuten Ausarbeitung seiner religionsphilosophischen Studien, deren Erstfassung 1945 verloren ging; den ersten Teil kann er Anfang Juli 1958 fertigstellen. Er weist darin auf die zentrale Bedeutung des kosmischen Nordens, des Polarsterns und der ewigkreisenden Sterne als Sinnbilder für die göttliche Macht in den Mythen der Völker Eurasiens und Nordamerikas hin und zeigt, wie diese frühen Weltdeutungen bis in die griechische Philosophie hinein fortwirkten. Das Buch »Frühe Sinnbilder des Kosmos. Gotteserlebnis und Welterkenntnis in der Mythologie« erscheint posthum 1974.
Der Dekan der Philosophischen Fakultät übersandte am 23. 7. 1958 Prof. Dr. Walther Schmied-Kowarzik die ihm vom Professorenkollegium und vom Senat der Universität zugesprochene »Erneuerung des Doktordiploms in Würdigung (seiner) wissenschaftlichen Verdienste«. Diese Ehrung und nachträgliche Wiedergutmachung der gerade hier in den 40er Jahren erfahrenen Zurücksetzung erreichte ihn nicht mehr rechtzeitig. Am 24. Juli 1958 erlag Walther Schmied-Kowarzik, im selben Hause, in dem er 73 Jahre vorher geboren worden war, mitten aus seinen philosophischen Arbeiten gerissen, einem Herzschlag.
Dieser Versuch der Nachzeichnung des Lebensweges eines Menschen, der trotz aller Irrungen und Verfehlungen eine gewisse sittliche Gradlinigkeit bewiesen und gerade durch seine menschliche Ausstrahlungskraft auf seine Schüler nachhaltig gewirkt hat, sei mit einem Gedicht von Gertrud von den Brincken (aus »Daß wir uns trennen mußten«, 1975) beendet, das vielleicht etwas von der bleibenden Frage über seinem – aber auch unserem – Lebensweg wiedergibt.

Gertrud von den Brincken

Vielleicht

Nicht lange mehr und die mich kannten, werden
vergessen, daß sie jemals mich gesehn.
Auf einem Schreibtisch irgendwo auf Erden
wird noch ein Bild von mir ein Weilchen stehn;

Wird noch ein Brief bewahrt in einer Lade,
ein Buch von mir, bevor man es verschenkt.
Und irgendwer sagt einmal leise »schade« . . .
bevor er einschläft oder weiterdenkt.

Vielleicht wächst irgendwo ein scheuer, kleiner
Gedanke auf, den schlaflos ich gedacht –
Vielleicht – ach Gott, wir alle sind doch keiner
Beachtung wert vor so viel schwerer Nacht.

Schriftenverzeichnis

Eine Auswahl der wichtigsten philosophischen und kulturpolitischen Schriften (ohne Rezension und Zeitungsartikel) von *Walther Schmied-Kowarzik*

Bücher, Broschüren, selbständige Arbeiten

1908 *Zeit und Raum.* Eine psychologische und transzendentalphilosophische Untersuchung, Wiener Diss.

1910 *Raumanschauung und Zeitanschauung,* Leipzig (W. Engelmann).

1911 *Intuition.* Ein Beitrag zur Psychologie des ästhetischen Erlebens, Leipzig (J. A. Barth).

1912 *Umriß einer neuen analytischen Psychologie* und ihr Verhältnis zur empirischen Psychologie, Leipzig (J. A. Barth).

1917 *Ein Weltbund des Deutschtums,* Leipzig (Th. Weicher).

1918 *Die Gesamtwissenschaft vom Deutschtum und ihre Organisation,* Hamburg/Leipzig (Deutschnat. Verlagsanstalt)

(1918) *Die Überwindung des Intellektualismus im Volksbildungswesen,* ungedr., preisgekrönte Arbeit f. d. Wiener Urania.

1919 *Deutsch-Österreich.* Eine Flugschrift, München (G. u. W. Callwey).

1927 *Die Objektivation des Geistigen.* Der objektive Geist und seine Formen, Leipzig (J. A. Barth).

1928 *Umriß einer analytischen Psychologie I:* Grundlegung einer nicht-empirischen Psychologie, 2. erweit. Aufl., Leipzig (J. A. Barth).

1932 *Ethik.* Mit Berücksichtigung pädagogischer Probleme, Osterwieck (A. W. Zickfeldt).

1933 *Glaubensbekenntnis eines freien Protestanten,* Görlitz (Hutten-Verlag).

(1934) Erziehung und völkischer Idealismus (von der Zensur eingezogen).

(1938) *Deutscher Idealismus* (überarbeitete Fassung des Vorhergehenden – keine Druckmöglichkeit).

(1944) *Einführung in die Kulturphilosophie* (umfangreiches Manuskript – 1945 verlorengegangen).

(1947) *Christentum und Philosophie,* unveröffentl. Manuskript.

(1952) *Philosophie.* Grundzüge meines Denkens und Glaubens, unveröffentl. Manuskript.

1958/1974 *Frühe Sinnbilder des Kosmos.* Gotteserlebnis und Welterkenntnis in der Mythologie, Ratingen/Kastellaun/Düsseldorf (A. Henn).

Abhandlungen, Zeitschriftenbeiträge, Diskussionen

1909 *Religion und Volkstum,* in: Werdandi, Berlin 2 (1909) 7.
Österreich, in: Werdandi, Berlin 2 (1909) 8/9.

1910 *Raumanschauung und Zeitanschauung,* in: Archiv f. d. gesamte Psychologie XVIII (1910) 1.

1911 *Intuition.* Ein Beitrag zur Psychologie des ästhetischen Erlebens, in: Jahresbericht d. Phil. Gesell. a. d. Univ. Wien 1910, Leipzig 1911.
Alkibiades. Ein Gespräch über den vollkommenen Menschen, in: Herold VI, Graz (1911).
Stephan Milow, in: Ostdeutsche Rundschau 18 (1911), Nr. 68.

1913 *Geselligkeit.* Ein sozialpolitischer Essay, in: Freideutsche Jugend, Jena.

1914 *Intuition als Kern des ästhetischen Erlebens,* in: Kongreß für Ästhetik u. allg. Kunstwissenschaft 1913, Berlin-Stuttgart.
Robert Hamerlings Philosophie, in: Jugend, München (1914) Nr. 28.
Friedirch Jodls Weltanschauung, in: Zeitschr. f. Philos. u. philos. Kritik 154 (1914) 2.
Das Künstlerische in den Zweckkünsten, in: Kunstwart und Kulturwart XXVII (1914) 21.
Friedrich Jodl, in: Archiv f. Gesch. d. Philos. 27 (1914) 3.

1915 *Dr Irrwahn des Panslawismus,* in: Deutsche Arbeit, Prag (1914) XII und (1915) II.
Dilthey, in: Biograph. Jb. u. deutscher Nekrolog 1912 (Nachtrag 1911), Bd. XVII Berlin 1915.
Stephan Milow, in: Ostdeutsche Rundschau 22 (1915) Nr. 61.

1916 *Wilhelm Diltheys Werk,* in: Österreichische Rundschau (1916) I.
Der Begriff des Gefühls bei Eucken, in: Zeitschrift f. Philos. u philos. Kritik 160 (1916) 2.
Leibniz und der völkische Gedanke, in: G. W. Leibniz' Deutsche Schriften Bd. 1, Muttersprache und völkische Gesinnung, Leipzig (Philos. Bibl. 161).
Leibniz als Reichspolitiker, in: G. W. Leibniz' Deutsche Schriften Bd. 2, Vaterland und Reichspolitik, Leipzig (Philos. Bibl. 162).
Die Bildungsarbeit der Wiener Urania, in: Österr. Rundschau 15. 9. 1916.
Das Theresianische Staatsgebiet, in: Deutsch-Österreich (1916) X.

1917 *Sammelbericht über das ästhetische Schrifttum der Jahre 1913 und 1914,* in: Zeitschrift f. Philos. u. philos. Kritik 163 (1917).
Grillparzers politisches Testament, in: Deutsche Arbeit, Prag 17 (1917) IX.

1918 *Gotteserlebnis und Welterkenntnis,* in: Festschrift f. Johannes Volkelt, München.
Sammelbericht über das ästhetische Schrifttum der Jahre 1914/15 und 1916, in: Zeitschrift f. Philos. u. philos. Kritik 165 (1918).
Die Expressionisten-Ausstellung in der Wiener Secession, in: Deutsche Arbeit, Prag 17 (1918) X.
Das Heanzenland (Burgenland; unter dem Pseudonym: Dr. Robert Pfeifer), in: Deutsch-Österreich (1918) IV/V.

1919 *Die Erkenntnistheorie von D. Dürr,* in: Beiträge zur Philosophie des deutschen Idealismus II (1919).
Minderheitenschutz, in: Deutsche Arbeit, Prag 18 (1919) III.
Erziehung zum Nationalbewußtsein, in: Wiener Mittag 4. 1. 1919.

1920 *Zur Teschener Volksabstimmung,* in: Deutsche Stimmen 4 (1920) Nr. 18/19.

1921 *Dantes Weltanschauung,* Festrede Dorpat, Acta et Commentationes Universitatis Tartuensis (Dorpatensis) C 1 (1921) 3.

1923 *Elsass-Lothringen.* Eine kulturgeschichtliche Analyse in 6 Folgen, in: Revaler Bote.

1924 *Die Kunstform in den tektonischen Künsten,* in: Zeitschr. f. Ästh. u. allg. Kunstwiss. XVIII (1924) 1.
Immanuel Kant, Festrede Dorpat, in: Dorpater Nachrichten (1924) Nr. 102/3.
Stellung und Aufgabe von Wundts Völkerpsychologie und der Begriff des Volkes, in: W. Wundt. Eine Würdigung, hrsg. v. A. Hoffmann, 2. Teil, Erfurt 1924.
Gertrud Freiin von den Brincken. Eine Studie, Revaler Bote (1924).
Der Panslawismus und die finnisch-ugrischen Völker (unter Pseudonym: Dr. W. Albrecht), in: Estländisch-deutscher Kalender, Dorpat (1924).

1925 *Gestaltpsychologie und Ästhethik,* in: Atti del 5. Congresso internazionale di Filosofia 1924, Napoli 1925.
Die nationale Gesinnung als ethische Pflicht (unter Pseudonym Dr. W. Albrecht), in: Estländisch-deutscher Kalender, Dorpat (1925).

1926 *Meister Eckhardt,* Festrede Dorpat, Dorpater Nachrichten (1926).
Das Wesen der Reklame, in: Industrielle Psychotechnik III (1926) 6.
Deutsch-finnische Freundschaft (unter Pseudonym: Dr. W. Albrecht), in: Estländisch-deutscher Kalender, Dorpat (1926).
Der demokratische Gedanke (unter Pseudonym: Dr. W. Albrecht) in: Estländisch-deutscher Kalender, Dorpat (1926).

1927 *Die Objektivation des Geistigen.* Der objektive Geist und seine Formen, in: Acta et Commentationes Universitatis Tartuensis (Dorpatensis) B X (1927) 4.
Einiges über moderne Pädagogik, in: Estländisch-deutscher Kalender, Dorpat (1927).
Diltheys und Sprangers verstehende Psychologie in ihrem Verhältnis zur erklärenden (naturwiss.) Psychologie, in: Archiv f. gesamte Psychologie 58 (1927) 3/4.

1929 *W. Diltheys Lebensanschauung,* in: Deutsches Volkstum 1 (1929) 4.
Hochschule, Wissenschaft und Bildung. (Immatrikulationsrede an der Pädagogischen Akademie Frankfurt a. M. vom 11. 5. 1929), in: Erziehung und Bildung. Wissenschaftl. Beilage der Preuß. Lehrerzeitung, 10. Jg., Nr. 7 (Juli 1929).

1930 *Großstadt und Weltanschauung,* in: Philosophie und Leben VI (1930) 5.

1931 *Phänomenologie und nicht-empirische Psychologie,* in: Einführung in die Psychologie, hrsg. v. E. Saupe 4./5. Aufl., Osterwieck.

1932 *Typen der Weltanschauung,* in: Didaskalia, Beilage der Frankfurter Nachrichten, Frankfurt (1932).
Strafe und sittliche Erziehung, in: Die Arbeitsgemeinschaft, Beilage zur Päd. Warte 13 (1932) 2.
Philosophie, Ethik, Logik, in: Wegweiser f. Lehrerfortbildung, hrsg. v. O. Karstädt, 5. Aufl. Osterwieck.

1933 *Ein Hochstift für deutsche Volksforschung,* in: Der Ackermann aus Böhmen, Karlsbad.
Mensch und Menschentum. Eine Anthropologische Grundlegung, in: Zeitschr. f. d. evang. Religionsunterr. 44 (1933) 8.

1934 *Wesensbildung, nicht Wissensbildung* und *Völkische Erziehung,* teilweiser Vorabdruck von »Erziehung und völkischer Idealismus«, in: Darmstädter-Mainzer Zeitung (1934).

1934–1945 Keine weitere Möglichkeit zur wissenschaftlichen Veröffentlichung.

(1943) *Unsterblichkeit.* Eine religionsphilosophische Studie, unveröff.

(1945) *Meine Philosophie.* Ein philosophisches Testament, unveröff.

1948–1950 *Der Sinn von Märchen und Sagen,* abschnittweise Veröffentlichung eines größeren Manuskriptes, in: Kemnather-Zeitung Jg. 1948ff.

1951 *Rilkes anti-christologisches Bekenntnis,* in: Freies Christentum V (1951).
Das unendliche Sein und das endliche Seiende, in: Zeitschr. f. Philos. Psy., Päd. III (1951) 4.

(1952) *Weisheit.* Eine gemeinverständliche Darlegung philosophischer Grundprobleme, unveröff.

1950–1958 Zahlreiche Artikel, vor allem religionsphilosophischen Inhalts in verschiedenen deutschen und österreichischen Zeitungen (u. a. Mittelbayrische Zeitung, Mödlinger Nachrichten).

Herausgeber und Mitherausgeber

1916 G. W. Leibniz' Deutsche Schriften: 1. Bd. Muttersprache und völkische Gesinnung; 2. Bd. Vaterland und Reichspolitik, hrsg. und eingeleitet von W. Schmied-Kowarzik, Leipzig (Philos. Bibl. 161/162).

1920 Fr. Jodl: Kritik des Idealismus, hrsg. v. C. Siegel und W. Schmied-Kowarzik, Leipzig.

1924 Fr. Jodl: Lehrbuch der Psychologie, hrsg. v. C. Siegel unter Mitarbeit von W. Schmied-Kowarzik, Leipzig.

1918–1926 Beiträge zur Philosophie des Deutschen Idealismus. Im Auftrage der Deutschen Philos. Gesellschaft, u. a. mitherausg. v. W. Schmied-Kowarzik.

1927–1935 Blätter für Deutsche Philosophie. Zeitschrift der Deutschen Philos. Gesellschaft, u. a. mitherausg. v. W. Schmied-Kowarzik.

1924–1927 Estländisch-deutscher Kalender, mitbearbeitet und hrsg. v. Dr. W. Albrecht (= W. Schmied-Kowarzik).

1950 Kemnather Heimat-Jahrbuch, mitbearbeitet u. mitherausg. v. W. Schmied-Kowarzik.

Autoren

Valmar Adams, Dr., geb. 1899, em. Prof. für Slawistik an der Univ. Tartu, philosophischer Schriftsteller, Senior des estnischen Schriftstellerverbandes.

Michael Benedikt, Dr., geb. 1928, Prof. für Philosophie an der Univ. Wien.

Dietrich Benner, Dr., geb. 1941, Prof. für Erziehungswissenschaft an der Univ. Münster.

Herbert Cysarz, Dr., geb. 1896; gest. 1. 1. 1985, em. Prof. für Germanistik an der Univ. München.

Josef Derbolav, Dr., geb. 1912, em. Prof. für Philosophie und Pädagogik an der Univ. Bonn.

Otto Drischel, Dr., geb. 1926, Ministerialrat im Bundesministerium für Wissenschaft und Forschung Wien.

Paul Feyerabend, Dr., geb. 1924, Prof. für Philosophie an der Univ. of California, Berkeley und an der ETH Zürich.

Kurt Rudolf Fischer, PhD., geb. 1922, Prof. für Philosophie an der Univ. Wien.

Helmut Fleischer, Dr., geb. 1927, Prof. für Philosophie an der TH. Darmstadt.

Gottfried Hausmann, Dr., geb. 1906, em. Prof. für Erziehungswissenschaft an der Univ. Hamburg und in der Dt. Unesco Kommission.

Richard Heinrich, Dr., geb. 1948, Doz. für Philosophie an der Univ. Wien.

Erich Heintel, Dr., geb. 1912, em. Prof. für Philosophie an der Univ. Wien.

Peter Heintel, Dr., geb. 1940, Prof. für Philosophie und Gruppendynamik an der Univ. Klagenfurt.

Walter Hirschberg, Dr., geb. 1904, em. Prof. für Völkerkunde an der Univ. Wien.

Joachim Christian Horn, Dr., geb. 1920, Prof. für Philosophie und Pädagogik an der Univ. Regensburg.

Oskar Koller, geb. 1925, freier Maler, Prof. an der Akademie der bildenden Künste Nürnberg.

Herbert König, geb. 1911, Komponist, Prof., OStR. i. R. wohnhaft in Mödling.

Jürgen Kreft, Dr., geb. 1927, Prof. für Erziehungswissenschaft und Literaturdidaktik an der Univ. Hamburg.

Hans Manndorff, Dr., geb. 1928, Hofrat, Prof. für Völkerkunde an der Univ. Wien, Direktor des Museums für Völkerkunde in Wien.

Herbert Melichar, Dr., geb. 1928, Kustos für Urgeschichte am Naturhistorischen Museum in Wien, Lektor für Japanologie an der Univ. für Welthandel in Wien.

Ludwig Nagl, Dr., geb. 1944, Doz. für Philosophie an der Univ. Wien.

Herta Nagl-Docekal, Dr., geb. 1944, Prof. für Philosophie an der Univ. Wien.

Erhard Oeser, Dr., geb. 1938, Prof. für Philosophie an der Univ. Wien.

Walter Pöldinger, Dr., geb. 1929, Prof. für Psychiatrie an der Univ. Basel und Direktor der Univ.-Klinik für Psychiatrie.

Georg von Rauch, Dr., geb. 1904, em. Prof. für Geschichtswissenschaft an der Univ. Kiel.

Gernot Sack, geb. 1935, StDir. am Johannes Turmeir Gymnasium Straubing, wohnhaft in Regensburg.

Wieland Schmied, Dr., geb. 1929, Prof., Direktor des Künstlerprogramms Berlin und der Sommerakademie Salzburg.

Wolfdietrich Schmied-Kowarzik, Dr., geb. 1939, Prof. für Philosophie und Pädagogik an der Gesamthochschule Kassel.

Justin Stagl, Dr., geb. 1941, Prof. für Soziologie an der Univ. Bonn.

Peter Weiser, geb. 1926, Prof., Geschäftsführer der Energieverwertungsagentur, Wien.

SCHRIFTEN ZUR KULTURSOZIOLOGIE

Die *„Schriften zur Kultursoziologie"* präsentieren in der zwanglosen Folge einer Buchreihe Originaltexte zum Zusammenhang und zur Wechselwirkung von Kultur und Gesellschaft. Es sind dies vorwiegend Monographien, aber auch Sammelwerke, die spezielle Themen, Methodenfragen oder Grundsatzprobleme der Kulturwissenschaft behandeln. Die Reihe orientiert sich an der klassischen kultursoziologischen Tradition, wie sie in Deutschland vor allem im ersten Drittel des zwanzigsten Jahrhunderts von Georg Simmel, Max Weber, Max Scheler, Alfred Weber, Karl Mannheim, Hans Freyer und anderen begründet worden ist, sowie an der für dieselbe charakteristischen Methode der „soziologisch-historischen Kulturanalyse" (Alfred Weber). Im Sinne der genannten Tradition wird „Kultur" – als das Insgesamt der geschichtlich herausgebildeten menschlichen Objektivationen – der „Gesellschaft" – als dem Insgesamt der jeweils aktuellen zwischenmenschlichen Beziehungen – zu forschungspraktischen Zwecken als ein von dieser unterscheidbarer und in mancher Hinsicht eigengesetzlicher Bereich gegenübergestellt. Die so verstandene Kultur manifestiert sich empirisch in einer Vielzahl von historisch gewordenen und in das soziale Dasein verflochtenen Gestalten („Kulturen", „Kulturstufen", „Teilkulturen", „Subkulturen", „Kontrakulturen", „Kulturelemente" etc.) beziehungsweise von diese Gestalten hervorbringenden, erhaltenden und zerstörenden sozialen Prozessen („Innovation", „Diffusion", „Entwicklung", „Wandel", „Akkulturation", „Enkulturation" etc.). In Verbindung mit der Analyse derartiger Phänomene wird auch die Soziologie von Mentalitäten, Moralen, Wertauffassungen und Symbolsystemen berücksichtigt und neben der „Alltagskultur" auch der von der Gegenwartssoziologie etwas vernachlässigten Dimension der „hohen Kultur" besondere Aufmerksamkeit geschenkt.

Karl Acham, Alois Hahn, Wolfgang Lipp,
Justin Stagl, Franz Steinbacher, Hans Peter Thurn

DIETRICH REIMER VERLAG BERLIN